中国经济增长前沿 III

FRONTIER THEORIES OF
CHINA ECONOMIC GROWTH III

中 国
高质量增长
与治理

张 平　刘霞辉　等 著
袁富华　付敏杰

中国经济增长前沿课题组

社会科学文献出版社
SOCIAL SCIENCES ACADEMIC PRESS (CHINA)

目录
CONTENTS

第七章

增长跨越：经济结构服务化、知识过程和效率模式重塑

第八章

工业化和城市化进程中的财税体制演进：事实、逻辑和政策选择

第九章

结构演进、诱致失灵与效率补偿

第十章

中国就业系统的演进、摩擦与转型——劳动力市场微观实证与体制分析

第十一章

中国经济高质量发展的逻辑、测度与治理

第三篇　经济增长动力机制

第十二章

长期增长过程的"结构性加速"与"结构性减速"：一种解释

第十三章

区域差距、收敛与增长动力

第四篇 中国经济增长理论

第五篇　经济增长治理

第二十二章
中国式分权下的偏向性投资

第二十三章
实体与非实体经济均衡机制的逻辑与政策

第二十四章
经济社会一体化：多目标平衡与治理机制

第二十五章

分税制二十年：从市场化改革到国家治理

序

中国经济高质量发展：路径转变中经济与非经济因素共同演进机制构建

张　平　付敏杰

一　十年来的中国经济增长

中国经济增长已经走过了 21 世纪的第二个十年。这极不平凡的十年，正处在旧国际体系逐步解体和新国际体系尚未形成之际，无论是国际金融危机的深化与扩散，还是全球政经摩擦，以及 2020 年席卷全球的新冠肺炎疫情，都使世界经济增长在极不平稳中艰难行进。从国内来看，从 2009 年 "四万亿投资"，到 2013 年提出 "经济新常态" 的判断，再到 2016 年提出供给侧结构性改革和 2020 年启动 "双循环" 战略，这些新的战略纲要、发展理念和实现碳中和的承诺等，都预示着中国经济高质量增长新时代全面开启。

在中国经济增长前沿系列的第三本著作中，我们用学术论文的形式探索过去十年中国经济的增长，以向前看的 "高质量发展" 统领全书。高质量发展是 "中国经济增长前沿课题组" 十年来最积极探索的研究主题，它反映了中国经济增长态势变化和结构演进逻辑特征。从研究成果看，过去十年的选题可谓丰富，主要核心是 "新的要素供给理论" 和 "中国经济增长路径转变机制理论"。相关论文包括《资本化扩张与赶超型经济的技术进步》（2010）、《城市化、财政扩张与经济增长》（2011）、《中国经济长期增长路径、效率与潜在增长水平》（2012）、《中国经济转型的结构性特征、风险与效率提升路径》（2013）、《中国经济增长的低效率冲击与减速治理》（2014）、《突破经济增长减速的新要素供给理论、体制与政策选择》（2015）、《增长跨越：经济结构服务化、知识过程和效率模式重塑》（2016）、《工业化和城市化进程中的财税体制演进：事实、逻辑和政策选择》（2017）、《结构演进、诱致失灵与效率补偿》（2018）、《中国就业系统的演进、摩擦与转型——劳动力市场微观实证与体制分析》（2019）、《中国经济高质量发展的逻辑、测度与治理》（2021）。这些发表于《经济研究》杂志的学术论文构成了本书的主体。从标准经济增长理论框架看，十年来的研究至少聚焦了要素层面的资本形成、劳动供给、人力资本、技术进步；结构层面的工业化、城市化、增长收敛、结构转型；宏观和制度层面的财税激励和财政平衡、土地财政、货币供给、汇率政策，涵盖了经济增长理论及实证研究领域。为了阅读方便，我们将第一部分集中为两个主题："结构性赶超：从加速到减速"和"要素、效率与高质量发展"。

　　本书的第二部分成果是课题组成员个人研究方向自我展示的舞台，选入了刘霞辉研究员《中国式增长：一个逻辑框架》、赵志君研究员《递增收益下分工经济的共赢结构与市场有效性研究》、张平研究员《实体与非实体经济均衡机制的逻辑与政策》、袁富华研究员《长期增长过程的"结构性加速"与"结构性减速"：一种解释》《经济社会一体化：多目标平衡与治理机制》、张自然研究员《区域差距、收敛与增长动力》、陈昌兵研究员《可变折旧率的另一种估计方法——基于中国各省份资本折旧的极大似然估计》、王宏淼研究员《从升值到贬值：人民币汇率的调整逻辑与政策挑战》、吴延兵研究员《中国式分权下的偏向性投资》、郭路副研究员《中国货币政策和利率市场化研究——区分经济结构的均衡分析》、付敏杰副研究员《分税制二十年：从市场化改革到国家治理》、张小溪副研究员《经济增长水平与中国对外直接投资——基于省级面板数据的检验》、张鹏副研究员和袁富华研究员《新时代中国国家创新体系建设——从工业化创新体系到城市化创新体系》以及楠玉副研究员的《中国迈向高质量发展的人力资本差距——基于人力资本结构和配置效率的视角》。与课题组集体成果相比，这些文章更多地展示了个人研究的专业偏好。我们将第二部分分为三篇："经济增长动力机制""中国经济增长理论""经济增长治理"。

　　这些不断切换的主题，除了见证增长经济学者创新的努力外，更多地还是反映十年中中国经济增长状况的多变特征。2010 年中国经济增速是 10.6%（见图1），尽管比上一轮经济周期峰值——2007 年的 14.2% 已经稍显逊色，但依然是一个今天无法企及的高度；2020 年受新冠肺炎疫情冲击中国经济增速下跌到 2.3%，即使以 2021 年和 2020 年平均值估算的大致在 5% 的水平来判断，未来增长将仍然呈减速的趋势。2010 年，依靠 2009 年的"四万亿投资"，中国经济从美国次贷危机扩散至全球的经济危机中率先 V 形复苏，带领世界经济走出衰退的泥潭。2020 年中国积极抗击新冠肺炎疫情策略取得成功，再次为全球经济注入正增长能量。

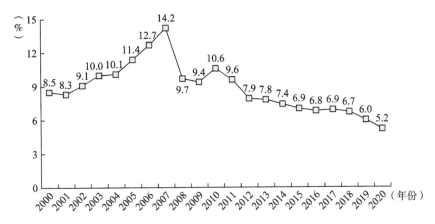

图 1　2000～2020 年中国经济增长速度

说明：图中 2020 年的增速为 5.2%，是 2020 年实际增速 2.3% 和 2021 预测增速 8.2% 的均值。

2010 年课题组的论文《资本化扩张与赶超型经济的技术进步》在对全国 1978～2008 年分省份全要素生产率（TFP）测算分析的基础上，探索中国资本化过程，通过资本累积的方式促进增长与技术进步。文中分析了 2009 年刺激政策下中国经济增长中的过度资本化倾向导致技术进步放缓的问题。研究资本化的背景是 2009 年地方融资平台的过快发展。城投平台大多以土地为核心资产，以企业形式承担政府发展融资职能，中国经济增长过度资本化是典型的要素累积行为，加上土地资本化后，这一进程被快速推动，该问题成为之后 10 多年最为重大的理论和实践命题。由于土地供给的地方垄断，融资平台资产的扩张以土地价格上升为载体，直接引导中国走上了资产负债表扩张式城市化模式。同时，该文通过回顾改革开放以来中国三次资本化扩张：20 世纪 80 年代农村土地使用权资本化、20 世纪 90 年代机器设备投资主导的工业资本化和 21 世纪城市土地价值重估主导的资本化，重点分析了资本化扩张对技术进步的负面影响。

2011 年课题组的论文《城市化、财政扩张与经济增长》继续将研究向前推进，聚焦城市化进程中"土地"要素的资本化，讨论土地财政扩张的长期发展机制。背景是在全球经济衰退中，土地出让收入从 2008 年的不到 1 万亿元，猛然增加到 2009 年的 1.59 万亿元和 2010 年的 2.90 万亿元，这种依靠土地要素迅速资本化的供给模式极大地推动了城市化基础设施投资的跃进，大幅度超前于人口的城市化。论文通过理论模型模拟和数量实证分析得出：土地财政和公共支出扩张对城市化有直接加速效应，改变了时间轴上的贴现路径；但超前的土地城市化不能带来城市"规模收益递增"的效果，而且如果政府财政收支结构和筹资方式不转变，则城市的可持续发展就会面临挑战。

2012 年课题组研究发表《中国经济长期增长路径、效率与潜在增长水平》的重要原因是经济增速快速下滑，从 2011 年的 9.6% 下跌到 2012 年的 7.9%，一举跌破了 8% 的历史警戒线。学术界对中国潜在增长率分歧有很多学术讨论，多体现在政策上：如"周期性波动"学者赞成大规模刺激，也有学者认为潜在增长率会逐步降低，双方针锋相对。[①] 在这种情况下，对潜在产出和潜在增速进行扎实的基本面分析必不可少。课题组提出"增长阶段转换"和"结构性减速"观点，并从学理上进行了详尽的分析和国际比较，特别讨论了经济结构服务化带来的效率增长下降所引起的结构性减速，而后多篇文章均围绕此主题展开，为高质量发展阶段的增长理论打下了较好的学理基础。

2013 年和 2014 年中国经济增长率逐步放缓，课题组的研究聚焦减速风险和如何提高效率。2013 年课题组的论文《中国经济转型的结构性特征、风险与效率提升路径》沿着增长阶段转换的思路进一步向前推进，讨论增速下降后必须从资本驱动转向效率驱动和提升资源配置效率的路径。论文以大篇幅研究了国际经验所蕴含的结构化收敛及其对中国未来发展图景的"要素弹性逆转"意义，并得出了"结构收敛一致性"规律：产出的资本弹性和劳动弹性向经济发达阶段收敛；投资率向经济发达阶段收敛；产业结构向经济发达阶段收敛；经济增长的政府干预向市场主导转变。国际经验和结构分解的结果揭示，中国经济减速风险主要来自全要素生产率下降，而过度无效投资导致的资本效率递减和杠杆率持续拉升导致"僵尸"企业出现，而服务业升级受管制抑制，产业结构服务化趋势加快，但升级缓慢引起劳动生产率增速下降。

与 2013 年基于国际经验的前瞻性预测相比，课题组 2014 年的文章《中国经济增长的低效率冲击与减速治理》则更加集中处理了中国面临的实际问题，特别是资本形成速度下降、人口红利消失和"干中学"技术进步效应的消减带来"三重冲击"，经济增长的关键问题必须转向人力资本驱动，这是突破物质资本边际报酬递减、提升资本效率的关键。但中国又长期存在人力资本积累不足和错配问题（表现为平均受教育年限较低；人力资本相对集中于公共管理、

---

① 需要强调的是，这场学术讨论的激烈程度远远超过了今天大多数读者的想象。关于这场讨论的学术细节，参见付敏杰（2015）。

社会保障和社会组织类政府和机关事业单位，市场部门人力资本相对不足），这可能来自 1994 年分税制改革后地方财力困境下的生产性支出偏向和教育公共支出不足。2014 年是全面深化改革"元年"，减速治理也聚焦政府改革：转向"横向"市场竞争机制、引入"科教文卫"等公共服务部门和事业单位的市场化改革。

2015 年 GDP 增速降到 6.9%，进一步凸显了减速治理的重要性。2015 年课题组以新要素供给理论破题，建立了一个理论框架，开启探索中国高质量增长的理论与路径。当年论文题目是《突破经济增长减速的新要素供给理论、体制与政策选择》，试图通过阐述知识部门对中国经济转型的新要素供给的质量提升效应，为可持续增长提供要素、动力和机制线索。这源自长期增长中的两个同步跨越：生产侧的工业标准化和生产知识化，消费侧的物质产品消费和知识消费，使得知识同时具有了生产特征和消费特征，但需要借助广义人力资本积累来完成。面对增长监督困境，政府应该减少直接干预、强化协调，推进教科文卫单位的市场化改革，纠正人力资本错配。如今看来，论文强调的新要素，至少和新科技革命强调的新材料、"十四五"规划强调的高端新材料同样重要。

2016 年课题组的文章《增长跨越：经济结构服务化、知识过程和效率模式重塑》提出了"增长非连续"的观点，旨在更高层面上归纳和总结中国经济增长从结构性加速到结构性减速整个过程的典型事实和理论基础。增长非连续意味着原有工业化阶段的外向型发展经验可能在经济结构服务化阶段失灵，表现为工业与服务业协调失灵、知识服务无法改善要素配置和要素质量、未实现人力资本 - 知识消费效率补偿，根本原因是投资消费脱节，导致内循环不畅。克服上述问题的关键，是一个"用知识要素生产知识要素"部门的成长过程。

课题组在系统地探索了高质量增长路径、挑战和理论逻辑后，开始聚焦政府、产业结构、劳动力要素等方面。2017 年发表的文章《工业化和城市化进程中的财税体制演进：事实、逻辑和政策选择》为我们展示了一个更加完整的分析框架。在工业化和城市化两种驱动经济增长的力量下，财税收入和支出结构是不同的。基于工业化的财税收入结构无法满足城市化居民的持续福利支出，财税收入与支出主体错位，义务与权力不匹配，必须基于城市化逐步调整财税收支体制，才能推动中国经济高质量转型。在中央财税收支框架讨论的基础上，重点分析了中央与地方政府有效激励机制的差异，从工业化的激励相容，到城市化土地激励不相容进行了探索。地方政府利用土地的方式杠杆化——从土地财政转向土地金融后，土地激励已经显示出更强的激励功能，从而带来了更严重的财政和系统性金融风险，这与国家发展和系统性风险控制越来越不相容。工业税基可能会被不断上涨的城市土地价格所蚕食，但城市化推进又带来了更多的公共支出需要。土地财政幻觉、工业税制与城市化服务需求之间的长期不匹配，是 2017 年课题组论文的重要主题。

2018 年课题组重新聚焦结构扭曲对效率的影响。《结构演进、诱致失灵与效率补偿》一文利用投入产出表，从产业关联的视角聚焦中国从工业化阶段向城市化阶段和经济服务业过渡时期的要素配置扭曲问题，发现中国制造业扭曲程度较小，经济扭曲以资本扭曲和服务业扭曲为主，二者叠加的结果就是服务业的资本扭曲严重，如金融业资本扭曲值从 2000 年的 8 飙升到 2014 年的 40，出口导向的外向型制造业显示出极强的前后向产业联系，为产业的扩张和经济的快速发展带来了结构性动力，但到了城市化和服务业主导阶段，经济结构联系和结构产出乘数效应都明显减弱。劳动扭曲主要来自中国教科文卫等高人力资本行业的事业单位体制和科层制，导致高技能劳动力的行业平均工资是低技能劳动力的 1.73 倍，中等技能劳动力的行业平均工资是低技能劳动力的 1.21 倍，远远低于美国的 2.47 倍和 1.41 倍，其根源是高技能劳动者收入、产出、配置效率不高。反事实估计显示，通过消除全部扭曲可以提升 44% 的产出，但消除服务业扭曲需要金融业改变规模型扩张方式和改革事业单位体制。

2019 年课题组再次回到了供给要素质量的探索和讨论上，关注了中国就业与经济增长方式转变问题。《中国就业系统的演进、摩擦与转型——劳动力市场微观实证与体制分析》一文系统地论述了就业制度组织应从维持型就业系统转向有利于人力资本持续积累激励的分享型就业系统，转变的客观需要及其内生逻辑是：改革开放以来的维持型就业系统内生于中国低价工业化追赶模式，以此保持比较竞争优势和以高资本回报吸引资金。数据显示：（1）当前中国接受中等教育人口比重已经达到其他发达国家水平，但接受大专及以上高等教育人口比重显著低于发达国家；（2）老年人口劳动参与率较低，未能充分利用老年特别是低龄老年人口人力资本；（3）就业系统的转换升级既要与劳动力要素的质量相联系，又要与分享制度的建立相联系。

2021 年课题组的论文《中国经济高质量发展的逻辑、测度与治理》以全民福利函数和跨期模型作为可持续、包容性高质量发展理论的基准，推导出了中国经济高质量发展的理论逻辑和与之逻辑一致的指标体系，并用该指标体系回溯了中国发展的阶段性特征，讨论了逻辑与发展的一致性。高质量发展指标的设置和测度核心是要用于治理，通过加入大量的非经济要素指标激励增长路径转变。中国工业化持续高增长时期的发展模式和思维惯性形成了路径依赖，收入分配差距过大、城乡分割、绿色发展欠缺、人力资本价值低估等问题，增加了高质量发展转型的难度，因此要设立转向高质量发展的指标，以激励增长转型。政策的核心就是要从物质要素积累转向人力资本等要素质量提升的过程，在创新中获得效率补偿。福利体系建构要与人民普惠性的福利提升及国家财政能力相匹配，人力资本提高与创新效率相匹配，并考虑自然风险约束的跨期平衡。

十年来，课题组的研究紧紧围绕经济增长主题，理解、记录和分析中国经济增长的阶段性变化，包括结构性赶超阶段的完成以及向高质量发展的过渡阶段。经济增长路径转换中的要素高质量供给模式、经济结构服务化、动力机制变化和提高资源配置效率是课题组研究一以贯之的主线。中国经济依然处在随着经济发展水平不断提高，赶超体制下的动员机制对增长路径的锁定依然在自我强化，而现代经济增长模式未能完全确立之际，中国经济的高质量增长面临诸多挑战。

从国际视角看，中国经济的持续增长给中国人民带来了巨大的福利改进，人均 GDP 在 2019 年和 2020 年连续两年超过 1 万美元，社会经济得到长足的进步。从国际比较看，中国在全球经济地位中不断上升，成为全球第二大经济体，与美国的经济差距快速缩小。

经济增长显示了趋势的力量，也印证了中国那句俗语："不怕慢、就怕站"，这正是经济增长的福利含义和经济增长研究的吸引力所在（Lucas，1988）。从国际视角看，正是中国经济稳步向前，才能够让中国的人均 GDP 从 2010 年的 4550 美元，增加到 2020 年的 10500 美元，增长了 1.31 倍。从相对数看，以现价美元计量的中国占世界人均 GDP 的比重从 2010 年的 47.63% 上升到 2020 年的 96.11%，增长了 1 倍多；占美国和欧盟人均 GDP 的比重从 2010 年的 9.39% 和 13.84%，上升到 2020 年的 16.52% 和 30.95%（见图 2），分别增长了 0.76 倍和 1.24 倍，在世界经济增长中依然一骑绝尘。

2020 年的新冠肺炎疫情可能会在很大程度上重塑世界格局。从 GDP 总量看，2010～2020 年中国为全球经济贡献了 8.64 万亿美元新增 GDP，占同期全球新增 GDP 的 46.57%。与中国相比，美国为全球带来 5.94 万亿美元新增 GDP，占比为 32.06%（见表 1），贡献率约是中国的 2/3（68.84%）。若按照购买力平价的测算结果，则 2020 年中国人均 GDP 是美国的 27.24% 和欧盟的 35.18%。

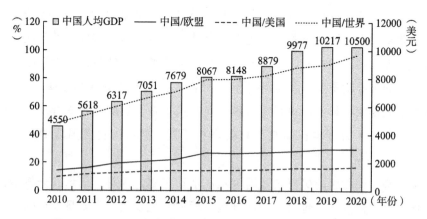

图 2 2010～2020 年中国经济增长的国际视角：绝对数与相对数

注：基础数据来自世界银行"世界发展指标"［指标名称 NY. GDP. PCAP. CD；单位：人均 GDP（现价美元）；时间：2021/9/15 更新］。人均 GDP 采用右坐标轴，其他采用左坐标轴。

与 21 世纪第一个十年（2000～2010 年）中国对全球 GDP 增长贡献 14.99% 相比（美国的 GDP 增量贡献为 14.58%），2010～2020 年中国对全球 GDP 增长的贡献率增长了 2 倍多。所以中国经济增速虽然持续下滑，但实际上中国对世界经济增长的贡献快速增加。这主要是因为过去十年，全球经济增长普遍放缓，因此经济增长减速不仅存在于中国，而且是一个世界性现象。

从数据看，2010～2020 年全球净增了 18.54 万亿美元 GDP，只有上一个十年（2000～2010 年）新增 GDP 32.51 万亿美元的 57%。考虑到基数效应，经济增长的减速是非常惊人的。2000 年时世界 GDP 只有 33.62 万亿美元，而到 2010 年时世界 GDP 已经增加到 66.13 万亿美元。这样 2010 年以来世界经济累积名义增速［（GDP2020 - GDP2010）/GDP2010］只有 28.03%，只有 21 世纪第一个 10 年累积名义增速［（GDP2010 - GDP2000）/GDP2000］96.70% 的约 29%，则 2010 年以来世界经济增长减速超过 70%[①]。既然全球经济增长减速超过 2/3，那么过去十年中国经济减速不到 30%，是不是似乎也可以理解了？

国际视角的十年中国经济增长让我们见证了"基数的力量"：这既是中国改革开放 40 多年经济增长的成果，更是未来十年中国经济增长的底气所在。未来十年的中国经济增长及其评估，将更多地采用国际视角和基数效应。

---

① 如果采用 2010 年不变价美元来衡量，世界经济增长减速也达到了 30%。关于中国对世界经济增长贡献的详细测算参见付敏杰等（2021）。

表1　21世纪前两个十年中国对全球经济增长的贡献：与美国相比

时间	2000~2010年		2010~2020年	
指标	GDP增量（万亿美元）	全球贡献率（%）	GDP增量（万亿美元）	全球贡献率（%）
中国	4.88	14.99	8.64	46.57
美国	4.74	14.58	5.94	32.06
世界	32.51	—	18.54	—

注：基础数据来自世界银行"世界发展指标"［指标名称 NY. GDP. MKTP. CD；单位：GDP（现价美元）；时间：2021/9/15更新］。

二　面向第二个百年的高质量发展路径[①]

党的十九大报告中明确了中国全面建成小康后两步走的战略目标、阶段性特征和发展路径。党的十九大报告指出："第一个阶段，从二〇二〇年到二〇三五年，在全面建成小康社会的基础上，再奋斗十五年，基本实现社会主义现代化"；"第二个阶段，从二〇三五年到本世纪中叶，在基本实现现代化的基础上，再奋斗十五年，把我国建成富强民主文明和谐美丽的社会主义现代化强国"。2019年，中国人均GDP超过10000美元，2020年在全面实现小康的基础上向实现现代化迈进，到2035年初步实现现代化时，人均GDP将超过20000美元，迈入高收入国家行列。如果按现在的高收入组计算，人均GDP超过13000美元，将突破中等收入上限，进入高收入国家，那么预计中国在2028年前后将突破中等收入阶段，进入高收入国家。再经过几年的发展，到2035年人均GDP超过20000美元，初步实现社会主义现代化，到本世纪中叶预计人均GDP突破40000美元，建成现代化强国。[②]

党的十九大报告不仅给了我们经济发展路径，更提出了经济发展新阶段的基本矛盾、新发展理念和坚持改革开放的方式方法。核心强调了发展体系围绕着以人民为中心这一个根本命题，中国经济增长从物质供给转向满足人的全面发展。"必须坚定不移贯彻创新、协调、绿色、开放、共享的发展理念"，基于国家的现代化建设进程和奋斗目标提出"统筹推进经济建设、政治建设、文化建设、社会建设、生态文明建设"，政治、文化、社会、生态等非经济性因素成

[①] 本部分内容引自张平（2020）。

[②] 这些价值均以当期价格计。

为主导现代化转型的重要因素。

第一个百年目标实现的内在经济逻辑在于中国通过改革开放，实现了工业化、国际化、城市化的三重发展，GDP 高速增长。经济增长动力是中国工业化、城市化及国际化带来的"规模效率"。技术依赖于"干中学"，资本靠高储蓄和吸引外资快速积累，而农村剩余劳动力在开放中转变为"人口红利"，创造了劳动要素的比较优势，推动了中国经济高速增长。第二个百年是中国转向现代化的阶段，人的全面发展贯穿整个发展阶段，发展路径的转向已经是必然的选择。然而转向是艰难的，高速增长意味着"规模收益递增"，经济的"正反馈机制"自我强化。转向以人的全面发展为导向的路径后，经济走向均衡，"规模收益递减"，经济回馈机制减弱，这就需要构造非经济因素的"正反馈机制"才能打破原有增长路径依赖，转向新的发展方向和实现新的发展理念。

（一）中国经济长期增长的 S 形增长路径

1. 增长研究范式的转变

中国经济增长的长期路径一直是我们最为关心的命题。课题组认为中国的长期经济增长遵循着 S 形路径和发展阶段演进性特征。从工业化转向城市化的阶段性变化会引起发展动力结构、政府干预、技术进步等阶段性根本变化（张平、刘霞辉，2007）。技术进步中的"干中学"效应会递减，低成本要素持续累积不可持续，国际经验表明，一国在从工业化到城市化，从低收入迈向高收入的过程中，会出现从"结构性加速"向"结构性减速"的转换与挑战（张平、刘霞辉、王宏淼，2011；中国经济增长前沿课题组、张平、刘霞辉、袁富华、陈昌兵、陆明涛，2012）。

S 形曲线的增长命题涵盖了两方面的拓展。第一是构造了一个依赖时间的增长模型。该模型具有最少两期性质，即阶段性特征，一期是具有"规模收益递增"的发展阶段，受到阶段性极限限制强制转向，转到"规模收益递减"的二期发展阶段。经济发展处于"规模收益递减"阶段时，能否依靠创新等新要素推动经济走向内生经济增长是不确定的。此外，跨期会受到自然条件等的约束，因此需要一套新发展模式。第二是将"非经济"因素纳入增长模型中。S 形生产函数是在增长依赖资本、劳动要素积累的模型中拓展增加了新的规模递增要素，把社会、制度、创意、人力资本等新因素加入模型中，并将增长从单一经济绩效目标转向了"人的全面发展"的经济社会福利目标，修补了新古典增长范式。现代经济增长模型的演变过程就是一个不断简化的过程，不包括阶段性，也不包含任何非经济性要素，是一个单调的要素积累增长模型，外生变量为技术进步和人口。内生增长理论将人力资本内生为技术进步，作为持续推动因素。增长模型中没有破坏自然资源引起气候变暖的成本项目，也没有两极化分裂社会的代价因素。把人类社会、意识形态、自然资源等高度复杂化过程简化为要素积累的增长模型，是永远增长的永动机模型，适合于工业化无约束开采物质生产阶段；而用于基于人的全面发展和与自然和谐共处的现代化阶段分析是非常有局限性的。

增长模型对单一增长过程和极其简化的经济学抽象作为经典分析的贡献毋庸置疑，但它难以涵盖经济真实发展的多阶段特征和阶段转换的特性，而且过度简化掉非经济性因素，成为一个孤立的系统，因此与现实经济和社会、政治、文化、生态等融于一体的人类真实活动也越来越不相关。这些问题引起了经济学家的积极探索，他们试图从多方面进行拓展和丰富。马克思主义学术传统一直将经济生产方式与阶级产生相连接，形成了丰富的经济与社会互动的发展机制分析，并划分了历史发展的大阶段，指导了实践。从亚当·斯密到现代经济学者都在不断探索经济与伦理、社会等人类活动变量互动连接的理论逻辑。阿马蒂亚·森（2000）指出现代经济学的两个根源：一是由"边际革命"开创的经济学的"工程学"根源；另一个是经济与伦理学的分离。经济与社会互动的分析浩如烟海，出现了经济"嵌入"社会等理论、在心理活动的基础上拓展的行为经济学等。经济行为与人类社会、意识、道德、政治、法律等活动的互动性是现代主义的一个基准。

在经济发展多阶段性的探讨方面，罗斯托（2016）在《经济增长理论史：从大卫·休谟至今》中以经济发展阶段为基准讨论了每个经济发展阶段的"增长基本方程"，将"非经济因素"和"增长阶段与极限"作为讨论阶段的范式，并将经济发展阶段归纳为起飞阶段、成熟技术阶段、大众消费阶段等。亚洲金融危机后，世界银行的"中等收入陷阱"假说再次将发展阶段研究推到了重要位置。中国作为新兴市场国家如何跨越"中等收入陷阱"成为研究的一个重要话题（张平，2015）。阶段性讨论在本质上隐含了阶段性断点的可能性和演化分叉的可能性，这也是人类社会多样性特征的一个产物。

加入自然成本冲击来探讨增长模型是在增长模型中增加成本项目。大自然作为复杂系统在不断被破坏累积后会"涌现"宏观现象，带来具有全球性的气候灾害、环境污染、瘟疫等冲击，根本性地改变经济增长的技术和演进路径。工业化以来，以刺激消费、增加物质消耗为基准提升 GDP 增长的模式不断受到温室效应的挑战，自然灾害、污染和疫情等冲击的规模和频率不断加大，已经构成了增长的损失（成本）项。我们需要重新定义古典式的自然开采－加工污染－过度消费的工业化生产与生活模式，将其转变为可持续增长模式（赫尔曼·E. 戴利，2001）。2020 年的新冠肺炎疫情，直接造成全球经济下滑，国际货币基金组织（2021）在《全球经济展望》中把全球经济预测由原来的 3.2%调低到 －3%，自然冲击给全球经济带来的直接损失不断加大。气候经济学被全球所接受，气候、环境、排放、循环经济等被列入全球气候协约中，并深深地改变了人们生活和生产方式。中国成为《巴黎气候协定》的缔约国，减少大气污染、降低排放、循环利用物质已经开启了中国新的生产方式。

增长路径转折是经济增长路径逐步逼近阶段性极限的特征表述。路径转折是一个过程，属于必然趋势。路径转换的方向含有多种可能性，如经济学、组织学中讨论的"路径依赖"，是指经济增长没有成功地转换到更高的增长阶段而陷入增长困境中，也被称为增长陷阱。中国增长路径的阶段性极限特征表现在以下多个方面。（1）随着人均 GDP 的增长和市场全面开放，要素价格完成了国际市场定价，基于市场规模扩张和隐蔽资源（要素）重新定价推动的规模收益递增效用逐步递减；（2）"人口红利"带来的劳动力供给的比较优势逐步消失，人口老龄化将导致人口负债；（3）技术进步中的模仿效率和效益随着本国技术水平接近全球技术前沿边界而下降，技术创新开发不确定性增强；（4）结构再配置效率下降，后发国家的产业结构从以传统农业为主导转向以现代化部门为主导，从农村到城市的结构再配置效率也随着城市化率的不断提高而递减；（5）自然成本约束明显加强，可持续发展成为增长的要求；（6）基于城市发展的非经济因素推动增长向包容性增长转变。

这些增长模型和发展模式新探索，实质上是要推动增长路径转变，其最大的特征是通过非经济因素的加入取得超越增长的广泛的民众支持，形成"正反馈"机制。

2. S 形增长曲线模型和 2021～2050 年长期增长预测

S 形增长曲线的本质是人均 GDP 基于资本要素积累而扩展的增长生产函数，扩展为一个因时而变的增长路径，构成了一个逻辑曲线（刘霞辉，2003）。依据模型和最新的数据，我们重新估计了中国长期增长曲线（陈昌兵、张平，2018）。我国人均 GDP 在 1953～1978 年波动较大，在 1984～2019 年增长幅度较大，依据 1978～2019 年的数据，用贝叶斯估计模型得到如下结果：参数估计可得到 α 的均值为 0.00412，95% 的置信区间下为（0.00398，0.0042），a 的均值为 86.15168，95% 的置信区间下为（83.9856，89.4521）；b 的均值为 0.0892，95% 的置信区间下为（0.0827，0.09176），收敛于 $\alpha = 0.00412$，可得到 $k = 242.72$，$a = 86.1516$，$b = 0.0892$。由此得出我国人均 GDP 的 S 形增长曲线函数为：

$$y_t = \frac{242.72}{1 + 86.1516 \cdot e^{-0.0892t}}$$

计算 1978～2019 年的实际人均 GDP 与模拟人均 GDP 可得到方程预测误差项为 $e^2 = 7.4159$，曲线见图 3，可计算的拐点为 2033 年，即我国人均 CDP 从高速增长转向中高速增长阶段，再转入稳定增长阶段，2034 年以后我国人均 GDP 增长将进入平稳发展期。

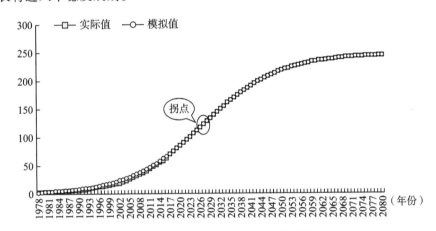

图 3　实际人均 GDP 与模拟人均 GDP

注：本模型测算由陈昌兵（2010）更新计算。

根据模型的预测值，结合 2019 年人均 GDP 达到 10000 美元的基数，由于 2020 年新冠肺炎疫情的冲击，2020 年只按名义增长 3.5% 和汇率为 7 计算 GDP 增速，而后年份假定汇率为 7，并做三个阶段的通货膨胀率假设，2021～2033 年 GDP 平减，即通货膨胀率水平保持 2%，2030～2040 年通货膨胀率降低到 1.5%，2041～2050 年通货膨胀率降低到 1%，意味着在 2050 年以前人民币汇率对外保持小幅升值的态势。按模型预测的人均 GDP 增速（见表 2），到 2033 年，中国人均 GDP 达到 2.4 万美元，到 2050 年人均 GDP 达到 4.1 万美元，实现现代化强国。从现在到 2050 年的经济增长将逐步从赶超速度向发达国家增长速度收敛，因此财富水平的关键不是速度，而是经济稳定和持续增长以及汇率的升值，表现为经济、政治、社会多方面和谐稳定的特征，因此减少波动，实现和谐和持续增长是发展的根本。

表 2 中国经济增长情况

单位：%

年份	人均国内生产总值年增长率	国内生产总值增长率	人口增长率	人均 GDP 预测（贝叶斯法，以 1978 年为基期的实际增长）
1978	10.2	11.65	1.35	
1979	6.2	7.57	1.33	9.20
1980	6.5	7.85	1.19	9.19
1981	3.8	5.14	1.38	9.18
1982	7.4	9.03	1.58	9.16
1983	9.2	10.77	1.33	9.15
1984	13.7	15.23	1.31	9.13
1985	11.9	13.51	1.43	9.11
1986	7.3	8.95	1.56	9.09
1987	9.9	11.72	1.67	9.07
1988	9.4	11.3	1.58	9.05
1989	2.6	4.21	1.51	9.02
1990	2.4	3.9	1.45	9.00
1991	7.8	9.3	1.30	8.97
1992	12.8	14.2	1.16	8.93
1993	12.6	13.9	1.15	8.90
1994	11.8	13	1.12	8.86
1995	9.8	11	1.06	8.82
1996	8.8	9.9	1.05	8.78
1997	8.1	9.2	1.01	8.73
1998	6.8	7.8	0.92	8.67
1999	6.7	7.7	0.82	8.62
2000	7.6	8.5	0.76	8.56
2001	7.6	8.3	0.70	8.49
2002	8.4	9.1	0.65	8.42
2003	9.4	10	0.60	8.35
2004	9.5	10.1	0.59	8.26
2005	10.7	11.4	0.59	8.18

年份	人均国内生产总值年增长率	国内生产总值增长率	人口增长率	人均GDP预测（贝叶斯法，以1978年为基期的实际增长）
2006	12.1	12.7	0.53	8.08
2007	13.6	14.2	0.52	7.98
2008	9.1	9.7	0.51	7.88
2009	8.9	9.4	0.49	7.76
2010	10.1	10.6	0.48	7.65
2011	9	9.6	0.48	7.52
2012	7.3	7.9	0.50	7.38
2013	7.2	7.8	0.49	7.24
2014	6.8	7.4	0.52	7.10
2015	6.4	6.9	0.50	6.94
2016	6.1	6.8	0.59	6.78
2017	6.4	6.9	0.53	6.61
2018	6.3	6.7	0.38	6.44
2019	5.7	6.1	0.33	6.25
2020				6.07
2021				5.88
2022				5.68
2023				5.48
2024				5.28
2025				5.07
2026				4.86
2027				4.66
2028				4.45
2029				4.24
2030				4.04
2031				3.83
2032				3.63
2033				3.44
2034				3.25
2035				3.06
2036				2.88
2037				2.70

年份	人均国内生产总值年增长率	国内生产总值增长率	人口增长率	人均 GDP 预测（贝叶斯法，以 1978 年为基期的实际增长）
2038				2.54
2039				2.38
2040				2.22
2041				2.07
2042				1.93
2043				1.80
2044				1.67
2045				1.55
2046				1.44
2047				1.34
2048				1.24
2049				1.15
2050				1.06

资料来源：《中国统计年鉴 2019》。

2020 年后的发展阶段从工业化以物质效率供给转向深度城市化过程中以人为中心的发展阶段，即通过消费和服务提升人的质量，以实现创新和提升效率。城市化由经济体系向福利社会体系转型，其核心是为人提供高质量公共服务。2019 年中国常住人口城镇化率为 60.6%，户籍人口城镇化率为 44.38%。随着户籍改革在 2020 年的逐步实施，以常住人口衡量的城市化与以户籍人口衡量的城市化逐步统一，预计到 2030 年以常住人口衡量的城市化率将达到 70%，而后城市化率的增长进入自然增长阶段，即通过城乡人口比例的自然变动来提高。城市人口比重高于农村人口，而且年轻化程度高，预期寿命高，通过人口自然增长的差异来推动城市化，到 2050 年基本城市化率将达到 85%。

中国第二个百年目标的核心是基于深度城市化过程中的人的现代化，在人的现代化过程中，应将政治、文化、社会、法律、人与自然和谐等"非经济因素"作为关键变量纳入中国国家现代化体系的构建中。

（二）中国经济增长转变中的经验事实与模式演进

我们预测 2033 年为经济增长转折点，但转折本质上是一个过程，而不是一个简单的时点，而且这个过程是由一组转折性经验事实推动的。我们就这一转折过程的经验事实进行梳理，讨论发展模式的变与不变，理解过程中不可更改的趋势与传统模式锁定的冲突及调整。

1. 经济增长转变中的经验性事实

中国经济转折过程中的一系列相关事实，都在揭示着规模收益递增过程的转变。

（1）"结构性减速"，以出口为导向的工业化推动的"规模收益递增"经济赶超阶段结束。2012 年中国由"结构性加速"转到"结构性减速"（袁富华，2012）。"结构性赶超"是指资源从低效率的传统产业部门转配置到高效率的现代工业化部门，通过结构性配置带来的"规模收益递增"实现经济高速增长。工业化是中国赶超增长的第一大结构性动力，2011 年前，中国工业增加值占GDP 的比重在 40% 以上，个别年份会低些，但很快就会恢复，而 2011 年后，工业增加值占 GDP 的比重系统性下降，到 2019 年下降为 30%。完成工业化后，由于服务业规模效率低于工业部门，所以中国经济结构服务化开始加速后，经济增长因服务业比重上升逐步减缓，这与发达国家的发展历程和趋势相一致。经济结构服务化是路径转向的最重要标志。

（2）全球化市场带动的"规模收益递增"结束。中国利用比较优势，通过出口拓展全球市场。2015 年，中国出口产品占全球市场份额的比重达到 14%，而后略有下降，2019 年为 13%，之后进一步下降，净出口占 GDP 的比重从 2007 年的 8.6%，下降到 2018 年的 0.85%，出口带动效应下降，出口导向的经济扩张结束，逐步转向以国内需求为主导的经济发展阶段。

（3）空间聚集获得的规模收益特征预计到 2030 年前后结束。2011 年中国城市化率突破 50%，2019 年突破 60%，空间聚集带来的规模效应推动着城市化投资、私人住房购买和城市建设产业的发展，预计 2030 年城市化率达到 70% 后，城市规模聚集度将逐步稳定。2030 年后，城市人口占比是靠城市人口占比高、年轻人多、预期寿命长以及人口自然增长而提高的。城市化率的提高失去了人口转移带来的聚集效应，相应地为人口空间聚集而大幅度投资的城市建设周期结束，城市化加速增长路径转向平稳发展路径。

（4）中国"人口红利"已在 2015 年结束。"人口红利"是中国赶超路径中一个最重要的要素，"人口红利"即劳动人口占总人口的比重，这一指标从改革开放后持续上升，但在改革开放之前，人口是负担而不是红利。这是因为后发国家人口多，由此导致贫穷，进而陷入"马尔萨斯陷阱"。只有大量农村剩余劳动力转移到工业化进程中，而且参与国际化分工，才能推动剩余劳动力的转移，化负担为红利。我国劳动力人口占比在 2012 年见顶后逐步缓慢回落，人口老龄化速度加快。按联合国预测，中国人口总量在 2031 年将达到 14.6 亿人的顶峰，人口增长转变为负向，劳动供给增长率下降，65 岁人口占比接近 20%。

（5）中国的资本形成增长速度逐步下降。资本形成来自一国储蓄，包括国内投资和净出口，现阶段中国净出口占 GDP 的比重下降至 1%，因此中国储蓄现在主要来自国内储蓄的增长。从现有情况看，储蓄增长率与收入增长率保持着正相关关系，随着收入增长减缓，储蓄增长也将减缓。与此同时，居民、企业、政府负债增长加速，国家金融实验室公布的 2020 年资产负债表显示，2020 年第一季度居民负债占 GDP 的比重为 57.7%，企业负债占 GDP 的比重为 161.1%，政府负债占 GDP 的比重为 40.5%（张晓晶、刘磊，2020），净储蓄水平持续下降，资本形成增长速度也逐步下降。

（6）中国汇率重估带来的 GDP 高速增长在 2016 年人民币加入 SDR 后结束。中国在 1994 年汇率并轨，人民币汇率从 5.8 贬值为 8.7，从此开创了出口持续盈余的历史，通过压低汇率增强比较优势提升出口竞争力。随着中国贸易总量占全球市场份额的提高，汇率贬值带来的出口效应第一次被修正，2005 年人民币持续小幅升值，到 2015 年时，中国 GDP 按美元计算超高速增长，包含了名义 GDP 的高速增长和汇率升值。汇率升值导致大量国际资金涌入中国，中国人民银行的货币发行是基于外汇资产的货币供给，货币供给大幅度增加，推高了中国名义 GDP 增速，中国名义 GDP 增速达到每年 15% 左右，加上每年汇率升值约 3%，中国以美元计价的 GDP 年均增速高达 18%，汇率升值带来了中国超高速赶超和财富效应。2015 年 8 月 11 日汇率改革，2016 年 10 月中国加入国际货币基金组织（IMF）的特别提款权（SDR）体系，2017 年后人民币双向波动，直到 2020 年形成了比较均衡的汇率体系，但汇率升值带来的大幅度经济增长阶段已经结束。汇率定价透明化后，中国资源（要素）价格也逐步与国际定价接轨，隐蔽资源（要素）重估结束。

（7）2015 年中国加入《巴黎气候协定》，2020 年承诺到 2060 年实现"碳中和"。这些都强调了中国减排的国际责任，持续发展约束成为新的挑战和机遇。这些基本的事实预示着阶段性发展逐步走向转折，原有的增长路径不可持续。

2019 年人均 GDP 超过 10000 美元，未来 15 年跨越"中等收入"阶段，进入高收入国家行列，增长速度向发达国家收敛，规模收益逐步递减。增长路径转变是不以人的意志为转移的，具有其内生逻辑，也符合现代化发展的三大规律。第一是人类需求定律，经济学中的恩格尔定律、心理学的马斯洛需求层次理论以及大量事实都已经证明了需求定律，即随着人们收入的不断增加，物质消费占比将不断下降，精神需求则不断上升，与之匹配的是服务业占 GDP 的比重持续上升（中国经济增长前沿课题组、张平、刘霞辉、袁富华、陈昌兵，2015）。

第二是广义人力资本消费－创新效率补偿规律。精神需求的提升必须伴随广义人力资本消费的提高，从而提升人的创新能力，形成创新效率补充，否则该循环是不可持续的（袁富华、张平、刘霞辉、楠玉，2016）。

第三是人的全面发展规律。人们的收入－福利水平超过小康阈值后，经济体逐步进入均衡增长阶段，经济约束逐步减弱，人的全面发展成为现代化的中心议题，大量的非经济因素成为现代化体系构建的新基础。

2. 转型方向、路径依赖与模式变革

中国经济从 2020 年全面建成小康社会到 2035 年实现社会主义现代化，是跨越"中等收入"进入高收入国家行列的最重要阶段，首先遇到的是经济规模收益递增的消失，经济增长放缓，路径需要转换，并且这一转换没有强的经济激励。其次，与原有高速增长相伴的增长模式需要转变，即发展模式中控制系统（宏观制度）的导向需要转变，需要重新确立激励方向，转变相关结构（市场结构、产权结构、生产结构）、利益格局和动力机制（正反馈机制），从而改变路径锁定状态。中国从经济赶超模式转变为高质量发展模式，从单一物质增长转向以"人的发展"为基准，创新、协调、绿色、开放、共享和经济、政治、文化、社会、生态五位一体的协同发展，是一个全新的激励目标。相应的发展模式也要做出巨大的调整，否则难以实现这一转型。未来经济增长的基本模型中，一方面要融入更多具有规模收益递增性质的新要素，将创意、人力资本、知识与数据等变量加入创新变量组；另一方面要将非经济要素纳入基本增长模型，绿色作为可持续度量变量加入，共享作为包容性变量加入。而经济因素外的政治、文化、社会、法律等作为制度性治理变量，同样作为重要的新变量加入增长模型。高质量增长模型要素组要远远高于传统的增长模型，而被解释变量也不仅仅是 GDP，而是包含了基于人的发展的多维社会福利目标函数。增长路径的改变充满了不确定性，原有路径和模式都会阻碍这一转型。以超前性的意识开拓未来的方向，最终依据路径导向，积极改变发展模式，制定基于"人的发展"的宏观激励目标和配置体系，形成基于新要素的新结构，建立新的非经济要素的"正反馈机制",通过国民积极参与打破路径锁定,从而实现路径和模式(激励)的双重转换。

增长路径的转换直接涉及打破增长路径依赖和原有发展模式锁定的利益格局,否则很难转向新的发展路径,最终会导致经济停滞。打破路径依赖锁定成为模式转换的根本。路径依赖来自技术路径讨论,诺思(North,1994)将其引入经济学,逐步形成了一套制度演进的路径依赖理论。制度变迁和路径依赖理论涉及很多命题,我们从以下三大问题入手讨论。(1)报酬递增与自我强化机制保证了路径持续性的逻辑。经济报酬作为唯一的激励手段,具有自我强化效应,并形成一个单一的追逐经济利益最大化的体制格局;(2)制度变迁动力机制揭示了制度形成的一个最重要的基础是人们的意识形态和产权制度安排效率,意识形态是使个人和集团行为范式合乎理性的智力成果,通过意识形态等因素构成一组相互关联的制度体系,使制度的变革不再是一个简单的经济绩效问题,而是拓展为"一个社会的政治、经济制度、技术、人口统计学和意识形态"问题(道格拉斯·C.诺思,2011);(3)路径锁定,本质上是利益格局和历史选择对现在选择的约束。

大量学者沿着技术进步和制度变迁进行了很多探索,特别是在打破路径依赖方面的探索非常广泛。打破路径依赖的相关分析涉及路径构造以及路径依赖与路径构造的相互作用、共同演化过程,挑战路径等,并延展到微观层面。从现有分析看,由于规模递增因素消失导致原有路径需要改变,技术进步和微观组织分析侧重于再构造新的"规模收益递增"路径,但从一国的宏观经济与制度角度看这是不可行的。任何国家都不存在持续的经济规模收益递增特性,当转入规模收益递减路径后,往往是从赶超阶段转向高质量发展阶段,狭义的增长绩效难以持续提供规模递增的回报,改变增长路径并构建新的发展模式变得非常不易,两个拓展是必须的:第一是在高质量转型过程中加入广义绩效,即构造基于人的发展的福利目标;第二是"正反馈"机制需要拓展到意识形态领域,降低构建政治和法制体系的交易成本,加上社会参与等非经济要素的"正反馈",形成新的发展模式。基于人的发展的高质量增长路径这一方向性改变和激励过程是可以构造的,通过使用经济奖励和惩罚来影响路径发展,以非经济因素建立"正反馈"机制,形成经济与社会等的共同演化过程,打破原有利益锁定。这一个过程保持了渐进性、正反馈、共同参与、共享利益的帕累托改进,使交易成本不断下降,经济保持平稳增长。路径转换模式与激励的特性更多地来自目标转变、激励机制改变、社会参与度推动的"正反馈",以及利益再调整打破原有利益格局的锁定，这是改变路径模式所需要的基本要素。

中国政府和学者已经在高质量发展的路径转型方向上达成了共识，而且有众多相关改革措施出台，但路径转型依然举步维艰。一方面，赶超增长的路径依然有其增长空间，未到极限，而新增长路径更多地显示出均衡、可持续性，呈现规模收益递减趋势，增长速度逐步放缓，这与"规模收益递增"下形成的观念和路径差异巨大。另一方面，新增长路径在经济绩效上需要以创新为中心的内生增长制度设计，需要更广泛地开放产业管制，特别是让大众参与到人的全面发展的过程中，引入意识形态、政治和法律制度等非经济因素，形成"正反馈"机制，获得经济与非经济报酬激励。这次转型是经济、文化、政治、社会、生态相互作用共同演化的新方式，宏观资源配置和激励体制改革是推动发展模式转型的根本，通过宏观配置体制和激励目标的转变，提高社会参与性，推动路径转向。这个现代化转型过程也是治理现代化的过程。

由于增长的"规模收益递增"接近尾声，可用的正向经济绩效激励或可分享的利益越来越少，既得利益者会展开存量博弈，主要方式如下。第一种是透支未来，增加高负债，试图延续"规模收益递增"；第二种是保证既得利益者的利益，强占弱势群体的分配份额，加大分配不公和收入差距；第三种是通过更多的干预、管制等损害市场机制的行为，设租寻租，大幅度增加交易成本，降低制度效率。遏制传统路径依赖形成的利益锁定在微观层面要围绕着降低交易成本，不断吸收具有"规模收益递增"性质的新要素，积极推动和深化市场配置资源改革，加强产权保护，同时加快开展宏观资源配置体制改革，矫正政府干预资源配置的行为，积极改变增长路径的导向和激励目标，增加社会等非经济因素的参与，消除路径依赖对新增长资源的消耗，为转型创造有利的宏观导向。

三 宏观资源配置体制改革和现代治理机制的建立

路径转换需要构造新的目标、激励和资源分配机制，将社会等非经济因素纳入发展模式中，推动建立非经济因素的"正反馈"机制，推动路径转变。从中国现有的发展阶段看，积极深化和推进基于产权保护的法律制度体系，降低交易成本，提高市场配置资源激励效率，激活新的生产要素融入创新增长体系，是完善社会主义市场经济基本制度的过程。而强化宏观资源配置体制转型则是该阶段转型的核心任务。中国经济已经迈入新发展阶段，宏观资源配置体制和国家治理的经济基础发生了根本变化，1993 年以来基于工业化的宏观调控和政府治理体系经过了 27 年的实践，需要基于城市化发展和创新转型重新设定和积极调整思路。2019 年我国城市化率突破 60%，服务业占 GDP 的比重达到 53%，经济基础条件发生了深刻变化，发展的最突出特征就是要基于人的发展来推进深度城市化。人的发展是知识社会的根本，实现人的发展才能创新，获得创新效率，而人的发展需要参与社会治理过程，这些新的属性直接要求宏观资源配置体制的转型。城市化的发展要求政府宏观配置的生产资源从促进生产转向公共服务，从 GDP 单一经济绩效指标转向包含人的发展的社会福利目标。政府为人服务的属地特征决定了理顺中央政府与地方政府的关系是公共服务体系建立的基础。中国政府治理的现代化和宏观调控的稳定化需要财政体制、金融体制、政府治理的转型，让财政金融、政府治理等宏观资源配置体制服务好"人的发展"这一目标，增加激励，推动社会参与，共同促使社会、意识形态、法律等非经济因素成为支持转型的"正反馈"因素。宏观资源配置体制的改革有利于厘清政府、国企边界，硬化地方政府的约束，明确政府以公共服务为本的激励目标，并通过政府体制的转型，积极推动国企转型。

当务之急，一方面是要构建防范系统性风险和激励经济转型的新宏观资源配置体制，保障中国经济跨入高收入和高质量的平稳发展阶段；另一方面是要基于国家现代化目标，完善国家治理体系，将文化、政治、法律、社会等因素与经济转型协调一致，通过非经济因素的正反馈推动经济体系转入创新、均衡的增长路径。从全球增长的一般规律看，只要中国经济名义 GDP 增速保持高于发达国家的增速均值（3%），并保持汇率稳定，中国人均 GDP 就会不断向发达国家收敛，成功跨进高收入国家行列。保持稳中求进，在宏观经济稳定的同时，进行适应发展阶段的体制改革，才能激励国家向高质量现代化国家转型。

（一）高质量转型下的宏观管理体制演进

改革开放后，1978～1992 年中国经济年均增速达到 9.3%，但价格波动大，有三次波动超过两位数。1993～2012 年进入重化工业化加速阶段，经济年均增速高达 10.5%，通货膨胀平稳。这一时期，中国初步建立起了市场经济体制，伴随着对外开放和宏观管理体系的深度调整，实现了从低收入水平向中高收入水平的飞跃。20 年高速平稳的经济增长，首先得益于改革开放，推动经济转向了出口导向的工业化;第二,建立了基于出口导向工业化过程的宏观资源配置体制,保证了经济平稳;第三,积极推动了城市化发展,随着 2011 年城市化率突破 50%,中国启动了城市的大"建设周期",1998 年、2008 年两次积极的财政政策构建了中国坚实的基础设施体系,1997 年的住房消费信贷开启,1999 年公房改造,2002 年土地招拍挂制度的实施加速了城市化进程。2013~2035 年中国进入深度城市化发展阶段,2019 年城市化率突破 60%,2020 年中国开始了户籍制度、土地要素改革,预计 2030 年中国城市化率突破 70% 后将进入平缓发展阶段。城市化成为下一阶段发展的主导力量和核心议题。

工业化、城市化扩张转向深度城市化过程中,路径方向和宏观资源配置体制要随阶段性发展变化而变化,以往基于出口导向工业化发展的政府治理体系和宏观管理体制也将发生变化。2002 年中国允许土地招拍挂后,经济的运行流程发生了变化,城市建设加速,在传统宏观管理体系的母体中已经"孪生"出一个满足城市化需求的资源配置体系,即一个血脉下的两个资源配置体系——一个服务于工业化,另一个服务于城市化。2008 年国际金融危机后,中国银行体系借信托通道为城市化发展提供了大量资金,形成了庞大的影子银行体系,或确切称之为银行的影子——钱主要来自银行体系,但服务于市政和住房开发的城市化需求;财政方面,发展城市依靠"土地财政",同时,空间规划优先于产业规划。于是,"孪生"于工业化激励体制之上的第二套宏观管理体系,在城市化阶段开始起主导作用,作为既成事实,它应城市化需求而生,但与第一套宏观管理体制相互牵制。宏观管理体制转型的方向,应是顺应深度城市化和高质量发展的要求,确立以"人民为中心"的经济社会多重目标,但在主体责任、发展目标和协调机制的重塑过程中,将遇到更多的挑战(张平、袁富华,2019)。

(二) 政府治理和宏观管理体制改革的着力点

宏观管理体制的转变与城市发展阶段特征相关联。国际货币基金组织(IMF)为中国宏观管理体制改革列出了十一项阶段性评估:从外部需求转向国内需求;从投资转向消费;从工业转向服务业;资源分配上,从国家导向转向市场和私人部门推动;从过高的企业债务转向可持续的杠杆水平;从财政债务(特别是地方政府债务)上升转向可持续的财政;从金融部门自由化转向改善治理;从增加要素投入转向提高生产率和鼓励创新;从不平等的增长转向更加包容性的增长;从高污染转向绿色增长、可持续利用能源;从旧式的、间歇的政府公告，转向及时、清晰易懂的沟通（林卫基、任志清、席睿德，2018）。这些评估说明未来发展的目标、宏观资源激励方向都需要进行根本性改革，而不是修补。

中国政府在经济新常态下，制定了"两步走"的现代化目标，重新确立新发展阶段的社会主要矛盾，努力推进国家治理现代化建设，把经济发展与转型的目标和步骤清清楚楚地摆在全国及全世界人民的眼前。中国发展路径的方向和目标是明确的。方向明确后，需要改变政府治理形态和与之相关的宏观经济资源配置体制与激励机制，才能使激励和资源配置向正确的方向转型。

1. 政府治理和公共财政体系改革

与政府治理高度密切相关的是财政体系，通过"税收法定原则"，中国在国家治理层面迈出了坚实的步伐。

调整政府治理最好的着手点就是财政，一方面改革基于工业化建构的财政体系，另一方面通过立法建立规范的政府治理体系，将公民纳入国家治理过程，通过立法、公共决策与监督参与等方式完善政府治理，建立以人民为中心的现代治理体系架构，建立财权和事权匹配的财政税收体系。这种重新匹配，不仅仅表现在财政收入和公共支出的数字匹配上，更应该体现在城市居民享受服务与承担纳税责任以及中央与地方事权财权的匹配上，否则会造成财税体制缺少可持续发展的韧性和合理性。

公共财政制度改革方向如下。（1）从流转税为主导的税收体制，转向以直接税和间接税为双支柱的混合型框架，从单一针对企业法人征税转向对自然人和法人共同征税，逐步形成纳税与享受公共福利相匹配的税收格局。（2）增加消费型增值税作为地方主税种，从流转税征收环节入手，对生产环节和消费环节征收增值税，即从生产环节继续向企业征税，税率下降到9%，降低企业的增值税负担，提升企业竞争力；同时从消费环节开征价外消费型增值税，税率从1%以内的水平开启，税收归地方，减轻地方对"土地财政"的过度依赖，同时通过提高服务质量、聚集人流消费获得税收收入。（3）强化政府预算和负债硬约束，这需要立法层面和政府监督层面的改革，当然这一改革也需要做债务的技术型处理，因为大量地方债务是因弥补地方财政缺口而累积的，属于中央－地方收支不匹配的产物，需要纠正。（4）实现中央与地方的事权和财权匹配，按服务范围与效率等原则对中央与地方事权进行合理划分，在城市化发展的今天已经无法回避。中央与地方事权匹配经过多年磨合已经有很多技术性讨论，但事权改革一直没有落实。中央和地方关系是财税改革的重点，划分方式有中国历史上积累的经验，也有大量国际经验可依据，因此是决心问题，而非技术难度问题。（5）包容性、绿色发展和未来社保基金的可持续性，都在挑战当前的财政收支体系和运转效率，需要将其纳入财政体系并重新进行系统性设计（付敏杰、张平、袁富华，2017）。

2. 货币供给体系改革

建立现代政府治理和公共财政体系才能推动中国的货币供给体系和利率市场化改革。中国基于外汇占款的货币发行方式在逐步转变。2013年外汇占款达到顶点后，随着2015年汇率改革，外汇占款显著下降，导致央行缩表。2016年央行依靠"其他金融机构借款项目"——以其他金融机构的国债等抵押物发行各类短期、中期便利（MLF）等——大幅度创造资产，新资产带来的货币创造占比已经逐步弥补外汇占款下降导致的货币量减少。通过不断降准提高货币乘数，以扩张M2的供给。以外汇占款做抵押的货币发行模式是明显的小国模型，类似货币局机制，可以稳定盯住汇率，最有利于出口导向，并推动出口－货币供给的良性循环，形成以出口导向为基础的货币供给体系。中国现阶段出口导向型工业化逐步结束，汇率按市场定价，货币发行的基础也发生了变化，以银行债券作为抵押再贷款的方式属于过渡模式，未来应逐步转向以公债为资产的大国信用模型体系，国债作为新的资产来源将逐步"登堂入室"。以国债收益率作为利率市场化和货币政策导引才是未来大国选择的方向。中国没有快速转向大国货币发行的原因很多，其中根本原因就是政府软预算，财政收支体系存在很多非规范问题，政府治理现代化是货币转向大国模型的前提。基于公债货币供给的转型时不我待，其原因一方面是为中国长期发展筹资；另一方面也要改变中国依赖外汇资产的货币发行格局，加快利率市场化建设，进行以国债利率为基准替代以中期便利利率为基准的LPR利率改革。如果政府治理和财政体制不能建立有效的自我约束监督体制，软预算无法克服，采用公债货币化的货币发行机制将导致经济的波动加大。

从城市发展资金需求看，央行货币供给的90%分配给银行体系，银行再分配给非银机构，绕开监管为城市发展贷款，这种方式资金成本高、期限短，与城市化发展对低成本和长期限资金的需求完全不匹配，是导致城市化大发展的同时负债快速增长的原因。中国的银行体系是推动工业化发展和规模效率的代表，但随着城市化的推进，多样化的需求需要更多样性的金融机构。增加金融机构的多样性，提高金融资源配置的灵活性，防范风险，改进金融监管效率，增强金融体系韧性，是货币供给体系改革的必要一环。

城市化阶段，建立统一的债券市场和多层次资本市场成为越来越迫切的需求，特别是债券市场的改革需要进一步加快。债券市场难以统一，监管规则不一致，创新债券品种难以推出，极大地延缓了中国债券市场的发展，也无法满足城市发展的需求。

3. 政府配置资源体制的改革

中国赶超成功的重要经验之一就是政府干预资源配置，即有为政府，通过产业政策、土地政策、税收优惠政策、选择性金融政策等推动工业化，积极招商引资。中央、地方政府的税收都与工业化高度相关，部委设置也与地方政府发展工业化纵向资源配置体系相匹配，形成了一组激励相容的中央、地方大力发展工业化的力量，取得了突出的赶超效率。但工业化完成后，产能过剩、过度污染和负债过高等问题慢慢暴露出来，中央提出的供给侧结构性改革，就是针对这些问题的改革举措。未来发展方向清晰，但激励机制尚未制定，政府继续沿着传统资源配置体制进行管理，各区域当前最重要的任务依然是招商引资，延续产业链延伸的发展思路，扩大工业制造产能依然是各属地的工作重点，但在需求难以扩张的条件下，必然会造成存量博弈、产能扩张、资源浪费。

中国政府从干预资源配置的产业政策转向激励竞争和激励创新的"创造环境"型资源配置产业政策依然任重而道远。产业政策是发达国家重要的功能性干预工具，注重产业和创新成长条件的改变，塑造创新环境是这种干预的本质。发达国家产业政策致力于对小企业的扶持，但这种扶持多用于改善环境、降低风险，而不是直接补贴。中国实现城市化后，创新和就业都需要中小企业的大发展，产业政策重点也应从干预产业发展转到主体开发区规划方向上，为小企业发展创造条件，在改善基础设施、金融设施、社会公共服务设施等领域加大投入。

因此，政府行政管理体制改革要加快推进，特别是应以事业单位体制改革为突破口，降低科教文卫体的行政管制，保障基础公共服务的质量。可以让市场配置资源以满足大众的需求，促进服务升级，满足以人为本全面发展的需要。具体而言，转变政府职能，一方面要从立法层面放松行政化管制，减少对资源分配的干预；另一方面提高监管水平，不断优化营商环境，迎接规则层面的治理参与并与国际规则对接，探索中国屹立于世界之道（张平、张自然、袁富华，2019）。

（三）构建社会等非经济因素的"正反馈"机制

两种宏观资源配置体制的资源争夺和激励机制不协调导致的经济摩擦，已经引起政府的高度重视。鉴于现阶段宏观调控仍然遵循传统工业化的资源配置体置，不可避免地导致混乱的状况出现，这有悖于城市化发展和转型的阶段性要求。从经济阶段转换的要求看，国家必须着眼于新的宏观资源配置体制的建设。第一，发展目标已经发生从以物质生产为中心向以人民为中心的转变，生产供给导向的宏观管理系统转向消费者导向的宏观管理系统。在这种背景下，提高居民收入份额和人力资本回报率、强化消费跨期效率补偿，成为宏观调控目标的一个重要方面。第二，发展机制已经发生从低成本 - 规模扩张的单一效率标准向基于多样性 - 风险分散的经济韧性标准的转变，以形成效率 - 韧性较为均衡的宏观资源配置体制。第三，激励方式已经发生从工业化的产业干预向竞争性政策的转变，特别是将服务部门从管制和低效率中释放出来，以部分市场供给的方式促进服务业升级，强化创新的市场激励。第四，发展战略逐渐从出口导向调整为"大国模型"，以内需为主，提升在国际分工价值链的地位，增加出口附加值，而不是提供补贴。

为了推动发展阶段转型和宏观资源配置的适应性转变，归根结底需要坚持两条。第一，要逐步推动政府治理现代化，构建基于城市化发展的资源配置体制，财政、金融、产业政策两套体制并轨，完成协调、监管、配置、激励信号的一致性，实现主体目标的一致性，从根本上转变为服务以人为中心的内需发展；第二，重构国家发展目标，发展目标从单一 GDP 绩效标准转向以人为中心的新的国家福利目标。

经济建设、政治建设、文化建设、社会建设、生态文明建设五位一体的新国家福利目标的实现需要一组非经济因素参与转型过程，构造"正反馈"机制推动高质量发展模式的转型。国内已经有很多相关研究，刘世锦、张军扩、侯永志等（2011）明确提出："以促进社会成员最大范围、最深程度、更高质量参与工业化、现代化进程为目标，着力推进相关领域改革取得突破；其要点可概况为：扩大参与机会，提升参与能力，完善鼓励创业、创新的制度和政策，创造稳定的参与预期的法制环境。""高质量发展是一个总括性理念，经济高质量是社会高质量和治理高质量的输出""城市化的本质是福利社会"，其转型的核心是要发展出"知识中产阶级"，这是一个重要角色，是参与转型、形成"正反馈"的重要群体（高培勇、袁富华、胡怀国、刘霞辉，2020）。高质量转型需要社会成员的广泛参与，并从中获益，构造这种"正反馈"机制才能有效地推动目标、路径和机制的成功转型。

福山（Fukuyama，2013）对国家治理的定义是"政府制定和执行规则以及提供服务的能力"。考夫曼等（Kaufmann et al.，2009）将国家治理定义为"一国行使权力的传统和制度，包括选拔、监督和更换政府的过程；政府有效制定和执行健全政策的能力及尊重公民和国家对管理公民之间的经济和社会互动的制度的尊重"。Besley and Person（2011）将其简单表述为"财政和法律"。付敏杰（2018）对此做了更为详尽的诠释，认为国家治理是国家财政理论与微观产权保护的"治理均衡"。

综合国家治理和公共选择理论，我们归纳梳理出国家治理体系现代化的三大支柱。（1）国家能力构造，可简化归结为财政能力，即法定税收征收能力和公共服务能力，矫正外部性，如自然保护等。强调税收与公共服务能力的匹配，提供高质量的社会公共服务与社会保障，通过再分配促进帕累托改进，提升全民福利水平。（2）基于法律执行的产权保护和保障市场配置资源体制的有效性，降低"免费搭车"对经济效率的瓦解，强调以产权和市场制度制衡政府权力。（3）社会广泛参与公共治理过程，制定社会民众参与程序、议事规则等依法行使权利的流程，保障公共资源取之于民、用之于民，用于改善微观市场缺陷和约束政府。三大支柱本质上都包含经济、政治、社会、文化、法律等多重因素，需要五位一体的建设。更重要的是要得到社会最广泛阶层人口的支持和参与，形成社会"正反馈"机制，推动多因素的共同演化。从共同演化路径看，通过完善法律体系，通过再分配和公共服务体系，提高教育、医疗的质量，扩大知识中产阶层的规模，有利于实现共同富裕和现代化转型。

2012 年以来，中国不断构建高质量转型的"四梁八柱"，从中央到地方纷纷设立相关目标，但没有宏观激励目标和与之配套的宏观资源配置体制的改革，难以推动转型，而在缺乏第一步转型的基础上，特别是没有社会受益者的支持，即尚未建立非经济因素的"正反馈"机制，转型往往被原有路径形成的利益格局锁定而难以完成。现实的体制目标是以人民为中心，提升人力资本，推动知识阶层崛起，形成"关于人力资本消费 - 创新效率补偿"的正向循环。现代社会的经济、政治、文化、社会目标并非最大化经济增长速度或短期规模效率，而是努力促进经济、政治、文化的协同发展以及作为社会基础力量的中产知识阶层的不断扩展，使其得到回报，并形成"正反馈"以推动转型。

基于这样的现代化转型过程，需要对现有的体制进行改革，并安排好转型的顺序，加强发展与改革的相互配合，实现多种体制资源的共同演化。2021～2035 年最重要的任务就是要基于城市化和全面小康后发展阶段的基础事实，对宏观激励目标和与之匹配的宏观资源配置体制进行调整，确保平稳进入高收入国家行列，在 2035～2050 年全面推动实现国家治理的现代化。

第一篇

结构性赶超：从加速到减速

第一章　资本化扩张与赶超型经济的技术进步

中国经济增长与宏观稳定课题组*

内容提要：本文从经济资本化的角度，对中国资本积累、技术选择行为及其与经济增长的关系进行研究。在对全国 1978～2008 年分省份全要素生产率（TFP）测算分析的基础上，提出了关于中国经济增长与技术进步机制关系的一种新的理解。中国作为一个从计划经济体制向市场经济体制转型的发展中国家，随着市场主体在经济发展中的角色重要性增强以及资产定价机制的形成，经历着一个渐次推进的经济资源存量快速资本化的过程。在 20 世纪 80、90 年代，经济资本化表现为实体经济中的资本形成。21 世纪以来，经济资本化则伴随着人民币升值，资本市场与国际接轨以及土地等要素价格重估。经济资本化对经济赶超和效率改进有正面激励效应，但对技术创新则可能有一定的抑制作用，导致中国的 TFP 增长率在低水平波动，对经济增长的贡献小。当前，经济资本化出现偏移，资源向资产部门过快集中，出现了资产价格快速上涨、产能过剩和实体经济创新不足等问题。只有对现行制度和政策进行调整，才能有效激励内生技术进步，转变发展方式，保持经济可持续增长。

关键词：资本化　投资　技术进步　经济增长

经过两个 30 年的跨越式增长，中国的经济总量在中华人民共和国成立 60 年之际进入世界前列，人均 GDP 超过 3000 美元，迈入了中上发展阶段。尽管

---

*　本文发表于《经济研究》2010 年第 5 期。"中国经济增长与宏观稳定课题组"负责人为张平、刘霞辉、张晓晶。本报告执笔人为张自然、王宏淼、袁富华、刘霞辉。参加讨论的人员包括刘树成、张晓晶、张连成、常欣、田新民、赵志君、汪红驹、仲继垠、栾存存、黄志钢、吴延兵、林跃勤、张磊、汤铎铎、陈昌兵、付敏杰。本研究受国家社会科学基金重大招标课题"提高宏观调控水平与保持经济平稳较快发展研究"（09&ZD017）项目资助。

受到国际金融危机的剧烈冲击,但在强有力的政府干预和政策保障下,中国经济在全球率先实现复苏,2009 年 GDP 增长率达到 8.7%。然而,我国经济在持续扩张中,也面临着一系列新老问题的挑战。增长结构性失衡、内部风险累积以及外部不确定扰动等,都影响"中国故事"能否延续。

早期发展经济学家认为,经济"起飞"的动力源于资本积累;而现代经济增长理论则认为,技术进步是经济增长的决定因素,而技术进步的源泉则是人力资本投资和知识创新。中国经济高增长中要素积累扮演何种角色,是否伴随着显著的技术进步,未来可否持续,一直是研究者们热议的话题。20 世纪 90 年代,美国经济学家克鲁格曼(Krugman,1994)关于东亚无技术进步的断言,激起了国际上对东亚模式的反思热潮,也引发了国内外学者对中国经济增长中全要素生产率(TFP)的测算历程(Sachs and Woo,2000;Young,2000;谢千里等,2001;张军、施少华,2003;颜鹏飞、王兵,2004;郑京海、胡鞍钢,2005;孙琳琳、任若恩,2005;郭庆旺、贾俊雪,2005;刘伟、张辉,2008;等等)。基本结论是,改革开放以来,中国 TFP 增长率不高且有较大波动,在一些年份甚至出现了持续下降的情况(如 20 世纪 90 年代中后期),直至近年才有所回升;基于省际数据的研究发现,TFP 在东、中、西三个地区以及各省份之间存在着明显的差异。总体上,中国经济主要靠要素累积尤其是高投资推动增长,TFP 增长对经济增长的贡献不大,低技术进步与高投资、高增长构成了巨大的反差。

但也有研究对此持不同观点。一些研究或测算认为,生产率的增长来自体现型技术进步与非体现型技术进步,中国的技术进步可能更多的是内嵌于设备资本的体现型或物化的技术进步,因而支持中国经济存在效率改进的观点(郑玉歆,1999;易纲、樊纲、李岩,2003;林毅夫、任若恩,2007;舒元、才国伟,2007;赵志耘等,2007;王小鲁、樊纲、刘鹏,2009)。另外,Bai C. E.,Hsieh C. T.,Qian,Y.(2006)以及北大中国经济研究中心"中国经济观察课题组"(2006)发现,改革开放以来,中国平均资本回报率明显高于大多数发达经济体,也高于很多处于不同发展阶段的经济体,这暗示着如果没有较大的效率改进,高回报现象是不可能持续出现的,外资也不可能涌入中国。

关于中国经济增长性质的激辩及相应的测算只是问题的一个方面,更为重要的是,不能仅仅停留在通过国际比较或数据分析做出一个要素积累型、效率增进型或其他的判断,而是要解析这种增长性质的现实条件和内在机理到底如何。我们认为,中国经济增长及其投资、技术进步的特殊性,可能来自开放条件下的"干中学"、低成本竞争与模仿－套利机制（中国经济增长与宏观稳定课题组，2006；2009）。为此，本文从经济资本化的角度，对中国资本积累、技术选择行为及其与经济增长的关系进行研究。在对全国 1978～2008 年分省份 TFP 测算分析的基础上，提出了关于中国经济增长与技术进步机制关系的一种新的理解。

工业革命以来，资本处于对经济资源的支配地位，经济增长源于经济资源的不断资本化。在经济发展的早期阶段，资本化主要表现为实体经济的资本形成，其含义是以资本为纽带，将其他生产要素组合以创造价值，在利润的激励下，促进经济产出的不断增加。在古典资本化过程完成后，现代资本化过程本质上是对未来现金流进行贴现定价、价值挖掘和重估。定价机制的转变使资本形成的外延扩大，在推动社会财富快速积累的同时，也带来经济虚拟化。从发达国家经验看，现代资本化是在古典资本化的资本形成达到一定程度后，才开始大规模进行的。一般说来，发展中国家在较长时间内处于古典资本化阶段，但是由于现代资本定价机制已逐步成为全球基准，使尚未具备条件的发展中国家在国际化进程中过快地进入现代资本化，这对其经济稳定和长期发展形成了新的挑战。

我们认为，中国作为一个从计划经济体制向市场经济体制转型的发展中国家，随着市场主体在经济发展中的角色重要性增强以及资产定价机制的形成，经历着一个渐次推进的经济资源存量快速资本化过程。通过相对价格体系动态调整而顺次实现的经济资本化，在 20 世纪 80、90 年代表现为实体经济中的资本形成，21 世纪以来则伴随着人民币升值、资本市场与国际接轨以及土地、矿产品要素价格重估。经济资本化对经济的规模扩张和效率改进有正面激励效应，但对内生的技术创新则可能有一定的抑制作用。随着机器设备、土地等不断进入资本化流程，中国经济面临的约束条件发生了重大变化。当前，经济资本化出现偏移，资源向资产部门过快集中，出现了资产价格快速上涨、过度贴现未来现金流、产能过剩和实体经济创新不足等问题，使实现内生的技术创新，转变发展方式成为未来的必然选择。

本文第一部分提出一般性的理论框架，分析发展中国家资本化过程对投资、技术进步的影响机制；第二部分通过对中国资本存量和 TFP 的测算，分析中国经济增长动力源泉的性质；第三部分分析中国资本化过程及特征，对资本化与投资、经济增长的关系进行实证检验；第四部分探讨资本化扩张的可持续性问题；第五部分是研究结论与政策建议。

一 经济资本化中的投资和技术进步：基本逻辑

从经济资本化角度看，微观企业层面的投资和技术选择，事实上是建立在追逐包括资本化租金①在内的总租金回报的基础之上的，而这又会构成一国特定时期宏观层面的资本形成和技术特征。由于普遍的实物资产扩张和"干中学"加速效应，纯粹技术创新（广义技术进步）往往受到抑制，经济增长模式因而也更多地体现为资本积累驱动和资本体现型技术进步双重特征（狭义技术进步）。

1. 为更直观地说明我们的理论，首先从一个基准模型开始。假设代表性家庭的效用函数为：

$$u = \int_0^\infty e^{-\rho t} U(c) \, dt \tag{1}$$

c 和 ρ 代表消费数量和时间偏好率，并且 $0 < \rho < 1$。假定一家代表性企业的新古典生产函数为：

$$Y = F(A, K) \tag{2}$$

其中，Y 是产出，A 是技术创新，K 是资本存量，均是人均意义上的变量（将劳动力单位化为1）。不考虑折旧。假定技术创新新增投资 I^A 面临一个转化率 σ。K 和 A 的演化方程如下：

$$\dot{A} = \sigma I^A, \quad 0 \leqslant \sigma \leqslant 1 \tag{3}$$

$$\dot{K} = I^K \tag{4}$$

预算约束为：

$$F(A, K) = I^K + I^A + c \tag{5}$$

该优化系统的现值哈密尔顿函数如下：

$$H = e^{-\rho t} U(c) + \lambda e^{-\rho t}[F(A,K) - I^K - I^A - c] + \lambda_A e^{-\rho t} \sigma I^A + \lambda_K e^{-\rho t} I^K \tag{6}$$

一阶条件和欧拉方程如下：

---

① 在经济学中，"租金"一般是指具有稀缺或有限供给特点的资源所产生的超平均收益，它包含资源稀缺、信息垄断和生产力水平差异等造成的结果。

$$U'_c(c_t) = \lambda \tag{7}$$

$$H_{I^A} = -\lambda + \sigma\lambda_A = 0 \Rightarrow \lambda = \sigma\lambda_A \tag{8}$$

$$H_{I^K} = -\lambda I^K + \lambda_K I^K = 0 \Rightarrow (\lambda_K - \lambda)I^K = 0 \Rightarrow \lambda_K = \lambda \tag{9}$$

由一阶条件，可得均衡时三个影子价格之间的相对数量关系：$\lambda = \lambda_K = \sigma\lambda_A$

$$H_A + \dot{\lambda}_A = \rho\lambda_A \Rightarrow \sigma F_A(A,K) + \frac{\dot{\lambda}_A}{\lambda_A} = \rho \Rightarrow \sigma F_A(A,K) + \frac{\dot{\lambda}}{\lambda} = \rho \tag{10}$$

$$H_K + \dot{\lambda}_K = \rho\lambda_K \Rightarrow F_K(A,K) + \frac{\dot{\lambda}_K}{\lambda_K} = \rho \Rightarrow F_K(A,K) + \frac{\dot{\lambda}}{\lambda} = \rho \tag{11}$$

以及横截性条件：$\lim\limits_{x\to\infty}\lambda_A A e^{-\rho t} = \lim\limits_{x\to\infty}\lambda_K K e^{-\rho t} = 0$

式（10）和式（11）给出了实物资本积累和技术创新两部门的套利条件。两式左边的第一项为边际产出，来自实物资本的生产性租金；第二项是资本利得，来自资产市场溢价。利用一阶条件可得两部门间的套利条件：

$$\sigma F_A(A,K) = F_K(A,K) \tag{12}$$

该条件假定在均衡时，两部门的资产溢价相等，同时要求创新部门可实现的边际产出等于资本积累部门的边际产出。

2. 上述模型只是一个基准，均衡条件隐含着该系统自非均衡向均衡状态演化的基本机制。现实中，在缺乏一个统一的资本市场的情况下，技术创新投资与实物资本投资的影子价格可能是不相等的。为此，只需要讨论在非均衡情况下的套利机制。假定 ρ 为实际利率 r（忽略通胀）的机会成本。一般而言，两个部门的经营目标为：

$$\sigma F_A(A,K) + \frac{\dot{\lambda}_A}{\lambda_A} \geqslant r, F_K(A,K) + \frac{\dot{\lambda}_K}{\lambda_K} \geqslant r \tag{13}$$

在不完全严格意义上，我们可根据模型结果定义创新部门和资本积累部门的租金 R_A、R_K 分别为：

$$R_A = \sigma F_A(A,K) + \frac{\dot{\lambda}_A}{\lambda_A} - r, R_K = F_K(A,K) + \frac{\dot{\lambda}_K}{\lambda_K} - r \tag{14}$$

从上式可以清晰看出，对实物资本和技术创新的投资，会带来不同的租金收入。

（1）对实物投资而言，其"实物经营租金"来自两部分："生产性租金"

（购买机器设备进行生产所实现的超额边际收益）以及"实物资本化租金"（或资本利得，即实物资产进行产权交易带来的溢价）。相比较而言，"实物经营租金"是可以把握的，因为机器设备等实物资产看得见、摸得着，产能可预测，同时与人力资本、技术等无形资产比较，实物资产的专用性低，在资本市场上容易被定价，因此"实物经营租金"具有相对较高的确定性和可控性。

（2）就研发、组织创新以及技术创新的投资而言，会带来"技术创新租金"。它由"技术垄断租金"和"技术资本化租金"两部分构成，前者指因创新带来的边际实物产出大大超过边际成本的部分，后者指在技术转让市场或资本市场上的资产价格升值。但首先由于创新投资存在着相当大的风险（体现在转化率 $0 \leqslant \sigma \leqslant 1$ ），因此"技术垄断租金"是极不确定的；其次由于发展中国家的技术交易市场不成熟，更缺乏一个有效的风险投资市场，"技术资本化租金"也很难实现。从而总体上使得对技术创新的投资具有较大的不确定性。

（3）由于企业在一定期限内可运用的资金总量大体上是相对固定的，因此在选择是对技术创新投资还是对实物资本投资时，就要进行利益权衡。模型的套利条件及租金公式说明，如果预期的"实物经营租金"高于"技术创新租金"，一般就会趋向于将更多的隐性资产贴现或将更多的资金用于购买现成的机器、设备和附着技术，这会带来实物资本积累和资本增进型或体现型技术进步（狭义技术进步），同时也因资源配置效率改善而促进一定程度的全要素生产率的提高（广义技术进步）。如果预期的"技术创新租金"高于"实物经营租金"，那么企业就会倾向于进行自主研发投入和技术创新。

3. 考虑技术进步的形式及其边界条件。假定发展中国家的技术进步以两种方式实现：一是创新，通过知识、技术创造和组织创新使 A 发生变动（广义技术进步）；二是更新，物化于 K 的积累中，体现在资本积累部门 I^K 之外但附着于机器设备的学习成本（投资） $\psi(I^K)$ （狭义技术进步）。 $\psi(I^K)$ 可以被解释为向国际技术前沿的学习程度，决定了相对于一单位最终产品的机器设备等固定资产的价值。厂商可以通过在生产中的经验积累，购买更先进的机器设备、专利和资料以及向发达经济体学习来实现"投中学"和"干中学"。 $\psi(I^K)$ 的变化与实物资本 K 积累相关，具有 $\psi'>0$ ， $\psi''<0$ 的性质。资本积累部门初始学习的边际成本为单位1，之后随着资本积累的提高，最终使得本国物化的技术水平向国际前沿收敛。这样，在包含"干中学"效应的新生产函数中，总的实物资本形成就变为 $K'=K+\psi$ ，但实物投资 K 与学习投资 ψ 的产出效率不同， $F_\psi(A,K,\psi)>F_K(A,K,\psi)$ ，即学习带来的边际产出要大于纯粹实物资

本的边际产出。因而带有"干中学"的实物部门总投资的预期租金为：$R_{K'} = F_K$

$(A, K, \psi) + F_\psi (A, K, \psi) + \dfrac{\overset{.}{\lambda}_{K'}}{\lambda_{K'}} - r$，由于存在"干中学"的加速效应，

$R_{K'} > R_K$，实物经营租金得到了提高。因此，在实物资产显性化、资本化、并普遍具有资产溢价（对应于公式右边第三项）的情景下，加上"干中学"效应（对应于公式右边第二项），企业会趋向于选择资本体现型的狭义技术进步，而不是技术创新带来的广义技术进步。在上述基本条件变化带来总边际收益下降以至无法弥补边际成本时（总租金＝0），企业才可能从实物资本积累向技术创新转变。

上面的分析表明如下结论。(1) 在资源约束的情况下，企业总是面临着是对实物投资还是对创新投资的抉择。相对而言，前者具有较大的确定性和可控性，后者具有较大的不确定性。企业最终的投资决策来源于对这两方面租金回报的判断。(2) 在一个快速资本化的发展中经济体中，由于普遍存在着资产重估及溢价，经济主体的理性选择是进行实物投资、低成本占有资源或将隐蔽资产进行显性化交易而不是技术创新。这种微观选择，在宏观层面上会促成一国的资本形成以及配置效率改善带来的全要素生产率提高，但会抑制纯粹的知识和技术创新带来的广义技术进步。(3) "干中学"带来的加速效应，会使企业趋向于选择直接购买或进口现成的机器设备和技术，而不是选择自主性技术创新，这会进一步促进资本形成及资本体现型技术进步（狭义技术进步），但技术创新带来的广义技术进步会被压制。(4) 在纯粹经济学意义上，只有当隐性的固定资产存量基本显性化（重估效应趋近为0）、资产溢价回归基本价值（升值效应趋近为0）、随资本积累扩大的"干中学"效应已经衰竭（接近国际技术前沿）三个条件被满足的情况下，一个发展中经济体才可能从以实物资本积累为主的增长模式，真正转向以知识、技术等广义资源显性化、资本化为特征的创新型经济增长。

二　中国的资本形成、增长模式和技术进步的性质

一个经济体选择什么类型的增长模式，是内外部宏观条件和微观行为交互作用的结果。由前面的理论演绎可知，在一个快速资本化的发展中的经济环境中，由于普遍存在实物资产重估和溢价（加上"干中学"作用机制），经济增

长模式往往会体现为资本积累驱动和资本体现型技术进步双重特征。中国经济发展是否也符合这一规律？投资、技术进步、经济增长的性质如何？技术进步与经济资本化之间存在什么样的关系？我们将在接下来的两节中对这些问题进行求证。

本部分将涉及中国资本形成、增长动力和技术进步的估计、量化测算和性质判定。对 TFP 的估计方法参看张自然（2008）的研究。估算过程如下：（1）估计 30 个省区市 1978～2008 年固定资本存量的面板数据，并加总得到全国的固定资本存量（结果见附表 1）；（2）利用固定资本存量估计结果及现有的劳动力和 GDP 数据，采用 Fare et al.（1994）构建的基于 DEA 的 Malmquist 指数法，并利用 Coelli（1996）给出的数据包络分析软件包 DEAP 计量软件，得出 30 个省区市及全国的全要素生产率（TFP）增长情况（结果见附表 2）；（3）利用固定资本存量、劳动、GDP 和 TFP 增长等相关数据，分析要素积累与技术进步对经济增长的贡献率（结果见附表 3）；（4）进一步对各省区市经济的全要素生产率进行分解，得到 1979～2008 年全国的 TFP 指数分解，以进一步求证中国技术进步的具体性质（结果见附表 4）。我们的主要发现如下。

1. 资本存量快速增加

一个经济体的资本化，在实体经济的资本形成阶段，其结果是资本存量的增加。资本存量指在一定时点下生产单位中资本资产的数量，一般是指固定资产。当期实际资本存量由上期实际资本存量与当期实际净投资两部分构成。

为说明中国的资本化特征，本文采用永续盘存法对 1978～2008 年的固定资本存量进行了测算，计算方法是将第 i 个省区市的第 t 年的固定资产原值表示为：$K_{it} = K_{i,t-1}(1-\delta) + I_{it}$，其中 I_{it} 是第 i 个省区市第 t 年的当年新增固定资产投资，K_{it} 是第 i 个省区市第 t 年的固定资产原值，δ 是折旧率。1978 年全国的固定资本存量利用 1952～1978 年的固定资本形成指数，新增固定资产投资和 1952 年的固定资本存量得到，并换算成 1978 年的价格。[①] 各省区市的以 1978 年为基期的固定资本存量由 1978 年的全国固定资本存量按当年各省区市占全国的全社会固定资产投资的比来确定。把各省区市的全社会固定资产投资总额按照全国的全社会新增固定资产投资与全社会固定资产投资总额的比换算成各省区市的全社会新增固定资产投资。由各省区市和全国的国内生产总值指数、全

---

① 1952～1990 年的全国的新增固定资产投资和固定资本形成总额之比约为 1，因此该期间可以利用固定资本形成指数来代替固定资产价格指数。

国的固定资产价格指数及 1991 年后的各省区市的固定资产价格指数〔来源于《中国统计年鉴 2009》和"中国国内生产总值核算历史资料（1952—2004）"等〕可以得到各省区市 1978 ~ 2008 年以 1978 年为基期的固定资产价格指数。确定了各省区市 1978 年的固定资本存量、全社会新增固定资产投资、以 1978 年为基期的固定资产价格指数和折旧率后，按照永续盘存法，我们计算出 30 个省区市 1978 ~ 2008 年以 1978 年为基期的固定资本存量（结果见附表 1）。结果表明，中国的固定资本存量目前呈高速增长之势，对 20 世纪 80 ~ 90 年代和 21 世纪以来的每一个 10 年区间的前、后两个半期进行比较，发现大体上显现出"前低后高"的增长格局（即每个 10 年的前半段相对低增长、后半段相对高增长）。从近年的情况看，资本积累更呈现突飞猛进的态势。

2. 中国经济增长的性质：基于动力源泉分解

通过中国省级 1978 ~ 2008 年的面板数据，运用非参数的 Malmquist 生产率指数法，我们首先分析了中国 30 个省区市全要素生产率（广义技术进步）的变动情况，并将其分解为技术进步（狭义）和技术效率变化。接着利用分阶段的随机前沿分析法，进一步得到了资本和劳动的产出弹性。将 TFP 增长对 GDP 贡献的剩余部分通过资本和劳动的份额平摊，可得到资本和劳动对 GDP 的贡献率。据此测算出 TFP 增长、资本和劳动对 GDP 的贡献率（相关的数据请参见附表 3）。为了稳妥起见，我们也用传统的增长核算方程对三者的贡献率进行了估计，列在附表 3 的最后两列。两者估计结果稍有不同，但在大的方面是基本一致的。因此，下面的讨论只基于分阶段的随机前沿分析法的估计结果展开。

图 1 - 1 显示了中国经济增长中，资本积累、劳动投入与 TFP 三大动力源泉

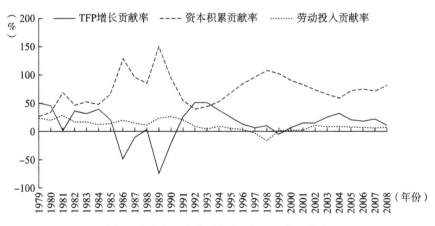

图 1 - 1　TFP 增长、资本积累和劳动投入对 GDP 的贡献率（1979 ~ 2008）

的贡献的变动趋势。1979~2008年，中国TFP平均增长率为2.1%，TFP增长对经济增长的贡献率为19.7%；资本积累的平均增长率为10%，对经济增长的贡献率高达70.4%；劳动投入的平均增长率为2.0%，对经济增长的贡献率为9.9%。据此基本可以认为，中国经济增长的性质或模式为要素投入型增长或资本积累型增长，这与大量研究的结论是一致的。从产出弹性看，资本的产出弹性大体上在0.48~0.63，1979~2008年30年的平均值为0.57；劳动的产出弹性在0.35~0.58，平均值为0.42。与许多发达国家常规的生产函数（劳动占主导）相比，中国的资本产出弹性接近0.6是很高的，这也从另一个角度说明了改革开放30年，中国处于大规模资本积累阶段，资本占主导，而劳动则处于"弱势"地位。

我们的估测结果也表明，中国的资本积累增长率及其对经济增长的贡献率，与全要素生产率所代表的技术进步（广义）对经济增长的贡献率，表现出明显的此消彼长的关系。即在快速资本积累、资本化扩张主导经济增长的时期，TFP的作用相对较弱；而当资本积累较慢、作用下降时期，TFP的作用就会增强。分阶段来看，30年中的每一个10年的前半期与后半期相比，资本积累速度都显现出"前低后高"之势，例如，固定资本增长率在1979~1983年平均仅为6.3%，但1984~1988年则达到年均12.6%；1991~1995年平均为8.5%，但1996~2000年则达到年均11.4%；2001~2004年均为10.9%，并不算低，但2005~2008年的资本积累势头更猛，年均高达14.7%。相反，TFP的贡献率在每个10年的前后半期的比较中，则表现出"前高后低"的态势。因此测算的结果，与前文模型所刻画的情景是一致的，当经济处于实物投资有较大回报、资本积累加速期时，广义技术进步（或谓创新）带来的效率改进动力就会相对不明显，经济甚至处于不创新的状态。

3. 中国技术进步的性质

全要素生产率的增长不仅取决于所用技术水平的提高（狭义技术进步），还取决于对现有技术的使用、发挥状况（即技术效率）的改进。从长远看，与设备、工艺更新相关的技术进步（狭义）是TFP变动的主要来源，而反映生产潜力发挥程度的技术效率变动往往与短期因素有关。将TFP增长率分解为技术进步（狭义）和技术效率变化，体现了经济增长的增长和水平效应（Lucas，1988）。增长效应意味着生产可能性曲线移动，促进了技术进步（狭义），水平效应意味着向生产可能性边界移动，提高了技术效率。

为使TFP的测定更细致化，同时也为更深入地理解中国技术进步的具体性质，我们将 TFP 增长分解为技术进步和技术效率变化（后者又包括纯技术效率变化和规模效率变化）。结果表明，在 TFP 演进的大趋势下，改革三十年中国技术进步（狭义）年均增长 3%，技术效率年均变化却为 -0.9%。对 TFP 增长起主要作用的是技术进步（狭义），而技术效率的恶化对 TFP 增长起抑制作用。这就意味着在很大程度上，中国 TFP 改进的主要源泉来自资本体现型技术进步。

对中国东、中、西部地区进行比较后发现，东、中、西部地区的技术进步（狭义）本身差距并不十分大，但东、中、西部地区的技术效率之间差距显著，导致东、中、西部地区的全要素生产率增长差距较大（见附表 2）。就地区来看，TFP 增长最快的是东部地区，TFP 年均增长率为 3.78%，TFP 增长对经济增长的贡献为 32.5%；其中，尤以广东增长最为迅速，TFP 年均增长 6%，技术进步（狭义）年均增长 4.4%，而技术效率变动为 1.50%。处于第二位的是中部地区，TFP 年均增长 1.51%，对经济增长的贡献为 14.95%。最末的是西部地区，TFP 年均增长 0.79%，对经济增长的贡献仅为 7.86%。中国东、中、西部地区的技术进步（狭义）年均增长率分别为 3.83%，2.67% 和 2.44%，技术进步本身差异并不是特别显著，但东、中和西部地区技术效率分别以年均 -0.05%、-1.14%、-1.60% 的速度恶化，中、西部地区的技术效率恶化更为严重，导致中、西部地区与东部地区的全要素生产率增长差距扩大。故地区数据也支持了中国 TFP 的主要源泉是技术进步（狭义）的判断，而东、中、西部地区技术效率恶化均对全要素生产率增长起着抑制作用。

三　中国资本化过程的扩张效应与 TFP 变动

上述资本积累型技术进步驱动的经济增长与经济资本化过程到底体现何种关系，需要进一步从经济发展事实及实证检验中寻找答案。

中国的资本化过程是在改革的基础上实现的。早期的大量研究认为，中国经济改革的初始性质为增量改革，即在不触动体制内产权的基础上，对经营或投资所实现的净收益（增量）的分配结构进行调整，以达到调动经济主体积极性的目的。我们的估算表明，1978~2008 年，中国经济的实物资本存量年平均增长 10%，而劳动人数增长仅为 2%，实物资本增长与经济增长保持了同步。30 年来资本存量高速增长的背后，是机器设备、建筑物、土地使用权、矿山乃至文物资源等有形资本源源不断地通过经济资本化过程"浮出水面"，并被重新估值，进入了生产函数。粗线条看，这种资本化扩张引致的技术进步过程大致上经历了三个阶段:(1)20 世纪 80 年代是农业和乡镇工业发展带动下的经济增长。在这 10 年的前半期,农村制度创新激励下农业经济效率的一次性提高对经济增长的作用较明显,后半期随着 TFP 下降,农业剩余资本配合金融多元化激励下的工业资本积累开始主导经济流程。(2)20 世纪 90 年代开始转向制造业发展。这一时期资本化与资本形成之间的关系,更多地表现为实物资产重估推动下的规模扩张逐年升级,相应地 TFP 的作用却逐年减弱。(3)21 世纪后,中国经济资本化进入城市化加速带来的土地价值重估与溢价双重主导的发展阶段,尤其在 2005 年之后,伴随着汇率改革,越来越多地表现为国际资本参与下的实物资产甚至虚拟资产升值推动的急速资本形成,而经济创新被抑制,全要素生产率维持在低位增长。

分阶段看,改革开放首先始于 20 世纪 80 年代开始的农村家庭联产承包责任制。农村家庭联产承包责任制的实质,是国家让渡土地资源的使用权(租借土地,以公粮为对价),与从集体农庄中获得人身自由的农民相结合,形成一个基于家庭的"小规模农户企业"和新生产函数。这可视为中国第一轮的经济存量资本化过程,即农村土地使用权的资本化。对农民来说,由于人身可支配、土地可使用、收益可分享,因此大大调动了他们的积极性,随着劳动生产率的快速提高,带来了人均产出的增长。农业产出的增长,使农民在交纳公粮后有了一定的农业剩余,在相对确定、家庭拥有决策权和收益权的新生产函数条件下,农户就可能加大对附着于土地的固定资产进行投资和技术革新,这对 20 世纪 80 年代初期的技术进步形成了正面影响。同时,乡镇企业(社队企业)、农村个体、联户办企业开始迅速发展,为改革后不断扩大的农村剩余再投资和劳动力析出创造了资本化的条件,带动了农村产业结构、就业结构变革和小城镇发展。据估计,农村土地制度改革对农业增长的贡献率约为 40%。土地使用权隐性资本化与解除束缚后的自由民所释放的巨大能量相结合,使中国在 20 世纪 80 年代初期迎来了经济效率改进和规模扩张的"黄金发展时期"。正是农业的发展为未来资本化带来了经济剩余。

进入 20 世纪 90 年代,农业剩余减少,中国的资本化主要围绕工业部门,由国企、外资和民企三条路线并行展开。首先,20 世纪 90 年代初,国有企业开始实行现代企业制度改革,通过企业改制、下岗分流、兼并重组等手段,对资本存量进行再评估,重构企业生产函数,允许符合条件的企业上市。1990 年底沪深两个股票市场(以及这期间各类产权交易市场)的正式建立,推动了此后经济资本化的加速进行。统计数据表明,1993 ~ 2000 年,新上市企业有 1104

家，年平均上市达 138 家，其中 1997 年最多，达到 222 家（当年筹资额达到近 1300 亿元）。20 世纪 90 年代后半期的资本形成在此背景下得到了明显的扩张。其次，1984 年新的外商投资法实行，中央和地方都采取了大量优惠措施吸引外资。伴随着 1992 年中国市场化改革和开放力度的加大，FDI 流入加速。20 世纪 90 年代，各地区都把招商引资放在重要位置，纷纷通过土地、税收等优惠政策吸引外资。1985～1991 年，FDI 流入的年增长率仅为 14%，年流入量为 45 亿美元；1992 年迅速增长至 110 亿美元，1993 年为 280 亿美元，这两年的增长率均超过 150%；到 1997 年，FDI 流入达到 490 亿美元。经济开放带来的生产函数重构、"干中学"和市场范围扩展的分工深化，在 20 世纪 90 年代初期促进了经济效率的提高。最后，民营企业在此期间也迅速发展壮大。随着党的十四大、十五大对民营经济的肯定，民营企业从体制外进入体制内。到 1999 年时，民营企业户数达到 151 万户左右，从业人员增至 2021 万人。民间投资的发展，推动了资本形成、就业扩大和经济效率的大幅度提高。

总的看来，20 世纪 90 年代开始了中国企业从计划体制转向市场体制的过程，进入经济存量急速资本化扩张阶段。原先处于"冷冻"状态的机器设备、建筑物及土地使用权被激活、重新评估、组合及资本化，同时带动国民储蓄进入资本市场，最终形成了国家、私人及外资三方合资的总量生产函数，机器设备投资主导的资本形成在 20 世纪 90 年代的大部分时间里得到了迅速扩张，在开放条件下实现了分工、市场扩大和效率提高的"斯密式增长"。然而，20 世纪 90 年代中期之后，由于经济重组及亚洲金融危机带来的不稳定，加上资本化中的高资产溢价和投机泡沫等原因，实物产出受到较大影响，技术进步在此期间也出现了下降。

21 世纪以来，中国经济资本化进入了第三个阶段，即城市化加速带来的以土地价值重估为主导的资本化。无论是国有还是集体土地，其参与资源配置的主要方式表现为土地的交易或流转，通过土地产权的交易与价值重估，在进行土地资本化的同时实现土地价值的增值。土地作为一份国家固定资产，其使用权作为可交易的契约具有单独的资本价值。土地使用权由政府出售之后，在二级市场上可以交易，使之具备了资本的属性，而且是相对独立于土地之外的资本，全社会的资本供给也因此增加。在经营性、行政事业性和资源性三大类国有资产中，以土地为载体的资源增值最快最大，可以说主导了经济流程，并带动了地面建筑物价格的快速上扬。从 1998 年开始（尤其是 2003 年以后），国有企业占用的土地须按土地市价估值计为国有资本或国有净资产。可以说，2003

年以后的国有资本形成中，有很大一部分是国有土地使用权资本化的结果。此外，随着 FDI 加速流入，新一轮国企上市、海外上市潮，中国资本市场进行了股权分置改革，原来非流通的股权开始贴现，资本化扩张在近年更呈现突飞猛进之势。

改革开放以来，以土地资本化、股票资本化与 FDI 流入三方面为主要特征的资本化进程，究竟与中国资本形成、经济增长之间构成何种关系，我们在此做一个计量检验。时间范围为 1992～2008 年。其中，土地资本化以土地出让收入度量，数据主要来自《中国国土资源公报》和付敏杰（2010）；股票资本化数据以年度国内外上市筹资额度量，数据来自中国统计信息服务系统；FDI 流入为年度实际合同金额，数据来自《中国统计年鉴》，并按当年年内平均汇率折算成人民币。以上三者为解释变量。建立双对数线性模型，第一个方程的被解释变量为年度全国固定资产投资（Investment），第二个方程的被解释变量为国内生产总值（GDP），数据均来自《中国统计年鉴》。估计结果分别为：

$$\ln(Investment) = 3.4017 + 0.2157 * \ln(land) + 0.1994 * \ln(equity) + 0.2938 * \ln(fdi)$$

$$s.e. = (0.7724) \qquad (0.0511) \qquad (0.0739) \qquad (0.1310)$$

$$t = (4.4037) \qquad (4.2212) \qquad (2.6988) \qquad (2.2419)$$

$$R^2 = 0.94 \qquad F = 67.8 \qquad DW = 1.76$$

方程拟合良好，DW 值显示无自相关。方程中，土地出让收入（land）、股票上市筹资（equity）、FDI 流入三者的固定资产投资弹性分别为 0.2157、0.1994、0.2938，说明随着与资本化有关的相关解释变量每提高 1%，固定资本形成（Investment）可分别提高 0.2157%、0.1994%、0.2938%。这证实，中国 20 世纪 90 年代以来的经济资本化促进了资本形成。

$$\ln(gdp) = 4.7848 + 0.1950 * \ln(land) + 0.1515 * \ln(equity) + 0.5197 * \ln(fdi)$$

$$s.e. = (0.6917) \qquad (0.0457) \qquad (0.0662) \qquad (0.1173)$$

$$t = (6.9171) \qquad (4.2630) \qquad (2.2905) \qquad (4.4293)$$

$$R^2 = 0.96 \qquad F = 94.2 \qquad DW = 1.73$$

方程同样拟合良好，DW 值显示无自相关。方程中，土地出让收入（land）、股票上市筹资（equity）、FDI 流入的产出弹性分别为 0.1950、0.1515、0.5197，说明随着与资本化有关的相关解释变量每提高 1%，国内生产总值（GDP）可分别提高 0.1950%、0.1515%、0.5197%。这就证实，中国 20 世纪 90 年代以来的经济资本化促进了经济增长。

从上面的分析可以得出如下结论。第一，就国家宏观层面而言，经济发展也是一个经济存量资本化过程。如何把固化形态甚至无形的"隐蔽资产"适时且合理地转变为可流动的、经济学意义上的资本，并由此促进有效的资本形成和提高经济效率，对后发国家的发展具有关键意义。第二，从经济资本化顺序来看，一般按照通用设备、建筑物、土地等固定资产以及商标资产和技术资产、企业家才能等顺次展开——这是由它们的资产专用性决定的，专用性越低，越容易定价和交易。中国目前还处于实物资产资本化阶段。第三，从区域发展来看，资本化程度越高的区域，资本化溢价越大，由此所衍生的财富放大效应越强，带动的资本形成也越大。在某种意义上，中国东、中、西部地区发展不平衡或许正是由资本化程度不同而带来的。

四 资本化扩张的可持续性问题

改革开放以来，特别是 20 世纪 90 年代后，资本化扩张加速，中国经济的大繁荣与此密切相关。然而我们应该认识到，合理有序的资本化过程对于资本形成和效率提高有正面作用，但过度资本化会构成负面冲击，它不仅可能带来低效或无效的资本形成，而且抑制、阻碍技术创新的步伐。

国际经济学早期文献研究的"荷兰病"[①] 及数十年来国内外学界热议的"资源诅咒"命题都一再提示世人，一国在发现大量高价值的资源之后，中短期内会激发一轮资源投资热和经济增长高潮，但在若干年后，其可持续性一定会受到挑战，过度贴现与自然资源相关的现金流，最终会在长期内拖累经济增长，甚至使该国面临经济危机。究其原因在于，资源开发热会带来某些资源品的价格高涨，大量资本和人力涌入该行业追逐高回报的同时，也抬高了各类要素的价格，随着部门间贸易条件的调整以及本币升值，会使国内制造业逐步萎缩。为了补偿损失，该国可能对制造业实施贸易保护，却反而使制造业内生创新动力不足而不断失去国际竞争力，从而形成一个恶性循环。

---

① 荷兰在 20 世纪 50 年代发现海岸线蕴藏丰富的天然气，并因此迅速成为以出口天然气为主的国家，但在财富增加的同时，荷兰国内创新的动力日益减弱，国内的工业等其他部门出现萎缩，失去国际竞争力。至 20 世纪 80 年代初期，荷兰经历了一场前所未有的经济危机。"荷兰病"也因此成为国际经济学中的经典命题。所谓的"资源诅咒"现象是指，自然资源与经济增长并不存在必然的正相关关系。拥有较少自然资源的经济体，如日本、韩国、新加坡和瑞士等，一直有较高的经济增长率，而尼日利亚、安哥拉和委内瑞拉等许多自然资源丰富的地区的发展速度却很低。

　　由于中国是一个劳动力充裕、资源稀缺、中间品需要进口的制造业大国，因资源部门的意外繁荣而引发普遍的要素价格上涨和转移效应等情况也许不会在中国全面上演，但是中国在经济资本化扩张过程中，大量隐性资产存量的显性化、资本化也存在着类似"资源发现"的经济机理。资产溢价带来大量资本一次性或多次注入某些地区或部门，另一种性质的"荷兰病"可能会发生。其对经济增长的负面冲击应当引起高度警惕。

　　1. 就自然资源而言，长期以来地下资源丰富的地区，如山西、东北三省份、云南、贵州、新疆等，已经显现出资源过度开采、污染严重且创新不足等"通病"，其经济绩效远逊于自然资源匮乏的浙江、江苏等地区。包括石油、天然气、煤炭、矿石等为主的自然资源部门的全要素生产率在近年都出现了普遍下降。

　　2. 从企业资本化角度看，趋之若鹜的"上市潮"背后是对利润和政绩的追求。由于普遍存在着一次性 IPO 溢价和后续资产升值带来的高额租金，20 世纪 90 年代以来，大量中国企业（包括地方政府）都把上市当作"圈钱"的重要渠道。上市公司在 IPO、配股、增发、可转债的转股价格、转股比例设计上都实行高溢价发行机制，巨大的"高溢价"产生了过高的资本化租金，上市公司每股净资产倍增。这造成了畸形的资本市场结构——我们根据 IMF、中国统计局及证监会数据的测算结果表明，中国金融资产总量（债券、股票和银行资产之和）近年增长迅猛，2009 年总值约达 121 万亿人民币，与 GDP 之比达到 3.6，已经在近年 3.53 的世界平均水平之上。从资本市场来看，中国股票市场资本化占 GDP 的比重已达到 73%，在世界主要经济体中，仅次于美国（81%），远超德国（30%）和欧盟（43%），同时也远超世界平均水平（55%）；但是私人债务证券只占 GDP 的 9%，远远低于世界平均水平（85%）。高溢价使中国资本市场的托宾 Q 值长期高于 2，甚至达到 3~4，许多企业只醉心于追求资产回报。

根据我们前面的租金公式 $R_{K'} = F_K (A, K, \psi) + F_\psi (A, K, \psi) + \frac{\dot{\lambda}_{K'}}{\lambda_{K'}} - r$，在不考虑产品需求等其他影响因素的情况下，只要存在垄断性的产品定价、抢先模仿的先行之利，或者有资产溢价"补贴"，企业的实物资本边际产出不一定要达到最佳值，其租金回报便可达到预期目标。长此以往，就会出现过度投资、产能过剩但内生创新动力不足。

　　3. 近年的土地与房产的资本化，已经偏离正常轨道。（1）高地价、高房价引发越来越多的社会矛盾，成为影响经济增长和社会和谐的一个严重问题。在土建成本没有太大提高的情况下，房价上涨不仅源于城市化带来的真实住房需求上升、土地资源稀缺导致的供求矛盾以及市场投机因素，更源于地价资本化中政府土地出让金的不断攀升。据国土资源部 2009 年的调查结果，全国地价占房价比平均为 23.2%，再加上各种配套税费，政府收益实际上占房价的 33% ~ 39%，部分大城市的地价已占到房价的 46.7%。2010 年 2 月数据显示，2009 年中国城市土地出让总价款为 15910 亿元人民币，同比增加 63.4%。卖地已成为地方政府的重要财源。（2）随着工业用地与住宅用地的价格重估，土地与房产价格出现不断攀升，会带来相应的城市生活成本、用工成本和生产成本等的上升，这些成本的增加会使得产业的竞争力下降（张平、王宏淼，2007）。（3）土地资本化所推动的资源过度开采、环境破坏，导致人民生活质量下降。

中国经济资本化与市场化一样，都是在赶超型增长战略和政府管制的条件下展开的。其机制为：首先，在宏观政策上通过低要素价格（如对上述租金公式中的利率 r 进行控制）和"信贷配给"等途径，使投资所需要支付的"显性机会成本"较低；其次，在某些部门和领域形成高额租金回报——这种高额租金来自垄断产品定价、高资产溢价两方面。通过上述两方面对居民储蓄的隐蔽动员，产生了低显性成本、高租金回报的激励效果，最终达到了诱导资本形成、资源再配置，实现加速经济增长的目的。

这一模式，在过去是行之有效的，它促进了经济的规模扩张和一定程度的效率改进，但也不可避免地产生了问题。其一，管制下的信息、资源和机会的不均等，导致了寻租、腐败以及部门、地区和人群之间的收入差距扩大。为最大限度地获得资本化租金，掌握信息优势抑或专业优势的企业家或资本所有者，总是会尽可能地通过各种途径，甚至不惜运用造假、操纵等手段来实现资产的增值。其二，不合理的管制成本和过多的中间环节，提高了经济的交易费用，或给企业实物投资带来过高的显性和隐性成本，或使资本化过程中的经济租金被无形损耗或流失。其三，政府主导的资本化过程，可能会使政府沉迷于税收和国有资产大幅度增值、GDP 赶超和经济繁荣的景象之中。为应对不断增加的挑战，对经济资本化进行纠偏，转变经济发展方式，已经势在必行。

五　结论和政策建议

未来的经济增长不宜再依赖于过度贴现未来的资本化来实现。因为经济增长可能会变得虚拟化，副作用不断显现，制造业、服务业却都会因为成本上升而失去竞争力。为使中国经济增长具有可持续性，我们认为，以下几个方面应特别强调。

第一，转变政府理念和职能。高增长只是长期发展的一个阶段，任何经济在经历高增长后都会进入一个平稳增长的阶段。在经济增长惯性及政府干预下，中国或仍能维持一定时期的较高增长态势，但如果在此期间仍是"有量无质"、全要素生产率不能提高，赶超型增长战略所面临的困难会越来越多，政府追求的高税收、高支出政策亦难以为继。随着"干中学"效应衰减，在一时还缺乏技术创新带来收益的情况下，现在的资产虚拟升值，意味着是在过度贴现未来的实物现金流，所以，过度追求资本化推动的高资本形成、高增长，已越来越不符合中国经济的现实。在此情景下，政府应转变观念，平衡短期和长期利益，通过政策引导中国经济增长模式转型；同时应转变政府职能，减少政府对经济增长的干预和主导，消除各级政府以单纯追求"快"而获得激励的机制。

第二，机会均等，价格引导，规范竞争，减少行政性垄断。应建立国民机会均等的制度保障机制，减少不合理的壁垒、中间环节以及歧视性政策，让隐性成本显性化。同时，纠正资本化偏向的一个关键是正确的产品市场价格和要素市场价格信号。宏观政策上特别要通过正的实际利率来引导投资，抑制投机。要充分发挥市场配置资源的作用，加强反垄断机制的建立，特别是缩小行政垄断的范围，调整资源价格，让微观企业能按市场信号进行理性决策。

第三，政策激励技术创新。技术创新不仅需要企业内在的动力，也需要政府合理的政策引导。一个经济体从积累转向创新有其现实条件及利益动机。由于创新投资的风险较大，成本高，为了刺激企业进行内生的技术创新，政府应该有更为积极的鼓励政策，如在税收、信贷、技术支持等各个方面都应该给企业提供更多的补贴和服务便利；同时，应加强资本市场建设，使资本市场配置资源成为产业演进的重要机制，成为中国技术创新的激励来源之一。

第四，强化人力资本投资。人是经济活动的主体，是生产力中最活跃的因素。在中国的赶超战略中，人是作为一种资源被驱动进入经济活动中的，人力资本的浪费现象严重，把人的作用降低到等同于机器的程度，人的创造力无法发挥。伴随实物资本化转向技术、知识的资本化，人就必须在增长中起到更大的作用，尤其是人力资本应该有更多的积累和质量提升，以使中国未来的经济增长有更为可靠的因素来支撑。在政策上，特别是要规范社会的收入分配结构，使知识能得到应得的报酬。

附录

附表1　对30个省区市及全国1979~2008年固定资本存量的估计结果

（单位：亿元）

年份	序号	1978	1979	1980	1981	1982	1983	1984	1985	1986	1987	1988	1989	1990	1991	1992	1993
北京	1	214	223	234	251	268	290	321	363	416	489	556	612	672	721	774	837
天津	2	151	156	163	171	188	208	231	261	296	332	368	400	428	464	501	534
河北	3	352	363	372	400	437	465	506	555	622	708	806	882	929	990	1042	1094
辽宁	6	420	433	449	478	511	544	588	649	745	850	961	1054	1119	1204	1292	1392
上海	9	500	513	532	557	581	610	647	692	756	846	962	1105	1250	1313	1391	1501
江苏	10	206	215	228	262	300	355	418	477	586	715	836	884	938	1043	1199	1345
浙江	11	227	235	246	261	272	286	306	338	381	440	503	574	638	696	752	819
福建	13	127	132	137	143	150	160	172	191	215	244	272	296	322	346	378	422
山东	15	397	424	450	488	522	559	617	694	794	916	1045	1148	1233	1326	1424	1536
广东	19	340	351	367	389	427	467	527	602	700	796	919	1023	1102	1171	1284	1417
海南	21	30	31	32.5	34.5	35.9	37.5	40.1	43.9	49.3	55.2	63.3	75.1	89.3	99.3	116	137
东部地区平均	—	269	280	292	312	336	362	398	442	506	581	663	732	793	852	923	1003
山西	4	161	167	175	187	203	225	257	297	345	394	435	470	508	547	578	610
吉林	7	172	179	185	192	204	214	232	259	288	319	350	376	401	426	453	486
黑龙江	8	320	330	346	367	396	431	475	531	606	686	763	833	889	944	1001	1053
安徽	12	209	215	217	217	229	249	274	303	345	391	439	471	504	529	557	592
江西	14	77.2	79.2	87.8	96.3	108	124	142	161	186	212	243	268	288	310	336	366
河南	16	298	309	324	341	361	380	414	461	532	589	656	708	759	814	860	911
湖北	17	319	325	332	340	355	377	404	438	476	528	579	610	643	671	713	764
湖南	18	191	200	213	229	246	270	299	338	386	444	505	544	582	626	683	735
中部地区平均	—	218	226	235	246	263	284	312	349	395	445	496	535	572	608	648	689
内蒙古	5	106	109	114	121	128	141	159	179	196	214	232	247	263	284	314	347
广西	20	92.2	95.4	99.5	103	111	122	137	159	191	227	268	298	323	355	396	456
重庆	22	56	58.8	62.8	69.5	77.8	89.3	104	121	142	165	187	207	231	256	280	308
四川	23	338	348	363	382	403	430	471	535	610	699	792	877	949	1031	1127	1216
贵州	24	85.4	88.3	92.6	98.6	104	110	118	131	143	156	172	183	194	205	215	227
云南	25	126	131	137	145	155	163	178	198	226	251	277	298	319	341	367	399
陕西	26	148	154	160	168	181	194	212	236	266	298	326	355	381	406	424	446

续表

年份	序号	1978	1979	1980	1981	1982	1983	1984	1985	1986	1987	1988	1989	1990	1991	1992	1993
甘肃	27	119	122	127	134	141	149	161	176	194	215	237	251	268	281	295	303
青海	28	28.5	29.5	33.5	39.6	45.3	51.6	59.1	67.6	77.4	89.1	102	110	118	125	131	139
宁夏	29	23.8	24.6	25.7	27.3	29.3	31.8	35.9	41.5	49.1	57.6	64	69.4	75.3	81.5	87.8	94
新疆	30	71.6	73.9	77.5	87.2	99	112	128	145	166	186	210	233	256	277	306	337
西部地区平均	—	109	112	117	125	134	145	160	181	206	233	261	284	307	331	358	388
全国加总	—	5906	6115	6383	6779	7268	7845	8633	9643	10985	12512	14128	15462	16672	17883	19277	20823
全国平均	—	197	204	213	226	242	261	288	321	366	417	471	515	556	596	642	694

附表1　对30个省区市及全国1979～2008年固定资本存量的估计结果（续）

年份	序号	1994	1995	1996	1997	1998	1999	2000	2001	2002	2003	2004	2005	2006	2007	2008
北京	1	931	1047	1167	1301	1443	1595	1758	1932	2139	2360	2587	2849	3163	3509	3790
天津	2	580	637	709	795	890	987	1087	1192	1313	1454	1599	1782	2012	2298	2691
河北	3	1176	1300	1488	1724	1978	2273	2559	2818	3080	3367	3705	4170	4811	5558	6438
辽宁	6	1490	1582	1686	1809	1932	2069	2228	2385	2562	2775	3076	3538	4182	4959	5925
上海	9	1701	2024	2452	2868	3246	3602	3945	4259	4598	4925	5279	5714	6208	6716	7200
江苏	10	1490	1686	1926	2203	2504	2809	3116	3409	3768	4282	4827	5542	6435	7416	8495
浙江	11	903	1027	1176	1326	1489	1677	1907	2159	2466	2843	3244	3704	4237	4756	5255
福建	13	485	567	666	781	914	1056	1194	1321	1451	1589	1753	1967	2250	2636	3071
山东	15	1652	1792	1983	2213	2456	2754	3084	3398	3795	4374	5040	5959	7041	8124	9353
广东	19	1577	1735	1913	2084	2282	2521	2773	3017	3283	3586	3910	4316	4785	5294	5830
海南	21	160	177	195	210	226	246	265	283	301	322	342	367	397	429	472
东部地区平均	—	1104	1234	1397	1574	1760	1963	2174	2379	2614	2898	3215	3628	4138	4699	5320
山西	4	644	674	716	773	844	920	1008	1105	1225	1375	1554	1787	2078	2417	2779
吉林	7	522	558	607	652	705	771	851	934	1033	1133	1243	1429	1720	2106	2616
黑龙江	8	1112	1197	1302	1432	1574	1712	1862	2020	2186	2342	2517	2746	3058	3427	3874
安徽	12	626	677	755	844	932	1017	1115	1211	1328	1469	1646	1895	2256	2741	3325
江西	14	396	432	476	522	576	642	715	800	927	1092	1283	1534	1837	2169	2610
河南	16	981	1076	1226	1404	1581	1746	1929	2111	2314	2554	2845	3287	3915	4704	5647
湖北	17	843	958	1110	1275	1449	1642	1842	2037	2240	2432	2649	2916	3262	3686	4198
湖南	18	795	870	984	1091	1211	1349	1504	1663	1843	2027	2247	2536	2882	3298	3802
中部地区平均	—	740	805	897	999	1109	1225	1353	1485	1637	1803	1998	2266	2626	3068	3606

续表

年份	序号	1994	1995	1996	1997	1998	1999	2000	2001	2002	2003	2004	2005	2006	2007	2008
内蒙古	5	380	415	455	498	545	597	661	731	835	1000	1233	1583	2013	2525	3104
广西	20	528	606	707	809	922	1047	1164	1277	1405	1547	1726	1986	2341	2794	3326
重庆	22	341	384	435	497	579	667	759	859	990	1140	1320	1550	1838	2178	2565
四川	23	1327	1474	1679	1830	2023	2236	2484	2731	3021	3339	3671	4111	4655	5299	6013
贵州	24	240	258	282	311	348	391	448	519	601	686	770	870	991	1130	1290
云南	25	433	476	534	601	680	758	834	904	980	1064	1160	1303	1484	1693	1936
陕西	26	468	498	533	575	631	697	768	840	924	1026	1143	1292	1494	1757	2084
甘肃	27	315	328	354	387	428	480	534	590	652	717	785	868	963	1079	1226
青海	28	145	152	168	186	208	232	265	304	349	390	431	479	539	603	673
宁夏	29	99.3	106	115	126	140	158	179	203	230	265	301	344	392	445	515
新疆	30	365	399	442	493	547	604	668	732	804	881	961	1057	1169	1290	1419
西部地区平均	—	422	463	519	574	641	715	797	881	981	1096	1227	1404	1625	1890	2196
全国加总	—	22705	25112	28241	31620	35283	39255	43506	47744	52643	58356	64847	73481	84408	97036	111522
全国平均	—	757	837	941	1054	1176	1308	1450	1591	1755	1945	2162	2449	2814	3235	3717

注：以 1978 年为基期。

附表 2　对中国各省区市全要素生产率（TFP）指数（1979～2008）的估计

年份	序号	1979	1980	1981	1982	1983	1984	1985	1986	1987	1988	1989	1990	1991	1992	1993
北京	1	1.05	1.07	0.92	1.02	1.08	1.07	0.98	0.97	0.95	1.01	0.96	0.97	1.03	1.05	1.06
天津	2	1.07	1.06	1	0.96	0.99	1.09	1	0.95	0.98	0.97	0.95	1	0.99	1.05	1.07
河北	3	1.04	1.01	0.96	1.05	1.06	1.07	1.05	0.97	1.01	1.03	1	1.01	1.06	1.11	1.13
辽宁	6	1.02	1.06	0.93	0.99	1.07	1.09	1.04	0.97	1.03	1.01	0.96	0.97	1	1.07	1.1
上海	9	1.05	1.05	1.03	1.05	1.05	1.08	1.1	1	1.02	1.04	0.98	0.98	1.04	1.13	1.14
江苏	10	1.08	1	1	0.99	0.99	1.02	1.05	0.94	0.96	1.05	0.98	1	1	1.13	1.1
浙江	11	1.1	1.12	1.06	1.07	1.03	1.15	1.13	1.01	0.98	0.97	0.87	0.94	1.09	1.11	1.12
福建	13	1.02	1.15	1.11	1.05	1.01	1.11	1.09	0.97	1.02	1.04	0.99	0.99	1.06	1.1	1.1
山东	15	1.02	1.08	1	1.06	1.08	1.09	1.03	0.97	1.03	1.02	0.98	1	1.08	1.1	1.13
广东	19	1.06	1.13	1.04	1.05	1.01	1.06	1.07	1.01	1.09	1.08	1	1.05	1.12	1.15	1.16
海南	21	1	0.98	1.08	1.19	1.02	1.11	1.05	0.99	1	0.98	0.92	1	1.07	1.28	1.11
东部地区平均	—	1.05	1.06	1.01	1.04	1.03	1.09	1.05	0.98	1.01	1.02	0.96	0.99	1.05	1.12	1.11
山西	4	1.07	0.99	0.96	1.09	1.05	1.1	0.96	0.95	0.95	1	1	0.99	0.99	1.09	1.09
吉林	7	1.04	1.05	1.01	1.02	1.16	1.05	0.97	0.98	1.09	1.07	0.92	0.99	1.02	1.07	1.08

年份	序号	1979	1980	1981	1982	1983	1984	1985	1986	1987	1988	1989	1990	1991	1992	1993
黑龙江	8	1.01	1.06	0.99	1	1.01	1.02	0.96	0.93	0.98	1	0.99	1	1.02	1.03	1.04
安徽	12	1.07	1	1.15	1.05	1.01	1.1	1.05	0.98	0.92	0.94	0.98	0.96	0.95	1.11	1.12
江西	14	1.13	0.94	0.96	0.97	0.94	1.01	1.02	0.92	0.95	0.97	0.96	0.97	1.01	1.06	1.04
河南	16	1.05	1.11	1.03	1	1.19	1.02	1.03	0.91	1.04	0.99	0.97	0.97	1	1.08	1.09
湖北	17	1.13	1.04	1.04	1.08	1.01	1.15	1.09	0.99	1.01	1	1	1.01	1.03	1.07	1.06
湖南	18	1.05	1.01	1.01	1.03	1.01	0.99	1	0.95	0.95	0.95	0.96	0.97	1	1.03	1.04
中部地区平均	—	1.07	1.03	1.02	1.03	1.05	1.06	1.01	0.95	0.99	0.99	0.97	0.98	1	1.07	1.07
内蒙古	5	0.95	0.89	1.05	1.13	1.02	1.06	1.07	0.99	1.02	1.04	0.99	1.03	1.01	1.02	1.03
广西	20	1	1.06	1.05	1.04	0.94	0.95	0.96	0.89	0.92	0.89	0.93	0.99	1.03	1.06	1.03
重庆	22	1.06	1.01	0.96	0.97	0.96	1	0.93	0.93	0.9	0.96	0.95	0.96	0.98	1.06	1.05
四川	23	1.07	1.06	1	1.05	1.04	1.03	0.99	0.93	0.95	0.95	0.93	0.96	1	1.03	1.05
贵州	24	1.08	1.01	1.01	1.1	1.06	1.11	0.98	0.97	1.02	0.98	0.99	0.98	1.04	1.03	1.05
云南	25	0.99	1.04	1.03	1.1	1.03	1.05	1.02	0.91	1.01	1.05	0.99	1.02	1	1.03	1.02
陕西	26	1.04	1.04	1	1.03	1.02	1.1	1.08	1	1	1.12	0.95	0.96	1.01	1.05	1.07
甘肃	27	0.98	1.05	0.87	1.04	1.09	1.07	1.05	1.03	1.01	1.05	1.04	1	1.02	1.05	1.09
青海	28	0.88	1.07	0.87	1.01	1	1.02	0.99	0.97	0.94	0.97	0.95	0.98	1	1.03	1.06
宁夏	29	1.03	1.04	0.97	1.03	1.08	1.04	1.06	0.96	0.95	1.03	1.01	0.97	0.99	1.03	1.06
新疆	30	1.1	1.04	1.01	1.01	1.04	1.04	1.06	1.01	1.01		0.99	1.05	1.08	1.06	1.04
西部地区平均	—	1.02	1.03	0.98	1.05	1.03	1.04	1.02	0.96	0.98	1	0.97	0.99	1.01	1.04	1.05
全国平均	—	1.04	1.04	1		1.03	1.06	1.03	0.96	0.99	1.01	0.97	0.99	1.02	1.08	1.08

附表 2　对中国各省区市全要素生产率（TFP）指数（1979 ~ 2008）的估计（续）

年份	序号	1994	1995	1996	1997	1998	1999	2000	2001	2002	2003	2004	2005	2006	2007	2008
北京	1	1.04	1.03	1.01	1.02	1.04	1.04	1.05	1.04	0.96	1.02	1.06	1.04	1.02	1.03	1.02
天津	2	1.07	1.08	1.07	1.04	1.07	1.03	1.05	1.05	1.06	1.06	1.08	1.06	1.05	1.04	1.00
河北	3	1.07	1.03	0.99	0.97	0.98	0.98	1.01	1.04	1.05	1.07	1.08	1.07	1.05	1.05	1.01
辽宁	6	1.05	1.03	1.05	1.04	1.12	1.05	1.05	1.05	1.06	1.07	1.05	1.04	1.03	1.03	1.01
上海	9	1.07	1.06	1.05	1.06	1.14	1.05	1.07	1.05	1.04	1.07	1.08	1.04	1.08	1.10	1.05
江苏	10	1.08	1.05	1.02	1.04	1.06	1.05	1.06	1.06	1.08	1.06	1.07	1.05	1.05	1.06	1.02
浙江	11	1.09	1.03	0.98	0.99	0.99	0.99	0.99	1.00	1.03	1.05	1.06	1.05	1.04	1.06	1.04
福建	13	1.05	0.98	0.96	0.97	0.95	0.97	0.99	1.02	1.03	1.05	1.05	1.05	1.06	1.06	1.03
山东	15	1.08	1.05	1.01	1.00	1.00	0.98	0.99	1.00	1.01	1.02	1.08	1.05	1.06	1.06	1.04

续表

年份	序号	1994	1995	1996	1997	1998	1999	2000	2001	2002	2003	2004	2005	2006	2007	2008
广东	19	1.12	1.09	1.04	1.04	1.04	1.02	1.03	1.03	1.06	1.07	1.07	1.04	1.05	1.05	1.02
海南	21	1.00	0.99	1.00	1.04	1.07	1.04	1.04	1.05	1.06	1.05	1.06	1.05	1.06	1.08	1.05
东部地区平均	—	1.07	1.04	1.02	1.02	1.04	1.02	1.03	1.04	1.04	1.05	1.07	1.05	1.05	1.05	1.03
山西	4	1.06	1.09	1.07	1.04	1.03	1.00	1.02	1.04	1.06	1.07	1.10	1.06	1.03	1.05	1.00
吉林	7	1.05	1.04	1.07	1.02	1.05	1.04	1.05	1.05	1.02	1.08	1.04	1.06	1.05	1.05	1.01
黑龙江	8	1.04	1.04	1.05	1.02	1.02	1.05	1.05	1.05	1.06	1.07	1.08	1.07	1.05	1.05	1.04
安徽	12	1.08	1.06	1.01	1.00	0.98	1.00	0.99	1.00	1.00	0.99	1.01	0.97	0.95	0.94	0.93
江西	14	1.01	0.98	1.01	1.03	0.97	0.97	0.97	0.97	0.95	0.96	0.96	0.94	0.94	0.97	1.01
河南	16	1.06	1.05	1.00	0.97	0.97	0.98	0.99	1.00	1.00	1.00	1.02	0.99	0.96	0.95	0.93
湖北	17	1.03	1.00	0.96	0.97	0.96	0.96	1.01	1.04	1.04	1.06	1.06	1.07	1.08	1.05
湖南	18	1.02	1.01	0.99	1.00	0.98	0.97	0.98	0.99	0.98	1.00	1.01	0.99	0.99	1.00	0.98
中部地区平均	—	1.04	1.03	1.02	1.00	0.99	1.00	1.01	1.02	1.01	1.03	1.04	1.02	1.00	1.01	0.99
内蒙古	5	1.03	1.01	1.05	1.01	1.01	0.99	1.00	1.00	1.01	1.07	1.10	1.09	1.04	1.04	1.03
广西	20	1.00	0.97	0.93	0.95	0.97	0.95	0.97	0.99	1.01	1.00	1.00	0.98	0.96	0.99	1.03
重庆	22	1.02	1.00	0.98	0.97	0.93	0.93	0.96	0.96	0.96	0.97	0.97	0.95	1.01	1.07	1.05
四川	23	1.02	1.00	0.97	1.01	0.99	1.00	0.98	0.99	1.01	1.00	1.01	1.00	1.00	1.01	1.03
贵州	24	1.02	1.00	1.00	0.99	0.97	0.97	0.95	0.94	0.94	0.97	0.99	0.99	0.98	1.00	0.97
云南	25	1.04	1.01	0.99	0.97	0.96	0.96	0.99	0.99	1.00	1.02	0.99	0.97	0.98	0.99	0.97
陕西	26	1.04	1.04	1.03	1.03	1.02	1.00	1.00	1.00	1.01	1.01	1.01	1.00	0.98	0.97	1.00
甘肃	27	1.07	1.06	1.04	1.00	1.00	0.99	0.99	0.99	0.99	1.01	1.02	1.01	1.00	1.00	1.01
青海	28	1.04	1.05	1.02	1.03	1.05	1.00	1.03	1.03	1.03	1.04	1.05	1.05	1.05	1.05	1.06
宁夏	29	1.03	1.03	1.03	0.98	0.98	0.99	0.97	0.97	1.00	1.00	1.00	0.99	1.00	1.01	1.00
新疆	30	1.07	1.03	1.01	1.02	1.04	1.04	1.04	1.03	1.03	1.05	1.05	1.05	1.05	1.06	1.05
西部地区平均	—	1.03	1.02	1.00	1.00	0.99	0.98	0.99	0.99	1.00	1.01	1.03	1.01	1.01	1.03	1.02
全国平均	—	1.05	1.03	1.01	1.01	1.01	1.00	1.01	1.01	1.02	1.03	1.04	1.03	1.02	1.03	1.01

附表 3 要素积累与技术进步对经济增长的贡献

年份	GDP增长率（%）	K增长率（%）	K产出弹性	L增长率（%）	L产出弹性	TFP贡献率（%）	K贡献率（%）	L贡献率（%）	资本贡献率（%）	劳动贡献率（%）
1979	7.73	3.54	0.49	4.03	0.38	50.47	26.37	23.16	22.42	19.69
1980	8.53	4.9	0.48	3.45	0.39	45.74	34.44	19.82	27.62	15.9

续表

年份	GDP增长率（%）	K增长率（%）	K产出弹性	L增长率（%）	L产出弹性	TFP贡献率（%）	K贡献率（%）	L贡献率（%）	资本贡献率（%）	劳动贡献率（%）
1981	5.86	6.79	0.48	3.39	0.4	1.71	69.53	28.77	55.98	23.16
1982	10.6	7.66	0.49	3.39	0.4	36.78	46.31	16.91	35.39	12.92
1983	10.86	8.62	0.5	3.39	0.4	31.32	52.17	16.51	39.84	12.61
1984	15.47	10.63	0.52	3.39	0.39	39.44	48.84	11.72	36.04	8.65
1985	13.09	12.15	0.63	3.39	0.48	20.62	65.44	13.94	58.11	12.38
1986	7.51	14.02	0.63	2.75	0.48	-49.25	129.79	19.45	117.39	17.59
1987	10.32	13.67	0.63	2.77	0.48	-10.66	95.74	14.92	83.51	13.01
1988	11.08	12.52	0.63	2.13	0.49	3.61	85.13	11.26	71.33	9.43
1989	4.28	9.33	0.62	1.77	0.51	-74.82	151.41	23.41	135.54	20.96
1990	5.56	8.15	0.6	2.6	0.53	-19.78	93.49	26.3	88.44	24.88
1991	8.8	7.44	0.58	2.94	0.56	25	54.3	20.7	49.12	18.73
1992	14.68	7.92	0.57	1.74	0.58	51.09	39.86	9.05	30.53	6.93
1993	14.7	8.25	0.57	1.1	0.37	51.02	45.12	3.86	32.18	2.75
1994	12.71	8.83	0.58	2.28	0.37	37.77	53.46	8.77	40.06	6.57
1995	11.45	9.9	0.58	1.31	0.37	25.32	68.91	5.77	50.17	4.2
1996	11.19	11.69	0.59	0.74	0.37	11.61	84.97	3.42	61.1	2.46
1997	10.46	11.42	0.59	-0.54	0.38	5.73	97.19	-2.93	64.31	-1.94
1998	9.36	11.43	0.59	-2.87	0.38	9.62	107.89	-17.5	72.57	-11.77
1999	8.75	11.31	0.6	0.28	0.39	-4.57	102.94	1.63	77.36	1.23
2000	9.45	11.08	0.54	0.34	0.42	7.41	90.42	2.17	63.05	1.51
2001	9.56	10.25	0.55	0.36	0.41	14.64	83.14	2.22	58.51	1.56
2002	10.59	10.84	0.55	2.17	0.41	15.1	74.07	10.82	56.74	8.29
2003	11.84	11.27	0.56	2.02	0.4	25.33	66.33	8.34	53.66	6.75
2004	13.13	11.41	0.57	2.46	0.39	31.98	59.38	8.64	49.86	7.26
2005	12.67	13.46	0.59	2.25	0.38	20.52	71.75	7.72	62.24	6.7
2006	13.25	14.94	0.6	2.42	0.37	17.35	75.17	7.48	67.58	6.73
2007	14.21	15.16	0.61	2.32	0.36	21.82	71.75	6.43	65.49	5.87
2008	12.07	15.29	0.63	2.42	0.35	10.77	81.99	7.24	79.48	7.02
平均	10.66	10.46	0.57	2.01	0.42	19.7	70.39	9.91	56.13	7.9

其中：资本贡献率和劳动贡献率是按照传统方法得到的资本和劳动对 GDP 的贡献率。K 贡献率和 L 贡献率则是将 TFP 增长对 GDP 贡献的剩余部分按传统的资本和劳动的份额进行分配得到。

附表 4　中国经济 Malmquist 生产率指数分解（1978～2008）

年份	技术效率变化	技术进步	纯技术效率指数	规模效率指数	TFP 指数	TFP 贡献率（%）
1978～1979	0.968	1.074	0.972	0.995	1.039	50.47
1979～1980	1.014	1.024	1.013	1.001	1.039	45.74
1980～1981	0.985	1.016	0.994	0.991	1.001	1.71
1981～1982	1.028	1.011	1.027	1.001	1.039	36.78
1982～1983	1.025	1.008	1.014	1.011	1.034	31.32
1983～1984	1.027	1.033	1.022	1.005	1.061	39.44
1984～1985	0.971	1.057	0.98	0.991	1.027	20.62
1985～1986	1.018	0.946	1.011	1.006	0.963	-49.25
1986～1987	1.024	0.965	1.019	1.005	0.989	-10.66
1987～1988	0.97	1.036	0.983	0.986	1.004	3.61
1988～1989	1.001	0.967	1.011	0.99	0.968	-74.82
1989～1990	1.001	0.988	1.008	0.993	0.989	-19.78
1990～1991	1.021	1.001	1.015	1.006	1.022	25.00
1991～1992	0.96	1.12	0.963	0.996	1.075	51.09
1992～1993	0.987	1.09	0.998	0.989	1.075	51.02
1993～1994	0.984	1.065	0.999	0.985	1.048	37.77
1994～1995	0.993	1.036	0.998	0.995	1.029	25.32
1995～1996	1.012	1.001	1.009	1.003	1.013	11.61
1996～1997	0.984	1.023	0.989	0.995	1.006	5.73
1997～1998	0.978	1.032	0.982	0.996	1.009	9.62
1998～1999	0.981	1.016	0.986	0.995	0.996	-4.57
1999～2000	0.976	1.032	0.981	0.994	1.007	7.41
2000～2001	0.983	1.031	0.987	0.996	1.014	14.64
2001～2002	0.966	1.052	0.971	0.996	1.016	15.10
2002～2003	0.972	1.059	0.974	0.999	1.03	25.33
2003～2004	0.977	1.067	0.976	1.001	1.042	31.98
2004～2005	0.989	1.037	0.983	1.006	1.026	20.52
2005～2006	0.977	1.047	0.972	1.005	1.023	17.35
2006～2007	0.974	1.059	0.973	1	1.031	21.82
2007～2008	0.987	1.027	0.982	1.005	1.013	10.77
平均	0.991	1.03	0.993	0.998	1.021	19.70

第二章　城市化、财政扩张与经济增长

中国经济增长前沿课题组[*]

内容提要：本文探索了中国城市化和财政扩张的原理和机制，分析了从工业化主导向城市化主导的结构转变中，政府行为是如何转变的，其未来的边界与风险又如何。进入 21 世纪后，城市化进入相对独立的大发展阶段，土地要素被重估，直接成就了政府的"土地财政"，扩张了公共基础设施的投资，推动了土地城市化和区域经济增长；但土地的供给特性和跨期分配效应导致了宏观风险增加，房地产价格上升过快，阻碍了人口城市化，去工业化特征明显。数量分析表明，土地财政和公共支出扩张虽然对城市化有直接加速效应，改变了时间轴上的贴现路径，但如果超前的土地城市化不能带来城市"规模收益递增"效果，且政府财政收支结构和筹资方式不能转变，则城市的可持续发展就会面临挑战。这些问题均已出现，因此只有转变政府职能，改变财政体制和筹资用资模式，才能推动城市化带动的经济增长。

关键词：城市化　土地财政　财政扩张　经济增长

国际金融海啸的余劫尚未完全消退，西方世界的主权债务危机又不断掀起波澜。当前，美国、欧盟和日本等主要经济体都深陷债务泥潭，财政政策和货币政策"顶天立地"，经济增长困扰重重，主权信用相继降级，使世界经济再次遭遇沉重打击。在全球性的脆弱格局中，中国经济 2009 年、2010 年的增长率分别达到 9.2%、10.4%，一举跃升为世界第二大经济体，国家财政收入持续

* 本文发表于《经济研究》2011 年第 11 期。"中国经济增长前沿课题组"负责人为中国社会科学院经济研究所张平、刘霞辉。本报告执笔人为王宏淼、付敏杰、陈昌兵、刘霞辉、张平。参加讨论的人员包括裴长洪、张连城、张晓晶、常欣、田新民、赵志君、汪红驹、袁富华、仲继垠、张自然、黄志钢、吴延兵、张磊、汤铎铎、李成、王佳。本研究受国家社会科学基金重大招标课题"提高宏观调控水平与保持经济平稳较快发展研究"（09&ZD017）和国家社会科学基金项目"城市化、集聚效应与可持续增长"（11BJY053）项目资助。

高速增长，国民人均收入跨进中上收入国家区间，成为世界动荡危局中的一个特殊现象。在外部需求受到明显抑制的不利条件下，中国能够率先从危机中复苏，并且有别于其他主要经济体而"例外"地实现经济高增长，不可忽视的是中国从工业化向城市化转变这一重大发展背景和利好因素。

20 世纪 90 年代中后期以来，在外向型工业化快速发展的同时，中国城市化也开始了其加速历程。首先，各类要素从乡村向城市聚集，使城市化率从 20 世纪 90 年代末期的约 30% 提高到 2010 年的近 50%。通过要素在空间上的再配置，促进了实物资本和人力资本的快速积累，引致了大规模的城市需求，形成了经济增长的巨大动力。

其次，伴随城市化与经济高增长，政府财政收入和支出大幅增加。2000 年公共财政收入、公共财政支出仅为 1.34 万亿元和 1.58 万亿元，到 2010 年达到 8.3 万亿元和 8.96 万亿元，年均增长 20% 和 19%。如果按 IMF 标准，2010 年全口径计算的中国政府财政收入与财政支出更是双双超过 13 万亿元，与二者在 2000 年分别仅占 GDP 的 23% 相比，2010 年都达到 34%，同步上升了近 11 个百分点。作为城市化的重要推动力量，掌控土地资源和公共物品供给的政府成为土地红利和税收增长的受益者。

再次，城市化在提供经济增长的内在动力和财政扩张的正向激励的同时，也面临着一系列亟待解决的问题和挑战。典型的如地价和房价的快速上涨，伴随近年的汇率升值和国际大宗商品价格高涨，带来了制造业成本和城市生活成本的上升，使中国经济发展较快地从原先的低价工业化过渡到高价城市化阶段。在既有的分配格局下，资产部门的过快膨胀，使收益向政府和垄断企业集中，不同人群、不同地区之间的收入差距不断扩大，社会不安定因素开始增多。由于城市建设和公共福利支出扩大带来财政压力和融资压力加大，从中央到地方政府的资产负债表和损益表都出现了快速的膨胀，地方政府的隐性债务问题以及与之关联的系统性金融风险，成为国内外各方格外关注的焦点。

面对中国目前发展格局中的城市化高增长、财政扩张和高房价等事实，大量文献在借鉴西方经济理论的基础上，探讨了财政政策对经济增长的作用、内在机制及存在的问题，其论题涉及财税体制改革、财政稳定、政府规模及效率、地区间竞争与经济增长的关系、高地价高房价与宏观稳定等（金戈、史晋川，2010；张双长、李稻葵，2010；中国社科院财贸所课题组，2011）；还有一些文献从政治经济学或制度经济学的视角，分析财政分权等制度的形成及效率。中国经济增长前沿课题组、张平、刘霞辉（2011）也探讨了与城市化相关的动力结构转变、收益特性、政府干预、技术进步等原理，并专门研究了财政政策的供给效应、高投资的宏观成本等命题。

本文将在我们前期研究的基础上，进一步探索形成目前经济增长格局和财政扩张的原理和机制，重点关注在中国特殊的经济环境和制度条件下，从工业化主导向城市化主导的结构转变中，政府①行为是如何转变的，其未来的边界与风险又如何。中心论点是：随着21世纪后城市化进入相对独立的大发展阶段，土地要素被重估，直接成就了政府的"土地财政"，扩张了公共基础设施的投资，推动了土地城市化和区域经济增长；但土地的供给特性和跨期分配效应导致了宏观风险增加，房地产价格上升过快，阻碍了人口城市化，去工业化特征明显。数量分析表明，土地财政和公共支出扩张虽然对城市化有直接加速效应，改变了时间轴上的贴现路径，但如果超前的土地城市化率不能带来城市"规模收益递增"效果，且政府财政收支结构和筹资方式不能转变，那么城市的可持续发展就会面临挑战。这些问题均已出现。只有转变政府职能，改变财政体制和筹资用资模式，才能推动城市化带动的经济增长。本文之后分五部分围绕上述中心论点顺次展开分析，最后提出政策建议。

一 结构变动过程中的增长型政府财政行为：基本逻辑

政府财政是一个既古老又常新的话题。自人类文明社会发端以来，财政一直被视为庶政之母，政府岁入和支出既是国家职能的表现，也是实施这一职能的载体和手段。从古典时期亚当·斯密所提出的财政三项职责（防止外来侵略、维护司法公正、建立和维持一定的公共工程和一定的公共机构），到凯恩斯时代财政政策作用的空前发挥，再到当代财政履行的公共物品的供应、实现分配的正义以及实施宏观稳定政策等三项功能，财政的目标和内涵一直在不断变动和扩展过程中，也因各国经济发展的不同阶段而有很大区别。从可观察的实例来看，二战以来，随着"福利国家"政策的流行，世界主要发达国家的财政支出占国内生产总值的份额都出现了上升，且政府债务不断累积（高培勇，2010）；而东亚新兴经济体则通过实施财政补贴等干预手段来实现政府能动主义和市场

---

① 我们在行文分析中更多地是以"政府"来统称中央政府与地方政府，只在必要时才对两者进行区分。因为在中国的制度环境下，地方政府可被视为中央政府的代理机构，在某种程度上类似于一种总公司与分公司的关系。

增进，较快完成了经济起飞和赶超（青木昌彦、金滢基、奥野－藤原正宽，1998）。对于广大的后发国家而言，由于 20 世纪 80 年代拉美债务危机的惨痛教训，平衡政府财政被视为经济市场化最优次序的首要步骤。"财政控制应该优于金融自由化。政府直接支出最好被限制在国民生产总值的较小份额，随着人均收入的增长而适当增长"（麦金农，1997）。

中国是从典型的城乡分割"二元经济"和"缺口模型"起步而展开新时期工业化历程的，经济增长成为政府的重要目标。在资本稀缺、实物资本价格高昂的初始要素限制下，通过低价劳动力、低价甚至是无价的土地作为投入（加上征税能力不足、实际宏观税负相对较低等），保证了可贸易品工业部门的边际产出提高和利润的实现，并通过出口退税（1985 年开始实行）等措施，增强了其国际竞争力，外向型工业得以启动并迅速发展。改革初期更重大的财政举措是利改税和分权让利①。通过建立税收体系，向地方和企业释放财政管理权，同时减少中央财政在国民收入分配格局中所占的份额，地方税收和民间财力开始增长，极大地调动了地方政府发展经济的积极性。大量经济租金因而得以留在民间部门和基层政府，完成了工业化的初始激励，供给能力持续快速提升。在地方财政收入份额增长、中央政府的财政收入比重下降的情况下，1990 年前后，国家又适度运用财政赤字货币化手段，以尽可能满足平衡财政收支的约束。

1992 年邓小平同志南方谈话后，国际化因素在经济增长中的重要性上升。1994 年外汇体制改革、1997 年亚洲金融危机背景下出口退税率的大幅提高，进一步激发了可贸易部门的迅速发展。在改革开放中，国际产业加快向内地转移，不断吸纳农村劳动力进入现代经济流程，外向型工业化带动了城市化发展。劳动力的产业和空间转移，优化了就业结构，提高了综合要素生产率，又使出口的"量"和"质"再次得到大幅度的提升。由于出口部门的快速扩张，结合政府扩张性财政政策下的大规模投资，使中国渡过了通货紧缩、内需不足的经济困境，对 21 世纪之后的资本形成和经济增长的带动作用非常明显。与此同时，要素价格的国际趋同也开始逐步出现（尽管不是完全趋同）。根据经典的 H－O 理论和"巴拉萨—萨缪尔森定理"，可贸易部门的快速增长有显著的要素价格传递效应（Balassa，1964；Samuelson，1964），但这种趋同效应因不同的要素而有着差异化特征：（1）随着实际汇率升值和可贸易部门如工业、农业部门的

---

① 20 世纪 80 年代相继推出了"划分收支，分级包干"（1980 年）、"划分税种、核定收支、分级包干"（1985 年）和"财政大包干"（1988 年）三种不同形式的财政包干体制。

工资上涨，在部门间劳动力流动条件下，带动非贸易品（服务业）的工资成本上升；（2）由于工业化用地的不断被征用，使土地的稀缺性上升，土地价格开始上涨；（3）随着持续的高积累和资本流动，工业资本相对稀缺性程度逐步降低，资本价格即真实利率在国际资本市场一体化背景下出现了下降。

要素价格变化尤其是土地价格上涨，与城市化加速发展和中国特殊的土地制度这两大背景直接相关，对经济增长格局和政府财政行为产生了深刻的影响。一方面，政府及某些获准进入土地市场的企业，可以在较低的融资成本与不断上涨的地价（房价）之间获取较大的利益，因此政府有扩大这种"利差"的动机；另一方面，也使得政府有动力、有途径来增加与土地城市化直接关联的资本密集型的公共资本投资。在政府的推动下，城市的数量和空间规模都出现了大幅度的扩张，房地产价格加快上扬，城市化开始显现相对独立的运行态势和自维持的经济景气，从而也为地方政府解决 1994 年分税制之后不断增加的财政负担提供了机会（见图 2 - 1）。

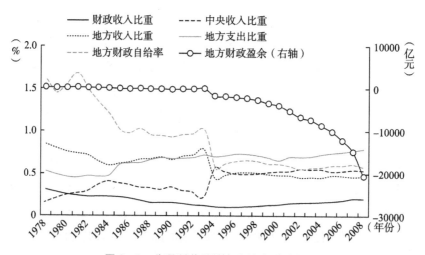

图 2 - 1　分税制前后的中央地方财政结构

注：数据来自中经网，全部为决算数。

20 世纪 90 年代之前的放权让利改革，降低了中央财政的份额。1990～1993年，税收弹性系数基本在 0.3～0.9 徘徊，使中央政府面临严峻的财政收支形势，而 1993 年后高达两位数的通胀率已不允许财政赤字货币化（1994 年推出《中国人民银行法》禁止财政向银行举债）。分税制改革便在中央财力下降的情况下推出，其表征是财权上收中央以扩大转移支付和大型公共支出、事权下放地方以促进经济和社会建设。随着中央政府收入和支出在全国财政总收入中的比重逐步提高，本级收入的比重从 1993 年的 22% 提高到 2010 年的约 51%，中央政府的宏观调控能力和对地方政府的财政分配能力都大大加强。不过事权下放之后，随着城市化不断扩张，带来了地方政府大量公共支出的增加。由于政府绩效考评与管理体制使地方政府将促进经济增长和扩大财政收入作为工作重心，在税收等预算内收入受限的条件下，不断增加的政府支出只能通过大量的预算外收入（各类收费及土地出让金等）和融资来解决。由此，21 世纪以来政府财政规模的快速扩张，已经与以土地为核心的城市化紧密地联系在一起了。尤其在 2008 年下半年国际金融危机爆发后，中国推出了 4 万亿元的大规模建设项目及地方配套投资、改善民生等积极财政政策，使基于城市化的巨大需求成为中国能够率先从危机中复苏、经济获得持续高增长的重要支撑。不过，反危机也激发了国家债务、地方融资（平台）的加速发展，随着公共支出与土地财政双扩张，从中央到地方政府的资产负债都出现了快速膨胀。

二　理解土地财政：有效性与合理性的分离

从前面讨论中不难看出，在以增长为导向的发展目标下，政府的财政行为确实保持了相当的灵活性和针对性，在推动经济繁荣和稳定方面起到了巨大作用，自身的财政收支也得以平衡并实现了结构性扩张。这种机理的发挥，除了与不同时期和不同条件下财政体制的改革有关，也与土地在中国的特殊性质有关（其他自然资源也同此理）。

在中国特定的经济环境下，地权，即土地的财产权利，具有双重分割特征。（1）所有权与土地使用权的分割（分离），一方面所有权是国家或集体垄断的，另一方面使用权又为形形色色的经济主体所拥有，经过一定的手续是可以转让的。（2）农村土地和城市土地、农耕用地和建设用地的分割，并由此形成了两套管理体系，而对建设用地一直维持行政配置与指标管理。正是由于自然地理差异和土地制度的上述二元分割性，产生了不同的地价，形成了三种类型的级差地租：一是不同地区间（如沿海和内地）的级差地租；二是一个地区内部城乡之间的土地性质转变（由乡村集体用地、未用地变更为城市建设用地）带来的级差地租；三是一个城镇内部土地用途转变（城镇用地方向的转换，如民用转商用、低效变高效等）带来的级差地租。土地财政问题也由此产生。

政府与土地有关的收入有以下几种来源：一是"费"，即与土地相关的部门收费。仅土地部门的收费就有耕地开垦费、管理费、业务费、登报费、房屋拆迁费、折抵指标费、收回国有土地补偿费、新增建设用地有偿使用费等多项名目。二是"招拍挂"的土地出让金。由于中国仅允许有70年的土地使用权，因此土地出让金可视为政府收取的一次性"先付租金"或"特别税金"。三是"息"。地方政府以土地入股，所获得的股息或分红。四是"利"，即土地资本化溢价后的资本利得。政府与土地有关的成本包括安置与拆迁成本、财务费用、行政管理费用等。在财政收支平衡约束下，土地财政必须满足在一个有限的跨期时段中，与土地有关的成本不能超过土地收入。或者说，前一期的土地成本必须得到下一期土地收入贴现的补偿。

由于政府是城镇建设土地的所有者、供给者与垄断者，在以经济增长为导向的发展目标下，通过土地的成本和收益权衡，可以使之具有宏观功能，首先是促进经济增长，其次是引导资源配置，最后带来了相应的跨期分配问题。

从土地的经济增长功能看，首先是数量效应。在以土地资本、实物资本和劳动所构成的总量生产函数结构下，政府可以不断通过土地资源的资本化，推动进入现代经济流程的人均土地资本的数量扩张，带来生产可能性曲线的向右平移，促进国家总体的资本形成和经济增长。假定以城镇建设用地来衡量进入现代经济流程的土地规模，可观察到的事实是，城镇建设用地在改革开放以来得到了迅速扩张。《中国统计年鉴》数据显示，1997～2000年我国城镇建设年均征用土地456平方千米，此后征用规模在2001年和2002年急剧增加，达到1812平方千米和2880平方千米的高点。之后又从2003年的1605平方千米下降为2007年的1216平方千米，之后略有上升，2010年征用土地为1642平方千米。以此官方统计口径计算，2001～2010年共征用土地1.6097万平方千米（约合2414万亩），接近一个北京市面积（1.68万平方千米）。这当然不是全部。如果进一步分析各地方形形色色的"土地整理"以及"18亿亩耕地红线吃紧"等现实，10年来实际征用的土地面积将远远超过一个甚至是数个北京市的规模。

其次是价格效应。土地价格的变化也具有经济增长效应，但其作用机制在低价工业化阶段和高价城市化阶段有所不同。在工业化阶段，政府通过无偿划拨、协议低价、甚至只是在企业上市时才定价（如一次性租金等形式）等特殊的土地政策补贴工业生产，虽然总体上当期土地收入很少，但是由于工业企业所负担的土地成本很低，从而可保证实物资本有较高的边际产出，工业企业得到了保护与发展，促进了经济增长与就业，政府的财政收入也因工业税收（营业税和增值税等）的增加而提高。城市化阶段，在不考虑创新的情况下，实物资本产出一定会边际递减，但这时因地价上涨，土地的边际产出在上升，因此在从工业化资本形成主导向城市资本形成主导的结构转变中，经济增长不仅可以维持，甚至显现高涨态势。

从实际经济流程和数据来看，2000年前后，城市化和住房、土地市场化改革的启动，促进了地方政府利用土地动机的转变。在此之前，通过工业园区廉价提供土地，一直是地方政府竞相招商引资的重要砝码。在招商引资过程中，作为土地的经营者，地方政府或许并未获得地租收入，但是可以获得工业发展的增值税等收入，因而在总体上具有"税租合一，以税代租"的特征。1998年以前，全国的平均土地价格是一直在下降的。地价从2001年开始的土地整治后出现明显上升，2002年突破每亩7万元；随着2007年工业用地普遍采用"招拍挂"方式出让，工业用地价格迅速上涨，2007年每亩土地价格接近35万元，2008年和2009年更是猛升到每亩40万元和50万元（2006～2009年，单位地价年均增长32%）。土地出让收入也水涨船高。国土资源部公开数据显示，1987年全国的土地出让收入仅为0.352亿元，1989年上升到4亿元左右，1991年为11.37亿元；1992年的房地产热，使当年土地收入陡增至525亿元，1994年保持在639亿元的水平。由于宏观经济因素的影响，1995～2000年土地市场一直在低位运行，1995年土地出让收入为388亿元，2000年土地出让收入为596亿元，一直未超过1994年的高点。2001年以来，土地出让收入开始猛然攀升。2001年为1295.98亿元，2002年达到2416.79亿元，2006～2008年分别达到2978.29亿元、4541.42亿元、9600亿元，2009年猛增至1.59万亿元，2010年则再攀新高达到2.9万亿元。2001～2010年，中国土地出让总收入增长近24倍。从局部看，很多大城市的土地出让收入曾一度超过其税收收入，成为当地的"第一财政"。2000年前后，随着土地市场的形成，通过垄断建设土地供给以获取高额的土地出让收入已经成为一种重要的政府行为特征，实现了地方政府利用土地动机向"租税分离、以租补税"的转变。与之相伴，以土地为代表的自然资源与经济增长的相关性由数量相关转变为价格相关，土地财政已然成型。

土地财政问题并不是近年才出现的，只不过从过去的负收益向今天的正收益、高收益转化罢了。政府作为土地所有者，在工业化阶段进行了无价、低价或折价补贴，降低土地税率，补贴工业化经济增长；进入城市化阶段后，通过提高土地租金率和税收获取收益，促进土地资本形成和经济增长。因此，先补贴发展工业生产，在城市化阶段贴现土地收益，在中国现有经济环境下，具有一定的经济有效性。不仅如此，土地财政还具有资源配置效应。土地资本化的合理推进，会引起经济资源如劳动力等从乡村向城市，从内地向沿海的流动，资本和劳动力从第一产业向第二产业、再到第三产业的结构转变，总体上不仅要素投入数量增加，而且要素配置优化，从而带来全要素生产率的增长。但是中国现实的情况与上述资源配置机理出现了一些反差，政府主导下的土地财政扩张，增加了公共资本投资，实现了较快的经济增长和城市化速度，但因为土地价格上涨过快，导致生产成本和城市生活成本快速上扬，从而阻碍了人口城市化的发展（人口集聚度下降），不仅服务业没有大的提升，甚至有可能导致去工业化现象。

可见，土地财政在过去一段时期的经济增长效应非常明显，但在资源配置机制上出现了扭曲。而从其跨期分配效果看，更具有不合理性。首先，由于政府行为助推下的地价上升、高价城市化的过快来临，国际化背景下全社会总体成本和物价快速上涨，加上对消费者的直接与间接征税，使消费者剩余减少，社会不稳定因素增多。其次，地价的快速上涨，存在一个跨期的不对称分配效应。因为早期获得土地使用权的经济主体（企业或个人），最初付出的价格是极低的，但现在地价上升后，拥有地权者的潜在资本利得大幅度上升，新进入者必须付出更高的价格才能获得土地使用权。也就是说，早期的土地成本经过跨期平滑之后，却由并未享受多大收益的后来者来承担，因而不太合理。最后，与土地相关的逐利增加，还会导致经济发展中的创新活动受到抑制。本文将在后面的数量分析中证明，这些问题是真实存在的。

三　公共投资和土地贴现的增长效应与边界

推动经济增长的资本可以划分为私人资本和公共资本。公共资本强调了政府支出所具有的生产性质，突出了政府支出具有提高私人资本边际产出的性质。它与城市化密切相关，主要包括大型基础设施、城市循环体系、城市环境等硬件部分和城市福利与城市管理等软件部分。政府主导下的土地城市化发展中，公共投资与土地贴现之间表现为一种互相推动的自循环机理，但其边界与风险在哪，需要做一定的数量分析。为此，我们在构造城市化与公共资本投入特定函数的基础上，进行了经济情景的模型化推演。分析结果表明，城市化率与公共资本之间存在倒 U 形关系：一定程度的土地贴现收入有利于促进公共资本形成，推动城市化发展，但过度贴现会阻碍未来的城市化进程。

1. 基本模型

设定如下的生产函数：

$$F(K,L,G) = AK^\alpha L^\beta (G^v)^{1-\alpha-\beta} \tag{1}$$

其中，K，L 和 G 分别为私人物质资本、劳动力和公共资本，且 $\alpha > 0$，$\beta > 0$，$\alpha + \beta < 1$。v 为公共资本产出效应系数，其值区间为 $[0, +\infty)$。如果 $v = 0$，表示公共资本 G 对产出没有任何影响；如果 $0 < v < 1$，表示公共资本 G 对产出有影响，但影响有限；如果 $v > 1$，表示公共资本 G 对产出会产生较大的影响。将式（1）变为人均形式得：

$$f(k,g) = A \cdot k^\alpha g^{1-\alpha-\beta} \tag{2}$$

对式（2）两边求导得：

$$f_k(k,g) = \alpha A \cdot k^{\alpha-1} g^{1-\alpha-\beta}, \quad f_g(k,g) = (1-\alpha-\beta)A \cdot k^\alpha g^{-\alpha-\beta} \tag{3}$$

假定人均有效公共资本与城市化发展存在如下关系：

$$m = m(g) \tag{4}$$

m 为城市化率，表示城市化发展水平，g 为人均有效公共资本。为了分析简便，我们不妨将式（4）进一步设定为如下的线性函数形式[①]：

$$m = m(g) = m_0 + m_1 \times g \quad （其中 m_0, m_1 为正值） \tag{5}$$

城市化过程中，土地贴现不同于地租，因为地租每期都可获取收益，而土地贴现则是地租的贴现现值（在规定的使用租期内，该贴现是一次性的），它与已经资本化的城市土地资源、当期价格以及未来城市土地的稀缺程度相关。假定城市可使用的最大土地资源或资产为 l，人均土地贴现收入为 b（均以实物产出为单位进行标准化），则人均土地贴现收入与城市化率存在如下关系：

$$b = (b_0 + b_1 m)(l - b_1 m) \quad （其中 b_1 为正值） \tag{6}$$

式（6）意味着，土地贴现收入首先与城市化率直接相关（右边第一个括号），但要受到一个经济体未来可用于城市发展的土地稀缺程度的限制（右边第二个括号）。这样，合并式（5）和式（6），并作简化，以新的参数 a_1、a_2

[①]　一般而言，人均有效公共资本与城市化的发展存在着倒 U 形关系。目前我国正处于人均有效公共资本与城市化发展的正向关系阶段，为了分析这一阶段，我们简单假定了人均有效公共资本与城市化发展的线性形式。

和 a_3 替代相关常数项和各项系数,可进一步得到更明确的关系:

$$b = a_1 + a_2 \cdot g - a_3 \cdot g^2 \tag{7}$$

其中 a_2,a_3 确定都大于 0。式 (7) 的经济含义为:城市化发展中,人均土地贴现收入与城市化率之间存在倒 U 形关系。政府为形成 g 单位的人均公共有效资本需要投入的人均公共资本为[①]:

$$\tilde{g} = v^{-1} \times g \tag{8}$$

政府的土地贴现与公共资本累积,都将对私人资本产生影响,因而私人资本的积累方程为:

$$\dot{k} = f(k,g) - c - \delta k + a_1 + a_2 \cdot g - a_3 \cdot g^2 - v^{-1} \cdot g \tag{9}$$

中央计划者的目标是在既定约束下,使消费者效用最大化:

$$\max_{c(t),k(t),g(t)} \int_0^{\infty} e^{-\rho t} u[c(t)] \, dt \tag{10}$$

$$\text{s. t. } \dot{k} = f(k,g) - c - \delta k + a_1 + a_2 \cdot g - a_3 \cdot g^2 - v^{-1} \cdot g$$

其中,$c(t)$ 为消费,$u(\cdot)$ 为即时效用函数,具有正的递减的边际效用,ρ 为时间偏好率,$k(t)$ 为 t 时人均物质资本存量,$g(t)$ 为 t 时人均有效公共资本,$k(0)$ 为已知。

由式 (10) 定义如下的 Hamilton 函数:

$$H = u(c) + \lambda [f(k,g) - c - \delta k + a_1 + a_2 \cdot g - a_3 \cdot g^2 - v^{-1} \cdot g] \tag{11}$$

可得到最优条件:

$$\frac{\partial H}{\partial c} = u'(c) - \lambda = 0 \tag{12}$$

$$\frac{\partial H}{\partial g} = \lambda [f_g(k,g) + a_2 - 2a_3 \cdot g - v^{-1}] = 0 \tag{13}$$

Euler 方程:

$$\dot{\lambda} = \rho \lambda - \frac{\partial H}{\partial k} \tag{14}$$

---

① 人均公共资本为 $\tilde{g} = G/L$,人均有效公共资本为 $g = G^v/L = \tilde{g}^v$,这样就有 $\tilde{g} = g^{1/v}$,近似得到:$\tilde{g} = v^{-1} \cdot g$。

由式（14）可得：

$$\dot{\lambda} = \lambda \left[\rho + \delta - f_k(k,g) \right] \tag{15}$$

由式（12）和式（14）可得：

$$-\frac{\dot{\lambda}}{\lambda} = -\frac{u''(c)\dot{c}}{u'(c)} = f_k(k,g) - \rho - \delta \tag{16}$$

假定效用函数为：

$$u(c) = \frac{c^{1-\theta} - 1}{1 - \theta} \tag{17}$$

得：

$$u'(c) = c^{-\theta} \tag{18}$$

以及：

$$u''(c) = -\theta c^{-1-\theta} \tag{19}$$

由式（16），式（18）和式（19）可得到：

$$-\frac{u''(c)\dot{c}}{u'(c)} = \theta \cdot \frac{\dot{c}}{c} = f_k(k,g) - \rho - \delta \tag{20}$$

消费增长率为：

$$\frac{\dot{c}}{c} = \frac{1}{\theta}(\alpha A \cdot k^{\alpha-1} g^{1-\alpha-\beta} - \rho - \delta) \tag{21}$$

由式（13）可得：

$$(1 - \alpha - \beta)A \cdot k^{\alpha} g^{-\alpha-\beta} + a_2 - 2a_3 \cdot g - v^{-1} = 0 \tag{22}$$

当 $\dot{k} = \dot{c} = 0$ 时，该系统达到稳定均衡点。这时，各均衡量 $\bar{k}$，$\bar{g}$ 和 $\bar{c}$ 存在如下关系：

$$\alpha A \cdot \bar{k}^{\alpha-1} \bar{g}^{1-\alpha-\beta} - \rho - \delta = 0 \tag{23}$$

$$(1 - \alpha - \beta)A \cdot \bar{k}^{\alpha} \bar{g}^{-\alpha-\beta} + a_2 - 2a_3 \bar{g} - v^{-1} = 0 \tag{24}$$

$$A \cdot \bar{k}^{\alpha} \bar{g}^{1-\alpha-\beta} - \bar{c} - \delta \bar{k} + a_1 + a_2 \cdot \bar{g} - a_3 \cdot \bar{g}^2 - v^{-1} \bar{g} = 0 \tag{25}$$

2. 模型的经济分析

a. $v = 0$ 时无集聚效应

此时式（1）为：

$$F(K, L, G) = AK^{\alpha}L^{\beta} \tag{26}$$

表明公共资本无集聚效应。

b. $v > 0$ 时有集聚效应

当 $v > 0$ 时，由式（23）和式（24）可得均衡的人均有效公共资本与系数 v 的关系为：

$$\bar{g}'(v) = \frac{v^{-2}}{2a_3 + B} > 0 \tag{27}$$

其中，$B = A \cdot \dfrac{\beta(1-\alpha-\beta)}{1-\alpha} \cdot \left(\dfrac{\rho+\delta}{\alpha A}\right)^{\alpha/(\alpha-1)} \cdot \bar{g}^{(\alpha-\beta-1)/(1-\varepsilon)} > 0$。式（27）表明，公共资本产出效应系数 v 对均衡的人均公共资本产生正向影响。由式（23）和式（27）可得均衡的人均私人资本与系数 v 的关系为：

$$\bar{k}'(v) = \left(\frac{\rho+\delta}{\alpha A}\right)^{1/(\alpha-1)} \cdot \frac{1-\alpha-\beta}{1-\alpha} \cdot g^{-\beta/(1-\alpha)} \bar{g}'(v) > 0 \tag{28}$$

这表明公共资本产出有利于人均私人资本的增加。

由式（23）和式（24）可得：

$$(1-\alpha-\beta)A\left(\frac{\rho+\delta}{\alpha A}\right)^{\alpha/(\alpha-1)} \cdot g^{-\alpha/(1-\alpha)} - 2a_3 \cdot g = v^{-1} - a_2 \tag{29}$$

式（29）确定了 $\dot{c} = 0$ 时 g 的大小（见图 2-2）。由式（23）和式（25）可得：

$$c = A\left[\left(\frac{\rho+\delta}{\alpha A}\right)^{\alpha/(\alpha-1)} - \delta\left(\frac{\rho+\delta}{\alpha A}\right)^{1/(\alpha-1)}\right]g^{(1-\alpha-\beta)/(1-\alpha)} + a_1 + a_2 \cdot g - a_3 \cdot g^2 - v^{-1}g \tag{30}$$

式（30）确定了 $\dot{k} = 0$ 时 c 和 g 之间的关系（见图 2-2）。由 $\dot{c} = 0$ 和 $\dot{k} = 0$ 确定了均衡时私人资本 k、有效公共资本 g 和消费 c（即图 2-2 中的点 E）。若系数 v 增大，则 $\dot{c} = 0$ 将向右移动，而 $\dot{k} = 0$ 则向上移动，这样就会出现新的均衡点（点 E'）。由此可知，当系数 v 增大时，可产生消费、资本均增大的效应。

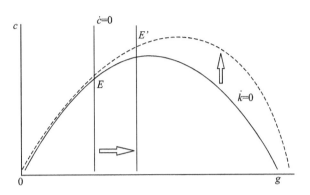

图 2 - 2　均衡状态下消费、私人资本与有效公共资本相位图

由式（8）和式（9）可以得到土地贴现收入和公共资本投资与城市化率之间的关系（见图 2 -3）。土地财政收入与城市化率之间存在着倒 U 形关系，而公共资本投资与城市化率之间同样存在着倒 U 形关系，但二者对应的城市化率转折点并不相同。由于人口大国的耕地限制及粗放型的城市化发展模式，我国提供城市化发展的耕地有限，这决定了我国土地财政收入的城市化率转折点不是很大；而城市化的公共建设比较薄弱，公共资本投资将在长期内随着城市化率提高而不断增加，这也就决定了我国公共资本投资的城市化率转折点较大。为分析问题的简便，在前面模型中，我们假定公共资本投资与城市化率之间存在着线性关系。城市化初期，土地贴现收入小于公共资本投资，此时出现城市

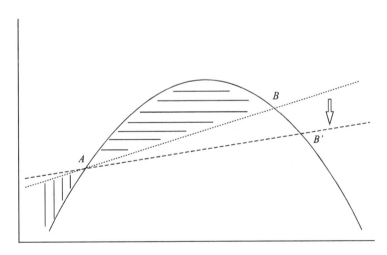

图 2 - 3　公共资本投资、城市化率与土地贴现收入的关系

注：图中的横轴为城市化率，纵轴为土地贴现收入和公共资本投资。二次曲线为土地贴现收入与城市化率之间的关系，直线为公共资本投资与城市化率之间的关系。

化土地贴现的负收入（图 2 - 3 竖线部分）；当城市化率达到一定程度后，土地贴现收入大于公共资本投资，此时出现城市化土地贴现的正收入（图 2 - 3 横线部分）。公共资本产出系数 v 扩大了土地贴现总收入为正的城市化率的区间（当系数 v 增大时，公共资本投资线由 AB 转变为 AB'）。目前我国的城市化正处于获得正收入的阶段，但可获取的正收入并不可持续，当城市化率超过一定程度以后，土地贴现收入就会小于公共资本投资，出现城市化土地贴现的总的负收入。由此可见，土地财政不是长期可得的免费午餐，目前过快贴现未来的现金流，将在未来一定的节点上使公共资本投资无法得到财政收入的支撑，造成财政收支缺口扩大，城市化不可持续。

四　城市化偏向与地价、房价过快上涨的经济风险

前面分析了土地财政支撑的公共资本投资的可行性及不可持续性机理，实际上，相关的问题和风险在中国已经出现。众所周知，20 世纪 90 年代后期开始，伴随着快速城市化进程和由此带来的地面硬化，城市空间规模和以基础设施形式等存在的公共资本存量都出现了大幅扩张。城市空间扩展、基础设施改善，已从中国经济增长的短板变成了长期可持续增长的重要源泉之一；但同时，由于中国公共资本投资以政府投入为主，政府主导下更注重"物"的扩张的土地城市化偏向模式，使得土地贴现过快，加剧了地价和房价过快上涨等问题，产生了城市对人口、产业等的排挤或挤出效应，其风险不容低估。下面通过 3 个命题予以说明和检验。

命题 1：土地城市化的快速推进，带来了城市空间规模的扩张，但人口集聚近年出现了下降。

城市化可以在两个方向上对经济增长方式产生影响：（1）城镇部门资本存量的增加，在其他条件不变的情况下，提高了城镇部门的人均资本水平，如果不存在完全硬性的人口流动控制，那么追求区域工资溢价的劳动者将从农村部门迁入城市部门，从而带来城市部门人口密度增加的集聚效果，引致工业成本的降低、服务业的发展和新市场的形成，产生规模报酬递增效应。（2）城市规模扩张，新增投资在空间意义上被新增的城市面积稀释，单位面积上的人均资本水平未必会提高；加上新扩容的城市部分劳动力流入不足，很难带来城市化所产生的集聚效果。下面基于中国的典型事实进行检验。

　　本部分数据全部来自《中国统计年鉴》，时间长度为 2001～2009 年。采用国家统计局公布的城镇固定资产投资数据，以此度量促进城市化发展的实际投资，相对而言是最好的数据[①]。在城市规模变量上，采用国家统计局公布的城市建成区面积[②]。研究集聚程度的常规指标是 Herfindahl-Hirschman 指数、城市化率和用最大城市人口占总城市人口比中的城市首要性指数 urban primacy（Ades and Glaeser，1995；Davis and Henderson，2003；Henderson，2003；王小鲁，2010），这些指标都是在人口密度不能直接衡量时较好的城市人口集聚度指标。由于数据允许，本文直接采用城市人口密度作为集聚程度变量。分析表明，中国城市化的快速推进，不论是"十五"时期还是"十一五"时期，都带来了城市规模的扩张（图 2-4 左边两图）。2001 年以来，中国的城市建成区面积从 2.4 万平方千米增加到 2009 年的 3.8 万平方千米，面积增加近 60%。投资与城市化率之间表现出的这种正向关系，与第三部分模型中式（5）的假定吻合。以此为区间考察，城市人口密度也增加较快，全国城市人口从 2001 年的每平方千米 588 人增加到 2009 年的 2147 人，密度增加到原来的 3.65 倍。省级层面上的数据显示，人口密度大幅度上升的区域主要是一些中西部省份，例如新疆的人口密度增加到原来的 88 倍；一些发展比较成熟的特大型城市（北京、上海）的人口密度也保持了上升态势。

　　从"十五"和"十一五"两个"五年计划"区间分别来看，全国的城市人口聚集动态完全不同。"十五"期间，城市化进程伴随着人口集聚度的增加，显示出普遍的、较强的城市聚集效应（第三部分模型中的 $v > 1$）；但是"十一五"时期，我国的城市人口密度普遍呈现不断下降的趋势，表现了城市化的弱聚集效应（$0 < v < 1$）。全国的城市人口密度，从 2006 年的每平方千米 2238 人下降到 2009 年的每平方千米 2147 人；全国 31 个省级单位中，有 16 个省份

[①]　在衡量政府生产性支出口径上，大多数文献都采用"财政三项"，即财政基本建设支出、财政教育支出和财政科研支出（赵志耘、吕冰洋，2005；郭庆旺、贾俊雪，2006；严成樑、龚六堂，2009）。基于几个原因，本文未采用该数据：（1）由于 2007 年政府统计目录调整，这些数据无法直接得到。（2）财政支出仅仅衡量了财政口径的经济建设支出。（3）在目前的预算体制下，预算外资金而非财政支出才是城市扩容和地方投资的主要来源（世界银行城市化与土地制度改革课题组，2005；蒋省三、刘守英、李青，2007；杨帅、温铁军，2010；付敏杰，2011）。（4）财政支出并未全部用于城市部门。（5）虽然《中国城市建设统计年鉴》提供了城市基础设施投入的数据，但因口径变化，不能找到 2005 年的数据。

[②]　统计年鉴并没有提供上海 2008 年和 2009 年建成区面积的数据，我们采用估算得出。2004 年以后，上海城市建成区面积及其扩张基本进入稳态，2005 年、2006 年增长 5%，2007 年增长不到 3%，2008 年受国际金融危机冲击后，上海市用于城市建设和经济发展的财力受到很大影响，再加上世博会筹备等，建成区面积并没有很大扩张，我们假定其 2008 年、2009 年每年增长 2%。

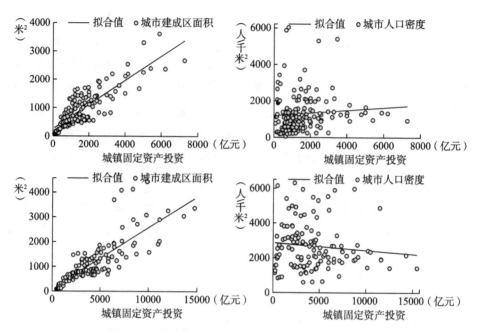

图 2 - 4　城市化进程中的城市规模扩张与人口集聚

注：上面两幅图是 2001～2005 年省级面板数据，下面两幅图是 2006～2009 年省级面板数据。左半部分表述城市化带来的城市规模扩张，右半部分表述城市化的集聚效果。数据来自统计年鉴。

2009 年的城市人口密度低于 2006 年。在城市化快速推进，城市人口每年增加 2000 万人左右的情况下，许多城市人口密度大幅下降的原因，只能是城市土地农转非的速度过快，已经远远超过了农村人口可能的转移速度，从而出现了这个时期中国城市化与人口聚集不协调的问题。从现实背景看，2005 年开始的汇率形成机制改革，加速了要素价格对内和对外的大规模重估过程，在地方政府的助推下，地价、房价都出现了过快上涨态势，这是导致整个"十一五"以来与城市化相关的经济风险上升的重要原因。我们将其延伸为命题 2 和命题 3。

命题 2：以土地为载体的城市化融资方式，推动了地价和房价上涨，在居民之间产生了较强的再分配作用。

在城市经济中，不同地区的土地价格起到了平衡空间结构的作用。购房者通过一次性"按价缴租"，将自己终身财富的一部分以土地出让金的形式交给政府重新进行财富分配。政府将地租用于基础设施和经济建设，可增加市民福利，从而完成再分配过程。

假定居民效用是个人收入、公共服务、住房成本和交通成本的函数 $U = U(Y, A, H, T)$，其中 Y 表示个人收入，A 表示公共服务，H 表示住房成本，T

表示交通成本。实际上土地价格 P 对收入的影响机制有两个：直接增加收入的财富效应 Y_W 和通过规模效应及收益递增来提高居民长期收入 Y_S。效用最大化的一阶必要条件为：

$$\frac{dU}{dP} = \frac{\partial U}{\partial Y}\frac{\partial Y}{\partial W}\frac{dW}{dP} + \frac{\partial U}{\partial Y}\frac{\partial Y}{\partial S}\frac{dS}{dP} + \frac{\partial U}{\partial A}\frac{dA}{dP} + \frac{\partial U}{\partial H}\frac{dH}{dP} + \frac{\partial U}{\partial T}\frac{dT}{dP} =$$

$$U_Y Y_{PW} + U_Y Y_{PS} + U_A A_P + U_H H_P + U_T T_P = 0 \tag{31}$$

相对最优定价而言，如果影响土地价格的政策导致四个途径的效用之和（式 31）不为零，土地价格的变化就必然降低居民福利。为简化，将居民效用函数定义为线性函数：$U = U\ (Y,\ A,\ H,\ T) = Y + A - H - T$。土地价格对交通成本的影响，既有来自公共服务支出的改善，也有来自拥堵成本的负面影响，故假定不变。这意味着，$T_P = 0$。此时，地价变化对居民福利的影响为：

$$\frac{dU}{dP} = \frac{\partial Y}{\partial W}\frac{dW}{dP} + \frac{\partial Y}{\partial S}\frac{dS}{dP} + \frac{dA}{dP} - \frac{dH}{dP} \tag{32}$$

资料显示，土地出让成本是房价的 1/3 左右，假定 $dW/dP = 3$[①]。在美国，住房财富每增加 1 美元，下季度的居民消费会增加 2 美分，稳态消费增加约 9 美分，按照稳态消费率 0.7 计算，这相当于增加 3～13 美分收入（Carroll et al, 2011）。本文据此假定 $\partial Y/\partial W = 0.1$。以 2007 年为例，数据显示城市部门产出的规模弹性为 37% 左右，本文假定目前城市的规模收益水平为 35%，即：$\frac{\partial Y}{\partial S} \cdot$

$\frac{S}{Y} = 35\%$，也就是说，城市规模每扩大 1 倍，人均产出增长 35%。当年采用均值计算的 $S/Y = 28$，故 $\partial Y/\partial S = 1.2\%$，若土地递增效应 $dS/dP = 0.5$，则每增加 1 元土地出让收入，相当于城市居民增加约 0.31 元的收入。城市建设资金的 25% 来自土地出让收入，土地出让收入的 15% 用于城市建设，假定 $dA/dP = 0.15$，此时式（32）前三项的总和为 0.46，结果取决于 dH/dP，即土地对于住房成本的影响。对于新购住房者而言，前面的分析中已经将其假定为 3；对于已有住房者而言，土地财政不会影响其居住成本，故 $dH/dP = 0$。此时土地财政带来的净效用增量 $dU/dP = 0.46$，即每增加 1 元的土地出让收入，会增加 0.46 元的净效用。对于新购住房者而言，地价的上升影响了其居住成本，故 $dH/dP = 3$。此时 $dU/dP = -2.54$，即每增加 1 元的土地出让收入，会减少 2.54 元的效

---

① 2009 年土地出让收入为 1.6 万亿元，房地产销售收入为 4.4 万亿元。各年比例基本持平，不考虑跨期因素，土地收入占房地产总收入的 1/3 左右。

用。土地财政在新购住房者和已有住房者之间产生的分配效应，使得新购住房者的效用下降，已有住房者的效用上升。2006~2009年土地财政与城市建设相关数据见表2-1。

表2-1 土地财政与城市建设相关数据

单位：亿元；%

年份	城建资金			土地出让收入	
	总资金	土地出让金	土地出让金占比	总资金	用于城建比例
2006	3541	882	24.91	7677	11.49
2007	4762	1669	35.04	12217	13.66
2008	5616	2105	37.49	9600	21.93
2009	6728	2636	39.18	15910	16.57
平均	—	—	34.15	—	15.91

注：只包含财政投入口径，数据来自《中国城市建设统计年鉴2004-2009》。

命题3：不同产业承受成本冲击的能力不同，土地价格过快上涨会导致"去工业化"。

其他条件不变的情况下，土地价格越高，意味着该地区生活成本（例如房价和交通成本）和资本成本就越高，如果这些上升的成本不能被技术进步或者集群收益所抵消，资本和劳动力就必须退出该地区。由于土地供给是垄断的，土地产品也必须具有垄断定价能力，才能以加成的方式抵消要素成本上升的影响。这就意味着，城市部门原有的竞争性产业（工业品）会由于土地成本的上升而失去竞争力，只有可以延伸要素垄断性的部门产出才会增加。如果不考虑技术进步的产业结构差别，竞争性部门的实际产出及其份额会下降，垄断性部门的产出可能也会下降，但是其份额一定上升。下面论及的中国城市化的实证分析证明了以上结论。估计公式为：

$$y_t = a + \delta_0 x_t + \varphi z_t + \varepsilon_t \qquad (33)$$

本文进行了省级层面的面板数据估计。在土地价格对产业结构影响的分析上，本文选择各地区工业增加值占国内生产总值比重SVAD作为主要的被解释变量y_t。为了计量结果书写的方便，本部分将所有的工业增加值比重用百分数表述。解释变量x_t采用了土地价格LANDPRICE，数据来自各年度《中国国土资源统计年鉴》，通过出让收入除以出让面积得到。控制变量z_t来自城市部门，包括：每万人拥有公交车数量BUS、城区人口密度POPDEN、人均道路面积

ROAD、人均工资水平 WAGE 和每万人拥有公厕数量 TOIL，这些指标是研究城市规模和聚集效益的常用指标（Davis and Henderson，2003；Henderson，2003；王小鲁，2010）。本部分数据来自中经网，时间长度为 1999～2008 年。为了书写方便，人口密度和工资水平采用对数值。在区域选择上选择了全国 31 个省级单位。在估计模型选择上，由于各单位经济变量之间明显的空间关联性，如果采样单位过多，会使数据缺乏随机性，故此采用固定面板比较适宜（卡纳瓦，2009）。为了保持计量的精度，固定面板估计的所有方程都对空间单位进行了横截面方差加权。同时汇报了随机面板 RE 的部分估计结果和 Hausman 检验值（见表 2－2）。

表 2－2　土地价格与产业结构省级面板检测：不变价格参数估计

模型选择	FE	RE	FE	RE	FE	RE
LANDPRICE	-0.050 *** (0.013)	-0.050 *** (0.019)	-0.050 *** (0.013)	-0.050 *** (0.019)	-0.070 *** (0.011)	-0.069 *** (0.017)
BUS	0.389 *** (0.063)	0.274 *** (0.090)	0.381 *** (0.060)	0.295 *** (0.086)	0.390 *** (0.060)	0.325 *** (0.086)
WAGE $\cdot 10^{-2}$	-0.032 *** (0.004)	0.031 *** (0.006)	-0.033 *** (0.004)	0.030 *** (0.006)	-0.040 *** (0.003)	0.038 *** (0.004)
POPDEN $\cdot 10^{-2}$	0.070 *** (0.013)	0.079 *** (0.019)	0.070 *** (0.013)	0.079 *** (0.019)	0.067 *** (0.013)	0.075 *** (0.019)
ROAD	0.404 ** (0.161)	0.639 *** (0.24)	0.430 ** (0.152)	0.571 ** (0.242)		
TOIL	-0.049 (0.112)	-0.177 (0.201)				
常数项	有	有	有	有	有	有
Hausman 检验 p 值		0.000		0.000		0.000
观测值	310	310	310	310	310	310
组数	31	31	31	31	31	31
Adjust-R^2	0.956	0.394	0.956	0.391	0.952	0.388

说明：被解释变量采用百分数，表格中显示的 WAGE 和 POPDEN 系数和标准差都是实际值的100倍。

Hausman 随机性检验结果显示，所有的固定面板估计参数都要优于随机面板估计，因此采用固定面板估计是非常合适的。正是基于此，在下面的动态影响估计中，不再汇报随机面板估计结果。从计量结果可以看出，除了城市每万人公共厕所数量与产业结构关系不显著之外，土地价格和其他各个控制变量都与产业结构呈现出明显的相关性。由于从土地供给中获得较高的租金收入，提高了土地价格，带来了城市投资的增加和城市规模的扩张，土地城市化与人口城市化已经脱节，因此城市聚集效应（人口密度）始终和土地价格负相关。这种情况与国外土地价格越高，人口密度越大的人口聚集特征截然相反。这是中国政府推动型城市化的基本特征，政府从土地中获取的地租在推动城市化发展的同时，由高地租所导致的高迁移成本，限制了城市化的聚集效应，影响了创新和服务业发展。土地价格的上升，无论在何种意义上，都会推动产业结构"去工业化"，而更多的公共交通（BUS）和城市基础设施，更大的人口密度，则倾向于提高工业增加值在国民经济中的比重。

在前面选择固定面板检验的基础上，本文估计了土地价格对产业结构的动态影响（见表 2 - 3），以观察不同时期的土地政策如何通过土地价格来影响长期增长。从结果可以看出，除了公共厕所项目对产业结构的影响并不显著外，基础设施、交通、工资和人口密度均显示出更加稳健的结果。土地价格与产业结构的相关性呈现出明显的结构转折含义，从 2001 年开始，土地与工业增加值占 GDP 比重的相关性开始明显地由正相关转变为负相关；此后土地价格一直和工业增加值占 GDP 比重负相关，但是相关性变得不再显著。随着汇改激发的要素价格的加速重估，土地价格在 2006 年当年上涨 57%，从每亩 22 万元增加到每亩 34 万元，二者的相关性变得越来越显著。土地价格的过快上涨，将城市产业结构迅速推离工业化的轨道。采用省级面板忽略了各省区的内部差异，2006年以来，很多的工业产业转移是在各省省内完成的——从省会城市迁移到地级市，从沿海地区向土地价格较低的内陆地区迁移。考虑到这些因素，结构转变特征更明显。或许我们能够在国家的"十大产业振兴规划"中更明白地解读到这一点。

表 2 - 3   土地价格与产业结构省级面板检测：动态影响估计

模型选择	FE	FE	FE
Lp1999（P）	0.111 (0.094)	0.108 (0.097)	0.097 (0.102)
Lp2000（P）	0.069 (0.225)	0.066 (0.244)	0.036 (0.487)
Lp2001（P）	-0.076 (0.128)	-0.082 (0.096)	-0.096 (0.043)
Lp2002（P）	-0.026 (0.537)	-0.024 (0.563)	-0.023 (0.583)
Lp2003（P）	-0.034 (0.226)	-0.032 (0.235)	-0.024 (0.350)
Lp2004（P）	-0.027 (0.173)	-0.025 (0.187)	-0.017 (0.317)
Lp2005（P）	-0.030 (0.172)	-0.029 (0.180)	-0.015 (0.467)

模型选择	FE	FE	FE
Lp2006 （P）	− 0.053 （0.058）	− 0.055 （0.049）	− 0.063 （0.023）
Lp2007 （P）	− 0.049 （0.001）	− 0.051 （0.001）	− 0.067 （0.000）
Lp2008 （P）	− 0.063 （0.000）	− 0.065 （0.000）	− 0.080 （0.000）
BUS （P）	0.416 （0.000）	0.419 （0.000）	0.473 （0.000）
WAGE $\cdot 10^{-2}$ （P）	0.039 （0.000）	0.040 （0.000）	0.045 （0.000）
POPDEN $\cdot 10^{-2}$ （P）	0.061 （0.000）	0.060 （0.000）	0.063 （0.000）
ROAD （P）	0.365 （0.029）	0.355 （0.029）	
TOIL （P）	− 0.072 （0.547）		
常数项	有	有	有
观测值	310	310	310
组数	31	31	31
Adjust-R^2	0.956	0.956	0.955

说明：被解释变量采用百分数，表格中显示的 WAGE 和 POPDEN 系数和标准差都是实际值的 100 倍，括号外左侧为参数估计值，括号内是拒绝该值的概率。

五 政策建议

中国目前仍然处于经济赶超的道路上，增长型政府在经济和社会发展中的介入和影响，尽管已经比计划经济时期减弱，但较西方福利型政府仍极为突出。一方面，通过政府干预下的经济动员、市场增进和结构转变，大量资源被驱动、集中和控制使用于工业化和城市化目的，使中国经济获得了非常规的加速增长效应。另一方面也要看到，政府长期以来对经济和社会事务的较多干预，也带来了巨大的宏观成本和风险，在城市化加速发展背景下，很多问题已不可持续，因此需要进一步改革。

1. 转变政府目标，规范政府行为。城市化本来是一个自发演进过程，城市的投资及回报也都具有长期性。但在政府"经营城市"的口号和巨大的经济利益驱动下，城市化这一慢变量被当作快变量来处理，中国一些省市开始脱离经济基本面大干快上，不顾成本地过度扩大城市和开发区规模，造成了土地城市化泡沫，也引发了政府信用对未来现金流的严重透支。虽然维系高地价与高房价的困难增加，但劳动力成本和政府的征地成本都在不断提高，为了保证原有的经济高增长，只有偏向于低成本的实物资本投资，通过低利率、高投资等政策，才能保证一种"自维持"的建设景气和经济增长周期。如此循环，尽管经济增长率似乎比较高，但这种高增长率是以更大的过度投资和无效投资换来的。随着经济效率边际递减、"干中学"效应衰减，有量无质的高投资所推动的赶超型增长模式所面临的困难会越来越多，政府追求的高税收、高支出政策亦会难以为继。因此，政府应转变目标和职能，平衡短期和长期利益，减少对城市化和经济增长的干预和主导，消除各级政府单纯追求"快"即可获得激励的机制，通过政策引导增长模式转型，从对物的投资转向对人的投资，推动土地城市化向人口城市化转变。

部门竞争、地区竞争尽管对经济发展有促进的一面，但也不可避免地伴生了部门利益和地区利益偏向、职能角色错位、行政权力无序扩张等现象，并表现为一种政府行为的"路径依赖"。路径依赖产生"锁定效应"，各层级政府为自身利益，对许多公共服务"利小不为"，而与经济有关的事务都"利大为之"、积极参与，都不愿放弃行业垄断及经济管制，大量采取设租、批租、权力明放暗收、越权审查和检查等政府行为，很多已经超越应有的政府职能边界。这种政府行为路径依赖的后果必然是经济社会发展的不均衡、不稳定和不可持续。因此发展模式转型的关键在于利益格局和机制的调整，在于政府自身从"增长型"向"服务型"政府的转变和改革。

2. 提高财政透明度。20世纪后半叶以来，西方政府管理的一个重大动向是"透明财政新运动"，推行阳光预算和阳光行政服务。从中国现实看，尽管大量测算提供了政府财政收支的数据，但政府财政收支似乎仍是一个巨大的"黑箱"，很多利益和问题仍未得到有效的披露。随着财政收入增长较快而来的是行政成本的不断提高，不少地方出现了"财政吃紧"和"紧吃财政"相并存的悖论，"乱收费""吃空饷"等现象十分严重。为此须加快与财政相关的人大立法，尽可能将政府收入和支出阳光化，提高公共财政预算和支出的透明度，从而加大滥用公共资源的成本，使政府更加取信于民。这种透明公开的制度安排包括政府主动公开、立法机关质询、监察审计和对揭发者的制度性保护以及公众、媒体的监督等。

3. 推进政府收支体制的结构性改革，强化供给激励，提高居民收入分配的合理性。中国当前的税收结构以向工业部门课征的流转税为基础，随着城市化的发展，居民的税收和未来享受的福利应该逐步匹配。城市化使政府收支结构基础发生了变化，税收结构应向流转税和直接税并重的结构转变：（1）激励实体部门创新，抑制金融投机。中国现行税制以流转税为基础，而发达国家则以所得税为基础。长期以来，中国税收的核心是企业生产流转，名义税率很高。过去因征缴效率低，实际税负与名义税负有很大差距。随着税务电子化的发展和征缴力度的加大，实际与名义税收水平的差距已逐渐拉平。在目前的经济发展情景下，这一税收体制对实体部门是一种负激励，税负压力大。而资产部门的快速发展却没有相应的所得类税收与之匹配，比如对投资股票和权益所得实行免税。这种税收激励原则，在某种程度上是鼓励个人和企业去投机资产获取回报，直接扩大了实体和资产部门的收益率缺口。因此税收体制改革的当务之急是对实体经济"减负"，重要的是将增值税抵扣从工业部门拓展到服务业部门，降低服务业税负，激励技术创新；并尽快开征资产所得类税种，以实现税制与经济现实相匹配。（2）建立个人综合纳税体系，调节收入分配，缩小收入差距。推进个人税制的综合改革，将个人的劳务所得和资产所得纳入统一征管平台，从完全分类纳税走向分类与综合相结合。降低名义税率，减少累进档次。开征物业税，一方面调节收入分配，另一方面使城市居民纳税与福利相匹配。（3）城市化直接推动了利益主体的变化，分税体制也需要改革，使地方政府通过提高城市的聚集、竞争力等方式获得收益，改变过度依赖土地财政的行为。

4. 正视城市化的融资风险以及可能的"周期性赤字"问题。所谓的周期性赤字，是指经过经济和商业周期调整后，可能会出现的财政赤字。由于在经济繁荣期，财政收入会随着经济高增长而出现人为膨胀，此时的财政盈余可能掩盖了潜在的赤字；而在衰退期，财政收入一般会减少，而公共支出义务却未减轻（甚至因失业救济、政府救市等而有所增加），同时政府的债务负担会因衰退期的实际利率上升而大幅增加。因此政府实际的财政平衡，应当从经济繁荣–衰退的整个周期来考量才能保持其稳健性。

最近 10 年来，社会保障支出在财政支出中比重的不断上升和劳动保护的加强，显示出中国政府很强的福利主义倾向。目前中央财政用于民生的支出比重已经达到 2/3，并要求地方政府采取配套资金来支持相关项目建设。在相关政绩的支持下，福利竞赛愈演愈烈，地方财政早已不堪重负，"土地财政"和"融资平台"的公益性项目建设，就成为当前部分地方政府为当地福利融资的重要手段。而中央政府对于土地财政的强制性支出限制，更是令很多地区的地方财政捉襟见肘。社会福利的快速膨胀，导致了国民经济总体负债水平的不断上升，带来了宏观经济运行的新风险。从理论和国际长期发展看，社会福利具有很大刚性，如果转向税收融资，必然会带来财政收入在国民经济中比重的更快上涨，而这又会最终增加公众负担。

在城市化加速期，由于政府主导了经济流程，承担了较大的融资任务，相应的风险也必然由政府来承担（同时为应对 2008 年国际金融危机，财政支出大幅扩张也构成了债务遗留问题）。通过地方融资平台（城投公司）所投向的项目大多数有成本高、投资额大、收益率较低和非排他性等特点，目前融资平台还能正常运转的原因，是其成本被分担了：一是地方财政以土地、资本金等形式注资平台实体（政府获得级差地租等）；二是通过项目收益的形式由部分社会成员承担（比如高速收费）；三是由整个社会承担。审计署 2011 年 6 月底公布的全国地方政府性债务余额已逾 10.7 万亿元，这其中的大部分是银行贷款。多年来，我国的实际利率为负，有利于刺激投资，构成了存款人对借款人的补贴，融资平台的部分债务负担通过负利率在流转过程中被逐渐消化了；不仅如此，在低利率、高资产价格背景下表现出来的债务偿还能力较高，可以通过重新评估，重新抵押撬动更多的信贷资金，增强支出扩张的惯性。但这种模式是不可持续的，未来一旦经济转向，资产泡沫破裂，实际利率上升，就会使政府的资产负债表发生结构性转变，资产衰退，负债扩张，债务风险甚至危机的爆发将不可避免。因此，一方面，应加快解决遗留问题，如通过一定的法律或规则，将城市化中的地方政府融资问题列入监控，通过市政债券、信托、基金或政策性银行支持等方式化解融资难题，同时硬化地方政府债务和预算约束，使之进入良性循环。另一方面，更为重要的是，政府应从过多的增长型目标转向服务型目标，减少对城市化和经济增长的干预，真正履行公共财政的职能，这才是未来解决问题的根本所在。

第三章 中国经济长期增长路径、效率与潜在增长水平

中国经济增长前沿课题组[*]

内容提要：本文研究中国将要经历的增长阶段转换问题，主要结论如下。（1）高投资和工业化推动的经济高增长阶段Ⅰ，已逐步失去经由干预提升效率的动力，以结构调整促进效率提高的增长阶段行将结束，城市化和服务业的发展将开启经济稳速增长阶段Ⅱ，以效率提高促进结构优化是本阶段的主要特征；（2）促使增长阶段Ⅰ向增长阶段Ⅱ转型的三大主导因素是：人口结构变化和劳动力拐点的出现，长期增长函数要素弹性参数逆转以及经济结构服务化趋势的逐步形成；（3）东部发达省区市如北京、上海、广东、浙江等已经进入经济减速通道，2016年后，随着城市化率的不断提高，结构服务化加快、人口红利下降，如果劳动生产率不能持续提高，中国经济减速已成必然。

关键词：中国经济 潜在增长 效率 平稳减速

长期经济增长，是一个结构演进到均衡路径逐步达成的过程，经验表明，这一过程大致可以划分为两个阶段：前期结构变动促进增长的经济追赶阶段；后期要素/产出比例趋于稳定的均衡增长阶段①。持续的资本积累、接续的主导产业、有利于创新涌现的制度，促进工业先行国完成了两个增长阶段的转换，进而跻身于世界发达经济体行列。然而，由于自身体制的缺陷，后发工业化国

---

* 本文发表于《经济研究》2012年第11期。"中国经济增长前沿课题组"负责人为中国社会科学院经济研究所张平、刘霞辉。本文执笔人为袁富华、陈昌兵、张平、刘霞辉、陆明涛。参加讨论的人员包括裴长洪、张连城、张自然、郭路、黄志刚、吴延兵、赵志君、仲继垠、张磊、张晓晶、常欣、田新民、汪红驹、汤铎铎、李成、王佳。本研究受国家社会科学基金重大招标课题"提高宏观调控水平与保持经济平稳较快发展研究"（09&ZD017）和国家社会科学基金重大招标课题"加快经济结构调整与促进经济自主协调发展研究"（12&ZD084）项目资助。

① 即以效率持续提高为根本动力的增长阶段。

家在增长阶段转换中,则出现了各种各样阻碍经济持续成长的问题,只有极少数国家和地区(如战后亚洲四小龙)顺利完成了转型。

本文研究中国将要经历的增长阶段转换问题,主要结论如下。高投资和工业化推动的经济高增长(阶段Ⅰ),已逐步失去经由干预提升效率的动力,以结构调整促进效率提高的增长阶段行将结束;城市化和服务业的发展将开启经济稳速增长阶段Ⅱ,效率提高促进结构进一步优化是这一阶段的主要特征。这种结构性加速到结构性减速增长路径的转换,符合发达国家经验事实和长期增长统计规律(袁富华,2012)。

本文的基本结论来源于如下观察:20世纪90年代中期以来中国工业化的迅速推进,使增量资本产出率(ICOR)处于高位且大幅波动;2000年以来,第二产业劳动生产率增长率在大多数省区市开始出现停滞或持续下降,工业化节奏放缓迹象显著。结构服务化带来的经济减速,在诸如北京、上海等经济发达区域已经发生;结构服务化、实体经济效率提升乏力等现象也在东部地区渐次出现。

我们也观察到,中国高增长阶段Ⅰ深层次的结构问题日益凸显。(1)由于区域投资分布不均衡,占全社会资本形成50%的东部地区的投资减速,在不能被中西部地区投资增长抵消的情况下,东部地区经济减速可能预示着中国整体经济将逐步进入减速通道;(2)由于人口结构正在发生变化,劳动力供给拐点将于近几年出现,这会抑制中国经济增长速度,而劳动力供给负增长的长期存在,则会进一步拉低潜在增长预期;(3)由于长期增长函数要素弹性参数逆转问题的存在(参见本文第二部分),当产出的资本弹性由高增长阶段的0.6~0.7转为0.6之下,或当经济增长与收入分配政策调整导致劳动力报酬份额不可避免地持续拉升时,较低的增长速度将逐步变成事实;(4)由于服务业相对第二产业较低的劳动生产率,当这种效率问题不能通过资本驱动路径、而须经由创新解决时,潜在增长降低的预期也会发生。因此,以效率提高促进结构调整的稳速增长阶段Ⅱ会相应产生。本文期望勾勒出两个阶段接续转换的增长路径。

关于中国经济长期增长的研究文献较多,稍早一些的文献,如王小鲁、樊纲(2000)认为2001~2020年中国潜在经济增长低于7%;林毅夫、郭国栋、李莉等(2003)的结论是,2004~2014年为8.5%,2014~2024年为7.1%;近年的文献,如Kuijs(2009)认为2015年中国潜在增长率为7.7%~7.9%,2020年为6.7%;刘世锦、张军扩、侯永志等(2011)运用不同方法进行估计,认为中国经济潜在增长率很有可能在2015年前后降至6.5%~7.3%;蔡昉与陆旸(2012)认为中国GDP潜在增长率将逐渐在2011~2015年降至7.19%,在

2016～2020 年降至 6.08%。本文的研究一方面立足于类似文献中常用的核算框架，另一方面，我们更注重中国长期增长远景及问题分析。中国经济由高速增长向稳速增长路径转换的分析，是基于中国东、中、西部经济阶段差异和城市化演进事实。然后，我们结合全社会要素弹性参数逆转预期和劳动力供给及全要素生产率趋势的分析，在增长方程框架下得到潜在增长路径的情景。对于潜在增长率，我们的基本结论是：2016 年之后，随着城市化和经济服务化的推进，中国经济将逐步进入减速通道，潜在增长率将降到 8% 之下，但这是一个逐步演进的过程。

本文结构安排如下。引言之后我们将在第一部分引入长期增长的三个统计现象，建立本文分析的一个事实基础；第二部分对中国经济增长阶段的问题和特征进行考察；第三部分对中国潜在增长水平和减速通道的构筑情景进行分析；第四部分是本文小结。

一　长期经济增长的三个统计现象

欠发达经济体增长分析的立足点，可以概括为这样两句话：我们走到了哪里？下一步会走向何方？本部分提供了发达国家和发展中国家长期经济增长的三个统计现象，我们的一系列认识和实证逻辑，都围绕这些经验规律和事实展开。

（一）统计现象 I：长期增长路径的结构性加速与结构性减速

如果把增长当作一种结构演变过程来看，那么，我们可以得出发达国家长期经济增长速度呈"钟形"演变路径的结论。以潜在增长率为观测变量，工业化先行国普遍经历了工业化阶段的经济加速和城市化阶段的经济减速。这个过程中，由于工业和服务业比重的变化影响了经济增长速度的变化，我们把这样的一条长期增长路径概括为"结构性加速"和"结构性减速"两个阶段。

上述结论来源于以下认识：一方面，相对于工业而言，服务业具有相对较低的劳动生产率增长率，发达国家公共服务需求在第三产业中占有越来越大的比重，如社会保障、教育等支撑高质量生活的部门，通常具有较低的产出增长速度。尽管如此，正如研究普遍认同的那样，为了保持资本主义的创新活力，这些日益扩大的部门又是经济持续发展的必须。另一方面，从时间标定看，20 世纪 70 年代以后，发达国家普遍发生经济减速现象，一些有意思的研究，如

Eichengreen et al.（2011），通过统计分析对减速拐点进行了确认。

需要强调的是，作为一种长期趋势，结构性减速并不意味着工业增长速度必然降低。其原因是，由于工业份额的占比逐步下降，即使在某一特定时期工业增长率相对较高，但是这种相对较高的增长率有可能被较低的工业增加值或就业份额所抵消。再者，结构性减速的含义是产出或劳动生产率增长速度的下降，而不是产出或劳动生产率绝对水平的下降，在这种意义下，长期经济增长速度的"钟形"路径，与产出或劳动生产率水平（绝对值）的"S形"成长趋势的含义是一致的。

（二）统计现象Ⅱ：长期增长函数的要素弹性参数逆转

下面我们提供发达国家的要素弹性参数逆转统计事实和发达/欠发达国家横截面的比较分析。发达经济和欠发达经济以及发达经济不同增长阶段的对比表明，不同经济发展阶段，劳动或资本要素在总产出中的份额会发生变化，即伴随着人均国民收入的提高，劳动力分配所占份额逐渐提高，要素弹性沿着长期增长曲线发生变化。

基于标准增长核算方程，我们可以将长期增长函数的要素弹性参数逆转规律描述为：资本/产出弹性（α）和劳动/产出弹性（$1-\alpha$）在不同的经济发展阶段数值有异，发达国家和发展中国家的经验对比表明，随着经济向更高阶段演进，资本/产出弹性将逐渐走低，相应劳动/产出弹性逐渐提高。其原因是，根据"分配净尽原理"或"欧拉定理"，在规模报酬不变的假设下，要素弹性等于要素份额[①]。

标准增长核算方程的要素弹性与要素参与分配的份额相等，这一结论预示着，增长历程由工业化向城市化过渡，与收入向劳动者倾斜之间有着内在关联。这种关联同时意味着，若把城市化过程看作与工业化过程不同的发展阶段，那么，该阶段经济结构的转变有可能导致要素弹性参数的变化，因此，弹性参数与经济增长的福利变化密切相关。

库兹涅茨（1989）的研究结果是（见表3-1），主要工业化先行国劳动收入在国民收入中的占比，普遍经历了比较显著的上升过程，英国在100年的经济发展中，劳动收入份额由20世纪60年代的不到50%，上升到20世纪60年

---

① 简单地说明如下：令 w、y 表示工资率和劳均产出，W、Y 表示总工资和总产出，基于分配净尽原理和边际产出新古典定义，有：$1-\alpha = \dfrac{w}{y} = \dfrac{W}{Y}$。

代的70%；其他发达国家，如德、法、美，在经历了较长时期后，各自的劳动力收入份额也都突破了60%。与发达国家相比，发展中国家工业化发展水平较低，使国民收入中劳动力份额低下。中国改革开放以来，工业化水平逐步提升，农村剩余劳动力持续转移，在这种二元经济结构条件下，劳动要素份额长期处于较低水平。现有的研究结果表明，中国国民收入中劳动与资本份额之比为0.3∶0.7或0.4∶0.6。

表3-1　发达国家劳动收入占国民收入份额的长期变化趋势

单位：%

英国		法国		德国	
1860～1869 年	47	1911 年	43	1895 年	39
1905～1914 年	47	1943 年	45	1913 年	47
1920～1929 年	59	1920～1929 年	50	1925～1929 年	64
1954～1960 年	70	1954～1960 年	59	1954～1960 年（联邦德国）	60
加拿大		美国			
1926～1929 年	59	1899～1908 年	54	1929 年	58
1954～1960 年	66	1919～1928 年	58	1954～1960 年	69

资料来源：库兹涅茨（1989）第四章"产值和收入的分配"。

（三）统计现象Ⅲ：发展中国家长期增长的结构失衡

以下，我们将分析发达国家与发展中国家长期增长的差异，主要表现为发展中国家长期存在的现代部门发展不平衡和结构均衡演进效率的损失。

1. 发达国家符合比较效率的产业结构演进路径

基于我们的前期研究，图3-1展示了10个工业化国家1970年以来第三产业相对于第二产业劳动生产率的变动趋势。总体来看，在产业结构服务化的长期趋势中，工业化国家第三产业的劳动生产率普遍高于或等于第二产业的劳动生产率。随着第三产业规模的扩张和劳动力向服务业部门的持续转移，工业化国家第三产业生产率出现递减趋势，第二产业的生产率逐渐接近甚至超过第三产业劳动生产率。可以预期的是，随着产业结构的持续演进，第二、第三产业劳动生产率趋同是一种潜在趋势。[①]

---

① 并且，基于 Mitchell（1998）数据库，20 世纪 70 年代以前发达国家的产业演进，也表现出服务业／工业相对劳动生产率大于 1 或接近于 1 的趋势。

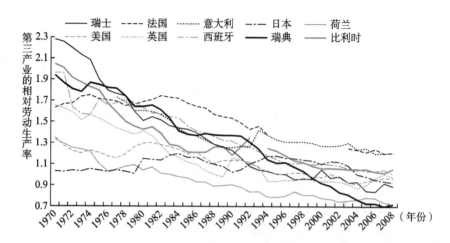

图 3-1 10 个工业化国家的第三产业相对于第二产业的劳动生产率：
第二产业劳动生产率 = 1

资料来源：UNDATA。

2. 发展中国家效率低下的产业结构演进路径

图 3-2 展示了拉美 6 国 1975～2005 年第三产业相对于第二产业劳动生产率的变化路径，其与图 3-1 相比呈现截然相反的趋势，发展中国家经济增长与发达国家经济增长在两个截然不同的世界里演进着。具体而言，拉美国家第三产业劳动生产率普遍低于第二产业，因此服务业相对劳动生产率一般在小于 1 的区域里演化，如厄瓜多尔、智利、乌拉圭、委内瑞拉第三产业/第二产业相对

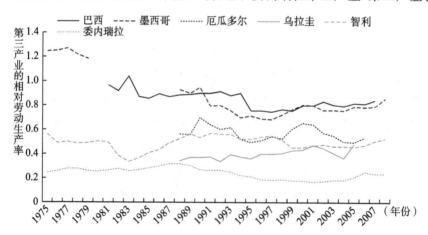

图 3-2 拉美 6 国第三产业相对于第二产业的劳动生产率：
第二产业劳动生产率 = 1

资料来源：UNDATA。

劳动生产率都位于显著小于 1 的数值区间里。不仅如此，基于联合国数据库（UNDATA）数据，增长绩效较为显著的一些亚洲新兴经济体，如中国、泰国、印度尼西亚、菲律宾、马来西亚等，其服务业相对劳动生产率也普遍位于显著小于 1 的数值区间里。

可以看出，发达国家服务业规模的扩大及相应就业和产出比重的上升，遵循了比较效率的经济学原则，即第三产业劳动生产率高，所以该产业就自然地成长。而发展中国家，典型如拉美国家，第三产业是在相对于第二产业较低的劳动生产率路径上扩展的。虽然这些国家的服务业份额或许达到了 60% ~ 70%，但是经济服务化这条路径是在违背比较效率的条件下演化的。同样的情景也发生在亚洲的新兴工业化国家中。

我们把发展中国家产业结构演进过程中普遍发生的第三产业劳动生产率低于第二产业劳动生产率的现象，称为"产业结构演进无效率"。之所以做出这样的判断，原因有两个。（1）产业结构演进无效率问题一旦出现，随着第三产业规模的扩大和就业、产出份额的上升，经济服务化趋势会进一步强化低效率的第三产业部门，进而削弱整体经济的效率提升空间。换句话说，在这种情况下，即使工业部门保持了较高的劳动生产率增长率，但是其就业或产出份额的显著减少，会使其对经济整体效率的拉升能力显著下降。（2）一旦结构演进无效率问题出现，低素质劳动力会大量涌入服务业部门，甚至导致大量非正规就业出现，此时，服务业部门弱质性问题凸显，并进一步削弱该部门效率的提升。一个弱质的服务业部门，不可能促进工业部门的发展，从而造成整体经济效率低下，宏观经济不稳定问题随之产生。拉美国家 20 世纪 80 年代经济增长幅度大起大落与增长乏力的现象，从一个角度说明了以上问题。

二 中国经济增长阶段 I 的问题和增长阶段 II 的特质

上述三个统计现象，有的在当前的中国工业化过程中正在发生，有的即将发生。统计现象 I 在中国部分发达城市，如北京、上海已经非常显著；统计现象 III 在中国各个省区市的经济增长中已经发生；统计现象 II 随着中国收入分配政策的调整，在未来经济阶段中也将逐步变得显著。因此，明晰长期增长的规律和问题，有助于我们深化中国经济发展路径和趋势的认识。

（一）"干预型经济"：高速增长阶段 I 的三个效率问题

改革开放以来，中国高增长绩效是在"干预型经济"模式下取得的。这些干预表现为，国有企业对资本资源的掌控，政府对投资领域和投资规模的调控，以及政府对资本、劳动力价格的长期压低。工业化起飞阶段，"干预型经济"在动员全社会资本和劳动力资源方面有其重要作用，这种力量也为经典发展理论所认同。但是，随着工业化进程步入成熟阶段及经济结构服务化趋势增强，高速粗放式的资本驱动，也相应出现投资效率递减问题。加之经济建设投资的高度动员而导致的居民消费滞后，以及长期重工轻商导致的服务业发展素质低下，整体经济增长效率较低和增长严重偏离均衡的不可持续问题也相应发生。中国高增长阶段 I 的效率问题，可以归结为三方面：资本效率低下，分配效率低下，结构效率低下。

1. 资本效率低下与投资驱动方式的不可持续

我们通过增量资本产出率（ICOR，$I/\Delta GDP$）这个指标，对高速增长阶段 I 的投资效率问题进行简要分析。经济快速增长阶段资本密集型行业，如交通等基础设施投资，有可能拉高 ICOR，进而导致一些文献所谓以 ICOR 判断投资效率恶化依据不足等问题，但进一步的计量检验证实，中国现阶段投资效率下降问题确实显著存在（张习宁，2012）。

全社会资本效率。首先来看全社会资本形成的 ICOR 状况（见图 3-3）。改革开放以来经济高速增长的 30 多年里，中国全社会 ICOR 经历了两个阶段的变化，1979~1995 年是低 ICOR 时期，17 年平均为 2.3；20 世纪 90 年代中期之后，随着工业化进程的加快，ICOR 大幅度上升，1998、1999 年达到了 5~6 的水平，1996~2011 年平均为 3.5。相对于相似增长阶段的发达国家而言，中国现阶段 ICOR 数值明显较大，如 20 世纪 50 年代至 70 年代处于工业化向城市化转型时期的日本，其资本形成的 ICOR 基本维持在 2.0 的水平。

第二、第三产业资本效率。1997~2011 年全社会第二、第三产业固定资产投资的 ICOR 表明，第一，第二产业投资的 ICOR 在 2000~2008 年保持在 3.0 左右，2009 年以来大幅提升，投资效率进一步快速下降；第二，长期以来，第三产业投资效率比工业更差，其 ICOR 持续在 4.0~6.0 的区间变化。下文的分析将进一步揭示，第二、第三产业投资效率的这种差异，与服务业部门相对于第二产业部门的低水平劳动生产率恰相对应。这种高投资背后的结构性效率扭曲，是在服务业部门快速发展的转型时期发生的，如果得不到扭转，全社会投资低效率的问题将进一步加剧。

区域资本效率。1979～2011 年东、中、西部地区资本形成 *ICOR* 的计算表明，1990 年代中期以后，三个地区 *ICOR* 均呈现出了与图 3-3 全社会资本形成 *ICOR* 相类似的上升过程，其中，西部地区显著较大的 *ICOR*，与大开发战略下基础设施投资的较快增长有关。近 10 年来，中部地区与东部地区表现出了基本相同的 *ICOR*，说明较发达地区投资效率并不比工业化城市化滞后地区好，因为东部地区的高 *ICOR*，并不是在创新投资成为普遍经济现象的状况下发生的。

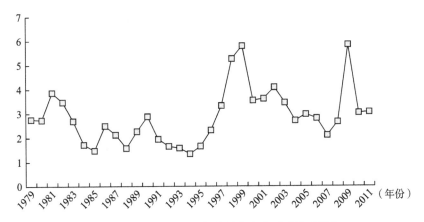

图 3-3　1979～2011 年全社会资本形成的 *ICOR*

资料来源：历年《中国统计年鉴》。

2. 分配效率低下与要素弹性参数特征

中国现阶段增长核算方程参数与发达经济体的差异，在于分配向资本倾斜导致的产出/劳动弹性参数相对较小，产出/资本弹性相对较大。表 3-2 提供了中国高增长阶段 I 劳动份额的统计说明，作为弹性参数的近似估计。总体而言，中国产出/劳动弹性（$1-\alpha$）长期以来维持在 0.4～0.5 的水平，相应资本弹性为 0.6 左右。我们想表达的一个认识是，随着中国高增长阶段 I 的结束，在向下一个增长阶段演进中，如果劳动份额不能通过国民收入的提高而自动提升，那么，强制性的收入分配倾斜政策，在将国民福利提升的同时，也将相应改变长期增长函数的参数。如果这样的事情发生，则增长速度就会因为资本弹性参数的降低而下降，经济经由减速通道进入稳速增长阶段 II。

3. 结构效率低下与服务业部门的被动扩张

与投资驱动型增长阶段 I 和低劳动收入份额相关的，是中国结构效率扭曲问题。我们基于第三产业与第二产业劳动生产率的差异，来对这种现象进行分析。

表 3 - 2   各学者计算的劳动份额

单位：%

年份	劳动份额（a）	劳动份额（b1）	调整后的劳动份额（b2）
1980	51.2	51.2	40.9
1985	52.9	52.7	43.4
1990	53.4	53.3	45.3
1995	52.6	51.4	45.7
2000	51.5	48.7	44.4
2005	41.4	41.4	40.4
2006		40.6	39.9
2007		39.7	39.2

资料来源：（a）根据白重恩、谢长泰、钱颖一（2006）提供的资本份额推算；（b1）、（b2）来自张车伟、张士斌（2010）。

表 3 - 3 提供了高增长阶段 I 中产业劳动生产率偏离均衡路径的景象。按照二元经济理论预期，资本积累推动剩余劳动力转向现代部门是一个平滑过程，即剩余劳动力被工业部门和服务业部门按照边际收益原则吸收。但是，中国（以及广大发展中国家）的现实是，在劳动力资源被资本吸收过程中，工业部门与服务业部门的规模越来越大的同时，二者的效率逐渐出现越来越大的缺口。这个缺口的产生，推测是工业化进程吸收了相对高素质的劳动力，而把大量低素质的劳动力驱赶到非正规就业广泛存在的服务业部门，导致该部门的被动扩张和效率长期低下。发展中国家产业结构过度服务化及由此导致的低生产率和低增长陷阱问题，Cimoli et al.（2006）、Rada（2007）等对此进行了较为详细的阐释。

表 3 - 3   中国部分省份第三产业相对于第二产业的劳动生产率：第二产业劳动
生产率 = 1（基期为 1985 年）

年份	北京	天津	河北	山西	内蒙古	辽宁	吉林	黑龙江	上海	江苏
1990	0.89	0.81	0.87	0.70	1.07	0.89	0.77	0.87	0.86	0.97
1995	0.77	0.76	0.61	0.58	1.00	0.67	0.62	0.80	0.53	0.65
2000	0.62	0.60	0.48	0.47	0.73	0.40	0.37	0.53	0.51	0.51
2005	0.41	0.46	0.56	0.42	0.54	0.33	0.29	0.46	0.34	0.50
2010	0.35	0.35	0.55	0.34	0.39	0.24	0.27	0.35	0.32	0.56

续表

年份	浙江	安徽	福建	江西	山东	河南	湖北	湖南	广东	广西
1990	0.77	0.60	0.75	1.09	0.70	0.85	0.66	0.83	1.02	0.53
1995	0.36	0.47	0.43	0.52	0.47	0.51	0.39	0.41	0.41	0.26
2000	0.27	0.39	0.39	0.35	0.37	0.48	0.26	0.33	0.38	0.18
2005	0.34	0.48	0.39	0.36	0.32	0.42	0.24	0.31	0.34	0.15
2010	0.39	0.42	0.38	0.36	0.31	0.41	0.28	0.28	0.33	0.27

年份	海南	四川	贵州	云南	陕西	甘肃	青海	宁夏	新疆	
1990	0.63	0.69	0.51	0.51	0.80	0.70	0.66	0.79	0.79	
1995	0.40	0.46	0.39	0.41	0.51	0.61	0.66	0.73	0.76	
2000	0.32	0.39	0.23	0.36	0.32	0.53	0.40	0.67	0.56	
2005	0.25	0.35	0.18	0.36	0.27	0.49	0.31	0.55	0.46	
2010	0.22	0.29	0.18	0.33	0.32	0.43	0.31	0.44	0.46	

资料来源：中经网数据库。

这种被动扩张现象的存在，一方面压抑了服务业部门的持续增长潜力，另一方面也导致工业发展与服务业发展良性互动通道的阻断，因为服务业的扩张不是工业部门的自然延伸，而是作为工业化驱出的"劣质劳动力"的贮存渠道而勉强存在。结构效率扭曲问题的存在，要求以效率提升促进结构路径的重建，稳速增长阶段Ⅱ相应发生。

（二）向均衡增长过渡：稳速增长阶段Ⅱ的一个核心趋势和三个特质

资本驱动的高增长阶段Ⅰ的结构演进，已经不能促进经济效率的持续提高。阶段Ⅰ的效率损失问题，迫使中国经济进入以效率提升促进结构进一步升级的经济增长阶段Ⅱ。

我们把这个正在发生的经济时期称为"稳速增长阶段Ⅱ"（张平、刘霞辉、王宏淼，2011），是因为以效率增进为主要标志的该阶段具有较阶段Ⅰ显著不同的三个特质和内涵：投资减速迫使经济进入减速通道；人口结构转型和劳动力供给拐点的发生抑制甚至持续拉低经济长期增长；资源向均衡路径配置的要求迫使"干预型经济"向市场效率转换。基于这三个因素的相互作用，增长平稳减速通道的逐步构筑成为阶段Ⅱ的核心趋势。

鉴于中国区域经济日渐显著的增长差异及转型次序的明朗，我们有必要立足于空间结构对相关问题进行观察。其中，人口转型及劳动力区域流动具有太多不确定性和复杂性，适合从全社会总量角度进行观察；为集中分析重点，我们着力于区域和产业结构角度的投资减速及效率转换趋势问题分析，尤其是对于投资减速通道的形成状况，本部分将给出有趣的阐述。

1. 投资减速通道与"区域依趋势增长"

我们把产业结构与区域结构结合起来，观察增长阶段Ⅱ的投资减速通道是如何形成的。

首先对"区域依趋势增长"这个新概念进行说明。经济高增长阶段Ⅰ的一个重要结果，是中国区域经济发展不平衡，表现为投资、劳动力和生产效率由内陆地区向东部沿海地区集聚。这个集聚过程分化出了一个层次分明的发展阶段的"雁字"排序：率先进入工业化和城市化较高阶段的东部地区；在工业化路径上追赶东部的中部地区；以及大规模工业化活力正被激发的西部地区。从东部往中、西部地区看过去，现阶段东部地区呈现出来的景象，就可以作为中、西部地区未来10年或20年的镜像，未来全社会增长趋势的判断，大致是处于递进过程中的各个地区的加权。判断区域增长阶段及可能发生的趋势减速，有两个结构性标志。

标志1：服务业份额达到50%的临界转换区域。

（1）中国结构性减速的真实景象：对于北京、上海这两个经济最发达省份的观察——依据标志1。中国经济最发达的两个东部省份北京和上海，在向产业结构服务化的演进过程中，经济减速正在发生。北京和上海在20世纪90年代中期以后，第三产业增加值份额超过50%，两个区域几乎同时进入现代化阶段。不同的是，其后北京服务业份额增加更快，2011年达到76%，上海为58%。图3-4展示了两个城市全社会资本形成增长速度的长期趋势，20世纪90年代中期以后，伴随着产业结构服务化趋势的增强，资本形成增长速度较工业化时期明显放缓甚至持续下降。

结构性减速的另一个重要表现，是潜在GDP增长速度的明显降低。表3-4对这种趋势提供了一个估算，目的是揭示经济结构高度服务化情境中，北京、上海高增长速度表象下的深层原因。限于行业投资数据的可获得性，我们就近10年的情景进行观察。单纯从统计年鉴数据看，北京市2003年以来服务业增加值比重在70%这样的高水平上，仍然维持着10%以上的GDP增长速度仿佛是个奇迹，因为世界上所有发达国家的城市化过程，从未出现过如此惊人的GDP增长，尤其是服务业份额占比极高的城市化阶段。北京的这种增长现象，源于20世纪90年代末期以后日渐高涨的房地产投资的拉动，只有把这层不可持续的增长"面纱"揭开，我们才能触及真实的增长景象。正如表3-4所显示的那样，如果除去北京市房地产投资对经济增长的拉动，其潜在增长的真实水平可能只有 7% ~ 8% ，基本符合城市化发展时期中国的现实。上海的情况基本类似，所不同的是，相较于北京，由房地产投资拉动 GDP 高增长的短期行为力度稍弱一些。

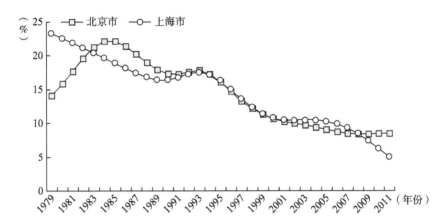

图 3 - 4 1979 ~ 2011 年北京、上海资本形成增长速度（HP 滤波）

资料来源：历年《中国统计年鉴》。资本形成实际值以 1978 年为基期的区域 GDP 减缩指数缩减计算，2011 年为固定资本投资数据。

表 3 - 4 北京、上海真实 GDP 增长的估计

北京				
年份	房地产投资占总投资比重（%）	GDP 增速（%）	HP 滤波 GDP 增速（%）	HP 滤波房地产投资增速（%）	扣除房地产投资增长对 GDP 增长贡献后的 GDP 真实增长（%）
2002	55.5	—	—	—	—
2003	56.4	11.0	13.1	9.9	9.8
2004	59.0	14.1	12.7	10.6	9.2
2005	54.8	12.1	12.4	11.3	8.4
2006	54.7	13.0	12.0	12.0	8.0
2007	53.8	14.5	11.6	12.8	7.4
2008	52.7	9.1	11.2	13.5	6.8
2009	55.7	10.2	10.8	14.2	6.3
2010	59.2	10.2	10.4	15.0	5.4
2002	35.3	—	—	—	—
2003	37.1	12.3	13.8	12.3	11.2

年份	上海				
	房地产投资占总投资比重（%）	GDP 增速（%）	HP 滤波 GDP 增速（%）	HP 滤波房地产投资增速（%）	扣除房地产投资增长对 GDP 增长贡献后的 GDP 真实增长（%）
2004	41.2	14.2	13.2	11.9	10.5
2005	39.4	11.4	12.6	11.5	9.7
2006	35.8	12.7	12.0	11.1	9.4
2007	33.0	15.2	11.4	10.7	9.1
2008	32.8	9.7	10.8	10.3	8.8
2009	31.1	8.2	10.2	9.9	8.3
2010	40.7	9.9	9.6	9.5	7.9

注：数据来源于历年《中国固定资产投资年鉴》和《中国统计年鉴》。房地产投资实际值以1978年为基期的区域 GDP 减缩指数缩减计算；房地产投资对 GDP 增长贡献＝房地产投资份额×房地产投资增速×产出的资本弹性参数（根据资本要素收入占 GDP 的份额近似估算，北京上海都取0.6）。

标志2：城市化率达到56%的临界转换区域[①]。

（2）城市化与服务业发展的关系。相对于北京、上海这样的经济发达城市而言，其他省区市的城市化和服务业发展相对滞后。但是，从国际发展经验看，城市化的高速发展对服务业发展具有巨大的带动作用，这种关联有利于我们观察未来的产业结构变动和增长趋势。从趋势看，中国正处于城市化加速（城市化率为50%）到城市化成熟（城市化率为70%以上）的过渡阶段。基于本课题组城市化逻辑曲线的前期研究（张平、刘霞辉、王宏淼，2011），中国的高速城市化进程大约在2011～2016年结束，城市化率跃过50%的关键点，而后城市化速度逐步放缓，2030年达到约70%的水平。在这个过程中，中国服务业发展将由增长阶段Ⅰ的工业化推动，转变为由增长阶段Ⅱ的城市化集聚效应推动。

对于城市化未来阶段上的服务业结构变化，我们认为综合前文关于增长阶段Ⅰ的效率问题分析以及适当的统计计量推断，或许更能澄清一些问题。第一，城市化率。1996年中国城市化率超过30%，进入城市化快速增长阶段，1996～2011年，城市化率以年均1.4%的速度提高，2011～2015年预期将维持这样的速度；根据本课题组的前期研究，2016～2025年，中国城市化率的年均增长速

---

① 请参见第三部分的计量分析。

度约为 1%。第二，城市化率与第三产业就业比重。本课题组的前期研究依据城市化逻辑曲线和城市化与第三产业就业比重的回归方程，对 2011 年之后的基本看法是，城市化率每提升 1%，第三产业就业比重约提高 0.7% 左右。第三，城市化率与第三产业增加值比重。从中国城市化率与服务业的长期统计关系看，1978 ~ 2011 年，城市化率每增长 1%，带动服务业增加值上升约 0.5%[①]。对于第二、第三个统计结论，我们有进一步深入分析的必要。

第二个统计结论是依据城市化与第三产业就业比重的回归方程（城市化率提高 1% 推动第三产业比重上升 0.76%），预测值也采用了 0.76 这个系数项。结合第三个统计结论，我们会发现，第三产业的劳动份额比就业份额增加快，这正是前文关于增长阶段 I 结构效率低下问题的简洁表达。既然我们已经认识到中国增长阶段 I 发生了显著的第二产业与第三产业相对效率差异问题，那么，论及未来服务业发展时，我们不得不对一些看法进行修正。因为第三产业效率低下以及"劳动力驱赶效应"的存在，在长期的经济发展中是危险的，如果决策者不顾及这一问题，而盲目推进城市化，那么，结果不仅是造就一个效率越来越低的服务业部门，而且还有可能导致所谓城市化过度及类似于拉美经济结构服务化的增长缓慢和停滞问题。

因此，对于从快速城市化到城市化成熟的增长阶段 II，注重服务业效率的提高是一个重要问题。城市化加速已经成为不可避免的事实、而城市化的重心是人的城市化，因此，高速城市化和成熟城市化意味着服务业部门越来越大的就业吸收能力。鉴于中国现阶段服务业的低效率问题，为了扭转这种格局，服务业产出比重的增加要求有一个至少不低于服务业就业份额增长率的增长速度。这种效率改善的逻辑，意味着长期的中国服务业增加值比重上升的速度，至少要跟上城市化的速度。

基于以上认识，我们给出如下预期。

（3）东、中、西部地区省区市进入经济增长减速通道的次序——依据标志 1 和标志 2。根据前面的分析，北京和上海已经进入产业结构服务化和经济增长减速通道。

2011 ~ 2015 年：若城市化率年均增长 1.4% 且中短期内服务业效率不能得到逐步改善（城市化率增长 1% 拉动服务业增加值份额增加 0.5%），到 2015

[①] 1978 ~ 2011 年全国第三产业比重与城市化率的回归关系：第三产业增加值比重 $= \underset{(2.38)}{15.63} + \underset{(3.36)}{0.56} \times$ 城市化率 $+ \underset{(6.91)}{0.84} \times AR\ (1) + \underset{(2.55)}{0.44} \times MA\ (1)$。adj. $R^2 = 0.97$，DW $= 2.03$。

年，服务业增加值份额提升约 3 个百分点，依据 2011 年各省份服务业份额计算，天津、浙江、广东和海南 4 个省份服务业份额有望达到 50%。因此，投资减速效应，将在随后的时期里越来越显著（表 3-5 提供了服务业份额变动趋势的比较起始点）。

2016~2025 年：延续 2011~2015 年的服务业发展势头，从增长和服务业效率提高两方面考虑，2016~2025 年，城市化率提高 1% 应该至少拉动服务业增加值份额上升 1%。从 2011 年服务业的份额看，这种情景可以推动全国 2/3 省区市的服务业份额达到 50% 及以上水平（服务业份额偏低的省区市，如河北、广西、山西、内蒙古、安徽、江西、河南、四川、青海、新疆，其比重也可以提高到接近 50% 的水平），投资减速通道因此形成。

表 3-5　2011 年各省区市服务业份额

单位：%

北京	天津	河北	辽宁	上海	江苏	浙江	福建	山东	广东
76	46	34	36	58	42	44	38	38	45
广西	海南	山西	内蒙古	吉林	黑龙江	安徽	江西	河南	湖北
34	45	35	34	35	36	32	31	29	37
湖南	四川	贵州	云南	陕西	甘肃	青海	宁夏	新疆	
39	33	46	38	35	36	33	39	32	

资料来源：中经网数据库。

2. 人口转型过程中的要素弹性参数变化

可以粗略地认为，要素弹性参数的逆转，是经济增长阶段由工业化向城市化迈进过程中的现象。经济高速增长阶段 I 中发生的高资本积累，源于相应的建设资金动员能力。就中国经济增长经验看，强大资金动员能力的一个主要来源，是要素分配向资本的倾斜。在这个阶段，中国经济将要发生的一个重要变化是增长福利函数的改变，即新时期国家分配政策的调整和对民生改善的强调，对要素分配格局产生影响，本质上带来产出/资本弹性参数（α）和产出/劳动弹性参数（$1-\alpha$）的逆转。亦即，要素分配比例变化牵引要素弹性沿长期增长曲线滑动，从而产生：（1）经验资本弹性 $\alpha \approx 0.6$，向（2）预期资本弹性 $\alpha < 0.6$ 的逆转。

依据二元经济理论，劳动力拐点的出现将倒逼劳动力市场定价机制的调整和工资的上升，进而导致要素分配格局向劳动力的倾斜。当然，有利于劳动力要素的分配政策，可以促进劳动力份额的上升。无论怎样，对于一个人口红利即将耗竭的转型经济而言，人口结构的变化和劳动力拐点的出现是一个不好的消息，劳动力供给的缓慢增长甚至负增长，将在长时期内抑制经济增长，就日本的经验看，这种冲击甚至是巨大的。

下文的情景分析将提供中国经济增长过程中劳动、资本弹性的趋势估计，要素弹性参数逆转问题也因此得到进一步说明。

3. "干预型经济" 向市场效率转换过程中的 TFP

中国经济增长阶段 I 要素驱动的高速度所导致的效率低下问题，已经为国内外诸多研究所认识。对中国全要素生产率趋势的看法，Wang and Yao（2001）认为，1979 ~ 1998 年中国 TFP 增长率为 2.4%；Chow and Li（2002）对中国 1978 ~ 1998 年 TFP 增长率的估计结果是 2.6%；Young（2003）认为，中国 1979 ~ 1998 年 TFP 增长率为 1.4%；张军、施少华（2003）认为，中国 1979 ~ 1998 年 TFP 增长率为 2.8%；王中宇（2006）的测算认为，1978 ~ 2005 年，中国 TFP 增长率大多数年份在 1.8% ~ 2% 左右波动。Wu（2011）根据不同的算法得出中国 1979 ~ 2008 年 TFP 增长率约为 2.7% ~ 4.3%，但 2001 ~ 2008 年 TFP 增长率相对 1991 ~ 2000 年有较大幅度下降。总体看来，中国全社会全要素生产率增长率对于经济增长的贡献份额在 20% ~ 30%。

技术进步对经济增长贡献份额的低下，是经济增长阶段 I 要素驱动的典型特征，暗含了要素收益递减及经济不可持续的趋势预期，同时也对经济增长阶段 II 中以效率提高促进经济持续增长提出了要求。因此，从供给角度看，经济增长阶段 I 的高投资驱动，在经济增长阶段 II 将被技术进步所逐步替代，投资减速过程中的效率提高成为增长阶段 II 的重心。这方面的典型例子是，根据麦迪逊的测算，1913 ~ 1950 年日本技术进步对 GDP 增长的贡献份额不到 20%，而在 1950 ~ 1973 年工业化、城市化加速时期贡献份额超过 50%。

三　中国潜在增长率计算及情景分析

基于前文阐述，这一部分中，我们对中国未来潜在经济增长路径进行一个启发性数值模拟。模拟过程分为三步：第一步，提供投资变动与城市化率之间的统计关系，将结构变动分析转换为城市化率问题分析；第二步，给出要素弹性参数的数值估计；第三步，在投资趋势和要素弹性分析的基础上，得出长期经济增长水平估计。

（一）1994～2010 年中国 31 个省区市城市化率与投资率关系的统计分析

设定：

资本形成率（$caprate$）：资本形成额占 GDP 的比重；

城市化率（u）：城镇人口占总人口的比重；

工业比重（$inshare$）：工业产值占 GDP 的比重；

投资增长率（$capgrowth$）：资本形成增长率；

则城市化率与投资率关系的计量模型如表 3-6。

表 3-6　参数估计的计量模型

模型 i：城市化率与投资率倒 U 形关系 $caprate_{it} = \alpha_0 + \alpha_1 \cdot u_{it} + \alpha_2 \cdot usq_{it} + \alpha_3 \cdot x_{it} + \varepsilon_{it}$	$caprate$ 为资本形成率，u 为城市化率，usq 为城市化率的平方，x 为影响投资率的其他因素。各变量序列取对数值。
模型 ii：投资增长率与资本形成率的线性关系 $capgrowth_{it} = \beta_0 + \beta_1 \cdot caprate_{it} + \varepsilon_{it}$	$capgrowth$ 为投资增长率，$caprate$ 为资本形成率。各变量序列取水平值。
模型 iii：城市化率与投资增长率倒 U 形关系 $\widehat{capgrowth} = \widehat{\beta_1} \cdot \widehat{caprate}$	$\widehat{caprate}$ 为模型 i 中资本形成率的估值，$\widehat{\beta_1}$ 为模型 ii 的估值，$\widehat{capgrowth}$ 为投资增长率估值。

基于上述模型 i 和中国统计数据应用支持系统数据库，1994～2010 年中国 31 个省区市投资率与城市化率回归结果如下：

$$caprate_{it} = \underset{(-0.27)}{-1.07} + \underset{(3.48)}{0.52} \cdot u - \underset{(-2.79)}{0.0046} \cdot usq + \underset{(9.57)}{0.87} \cdot inshare, \quad \text{adj. } R^2 = 0.66$$

城市化率的一次项系数为 0.52，二次项系数为 -0.0046，刻画出投资率随城市化程度提高而发生的倒 U 形趋势。取定各省区市第二产业比重均值为 44%，则城市化率与投资率关系的模拟情景是[1]：当城市化率小于 56% 时，投资率随着城市化率的提高而上升；当城市化率大于 56% 时，投资率随着城市化率的提高而下降。2011 年中国城市化率为 51%，根据现阶段城市化快速发展的状况，2016 年后将突破 56%，投资率出现下降趋势也在模型的预期之中。

---

[1]　城市化的投资率变化的转折值（56%）小于我们前期研究的转折值 60%（陈昌兵，2010）。这是因为，前期研究数据是基于 1994～2008 年数据，本文估计是基于 1994～2010 年数据。前期研究所使用的数据序列中，多数省区市投资率随城市化率的提高而增大；本文延长的数据序列中，出现了投资率随城市化率增大而下降的现象。

进一步，我们可以得到投资增长率与城市化率的关系。利用 1991～2010 年 31 个省区市的数据对模型 ii 进行估计，结果为[①]：

$$capgrowth_{it} = \underset{(3.82)}{3.06} + \underset{(13.55)}{0.23} \cdot caprate_{it}, \quad adj.\ R^2 = 0.82$$

联系模型 i 和模型 ii 的估计值，假定随着结构调整和服务业发展，工业增加值份额在 2016～2030 年逐步下降到 30%，则模型 iii 估计的资本形成增长率将由现阶段的 11% 降低到 9%。相应地，考虑到资本存量增长率一般慢于资本形成增长率［中国 1979～2010 年资本形成增长率（HP 滤波）为资本存量增长率（HP 滤波）的 1.1 倍］，那么，基于模型 iii 估计的资本存量增长率将由现阶段的 10% 降低到 8%（见图 3－5）。

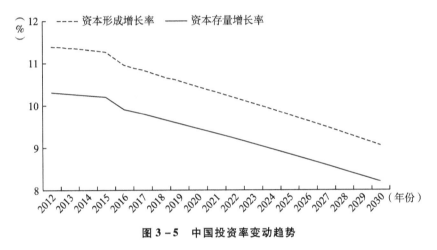

图 3－5　中国投资率变动趋势

（二）可变要素弹性参数估计

本部分提供了 1978～2011 年中国生产函数要素弹性参数的估计方法和估计结果。首先来看表 3－7 的模型，分为两类。

（1）生产函数 $Y = AK^{\alpha(\ln K)} L^{\beta(\ln K)}$。这个函数设置的目的有两个，第一个目的是用它来考察存在规模报酬效应时弹性参数 α（$\ln K$）、β（$\ln K$）的"现实"表现，即不施加任何约束下弹性参数的表现。第二个目的有些特别，主要是观察长期资本积累对 α（$\ln K$）、β（$\ln K$）的影响，这里，要素弹性参数 α、β 被设置成对数化资本存量 $\ln K$ 的函数。

（2）生产函数 $Y = AK^{\alpha(t)} L^{1-\alpha(t)}$。这是规模报酬不变假设之下的生产函数，

[①]　运用 GaussGPE 软件包，检验可知采取截面随机时间固定效应估计模型 ii。

要素弹性 $\alpha(t)$、$1-\alpha(t)$ 是时变参数。这个模型设置，主要是考察"均衡"路径上要素弹性的表现，以便与存在规模报酬效应的"现实"弹性参数进行对比。同时，我们也把规模报酬不变条件下弹性参数的时变趋势，作为未来增长过程中弹性参数变化的一个镜像。

表 3-8 是模型估计结果。第一栏是弹性参数 $\alpha(\ln K)$、$\beta(\ln K)$ 的估计值，不施加参数约束的条件下，30 多年来中国资本弹性 $\alpha(\ln K)$ 呈现基本平稳的态势，约在 0.8 左右；劳动弹性 $\beta(\ln K)$ 从 20 世纪 90 年代末期以来呈现缓慢的上升趋势，最近 10 年的平均值约为 0.3。第二栏是弹性参数 $\alpha(t)$、$1-\alpha(t)$ 的估计值，在施加报酬不变约束的条件下，弹性逆转现象得以显现。资本弹性 $\alpha(t)$ 由 20 世纪 80 年代中期以前的 0.7 下降至目前的 0.5，劳动弹性 $1-\alpha(t)$ 则由早期的 0.3 上升至现阶段的 0.5。

表 3-7 弹性参数估计的计量模型

i. 生产函数：$Y = AK^{\alpha(\ln K)} L^{\beta(\ln K)}$	$\alpha(\ln K)$ 和 $\beta(\ln K)$ 为资本存量 $\ln K$ 的一次展开式：$\alpha(\ln K) \approx \alpha(\ln K_0) + \alpha'(\ln K_0)(\ln K - \ln K_0) = \alpha_0 + \alpha_1(\ln K - \ln K_0)$ $\beta(\ln K) \approx \beta(\ln K_0) + \beta'(\ln K_0)(\ln K - \ln K_0) = \beta_0 + \beta_1(\ln K - \ln K_0)$	估计方法：资本量的非参数线性局部估计
ii. 生产函数：$Y = AK^{\alpha(t)} L^{1-\alpha(t)}$	$\alpha(t)$ 为时间的一次展开式：$\alpha(t) \approx \alpha(t_0) + \alpha'(t_0)(t-t_0) = \alpha_0 + \alpha_1(t-t_0)$	估计方法：非参数线性局部估计

表 3-8 要素弹性参数估计结果

年份	1. $Y=AK^{\alpha(\ln K)}L^{\beta(\ln K)}$ 非参数线性局部估计值		2. $Y=AK^{\alpha(t)}L^{1-\alpha(t)}$ 时变弹性系数估计值	
	$\alpha(\ln K)$	$\beta(\ln K)$	$\alpha(t)$	$1-\alpha(t)$
1978	0.83	0.29	0.73	0.27
1979	0.83	0.29	0.73	0.27
1980	0.83	0.29	0.72	0.28
1981	0.83	0.28	0.71	0.29
1982	0.83	0.27	0.70	0.30
1983	0.82	0.27	0.70	0.30
1984	0.82	0.26	0.69	0.31
1985	0.81	0.25	0.68	0.32
1986	0.80	0.24	0.67	0.33
1987	0.80	0.23	0.66	0.34

年份	1. $Y = AK^{\alpha(\ln K)} L^{\beta(\ln K)}$ 非参数线性局部估计值		2. $Y = AK^{\alpha(t)} L^{1-\alpha(t)}$ 时变弹性系数估计值	
	$\alpha(\ln K)$	$\beta(\ln K)$	$\alpha(t)$	$1-\alpha(t)$
1988	0.79	0.22	0.65	0.35
1989	0.78	0.21	0.64	0.36
1990	0.78	0.21	0.63	0.37
1991	0.77	0.20	0.62	0.38
1992	0.77	0.20	0.61	0.39
1993	0.76	0.20	0.60	0.40
1994	0.76	0.20	0.59	0.41
1995	0.76	0.21	0.58	0.42
1996	0.76	0.22	0.57	0.43
1997	0.76	0.22	0.57	0.43
1998	0.76	0.23	0.56	0.44
1999	0.76	0.24	0.55	0.45
2000	0.76	0.25	0.54	0.46
2001	0.76	0.26	0.54	0.46
2002	0.76	0.27	0.53	0.47
2003	0.76	0.28	0.53	0.47
2004	0.77	0.29	0.52	0.48
2005	0.77	0.30	0.52	0.48
2006	0.77	0.31	0.52	0.48
2007	0.77	0.32	0.52	0.48
2008	0.77	0.34	0.52	0.48
2009	0.77	0.34	0.52	0.48
2010	0.78	0.35	0.52	0.48
2011	0.78	0.36	0.52	0.48

（三）潜在增长情景模拟

　　未来资本存量增长趋势来自图3-5；弹性参数变动趋势来自表3-8的对比分析；在设定技术进步和节能减排冲击效应的条件下，中国潜在经济增长水平的情景分析如表3-9。

表 3 - 9 　中国潜在经济增长水平的情景分析

时间	α	$1 - \alpha$	潜在增长率%	资本增长率%	劳动增长率%	技术进步份额 θ	节能减排冲击效应
2011~2015 年	0.7	0.3	7.8-8.7	10-11	0.8	0.2	-1
2016~2020 年	0.6	0.4	5.7-6.6	9-10	-1	0.3	-1
2021~2030 年	0.5	0.5	5.4-6.3	8-9	-0.5	0.4	-0.5

注：表中劳动增长率序列，来自课题组数据库；节能减排冲击效应，2011~2020 年数据采用张平等（2011）的数据，2021~2030 年假定为 -0.5。

2011 年中国人均 GDP 是 5432 美元，根据表 3-9 的 GDP 潜在增长率以及劳动增长率①，我们可以估算出人均 GDP 水平（以 2011 年的人均 GDP 和汇率为基准，人均 GDP 增长速度取均值），2015 年为 7349 美元；2020 年为 9226 美元；2030 年为 15259 美元。也就是说，在经济减速的情境下，2020 年中国人均 GDP 可望达到 10000 美元左右的水平，2030 年达到 15000 美元左右的水平，进入发达国家行列，跨越中等收入陷阱。因此，从人均 GDP 的水平来看，表 3-9 中 2016 年之后的经济增长速度并不算低，这也是我们称之为"稳速增长"的原因。

在投资减速和节能减排的抑制下，为了保持未来能稳定增长，技术进步为长期结构调整政策所关注。当然，表 3-9 的数据是从供给角度做出的平滑预期，不可否认，随着中国与世界经济的日益融入，短期外部冲击有可能间断性地打破这种平滑趋势，短期调控政策也是经济稳定的必须。

四　结论

从供给面看，有三种主要力量主导未来中国经济增长路径：正在发生的人口结构转型、要素弹性参数的逆转、经济结构服务化的形成。中国分配调整力度的加大及劳动力拐点的出现，将结束持续 30 年的高投资驱动模式。正是立足于这些长期经济增长抑制因素的分析，本文对经济增长阶段 Ⅱ 的趋势和特征进行了分析，结构服务化和减速预期下经济均衡持续发展的要求，迫使中国未来经济发展转到效率提高方向上来。因此，以效率提高促进经济结构转型，自然成为增长阶段 Ⅱ 的重心，正是因为这个重心的作用，中国未来的经济增长也将格外引人注目。

城市化由加速到成熟的经济增长阶段 Ⅱ，效率提高蕴含于内生增长机制的

---

① 假定 2030 年人口增长达到峰值，人口自然增长率为 0，那么各个时间段的人口自然增长率：2011~2015 年约为 0.4%，2016~2020 年约为 0.3%，2021~2030 年约为 0.1%。

逐步形成之中，即劳动、资本密集型工业向技术、知识密集型工业的转变，民生改善引致增长福利目标函数的确立。因此，创新要素及经济活力的培育成为重中之重。

1. 深化价格体制改革，强化市场配置的主导作用

各产业部门技术增长率的差异，导致各种产品生产成本变化幅度的差异，并经由相对价格导致部门间的非均衡增长。因此，价格是市场运行的指针，合理的相对价格体系能有效引导市场参与者的行为，使整个经济和谐运转。我国经济体制改革，就是从价格体制改革开始的。目前，部分重要价格却没有市场化，如资源、基础设施、准公共品（如教育、医疗）、利率等重要价格还有待改革，相对价格体系不合理，企业真实效率的高低无法显示。所以，走效率改进引导结构调整之路的必要条件是形成市场化的价格机制，形成合理的相对价格体系。

2. 以效率持续提高推动结构调整

我国制造业还有较大提升空间，也有明显竞争优势，结构调整和东部地区的转型升级不是放弃制造业，而是使制造业升级。同时，应推动服务业与工业的结合，提高服务业的贸易水平，通过效率的持续改进来提升现代服务业的比重和扩大服务业的规模，特别是要打破垄断、降低现代服务业的准入门槛，并使其与高水平的现代制造业相结合。

3. 以收入分配政策和节能减排措施，促进人力资本培育和创新

增长的根本目的是国民福利的提高，尤其是工资收入水平的稳步提高，以便把人的价值在增长中体现出来，这需要收入分配政策的科学制定和落实。同时，应充分借鉴发达国家的经验，严格制定实施节能减排标准，以此激励新工艺、新技术的探索开发，挖掘和培育增长的创新潜力。

4. 政策上分类指导，不搞一刀切

目前我国各地区经济发展水平不一，如东部许多城市的经济水平已进入高收入经济体行列，但中、西部有些地区的经济水平还很低，两类区域的经济结构不可能相同，因此结构调整目标与重点也不一样。从政策角度看，处于高收入经济体行列的地方政府，应该放弃过去干预产业发展的做法，转向刺激或创造更多高级生产要素、改善需求质量、鼓励新商业出现和维持市场竞争等工作；处于中低收入经济体行列的地方政府，可以引导资本流入需要发展的产业，鼓励新企业加入市场、发展有效率的基础设施、激励企业获取外部技术和鼓励出口等。中央政府也应在税收、价格、市场准入等方面形成有效的外部环境，使不同地区和企业的发展朝着效率提升的方向前进。

第四章　中国经济转型的结构性特征、风险与效率提升路径

内容提要：基于拓展的增长核算框架，本文对中国经济转型的结构性特征及有关问题进行了探讨，结论如下。（1）中国经济增长有六个结构性特征：人口结构转型、生产率的产业再分布、收入分配调整、城市化率提高、资本效率递减、全要素生产率改进空间狭窄，这些因素的共同作用可能使经济增长减速。（2）中国经济转型面临的风险是：收入分配格局再调整导致的经济增长减速风险；过度无效投资；经济杠杆率持续拉升；产业结构服务化导致的经济增长过快减速风险。（3）为应对中国经济增长减速的潜在风险，资本效率提高是政策着力点，低效率企业出清机制的建立及相应制度改革深化，是未来经济稳健增长的必由之路。

关键词：结构性特征　转型风险　收敛一致性　资本效率

一　引言

中国已完成了从低收入国家向中等收入国家的转变，工业化和城市化正在推进，但向高收入国家演进之路不会平坦。专家学者们对中国经济增长前景有诸多看法，本文将从拓展的增长核算框架入手探讨该问题。我们认为结构变革

---

*　本文发表于《经济研究》2013 年第 10 期。"中国经济增长前沿课题组"负责人为中国社会科学院经济研究所张平、刘霞辉、袁富华。本文执笔人为袁富华、张平、刘霞辉。参加讨论的人员有裴长洪、张连城、陈昌兵、张自然、郭路、黄志刚、吴延兵、赵志君、仲继垠、张磊、张晓晶、常欣、田新民、汪红驹、汤铎铎、李成、王佳、张鹏、张小溪。本研究受国家社会科学基金重大招标课题"加快经济结构调整与促进经济自主协调发展研究"（12&ZD084）和国家社会科学基金重点课题"中国城市化模式、演进机制和可持续发展研究"（12AJL009）项目资助。

推动了中国工业化时期的高经济增长，同时也构筑了城市化时期经济增长减速的通道，人口结构转型、增长方程要素弹性参数逆转、投资增长率从高速向中低速转变等因素可能是经济增长减速的主因，如何实现经济增长方式由资本驱动向效率驱动的转型，是值得深究的问题。

沿着上述认识逻辑，我们对标准增长核算方程进行了拓展，并特别标示出可直接索引的34项经济指标。这34项经济指标可以归拢到标准增长核算方程的资本、劳动、技术进步、要素弹性四个变量中。我们对中国经济转型的六个结构性特征进行了观察，即人口结构转型，生产率的产业再分布，收入分配调整，城市化率提高，资本效率递减，全要素生产率改进空间狭窄。基于上述六个结构性特征及中国向发达经济阶段演进的假设，我们对"结构收敛一致性"问题进行了探讨，包括四个方面，即产出的资本弹性和劳动弹性向经济发达阶段收敛；投资率向经济发达阶段收敛；产业结构向经济发达阶段收敛；经济增长的政府干预向市场主导转变。"结构收敛一致性"蕴含了经济过快减速的宏观风险，即收入格局再调整导致的经济过快减速风险；过度无效投资导致的经济过快减速风险；经济杠杆率持续拉升导致的经济过快减速风险；产业结构服务化导致的经济过快减速风险。我们认为，提高资本效率是政策的着力点。

本文第二部分是拓展的增长核算分解与中国经济结构性特征分析；第三部分是结构收敛一致性机制、不确定性与风险讨论；第四部分是本文结论。

二　增长核算分解与中国经济潜在增长前景

分析经济的结构性特征有多种方法，我们遵从经济增长理论研究传统，从生产函数入手。

（一）理论与方法

1. 基准方法

为突出结构分析特征，我们把增长因素归纳为两个层面：第一个层面是基于统计年鉴数据的实际GDP变化的结构性影响因素，核心是人口结构转型和产业结构转型对长期经济增长带来的冲击效应；第二个层面是立足于标准生产函数核算框架的三因素分析，针对性地分析 K、L 及技术进步因素对潜在经济增长的影响。就未来增长潜力的评估而言，这两个层面又通过人口结构转型、产业结构变化以及城市化这样的阶段性因素联系起来。

全社会 GDP 增长率的分解，记：劳动力供给（L），劳动年龄人口（POP_L），劳动参与率（Θ_L），总人口（POP）。则：

$$GDP \equiv Y = \frac{Y}{L} \cdot \frac{L}{POP_L} \cdot \frac{POP_L}{POP} \cdot POP$$

上式意味着：GDP 增长率＝劳动生产率增长率＋劳动参与率增长率＋劳动年龄人口占总人口比例增长率＋总人口增长率

2. 全社会劳动生产率增长率的产业加权合成方法

我们更新袁富华（2012）的计算方法，在产业增加值份额和产业就业份额都可变的情境下，考察如何由三次产业劳动生产率增长变化加权合成全社会劳动生产率增长率，旨在说明经济结构朝服务业演进过程中，全社会劳动生产率增长的产业结构变化影响。令：从 t 到 $t+1$ 期全社会劳动生产率增长率为 η_{t+1}，各次产业劳动生产率增长率为 $\eta_{i(t+1)}$，各次产业就业占全社会就业份额增长率为 $\zeta_{i(t+1)}$，t 期各次产业增加值占 GDP 份额为 γ_{it}；则容易推导，从 t 到 $t+1$ 期全社会劳动生产率增长率与各次产业劳动生产率增长率的关系为：

$$\eta_{t+1} = \gamma_{1t}\left[\eta_{1(t+1)} + \zeta_{1(t+1)} + \eta_{1(t+1)} \cdot \zeta_{1(t+1)}\right] + \gamma_{2t}\left[\eta_{2(t+1)} + \zeta_{2(t+1)} + \eta_{2(t+1)} \cdot \zeta_{2(t+1)}\right] \\ + \gamma_{3t}\left[\eta_{3(t+1)} + \zeta_{3(t+1)} + \eta_{3(t+1)} \cdot \zeta_{3(t+1)}\right]$$

当交叉项较小时，有：

$$\eta_{t+1} = \gamma_{1t}\left[\eta_{1(t+1)} + \zeta_{1(t+1)}\right] + \gamma_{2t}\left[\eta_{2(t+1)} + \zeta_{2(t+1)}\right] + \gamma_{3t}\left[\eta_{3(t+1)} + \zeta_{3(t+1)}\right]$$

为明晰起见，把 $\left[\eta_{i(t+1)} + \zeta_{i(t+1)}\right]$ 暂时命名为"第 i 产业就业份额加权的劳动生产率增长率"，以区别于根据统计年鉴数据直接计算的各次产业劳动生产率增长率 $\eta_{i(t+1)}$；显然，$\left[\eta_{i(t+1)} + \zeta_{i(t+1)}\right]$ 比 $\eta_{i(t+1)}$ 多出一个就业份额增长率项 $\zeta_{i(t+1)}$。这种区分纯粹是为了表述的方便。

把统计年鉴数据应用于上述公式存在的一个困难是，如何让三次产业增加值折实数据加总之和正好等于全社会 GDP。可行的方法是运用 2008～2012 年《中国统计年鉴》提供的"不变价国内生产总值"统计表，该表提供了按 1970 年、1980 年、1990 年、2000 年和 2005 年不变价核算的全社会 GDP 及三次产业实际增加值序列。如果希望延长这个表格所提供的全社会 GDP 数据序列，我们给出的一个简便方法是：用上一年各次产业增加值占 GDP 份额乘以当年各次产业增加值增长率，得到当年全社会 GDP 增长率，以此估算相应不变价 GDP。

3. 时间期限

对于生产函数三因素分解中使用到的资本投入，我们更新了本课题组前期研究的资本存量序列，基期设定为 1978 年。分析上，我们集中于三个时期：1985 ~ 2007 年，这个历史时期见证了中国经济的持续快速增长，以及产业结构的迅速变化；2008 ~ 2012 年，这个历史时期里中国经历了经济增长的减速；2013 ~ 2018 年，我们将对中国未来经济增长机制做出系统解释。

（二）劳动力供给倒 U 形曲线

本部分基于历年《中国统计年鉴》《中国人口和就业统计年鉴》数据，考察人口结构转型有关变量的长期趋势，主要是对未来 10 ~ 20 年劳动力供给状况的说明。劳动力供给变化在长期中与劳动年龄人口和劳动参与率二者的变化直接相关。定义：

> i . 劳动力供给（或劳动投入 L）= 年鉴中全社会年末从业人员数量
>
> ii . 劳动年龄人口 POP_L = 年鉴中 15 ~ 64 岁年龄段的人口
>
> iii . 劳动参与率 Θ_L = 劳动力供给与劳动年龄人口的比率

用小写字母表示变量增长率，则：

> iv . 劳动力供给增长率 l = 劳动年龄人口增长率 pop_L + 劳动参与率变化率 θ_L

《中国统计年鉴》《中国人口和就业统计年鉴》提供了 2012 年以前全社会年末从业人员、劳动年龄人口数据序列，其中，1990 年以前的从业人员数据根据王小鲁、樊纲（2000）的估算进行调整；2012 年之后全社会劳动力供给趋势，通常用年龄移算法进行估计。所谓劳动力人口年龄移算，是指按照年龄分组的人口，随着时间的推移和人口的年龄转组，将引起劳动力人口数量的变动，据此可以推测未来劳动力人口变化。《中国人口和就业统计年鉴》的人口统计按照 4 岁年龄组距，将人口分为 "0 ~ 4 岁"，……， "65 岁及以上" 等 14 组。本文采取滞后 15 年的年龄移算方法，劳动年龄人口估算遵从通常的 "15 ~ 19 岁"，……， "60 ~ 64 岁" 分组方法，即分别以 1998 ~ 2011 年的年龄分组人口推算 2013 ~ 2026 年劳动年龄人口。劳动力供给数量为劳动年龄人口乘以劳动参与率。

估算未来 15 年劳动年龄人口的具体步骤如下。第一步，运用人口变化抽样调查中所提供的 4 岁年龄组距人口占抽样人口比例，与当年全国总人口相乘，得到各年龄组人口毛估计数；第二步，通过各年龄组人口毛估计数和各年龄组人口死亡率，得到各年龄组人口净估计数；第三步，进行各年龄组人口净估计数移算，得到未来各年 15 ~ 64 岁劳动年龄人口的估计数及其增长率。

估算未来 15 年劳动参与率的具体步骤如下。第一步，劳动参与率的下限估计。基于上述劳动参与率的定义，我国 1993～2012 年的劳动参与率，呈现明显的线性下降趋势，因此，我们运用这 20 年的劳动参与率的时间回归趋势，线性外推未来年份的劳动参与率：

$$\Theta_L = \underset{(322.47)}{86.02} - \underset{(-22.38)}{0.50} \cdot t_{1993-2012}, \quad \text{adj. } R^2 = 0.96, \quad DW = 1.70$$

1993 年的劳动参与率为 84.8%，2012 年为 76.4%。线性外推，2020 年为 72%，2026 年为 69%。第二步，设置劳动参与率的上限。以 2011 年劳动参与率（约等于 2010～2012 年平均数）76.2% 作为未来各年劳动参与率的上限。第三步，由劳动参与率下限和上限的平均值，结合估算的未来 15 年劳动年龄人口数量，给出劳动力供给数量的估算。

图 4-1 和图 4-2 是 1993～2026 年中国劳动年龄人口数量、劳动力供给数量及劳动参与率趋势的直观显示。其中，1993～2012 年数据直接取自《中国统计年鉴》和《中国人口和就业统计年鉴》，2013 年之后的数据序列为估计值。图中趋势显示，改革开放以来，中国由劳动力供给增长所带来的人口红利正在消失。目前，中国劳动力供给已经进入绝对减少的"拐点"区域，2015 年之后，劳动年龄人口数量持续下降及相应劳动供给数量持续减少将成为常态。其间，尽管统计数据调整（如最近一次人口普查对数据的矫正）有可能带来劳动年龄人口数量短暂上升，但在中国人口转型系统性因素的作用下，劳动供给持续减少是未来相当长时期的主导性规律。劳动参与率的持续下降是另一个重要影响因素，连同劳动年龄人口的持续下降，共同导致了长期劳动力供给的减少。

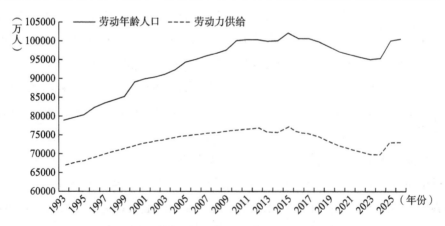

图 4-1 中国劳动年龄人口和劳动力供给趋势

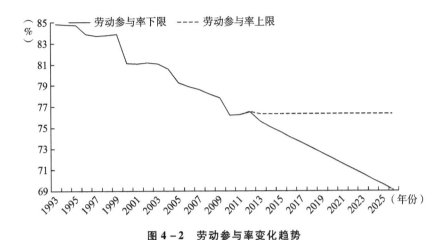

图 4 - 2　劳动参与率变化趋势

资料来源：历年《中国统计年鉴》《中国人口和就业统计年鉴》。

（三）产出的要素弹性参数逆转

就长期而言，产出的要素弹性对于增长曲线的未来走势，往往有着决定性的影响。我们的前期研究曾提及发达国家生产函数要素弹性参数逆转的统计事实（中国经济增长前沿课题组、张平、刘霞辉、袁富华、陈昌兵、陆明涛，2012），把长期增长函数的要素弹性参数逆转规律描述为：资本弹性（α）和劳动弹性（$1-\alpha$）在不同的经济发展阶段，其数值不同。发达国家和发展中国家的经验对比表明，随着经济向更高阶段演进，产出的资本弹性逐渐走低，相应的劳动弹性逐渐升高。这里，我们征引本课题组的前期数据分析及史俊男（2013）的有关研究，以丰富有关要素弹性参数逆转趋势的认识。

世界银行数据库提供了产出要素弹性参数逆转检验所需的基本数据。通过对国别、指标、年份等数据内容进行筛选，确定数据最完善的 82 个国家（地区）作为研究对象。所选择的 82 个国家（地区）涵盖六大洲、五个收入组别，代表性较强。

1. 国家（地区）分组

为了对不同发展阶段的要素弹性参数变化状况进行比较，我们遵循世界银行的分类方法，将计算涉及的 82 个国家（地区）分为四组：高收入组；中上收入组；中下收入组；低收入组。试算显示，高收入组、中上收入组、中下收入组的资本弹性变化基本符合逆转规律；但是低收入组的资本弹性有高有低，可能是因为在较低发展阶段经济的资本动员能力较弱，相应地，资本对经济增长的贡献较小。基于这种情况，我们主要考察位于高收入组、中上收入组、中下收入组的 65 个国家（地区）的资本弹性。最终归纳为两类——25 个高收入国家（地区）和 40 个中等（中上、中下）收入国家（地区）。

2. 估算方法及数据说明

（1）各国家（地区）的资本存量序列。Nehru and Dhareshwar（1993）运用永续盘存法详细估算了 92 个国家（地区）1960～1990 年的资本存量，沿用他们的做法，我们构造了 1960～2010 年 82 个国家（地区）的资本存量数据，基期为 2000 年。（2）各国 GDP 序列来源于世界银行数据库的 GDP（2000 年美元不变价）数据。（3）各国家（地区）劳动投入序列。由于劳动力或者就业数据的完整性比较差，尤其是发展中国家（地区）1990 年代之前的数据比较缺乏，我们使用 15～64 岁的劳动年龄人口数代替就业人数，有效提高数据的完整性。基于世界银行数据库，通过计算总人口数与 15～64 岁人口比重的乘积得到劳动年龄人口数。（4）为了估算产出的资本弹性，通过试算，我们选择带有时期固定效应的面板模型。

3. 估算结果

图 4－3 和图 4－4 显示了 1960～1990 年和 1990～2010 年两个历史时期，65 个样本国家（地区）的资本弹性估算结果及对比。具体说明如下。（1）1960～1990 年，25 个高收入国家（地区）的资本弹性估计值分布在 0.37～0.45 的区间里，均值为 0.42；40 个中等收入国家（地区）的资本弹性估计值分布在 0.63～0.76 的区间里，均值为 0.72［40 个中等收入国家（地区）的样本期为 1970～1990 年］。（2）1990～2010 年，25 个高收入国家（地区）的资本弹性估

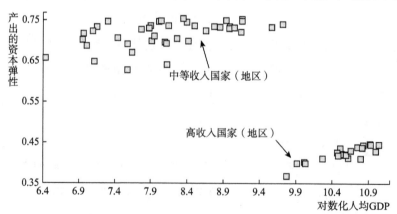

图 4－3 1960～1990 年 40 个中等收入国家（地区）和 25 个
高收入国家（地区）的资本弹性

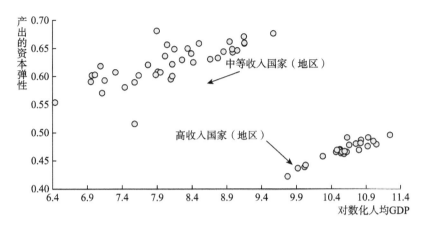

**图 4 - 4 1990 ~ 2010 年 40 个中等收入国家（地区）和 25 个
高收入国家（地区）的资本弹性**

计值分布在 0.46 ~ 0.50 的区间里，均值为 0.47；40 个中等收入国家（地区）
的资本弹性估计值分布在 0.52 ~ 0.68 的区间里，均值为 0.62。

（四）城市化与投资率的倒 U 形关系

1. 中国城市化率的长期趋势估计

1975 ~ 2011 年中国城市化率呈现典型的"S形"增长，以 1975 年作为起始
年份，将城市化率的逻辑增长曲线在两个时间区间进行估计，预测趋势直观显
示见图 4 - 5。

1975 ~ 1995 年： $y_{t;1975 \sim 1995} = 1/(1 + 5.0057e^{-0.0359 \cdot t_{1975 - 1995}})$

1996 ~ 2011 年： $y_{t;1996 \sim 2011} = 1/(1 + 5.1888e^{-0.0563 \cdot t_{1996 - 2011}})$

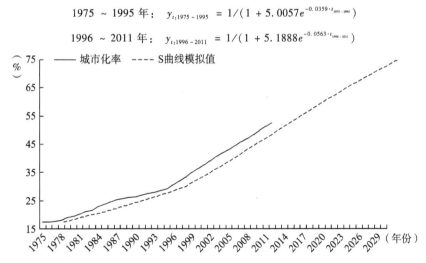

图 4 - 5 中国城市化率趋势：1975 ~ 2030 年

2. 城市化率与资本投入增长率的倒 U 形关系

根据陈昌兵（2010）关于城市化率与投资率倒 U 形关系的探讨，我们的前期研究对未来中国投资变动的下降趋势进行了分析（中国经济增长前沿课题组、张平、刘霞辉、袁富华、陈昌兵、陆明涛，2012）。沿用已有的回归框架和更新数据，对城市化率与资本投入增长率的关系进行描述和估计。未来 20 年里，中国城市化率的持续升高将导致资本投入增长速度由现阶段的高于 10% 降低到 8% 左右，1979～2030 年中国资本投入增长率趋势见图 4-6。

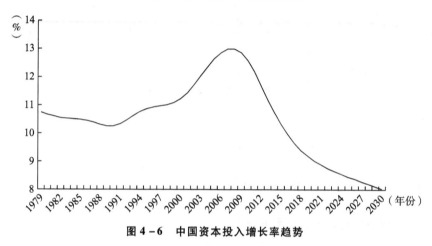

图 4-6　中国资本投入增长率趋势

（五）中国 1985～2012 年的生产函数分解及 2013～2018 年的趋势预测

根据上述主要经济变量的长期动态，我们对 2013～2018 年中国经济潜在增长率的估计值为 6.5%，这个数值是对我们前期研究数值模拟的修订（中国经济增长前沿课题组，2012）。基于党的十八大后国家收入分配政策的调整及居民人均收入翻番战略的部署，我们对 2013～2018 年中国增长核算方程的资本弹性∶劳动弹性参数设置为 0.5∶0.5；基于中国城市化进程及城市化率与投资增长的倒 U 形关系，我们对资本投入增长速度的估计值为 9.5%；基于人口转型趋势的劳动投入增长速度约为 -0.56%；基于中国 TFP 趋势，我们把未来 5 年全要素生产率对 GDP 增长的贡献份额设定为 30%[①]。表 4-1 中的对潜在经济增长前景的分析，或许还有一些可能的增长因素未考虑到或估计不充分——如技术进

---

① 如果考虑到节能减排的冲击效应，按照我们的估计方法推算，2014～2018 年中国潜在经济增长率大致在 5%～6% 的水平。

步、改革效应、人力资本水平提高等。如果考虑到人力资本水平提高、技术进步和改革深化的增长潜力挖掘，则潜在经济增长率提高 0.5~1 个百分点是完全可能的。

表 4-1　中国 1985~2012 年的生产函数分解及 2013~2018 年的趋势预测

	历史（峰-峰：1985~2007 年）	现状（2008~2012 年）	预测：2013~2018 年
一、全社会实际产出增长四因素分解			
（1）实际增长（年鉴数据）=（2）+（3）+（4）+（5）	10.10%	9.3%	7.86%[注1]
（2）劳动生产率（y=Y/L）增长率	8.54%	8.86%	8.55%
（3）劳动参与率变化率（θ_L）	-0.07%	-0.55%	-0.55%
（4）劳动年龄人口占总人口比例增长率	0.54%	0.43%	-0.40%
（5）总人口增长率	1.03%	0.49%	0.26%
（6）劳动生产率变动的结构因素			
（7）劳动生产率（y=Y/L）增长率=（8）×（9）+（10）×（11）+（12）×（13）	8.54%	8.86%	8.55%
（8）就业份额加权的第一产业劳动生产率增长率[注2]	2.50%	4.49%	3.12%
（9）增加值份额	0.18	0.09	0.07
（10）就业份额加权的第二产业劳动生产率增长率	10.56%	9.52%	8.60%
（11）增加值份额	0.49	0.49	0.45
（12）就业份额加权的第三产业劳动生产率增长率	9.10%	8.91%	9.29%
（13）增加值份额	0.33	0.42	0.48
参考指标：（14）第一产业劳动生产率增长率（年鉴数据）	4.42%	8.30%	8.30%
参考指标：（15）第二产业劳动生产率增长率（年鉴数据）	9.21%	7.03%	7.03%
参考指标：（16）第三产业劳动生产率增长率（年鉴数据）	5.99%	6.72%	6.72%
二、全社会潜在产出增长三因素分解			
（17）［潜在增长（生产函数拟合）三因素］	9.7%	10.9%	6.4%
（18）资本投入（K）：弹性	0.60	0.60	0.50
（19）贡献份额=［（18）×（24）］/（17）	68.72%	74.53%	74.4%
（20）劳动投入（L）：弹性	0.40	0.40	0.50
（21）贡献份额=［（20）×（28）］/（17）	6.17%	1.36%	-4.4%

续表

	历史（峰 - 峰：1985 ~ 2007 年)	现状（2008 ~ 2012 年）	预测：2013 ~ 2018 年
（22）TFP 增长率	2.44%	2.62%	1.96%
（23）贡献份额 = 100 - （19）- （21）	25.11%	24.11%	30%
[因素细分]			
（24）资本投入增长率（$k = dK/K$）= （25）× （26）	11.13%	13.50%	9.5%[注3]
（25）（净）投资率（I/Y）	21.32%	35.55%	
（26）资本效率（Y/K）	0.52	0.38	
参考指标：投资效率（$ICOR$，或者 $I/\Delta GDP$）：根据实际值估算	4	6.2	
（27）劳动投入增长率（$l = dL/L$）= （28）+ （29）	1.50%	0.37%	- 0.56%
（28）劳动年龄人口增长率（POP_l）	1.58%	0.93%	- 0.01
（29）劳动参与率变化率（θ_L）	- 0.07%	- 0.55%	- 0.55%
参考指标：劳动要素报酬比例（劳动报酬/GDP）	46.97%	48.26%	
（30）劳动生产率增长率			
（31）劳动生产率（$y = Y/L$）增长率 = （32）+ （33）	8.54%	8.86%	
（32）资本效率（Y/K）增长率	- 0.89%	- 4.81%	
（33）人均资本（K/L）增长率	9.43%	13.67%	
参考指标：全社会全员劳动生产率名义值（元/人）	11419	53778	
全社会全员劳动生产率实际值（1978 年为基期，元/人）	3284	9862	
三、人口与城市化			
[全国人口]			
人口（绝对数，万人）	121136.3	134096.4	
年末从业人员（绝对数，万人）	68014.3	76124.2	
劳动参与率（水平值）	0.82	0.77	
[城市化]			
（34）城市化率	33%	50%	58%
非农部门就业占全社会就业的比率	47.03%	63.43%	
城市人口对非农就业的支撑率（即非农就业与城市人口之比）	82.10%	72.30%	

注：①7.86%的估计值系按照 2008 ~ 2012 年第（14）、（15）、（16）项劳动生产率增长率计算，从未来增长趋势看，这个数值可能是潜在增长率的高限，可以与生产函数法的潜在增长率估计值6.4%进行对比。②就业份额加权的产业劳动生产率的解释，请见本文第二部分。③资本投入增长率的估计，系根据（34）城市化率及前文城市化率与投资增长率的倒 U 形关系计算。

三　中国经济转型的结构性特征

我们在表 4 - 1 中将直接进入生产函数分解的因素归纳为 34 项 [表中标号 (1) 实际增长，(2) 劳动生产率增长率，……，(34) 城市化率]，试图理清中国城市化阶段的结构性特征。

(一) 人口结构转型

我们首先看一下人口结构转型在长期经济增长过程中的作用，表 4 - 1 中 34 项分解因素的第 (1) ~ (5) 项，对应着前文所述的实际 GDP 增长率分解算式：

$$GDP 增长率 = 劳动生产率增长率 + 劳动参与率增长率 +$$
$$劳动年龄人口占总人口比例增长率 + 总人口增长率$$

依据《中国统计年鉴》数据，1985 ~ 2007 年和 2008 ~ 2012 年，中国实际 GDP 年均增长率分别为 10.1% 和 9.3%。在 GDP 增长率的四个分解因素中，劳动生产率增长率分别为 8.54% 和 8.86%，虽然上升幅度很小，但略有上升。那么这两个时期 GDP 年均增长率的下降，可以归因于与人口结构转型相关联的三个因素，即劳动参与率、劳动年龄人口比例和总人口的变动。从数据实际表现看，1985 ~ 2007 年和 2008 ~ 2012 年两个时期里，劳动参与率增长率由 - 0.07% 进一步下降为 - 0.55%、劳动年龄人口占总人口比例增长率由 0.54% 下降为 0.43%、总人口增长率由 1.03% 下降为 0.49%。

人口结构转型正在受到越来越多的关注。根据蔡昉 (2013a) 的研究，中国持续 30 年的劳动生产率的快速提高，实际上得益于人口红利，如果人口结构变化，人口红利消失，不仅劳动力供给会受到影响，所有的经济增长源泉都将受到影响，人口红利消失将导致潜在经济增长速度的下降。

(二) 生产率的产业再分布

表 4 - 1 中 34 项分解因素的第 (6) ~ (16) 项，对应着前文所述的全社会劳动生产率增长率分解算式 (如果交互项较小且予以忽略)：

$$\eta_{t+1} = \gamma_{1t} [\eta_{1(t+1)} + \zeta_{1(t+1)}] + \gamma_{2t} [\eta_{2(t+1)} + \zeta_{2(t+1)}] + \gamma_{3t} [\eta_{3(t+1)} + \zeta_{3(t+1)}]$$

在 1985 ~ 2007 年与 2008 ~ 2012 年两个时期，全社会劳动生产率增长速度基本维持不变的原因是:第一产业和第三产业劳动生产率的增长,被第一产业就业、增加值份额的减少以及第二产业劳动生产率增长速度的下降抵消掉了。由于第一产业就业份额和增加值份额相对较小,我们把全社会劳动生产率增长的未来趋势分析集中于第二产业和第三产业。

Alexander (2002) 认为,即使像日本这样发展成功的富国俱乐部新进入者,与老牌发达国家如美国的发展模式比较起来仍有不尽如人意之处。(1) 美国增长模式的典型特征是效率驱动,投资对增长的促进比较温和。日本二战后至 20 世纪 70 年代,重化工业主导的增长模式将资本存量/GDP 比例一路拉升,由 1.5 拉升到 2.0 (美国经济增长中长期维持的比例);其后,这个比例更是一路上升,致使投资边际回报显著下降,更多的工业资本被迫流向发展中国家寻找机会,最终导致国内工业部门投资锐减。(2) 基于投资的"干中学"效应,在经济高速增长时期劳动生产率增速较快,但是,随着经济发展水平向发达国家靠近,依赖国外技术设备投资获得的劳动生产率改进空间缩小,投资减速时劳动生产率增长速度也相应放缓。(3) 资本驱动模式下投资的高增长,很大程度上来自国内金融部门的扭曲操作,一旦金融市场自由化进程加快,企业成本将显著增加,一大批低效率工业企业随之产生,进而抑制投资增长和生产率提高。中国现阶段资本驱动的增长模式类似于日本高经济增长时期的情景,但是,资本报酬递减比日本来得要早,因此很难设想第二产业继续维持投资高增长的合理理由,"干中学"模式下第二产业劳动生产率的持续高增长也没有了依据。表 4 - 1 中 2008 ~ 2012 年中国第二产业劳动生产率增长较之于 1985 ~ 2007 年的下降,是资本驱动增长情景的式微使然。

随着城市化推进和经济结构服务化发展阶段的到来,没有理由认为服务业主导的全社会劳动生产率增长率会超过过去 30 年工业化主导时期,关于这一点,我们的前期研究 (本课题组,2012) 已有过比较详细的阐述。因此,若城市化过程中服务业的劳动生产率不能快速提升,会抑制未来的经济增长。

(三) 收入分配调整

由表 4 - 1 中 34 项分解因素的第 (17)、(18)、(20)、(22)、(24)、(27) 这六项,我们可以解析要素弹性逆转对未来经济增长的影响,它们对应标准增长核算方程:

$$\dot{Y}/Y = \dot{A}/A + \alpha \cdot (\dot{K}/K) + (1 - \alpha) \cdot (\dot{L}/L)$$

所谓要素弹性参数逆转，是指随着经济朝高级阶段演进，产出的资本弹性逐步减小，产出的劳动弹性相应提升。基于新古典生产函数的假设，要素弹性参数逆转，与经济增长不同阶段的资本、劳动分配份额的变化有内在联系。图 4 - 3 和图 4 - 4 中 65 个国家的面板数据分析，给出了在不同经济发展阶段上资本弹性的表现，总体看来，发达国家资本弹性相对较低。就中国的经济增长而言，工业化阶段较高的资本弹性与较高的投资回报率相关，当资本回报出现下降时，较低的资本边际回报对应了较低的资本弹性，从而引致要素弹性参数逆转。

像中国这样依赖资本驱动的发展中国家，经济增长转型（工业化阶段向城市化阶段）过程中资本弹性的下降，对潜在经济增长下行的冲击是可以预见的。虽然如此，随着经济增长向城市化阶段的演进，以国民福利增进这个最终目标为根本的城市化，将逐渐成为资本弹性向下逆转的内在逻辑。这是因为，相对于赶超工业化阶段，对增长质量要求相对更高的城市化阶段，需要在人力资本（健康、知识技能等）上加大投资力度。基于此，分配政策向劳动力倾斜，以矫正工业化阶段资本所得份额过高的趋势也将系统性发生。

（四）城市化率提高

继续分析表 4 - 1 中的第（17）、（18）项及第（24）、（25）、（26）、（34）项，并回顾生产率产业再分布中的有关阐述。前期研究中，我们把中国经济增长划分为投资驱动的高速增长阶段 I 和城市化时期稳速增长阶段 II 两个阶段。仔细分析，经济转型期间资本驱动模式不可持续的原因有两个。一是当进入城市化发展阶段后，制造业部门因面临比高速增长阶段 I 更高的成本而被迫缩小，制造业放弃的经济空间被逐渐发展起来的服务业取代（当然这里也不否认需求因素诱致的服务业规模的扩大），这是第二产业部门投资增长速度走低的动因。二是尽管服务业规模扩大了，但是该产业对投资增长的拉动能力，无法与工业化时代标准化、大规模设厂的蓬勃景象相比；即使一些行业，如房地产业，其红火势头也具有拉动投资高涨的效应，但从长期增长角度看，这种红火不过是一种短期现象。纵观发达国家的工业化城市化历史，这种由服务业发展带来的投资高增长尽如昙花，从工业化过渡到城市化成熟期的路径上，全社会投资增长率逐渐下降并维持在某种水平上是常见现象。

（五）资本效率递减

表 4 - 1 中 34 项分解因素的第（30）~（33）项，对应方程 $Y/L = (K/L)$

（Y/K），说的是全社会劳动生产率的增长速度将因为资本深化速度降低和资本回报率趋于减少而下降。关于 1985 ~ 2007 年和 2008 ~ 2012 年两个时期 Y/K 的下降问题，本课题前期研究已经有过比较详细的数据分析，国内外相关研究也较多，这里不再赘述。需要补充的一点是，为了防止劳动生产率的过快下降，进行有质量的生产性投资（无论是第二产业还是第三产业）进而抑制 Y/K 过快下降或者促使其上升，是城市化阶段经济政策的着力点，我们在下文还将重点论述。

（六）全要素生产率改进空间狭窄

继续分析表 4 - 1 中 34 项分解因素的第（17）~（23）项，我们可以对中国经济增长中技术进步的贡献进行观察。图 4 - 7 提供了 1986 ~ 2012 年中国增长方程参数（α）及技术进步速度（tfp）的卡尔曼滤波估计值[1]。可以看出，增长的资本弹性（α）基本维持在 0.6 的水平，比较稳定；技术进步速度的数值也比较稳定，大约为 2.5%。总体来看，技术进步占 GDP 增长率的份额大约维持在 1/4 的水平，类似于国内大多数文献的估算结果。这种情况反映了资本驱动增长模式下，投资增长对全要素生产率改进空间的挤压。相应推断是，如果维持现有增长方式，投资减速只会带来经济增长速度的持续降低，因为全要素生产率的改进空间过于狭窄（相对于发达国家 tfp 贡献份额在 60% 以上的情况而言）。

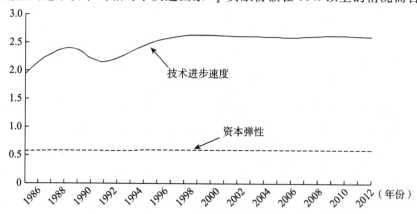

图 4 - 7　1986 ~ 2012 年中国增长方程参数（α）和技术进步
速度（tfp）的卡尔漫滤波估计值

---

① 为了把中国 GDP、资本（K）、劳动（L）数据应用于标准增长核算方程（即，要求资本、劳动弹性之和为 1），我们需要引入这里称之为"影子弹性"的概念。含义是，运用方程：$\log (GDP/L) = C + \alpha \cdot \log (K/L) + \varepsilon_i$ 估计资本弹性 α，然后间接计算劳动弹性 $1 - \alpha$。

四 结构收敛一致性机制、不确定性与风险

（一） 结构收敛的一致性趋势

结构收敛的一致性趋势是经济增长理论中俱乐部趋同效应的具体体现。我们的表达是：（1）国内人口转型、城市化、收入分配政策调整迫使中国经济向发达经济阶段的趋势特征收敛；（2）开放条件下要素流动的价格均等化机制迫使中国经济向发达经济阶段的趋势特征收敛。

1. 产出的资本弹性和劳动弹性向经济发达阶段收敛

这种情景意味着，中国增长方程的劳动弹性向较高的值域收敛（如由现阶段的约 0.4 逆转为约 0.6 的水平）。基于前文分析，把劳动弹性与分配结构联系起来，我们可以对这种收敛进行趋势性描述。20 世纪 70 年代发达国家（地区）城市化步入成熟时期后，分配增长收敛一致性在各国表现得较为显著（见图4－8）。该图分为两个部分：一是位于右上方的 1990～2010 年主要发达国家（地区）收入占 GDP 的份额（这里是纯工资收入/GDP。若考虑非工资收入，这个份额要更高，大概是 0.6～0.7），大致分布在 0.5～0.6 的区域里，比较稳定，体现了收入分配的一致性收敛趋势；二是我们提供了法国 1950～2010 年和韩国

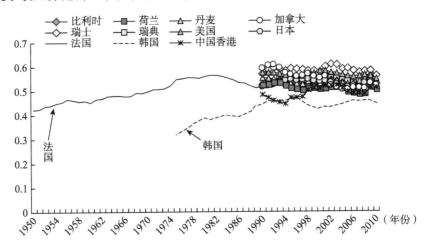

图 4－8　发达国家（地区）和后发工业化国家（地区）收入份额（工资/GDP）

资料来源：UNdata。

1975～2010 长时间序列的演进对比。这两个长时间序列，在一定程度上显示了发达国家（地区）和后发工业化国家（地区）收入分配份额向均衡路径演进的趋势。

2. 投资率向经济发达阶段收敛

这种情景意味着，随着城市化向成熟阶段演进，随着服务业所占份额的扩大，投资已经不可能充当经济的主导性驱动力量。此时，要么经济实现朝效率驱动增长方式的演变，就像发达国家表现的那样；要么经济进入不可预测的震荡轨迹中，就像拉美国家表现的那样。投资率增长趋于收敛及有关问题见图 4-9。该图中，我们以国民储蓄率（s）作为投资率（i）的代理变量，从 1960～2011 年 180 个国家储蓄率的动态演进中观测收敛趋势。随着人均 GDP 向高水平递进，投资率或储蓄率进入一个相对稳定的区间（人均 GDP 相当于美国的 0.5 倍之后）。无论是分配的收敛一致性，还是投资的收敛一致性，最终都是在城市化成熟阶段发生的事情，发达国家的增长历史及现状，都告诉我们这种收敛一致性是在经济低速增长阶段发生的（低速，是相对于发达国家二战后至 1960 年代的增长速度，以及后发工业化国家曾经历过或正在经历的高速度而言）。

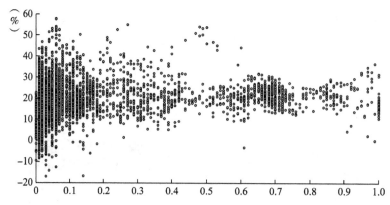

图 4-9　1960～2011 年 180 个国家不同收入水平上国民储蓄率变动趋势

（横轴为人均 *GDP*，以美国人均 *GDP* 为 1 对各国人均 *GDP* 标准化，高于 1 的一些欧洲国家没有给出统计；纵轴为国民储蓄率）。

资料来源：世界银行数据库。

3. 产业结构向经济发达阶段收敛

从 GDP 构成看，2012 年中国第二产业和第三产业比重分别为 45.3% 和 44.6%，这是改革开放 30 多年来经济结构持续快速演进的结果。2012 年中国第二产业和第三产业就业比重分别为 30.3% 和 36.1%，不仅慢于 GDP 结构的演化，而且与发达国家就业结构演变模式不一样。发达国家在 20 世纪 70 年代普遍步入城市化成熟时期后，第三产业就业占比由 50% 左右向 60% ~ 70% 持续演进是基本规律。或许正是就业结构的缓慢演变，使本来低下的中国服务业劳动生产率有持续提高的余地，否则，中国第二、第三产业劳动生产率失衡的局面将持续加剧。从纯经济逻辑看，长期经济增长遵从以下路径。（1）现代生产方式推动产业结构的调整，从低效率的农业转向高效率的工业，从高效率的工业转向更高效的服务业。在此过程中也推动了农业和工业的发展，直到产业间效率均衡，结构稳定。（2）生活方式的演进则体现在"广义恩格尔定律"上，即从食品占消费支出比重的下降拓展到物质消费占消费支出比重的下降。人类需求结构会带动产业不断变化，服务业比重会越来越高。如果服务业的比重持续提高，制造业比重持续下降，但服务业效率改进又慢于制造业效率变动速度，则整个经济增长速度将下降，欧美国家进入高收入水平后经济增长减速就是受到了上述规律的影响。中国就业结构的演进模式，类似拉美国家的轨迹，即产业结构（无论是增加值结构还是就业结构）向发达经济阶段收敛，但服务业生产率长期低下且第二、第三产业效率全面失衡。

4. 从政府干预向市场主导转变

20 世纪 80 年代以来"强大美国"的再造历程，无疑是经济历史上最震撼人心的事件之一。开启这段辉煌历史的钥匙，是里根经济学的"缓和限制、重视市场和民营化"的制度变革，从而使美国"彻底告别了维持 50 年的中央集权的新政制度……可是，日本经济走到死胡同的今天，想从平成萧条找到出路，供给经济学倒是可以作为日本再生的处方加以应用或借鉴的"（水野隆德，2000）。处于结构调整关键时期的中国，从政府干预向市场主导转变以激发经济持续强劲的活力，同样是无法回避的经济趋势。

（二）结构收敛过程中蕴含的不确定性：中国资本驱动模式下福利与效率悖论

悖论：在结构性减速主导因素作用下，要维持较高的增长速度，要么要素弹性参数逆转不发生（维持现有分配政策）；要么维持现有资本驱动的增长方式。前一种模式违背了经济发展的福利增进原则，后一种模式违背了经济发展的效率改进原则。

鉴于中国经济增长中资本驱动的事实，对于标准增长核算框架的解释，我们希望增加一些有关资本深化作用的强调。基于表 4 - 1，沿用前文符号，标准增长核算方程的一个恒等变化形式为：

$$\frac{\dot{y}}{y} = \frac{\dot{k}}{k} + \left[\frac{\dot{A}}{A} + (\alpha - 1) \cdot \frac{\dot{k}}{k} \right] \tag{1}$$

这个核算方程意味着，在劳动生产率提高的过程中，资本深化起着正反两方面的作用：在资本驱动的增长中，一方面，资本深化速度 $\dot{k}/k$ 提高了劳动生产率，另一方面，过快的资本深化也有可能抑制生产效率（如果 $0 < \alpha < 1$ 成立的话）。

式（1）实际上等同于劳动生产率的另一种简单分解，依然沿用前文记号：劳动生产率 $Y/L \equiv y$，资本深化 $K/L \equiv k$ 且记资本报酬为 $Y/K = \chi$，定义劳动生产率恒等式：

$$\frac{Y}{L} = \frac{K}{L} \times \frac{Y}{K}, \text{即} \ y = k\chi \tag{2}$$

则上式的变化率形式为：

$$\frac{\dot{y}}{y} = \frac{\dot{k}}{k} + \frac{\dot{\chi}}{\chi} \tag{3}$$

这个等式的含义是，劳动生产率的变化率由资本深化和资本报酬的增长共同决定。

综合式（1）和式（3）的结果，有：

$$\frac{\dot{\chi}}{\chi} = \frac{\dot{A}}{A} + (\alpha - 1) \cdot \frac{\dot{k}}{k}, \text{或者} \frac{\dot{\chi}}{\chi} = \frac{\dot{A}}{A} - (1 - \alpha) \cdot \frac{\dot{k}}{k}, \text{或者} \frac{\dot{\chi}}{\chi} = \frac{\dot{A}}{A} - \beta \cdot \frac{\dot{k}}{k} \tag{4}$$

其中，$0 < \alpha < 1$、$0 < \beta < 1$ 分别为资本产出弹性（资本收入份额）、劳动产出弹性（劳动收入份额）。于是我们有如下命题。

命题1：资本报酬增长率取决于技术进步率 $\dot{A}/A$、劳动产出弹性 β 以及资本深化速度 $\dot{k}/k$。资本驱动增长模式（因而 $\dot{A}/A$ 较小）下，保持较高资本报酬增长率（$\dot{\chi}/\chi$）的必要条件是：用较小的劳动收入份额（β）抵消较快的资本深化（$\dot{k}/k$）所带来的负向作用。

把式（4）代入式（3），得：

$$\frac{\dot{y}}{y} = \frac{1}{\beta} \cdot \frac{\dot{A}}{A} - \left(\frac{1 - \beta}{\beta} \right) \cdot \frac{\dot{\chi}}{\chi}, \quad \text{或者} \frac{\dot{y}}{y} = \frac{1}{\beta} \cdot \frac{\dot{A}}{A} - \frac{\alpha}{\beta} \cdot \frac{\dot{\chi}}{\chi} \tag{5}$$

上式的含义是：劳动生产率增长率取决于技术进步速度 $\dot{A}/A$、资本份额与劳动

份额比值 α/β 以及资本报酬增长率 $\dot{\chi}/\chi$。于是我们有命题2。

命题2：资本驱动增长模式（因而 $\dot{A}/A$ 较小）下，保持较高劳动生产率增长率（$\dot{y}/y$）的必要条件是：用较低的资本报酬增长率（$\dot{\chi}/\chi$）抵消较大的资本份额与劳动份额比值 α/β 所带来的负效应（因为中国的资本弹性 α 显著高于劳动弹性 β）。

命题2的现实意义是，就现阶段中国经济情况来说，由于资本份额与劳动份额比值 α/β 较大，较高劳动生产率增长速度下，资本报酬增长率（$\dot{\chi}/\chi$）持续递减是内在经济逻辑的要求，因为根据我们的生产函数分解框架，中国现有增长模式所达成的劳动生产率持续高增长，来源于资本驱动而非技术进步（因此随着资本的不断累积，资本报酬出现递减）。由表4-1中34项分解因素的第（17）～（23）项生产函数未来预测趋势可以看出，如果继续维持现有资本驱动模式，即使把 GDP 增长率的技术贡献份额提高到30%，资本投入份额仍然高达70%以上。这种状况需要通过效率改进加以扭转。

（三）中国结构转型过程中蕴含的风险：经济过快减速的隐忧

中国经济由工业化阶段的资本驱动增长方式，朝城市化阶段效率驱动增长方式的转变，蕴含了较大的经济过快减速风险。

风险1：收入格局再调整导致的过快减速风险

中国长期增长曲线弹性参数逆转及向发达经济增长阶段的收敛，是一种渐进趋势。作为抑制经济增长速度的关键因素之一，其中蕴含的过快减速风险值得重视。刘树成（2013）已经注意到这个问题，作为国民收入分配格局中此消彼长的关联因素，国民收入向居民倾斜，意味着企业利润空间的压缩及相应再投资能力的弱化，因此会进一步迫使投资向经济发达阶段的低速度收敛，这又反过来持续压低总体经济增长速度。

风险2：过度无效投资导致的过快减速风险

即使居民收入的提高可以通过储蓄信贷转换途径，抵消企业利润空间缩小所导致的再投资能力的弱化，但是，长期困扰中国经济的无效投资问题，也不可能使中国投资的高增长速度维持下去。例如愈演愈烈的非生产性投资膨胀对实体经济更新能力的严重挤压。不论出于什么样的理由，短期的过度无效投资，都是对未来可持续增长能力的严重透支和浪费，其蕴含的减速风险不言而喻。

风险 3：杠杆率持续拉升导致的过快减速风险

过度无效投资所造成的高增长"繁荣"表象中，另一种经济风险也在孕育，即 Caballero et al.（2008）所定义的"僵尸企业（Zombie Firm）"的累积风险。生产效率低下、赚钱能力低下的僵尸企业，在银行或政府帮助下继续留在市场中，就是挤占生产资源进而延迟经济整体效率提升和生产更新节奏。20 世纪 90 年代早期日本资产泡沫之后浮出水面的这些企业，让其后的经济发展吃尽苦头。低效率企业的大量累积，在高速增长时期的作用，是持续拉高杠杆率（我们可以用经济增长速度与资本效率增长速度之差，直观衡量杠杆率），经济一旦减速，低效率企业借贷途径受阻，其对经济持续减速的巨大冲击也不言而喻。

风险 4：产业结构服务化导致的过快减速风险

本来弱质的中国服务业，在接管工业吸收就业主导地位的未来趋势中，其生产效率的提升空间将变得越来越小。中国经济服务化趋势下面临的两难选择是，如果实现工业劳动生产率与服务业劳动生产率的均衡发展，而不是让持续几十年的部门生产率失衡态势持续扩大，那么，在服务业中保持生产性服务业的（增加值和劳动力）高份额是一个好的选择，但是，在中国生产性服务业部门充满垄断的情况下，这种希求能实现吗？另一选择是复制发达国家服务业结构模式，但这将导致非生产性的社会公共部门份额过大，结果是服务业部门效率提高速度过低，经济整体过快减速。

五　结论

毋庸讳言，由工业化阶段高经济增长向城市化阶段的过渡，将是一段充满风险的历程。这个过程中，经济增长供给面因素的变化，如人口转型、服务经济发展、城市化等导致的投资增速下降，以及收入分配结构变化导致的要素弹性变化等，都会使增长速度减缓。因此，中国经济结构和增长路径在向发达经济阶段的收敛期间，结构性减速无法避免。为了缓解经济增长速度下降所导致的宏观风险，我们需要在制度上和政策上做好准备，借助人力资本水平提高、技术进步和改革，改善供给效率，提高潜在经济增长率。

一是深化改革。（1）动员型经济的转型，也就是重新定位政府的行为。在动员型模式下，政府运用行政力量，动员了大量资本、土地、矿产、劳动力等资源，先是通过"低价工业化"走出了一条特殊的高增长路径，继而又通过高价城市化，扩张城市建设，推动了我国城市化大发展，但也积累了诸多严重问题。跳出政府主导型增长模式，已势在必行。（2）竞争性市场的完善。经过几十年的培育和发展，我国的市场经济体系已初步成型，特别是商品市场得到了较大发展，但是，市场准入未完全放开，投资主体未多元化。应在深化国有企业改革的基础上，给所有经济主体以平等的市场待遇，从而形成规范的竞争性市场环境，提高投入要素的产出效率。

二是提高资本效率。中国经济增长中重复建设和低效率问题的核心是政府主导的低价工业化模式（张平、刘霞辉，2007）所导致的低效率企业风险累积。在有利的开放环境下，累积风险往往为高增长吸收，但是以廉价劳动力和资本自然资源价格扭曲为支撑的高投资不可能持续太久。中国经济要完成由高速增长向高效增长的过渡，建立低效率企业市场出清机制是必由之路。低效率企业市场出清机制的重要环节之一，是产业组织结构的深度调整，意味着异质性较强的生产性服务业部门打破行政分割和行政垄断，以中小企业的活力支撑起生产性服务业的强劲发展、缩小工业与服务业效率失衡的缺口。产业组织结构的深度调整，同时意味着制造业部门摆脱高投资驱动、低成本国际竞争的模式，让制造业增长方式逐步转型到高效率竞争路径上，获得经济持续增长的根基。

三是建立适合我国国情的社会保障体系。我国社会保障体系建设要注意的核心问题是标准过高，相互攀比。这种状况的延续，不仅破坏社会保障覆盖面的空间拓展（因为缺钱），而且加大各级政府的财政风险，扭曲政府行为，阻碍经济增长和社会进步。我国社会保障体系统一标准，量力而行势在必行。社会保障支出是政府需要花大钱的社会事务，一些发达国家社会福利的建设，是在经济发展达到很高水平以后才敢做的事情。有些福利国家因为大量资源用于社会保障支出，导致用于经济增长的积累不够，而使经济长期陷入低水平的增长状态；有些政府因为要维持高水平的社会保障而负债过度，国家风险加剧；部分拉美国家追求社会保障的赶超，许诺过高，不仅损害经济增长，还掉入中等收入陷阱，导致社会不稳。

目前，我国已进入中等发达国家行列，人们对国家提供基本的社会保障，以及不断提高福利水平有越来越强的要求，特别是随着人口老龄化形势加剧，以上愿望越来越迫切。我国现在的社会保障体系，还适应不了社会的要求，其主要问题，一是社会保障的覆盖面不够宽，而且保障制度不统一，城乡分割、地区分割。二是社会保障支出增长过快，保障标准相互攀比，给地方财政造成困难，负债增长快。从长期看，社会福利具有很大刚性，人们的要求并没有上限。社会福利如果转向税收融资，必然会带来财政收入在国民经济比重中的更快上涨，损害经济增长。适合我国国情的社会保障体系应该是覆盖面广而享受标准并不过高的一种状况，这也是东亚经济体的共性。

第五章 中国经济增长的低效率冲击与减速治理

中国经济增长前沿课题组[*]

内容提要：中国经济进入新的发展阶段，增长速度放缓。原因来自"三重冲击"因素的叠加：资本积累速度下降、人口红利消失和"干中学"技术进步效应消减。而现阶段制度结构对技术创新的阻碍和人力资本配置的扭曲，又使"三重冲击"带来的经济增长减速无法得到生产效率提高的补偿和缓冲。为保证经济增长的延续性和有效性，必须直面并高度关注"减速治理"这一重大理论和政策问题。只有加快推进存量调整，推动传统赶超模式中的"纵向"干预体制向"横向"竞争机制转换，引入"科教文卫"等公共服务部门和事业单位的市场化改革，才能提升资源配置效率，激励技术创新，实现经济从高速增长向高效增长的转换。

关键词：减速治理 存量改革 效率提升 人力资本再配置

本文就中国经济增速放缓状况下经济转型方向及其困难给出解释，核心是分析内生增长动力缺失所导致的低效率冲击以及现有制度缺陷对效率改进的阻碍。基本认识是：（1）政府主导的工业化阶段的结构性加速自身蕴含了经济减速的必然，主要体现为资本积累速度下降、人口红利消失和"干中学"技术进

———————————

* 本文发表于《经济研究》2014 年第 12 期。"中国经济增长前沿课题组"负责人为中国社会科学院经济研究所张平、刘霞辉、袁富华。本文执笔人为袁富华、张平、刘霞辉。参加讨论的人员有裴长洪、张连城、陈昌兵、张自然、郭路、黄志刚、吴延兵、赵志君、仲继垠、张磊、张晓晶、常欣、田新民、汪红驹、汤铎铎、李成、王佳、张鹏、张小溪。本研究受国家社会科学基金重大招标课题"加快经济结构调整与促进经济自主协调发展研究"（12&ZD084）；国家社会科学基金重点课题"我国经济增长的结构性减速、转型风险与国家生产系统效率提升路径研究"（14AJL006）和国家社会科学基金课题"对中国不同发展阶段减排目标的碳排放权分配机制研究"（14BJL10）项目资助。

步效应消减所带来的"三重冲击",以及"三重冲击"对高增长势头的极大抑制。(2)投资、劳动力投入、"干中学"的技术进步所驱动的高增长模式也抑制了技术创新和人力资本积累,使中国经济缺乏内生增长动力。(3)造成上述问题的根源是现阶段制度结构对效率改进的阻碍和人力资本配置的扭曲,使后续增长得不到生产效率提高的补偿。因此,必须改革传统赶超模式中的"纵向"干预体制,让有利于创新和生产效率改进的"横向"市场竞争机制和激励因素发挥作用。这就要求针对赶超体制中的扭曲进行市场化改革,通过减速治理加快"清洁"体制沉疴、改革"科教文卫"等事业单位、保护知识产权等,优化资源配置,形成激励创新的经济环境,以存量调整为动力推动经济实现从高速转向高效的目标。

首先,中国工业化阶段结构性加速向城市化阶段结构性减速转换的必然性,源于三重结构性因素变化的冲击。一是资本形成增速的倒 U 形趋势,即大规模工业化扩张放缓和城市化向成熟阶段演进的过程中,资本形成速度下降;二是伴随人口结构转型而发生的人口红利窗口的关闭;三是 30 余年的经济赶超,中国技术水平与国际前沿趋近,"干中学"效率下降,但自主创新机制尚未形成。就增长曲线自身而言,资本(劳动)弹性参数也将随着城市化向成熟阶段的演进,发生由高(低)到低(高)的逆转。

其次,面对三重结构性冲击,至少在现阶段,中国经济还没有建立起防范和缓冲经济过快减速的内生增长机制,主要体现在如下几个方面。(1)资本驱动型增长的巨大惯性,尤其是亚洲金融危机之后中国投资的持续高企和投资向非生产性部门的过度分流,导致全要素生产率(TFP)的增长率一路下滑;(2)对廉价劳动力的过度依赖,极大削弱了中国人力资本的增长潜力,并导致人力资本配置的严重扭曲和使用低效率;(3)"纵向"管理体制中的产业政策导向、财政补贴、选择性的金融配置等模式都在分割市场、抑制竞争、阻碍创新,无法通过经济的减速逼迫淘汰那些落后的"僵尸企业",反而可能驱逐有竞争力的优质企业。[①]

中国经济增长过程中的上述问题,源自现有制度结构的缺陷,例如政府扶持的垄断部门及事业单位的庞大规模、利益固化所导致的资源配置扭曲,这种扭曲尤其存在于非生产性的事业单位以及类似于事业单位的公共服务部门。可

---

① 关于"纵向"分割形成的机理及其影响,我们在前期研究中已有详细论述,参见中国经济增长前沿课题组(2014b)。另外,关于纵向和横向政策的有趣分析,请参见菲利普·阿吉翁(2014)。

以说，这些制度存量的存在，是经济效率改进的主要阻碍。

面对投资、劳动投入增长的减速，以及"干中学"技术进步效应下降和不可避免的要素弹性参数逆转，中国经济转向高效增长的可能性，不仅在于培育人力资本和激励人力资本向生产性部门配置，而且在于改革现有的"纵向"干预体制，转向"横向"的市场竞争机制，激发微观主体的活力和创造力，推动技术创新和经济效率持续改进。由此，作为减速治理的重心，矫正制度性缺陷是宏观管理的着力点。

文章组织如下。第一部分为"三重冲击"及叠加效应导致经济减速，分析了中国经济增长转型过程中三重结构性冲击带来的减速压力；第二部分分析TFP下降与资源配置扭曲，给出了有关效率的数据分析；第三部分分析了低效率增长的制度根源；第四部分为制度变革与减速治理对策。

一　"三重冲击"及叠加效应导致经济减速

大规模工业化时期中国经济的持续加速增长，源于三个结构性因素的推动：第一，有利的人口结构，即较高的劳动力增长速度和有效的劳动力产业再配置，人口红利因之得以生成；第二，有利于资本积累的产业结构，即较高的工业增长速度和工业主导的效率改善，投资潜力因之得以培育；第三，偏向于资本的分配结构，即有助于利用充裕劳动力资源的低价工业化模式，较高的资本份额（产出的资本弹性）因之维系并使高速增长趋势得以强化。然而，中国工业化时期的结构性加速本身，就蕴含了结构性减速的必然，这种趋势由于人口结构转型、产业结构转型、经济增长阶段演替而变得显著，而相应的三重"结构性冲击"以及四层"叠加效应"将影响现阶段中国城市化时期的经济增长。基于我们的前期研究（中国经济增长前沿课题组、张平、刘霞辉、袁富华、陈昌兵、陆明涛，2012；中国经济增长前沿课题组，2013），图5-1展示了中国经济增长阶段演替过程中的要素（因素）动态趋势，四个倒U形曲线隐含了导致结构性减速的三重结构性冲击。

（一）冲击Ⅰ：资本增长的倒U形趋势

长期增长过程中，伴随着经济增长由农业主导向工业主导再向服务业主导的结构嬗变，投资率及投资增长发生从高速向低速的转变，这种规律既有理论基础也有历史经验的佐证。与农业经济和服务业经济不同的是，工业部

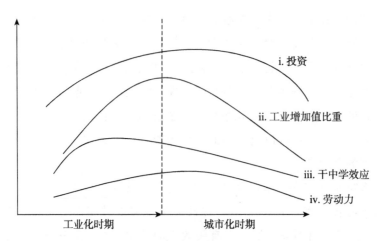

图 5－1　经济增长阶段上要素或因素的变化趋势

门以其标准化和规模经济，最容易激发投资潜力，在有利的成本因素和市场环境下，工业化时期比农业经济和服务业经济都有高投资的比较优势。这一点在短期内实现追赶的工业化大国，典型如日本的发展过程中尤其明显，中国也具有这一特点。因为把工业化浓缩在三四十年的时间里完成，其不同于农业经济和服务业经济的投资驱动特色，因此被戏剧性地表现出来。投资增长速度随着增长阶段演替呈现出从加速到减速的倒 U 形统计趋势，一般发生在这样的背景下。

第一，工业增加值份额沿着增长阶段演替出现了由高到低的变化。

第二，城市化过程本身往往表现出比工业化阶段较低的投资需求。

尽管上述两个现象可以看作增长阶段演替的同一问题，但是在统计上对资本动态做出这样的分解，可能更有利于分析。当我们面对 20 世纪 70 年代以后日本投资增速为何持续降低，而且越来越呈现发达国家的均衡特征的问题时，答案从工业增加值份额下降、城市化发展这两个冲击里可以直接观察到。即使面对更为复杂的增长现象，例如，通过对比拉美国家"失去的十年"前后期增长绩效，我们也容易认识到，拉美国家过早的城市化抑制了投资和增长速度，而 20 世纪 90 年代以后相对较高的增长速度，也依赖于工业份额的回升。这种分析有助于提醒我们，在观察长期增长时，经济模式的转变，如资本形成路径的变化、增长阶段的变化，为趋势预测添加了更多的有现实意义的结构性分析因素。

中国的增长经验及趋势，大致可以分为内涵丰富的三个时期。第一个时期以高投资驱动和相应大规模工业化扩张为特征，发生在 20 世纪 80 年代和 20 世纪90年代，这一时期也是以结构调整促进效率提高的时期；第二个时期以1998年住房制度改革为发端，投资出现向服务业部门的分流，其间城市化的稳步发展促进了这种态势，以至于形成目前房地产投资和基础设施投资占比高企的局面；第三个时期正在作为一种趋势逐渐显现：随着城市化步入成熟，投资继续分流，根据发达经济体的增长经验，人力资本、研发、社会福利的投资占比将逐渐提高。前两个时期意味着，投资驱动的经济增长阶段Ⅰ行将结束，以房地产投资和基础建设投资抵消结构性减速也只是短期行为，中国城市化阶段的投资应更多关注人力资本，这是新时期制度变革的着力点。

（二）冲击Ⅱ：劳动力增长的倒 U 形趋势

劳动力增长的倒 U 形趋势，源于内在的人口结构变化，与增长阶段没有必然联系，相关的是人口红利的捕捉。就新兴经济体的增长经验而言，有利的人口结构实际上是快速工业化的一个必要条件。实际上，大多数新兴工业化国家，在其工业化过程中都或多或少获得过人口红利。拉美国家1950～1980年的增长黄金时期，正处于其人口转型的第一阶段，15～64岁劳动年龄人口增长速度在20世纪70年代达到2.9%的峰值，1980年以后出现持续下降，近年约为1.5%。日本在1956～1973年的增长黄金时期，也捕捉到了快速增加的人口红利，1973年以后的经济减速，尤其是20世纪90年代以后的低增长，伴随了劳动年龄人口增长速度的下降。

相似的趋势正在中国发生。继续引用 WDI 数据库的相关序列，可以看到中国劳动年龄人口增长速度在2009年以后出现拐点。若把 GDP 增长分解为劳动生产率增长和劳动年龄人口增长两个部分，那么（由劳动年龄人口增长表示的）人口红利对 GDP 增长的贡献，从20世纪80年代的29%下降到20世纪90年代的17%，2000～2008年基本维持在17%，2009年以后进一步下降到10%以下。鉴于中国人口转型的内在趋势，人口红利贡献下降到10%以下甚至转为负值可能是一种长期趋势。

人力资源开发也呈现出比较鲜明的阶段性特征。中国劳动年龄人口经历了50年的正增长，其占总人口比重在最近10年里达到了70%的峰值。实际上，在改革开放以后的大规模工业化阶段Ⅰ（中国经济增长前沿课题组、张平、刘霞辉、袁富华、陈昌兵、陆明涛，2012），中国劳动力资源的使用属于典型的分割性开发，表现为：（1）至少在20世纪90年代初期之前，劳动力城乡分割态势依然明显，农村劳动力大量剩余；（2）1992年后，农村剩余劳动力主要向工业和传统服务业部门流动，逐渐形成低素质劳动力集聚的工业、传统服务业部门，相对高素质劳动力集聚的垄断性生产部门、非生产性事业和公共管理部门分割的局面，两个领域之间的人力资源缺乏流动性。主要问题也随之出现，由于投资过度向物质资本倾斜，导致总体人力资本增长速度缓慢、分布偏倚。由此也显示出在经济增长阶段Ⅱ以人力资本为核心、以普遍流动性为要求的人力资源开发的迫切性。

（三）冲击Ⅲ："干中学"效应的逐步衰减

工业化大规模扩张及相应效率改进，来源于"干中学"效应。一方面，由于经济追赶阶段的技术水平与国际技术前沿存在较大差距，技术可获得性较大；另一方面，工业化规模扩张过程中的模仿和学习效应，也有利于持续的效率改进。但是，随着大规模工业化阶段，尤其是重化工业化阶段的结束，国外技术的可获得性越来越小，学习曲线也逐步向 S 形顶部迫近，导致投资减速及效率减速（张平、刘霞辉，2007）。

（四）其他加剧减速的叠加因素

就中国经济结构性减速趋势而言，除了上述三重冲击的作用外，还有其他加剧减速的叠加效应。第一，根据本课题组（2012）的前期研究，要素弹性逆转，即资本弹性由高水平向低水平的变化或者劳动弹性由低水平向高水平的变化，也是导致经济减速的关键变量。第二，经过 30 余年的持续高速增长，影响力越来越强的资源环境因素使粗放型生产模式不能继续，如袁富华（2010）的研究表明，节能减排对经济增长具有负向冲击。第三，工业化规模扩张到达一定程度后，会面临来自需求面的约束。随着消费结构的升级和消费中服务品的增加，工业品市场和生产规模受到限制，这种需求性约束导致增长的减速。第四，国际市场不会允许无限制的工业化扩张。

在增长因素动态变化的三重冲击及四层叠加效应影响下，中国高投资和出口驱动的经济增长阶段Ⅰ逐步失去提升效率的动力，以要素投入拉动增长阶段结束；相应地，城市化和服务业的发展将开启经济低速增长阶段Ⅱ，以效率提升促进结构优化是该阶段的特征（中国经济增长前沿课题组，2012）。效率改进能否在大规模工业化结束时继续存在，可以说是新兴工业化国家面临的普遍问题，20 世纪 80 年代及之后迅速而普遍发生在拉美、东亚诸国的制度改革，皆与经济转型时期效率改进路径的探索有关。可以说，当工业化阶段演进到服务经济阶段时，制度问题而非产业结构问题，逐渐成为经济发展的焦点。

二　TFP 下降与资源配置低效率

接下来的论述中，我们对增长阶段转换时期的低效率及人力资本错配问题提供必要的数据佐证，目的在于说明：第一，在增长阶段 I 行将结束时，中国经济效率问题在偏倚的投资方式下被明晰呈现出来；第二，投资驱动的经济增长阶段 I 忽视了人力资本累积，分割性的劳动力资源开发方式扭曲了人力资本的资源配置，并成为减速治理的主要障碍。基本认识也因此明确为：在经济减速主导城市化的态势下，在投资增长动力消失、劳动力增长动力消失和"干中学"效应递减的压力下，维持持续增长的核心途径是改善资源配置效率，释放人力资本潜力。

（一）　资本错配与 TFP 下降

从人均资本存量来看，中国目前仍处于较低的发展阶段，约相当于韩国 20 世纪 80 年代的水平（张平、陆明涛，2013），而且存在较为突出的错配现象（鄢萍，2012），这种资本错配不仅表现在不同所有制企业中，也表现在不同行业中。接下来，我们主要就以下几类行业投资状况进行比较，包括：工业和其他行业、其他服务业、经济基础设施、社会基础设施和房地产行业。

首先给出经济、社会基础设施行业分类的一个说明。参照金戈（2012）的做法，我们对经济、社会基础设施行业给出如下设定。（1）采用《中国固定资产投资统计年鉴》16 行业分类方法，1979～2002 年的经济基础设施行业包括："电力、煤气及水的生产和供应业""地质勘查业、水利管理业""交通运输、仓储及邮电通信业"三个行业；社会基础设施行业包括"卫生、体育和社会福利业""教育、文化艺术和广播电影电视业""科学研究和综合技术服务业"三个行业。（2）采用《中国统计年鉴》20 行业分类方法，2003～2010 年的经济基础设施行业包括"电力、热力、燃气及水生产和供应业""交通运输、仓储和邮政业""信息传输、软件和信息技术服务业""水利、环境和公共设施管理业"四个行业；社会基础设施行业包括"科学研究和技术服务业""教育""卫生和社会工作""文化、体育和娱乐业"四个行业。

同时，将除去水电燃气生产的工业部门——即采掘业、制造业和建筑业加总，作为工业和其他部门；将房地产业单列，并将房地产业和不包括在经济基础设施行业、社会基础设施行业之内的其他服务业加总，合并记为其他服务业。从图 5-2 中可以看出，1979～2000 年工业及其他行业投资比例整体呈下降趋势；自 2000 年开始，重化工业化进程的推进又促使这个比例不断上升，并导致其他服务业比例的下降。2003～2012 年，房地产业投资占全社会固定投资比例平均为 24%，房地产业投资占服务业部门投资比例为 50%。这一时期房地产业的特征是投资增长速度畸高，十余年的时间里实现了发展的跃进；中国现阶段投资扭曲的根本问题，很大程度上体现在这种投资的爆发式增长上。相应地，经济基础设施投资有所下降，而社会基础设施投资一直在低位徘徊。

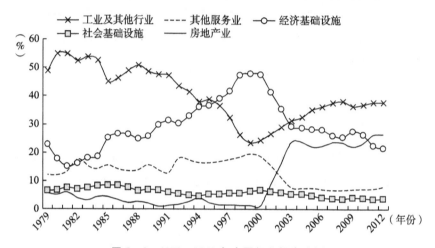

图 5-2　1979～2012 年中国行业投资比例

资料来源：历年《中国统计年鉴》和《中国固定资产投资统计年鉴》。

　　按照上文有关投资的分类，我们选择如下设定和计算方法对中国总体资本存量增长趋势进行考察。（1）以 1978 年为基期，分别估算两大类行业固定资产投资。第一类是房地产、经济基础设施和社会基础设施投资；第二类是除去上述三项投资之外的工业及其他行业投资。（2）设定第一类固定资产投资折旧率为 2%，第二类折旧率为 7%[①]。（3）对两大类行业初始资本存量的估算。鉴于数据的可获得性，我们用 1978 年 GDP 增长率分别加上两大类行业的折旧率，去除两大类行业 1978 年固定资产投资，得到第一大类行业的初始资本存量为

---

① 我们还估算了第一类折旧率为 3%，第二类折旧率为 5% 的资本存量序列，这个序列的增长速度与 2%、7% 折旧率产生的资本存量序列的增长速度相差不大。

1451.3 亿元，第二大类行业的初始资本存量为 3122.0 亿元。对名义固定资产投资的折实，这里采用本课题组（2013）的数据。（4）对两大类行业 1978~2012 年资本存量序列采用永续盘存法计算，加总得到全社会资本存量序列。

劳动投入序列和 GDP 序列，同样来自本课题组（2013）的前期研究成果。在 TFP 变化的估算中，相关数据的获取方式如下。（1）资本弹性和劳动弹性采用各省份劳动者报酬总和与各省份 GDP 总和的比例，即劳动报酬份额进行估算；（2）技术进步表示为 GDP 增长与要素弹性加权的资本存量增长、劳动投入增长的差值。

估计结果表明（见图 5-3 和本文附录），1993~2012 年，中国经济增长中的技术进步出现了持续的下降，这种下降与资本增长速度的持续上升密切相关；尤其是 2008 年以后，畸高的资本存量增长速度（18% 左右）导致了 TFP 的负增长。这种 TFP 的负增长与近年来投资分布偏向于房地产业有着很大关联。

正因如此，以下问题在中国经济中越来越突出。首先，中国投资驱动经济增长的态势没有发生根本改变，但是投资的扭曲，尤其是投资过度偏向房地产的状况蕴含了经济过快减速的风险，因为跃进式的房地产投资不可能维持持续的高增长速度；其次，中国劳动力增长速度持续下降态势也非常明显；最后，技术进步的作用没有发挥出来。正是这些问题的存在，前述的三重结构性冲击成为中国经济过快减速的重大隐患。

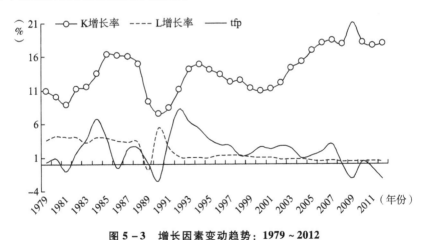

图 5-3　增长因素变动趋势：1979~2012

资料来源：历年《中国统计年鉴》和《中国固定资产投资统计年鉴》。

（二）人力资本增速缓慢

一般认为，人力资本的积累主要是通过教育实现，并把平均受教育年限作为人力资本的重要测度，Barro and Lee（2010）提供了世界各国人口教育水平的详细数据。把中国15岁以上人口平均受教育年限与美国、日本等发达国家及拉美等发展中国家进行比较（如表5-1所示），可以看出，中国的平均受教育年限不仅距发达国家相去甚远，与诸多新兴工业化经济体相比也存在不小差距；再者，从平均受教育年限的增长幅度看，1970～2010年，拉美9国、印度尼西亚、马来西亚、菲律宾、泰国、印度、中国分别增长了1.1倍、1.7倍、1.5倍、0.8倍、2.2倍、2.9倍、1.1倍，表明中国人力资本增幅相对较低。

表5-1　各国15岁以上人口平均受教育年限

单位：年

年份	1970	1975	1980	1985	1990	1995	2000	2005	2010
美国	10.8	11.5	12.0	12.1	12.2	12.6	12.6	12.9	13.2
日本	7.8	8.4	9.1	9.6	9.8	10.5	10.9	11.3	11.6
拉美9国	4.0	4.2	4.6	5.3	6.0	6.7	7.3	8.0	8.5
印度尼西亚	2.8	3.2	3.6	3.9	4.2	4.6	5.2	6.4	7.6
马来西亚	4.2	4.8	5.8	6.7	7.0	8.4	9.1	9.7	10.4
菲律宾	4.7	5.5	6.2	6.6	7.1	7.6	7.9	8.2	8.4
泰国	2.5	3.0	3.6	4.2	4.9	5.5	5.7	7.0	8.0
印度	1.6	2.0	2.3	2.9	3.5	4.1	5.0	5.6	6.2
中国	3.6	4.1	4.9	5.3	5.6	6.3	6.9	7.3	7.5

注：拉美9国数据为人口加权平均，9国分别是乌拉圭、秘鲁、巴拉圭、墨西哥、厄瓜多尔、哥伦比亚、智利、巴西和阿根廷。

资料来源：Barro and Lee（2010）。

进一步，若把15岁以上人口平均受教育年限与人均GDP进行比较，可以得到更有意义的启示。从 Barro and Lee（2010）和世界发展指数中，抽取各国（地区）2010年15岁以上人口平均受教育年限和人均GDP序列，制成散点图5-4，可以从中看出，中国平均受教育年限不仅低于大多数人均GDP较高的国家（地区），也低于很多人均GDP较低的国家（地区）。

上述国际比较旨在说明，中国工业化结构性加速时期资本驱动的增长方式，一方面忽视了技术进步的作用，另一方面也忽视了人力资本培育。换句话说，对于内生增长至关重要的这两个因素，在中国长期增长过程中的作用是相对不显著的，这种局面如果不能予以调整，就很难抵消经济过快减速风险。

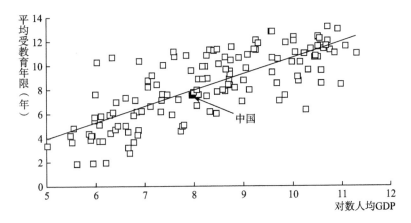

图 5 - 4 中国与 144 个国家（地区）人均 GDP 与平均受教育年限对比散点图

注：平均受教育年限的统计口径为 15 岁以上人口。

资料来源：Barro and Lee（2010）、2014 年世界发展指数（World Bank，2014）。

（三）人力资本错配

人力资本的有效配置对经济增长同样至为重要。为了比较中国和发达国家之间在人力资本配置上的差异，我们基于《中国统计年鉴》数据和国外社会调查数据进行比较。美国综合社会调查（General Social Survey，GSS）提供了被调查者的详细行业信息，为了增强可比性，我们选取 2012 年 GSS 调查数据。由于 GSS 2012 的行业分类采用 2007 版北美行业分类系统（NAICS 2007）的四位数编码，本文根据 GB/T 4754 - 2011 标准将其转换为与中国统计口径一致的 20 个行业分类。类似地，我们采用 2012 年第六轮欧洲社会调查（ESS Round 6）结果，并将其转换为 20 个行业分类，用于中国和欧洲主要国家的对比。

首先比较中国和其他国家各行业劳动者的受教育年限。图 5 - 5 表明，中国各行业劳动者的受教育程度基本都低于俄罗斯、欧洲 10 国和美国，这与表 5 - 1 所指出的中国劳动力受教育年限相对较低的事实是一致的。但是，如果把产业市场化程度和产业人力资本差异大小联系起来进行国际比较，一些微妙的事实值得重视。例如，在市场化程度相对较低的水利环境公共设施管理业、教育、卫生和社会工作、文化体育和娱乐业等行业，中国与国外的差距较小，公共管理、社会保障和社会组织（简称公管社保和社会组织）等行业劳动者的受教育年限甚至略高于其他国家；而市场化程度相对较高的行业和部门，劳动者受教育年限一般都低于其他国家。

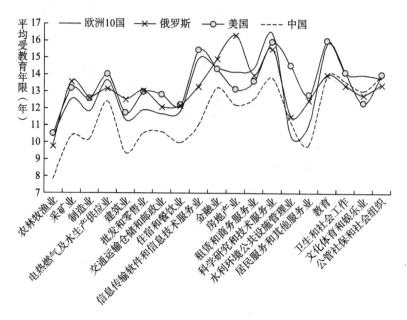

图 5 - 5　各行业劳动者平均受教育年限的国际比较 (2012 年)

注：欧洲 10 国分别是比利时、瑞士、德国、西班牙、法国、英国、意大利、荷兰、挪威和
瑞典。

资料来源：美国 2012 年综合社会调查（GSS 2012）；2012 年欧洲社会调查（ESS Round 6）；
《中国统计年鉴》。

　　中国人力资本的核心问题是，在人力资本水平相对较低的情况下，中国不同
行业人力资本存在严重的错配。为了得到可比较的指标，我们采用调查设计的人
口权重，对 GSS 和 ESS 调查样本进行加权，据此计算出各行业大学本科以上劳动
者的人数及总人数，进而估算出大学本科以上劳动者在各行业的比重，并用以对
中国各行业人力资本错配程度给出比较说明。图 5 - 6 显示，美国、欧洲 10 国和
俄罗斯的大学本科以上劳动者的行业分布比较类似，相对均匀地分布在制造业、
批发和零售业、教育、卫生和社会工作、公管社保和社会组织等行业。相比而言，
中国的分布曲线有着较大差异，大学本科以上学历占比最高的几个行业依次为：
科学研究和技术服务业、教育、公管社保和社会组织、卫生和社会工作、金融业、
文化体育和娱乐业，这些行业在中国大多为市场化程度较低的政府管制行业，即
便是金融业也是国有资本高度主导、政府干预较多的部门。同时，与其他国家形
成鲜明对比的是，中国大学生较少配置到制造业和批发和零售业，而在其他国家，
制造业及批发和零售业吸引大学本科以上学历劳动者就业的能力较强。

　　进一步，把行业人力资本分布和行业增加值分布联系起来，定义行业人力

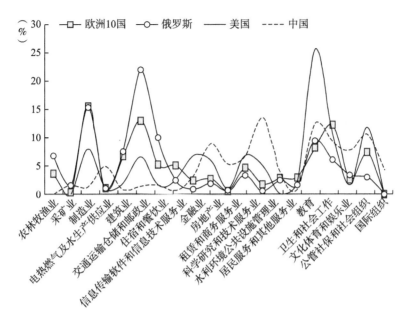

图 5 - 6　大学本科以上学历劳动者行业分布的国际比较（2012）

注：欧洲 12 国分别是比利时、瑞士、德国、丹麦、西班牙、法国、英国、意大利、荷兰、挪威、葡萄牙和瑞典。

资料来源：美国 2012 年综合社会调查（GSS 2012）、2012 年欧洲社会调查（ESS Round 6）、《中国统计年鉴》。

资本强度为：各行业大学本科以上学历劳动力比例除以该行业增加值占 GDP 的比例。人力资本强度越大，表明该行业的人力资本使用越密集。限于数据来源，我们只将中国与法国、意大利、英国和美国进行比较。（1）与其他国家相比，中国的农林牧渔业、制造业、批发和零售业、住宿和餐饮业的人力资本强度（见表 5 - 2）过低，这些部门实际上缺乏提高效率所必要的人力资本。（2）无论是相对于国内其他行业还是国外同类行业，中国事业型单位或行业，特别是行政管制行业（例如文化体育和娱乐行业等），都有着极高的人力资本强度。上述比较进一步揭示了中国生产性、非生产性行业之间存在的人力资本错配现象。

表 5 - 2　人力资本强度的国际比较（2012 年）

行业	中国	法国	意大利	英国	美国
农林牧渔业	0.004	2.777	3.696	2.070	0.176
制造业	0.040	1.465	1.206	1.222	0.661
电热燃气及水生产供应业	2.235	0.595	0.651	0.435	0.502
建筑业	0.125	1.401	1.098	1.307	0.563

续表

行业	中国	法国	意大利	英国	美国
批发和零售业	0.304	1.140	1.282	1.452	0.580
交通运输仓储和邮政业	0.817	1.264	0.633	1.269	0.553
住宿和餐饮业	0.080	1.561	2.071	2.473	0.900
信息传输软件和信息技术服务业	1.651	0.322	0.362	0.439	1.031
金融业	1.700	0.690	0.388	0.426	0.945
房地产业	0.944	0.073	0.006	0.093	0.084
租赁和商务服务业	3.449	0.363	1.120	0.314	2.808
科学研究和技术服务业	9.197	1.351	0.113	1.697	0.556
居民服务和其他服务业	0.594	3.026	0.785	1.091	1.102
教育	4.129	1.364	1.675	1.648	23.647
卫生和社会工作	5.794	0.976	1.503	1.757	1.469
文化体育和娱乐业	12.230	1.304	2.737	1.535	1.654
公管社保和社会组织	2.772	1.048	1.114	1.395	0.878

资料来源：美国 2012 年综合社会调查（GSS 2012）；2012 年欧洲社会调查（ESS Round 6）；UNdata；《中国统计年鉴》。

三 低效率增长的制度根源及其机理

中国经济赶超时期形成的政府干预模式，主要体现在"纵向"的或自上而下的政府干预资源配置上，包括：（1）政府依据纵向一体化生产安排的生产组织体制，以职能部委为主导，纵向分割了市场的资源配置功能。例如，单从名字上就可以看出各个开发区的隶属关系——高科技开发区隶属科技部；商务区隶属商务部，诸如此类。横向的协作被切割，大量的政府审批服务于这种纵向的体制分割，市场竞争和资源的横向流动被严重抑制。（2）政府运用各类宏观政策对规模企业进行扶持，主要是运用产业与贸易政策、财政补贴以及所谓"选择性融资"，通过人为设定的制度门槛和政策补贴，扶持政府认定的主导产业和企业。（3）政府为了工业化发展，仅仅把服务业看作工业分工的简单结果，不惜通过补贴来降低公共服务设施使用成本，廉价甚至免费提供给某些工业部门（中国经济增长前沿课题组，2013）。（4）经济赶超过程中的技术进步，仅靠引进设备来实现"干中学"，而不是依靠本土自主研发和通过"教育与科学"来实现知识创新。科教文卫体、大量公共服务部门、行业协会等都属于事业单位，不纳入市场，不作为创新要素加入生产体系中。这样的"纵向"资源分割配置格局，是赶超期间政府干预型体制的典型制度特征。

在这种生产组织模式下，增长与效率被置于分割的制度结构下：第一类是市场竞争部门，主要以生产性的中小企业形式存在。第二类是政府支持的部门，即政府产业政策和金融政策支持易于产生规模的部门。第三类是政府管制和补贴的部门，这些部门往往有着自然垄断性质，以提供社会化的普遍服务为宗旨，并具有准事业单位的性质，如公共基础设施服务，普遍化的教育与医疗等。第四类是事业单位，作为非市场化的参与主体，主要表现为社会服务体系中的"科教文卫体"部门，其性质是纯粹财政拨款，且在财政拨款不足时可从市场部门获取收益。这类部门尽管作为事业单位存在，却汇聚了国家创新的全部要素——科研、人力资本、文化等。

上述主体因其性质不同，目标函数也不相同。市场化部门的目标注重盈利；政策支持部门注重规模；准事业单位注重获取补贴；事业单位目标集中于成本最大化。正是由于非市场部门的广泛存在，导致了前文所述的内生增长动力的缺失。原因是，政策支持和政府管制的国企、事业、准事业单位以其高收入高福利成为人才集中地，但其低效率又导致人力资本的错配问题。

而且，以上四类部门在动态竞争过程中的利益分配机制完全不同。政策支持的企业在经济减速过程中，可以不断提高负债率而不被市场"清洁"掉，很多"僵尸"企业由此产生；市场化程度较高的小型企业、民营部门则随时面临破产风险；财政补贴部门可以通过涨价弥补财政补贴不足，从而提高了社会的总体成本；事业单位依靠国家提高税收的方式来维持，旱涝保收，从而提高了市场的总成本。这些补贴或税收从根本上削弱了市场部门的竞争力。在这种机制下，低效率的非市场部门在减速过程中仍然可以很好地生存，减速后果全由市场部门来消化，迫使人力资本进一步向无效率部门集中。这种制度结构不利于经济减速对非效率部门的淘汰，更无法刺激创新和优化人力资源。

如果把上述四类部门简化为两个部门——市场部门和政府支持部门（即政府通过选择性金融支持或财政支持的部门），我们可以更清楚地明晰其内在运行机制。假定 A 是市场化企业，B 是政府扶持型企业。市场化，意味着 A 企业按照完全竞争的方式进行要素组织和生产。政府扶持，意味着 B 企业可以获得准入特许权、市场垄断、财税减免、融资便利等，所有这些扶持可以由一个准财政补贴率 z（$0 < z \leqslant 1$）来涵盖，它直接影响到资本成本。假定 r 为资本成本或利率，w 为工资率，这两者构成了企业的成本。A 企业人均实物资本的边际生

产力为 R，而 B 企业为 kR（$0 < k < 1$），由于 $R > kR$，市场化企业 A 的生产力要高于政府补贴型企业 B，因此在相同成本（$r + w$）的情况下，A 企业由于更高的净利润率（$R - r - w$）而更具竞争力。

但现在由于 B 企业获得一个准财政补贴 z，使得 B 企业所需支付的资本成本 zr 要小于 A 企业。由此，B 企业在政府的扶持下提高了竞争力，从而能够生存下来。由于面对的经营环境不同，B 企业具有资本成本优势，即 $zr < r$，所以 B 企业会更倾向于使用资本偏向型技术，通过投入更多的资本而使自己获得增长；而 A 企业由于不具有资本成本优势，为了与获得准财政补贴的 B 企业竞争，就会倾向于使用劳动偏向型技术，为加大劳动要素的投入而最大限度地压低工资率，使之变为 mw，且 $mw < w$（$0 < m < 1$），以使自己获得新的比较优势。

在非同质的劳动力市场上，不同素质劳动力的流向是由工资率的差异决定的。因此上述结构和技术偏向带来的后果是，由于工资率的差异，劳动力在总体意义上出现分流，政府补贴型企业 B 的总体劳动力素质要大于市场化企业 A，而 A 企业则成为吸纳中低端就业的主体。

问题不止于此。在同质的资本市场上，A 企业具有的资本成本优势（$zr < r$），也同时意味着在分割的 A、B 两企业之间存在着利差 $(1 - z) r$。在资本流动和扩大生产的情况下，只要 B 企业将利差 $(1 - z) r$ 以一个 A 企业可接受的协议利率 s 转借给 A 企业（为简化起见，假定 $s \leq r$），则 A、B 两企业都可获益。其结果是，B 企业获得了利息 $(1 - z) sr$，其利润变为 $[kR - w - rz + (1 - z) sr]$。B 一方面会倾向于通过游说、讨价还价甚至是要挟等方式，向政府部门"索要"其准财政补贴，从而保证补贴率 z 的持续实现甚至提高；另一方面如果 B 企业新的利润 $[kR - w - rz + (1 - z) sr]$ 大于 A 企业新的利润 $[R - mw - z - (1 - z) sr]$，B 企业就没有足够的动力通过技术创新来提高系数 k，以缩小与市场化前沿的差距。这就出现了越补贴、B 企业越落后的情况；而 A 企业随着利润率下降，在没有创新支撑以提高 R 的情况下，很可能就会出现在竞争中落败的结果。

近年的经济减速过程中，中国正经历这样的事实。一些发达地区的主导产业从高度聚集开始进入迁出阶段，如钢铁和重化工、造船和汽车制造等高关联产业因环保、土地价格上涨、劳动力成本等众多因素需要迁移，政府的选择性融资支持失去对象，工业化中的资源集中变得没有方向，生产率趋于下降，PPI 连续通缩，融资等各类成本却居高不下，不少处于市场竞争前沿的企业陷入经营困境，而大批垄断型企业、公共部门和事业单位却依靠政府补贴安然无恙。

工业化推动的"纵向"分割，带来各种各样的歧视性政策和结构双重性，如大企业与小企业政策及生产率的差异，产业间差异，区域间差异，不同所有制企业间的差异，以及相应的工资差异等，这种问题在现阶段已经非常严重。不难理解，城市中企业空间聚集和创新活动赖以发展的"横向联系聚集－创新模式"，即所谓的"面对面交流"、"劳动力流动"、"企业家创业聚集"和"大学知识外溢"等创新机制，与原有的工业化推动的"纵向一体化"聚集有着巨大的差异。只要能翻越制度分割藩篱，就能获得创新的利润。不论是政府干预的资源配置模式，还是金融企业、技术创新企业、互联网公司、职业培训机构、开发区甚至是医院等各类经济主体，都迫切需要体制变革打破分割，提高生产效率，推动创新发展。

四　制度变革与减速治理

根据前文分析，在经济面临"三重冲击"和四层叠加效应时，为抵消过快减速风险，TFP 和人力资本要素为增长可持续所必须。然而问题在于，传统赶超的"纵向"干预体制，导致了技术进步与人力资本积累通道受阻，要素驱动型或外延增长模式本身蕴含的减速趋势无法得到效率补偿，并由此引出减速治理的迫切性。制度变革是减速治理的核心，减速治理的关键又在于"清洁"机制，在于"破坏性创造"。要通过体制改革逐步消除抑制创新和人力资本积累的障碍，同时矫正微观主体的行为，形成基于"横向"市场竞争与激励的减速治理机制，通过加快存量调整，释放经济活力，缓冲经济减速带来的负面影响，提高资源配置效率，在新一轮技术革命大潮中提高中国的生产率和创新水平，平稳推动中国经济从高速增长阶段转向高效增长阶段。

(一) 从"纵向"政府干预体制转向"横向"市场竞争机制

纵向分割的政府干预和资源配置体制，是工业化赶超阶段的产物，也是困扰中国经济改革的顽疾。转变的关键，一是政府要改革自身，转变职能，切实简政放权，彻底政企分开。二是让市场发挥决定性作用，促进我国统一市场的尽快形成。重点是解决更高层次的开放，即要素市场的开放问题，解决资本市场、人员流动、基础设施、信息等领域的割裂问题。"条块分割"的现状既影响资源的空间配置效率，也保护落后，使区域间贸易量减少或者萎缩。而一个统一开放、竞争有序的市场体系，既可以使社会流通更有效率，生产者和消费者双双受益，也可以在当前经济增速减缓、调结构转方式加快步伐的背景下，激发内需潜力。三是强化法治，完善一系列标准体系和法规来规范市场经济秩序，而其中的关键又在于政府自身要守法。

从根本上说，市场化的重中之重和实质更在于政府改革，在于打破行政条块分割体制，简政放权，还利于民。其衡量指标有二：一是财政供应人员占GDP比重；二是宏观赋税。中国每百万美元GDP的财政供应人口数，约为10人，相当于日本的10倍，是美国和德国的5倍多。简政放权不仅要削减审批事项，更要削减背后的人，不减人，肯定会重走因人设事的老路。30多年来，中国政府进行了七次机构改革，试图把庞大的财政供养人员精简下来，但每一次努力都遭遇了强力反弹，机构越改越大，官员越改越多，权力越改越大。即使精简了政府机构，但裁减的公务员最终落脚事业单位，党团工青妇之外的公共部门和事业单位越来越膨胀，最后财政供应总人数并没有减少。从中国的宏观赋税看，目前已经达到了35%～40%，似乎仍看不到减税的迹象，这说明政府对市场放权是不足的。在中国经济放缓阶段，通过存量改革来重新理顺各类关系，由"纵向"政府干预体制转向"横向"市场竞争机制已经非常迫切。只有权力后退了，市场才能真正跟进。

（二）借鉴国际经验，推进存量改革

存量改革在国际上有大量经验可以借鉴。例如，韩国最初采用经济赶超战略并发展出配套的政府动员性市场体制，以充分利用当时的人口红利。随着20世纪80年代工业化的完成，经济开始面临丧失增长动力的危险，被迫进行增长方式转变。究其原因，一方面，外国公司越来越不愿向韩国转让核心技术，致使其技术引进成本飙升；另一方面，20世纪80年代早期以后，随着人口红利的消失，韩国在廉价技能劳动力方面丧失了比较优势，亟须发展自身的技术能力。1997年亚洲金融危机，给韩国经济增长方式切实转变提供了契机。在危机的压力下，韩国接受了国际货币基金组织提出的一揽子改革方案，全面实现资本市场、外商直接投资和贸易自由化，成为一个近乎完全的开放经济体，从而保证企业面临更加稳定和透明的商业环境，重塑了公平的市场竞争环境。更具竞争性的市场环境，不仅可以增加劳动力市场弹性，降低创新的劳动力成本，而且能够激励包括新建中小企业在内的不同规模企业参与技术进步，从而为创新外溢效应的发挥创造了有利条件。Kim and Lee（2009）运用韩国216家企业1985～2007年的微观数据，证实在此期间，由研发支出水平和专利数量提高衡

量的知识增长已经对韩国制造业企业全要素生产率产生显著的正效应。经过危机后的市场化改革，韩国经济增长方式转变取得一定成效，并平稳地过渡为一个发达经济体。

中国改革的深化，必须对中国已有的利益结构做出调整，对存量进行改革。当前工作的一方面是公共部门和事业单位的市场化改革。要打破资源和权力垄断，改变对公共品提供的优先次序，构建开放竞争的公平秩序和环境，提高供给能力和服务效率，激活市场需求和消费潜力。另一方面是要盘活存量资产。当前中国存量资产并不少，但期限错配、结构错配和方向错配已经导致了巨量不良资产、闲置资产和沉没资产，特别是在国际金融危机之后、中国经济出现放缓以来，为了保持增长，政府、企业和个人都一直在加大杠杆，这是当前经济增长低效率、金融低效率，而财政金融高风险的重要原因。只有"盘活存量"，加快去杠杆，清理债务和不良存量资产，把流向虚拟经济领域以及沉淀于不良资产及产能过剩领域的存量资产盘活，中国经济才能轻装前行。

（三）消除资本配置的结构性障碍

从物质资本来看，中国过多的资本进入政府主导的原料和重工业部门、房地产及物质基础设施部门，造成突出的资本无效配置现象。在全社会人均资本存量仍远低于韩国 20 世纪 80 年代水平的同时，许多行业已出现过度投资的现象。在政府主导的投融资体系中，融资渠道限制和资本管制使国有部门吸入大量资本，而私人生产部门面临严峻的融资约束，造成资本市场低回报率和私人部门高融资成本并存的现象（Song, et al., 2011）。鉴于此，必须通过消除资本配置的结构性障碍，实现资本在各生产部门间的自由流动，才能有助于资本对工业制造业部门生产效率的提升，为中国未来结构变迁提供必要的资本积累。

（四）人力资本的再配置和有效使用

人力资本的错配阻碍了人力资本的有效使用。大学以上学历劳动者大量进入并沉积在服务业部门，主要分布在科教文卫等非市场化的事业单位和高度管制的电信、金融、交通业及公共服务部门，而事业单位体制和管制制约了人力资本生产效率的发挥，出现了全社会平均受教育年限较低和部分行业受教育过度并存的现象。生产性部门人力资本配置相对较低，制约了产业结构升级和经济增长质量的提高，同时人力资本在非市场化部门的沉积，压低了人力资本的报酬水平，从而降低了居民投资人力资本的积极性，不利于现代服务业的发展和结构变迁的推进。因此，必须通过事业单位改革、电信金融等现代服务业的规制改革和公共服务部门管制改革，吸引社会资本进入服务业，优化人力资本的配置，提高人力资本定价的市场化程度，才能优化经济增长与结构变迁的动力机制。

（五）通过体制变革打开服务业发展空间

受经济增长阶段和市场因素的限制，工业化规模扩张已经不可持续，经济服务化成为中国经济趋势。但服务业存在以下主要问题。一般性生产服务业，如仓储物流，低层次的生活服务业如餐馆均是市场部门，竞争过度，利润不断下滑，已经不是服务业未来发展的方向，但现阶段由于人力资源只能向这个方向配置，并诱导出"辍学"进城打工的过度市场需求的现象，不利于中国人力资源的开发和收入分享，更不利于创新和持续的效率改进。而新的服务业增长空间又是作为传统赶超体制下财政补贴或全额拨款部门而存在，创新与效率改进都迫切需要进行体制变革，打开受制度压抑的现代服务业的发展空间，使中国制造转向中国服务，在国际赛局中获得新的竞争优势。

附录

附表 1　生产函数相关变量和参数的估计

年份	资本存量 K（亿元）	K 增长率（%）	资本弹性	劳动弹性	劳动力增长率（%）	GDP 增长率（%）	技术进步速度（%）
1978	4573.3		0.39	0.61		11.7	
1979	5073.7	10.9	0.52	0.48	3.48	7.6	0.24
1980	5583.8	10.1	0.49	0.51	4.09	7.8	0.82
1981	6077.2	8.8	0.48	0.52	3.98	5.2	-1.05
1982	6758.3	11.2	0.47	0.53	4.00	9.1	1.64
1983	7540.6	11.6	0.47	0.53	3.19	10.9	3.73
1984	8558.6	13.5	0.47	0.53	3.97	15.2	6.76
1985	9960.5	16.4	0.47	0.53	3.83	13.5	3.71
1986	11570.1	16.2	0.47	0.53	3.40	8.8	-0.60
1987	13424.3	16.0	0.48	0.52	3.22	11.6	2.20
1988	15426.0	14.9	0.48	0.52	3.20	11.3	2.41
1989	16860.5	9.3	0.49	0.51	-0.94	4.1	0.00
1990	18122.4	7.5	0.47	0.53	5.27	3.8	-2.46

年份	资本存量 K（亿元）	K增长率 （％）	资本弹性	劳动弹性	劳动力增长 率（％）	GDP增长 率（％）	技术进步 速度（％）
1991	19641.9	8.4	0.48	0.52	2.48	9.2	3.88
1992	21830.0	11.1	0.50	0.50	1.01	14.2	8.15
1993	24911.1	14.1	0.51	0.49	0.99	14.0	6.34
1994	28613.6	14.9	0.50	0.50	0.97	13.1	5.22
1995	32646.0	14.1	0.48	0.52	0.90	10.9	3.64
1996	37008.0	13.4	0.49	0.51	1.30	10.0	2.84
1997	41534.1	12.2	0.49	0.51	1.26	9.3	2.69
1998	46730.0	12.5	0.48	0.52	1.17	7.8	1.18
1999	52010.9	11.3	0.49	0.51	1.07	7.6	1.54
2000	57700.3	10.9	0.49	0.51	0.97	8.4	2.55
2001	64166.3	11.2	0.49	0.51	0.99	8.3	2.26
2002	71925.8	12.1	0.50	0.50	0.66	9.1	2.72
2003	82196.5	14.3	0.52	0.48	0.62	10.0	2.36
2004	94717.3	15.2	0.58	0.42	0.72	10.1	0.90
2005	110743.3	16.9	0.58	0.42	0.52	11.3	1.30
2006	130649.4	18.0	0.59	0.41	0.44	12.7	1.91
2007	154736.9	18.4	0.60	0.40	0.46	14.2	2.95
2008	182312.3	17.8	0.54	0.46	0.32	9.6	−0.05
2009	220689.4	21.1	0.53	0.47	0.35	9.2	−2.19
2010	260555.7	18.1	0.55	0.45	0.37	10.4	0.35
2011	306536.1	17.6	0.55	0.45	0.41	9.3	−0.60
2012	361489.2	17.9	0.54	0.46	0.37	7.7	−2.27

第二篇

要素、效率与高质量发展

第六章　突破经济增长减速的新要素供给理论、体制与政策选择

中国经济增长前沿课题组[*]

内容提要： 通过知识部门的引入，本文在结构上重新定义了生产函数，以此为基础对中国经济转型的新要素供给作用给出了分析，主要结论是：第一，为了打破结构性减速的阻碍，实现可持续增长，以知识部门为代表的新生产要素供给成为跨越发展阶段的主导力量；第二，应城市居民收入提高之后的需求升级要求，知识部门围绕科教文卫体等提升"广义人力资本"消费支出的现代服务业建立起来，知识部门的生产消费过程，也是人力资本提升和创新内生化的过程；第三，知识部门自身不仅具有内生性，而且以其外溢性促进传统工业、服务业部门的发展，有利于促进结构升级，以此促进消费和生产一体化，在不断扩大消费需求的同时推进未来中国创新增长；第四，在物质资本驱动增长动力减弱的困境下，重视消费对广义人力资本的贡献作用，促进消费、生产结构互动升级，是实现发展突破的关键。

关键词： 消费结构　广义人力资本　知识部门　生产消费一体化

基于对发达经济体和追赶经济体增长经验的观察，本文对中国结构性减速时期可持续增长的新要素、新动力及其机制进行了探索，集中体现在对知识部门发生、成长及其主导作用的分析上。

文中知识部门的引入，是基于以下事实：发达经济体的有益经验和追赶经济体的阶段跨越均显示，长期增长过程蕴含了两个并行路径，即生产模式的两

　＊　本文发表于《经济研究》2015年第11期。"中国经济增长前沿课题组"负责人为张平、刘霞辉、袁富华。执笔人为袁富华、张平、陈昌兵、刘霞辉。参加讨论的人员有裴长洪、张连城、陈昌兵、张自然、郭路、黄志刚、吴延兵、赵志君、仲继垠、张磊、张晓晶、常欣、田新民、汪红驹、汤铎铎、李成、王佳、张鹏、张小溪、楠玉、王钰。

步跨越和消费模式的两步跨越，且每步跨越都是经济模式的重新塑造和效率增进方式的再调整。生产模式的两步跨越：以标准化、物质资本和通用技术为核心的规模化供给的产生，这是第一步生产跨越，作用是摆脱贫困陷阱；第二步跨越是通过知识、技术创造型平台的建设，突破发展的"停滞"陷阱。消费模式的两步跨越：第一步跨越是经由通用技术生产模式的供给，满足对基本物质产品和服务品的消费需求；第二步跨越是通过广义人力资本积累，带动以消费为主导的增长路径的生成。在实现第二步跨越时，生产模式与消费模式因为都强调知识过程的重要性，两者一体化的趋势越来越清晰。这个阶段，通过广义人力资本的积累，知识部门和知识过程逐渐生成，并且，独立的知识部门以其外溢性，提升通用技术水平，过滤掉低层次产业结构，促进整体经济结构的优化升级，经济内生过程由此建立。

立足于知识部门这个核心概念，本文在结构上重新定义了两部门生产函数，即由通用技术部门和知识生产部门构成的生产模型。知识生产部门被称作为了有效利用广义人力资本而独立存在的部门，这个部门以其内生性、外溢性、主导性，替代通用技术部门成为城市化阶段的创新动力源。通过生产函数的新定义，本文重新审视了消费（知识消费）在中等收入陷阱突破过程中的地位，认为消费结构或消费模式中归属于广义人力资本的那部分项目，是促成知识部门主导作用的核心成分。

促使我们进行上述思考的原因是，受到前期大规模工业化惯性及认识滞后的影响，在经济转型的关键时期，中国经济增长路径依然囿于物质资本主导，在向更高级的生产、消费模式升级过程中，也因此遇到不可持续的问题。为此，需要引入新认识，包括以下内容：一是必须有新的知识要素供给和市场制度激励，以突破传统生产过程的结构性减速；二是新的消费需求满足，需要建立在知识生产与知识消费一体化过程之中，消费中的广义人力资本是破除消费投资障碍的核心；三是长期增长过程中存在生产模式升级与消费模式升级的协同性。据此，本文认为，制度变革和知识部门是中国突破中等收入陷阱和实现可持续增长的两个核心保障。

为论证上述认识，本文组织如下：第一部分是关于中国经济减速状况的分析，第二部分是通用技术与知识生产两部门模型的构建及相关模拟，第三部分考察了中国资源配置制度与新要素供给障碍，第四部分是突破效率瓶颈的制度与政策选择。

一　增长过程的经济减速与突破

（一）增长过程的经济减速与突破的文献综述

立足于增长核算框架，中国经济增长前沿课题组（2012，2013，2014a，2014b）提出并系统论证了增长过程中的"结构性减速"问题，以此为基础对中国经济增长进行了持续追踪。课题组最新的计算结果表明，中国"结构性减速"挑战依然严峻，体现在以下方面。第一，"十三五"期间劳动力要素供给将出现拐点，且随着城市化率的提升，资本要素供给的增长速度也将下降到个位数。第二，产业结构的非效率变动问题突出。随着产业结构的现代化（工业、服务业等现代部门的增加值按可比价计算约占 GDP 的 93%），劳动力从农村部门向现代部门转移的结构性配置效率下降；同时，由于第三产业劳动生产率低于第二产业，服务业规模扩张过程中的劳动、资本非效率配置问题突出，并引致整体劳动生产率上升速度下降。第三，全要素生产率对经济增长的贡献，从高峰期 30% 左右的水平，下降到了目前 17% 的水平。增长中技术进步作用的下降，一方面源于制度改革滞后的抑制，另一方面源于"干中学"效应的减弱。第四，随着"刘易斯拐点"的到来，分配要素开始向劳动者倾斜，劳动产出弹性上升到 0.5 的水平，进一步强化了减速趋势。第五，随着居民收入提高，消费结构中衣食住行等物质性消费支出比重和一般性服务消费支出比重下降，而有助于居民文化素质和生活质量提高的科教文体卫、杂项等消费比重上升很快。这种事实可归纳为，那些带有传统生产和服务特征的"通用技术部门"的收入消费弹性一般小于 1%，其消费支出比重不断下降；相对而言，那些有关人的素质提高的"知识部门"的生产服务消费需求弹性一般大于 1%，消费比重不断提高，这也推动了工业化物质生产经济向知识经济的转变。

有关"经济减速"的命题，很多文献从全要素生产率、人口红利、资源错配效率下降等角度分析。从克鲁格曼到艾肯格林再到"中等收入陷阱"的提出，均认为全要素生产率和劳动生产率是经济持续发展的核心动力；人口红利方面的文献，对比较优势结束后人口数量红利如何向人口质量红利转化的问题进行了分析（蔡昉，2015）；资源配置效率下降与制度变革滞后之于发展的障碍，参见刘世锦等（2015）、Brandt 等（2013）、World Bank（2012）等。

有关经济减速"均值回归"的国际经验比较，近年来也出现大量文献，提

出了一系列有意思的命题，例如：减速点的判断，若高速增长到减速增长前后
7年最小减速2个百分点，则称之为减速点；前沿差距与收敛时间，即后发国
家与发达经济体的差距决定了经济增长回归均值的"时间"；大国赶超与回归
均值的互动性原则，因为大国的赶超会引起全球再平衡，因此不能用小国崛起
的数据直接比较，而要有互动性原则；阶段性停滞假说，经济增长进入一定阶
段，必然会出现阶段性停滞，包括"贫困陷阱""中等收入陷阱"和发达国家
长期停滞的"高收入陷阱"。这些实证比较由于样本点的选择不同，结论差距
比较大，用在对中国的分析上更会出现预测结论的不确定（Eichengreen et al.，
2013；Im and Rosenblatt，2013；蔡昉，2013b；Pritchett and Summers，2014）。

"卡尔多事实"包含的内生性，本质上已经将经济增长趋势隐含到"均值
回归"模型中。实际上，按照增长核算框架计算也是如此。任何投入的资本和
劳动力都会面临边际收益递减，逐步收敛在一个均衡的轨道中，因此经济发展
到任何阶段都会遇到所谓"停滞"的问题。面对这种困境，唯有技术进步被假
设为内生的，即通过技术革命和创新突破当前的均衡状态，否则每个发展阶段
都会遇到发展减速的威胁，不断创新才是摆脱陷阱的根本。无论要素核算中的
"结构性减速"分析，还是国际比较的"均值回归"分析，甚至是全要素生产
率与制度分析，都是在寻求减速阶段的突破口，都指出只有创新发展才能克服
"陷阱"的束缚。

然而，全要素生产率又是一个黑箱，如何真实构造突破增长约束的新增长
事实，以及如何实现统计、理论和政策上的可能性，成为当前最为重要的研究
领域。当前形成了很多探索方向（Romer，1990；Grossman and Helpman，1991；
Aghion and Howitt，1992），包括以下几个方面。第一，新事实的构建，如"新
卡尔多事实"的提出，已经在探索所谓"新要素"，即那些能导致规模收益递
增的要素如知识、教育、信息、创意、制度、范围等都是规模收益递增的，这
些要素的引入能否抵消传统要素规模收益递减，是能否突破增长减速的关键。
第二，技术创新路径，大多围绕人力资本和熊彼特技术创新过程的内生增长框
架探索，强调横向和纵向技术创新的作用。第三，资源错配与制度性改进，希
望引进缓解资源错配的制度因素，提出了制度改进促进技术进步的路径。第四，
统计方面的进展，与知识生产相联系的新的统计体系也开始跟进（许宪春，
2004）。2008年世界银行推出了新一版的GDP核算的SNA体系，引入了最为重
要的"法定所有产权"与"经济所有者"概念；把知识产权产品列入GDP中，
包括研发、矿产勘探评估、计算机软件和数据库、文学和艺术品原件等；大量

的归属于人们精神生活的享受型产品，也从消费项目转变为供给项目，因此也明确了知识消费与生产的一体化过程，在经济转型考核标准的建立上取得了突破；引入了"雇员股票期权"，将期权账号与劳动报酬体系相关联，把原来的资产收益转变为人力资本收入，突出了人的因素的重要性。当然，整个统计体系的改革是复杂的，但是，改革的核心是将知识生产重新定义，这一点是非常明确的。

由上述理论研究趋势可知，对中国而言，现实与理论都需要在三方面进行突破性分析。第一，理论分析中应注重引入新要素供给。第二，模型体系中应注重引入知识生产部门，这个部门将驱动中国从传统的通用技术生产模式转型为创新驱动的生产模式。第三，资源错配与体制改革。由于大规模工业化后期资源配置效率下降，而传统赶超体制又极大地压制了创新活动，资源错配严重，顺应新增长要求，在制度安排和制度激励上重新设计，才能实现阶段性发展。

（二）　中国经济的规模供给效率递减与资源错配

中国经济工业化加速追赶时期具备三个有利条件：国内外广阔的物质产品需求市场、过剩的劳动力以及比较容易获得的资本（前期是港澳台投资，后期吸引了其他外资的涌入）。生产者所做的事情，就是选择利用大量外部生产技术存量，吸收廉价劳动力——先是劳动密集型轻工业的大力发展，后是资本驱动的重化工业的强力推进，用30多年的时间，走完了规模经济的工业化道路，直至达到国内外物质产品市场需求所能容纳的技术－生产边界。

由于是以切割国际分工低端产业链的方式进行的工业化，在劳动密集型工业品的生产方面，国内生产者很少遇到消费和技术的市场约束，生产者的行为主要表现为低成本的技术选择而非高成本的创新，因为外部现有的技术知识足够满足生产需要。可选择使用的技术主要是通用性技术，这种知识大多以显性的编码知识存在，附着于机器设备、生产工艺等产业传递环节之中，且具有竞争均衡的特征。这种知识不同于发达国家内部的垄断性新增知识流。此外，由于服务业的可贸易性相对较低，大量隐性知识也不可能被后发国家获得。

生产者技术选择的行为，决定了整体生产模式规模效率递减的特性。第一，资本效率的持续递减不可避免。通用技术的标准化和竞争性特征与规模经济是相辅相成的。在后发国家中，主要表现为压低要素成本尤其是劳动力工资，以获得利润空间，其后果有两个：一是为了获得较多利润，需要更多的资本投资，结果引致资本收益递减；二是由于通用技术导向竞争均衡，为了保持利润，必须长期压制工资。因此，一旦遇到劳动力成本显著上升的趋势，现有技术选择下的生产模式势必崩溃。第二，外生的"干中学"效应下降且与资本效率递减相叠加，进一步压缩增长空间。通用技术的标准化、规模化意味着资本驱动的生产（不论是轻工业还是重化工业）基本特征是老板兑资金、兑机器，劳动者兑自己的劳动力，劳动者只需要习得必要的操作规程即可。"干中学"过程实际上是半熟练劳动力的培训，因为技术含量高的知识过程已经隐含在设备和工艺中了。规模经济可以提高"干中学"效应，但是规模经济衰减时，"干中学"也会跟着衰减，至少中国现阶段已经出现了上述苗头。结构性减速的发生，很容易打破生产者的高增长幻觉，即高增长伴着高效率，一旦认识到规模经济下高效率外生性这种问题，并进一步认识到通用技术使用对国内知识过程替代的长期危害，那么，就需要对转型时期的新动力进行思考。

后发国家与发达国家的差异还表现在消费模式的差异上，这种差异源于生产模式对消费的反作用，因此如何认识消费在理论中的地位，成为结构减速阶段的重要问题。不同增长阶段消费的经济含义和经济功能不同，在发达经济与不发达经济中，消费不是一个同质的数量或规模的概念，同一国家不同增长阶段的消费动机也不一样。从经济事实的比较看，在发达经济阶段，消费表现出知识创造的特征；在不发达经济阶段，更多显现为劳动力再生产特征。前一种情景是本文理论模型的分析重点。

现阶段关于中国消费需求不足问题的讨论（方福前，2009；徐朝阳，2014），本质上是模式选择问题，根源于大规模工业化时期"规模化供给"生产方式的生成，及相应增长理论对消费的态度。前文述及，在劳动密集型生产技术的选择和生产规模扩张过程中，存在隐含的外部知识和创新过程对国内知识过程的替代。这种替代不仅表现在生产过程中，更重要的是体现在消费过程基本不存在知识创造动力这一点上。具体表现为，由于大众消费模式基本上处于生产模式的主导之下，消费功能集中于为现有生产模式所需要的低素质、低成本劳动力再生产服务，消费者只是被动吸收物质产品生产。但是，受消费弹性和效用最大化的制约，消费者对物质产品（包括传统工业品和传统服务品）的需求规模存在边界，最终反作用于现有生产模式，加剧经济减速趋势。

这种减速循环的进一步分析如下。从生产和消费关联角度看，工业化大生产主导的经济增长本身也蕴含着减速趋势。传统农业社会转型为工业社会的动力，来源于通用技术的大规模使用，目的主要是物质需求的满足。但是，如果要实现工业社会向后工业社会的持续跃迁，单纯依赖资本驱动就行不通了，因为城市化时代的物质需求满足之后，消费者选择的主导作用将凸显，主要体现在处于消费模式高端的消费项如科教文卫、杂项等需求弹性变大、比重上升，这些需求直接构成了广义人力资本，并与经济内生动力直接关联。规模化供给的经济模式对内生性动力的抑制，表现为通用技术对研发、新知识流创造等知识过程的替代。在消费从属于规模生产的状态下，消费模式中的广义人力资本价值得不到体现，被迫转化为过度储蓄，或者被再投资于效率递减的通用技术，或者投入泡沫性资产中，或者闲置起来。

规模供给效率递减表现在以下方面。第一，产能过剩。大规模工业化动力减弱后，中国虽然没有遭遇拉美"去工业化"那样的严重困境，但是，生产结构的低度化和消费低迷所导致的升级路径受阻依然值得关注。受大规模工业化惯性和理论认识滞后的影响，中国经济模式依然局限于物质资本主导生产和消费的阶段，在向更高级的生产、消费模式递进的路径上，遇到产品过剩问题。这种问题产生的理论根源，在于过分强调物质资本的重要性。其危险在于，如果不把消费中蕴含的广义人力资本释放到经济增长中，过度的物质资本积累所导致的收益递减连同广义人力资本缺乏所导致的知识过程的缺失，将压迫经济进入负反馈的非增长螺旋。第二，生产模式与消费模式脱节。中国资本驱动的生产模式具有强烈的"外向"色彩，并导致生产与国内消费的脱节。或者说，生产模式已经不能与国内消费模式相匹配。现阶段时有发生的"海购"现象，从一个侧面佐证了这种问题的严重性。正如前文所述，中国现有工业化模式是通过承接先行工业化国家的低端产业链建立的，这种生产模式本质上是服务于国际市场上相对低端的需求（因为发达国家没有这种供给了），并形成与国外需求模式的互补，而不是或者不主要是为了满足国内需求的生产。因此，作为国际市场的嵌入环节，国内生产效率提高主要源于外部需求拉动而非内need动力。第三，过度储蓄与资产泡沫。中国现阶段的过度储蓄，是生产模式主导消费模式，而消费模式中物质产品需求已经得到满足的情境下出现的现象。一方面，居民物质产品需求的潜力已经不是单纯的数量，而是对高质量的物质产品有需求但是生产结构跟不上，相应部分的潜在需求转化为储蓄；另一方面，居民及其家庭的科教文卫需求，缺乏完善的市场体制给予满足，相应部分的潜在需求也转化为储蓄。更为重要的一部分储蓄来自房地产市场的价格预期，居民不得不压缩当前消费甚至未来人力资本投资，积累购房能力。从这个角度看，房地产市场已经不再是一种短期的宏观经济现象，它的存在及影响已经广泛渗透到经济系统当中，对消费模式的扭曲和对未来生产模式的扭曲不可小视。

（三）中国的突破

结构性减速困境的突破点，不能在现有生产、消费结构中寻求，而需要知识生产部门这种新的增长力量。

从追赶经济的成功经验来看，增长阶段呈现两个并行的路径，即生产模式的两步跨越和消费模式的两步跨越，每一步跨越都是模式特征的重新塑造和效率增进方式的再调整。在生产模式的两步跨越方面，正如前述，以通用技术为核心的"规模化供给"模式，目的是实现规模效率、摆脱贫困陷阱，这是第一步的生产跨越；第二步跨越是为了突破中等收入陷阱，实现"知识－技术创造型"的效率模式。在消费模式的两步跨越方面，第一步跨越是在消费从属于通用技术生产模式的情况下，通过生产扩张满足基本物质产品和服务需求；第二步跨越是通过广义人力资本积累，带动消费主导增长路径的生成，满足高质量物质产品和高层次服务品的需求。

在实现第二步跨越时，生产模式与消费模式因为都强调知识过程的重要性，两者一体化趋势日渐明朗。新部门的产生直接来自消费结构中高端项目活力的激发，反映在广义人力资本中的消费项目，对价值创造直接发生作用并促进独立的知识部门的形成。独立的知识部门以其外溢性提升通用技术水平，过滤掉低层次的产业结构，促进整体经济结构的优化升级，内生过程由此建立。这种知识过程，直接与"新卡尔多事实"相对应，新要素包括知识、教育、信息、创意、制度、范围等，成为报酬递增的有力支撑。

二 通用技术与知识生产的两部门模型

第二部分的分析，为把握经济追赶过程的一些关键环节提供了基础。这些环节包括以下几个方面。第一，大规模工业化最终要受到消费需求的制约而减速，各类物质商品的数量消费存在饱和点，相应效用水平总有达到最大的时候。第二，物质产品（包括传统服务品）的消费对于知识商品消费的较高替代，只是发生在经济发展水平较低阶段；当物质产品消费效用达到最大化，其对知识、精神商品的替代性越来越小，物质产品消费成为知识、精神商品的互补品。第三，知识、精神商品的消费被看作与物质产品同等重要、必不可少。第四，在这种情况下，消费的性质发生了变化，很大一部分消费行为变为人力资本积累和知识过程，生产过程与消费过程合为一体。第五，在服务经济阶段，经济增长由知识生产部门主导，而不是过去高增长时期由物质部门主导。知识生产部门与传统物质生产部门和传统服务部门并列存在，前者自身创造价值并以其外部性促进传统部门优化升级。消费结构从此一分为二：一部分消费倾向于物质和传统服务业，目的是劳动力（L）再生产，典型的如衣食住行等消费；另一部分直接参与知识过程的形成并创造出价值，典型的如科教文卫等消费。我们需要建立新的思维框架，重新思考经济进入城市化、服务化时代，如何应对要素回报率下降所导致的结构性减速，以及供给结构无法满足需求结构升级需要的问题。为此，需要考虑知识过程接替物质资本驱动增长的路径选择。

（一）　在结构上定义生产函数

基于发达国家增长经验和成功追赶国家工业化向城市化演替的典型事实，可以发现，至少在重化工业化向深加工度化持续推进的结构优化升级时期，就有一个独立的知识生产部门快速发展。在这个过程中，农业、工业产出份额越来越小但是效率越来越高，知识生产部门越来越大同时保持了高生产率和对实体经济的正向外溢性，经济整体越来越依赖知识部门的增长导向。结果是，大众消费的发达城市化阶段，消费需求主导了供给，生产与消费一体化过程成为经济活动背景，因此完全不同于大规模工业化时期供给主导消费、消费从属于生产过程的景象。为了解释这种现象，需要一种基于消费模式、生产模式变化及其相互联系的新的生产函数，我们在这里暂且称之为定义在结构上的生产函数，即除了具备传统生产函数的要素、技术特征外，新的生产函数更多考虑到了要素变化于其中的生产结构或生产模式，并且与消费结构关系密切。对于这种在结构上定义的生产函数的特征及内涵，有如下逻辑表述，如图 6-1。

1. 生产部门和要素的几个定义

定义 1：通用技术部门。我们把从工业化阶段向城市化阶段过渡时期日渐缩小但是更有效率的传统物质产品生产部门和传统服务业部门，定义为"通用技术部门"，包括第一产业部门、第二产业部门以及传统服务业部门，特征是物质产品（包括传统服务品）的消费弹性越来越低，需求逐步趋向于饱和状态。

定义 2：知识生产部门。我们把从工业化阶段向城市化阶段过渡时期日渐扩大并最终主导城市化发展的科教文卫等部门，定义为"知识生产部门"。知识生产部门有两个基本特征：第一，知识生产部门自身的创新活动，外溢到"通用技术部门"并提高其技术进步水平，完成基于中间品生产到最终产品生产的横向和纵向技术进步过程，即熊彼特技术进步过程；第二，知识生产部门

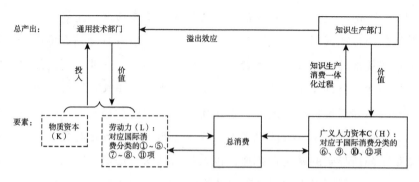

图 6 - 1　定义在结构上的生产函数

注：国际消费分类：①食品饮料；②酒精、烟草、麻醉品；③服装、鞋类；④住房、水电、燃料；⑤家具及住房维护；⑥健康；⑦交通；⑧通信；⑨文化娱乐；⑩教育；⑪餐饮住宿；⑫杂项。

资料来源：UNDATA。

直接满足知识消费需求，随着收入的提高，人们精神消费、品质体验性消费等比重不断上升，其消费收入弹性大于1，这些消费需求抽象出来体现为"知识消费"，即消费者消费的是凝聚在服务和商品中的知识质量，而不是商品本身，如消费者购买手机，消费的是手机的服务功能而非手机这个物体。基于这种认识，目前我国服务业部门12个一级分类中，属于知识部门的有地质勘查业、水利管理业、金融保险业、卫生体育和社会福利业、教育文化艺术及广播电影电视业、科学研究和综合技术服务业[1]。

定义3：知识消费与知识生产一体化。知识生产的均衡约束条件是知识生产与知识消费一体化，通过互动生产与共同分享完成，互联网是知识生产与消费的互动生产与匹配媒介，并不一定按现有的生产与消费分离的方式来供给与消费，而更多采用分享模式（互相交换）来实现。

定义4：广义人力资本C（H）。我们依据知识生产过程将劳动生产要素重新定义，根据不同消费者在消费结构中所处的位置或消费档次不同，把消费者抽象为极端的两类：第一类作为劳动力（L）存在，生活在衣食住行的再生产

---

[1]　这里，我们征引许宪春（2004）对服务业分类的分析：1994年以后，根据国家技术监督局颁布的《国民经济行业分类和代码》和我国资料来源的实际情况，国家统计局对服务业生产核算的分类进行了调整。调整后的产业部门包括12个一级分类和18个二级分类。这12个一级分类是：①农林牧渔服务业；②地质勘查业、水利管理业；③交通运输、仓储及邮电通信业；④批发和零售贸易、餐饮业；⑤金融保险业；⑥房地产业；⑦社会服务业；⑧卫生、体育和社会福利业；⑨教育、文化艺术及广播电影电视业；⑩科学研究和综合技术服务业；⑪国家机关、政党机关和社会团体；⑫其他行业。目前采用的仍是这一分类。

世界里；第二类在完成第一类的基础上进行人的素质提升的消费，即作为广义人力资本的消费 C（H）存在，生活在教育、文化娱乐、体育、情趣等知识或精神的再生产世界里。显然，在现实世界中，每个消费者都是作为劳动力（L）存在和作为广义人力资本 C（H）存在的集合体。因此，我们的合理抽象进一步假设为：如果消费者消费结构中第一类占较大比重，那么他属于劳动力（L）那一类，作为通用技术部门的要素投入存在，与物质资本（K）在生产过程中相联结。相应地，如果消费者消费结构中第二类占较大比重，那么他属于广义人力资本 C（H）那一类，生活在同样能够创造价值的知识和精神世界里。

我们把消费的国际分类中的以下 4 项定义为广义人力资本 C（H），即：⑥健康；⑨文化娱乐；⑩教育；⑫杂项。余下的消费项定义为劳动力（L）或劳动力再生产，即：①食品饮料；②酒精、烟草、麻醉品；③服装、鞋类；④住房、水电、燃料；⑤家具及住房维护；⑦交通；⑧通信；⑪餐饮住宿。

2. 知识生产部门在新生产函数中的地位

知识生产部门是为了有效开发利用广义人力资本 C（H）的部门，这个部门以其内生性、外溢性、主导性，替代通用技术部门成为增长的动力源泉。类似于突破传统农业社会贫困陷阱需要物质资本大推动，形成了工业化主导之下的经济增长。为了突破中等收入陷阱和结构性减速困境，城市化时代的经济增长同样需要一个龙头部门带动。鉴于城市化阶段大众消费主导增长的特征，这个龙头部门必然与大众消费模式中最有活力的部门——广义人力资本 C（H）密切相关。易于观察的是，广义人力资本 C（H）的相互作用形成知识过程，具体表现为知识生产与消费的一体化，这个过程自身蕴含了价值创造螺旋，且具有知识外溢性。

举个例子。从通用技术部门看，随着收入增加，该部门消费支出比重同食品支出比重一样不断下降，而不断提高的是广义人力资本消费比重，广义人力资本消费本质上有现代服务业的供给过程，更一般化的理解就是知识生产与消费一体化的过程。例如，你写书现在被定义为知识生产，我看你的书是消费过程，而且看你的书同时提高我的人力资本，我因此与你互动也写了本书，你消费了，等等。尤其是在互联网时代，生产者与消费者更趋向于一体化，模糊了工业化时期的界限。

（二）新生产函数的性质

1. 知识部门自身的增值和扩张

基于上述定义，我们得出知识部门自身价值创造的内生机制，即广义人力资本 C（H）越多，作为抽象个体的 C（H）之间的互动联系越大，知识部门扩张的动力就越大。与物质产品（包括传统服务品）的消费性质不同，广义人力资本 C（H）消费不是"消费掉"，而是体现为知识创造，因为人力资本 C（H）消费不是排他性的物品消费，而是互动性的"人对人"的消费"增进"（共享而非排他），通过交流互换增进各自的知识。消费的本身即生产就是从这个意义上来说的。

因此，当广义人力资本 C（H）之间的这种互动存在时，由于消费过程中生产性的存在，相应的知识部门的产出已经不再是 C（H）的简单加总，而是大于 C（H）的增值。引申的含义是：虑及经济社会中存在动态的消费结构的变动，当消费模式越来越趋向于知识、精神这种较高层次时，知识部门扩张的动力就越大，其增值潜力也就越大。对于消费者的创造性动机，Korkotsides（2009）等认为消费者也像生产者那样，其行为的创造性源自寻求跻身于较高消费等级以获得消费利益的愿望，就像生产者在逐利本能驱使下追逐利益一样。

2. 知识部门对于通用部门的溢出效应和过滤作用

假定不存在知识部门的外溢效应，那么，通用技术部门主要使用物质资本（K）和劳动力（L）生产，具有传统的 $Y = AF（K, L）$ 生产函数特征，A 为"干中学"效应。从消费与生产的关系看，消费者对物质产品（包括传统服务品）的消费具有饱和性，资本边际效率递减和生产规模刚性约束不可避免。这是传统资本驱动增长的特征。为了保持增长不得不持续增加物质资本（K），压缩消费数量（C），导致结构性的增长失衡［C 越被压低，广义人力资本 C（H）的产生越不可能，消费模式就越来越陷入低层次之中］。

知识部门的外溢效应，典型的如创新动力的注入，在抵消资本效率递减的负向冲击的同时，不仅有助于提升资本质量，而且有助于增强劳动力（L）的消费和再生产能力，促使更多劳动力（L）转换为广义人力资本 C（H）。其结果是，一方面通用技术生产部门结构升级优化，另一方面知识部门因为新的 C（H）的加入，具有更大的增值潜力。知识部门的外溢效应，从这种意义上来说对生产模式具有"过滤效应"和优化功能，知识过程在提升通用技术结构时，过滤掉了低层次生产环节。

3. 推论

基于上述部门关系及因素的动态分析，我们可以得出以下结论。

（1）必须有新的知识要素供给和市场制度激励，才能突破传统生产过程的结构性减速，条件是，新的知识创新部门自身具有规模收益递增，并通过横向联系和纵向促进推动通用技术部门技术进步。

（2）新的消费需求满足，需要知识生产与知识消费一体化过程，消费中的广义人力资本是破除消费投资障碍的核心。

（3）长期增长过程中存在生产模式升级与消费模式升级的协同性。

（三）雁阵增长模式呈现在新生产函数中的情景

结合以上理论分析，我们从通用技术部门和知识生产部门的动态变化角度，拓展雁阵增长模式，核心是把雁阵增长序贯看作知识过程。

拓展1：国际分工中的雁阵模式。该模式的含义是，发达国家知识生产部门和溢出效应扩大的同时，逐步淘汰掉了效率低下的通用技术部门的生产环节，这些低效环节转移到工业化后发国家并与劳动力（L）结合。由此，在发达和不发达国家之间，国际分工日益呈现这样的差异——发达国家通过知识生产部门的垄断，一方面强化了传统生产方式和有形商品市场的竞争力；另一方面，层出不穷的知识、精神产品市场也向世界各地拓展。被动适应发达国家的垄断，后发国家只能在低层次通用技术环节上生存。

拓展2：国内产业升级的雁阵模式。工业化向城市化阶段的转型伴随着生产模式的序贯升级，在大规模工业化阶段，标准化产品生产主要倾向于使用物质资本和劳动力（L）。但是，在重化工业化向深加工度化转换的过程中，知识部门作为独立部门的特征逐渐明朗。

拓展3：以消费结构升级引领生产模式优化。包括两点：首先，与高级化的消费结构相匹配的知识部门自身具有价值创造的生产特征，因此，它的出现是打破传统资本驱动的生产方式的重要表征；其次，消费结构升级对物质产品质量的升级也提出了要求，要求生产模式升级。直观来看，在理想的演替条件下，消费模式存在"劳动密集产品消费—耐用消费品消费—知识技术产品消费"的升级，生产模式应当与这种要求相一致。消费结构与生产结构对称性的直观案例，可由图6-2的产品组合点（a，b，c）表示。

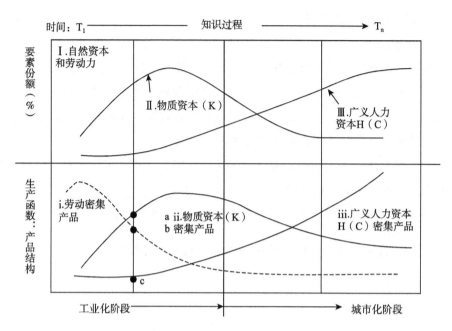

图 6-2　知识过程与雁阵增长序贯

资料来源：中国经济增长前沿课题组（2012，2013）和 Ozawa（2005）。

（四）广义人力资本和知识部门的再解释

1. 消费结构的雁阵模式

在对知识部门的动态给出进一步说明之前，我们先对知识部门赖以生成的广义人力资本 C（H）的一些变化状况给出简要分析。作为消费模式中高端的那一部分，广义人力资本较大的份额或其相应的消费倾向[①]，在发达国家或发达经济阶段总是比在不发达经济中更加引人注目。归纳起来，如图 6-3，第一种情景是知识部门最发达的美国，1990 年代以来广义人力资本比重已经超过衣食住和家居的消费比重，表明消费模式中知识消费的典型跨越；第二种是以韩国为代表的跨越中等收入陷阱的国家，广义人力资本表现出持续的提升；第三种是拉美中等收入陷阱的情景，可以看出，广义人力资本在消费中的比重处于长期压抑的状态（尽管弹性很大）。图 6-3 直观显示了生产模式雁阵传递和消费模式雁阵传递的协同性。无论从发达经济体与追赶经济体的对比中，还是从各类经济体各自生产、消费模式的演化中，都可以深切感受到知识消费及其

---

① 为方便起见，图 6-3 中，我们假定平均消费倾向约等于消费结构。

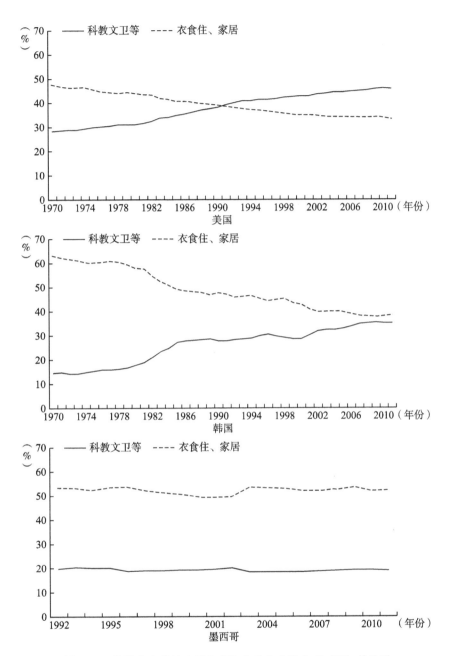

图6-3　总消费中劳动力再生产和广义人力资本 C（H）的比重

资料来源：UNDATA。

"过滤效应"。从可持续增长的意义上说，通过广义人力资本和知识部门的生成，整体经济效率不断得以提升。作为图6-3及其经济含义的数据补充，图6-4显示了广义人力资本 C（H）的收入弹性（普遍大于等于1）。这种情景的经济含义是，发达国家成功利用了这种性质并使得知识部门的作用有效发挥，中等收入陷阱中的国家却压制了这种"资源"，就像贫困陷阱中的国家压制自己的劳动力资源而不知道如何使用那样。显然的推论是，经济追赶国家中，当消费模式升级趋势出现，典型的如大学教育消费需求扩大但国内又不能提供足够供给时，教育的"海购"或出国潮将会出现。

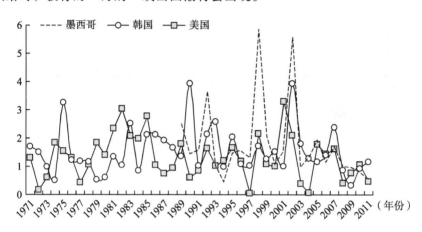

图6-4 广义人力资本 C（H）的收入弹性（绝对值）

资料来源：UNDATA。

2. 知识部门外部性的模拟

（1）基本模型。本部分模型构建的思路是：在标准的生产函数基础上，纳入其他的生产型函数；关键环节是将知识生产划分为知识产品生产（供给者）和知识最终产品生产（消费者）。知识产品生产函数为：

$$y_m = AH^\alpha K^\beta, \alpha + \beta = 1$$
$$= A(hL)^\alpha K^\beta$$
$$= Ah^\alpha L^\alpha K^\beta \tag{1}$$

其中，y_m 为知识产品，其生产函数是规模报酬不变的。H 为知识产品生产部门的总人力资本，$H = hL$，其中，h 和 L 分别为知识产品生产部门的人均人力资本和知识产品生产部门的劳动力；α 和 β 分别为人力资本和物质资本的知识产品的产出弹性系数。

知识产品通过知识产品生产转变为知识最终产品，直接满足消费者需求。如音乐家用自己的作品举办音乐会，音乐家、乐队和音乐厅等投入音乐会形成音乐产品，这就是知识产品的生产；观众在音乐厅享受音乐，这就是知识产品转变为知识最终产品。知识产品具有外溢性，知识产品的生产函数为：

$$Y = By_m^\gamma \tag{2}$$

其中，Y 为知识产品的最终产品，体现为消费者的消费价值；B 为参数；γ 为知识产品生产外溢指数，其值受到收入分配均等程度及知识产品的消费倾向等因素影响。由式（1）和式（2）得到：

$$Y = BA^\gamma h^{\alpha\gamma} L^{\alpha\gamma} K^{\beta\gamma} \tag{3}$$

由式（3）可得到如下的人均知识产品生产函数：

$$Y/L = BA^\gamma h^{\alpha\gamma} L^{\alpha\gamma-1} K^{\beta\gamma}$$
$$= BA^\gamma h^{\alpha\gamma} K^{\beta\gamma}/L^{1-\alpha\gamma} \tag{4}$$

为了便于分析，我们作出如下的假定：

$$\beta\gamma = 1 - \alpha\gamma \tag{5}$$

由式（4）和式（5）可得到如下的以人均资本存量表示的人均知识产品生产函数：

$$y = BA^\gamma h^{\alpha\gamma} k^{\beta\gamma} = A_T k^{\beta\gamma} \tag{6}$$

其中，$y = Y/L$，$k = K/L$，$A_T = BA^\gamma h^{\alpha\gamma}$。式（6）为人均资本存量的知识产品总的生产函数，其函数的凹凸性不仅取定于 β，而且还取决于知识产品生产外溢指数 γ。

通用技术部门的生产函数为：

$$Y_G = A_G L^\alpha K^\beta \tag{7}$$

其中，Y_G 为通用技术部门生产的产品，A_G 为通用技术部门生产的产品的技术水平，L 和 K 分别为投入通用技术部门劳动量和资本存量。α 和 β 分别为劳动力和物质资本的通用产品的产出弹性系数[1]。

由式（7）可得到：

$$y_G = A_G K^\beta/L^{\alpha-1} \tag{8}$$

其中，$y_G = Y_G/L$ 为人均通用技术部门产品，若 $\alpha + \beta = 1$，则可得到人均资本存量的人均通用技术部门的生产函数为：

---

[1]　为分析上的方便，我们设定的人力资本和物质资本知识产品的产出弹性系数与劳动力和物质资本的通用产品的产出弹性系数是一致的，这并不影响我们的结论。

$$y_G = A_G k^\beta, 0 < \beta < 1 \tag{9}$$

式（9）为人均资本存量的人均通用产品的生产函数，其函数的凹凸性仅取定于 β。

（2）知识生产与通用技术生产的动态演变。由式（6）可知，知识产品总的生产函数可能是向下凹的，只有 $\beta\gamma > 1$；知识产品总的生产函数也可能是向上凸的，只有 $\beta\gamma < 1$；知识产品总的生产函数还可能为直线，如 $\beta\gamma = 1$。为了便于分析，我们仅仅模拟分析 $\beta\gamma = 1$ 和 $\beta\gamma < 1$ 两种情形。

由式（6）和式（9）可得到如下的边际产出：

$$\partial y / \partial k = \beta A_T k^{\beta\gamma-1}, 0 < \beta < 1, \gamma > 0 \tag{10}$$

$$\partial y_G / \partial k = \beta A_G k^{\beta-1}, 0 < \beta < 1 \tag{11}$$

知识产品和通用产品这两部门边际产出相等时，由式（10）和式（11）可得到：

$$\partial y_G / \partial k = \beta A_G k^{\beta-1} = \partial y / \partial k = \beta A_T k^{\beta\gamma-1} \tag{12}$$

由式（12）可得到：

$$k^* = \left(\frac{A_G}{A_T} \right)^{\frac{1}{\beta(\gamma-1)}} \tag{13}$$

结论 1：知识生产部门倒逼通用技术部门不断取得技术进步。

由式（13）可知，如 $k < k^*$ 时，通用技术部门的边际产出大于知识产品边际产出，通用技术部门将维持；如 $k \geq k^*$ 时，通用技术部门的边际产出小于知识产品边际产出。如知识生产部门是向下凹的，此时通用技术部门可能出现两种情形：一是通用技术部门退出生产，这就是前文所指的知识产品部门过滤掉低层次通用产品部门；二是通用技术部门通过技术创新提高通用产品部门的技术水平 A_G，通用技术部门在新的技术进步下进行生产，从而达到：

$$\partial y_G / \partial k > \partial y / \partial k \tag{14}$$

由图 6-5 可知，知识生产函数为 AK 型的生产函数，从通用生产函数 y_{G1} 至通用生产函数 y_{G2} 的技术进步在不断增大。当 $k < k_1^*$ 时，通用生产将按照通用生产函数 y_{G1} 进行，此时，通用产品资本边际产出大于知识产品资本的边际产出；当 $k_1^* < k < k_2^*$ 时，通用生产将按照通用生产函数 y_{G2} 进行，此时，通用产品资本边际产出大于知识产品资本的边际产出；当 $k > k_2^*$ 时，通用生产将按照通用生

产函数 y_{G3} 进行，此时，通用产品资本边际产出大于知识产品资本的边际产出。这样就会不断循环，知识生产部门不断倒逼通用技术生产部门进行技术创新。否则，通用技术生产部门将不断萎缩，从而退出市场。这就是知识生产部门以其外溢性提升通用技术水平，过滤掉低层次产业结构，促进整体经济结构的优化升级。

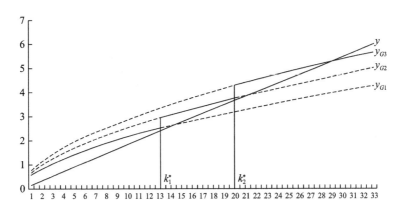

图 6 - 5 知识生产部门与通用技术部门产出的动态演变（一）

注：图中模拟各参数取值为：$\beta\gamma = 1$，$\beta = 0.57$，$\gamma = 1.75$。图中的横坐标为人均资本存量，纵坐标为知识生产部门和通用技术部门的人均产出量。

结论 2：知识生产部门诱导通用技术部门技术进步萎缩。

如知识生产部门生产函数是向上凸的，此时通用技术部门可能出现两种情形：一是通用技术部门按原有的技术进步不断扩大规模进行生产；二是通用技术部门为了获取更多的利润采用更为低级的技术进步扩大生产规模。

由图 6 - 6 可知，知识生产函数为上凸的生产函数，通用生产函数 y_{G1} 至通用生产函数 y_{G2} 的技术进步在不断萎缩。当 $k < k_1^*$ 时，通用生产将按照通用生产函数 y_{G1} 进行生产，此时，通用产品资本边际产出大于知识产品资本的边际产出；当 $k_1^* < k < k_2^*$ 时，通用生产将按照通用生产函数 y_{G2} 进行生产，此时，通用产品资本边际产出大于知识产品资本的边际产出；当 $k > k_2^*$ 时，通用生产将按照通用生产函数 y_{G3} 进行生产，此时，通用产品资本边际产出大于知识产品资本的边际产出。由此可知，在知识生产部门生产函数是上凸的情形下，为了获取更多的利润，通用技术部门的技术进步将不断萎缩。这就出现了知识生产部门诱导通用技术部门技术进步不断萎缩的结果。

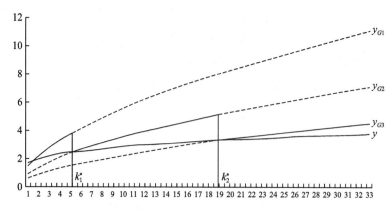

图 6 - 6　知识生产部门与通用技术部门产出的动态演变（二）

注：图中模拟各参数取值为：$\beta\gamma < 1$，$\beta = 0.57$，$\gamma = 0.4$。图中的横坐标为人均资本存量，纵坐标为知识生产部门和通用技术部门的人均产出量。

三　资源配置制度与新要素供给障碍

我们继续把中国经济增长过程中关键性的制度因素纳入分析，拓展第三部分的理论并将其运用到更加具体的现实问题。基本认识是，中国经济追赶过程中政府干预的必要介入及退出滞后，不断强化通用技术的使用和扩散，最终导致对资本驱动模式的路径依赖，由此产生消费抑制和人力资本结构升级的压力，迫使经济在转型阶段徘徊于"投资扩张 - 效益递减"的怪圈，这种无效率增长削弱了未来发展潜力。为此，需要顺应新阶段的可持续增长要求，把资源有序配置到需求弹性高的知识部门，本质上是要可持续的质量还是要不可持续的速度的问题。

经济发展的典型事实是：有计划的政府行动和规模扩张的选择性融资支持；工业化成本的有效控制——包括低利率、低汇率和低工资水平；政府支持的技能积累和有目的的学习能力培养等。由此可以看出，政府行为及与之相关的投资活动在工业化阶段居于主导地位，且劳动力的使用和技能积累服从于工业化发展需要。换言之，从效率角度看，贯穿资本驱动的生产模式的主线，是政府干预下对规模经济或规模效率的追求。

物质资本边际收益递减之所以被看成一个重要问题，是因为它发生在中国经济从工业化向城市化过渡的关键时期，这个"关键"的经济意义是：原有大规模工业化框架下的激励制度和生产模式，日渐成为创新要求和转型要求的结构性、系统性障碍，如果这个障碍挪不开，将加剧中国的结构性减速趋势。

（一）资源过度向低效率部门配置，形成通用技术部门对新要素供给的挤出

可以立足于经济部门的横向和纵向关联，细化这种认识①。

从纵向的部门或行业梯度看，现阶段，中国工业正处于重化工业化向深加工度化演替的过渡时期。相对于日本和韩国的快速转型而言，中国资本驱动的增长方式历时较长，且工业化的外部技术依赖程度较大，因此纵向结构优化的内生动力先天不足。这种问题的发生，显然与中国工业化过程中的资本配置方式和资源使用方式有关——政府对工业化的超强干预使得大量资源向低效率的国有经济部门配置，资源使用方式表现出强烈的"重视物质资本、轻视人力资本"的特点。如图 6-7，十几年来，规模以上国有控股工业企业固定资产比重尽管表现出下降趋势，但仍具有约50%的比重，相应投资（或资本支出）比重约为40%；与其资本规模形成鲜明对比的是，国有控股工业企业资本效率仅为全部规模以上工业企业平均水平的一半。隐含的经济意义是，大量新增投资被持续注入低效率的国有控股部门，即使这些资本的利用效率达到全行业平均水平，也可促使工业部门整体效率提高约1/3。进一步，选择性融资支持的国有控股工业企业，大多集中于重化工业行业，因此其绩效表现基本反映了中国工业结构升级过程的偏低效率。

从横向的部门或行业联系看，作为工业化向城市化过渡的重要现象，现阶段中国全社会固定资产投资的一半以上涌入传统（低效率）服务业部门，尤其是基础设施和房地产投资，占据了投资的主要部分。就中国转型时期的物质资本效率来看，本文倾向于认为，全社会总体物质资本效益的下降——不论是短期波动还是长期趋势，均与这种发生在过渡时期的投资配置方式有关。这种认识隐含的一个假设是，中国服务业部门的投资及规模扩张，如果仍然像大规模工业化阶段那样，只注重物质资本数量的配置，就不能为生产提供足够的效率补偿。再者，受其本身可贸易性的限制，传统服务业部门规模扩张能力有限，相应的规模效率和"干中学"的池子较浅，因此，服务经济主导之下投资增速不可能很快。因此，现有以政府为主导的资本驱动模式，在经济趋向于服务化过程中将面临更大的发展阻碍。

---

① 经济部门纵向与横向关系及其问题的分析，请参见中国经济增长前沿课题组（2014a，2014b）。

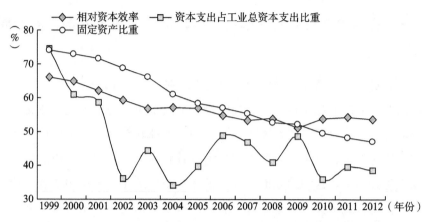

图 6－7　1999～2012 年国有控股工业企业资本及资本效率变化状况

注：国有控股工业企业相对资本效率 =（国有控股企业工业总产值/规模以上企业工业总产值）÷（国有控股企业固定资产原值/规模以上企业固定资产原值）；国有控股企业固定资产比重 = 国有控股企业固定资产原值/规模以上企业固定资产原值；资本支出 = 本年固定资产原值 － 上年固定资产原值。

资料来源：历年《中国工业经济统计年鉴》、《中国统计年鉴》和《中国经济普查年鉴 2004》。

（二）低层次人力资本占比过高，形成对知识过程的挤出

从投资与消费相联系的角度看，消费从属于规模扩张的生产需要，大致包括两个阶段。第一，低消费、初等人力资本充斥的工业化初期阶段。这个阶段对物质资本积累的强调无可厚非，它不是基于理论假设而是基于经济现实，投资的目的是开发人口红利，并通过"干中学"过程培育学习能力。此时，以压低消费换取物质资本增长的可能性在于，消费结构囿于吃穿住等简单的劳动力再生产，效率提升也只能建立在投资基础上。第二，恩格尔系数降低、中等人力资本比重提高的工业化中期阶段。此时，物质资本积累建立在产品多样化和规模经济之上，增长过程对半熟练劳动力的需求增加，"干中学"效应逐渐趋于最大化，经济走出贫困化。这个阶段物质资本积累的快速增长，是基于这样的假设：投资对消费的替代，能够实现更高的追赶速度，而与低消费水平相应的中等人力资本积累，也能够满足外部技术运用的需要。在这种假设下，虽然恩格尔系数大幅降低，但消费依然被压低在再生产半熟练劳动力的水平上。

到第二阶段后期，工业化规模扩张的体制模式和生产模式已经基本定型，前述资本驱动的效率递减问题将会出现，政策和增长路径也将面临再次选择，投资与消费的关系需要重新审视。这个阶段，消费不足所导致的人力资本不足

问题将凸显。在中国的经济现实中，人力资本不足具体体现为人力资本结构的扭曲——包括人力资本配置扭曲和中低层次人力资本占比过高。

首先看低层次人力资本占比过高问题。我们的前期研究表明（袁富华、张平、陆明涛，2015），工业化过程的长期追赶中，存在人力资本结构的梯度升级，特定时期的产业结构与特定的人力资本梯度对应，三种人力资本模式分别为：（1）以日本和韩国为代表的模式，表现为高等教育比重大，中等层次人力资本向高等层次人力资本的梯度升级历时短，各层次人力资本质量的提高与数量的增加同步；（2）中国模式，经济增长基本处于中等层次人力资本的主导之下，中等教育程度的人力资本占绝大部分；（3）以拉美国家为代表的模式，特征是初级教育程度的劳动力比重较大，中等文化程度的劳动力比重过低。如表6-1，与日本、韩国比较起来，中国主要储蓄者（35～54岁劳动力）中，中等教育程度人力资本比重在工业化过程中迅速上升，2010年达到63.7%的水平，而日本、韩国在接近60%的水平时，已经发生了向高等教育程度的飞跃。中国主要储蓄者中，高等教育程度人力资本比重在2010年不到6%，相当于日韩1970年代的水平。换句话说，处于工业结构高加工度化升级门槛和工业主导增长向服务业主导增长转型门槛的中国经济，几乎完全由初等和中等教育程度的劳动力支撑。我们认为，这是中国经济转型的重要障碍。因为总体经济创新机制和知识过程的构建，不可能由不到6%的受过高等教育的劳动力完成。

其次，随着中国经济服务化时代的来临，体制转型滞后也把垄断及其扭曲带到过渡时期中来。从效率提升角度看，主要表现为垄断下人力资本流动的负向激励效应：一方面，低效率的垄断生产性部门比竞争性生产部门集聚了更多的高等人力资本；另一方面，非生产性的行政事业单位吸引了大部分高端人才。理想情境下，如果高等教育程度人力资本在竞争性领域得到有效使用，经济效率提升的前景可能更加具有确定性。

表6-1　主要储蓄者（35～54岁劳动力）中等教育和高等教育程度比重

单位：%

中等教育								
国家	1970年	1975年	1980年	1985年	1990年	1995年	2000年	2005年	2010年
中国	9.2	14.4	18.5	24.8	29.4	40.8	51.6	58.1	63.7
日本	34.0	38.8	43.5	47.8	51.0	54.2	54.8	49.8	46.1
韩国	18.8	25.8	34.0	43.7	54.2	60.4	61.8	61.4	57.9

	高等教育								
国家	1970 年	1975 年	1980 年	1985 年	1990 年	1995 年	2000 年	2005 年	2010 年
中国	0.9	1.3	1.6	1.7	2.2	2.7	4.0	4.6	5.5
日本	4.9	9.0	12.6	17.5	21.6	26.3	32.4	39.7	47.2
韩国	5.2	6.7	9.1	11.2	13.7	18.5	24.9	31.1	38.3

资料来源：EDStats，BL2013_MF_V1.3。

（三）抽租效应的出现，形成对知识部门的挤出

现有经济模式下物质资本的错配，很可能导致规模效率向租金抽取路径的退化，即：第一，国有经济垄断和低效率不断汲取私营部门的储蓄而又不能提供足够的效率补偿；第二，服务业部门垄断的存在，不断汲取生产性部门的储蓄而又不能提供足够的效率补偿。后果是随着工业化阶段向城市化阶段的演进，规模经济的消失将加剧结构性减速，并且这种减速亦将一步步被僵化的体制和生产模式绑定。

四 制度与政策的体制选择

（一）重新定位转型时期的新增长动力，重视制度改革和知识部门这两个关键环节

过去 40 多年里，通过制度变革和开发，中国在有效开发人口红利的基础上突破了贫困化陷阱，实现了工业化。现阶段中国增长面临的问题，是如何突破中等收入陷阱、有效推进城市化的问题。与以往依靠物质资本积累和廉价劳动力的工业化模式不同，中等收入陷阱的突破不仅需要考虑生产供给面的效率，而且需要考虑消费模式的升级及其与生活模式的协同。广义人资本和知识部门的发展成为新的增长动力，更深层次的制度变革就是这种历史条件变化的结果。

制度和知识部门这两个环节改进、增进的迫切性，在中国进入中等收入阶段所面临的选择中变得更加突出。第一，是要不可持续的高增长，还是要可持续的城市化？如前所述，中国工业化时期的持续高增长是建立在纵向横向部门分割、资本驱动、廉价劳动力使用的基础上。通用技术部门资本效率乃至全要素生产率持续递减，已经成为越来越突出的问题。物质资本高积累推动的工业

化越来越不可持续，城市化时期的结构性减速趋势不可避免。为此，可持续的城市化成为突破中等收入陷阱的关键。其中把物质资本投资通过人力资本形成渠道，转变成新的增长潜力或许是重中之重。第二，是无视消费结构升级还是顺应消费结构升级？城市化时期，更高的收入水平、更大的开放程度、更紧密的生产消费网络的出现，不仅促进消费结构自身升级，而且放大消费示范效应。因此，消费中广义人力资本的收入弹性将变大，并进一步提升知识相关消费份额。工业化后期，无视消费结构升级规律的消费抑制，是掉入中等收入陷阱的主要原因。第三，消费与人力资本的一体化，是理解城市化阶段资本作用的关键。大规模工业化阶段结束后，与城市化和服务业紧密联系的消费将成为新的动力源，这种消费是带有结构意义的消费，与广义人力资本相联系的消费成为新的动力。

（二）重新定位政府角色，弱化干预，强化协调

政府干预是中国工业化大推进的动力之一，但是也带来效率低下和不可持续问题。为了突破中等收入陷阱，给知识过程和知识部门成长创造环境，就需要弱化政府干预，强化政府在知识网络建设、疏通和新要素培育方面的功能。

第一，打破政府在工业化时期的选择性融资支持机制，明晰市场的资源配置作用。改革的重点在于：切实推进政府自身的改革，转变职能，尤其是在政府权力集中的国有经济领域，要彻底推行政企分开；推动国内统一市场的建设，打破人力资源流动尤其是高层次人力资本流动的制度障碍，解决资本市场、要素流动、基础设施、信息等领域的割裂问题；打破行政干预所导致的横向、纵向经济分割，切实发挥经济网络的集聚、关联效应，提高城市化的空间配置效率，疏通知识部门和知识过程的分工深化、创新外溢渠道；建立健全专利保护体系，鼓励国内创新实践。

第二，重视我国现阶段广泛存在的人力资本错配问题，推进科教文卫事业单位的转型和改革，提高服务业质量。过去40余年，对工业部门增长的强调，导致对服务业发展的忽视，将服务业视为工业化的辅助部门，进而导致服务业发展只注重规模，不注重质量和效率，制造业与服务业劳动生产率差距持续拉大。就现实来看，中国现代服务业的很多部门，一部分存在于管制较严的科教文卫等事业单位，一部分存在于电信、金融、铁路、航运以及水电气等公共服务部门。这些部门以其垄断力吸引了很大一部分高层次人力资本，但是又不能提供较高的生产效率。因此，需要把事业单位改革与放松管制相结合，盘活人

力资本存量，提升服务业的效率及其外部性，培育核心竞争力。

（三）推进财税金融改革，提升通用技术部门绩效

首先，推进国内工业和服务业领域企业的兼并重组，清理"僵尸企业"。高速增长时期依赖要素驱动成长起来的企业，在经济减速时期由于技术进步滞后而面临窘境，其中一部分企业可能已经失去效率提升潜力，或者不能适应创新要求。对这部分企业进行清理以便释放出资源，用于改善国内产业环境。其次，重组地方债务，把资本资源向社会基础设施投资倾斜。顺应城市化发展的要求，适当加大更有益于人力资本增进的教育、文化、医疗保健等社会基础设施的投资，培育可持续增长潜力。为此，中央政府应该按照项目期限、收益率、项目的经济外部性和功能性特点，发行低利率的长期特别国债，对地方社会基础设施资产进行购买，同时推动推进地方政府的行政和资源配置方式改革。再次，推进金融改革，进行资源配置方式的根本转型。随着中国经济增长阶段向城市化和服务、消费主导增长的转型，大规模工业化时期那种银行信贷主导的资本配置方式，将逐步转向资本市场主导的配置方式，以推动"创新能力"发展。

第七章 增长跨越：经济结构服务化、知识过程和效率模式重塑

袁富华 张 平 刘霞辉 楠 玉[*]

内容提要： 国际经验表明，中等收入水平向高收入水平的跨越阶段，也是增长分化的阶段。转型时期面临三方面的不确定性和风险：第一，工业比重下降的同时伴随工业萧条，城市化成本病阻碍内生增长动力形成；第二，服务业作为工业化分工结果的从属态势不能得到根本扭转，以知识生产配置为核心的服务业要素化趋势不能得到强化，最终导致服务业转型升级无法达成；第三，作为门槛跨越基石的消费效率补偿环节缺失，知识生产配置和人力资本结构升级路径受阻。我们认为，以知识要素和人力资本要素积累为核心的效率模式重塑，是跨越中等收入阶段的根本任务，面对转型时期门槛跨越的困难，中国应顺应服务业的要素化趋势，在防止服务业盲目扩张、做好工业和服务业协调推进的同时，通过制度改革促进效率模式重塑。

关键词： 增长门槛 不确定性 知识过程 效率模式重塑

对于后发国家大规模工业化之后的经济发展，我们认为，城市化和经济结构服务化阶段，是增长能否持续和追赶能否成功的分化阶段。对于像中国这样

---

* 本文发表于《经济研究》2016 年第 10 期。袁富华、张平、刘霞辉、楠玉，中国社会科学院经济研究所中国经济增长前沿课题组。参加本研究讨论的人员有裴长洪、张连城、王宏淼、张自然、郭路、黄志刚、吴延兵、赵志君、仲继银、张磊、张晓晶、常欣、田新民、汪红驹、汤铎铎、李成、王佳、张鹏、张小溪。本研究受国家社会科学基金重大招标课题"加快经济结构调整与促进经济自主协调发展研究"（12&ZD084）和"需求结构转换背景下提高消费对经济增长贡献研究"（15ZDC011），以及国家社会科学基金重点课题"我国经济增长的结构性减速、转型风险与国家生产系统效率提升路径研究"（14AJL006）和"中国城市规模、空间集聚与管理模式研究"（15AJL013）资助。

的转型国家而言，增长可能是非连续的，面临着有待艰苦跨越的知识要素积累门槛。增长非连续意味着原有工业化经验在经济结构服务化阶段失灵，并因此成为增长分化和增长不确定性的来源。经济转型面临着以下三方面的不确定性。宏观层面上，一改大规模工业化时期工业主导效率提升的清晰增长路径，服务业主导的增长容易发生工业和服务业协调失灵，其表现是随着城市化率的上升，工业比重下降的同时伴随着工业的萧条，工业化技术－效率升级道路受阻。由此，长期效率改进被替换为短期随机波动。产业层面上，服务业比重持续升高，但以知识过程为核心的服务生产化、服务要素化，即改善要素配置和要素质量的趋势不能得到强化，导致服务业转型升级路径无法实现，服务业比重增加的同时伴随着人口漂移和鲍莫尔成本病，服务效率低下。要素供给层面上，作为门槛跨越基石的人力资本－知识消费效率补偿环节缺失，知识生产配置和人力资本结构升级路径受阻。

城市化和经济结构服务化导致了国际经济更鲜明的分化或效率差异。本文的实证分析给出了三种模式：一是以 OECD 国家"高劳动生产率、高消费能力、高资本深化能力"为代表的高效率模式；二是拉美国家传统服务业和低层次消费结构主导的"走走停停"的不稳定低效率模式；三是日韩在大规模发展时期未雨绸缪，提前 15～20 年积累高层次人力资本，进而跨越增长门槛的成功转型模式。国际经验表明：第一，经济结构服务化是一种不同于工业化的全新效率模式，服务业比重和消费比重提高不是问题关键，最为根本的，是基于知识和高层次（熟练工人和高等教育）人力资本要素积累的消费结构升级和服务业品质提升；第二，问题不在于投资继续充当经济增长的动力，问题在于发展中国家是否具备资本深化能力，这个资本深化能力，连同消费能力，即消费结构升级的促进能力，是实现经济成功追赶的两大动力；第三，对于像中国这样的超大经济体来说，转型时期也是工业化过程的深化时期，在根本的内生效率机制缺失的情况下，不能盲目强调服务业的规模扩张。因此，中国转型时期也应当视为结构升级的缓冲时期，应防止过早地推进拉美式的去工业化，避免增长震荡风险。

"高劳动生产率、高消费能力、高资本深化能力"这个稳定效率三角的建立，与服务生产化和服务业要素化趋势有关。服务业结构的升级，一方面强调服务业的发展应该注重有利于效率提升的教育、研发、知识、信息、产权等部门的杠杆作用，这些"以知识要素生产知识要素"的部门，是经济结构服务化的主线（中国经济增长前沿课题组，2015）；另一方面，我们也强调消费的效率动态补偿这一命题，"消费结构升级→人力资本提升和知识创新→效率提升→消费结构升级"这个动态循环至关重要，它是创新和分工深化的基础。

为便于这些理论观点的阐释，本文行文次序安排如下：第一部分是关于增长非连续和增长分化的典型事实分析；第二部分提出我们关于增长非连续和增长跨越不确定性的理论观点；第四部分是关于通过效率提升与知识过程消减经济跨越不确定性的阐述；最后是本文结论。

一　增长非连续和增长分化的典型事实

本部分国际比较资料的运用和对增长非连续相关事实的观察，植根于两个叠加的经济演化背景，即工业化阶段向城市化阶段的转型以及中等收入阶段向高收入阶段的跃升。增长阶段可以看作特定的历史情景片段，转型即不同历史情景片段之间的转换①。如果把不同阶段劳动生产率的状况及其变化视为长期增长的重要指标②，那么，经济转型可视为低劳动生产率阶段向高效率阶段的演化。结合转型过程的其他因素，两种基本模式又可以表现出更加具体的多种情景。低效率模式向高效率模式的演化动态，广泛存在于发达国家及后发追赶国家的经济过程中，这种变化被经济理论正式表述为转型、因果累积和调整③。在将技术进步、报酬递增和长期增长联系起来的同时，Kaldor（1972，1985，2013）系统化了因果累积理论，之后的文献如 Dixon 和 Thirlwall（1975）、Setterfield（1997）中进行了更加正式的表述。

基于数据库 PWT 8.1，本部分运用如下方法观察经济跨越的一些事实：第一，以美国为比较基准，刻画样本国家 1950~2011 年的相对劳动生产率 $\bar{q}$、相对劳均资本形成（或资本深化）$\bar{k}$ 以及相对劳均消费 $\bar{c}$（或者理解为每个劳动力支撑起来的社会消费能力）；第二，运用各国自身的劳动生产率水平 q 和总产

---

① Kaldor 所主张的经济历史分析，在社会学家特别是吉登斯的著作中有详尽的分析，吉氏认为所有社会活动都是片段性的，沿着开始－变迁－结束的情景展开，一系列变迁重塑现有制度组合。

② 参见 Krugman（1993）。Krugman（1994）认为，生产率不是一切，但长期中它几乎就是一切。

③ Hicks（1965）的转型（traverse）描述了两种经济状态之间的转换，并被一系列文献重新发现和拓展，如 Kriesler（1999）。

出水平 Y，估算 Verdoorn 系数[①] α_Y 或规模报酬捕捉能力；第三，结合支出法国内生产总值核算，运用各国自身的劳动生产率水平 q、总资本形成水平 i 和总居民消费水平 c，估算 Verdoorn 系数 α_i、α_c。估算方程为：

$$\ln\hat{q} = c + \alpha_Y(\ln\hat{Y}) \tag{1}$$

$$\ln\hat{q} = c + \alpha_c(\ln\hat{c}) + \alpha_i(\ln\hat{i}) \tag{2}$$

样本国家 1950~2011 年相对劳动生产率 $\bar{q}$ 的追赶路径如图 7-1 所示。

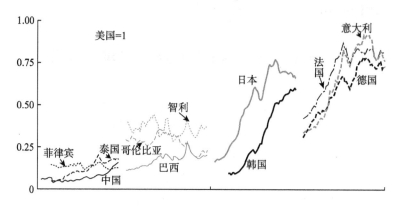

图 7-1　1950~2011 年相对劳动生产率 $\bar{q}$ 的追赶路径

资料来源：PWT8.1 数据库。

（一）持续效率提升是经济跨越的核心

首先，根据图 7-1 显示的相对劳动生产率 $\bar{q}$ 的追赶路径，对高效率模式与低效率模式的具体表现给出说明。总的判断是：第一，在所考察的半个多世纪的样本期中，样本国家——东亚、拉美、欧洲诸国整体上表现出 S 形追赶路径；第二，已经完成追赶的国家如欧洲诸国、东亚的日本、韩国表现出显著的 S 形追赶路径；第三，"二战"后拉美国家历经半个多世纪的调整及震荡，在图 7-1 中尤其引人注目；第四，中国及泰国、菲律宾等东亚国家，仍然处于追赶

---

① Verdoorn 系数是因果累积形式化表述的核心，这个系数基于劳动生产率增长和总产出增长的关系建立起来，其大小用以解释特定效率模式对报酬递增的捕捉能力。如果把 Verdoorn 系数与模式转换联系起来，可以对效率模式特征和演进方向给出进一步识别。发达或后发经济体的特定增长历史，以及发达与后发经济体的增长比较，都蕴含了可以进行检验的规模报酬递增因素。从总需求方面来看，增长阶段不同，推动规模经济的投资或消费的作用可能不一样。关于这一点，正如 Goodwin（1997）等所指出的那样，比较明确的趋势是，在发达城市化阶段，随着消费占比的提高，效率模式的建立和维持似乎越来越依赖于较高层次的消费结构和消费支出。

的加速过程中，其劳动生产率水平不仅与发达国家相去甚远，而且与拉美国家也相差很大。各种具体效率模式的主要特征如下。

法德意高效率模式的恢复与追赶。"二战"废墟上重建的欧洲老牌发达国家，它们的制度组织一开始就被置于现代资本主义的强力塑造之下，高生产率和高消费是其特征，因此不存在效率模式本质上的转换，所做的只是经济活力的恢复。征引一个佐证案例：在 Tibor Scitovsky 眼中，美国（特别是教育系统）只是过分注重生产性劳力的创造，缺乏必要训练的美国消费者只会追求快餐式消费，这种狭隘消费主义做派与受过消费训练的欧洲消费品位相差甚远[①]。言下之意，欧洲老牌资本主义国家，对于其消费效率和社会生产效率提升始终保持着信心。

日韩高效率模式建立的尝试与追赶。20 世纪 80 年代，日本经济进入结构性减速期之后，直到 90 年代才觉察到原有工业化模式的问题，于是引发了拷贝美国模式抑或部分收敛且兼顾本国特殊性的政策争论（Dirks et al.，1999）。根据 Lincoln（2001）的观点，日本的制度组织尤其是金融系统，对透明公开的货币资本市场的缔造形成了约束，如经济社会非正式规则的充斥、金融制度多维度交易与利润最大化市场要求的冲突、独立于社会关系纽带的专业化分工不足、经济制度对低效率产业的过多保护和破产惩罚力度不足等。Cargill 和 Sakamoto（2008）明确指出，与工业化经济组织相似的韩国比较起来，日本的改革是滞后的。1997 年的金融危机，使得韩国在资本市场和贸易自由化领域实行了全面改革，韩国因此成为一个近乎完全开放的经济体，市场透明度和公平竞争得到加强。危机后的经济模式重塑，推动了韩国经济效率持续提升，并过渡为一个发达经济体（中国经济增长前沿课题组，2014a，2014b）。

拉美的长期调整与高效率模式建立的受阻。受到初始条件和路径依赖限制，高效率模式无法建立进而迫使经济陷入长期调整和震荡，拉美国家再典型不过。维克托·布尔默－托马斯（2000）对于拉美发展历史的精辟评述中充满了同情、遗憾和迷惘，这些国家仿佛总是在错误的时间做出错误的事情："在出口导向增长实绩最好的国家中，没有一个在内向发展阶段取得成功。实际上，假如阿根廷、智利、古巴和乌拉圭在整个内向发展阶段长期维持 3% 的年增长率，他们在债务危机到来之前就会取得发达国家地位。"[②] 拉美国家的调整难以取得

---

① 参见 Goodwin（1997），第 338 页。

② 这里的内向发展阶段即"二战"后进口替代阶段。根据布尔默－托马斯（2000，第 486 页、第 491～492 页）的评述，大萧条和"二战"结束了拉美出口导向模式，20 世纪 80 年代债务危机则给内向发展阶段画上句号，进入再次以出口为基础的发展过程。

实质性成效的问题，源于所有制问题和政策操纵。这种国内问题最终导致发展战略的每一次重大调整，都会成为收入分配两极分化的加速器，这反过来从根本上削弱了人力资本积累和全要素生产率的提升机会。他对拉美国家未来发展的结论是："即使目标是明确的，前进的道路仍不确定。那些在无能、腐败和权贵贪婪方面失足的国家将受到严厉的惩罚。"

与上述各种情景比较起来，中国、泰国、印度尼西亚、菲律宾等新兴工业化国家仍在低效率模式之下追赶。值得关注的是，中国和泰国这两个快速工业化的国家，在达到拉美劳动生产率水平之前，似乎正面临着调整和效率模式重塑的紧迫性。

其次，根据表 7 - 1 中相对劳均消费 $\bar{c}$ 和相对劳均资本形成 $\bar{k}$，对经济追赶的一些统计事实给出说明，进一步明晰各种具体效率模式的内涵。即使抛开初始追赶条件优良的欧洲诸国，把注意力集中到日韩两国及与其他低效率国家的对比，一些事实也足以让人震撼。

表 7 - 1　各国各个时期 $\bar{q}$、$\bar{c}$、$\bar{k}$ 变动状况

国家	时间	$\bar{q}$	$\bar{c}$	$\bar{k}$	国家	时间	$\bar{q}$	$\bar{c}$	$\bar{k}$
法国	1960 ~ 1970	0.59	0.54	0.80	中国	1991 ~ 2007	0.09	0.07	0.12
	1991	0.84	0.80	1.08		2008 ~ 2011	0.15	0.09	0.39
意大利	1970 ~ 1976	0.62	0.57	0.83	泰国	1980 ~ 1992	0.11	0.11	0.13
	1991	0.87	0.77	1.30		1993 ~ 1996	0.18	0.13	0.39
德国	1960 ~ 1970	0.48	0.40	0.86		1997 ~ 2011	0.17	0.14	0.20
	1991	0.74	0.67	1.12	印尼	1980 ~ 1997	0.10	0.09	0.09
日本	1970 ~ 1980	0.51	0.42	0.87		1998 ~ 2011	0.10	0.09	0.10
	1991	0.74	0.56	1.41	菲律宾	1980 ~ 1997	0.14	0.14	0.13
韩国	1991 ~ 1997	0.47	0.37	0.89		1998 ~ 2011	0.13	0.13	0.11
	2008	0.59	0.43	1.05					
国家	时间	$\bar{q}$	$\bar{c}$	$\bar{k}$	国家	时间	$\bar{q}$	$\bar{c}$	$\bar{k}$
阿根廷	1950 ~ 1980	0.15	0.16	0.11	哥伦比亚	1950 ~ 1980	0.30	0.32	0.35
	1980 ~ 2011	0.29	0.29	0.27		1980 ~ 2011	0.26	0.28	0.25
巴西	1950 ~ 1980	0.15	0.15	0.16	墨西哥	1950 ~ 1980	0.51	0.53	0.54
	1980 ~ 2011	0.20	0.20	0.18		1980 ~ 2011	0.40	0.40	0.42
智利	1950 ~ 1980	0.37	0.45	0.23	委内瑞拉	1950 ~ 1980	0.59	0.44	1.14
	1980 ~ 2011	0.34	0.33	0.35		1980 ~ 2011	0.33	0.28	0.36

资料来源：PWT8.1 数据库。

事实一：资本深化首先完成追赶，当劳均资本（$\bar{k}$）达到美国水平的时候，追赶国家劳均消费 $\bar{c}$ 大致相当于美国的 40%～50%，此时追赶过程基本完成，高效率、高消费模式基本建立。如日本 1970～1980 年的 $\bar{k}$ 为 0.87，韩国 1991～1997 年的 $\bar{k}$ 为 0.89，两国从各自经济加速开始，基本达到美国的投资水平，大致都用了 30 年左右的时间，有两点需要特别注意：一是资本深化速度很快，从而避免了向高效率模式过渡时间较长所隐含的潜在震荡风险；二是资本深化大踏步前进的同时，人均消费也以较大的幅度增加，从而形成"资本深化提高—消费提高—劳动生产率提高"的良性循环。这与拉美及东亚发展中国家的情景完全不同。

为了便于理解资本深化的持续状况，表 7－1 同时提供了各发达国家追赶完成后紧接着出现的较高的 $\bar{k}$ 值，如日本在 1991 年达到 1.41。

事实二：经济陷入长期调整，根本原因是国内产权组织和利益集团政策操纵，这种根本性的经济组织约束，使得高效率模式的生成与是否实行经济自由化关联性不大。表 7－1 中拉美国家 1950～1980 年和 1980～2011 年两个时期的经济绩效对比表明，债务危机发生后再次以出口为导向的效率模式，在投资、消费和劳动生产率上的表现没有根本好转，有的国家甚至变得更加糟糕。也就是说，1980 年代以来拉美国家自由化改革似乎成效甚微，而国内生产资料集中和收入分配极化的加剧，是导致拉美经济调整困难的主要原因，国内有缺陷的制度锁定了低效率路径。

事实三：资本深化能力和消费/投资双重效率的发挥至关重要。有必要把 Goodwin 等（1997）眼中的"高劳动生产率、高消费能力"的发达经济模式拓展为"高劳动生产率、高消费能力、高资本深化能力"这样的效率三角，拉美国家的长期调整经历表明，构成这个效率三角两足的高消费能力和高资本深化能力中的任何一角缺失，高效率模式就无法实现。也就是说，高效率模式隐含了消费/投资双重效率问题。关于这一点，我们将在消费效率补偿的分析中展开。

（二）报酬递增捕捉能力与消费效率补偿是经济跨越的基础

显著呈现于长期追赶过程中的 S 形路径，蕴含了规模报酬递增的事实。本部分借助于规模报酬捕捉能力的展示，继续充实各种具体效率模式的内容。我们立足于图 7－2 和表 7－2 进行阐述。

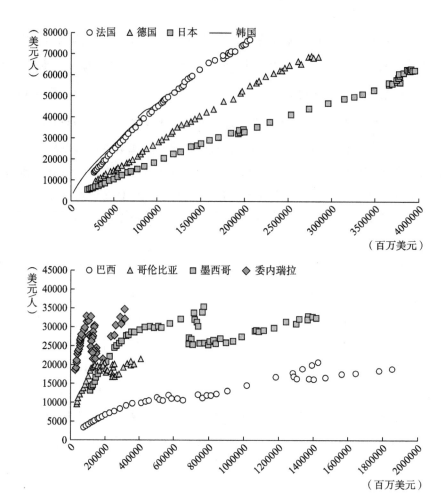

图 7 - 2　1950～2011 年各国劳动生产率水平 q 与总产出
水平 Y 的散点图

资料来源：PWT8.1。

　　持续的规模报酬是一种普遍现象。一方面，样本期内各国经济追赶路径，
通过 q（美元/人）与总产出水平 Y（百万美元）散点图（见图 7 - 2）刻画。
先来观察发达国家。在半个多世纪的样本期里，无论是法、德等老牌发达国家
的经济恢复，还是日、韩两国高效率模式的建立，在这些国家中，伴随总产出
水平提高（ΔY）而来的劳动生产率水平的持续增长（Δq），以及两者近乎线性
的统计关系，更加清晰地呈现了成功追赶经济的活力。再来观察东亚发展中国
家。尽管劳均指标处于较低的水平，但计算表明中国（1978 年以来）、泰国、
印尼和菲律宾等东亚发展中国家，其长期增长过程也呈现劳动生产率增长与总
产出增长的线性关系，在低效率模式中遵从规模报酬递增的经济规律。最后来

表 7 - 2 各国 Verdoorn 系数 α_c、α_i 的估计

国家	1950 ~ 1973 年	1973 ~ 2011 年
美国	$\hat{\ln}q = c + 0.37\ (\hat{\ln}c) + 0.10\ (\hat{\ln}i) + AR$ (1) [58.9%] [17.9%]	$\hat{\ln}q = c + 0.51\ (\hat{\ln}c) + 0.05\ (\hat{\ln}i) + ARMA$ (1, 1) [92.9%] [7.1%]
法国	$\hat{\ln}q = c + 0.81\ (\hat{\ln}c) + 0.15\ (\hat{\ln}i) + MA$ (2) [81.5%] [20.5%]	$\hat{\ln}q = c + 0.62\ (\hat{\ln}c) + 0.08\ (\hat{\ln}i) + AR$ (1) [84.9%] [9.3%]
德国	$\hat{\ln}q = c + 0.64\ (\hat{\ln}c) + 0.19\ (\hat{\ln}i) + AR$ (2) [85.4%] [22.1%]	$\hat{\ln}q = c + 0.47\ (\hat{\ln}c) + 0.17\ (\hat{\ln}i) + AR$ (1) [53.0%] [9.8%]
意大利	$\hat{\ln}q = c + 0.87\ (\hat{\ln}c) + 0.13\ (\hat{\ln}i) + AR$ (1) [88.1%] [18.0%]	$\hat{\ln}q = c + 0.46\ (\hat{\ln}c) + 0.11\ (\hat{\ln}i) + ARMA$ (1, 1) [61.0%] [10.0%]
日本	$\hat{\ln}q = c + 0.78\ (\hat{\ln}c) + 0.13\ (\hat{\ln}i) + AR$ (1) [82.0%] [23.1%]	$\hat{\ln}q = c + 0.69\ (\hat{\ln}c) + 0.15\ (\hat{\ln}i) + ARMA$ (1, 1) [90.9%] [5.1%]
韩国	1960 ~ 2011 年	$\hat{\ln}q = c + 0.66\ (\hat{\ln}c) + 0.09\ (\hat{\ln}i) + ARMA$ (1, 1) [85.4%] [18.9%]
中国	1992 ~ 2011 年	$\hat{\ln}q = c + 0.62\ (\hat{\ln}c) + 0.35\ (\hat{\ln}i) + AR$ (1) [37.6%] [69.2%]
泰国	1960 ~ 1996 年	$\hat{\ln}q = c + 0.62\ (\hat{\ln}c) + 0.19\ (\hat{\ln}i) + AR$ (2) [65.0%] [45.0%]
菲律宾	1980 ~ 2011 年	$\hat{\ln}q = c + 0.19\ (\hat{\ln}c) + 0.19\ (\hat{\ln}i) + MA$ (1) [15.6%] [69.7%]

注：①方括号内的百分数是看拉美居民消费 c 和总投资 i 对 q 的增长的贡献率。
②本表模型残差均通过 LM 检验；R^2 统计量大于 0.95；Verdoorn 系数均在 5% 的水平显著。

国家。相比起来，陷入长期调整和低效率锁定的一些拉美国家，典型如哥伦比亚、墨西哥、委内瑞拉，其劳动生产率改进与（Δq）总产出水平变化（ΔY）之间存在较为显著的非线性关系，经济规模扩张之路上，规模报酬递增不像发达国家和东亚国家那样贯穿于长期，而是在特定样本期才有所表现。另一方面，总产出 Y 的规模报酬捕捉能力，通过总产出 Y 的 Verdoorn 系数 α_Y 展示[1]。发达国家规模报酬捕捉能力的稳定性方面，以 1973 年为界点，在 1950 ~ 1973 年和 1973 ~ 2011 年两个时期，美国分别为 0.62、0.61，法国分别为 0.90、0.84，德国分别为 0.85、0.83，意大利分别为 1.01、0.82，日本分别为 0.90、0.90。东亚发展中国家低效率模式也具有较强规模报酬捕捉能力，如中国 1978 ~ 2011 年为 1.01，泰国 1970 ~ 2011 年为 0.90，菲律宾 1970 ~ 2011 年为 1.03，印尼 1970 ~ 2011 年为 0.57。

消费的效率补偿——消费/投资双重效率模式存在的证据。表 7 - 2 中发达国家总投资规模扩张和居民总消费规模扩张对于劳动生产率增长的贡献，蕴含了高效率模式的一些主要特征。第一，消费/投资双重效率模式是效率三角的进一步的证据。从发达国家劳动生产率增长的因素来看，投资规模增加和居民消费增加对报酬递增的捕捉能力在长期中显著。由于劳动生产率的消费弹性较投资更大，因此在发达经济的高效率模式中，消费表现出更大的活力。需要注意的是，这样的结论是从增长率的角度。深层次的逻辑是：建立在高消费能力和高资本深化能力这样的高效率模式中，消费比投资具有更大的效率促进能力，亦即与消费有关的人力资本比物质资本拓展效率三角的功效更大。第二，消费的效率补偿。比较发达国家 1973 年前后两个样本时期发现，消费规模扩张对于劳动生产率的贡献率一直占绝大部分，特别是发达国家普遍进入结构性减速和城市化成熟期之后，消费对效率的补偿作用和贡献更加显著，由此我们进一步得出以下结论（事实四）。

事实四：稳定的高效率三角建立在消费投资一体化的基础上，消费的效率补偿在低增长时期尤其显著[2]。

中国所处的增长阶段以及相似增长阶段的共性——（资本驱动）单一效率

---

[1] 计量模型为 $\ln q = c + \alpha_Y (\ln Y) + ARMA (\cdot)$，为节省篇幅，本文只给出 α_Y 的估算结果。

[2] 此外，就表 7 - 2 中德国和意大利消费贡献率偏低的问题，需要补充如下。按照 Fine 和 Leopold（1990）的观点，影响长期增长的因素，除了供给和需求因素，还应包括不可转化为供求的社会组织因素。两国劳动生产率改进的社会组织因素贡献，相对于其他国家较大，这种贡献可以看作促进投资消费一体化的制度性作用，与本文的结论不存在矛盾。参见 Fine and Leopold（1990）。

模式存在的证据。在所考察的样本中，与中国处于同一层次的国家是泰国、印尼和菲律宾，这些相似增长阶段存在一些共同特征，即资本驱动的特征非常明显。这些国家的投资对于规模报酬递增的显著作用，不同于发达国家1973年之前的投资作用，因为高效率模式最终处于较高的资本深化能力主导之下（而且居高的劳均投资使得资本的效率贡献比消费要低）。

从长期调整角度理解增长非连续性——（消费驱动）单一效率模式存在的证据。由于拉美国家劳动生产率存在波动——或者在长期中表现出下降，或者改进速度比较缓慢，在实证分析上尤其要注重经济逻辑的合理性，处理起来比较烦琐，一些结果也没有在表7-2中显示。但是从符合经济逻辑的一些国家特定时间段的统计检验看，总投资对于劳动生产率的作用不显著，经济增长依赖不稳定的消费支撑。这种判断也符合拉美经济事实，这些国家通常由于缺乏较好的制造业基础和人力资本，未能建立起来投资能力和消费能力赖以持续深化、提升的效率模式。毋庸讳言，对于还没有达到拉美国家劳动生产率水平和消费水平的中国及东亚其他发展中国家来说，拉美国家经济调整的持续和举步维艰，无疑是前车之鉴。

事实五：增长非连续现象的本质是投资和消费脱节，效率三角的基础因此遭到破坏；无论是单一投资效率模式还是单一消费效率模式，都会导致不可遏制的效率漏出，迫使经济进入充满不确定性的长期调整过程，无法实现向高效率模式的持续升级。因此，低效率模式本身具有不稳定性。

二 增长非连续与增长门槛跨越：三类不确定性

受制于旧效率模式调整的困难，发展中国家在长期增长过程中，生产和消费的脱节有可能导致低效率模式固化，并导致增长非连续现象。对于增长非连续，本文将其定义为低效率模式向高效率模式演进过程中的长期调整，调整的目的是通过累积新要素以实现门槛突破和效率持续改进。这种认识的思想来源有两个：一个是吉登斯结构化理论关于社会转型非连续的见解，另一个是结构主义理论关于拉美经济模式自身缺陷及其困境的见解（ECLA，1951；Furtado，1974；Kay，1989）。从规则、资源如何相互交织和整合经济过程的意义上看，两种认识有一致的地方，而眼下关于中等收入陷阱的广泛讨论，也从一个侧面暗示了增长非连续问题不能回避。这种非连续的具体表现就是跨越中等收入阶段的三个不确定性，这种不确定性构成跨越中等收入的门槛。

（一）不确定性之一：工业化与城市化间的断裂导致增长停滞

传统发展理论关注工业化对于贫困陷阱突破和现代增长路径的作用。从后发国家的普遍经验来看，长期增长过程中大规模工业化和城市化两个阶段的界限比较清晰，直观体现为人口向城市集聚和服务业比重上升。例如，中国经济增长前沿课题组（2012）把中国经济转型的阶段性特征概括为：依赖干预、高投资和工业化推动的经济高增长阶段 I，已逐步失去提升效率的动力，以结构调整促进效率提高的增长阶段行将结束；城市化和服务业的发展将开启经济稳速增长阶段 II，效率提高促进结构优化是本阶段的主要特征。对于这种阶段性转型，我们的基本观点是，工业化与城市化是两种不同的效率模式，两个发展阶段的主导力量不同。工业化阶段，集中并有效使用资源是促进经济增长的主导力量，集中化（城市增长极）、规模化和标准化是效率提升的核心；当一个经济体进入城市化发展阶段后，集中使用资源已经失去了基础，多样性的需求、服务业比重上升、技术创新复杂性等都需要市场分散化决策、知识创新和人力资本累积的大幅度提升作为核心动力，促进经济增长。

但问题在于，传统发展理论中强调的资本积累推动工业化的效率模式，如果纯粹是依赖外生技术进步和初级劳动力要素驱动，那么，这种增长方式就会诱发后发国家工业化向城市化转变中的增长非连续和效率改进路径的断裂。换句话说，如果在工业化过程中缺少有远见的内生动力（即知识过程）的培育，而把规模扩张和初级要素驱动运用于城市化时期，就会出现效率改进路径受阻的问题。相比而言，对于日本为什么比较顺利地实现了产业升级和增长模式转换的问题，Ozawa（2005）认为，日本也曾经历劳动密集、标准化生产分工，并从要素禀赋的使用中获益；其后采用新重商主义政策，抑制流入日本（内向型）的外国直接投资，且通过购买许可的方式吸收发达国家技术，从而建立起不依赖于西方的本土工业技术。以 1960 年代发展半导体为标志，日本步入知识驱动的增长轨道，到 1990 年代成为超级技术大国。

从经验比较来看，后发国家的技术进步一方面被跨国公司的分工体系所绑缚，难以自我创新；另一方面也更倾向于（通过引进生产设备）"干中学"的同质化技术进步方式（中国经济增长与宏观稳定课题组，2007，2009），但是从"干中学"的技术进步到异质性的自主创新，实际上仍有很多的不确定性，包括人力资本积累水平、市场需求、资本市场激励、知识产权保护制度、文化、企业盈利模式变化等。正是由于工业化过程中自主学习和知识过程的缺失，在增长转型和城市化阶段，广大后发国家一改大规模工业化阶段工业主导效率提升的清晰增长路径，发生增长分化和工业、服务业协调失灵。其表现是，工业比重下降的同时伴随着工业增长的失速、快速的工厂外迁、工业化技术 – 效率升级断裂。

（二）不确定性之二：低效服务业蔓延，形成城市的人口漂移和鲍莫尔成本病

转型不确定性直接表现在产业层面，就是服务业作为工业化分工结果的从属态势不能得到根本扭转，以知识过程为核心的服务业要素化趋势不能得到强化，导致以知识生产配置为核心的服务业转型升级路径无法达成，从而加剧服务业增长中的人口漂移和鲍莫尔成本病。

与结构服务化趋势有关的问题，在国内外文献中开始受到重视。Herrendorf 等（2014）、Buera 和 Kaboski（2012）等实证了发达经济体人均 GDP 达到 7200 ~ 8000 国际元后，服务业随着整体经济增长而增长的现象。此时服务业就业、增加值等超过制造业，制造业比重呈现倒 U 形趋势，这也是一种普遍规律。从中国经济增长前沿课题组的实证结论看：第一，发达国家的服务业生产率与制造业生产率基本平衡，而发展中国家广泛存在两部门效率非平衡问题，服务业劳动生产率通常低于制造业 50% 以上（中国经济增长前沿课题组，2012）；第二，以美国为代表的发达国家的消费结构，包含大量有关广义人力资本提升的服务消费，这一消费甚至超过了物质消费。经济追赶成功的韩国也出现了类似的消费趋势。相反，与广义人力资本有关的消费比重在广大发展中国家如拉美国家则没有显著提升（中国经济增长前沿课题组，2015）；第三，知识消费提升人力资本，获得预期报酬，而人力资本积累有助于激励创新，并提供更多的知识供给（中国经济增长前沿课题组，2015）。

虽然长期增长过程中服务业比重提高的趋势是确定的，但服务业比重的提高导致一国经济增长减速（袁富华，2012；中国经济增长前沿课题组，2012）。更为严重的是，同样的服务业比重，发达与不发达国家的经济效率差别可能很大，而且服务业的不同发展方式可能导致国别间收入差别扩大，这与工业化过程非常不同。因此，结构服务化过程隐含了结构转型路径的不确定性和分化——可能促进经济结构转型升级，推动效率和经济稳定性提高，从而提供更高更好的社会福利；但也可能在服务业比重提高的同时，导致效率下降和经济的不稳定，陷入经济长期徘徊。例如，OECD 国家的结构服务化提升了效率和

稳定性，社会福利大幅度提升；拉美国家虽然拥有同样的高服务业比重，但服务业结构和整体经济效率低下。更值得注意的是，结构服务化加剧了拉美经济震荡，导致社会福利损失严重。

就成功转型而言，结构服务化隐含的增长促进机制如下。第一，促进协作能力，这是服务化的一个重要方面（Leal，2015）。如发达国家的信息化主导了工业化，行业协作能力提升了效率（谢康等，2016）。第二，消费增长和消费结构升级，对更高技术难度的产品服务提出需求，并诱致高技能密集型服务业比重不断上升、低技能服务业比重不断下降（Buera and Kaboski，2012）。第三，高技能密集型服务业的价格与高技能人员的报酬溢价相一致，这种溢价构成对人力资本积累和知识生产配置的激励。张平和郭冠清（2016）有关人力资本增进的劳动力再生产的论证（消费作为知识过程起点），也提出了相同的逻辑方向。但是，鉴于增长促进机制的缺失，后发国家在转型乃至经济结构服务化的长期调整过程中，由于无法从根本上扭转对传统和非正规服务业规模扩张的依赖，服务业主导增长往往加剧鲍莫尔成本病，并导致其对低效率增长模式的锁定。具体机制是：与工业部门比较起来，传统和非正规服务业劳动生产率增长率较低甚至停滞，但在恩格尔定律和消费者偏好作用下，发展中国家的服务业仍然持续增长直至达到一个较高水平，如此发生的国内产业雁阵传递，导致无效率的服务业对有效率的工业部门的替代，降低整体经济效率改进潜力。尤其是在服务业部门普遍受到管制的情况下，服务业的高比重更是伴随着高成本，严重的情形如拉美国家，甚至可能迫使整体经济退化为租金抽取模式。

由于服务业作为知识生产配置载体的作用不能得到发挥，城市化和结构服务化过程依然被低素质的"人口漂移"所左右。从农村漂移到城市的初级劳动力变为小商贩，集中在非正式服务业部门就业，劳动密集型服务业作为低素质劳动者就业蓄水池而存在。例如，维克托·布尔默-托马斯（2000）认为，1970年代之后拉美国家快速的城市化并没有带来实质性的效率改善，人口从农村向城市的快速集聚，使得城市化过程不过是把农村的失业和贫困问题转变为城市问题。城市现代部门和正式部门就业机会增长缓慢，导致城市非正规就业和半失业增加，并进一步拉低了生产率和收入差距。拉美人口漂移状况如表7-3。

表 7 - 3　拉美 6 国半失业人口与经济自立人口的比值

单位：%

国家	1970 年	1980 年	国家	1970 年	1980 年
阿根廷	22.3	28.2	哥伦比亚	40.0	41.0
巴西	48.3	35.4	墨西哥	43.1	40.4
智利	26.0	29.1	委内瑞拉	42.3	31.1

　　资料来源：〔英〕维克托·布尔默 - 托马斯：《独立以来拉丁美洲的经济发展》，张凡等译，中国经济出版社，2000，第 365 页。

（三）不确定性之三：消费的效率补偿机制缺失

　　经济结构服务化过程中，服务业结构升级和服务业增长对于整体经济效率改进的促进作用（对于高效率模式的达成而言），得益于一个根本的嵌入机制，即消费的效率补偿机制，这个效应在传统增长文献中经常被忽视。经验表明，消费与经济结构服务化往往同时发生，但经济结构服务化阶段高低效率模式的分化，也是源于消费的效率补偿能力的不同。消费的效率补偿机制即通过消费结构的升级，促进人力资本升级和服务业结构升级，推动知识过程的形成和高效率模式的重塑。反之，消费结构升级停滞，将导致增长停滞。

　　以高消费比重支撑的发达国家的持续增长，与消费的效率补偿效应有关，发达国家居民消费中偏向于科教文卫的支出结构可以为这种判断提供资料支撑；但除了日韩等极少数国家外，这种趋势在经济转型国家很少发生。

　　中国在超高速增长主导的 1992 ~ 2011 年这一时期，投资的飙升使得其效率增长贡献接近于 70%，投资拉动导致的生产、消费脱节不仅会影响短期经济的可持续性，典型情形如现阶段受到广泛关注的产能过剩和僵尸企业问题（中国经济增长前沿课题组，2013），而且影响长期增长潜力的培育和低效率模式的改进。一方面，高投资挤出了消费结构升级及相应规模报酬捕捉机会；另一方面，偏向于资本的分配压抑了消费倾向，这些问题直接反映出供给结构和消费结构失衡。中国偏向于资本驱动的工业化过程发展到现阶段所导致的问题是：单纯注重投资的效率模式，因为注重短期投资而失去长期资本深化的能力，这种单一效率模式存在明显的效率漏出，主要表现在以下方面：第一，为了维持短期增长速度，采用基建、房地产等传统低效率方式，迫使经济进入增长—低效率—再投资—低效率维持增长的不良循环；第二，低水平居民消费需求限制了市场规模经济边界，从而也限制了资本深化边界；第三，受惠于旧模式的一部分群体，尤其是大城市的中产者，他们有对消费品质量和消费结构多样化、高级化的真实需求，但是国内产业结构无法满足，最终将这些消费力量驱赶到国外，形成对别国产业效率提升的溢出。

经济结构服务化时期，劳动力再生产是以人力资本增进为重心展开，而非工业化时期的劳动力简单再生产。第一，在二元经济向工业化的演进过程中，生活必需品尤其是物质产品的生产扩张始终居于主导地位，增长重心是物质资本的积累和再生产。同时，为了保证产出扩张所必需的储蓄，消费被压低在简单劳动力再生产的水平，并且从属于物质资本积累和再生产过程。第二，在从工业化向发达城市化的演进过程中，消费和服务业主导经济增长，也相应成为生产率增进的重要来源。在这个阶段，以人力资本增进为重心的劳动力再生产成为核心，家庭消费结构中教育支出的扩大，包括政府公共支出中教育费用的增长，成为促进这一再生产循环的主要动力。我们的前期研究表明，发达经济的结构服务化的一个重要特征，就是与公共品提供有关的消费支出比重提高；并且，从日韩这两个短期内完成城市化转型的国家来看，以消费结构调整促进人力资本结构调整——提前 15~20 年实现劳动力中高等教育比重大幅度提升、完成结构服务化赖以推进的高端人力资本储备，对于实现转型的迅速跨越至关重要。相比较而言，拉美国家调整时期过长，正是由于缺少了消费结构升级和人力资本积累这一环节，最终将经济拖入震荡和不稳定的泥潭。至今，除个别国家外，这一问题仍未引起重视。

三　通过效率改进与知识过程消减经济跨越的不确定性

对比国际增长经验和中国经济状况，为了降低增长跨越的不确定性，以下几个调整方向有待明确和探讨。第一，在缺乏内生动力机制的情况下，大踏步进入城市化和经济结构服务化是否可行？也就是说，中国是否需要一个工业化深化的缓冲时期？第二，中国服务业调整方向是什么？第三，消费结构升级为什么重要？

（一）工业化的深化、协调与缓冲

继续征引 Ozawa（2005）的论述，看一下增长门槛跨越时期日本的策略。日本转移低端工业链条始于 20 世纪 60 年代末期和 70 年代初期，正值大规模工业化临近尾声、国内结构性减速开始发生。当时，低端产业转移是以大规模集中转移的方式展开的，主要是向亚洲地区年轻劳动力比重较大、劳动力价格低廉的国家转移。这种"清理房间式"的产业转移，也被称为低端产业链条的再利用。之后，日本在亚洲地区的产业雁阵传递一直持续，逐渐形成日本国内居于高端、其他国家居于中低端的技术梯度。这种梯度的建立，一方面缓解了日本国内产能过剩的问题；另一方面，产业的国外转移和对其他国家劳动力禀赋的利用促进了日本国内产业结构优化。总之，日本经济转型的成功，得益于其将国内产业重组和工业化的深化，置于国际大背景之下。

以什么样的方式重组产业和深化工业化进程，要视经济发展的国内外环境而定，最为根本的是认识到工业化向城市化转型的过渡期间，需要有一个工业深化的缓冲期，不能盲目推进城市化，更不能依靠高土地价格作为城市化发展积累的核心战略，这样人为的"去工业化"，没有给工业技术－效率升级留有空间与时间。尤其对中国这样的依赖初级要素驱动的工业化国家而言，过早放弃工业化深化这个环节，将面临"效率持续改进的支点放在哪里"的问题。从产业动态看，工业化丧失动力，就无法推动生产性服务业的发展，服务业效率提升也失去机会，服务业无法对工业深加工度化提供正向的反馈和促进，因此制造业深化是效率改进的支点。基于以上分析，本文认为转型时期需要给中国工业结构优化提供一个缓冲区间，这个区间包括三方面的内容。第一，利用中国超大经济体的区域潜力，促进区域之间产业雁阵梯度和结构优化。较为发达的省市，以服务业结构升级为核心，推进结构服务化进程；以服务业结构升级作为人力资本积累和知识生产配置的源头，促进产业在区域间的雁阵梯度转移和协作网络发展。第二，工业和服务业的协调。两者协调的关键在于，工业份额的减少应以工业效率提高为前提；服务业比重的增加，应以不抑制整体经济效率改进为前提。实际上，对于中国现阶段的转型而言，这是一个非常严苛的条件。明智的举措是，服务业应以结构升级和效率补偿为前提进行发展，否则将面临拉美国家的城市化风险。第三，逐步重构技术－效率升级路径。中国制造业升级的另一个重要方面就是要重构企业技术创新－效率提升的体制机制，让企业逐步从"干中学"的设备引进与低价竞争的困局中走出，向着异质性的自主创新的道路转型，这需要更积极的资本市场激励、知识产权保护、类《杜拜法案》的新规则、人力资本积累等新要素，才能构造一个体制机制，降低技术进步的不确定性成本，让企业自主技术进步得到足够的"创新租金"补偿，激励企业技术－效率改进，推动工业升级。

（二）知识过程、效率提升与服务业升级

基于马克卢普（2007）的思想①，我们把知识生产、配置及以此为基础的经济效率的循环和改进，称为知识过程。由此，我们在进行高低两种效率模式对比时的一个经验假设是，发达经济阶段的高效率模式，是以服务业结构高级化为基础。这种高级化的重要表现之一，就是服务业越来越趋于知识技术密集。换句话说，我们把服务业作为知识过程和人力资本积累的载体来看待，而非像传统经济学理论中把服务业作为工业部门的分工辅助环节或成本项来看待。这种认识暗含的逻辑是，既然是服务业替代工业成为城市化阶段增长引擎，那么服务业至少像工业那样提供可持续增长的效率支持，否则高效率模式将难以维持。

按照这种认识，发达经济的结构服务化阶段，服务业实际上充当了经济增长的先决条件，知识部门充当了高效率模式运转的先行部门。这种认识产生的经验依据如下。第一，服务业主导的经济，由于工业份额的下降乃至趋于一个较小的比重，此时服务业的效率及其改进潜力，决定着经济整体效率和改进潜力。发生在高等教育、研发部门、信息技术服务部门的知识生产和配置，既是其他服务行业效率改进的决定力量，也是其他国民经济行业效率的决定力量。第二，服务业比重上升和服务业结构升级，可以认为是知识过程对传统商品（物品和服务）的替代。在此过程中发生的两个替代及国内相应产业雁阵传递的结果是：通过知识向工业部门的配置，提升制造品智能化程度，并因此替代传统人工服务行业；知识技术密集服务业态多样化，知识消费型服务业替代部分传统消费服务业。第三，服务业可贸易性提高。依托知识信息网络化发展，服务业贸易性提高，形成对工业贸易份额下降的补偿。尤其值得关注的是，由于知识比传统贸易更具有垄断性，基于知识的服务贸易一旦建立起来，不仅赚钱能力比传统贸易更强，而且垄断和竞争优势也难以在短期内打破。据此可以推测，服务业的可贸易性将加剧国际经济分化，构筑起更高的经济追赶门槛，这种假设也与前文实证部分的一些证据吻合。

服务业内部知识部门的增长，促进了服务业要素化趋势的形成。在知识对传统商品替代以及服务业内部的产业结构升级过程中，服务业部门呈现"要素"的特性，表现在以下几个方面。第一，发达经济阶段，服务业不仅充当了

---

① 〔美〕弗里茨·马克卢普：《美国的知识生产与分配》，孙耀君译，中国人民大学出版社，2007。

知识生产创造的主要源头，而且与知识生产分配有关的行业份额逐步扩大，这些行业的生产函数日益趋向于人力资本增进的劳动力再生产，即 $H = f(H)$，以人力资本生产更多的人力资本，或者使用人力资本的知识技术（IT）再生产，即 $IT = f(H)$。因此，提高要素生产的知识密集度成为经济服务化的核心。现实中，这些行业包括教育、信息、研发、产权等。这种不同于传统工业和传统服务业的生产函数，其根本是建立在"人－人"相互作用的基础上，知识产出的机制也与以往不同，以认知和共享为纽带建立起来知识网络，并据此捕捉报酬机会是其主要功能。第二，服务业地位的变化，与其要素化趋势一致。在经济服务化时期，服务业以其在经济中的高比重和知识要素生产供给的重要功能，一改其在大规模工业化阶段从属和被动的分工地位，作为增长的前提条件（或新阶段的先行条件）存在。这种主动性和决定性地位的确立，与知识密集型服务业的要素生产供给功能有关。可以这样认为，一个将人力资本组织起来的知识生产行业，就是一个要素生产的复合体，由它生产出来其他知识要素，并作为生产投入进入其他生产和消费过程。第三，知识密集型服务业获得收入的方式，与单个人力资本要素获得收入的方式相似，收益以溢价形式产生。这种认识可以解释文献中广泛关注的一个迷惑。如 Petit（1986）认为，不同于工业以成本递减提高生产率，服务业部门的生产率与成本无关。对于知识密集型服务业，由于其收益是以知识资本化之后的溢价方式获得，溢价直接反映了要素使用的效率改进，因此与成本没有直接关联①。换句话说，知识服务的价值或效率改进直接反映在人力资本要素的溢价上，而不像传统生产部门那样，效率改进反映在投入成本的递减上。第四，把发达经济阶段的服务业增长，理解为人力资本增进的劳动力再生产源头，才能突破传统静态的服务业成本病的认识局限。我们的假设是，长期中随着知识和人力资本积累的增加，新的知识过程的建立和人力资本专用特性的开发，需要进行更多的科教文卫投资，只要这种知识投资带来的效率改进可以弥补成本的增加，那么服务业和整体经济是有效率的。

（三）消费的效率补偿与增长可持续

消费和服务增长的关键不在于规模、比重，而在于结构升级，尤其是知识过程作用的发挥。在向发达城市化的增长转换时期，根据前文，可能的路径有两条：一条是囿于工业化规模扩张的惯性，服务业的发展以低技能的劳动力再

———————————

① 关于这一点，我们将在后续研究中给出详细的分析。

生产为主，另一条是以知识过程为支撑的服务业的增长。经济结构服务化过程中，服务业规模扩张和比重增加是不可避免的趋势，但是推动这种状况的动力应该是服务业的结构升级，以及消费结构升级与服务业增长的联动。基本品需求满足后，尤其是理论和现实中的丰裕社会到来时，消费者选择日益与多样性、新奇性的心理需求联系起来，特别是服务业——当代知识信息的迅速发展，促进了消费时尚的易变性和快速传播，消费者对新奇事物主动的、内在的追求，推动消费和服务业结构升级。知识过程在时间和空间上赋予消费效率含义，并体现在知识密集型服务业的要素化趋势中。以下以"人－人"面对面交流的联合认知和知识共享的行为为例。

情景1：消费把时间资本化。诸如教育、休闲娱乐等行业的消费，已经不是传统理论上所认为的瞬时完成，与知识产品相关的消费应该看作一个过程，这是现代生产性服务业的新特征。这与知识生产消费的方式有关，"人－人"面对面交流过程中，知识生产者创造、传播知识，消费者接受、吸收知识，在市场交换的情景中，消费者根据信息流（时间上的信息发送）的新奇性支付费用。在这个过程中，消费者根据心理需求的满足程度，对不同的知识流给出有意愿的支付，高水平的知识产生溢价。

情景2：消费把空间资本化。消费具有迂回性，即经济服务化时代的网络化与工业化时代的网络化最大的不同，在于知识信息网络化的作用凸显。因此，发达经济城市化阶段的消费，除实现了时间的资本化外，还实现了空间的资本化，主要是借助于互联网提高知识密集型服务业的可贸易性，"人－人"面对面交流距离拉近。消费的这种空间资本化，一方面有利于知识流和新奇事物的传播扩散，提高知识生产率，扩大知识产出；另一方面有利于消费市场分割的细化，使得信息冗余大量存在的情况下提取定制化服务成为可能，专用性的知识服务和溢价也因此被抽取出来，从而指示了现代服务业结构升级和效率改进的方向。

可以这样理解，消费的效率补偿通过两种迂回方式实现：一是空间（静态）上"人－人"联合认知导致的知识生产配置的分工，主要是知识信息部门的增长；二是沿着时间知识流的动态增长累积以及知识存量的更新，跨期的人力资本要素的培育，需要消费结构升级的支撑。消费结构中科教文卫部门的增长，从知识流的动态增长角度，已经突破了传统静态成本的范畴而具有动态效率。消费结构升级、人力资本升级、服务业结构升级，在促进知识生产配置的同时，不断推动知识链条的延伸，并以此为纽带连接起国民经济的各个部门。在这个过程中，资本深化能力也得到提升。

知识过程的发生、循环和扩展，本质上是物质生产循环向以人为载体的知识循环体系的转换。因此，循环的起点逐步从生产转向消费，通过知识消费、知识网络的互动产生高质量的知识消费服务和创新溢价。知识过程如果不能有效地融合到传统的物质生产循环之中，那么，服务业升级转型和以人为主体的知识服务循环体系也将失去作用。特别是对于经济追赶国家，服务化进程中的效率模式重塑、消费结构升级将面临严重的制度挑战，把握不好就会导致转型失败，这一转变路径具有极高的结构和制度"门槛"。

四　结论：通过改革提升中国经济效率

从工业化向城市化的演进是一种质的飞跃，涉及增长模式的调整和创新动力源泉的培育。在城市化和经济服务化时期，门槛跨越的关键在于通过人力资本积累建立知识过程，这不仅是稳定的效率三角的基础，而且是服务业不同于任何增长阶段的全新特征。经济结构服务化转型包含着三个方面的动力：一是消费者偏好，二是相对价格，三是以消费促进人力资本要素积累，并由此提供动态效率补偿。前两者决定了服务化比重提升，但也注定了增长分化。后发国家中，大量与人力资本提升有关的知识消费和服务业属于公共产品范畴，但通常处于被严格管制状态。在这种条件下，服务消费的需求偏好拉动，反而导致这些部门供给不足，只能通过相对价格上涨的方式提高供给。这相当于向消费者征收了知识服务行业的"垄断租金"，由此形成对消费者剩余的剥夺，最终导致大量服务需求外移，国内知识服务体系落后。因此，这一阶段必须进行市场化改革，让知识密集的现代服务业发展起来，并在循环中获得消费的动态效率补偿。服务业结构升级是效率提升的根本，有助于防止增长路径向垄断抽租模式退化（中国经济增长前沿课题组，2014a，2014b）。以下几个问题还值得强调。

如何认识服务业发展？发达和不发达国家的经验特别是步入城市化和经济服务化时期的增长经验，把增长分化的情景鲜明地呈现在人们面前。如果服务业的发展仍然沿用大规模工业化的模式，甚至对工业化时期的资源配置方式不做任何调整，而一味强调服务业规模的扩大，则中国经济很有可能陷入类似于拉美国家的长期调整和经济震荡。所幸的是，中国城市化还没有走那么远，因此，一些潜在的系统性问题仍有机会避免。我们强调服务业的要素化趋势，即当作建议的服务业结构优化和发展的方向，其起始点是知识过程的建设，其核心是以下经济循环的着力打造：消费结构升级→高层次（熟练技能和高等教育）人力资本积累→技术知识密集型产业发展→高资本深化能力和高消费能力→消费结构升级。一句话，重视服务业转型升级，积累人力资本后劲，为门槛跨越做准备。

如何认识政府作用？不同于工业化以物质资本为核心的再生产过程，城市化时期的消费效率补偿，需要依托人力资本增进的劳动力再生产。知识和人力资本，尤其是高等教育和研发等高端知识和人力资本，具有极高的生产成本、外部性和专用性，不能离开公共部门的支持。同时，由于受到经济制度、机会成本等因素的影响，人力资本积累对发展中国家来说也是重要门槛。对于这个问题，我们的观点是，比重较高的高等人力资本（连同熟练技能劳动力）应该在 15～20 年的时间里尽快培育起来，这是从工业化向城市化和服务业转型时期降低风险的重要保障。服务业的要素化趋势及以此为垫脚石的增长跨越，给政府整合资源方式提出了两个要求：一是改善收入分配，二是重视知识过程建设的投入。这种要求意味着转型时期政府职能需要切实转变。可以这样认为，与产业结构的优化升级相比，经济服务化过程中制度规则的完善作用更加具有基础性。在收入分配方面，拉美经验和日韩经验对比表明，大规模工业化结束至经济服务化形成之间，有一个为期不算很长的缓冲期间（20 年左右的时间）。这个时期，日韩快速积累高等人力资本，以便为城市化的知识过程建设和效率模式重塑开拓空间；拉美国家之所以缺少了这个环节，而直接奔向服务业和消费主导，是因为国内收入分配差距阻碍了人力资本积累，结果陷入"低人力资本—低消费结构—低效率改进能力"的怪圈。知识过程建设的投入方面，包括熟练技工培训体系的完善、熟练技术工人晋升激励体系的建设、高端人才体系的建设、政府基础性研发支持体系的建设等。毫无疑问，经济转型时期政府的作用依然重要，这种重要性不是要政府去干预生产、消费决策，而是通过公共支出结构的调整优化，培育经济潜力。一句话，经济服务化时期政府干的事情，集中于疏通知识过程建设渠道，为门槛跨越做准备。

如何认识创新？经济服务化时代中国对增长门槛的跨越和经济追赶，离不开创新。此时，创新已经不仅仅是创造发明这种狭义的概念，而是效率模式重建过程所涉及的制度规则建设完善、知识生产配置网建设完善、消费生产一体化等更加具有综合性和系统性的范畴。原因是，经济结构服务化意味着更复杂的经济系统协同、分布创新、高质量人力资本良性激励与循环等问题，经济增长中的"非竞争性"新要素需要不断生产出来，制度规则、创意、国民对知识的参与分享水平、教育、信息网络等，逐渐成为效率改进和可持续增长的动力源泉。一句话，以网络化为基础的再结构化，是创新发生和门槛跨越的保障。

第八章 工业化和城市化进程中的财税体制演进：事实、逻辑和政策选择

付敏杰 张 平 袁富华[*]

内容提要：本文立足于工业化和城市化演进过程中的财税体制变迁，分析了工业税制对于工业化、土地财政对于城市化的激励作用，揭示了工业化和城市化不同发展阶段工业化税收和公共服务支出的不匹配特征。通过实证分析地方政府土地经营导致的工业税收替代效应，发现土地城市化和人口城市化都显著抑制工业税收增长。在国际比较的基础上，本文归纳了财政体制转变的三个逻辑：福利支出增长导致的城市化成本刚性上升；工业税基逐步消弱的确定性与服务业税收增长的不确定性；土地财政造成的财政幻觉。基于典型事实和理论分析，本文对城市化新阶段的财税体制转型方向给出了建议。

关键词：工业税制 城市经济 财税制度 工业化 城市化 租税替代

一 中国工业化税收与城市化公共服务支出关系的经验事实

从发展中国家工业化和长期增长的演进趋势出发，本文将现行中国税制概

———————

* 本文发表于《经济研究》2017年第12期。"中国经济增长前沿课题组"负责人为张平、刘霞辉、袁富华；执笔人为付敏杰、张平、袁富华。参与课题讨论和数据支持的有刘霞辉、陆江源、楠玉、陆明涛等课题组成员。本研究受国家社科基金重大项目"现代国家治理体系下我国税制体系重构研究"（14ZDB132）、国家社会科学基金重大招标课题"需求结构转换背景下提高消费对经济增长贡献研究"（15ZDC011）资助。受篇幅所限，大量数据未在正文中显示，欢迎感兴趣的读者与作者联系交流。

括为"工业税制",将工业税制在工业化进程中的动态表现称为"工业化税收"或"工业税收"。现代国家的税收体系差别不大,各国税制特征主要通过不同税收体系下居主导地位的税收来体现。工业税制的主要特征是以工业税制为代表的产业税制和以企业为主要纳税人的财政收入结构。工业税制不限于对工业征收,但工业部门的税收制度最典型。中国工业税制以(工业)企业为主要纳税人,以产品增值额为主要税基。1994年分税制改革确立了以工业增值税为主体的流转税制,在生产环节征收,中央和地方按照75:25分享,地方支出缺口通过中央转移支付和其他方式弥补。针对服务业、建筑业征收的产业税收是营业税,在2015年服务业"营改增"启动后转变为服务业增值税,税基变为服务业增值额。正是基于此,服务业"营改增"常被认为是工业增值税税制的"扩围","营改增"使工业税制实现了非农产业全覆盖。服务业增值税税制是制造业税制的简单复制,服务业设计的两档增值税税率11%和5%,低于制造业增值税税率17%和13%。从税制设计的初衷看,国家把主要税种放在工业上,有利于从财政收入方面激励地方政府,将更多的精力用于招商引资、促进工业增长,使中国步入工业化的"快车道"。

从定量角度看税制结构,2016年全国税收收入总额130360.73亿元中,增值税、消费税、营业税这产业三税,加上按产业三税之和的固定比例征收的城市维护建设税之和66464.79亿元,占全部税收收入的比重为51%。工业增值税是典型工业税,消费税作为以工业增值税为基础的特种行为税,征收范围限于增值税范围。将服务业营业税全部纳入,并不仅仅因为其符合针对产业征收和以企业为主要纳税人的特征,更现实的因素是服务业营业税将在本轮税制改革中全部转变为服务业增值税。增值税、消费税和营业税为代表的工业税制构成了现行税制的主体。城市维护建设税用途指向城市和城市建设,但实际上是增值和消费税的附加税,也属于工业税制范畴。我国税制主要对法人单位征收,90%以上来自企业,来自自然人的不到10%,个人所得税基本是由所在单位代扣代缴而非个人直接缴纳(高培勇,2015)[①]。

2011年中国城市化率超过50%后,工业比重持续下降,服务业比重不断上升。城市化持续推进带来不断上升的公共服务需求,与工业化税收持续放缓之

---

① 如果考察税收之外的政府收入,企业中心主义的特征就更明确。一般公共预算收入的非税收入、政府性基金预算、国有资本经营预算,都具有间接税性质从而面向企业征收。社保费具有一定的直接税性质,但是企业缴纳的比例也远远超过了个人缴纳比例。例如社会保险基金预算收入中最大的养老保险收入基本征收比例为企业缴纳职工工资的20%,个人缴纳8%。

间产生的财政缺口，短期内可以依靠土地出让收入和土地金融等经营性的非税收入、非一般公共性收入形式来弥补，但长期不可持续。挑战来自三个方面：一是工业税收比重不断下降与城市化公共服务需求不断上升之间的矛盾，二是城市化率持续提高与土地财政、土地金融难以持续增长之间的矛盾，三是城市分化导致的区域财政收入的不均衡与全国范围内公共服务均等化目标不对称的矛盾，导致区域财政风险和全国统筹安排的矛盾加剧。

（一）工业化税收与城市化公共服务支出匹配的经验事实

财政收入结构上，1994 年分税制改革确立的激励工业化的工业税制下，工业化税收随着工业占 GDP 比重从上升到下降的系统性变化而发生不可逆转的下降趋势。经济进入新常态以来经济服务化进程加快，税收体制越来越明显地表现出四个动态特征：第一，若不考虑规模较小和作为附加税的城市维护建设税，以工业化为基础的三大产业主体税收（增值税、营业税和消费税）占全部税收的比重，从 1994 年的 68% 下降到 2016 年的 48%；第二，中央财政收入占全部财政收入的比重，随着工业税收份额的萎缩而逐步下降，2011 年之后开始系统性低于 50%；第三，地方财政收入中以土地价值为税基的收入不断提高，2016年地方税收中来自产业的增值税和营业税只占 45%，而土地相关税收已经提高到 26% 且在快速增长；第四，企业所得税和个人所得税占税收的比重上升较快，2015 年占到了 29%。

财政支出结构上，财政支出从重点支持生产建设，转向重点支持公共服务和民生。2007 年财政支出口径的调整本身就表明了这一点变化，此前的财政支出体制主要面向生产建设。公共福利支出与城市化率高度相关，且随城市化率的提高而显著上升。2007 年统一口径后的公共服务支出变化趋势，更加明显地呈现了这一特点。

如图 8-1（a）所示，将一般公共预算的收支两方面进行匹配，不难发现：第一，全部税收中来自作为现行税制主体的工业税制的税收收入，即工业税收的比重不断降低，与城市化率的持续上升呈反方向变化；第二，城市公共服务的支出占比越来越高，与城市化率呈同方向变化；第三，进行理论预测，可知土地出让收入与城市化率成倒 U 形关系，其弥补政府收支缺口的能力（城市化率提高导致的）随着可供出让土地的减少而逐步降低。

（二）城市化中的财政支出与土地收入的经验化事实

1994 年的分税制改革扭转了中央地方财政分配格局。分税制改革后，中央

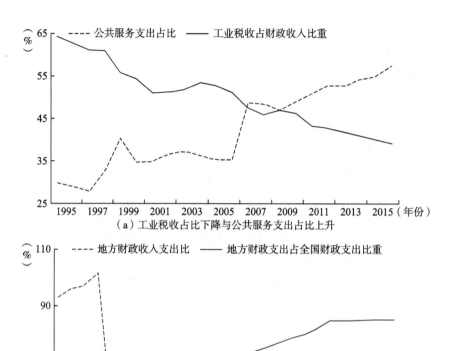

图 8 - 1　中国财税体制面临的结构性矛盾

注：工业税收为增值税、营业税、消费税和城市维护建设税之和。

财政收入占比达到了 55%，但地方支出依然高达 69.7%，这种不对称导致地方财政收入覆盖支出的比例从 1993 年的超过 100%，快速下降到 1994 年的 57%。随着此后财政集权不断推进，支出下移也越来越严重。2010 年以来地方财政支出占全国总支出的比例超过了 80%，2016 年达到了 85%，同时地方本级财政收入覆盖支出的比例下降到 54.3% 的最低点 ［见图 8 - 1 (b)］，地方政府收支平衡对中央财政转移支付的依赖不断加强。受制于作为税制和分税制主体的工业税收占比的下降，中央财政难以有更大财力进行转移支付，依靠债务平衡成为地方财政的常态。对于日渐吃紧的地方财政来说，一般公共预算支出只能供"人吃马喂"，大规模城市基础设施建设、补贴工业用地、招商引资减税等发展性支出，只能另觅财源。

　　为了促进税收增长和弥补收支缺口，地方政府在招商引资上展开激烈竞争。

竞争的重要手段是建立开发区，以低价土地换取工业项目。这意味着以放弃土地要素收入为代价，获取更多的工业税收、就业和 GDP 增长。与工业化并行的城市化，在住房市场化改革中正式启动，标志性政策是 1997 年住房信贷、1999年公房改革、1998 年《土地管理法》修改以及 2002 年土地出让制度的确立。2002～2003 年所得税分享改革等连续推进的财权上移和支出下移，加上中央对民生支出的重视、资金配套机制和项目制的大量实施，地方自由裁量中发展的财力一再被压缩①。大量进城人口和原本被抑制的住房需求需要释放，地方政府需要发展性财源，土地财政应运而生。面对城市化的巨大需求和《预算法》对地方举债的限制，土地出让收入成为弥补公共财力不足的唯一来源。

　　土地收入包括三个部分。第一，与土地和房地产相关的"五大税"，包括契税、土地增值税、房产税、耕地占用税、城镇土地使用税。这部分收入 2016年占本级财政收入的 17.2%，目前仍然快速增长。第二，国有土地使用权出让收入。从 2015 年开始，土地出让收支由持续盈余转为连续赤字，土地出让收入已经难以抵补同期的土地购入补偿、平整等支出。第三，以土地抵押贷款为核心的土地金融。

　　改革开放之初的土地供应是基本免费的审批制。2002 年国务院各部委出台多份文件要求各类经营性用地必须招拍挂，追求价格最大化的土地出让模式正式确立。2002 年土地出让价格达每公顷 195 万元（当年价格，以下同），比2000 年上涨了 50%；2004～2006 年维持在每公顷 350 万元；2007 年中国经济增速达到 14.7% 的同时，土地价格也达到创纪录的每公顷 520 万元。2008 年国际金融危机后经济增速不断下滑，土地价格却连年快速增长。2009 年投资刺激时已经达到每亩 778 万元。高房价等城市化相关的高成本对产业竞争力具有挤出效应，特别是中国的低成本工业（中国经济增长前沿课题组、张平、刘霞辉，2011），还导致工业税收增长放缓。地方政府对溢价最高的住宅用地供应比例不断上升，意味着这个时期土地经营的目标是出让收入带来的现金流最大化，属于典型的"土地财政"形态。

---

①　1979 年和 1980 年中央财政分别出现了 170.67 亿元和 127.5 亿元的赤字，1981～1989 年中央连续 9 年向地方借款，其中 1981 年借款总额为 68.41 亿元，占当年中央财政支出 625.65 亿元的10.9%。1991 年财政工作会议时，中央财政再次要求各省做贡献（李萍，2010）。1994 年和2002 年两次大的中央收入集中改变了中央地方分配格局。1994 年中央占财政收入的比重直接从1993 年的 22% 跳升到 56%，地方比重则从 78% 下降到 44%。2002 年和 2003 年中央将所得税增量纳入分享（2002 年中央地方各占 50%，2003 年中央占 60%、地方占 40%），财政收入集中的力度再次加大。

　　中国经济进入新常态以来，不同于以往需求正向冲击导致的"量价双涨"，土地市场表现出供给负向冲击下的"量缩价涨"，与 2012 年以前的土地财政形成了鲜明对比。土地出让面积在 2013 年达到峰值 37.48 万公顷、出让收入达到了 4.12 万亿元的历史最高点后急剧转变。在土地出让收入维持在 3 万亿 ~ 4 万亿元的格局下，2016 年土地出让面积减少了 45%。伴随而来的是土地出让价格的快速上涨，从 2013 年的每公顷 1167.16 万元增加到 2016 年的每公顷 1810 万元，土地市场开始表现为单纯的价格增长。2013 ~ 2016 年溢价最高的住宅用地供应面积依次为 13.81 万公顷、10.21 万公顷、8.26 万公顷和 7.29 万公顷，占建设用地比重从 2013 年的 25.6% 下降到 2016 年的 14.1%。控制和减少土地供给，是新时期地方政府推高土地价格的主要方式。

　　尽管土地出让面积和收入在 2013 年后没有增长，但与土地价格上涨相伴随的是土地抵押贷款和抵押面积的显著增长。全国 84 个重点城市的土地抵押面积从 2009 年的 21.70 万公顷增加到 2015 年的 49.08 万公顷，提高了 1.26 倍；抵押贷款规模从 2.59 万亿元增加到 11.33 万亿元，提高了 3.37 倍。最快的增长出现在 2013 年以后（见表 8 - 1）。

　　从土地出让到土地抵押的转变，是城市化发展的必然。随着城市化率不断提高，城市化增速和土地需求逐步放缓，弥补城市人口增长带来的公共服务需求越来越靠土地融资。在土地抵押面积和抵押贷款暴涨的背后，推动价格的上涨的好处和风险都得到了明确体现。一是在押土地平均价格和边际价格都快速增长，新增土地抵押价格增长更快。2015 年土地出让价格比 2012 年增长了 68.5%，抵押土地的边际价格上涨了 93.8%。二是在押土地平均价格和边际价格都远远高于出让价格。考虑到 60% ~ 70% 的抵押率，在押土地的价格比表 8 - 1 数据还要高 43% ~ 67%。这就意味着，用于抵押的土地都是价格最高的住宅用地和商服用地①。

　　土地出让收入直接充实了地方财政，而土地金融则更多表现为土地风险和债务风险。围绕土地进行的金融活动包括很多，不仅仅包括信贷指标，还有土

---

　　① 2015 年新增抵押土地的边际价格已经达到每公顷 4600 万元，以抵押率 0.7 计算的土地价格已经达到每公顷 6578 万元，接近商服用地和住宅用地价格的顶峰。根据《2015 中国国土资源公报》的数据，2015 年全国 105 个主要监测城市综合地价、商服地价、住宅地价和工业地价分别为每公顷 3633 万元、6729 万元、5484 万元和 760 万元，工业地价最低，商服和住宅用地价格是工业用地价格的 7 ~ 9 倍，很明显商服用地和住宅用地最"值钱"。2015 年 84 个重点城市的新增土地抵押价格为每公顷 6578 万元，已经超过了上述住宅用地价格而略低于商服用地价格。但因为 84 个重点城市是 105 个主要监测城市中价格较高的，例如北京住宅用地价格为每公顷 1.667 亿元，因此与抵押土地的边际价格高于住宅用地价格并不矛盾。

地信托、融资平台、发债等。土地金融已经从政府部门扩展到了市场和全社会，但不得不全部受城市化发展阶段和城市分化的约束。

表8-1　土地出让与土地抵押

年份	土地出让			重点城市土地抵押			
	收入（万亿元）	面积（万公顷）	价格（万元/公顷）	面积（万公顷）	贷款总额（万亿元）	平均价格（万元/公顷）	边际价格（万元/公顷）
2009	1.42	22.08	643.12	21.70	2.59	1191.52	1519.41
2010	2.94	29.37	1001.02	25.82	3.53	1367.16	2461.50
2011	3.35	33.51	999..70	30.08	4.80	1595.74	3031.03
2012	2.85	33.24	857.40	34.87	5.95	1706.34	2372.88
2013	4.12	37.48	1167.16	40.39	7.76	1921.27	3320.83
2014	4.26	27.73	1536.24	45.10	9.51	2108.65	3793.86
2015	3.25	22.49	1445.09	49.08	11.33	2308.48	4599.48
2016	3.75	20.82	1801.15				

注：土地出让收入数据主要有财政部和国土部两个口径，国土部口径是出让合同金额，而财政部口径是交易实际入库金额。由于从土地拍卖到资金缴纳有时间间隔，二者在年度数据上一般不相等。从数据内容看，国土数据与出让面积对应，可以计算土地价格，所以表中采用国土数据。财政数据从年度决算看较为准确，但不包括出让面积信息，也不能和国土部门的当年土地出让面积对应。抵押平均价格等于贷款总额除以抵押面积，边际价格等于新增抵押贷款额除以新增抵押面积。

资料来源：土地出让数据来自各年度《中国国土资源统计年鉴》，2016年数据来自《2016中国国土资源公报》，土地抵押数据来自各年度《中国国土资源公报》。

（三）城市分化与公共福利支出均等化匹配

从国际城市化的一般规律看，城市化率在30%～50%表明城市处于加速发展期。中国"遍地开花"的城市化、农村工业化和人口就地转移的县域城市化路径，导致中小城市的发展速度快于大城市，这也是"城镇化"一词的由来①。小城市批量出现，城市数量的增长远远超过单个城市规模的增长，成为中国城市化的主导力量。2011年城市化率突破50%，城市化开始向着一二线城市集中发展，出现城市分化。

随着城市化率的不断提高，城市分化加快。按S形曲线测算（陈昌兵，2013），2019年中国城市化率超过60%后，城市化增长率从城市化率30%～

① 人口普查数据显示，1982～2010年城镇人口从20630.92万人增加到67000.55万人，其中镇人口从6105.61万人增加到26624.55万人，城市人口从14525.31万人增加到40376.00万人。

50% 区间的 3.6% 和 50% ~ 60% 区间的 2%，进一步放缓为 60% ~ 70% 区间的 1.6%。新阶段中国城市化的主要驱动力量，已经不再是以往以"乡城迁移"为特征的农民进城，而是以"城城迁移"为特征的城市劳动力再配置。迁徙意愿较强、高人力资本和高生产率的农村劳动力已基本完成市场导向的城市化，剩余农村人口的迁移意愿偏弱、人力资本水平和生产率偏低，进一步向城市转移较为困难，乡村振兴战略具有巨大空间。随着城市圈形成和产业升级，高人力资本和高生产率的城市人口将发生以效率为导向的空间再配置，这是新阶段中国城市化的主导力量。无论从国际经验还是东亚特色看，居住在百万人口以上城市人口总量的增长空间，都远远超过了城市化率的提高空间（王小鲁，2010）①。

在城市人口总量难以大幅增长的前提下，单个城市的人口规模增长必然以其他城市的人口流出为代价，这会导致城市分化。从长期看，人口集中导致的人口密度提高和劳动力在城市间的迁移过程永远不会停止。城市体系内部的人口空间再配置，对于提高总体城市化率没有贡献，但具有很强的效率含义。城市化新阶段不会大批量生产新城市，而是在已有城市的基础上展开，包括基本成形的 2015 年 291 个地级（以上）市、361 个县级市等已经实质性具备了城市基础的地区。北上广深等大城市周边承担城市功能拓展的小城镇，其发展速度将远远超过很多地级市。已有城市的分化和大城市化将成为经济新阶段的主流（张自然等，2016）②。城市分化发生在以下四个方面。

第一是人口流动的趋势性分化导致大城市化。城市化新时期人口流动的突出变化，是在城市化速度趋于平稳甚至变缓的情况下，人口持续大量流入一二线热点城市。流入百万人口大城市的人口持续快速增长，远远超过中小城市。世界银行 WDI 数据显示，2002 年约有 1/3 城镇新增人口进入了百万人口以上大城市，2/3 进入中小城市和镇 [见图 8 - 2 (a)]。随后进入大城市人口的比重不断上升，2014 年进入大城市的人口数量正式超过中小城市和镇。

第二是住房市场分化。在城市经济中，住房是居民效用和居民财富的重要来源，也是城市空间市场预期的集中反映。在"三去一降一补"和"分城调控、因城施策"背景下，以北上广深为代表的热点城市住房供不应求和房价快

---

① 20 世纪中叶以来，世界城市人口一直向大城市集中。以美国为例，1950 年以来 5 万 ~ 25 万人的都会区人口比重保持在 10% 左右；25 万 ~ 100 万人的都会区人口比重从 15% 小幅上升至 20%；而 100 万以上人口的都会区人口比重则从 26% 激增至 56%。

② 行政力量的整合上也显示出类似趋势。《中国统计年鉴 2016》显示，2011 ~ 2015 年地级市从 284 个增加到 291 个，县级市从 369 个缩小到 361 个，县从 1456 个减少到 1397 个。

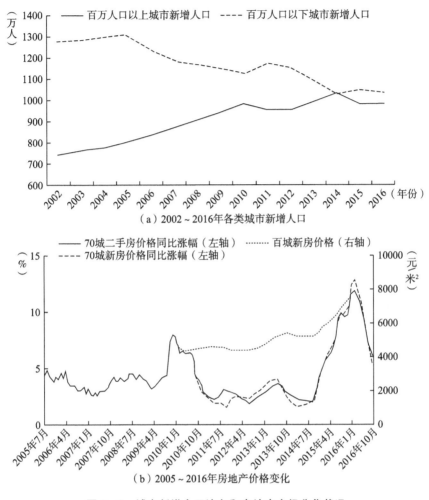

（a）2002～2016年各类城市新增人口

（b）2005～2016年房地产价格变化

图 8 - 2　城市新增人口流向和房地产市场分化状况

注：房地产采用月度数据标准差，70 个大中城市新房和二手房采用同比数据，百城新房价
格采用基数。

资料来源：人口数据依据世界银行 World Development Indicators 计算得出；房地产数据都来
自 Wind。

速上涨，与三四线城市住房供给持续过剩之间形成分化。在 2014～2016 年的房
价上涨中，70 个大中城市二手房和新房价格同比涨幅的标准差都呈现明显的放
大［见图 8 - 2（b）］。虽然后期住房调控加码导致住房价格涨幅标准差重新缩
小，但房价基数显示百城房价离差到 2016 年 11 月依然在持续扩大①。

---

① 与新房价格相比，二手房市场被认为较少受到政府定价政策干预。Fang 等（2015）用抵押贷款
数据估计的房价走势中显示出一定程度的住房市场分化，但其数据截止到 2013 年，大部分终止
于 2012 年。

第三是土地市场分化。2012 年之前的土地价格呈现的是全国性上涨趋势（Deng et al.，2012；Glaeser et al.，2017），2013 年后一二线城市土地价格不断暴涨，总价和单价"地王"频现。从土地用途看，分化主要发生于住宅用地和商住用地，工业地价相对扁平化，差别不大①。从一二三线城市的差别看，2008～2013 年住宅地价的变异系数一直在 0.88 以内，各类城市之间的差别比较稳定；从 2014 年开始差异系数超过 1，2016 年在不断加码的市场调控下略微缩小到 0.94，但依然远远超过了前期 0.88 的稳定值。

第四是区域分化。区域分化是人口、住房和土地分化的综合结果，省级层面的城市化路径差别越来越大，具体表现在以下方面：第一，以北京和上海为代表的直辖市城市化率已经接近 90%，城市化已经基本完成，呈现高水平稳定特征；第二，以东北三省为代表的人口流出地区，在计划经济时期依靠国有制已经具备了较好的城市基础，但后续乏力，城市化率可能会终止于 70% 以下，呈现中等水平稳定；第三，北上广三大经济区中心城市周边省份的城市化正在快速推进，但模式和速度受到了中心城市规模控制政策的影响；第四，中部、西北和西南地区省份城市化率正处在 50% 附近的加速区间，目前是全国城市化推进最快的地区。

城市分化和区域分化的同时，全国范围内公共服务支出均等化快速推进。我们根据各省份公共服务支出的均等化计算得出以下几个结论。第一，不论按变异系数还是泰尔指数测算，全国的公共服务支出均等化程度都明显提高。变异系数从 2007 年的 0.696 下降到了 2015 年的 0.4649；同期泰尔指数从 0.1602 下降到了 0.0353，下降都十分明显，意味着中国省级公共服务支出均等化取得了重要进展（见表 8-2）。第二，东中西部组内差距也明显缩小，中部最低，西部差距缩小最快。第三，东中西部组间收入差距也在持续缩小。公共服务支出的均等化来源于人均财政支出的区域均等化，主要是得益于中央财政转移支付，与地区财力基本不相关。落后地区的财政支出改善完全依赖于中央转移支付，这是区域协调和平衡发展的关键，也是未来中央地方事权重新调整的重要依据。

---

① 在国土部监测的 105 个城市中，2014 年商服用地最高组均值为 36097 元/米²，最低组均值仅为 2213 元/米²；住宅用地最高组均值为 37789 元/米²，最低组均值仅为 1409 元/米²。参见徐思超：《中国城市土地市场分化研究》，博士学位论文，中国农业大学，2017。

表 8 - 2　地区之间公共服务支出的差异

年份	变异系数	泰尔系数 - 东部	泰尔系数 - 中部	泰尔系数 - 西部	泰尔系数 - 跨区域	泰尔系数 - 全国
2007	0.6960	0.1967	0.0183	0.0985	0.0298	0.1602
2008	0.6376	0.1779	0.0119	0.0676	0.0216	0.1250
2009	0.5781	0.1319	0.0147	0.0368	0.0063	0.0727
2010	0.5151	0.1173	0.0085	0.0368	0.0077	0.0664
2011	0.4896	0.0897	0.0063	0.0233	0.0064	0.0489
2012	0.4555	0.0733	0.0062	0.0210	0.0067	0.0430
2013	0.4471	0.0664	0.0056	0.0191	0.0054	0.0381
2014	0.4621	0.0595	0.0058	0.0174	0.0064	0.0365
2015	0.4649	0.0601	0.0058	0.0190	0.0050	0.0353

注：全部采用人均变量，公共服务支出包括教育、科学技术、医疗卫生与计划生育、文化体育和传媒、城乡社区事务、住房保障支出、社会保障和就业。

资料来源：数据由陆江源博士测算，原始数据来自 Wind。

二　基于省级面板的财政收入
对财政支出的匹配性计量

在工业化和城市化"双轮"驱动、工业税收和城市土地财政双侧激励的发展模式下，地方政府的收入来源于税收和土地租金两种形式，但由于地方政府的土地经营会出现"地租替代税收"（黄少安等，2012），从而形成城市化与工业化不协调发展的格局。本部分实证研究以土地经营为核心的城市化进程对工业化和工业税制的影响。典型事实中同时出现了财政（一般公共预算）的收与支，一个自然而然的被解释变量是工业税制的支出覆盖率，即工业税收占一般公共支出的比重这样一个支出面指标[1]。但中国的省级以下政府缺乏财权自主，一方面是 1994~2014 年《预算法》要求"各级预算应当做到收支平衡"，另一方面中央转移支付在地方支出中的重要性不断上升。2016 年中央转移支付已经

---

[1] 从理论上讲，支出面应当考虑扣减和城市化基本无关但与总人口数相关的具有典型公共品性质的国防支出，但国防基本是中央政府的事权和支出责任，地方政府占比很低，数据也不全，故省略。

占到地方一般公共预算支出的近 40%①，打破了地方一般公共收支之间以市场主体为基础的对应性，所以采用工业税收占全部地方收入的比重这样一个收入面指标就成为首选。我们同时采用了两种方式。

省级面板数据基本来自 Wind 金融终端，包括内地 31 个省（区、市），时间为 2000~2016 年②。之所以采用 2000 年以后的数据，主要是因为土地有偿使用基本发生在 2000 年以后，此前与经济周期密切相关的是土地（建设占用耕地）数量而不是土地价格（杨帅、温铁军，2010）。税收的估计上存在以下两种口径。第一，窄口径的工业税制 TAX1 是"产业两税"（增值税和营业税）与增值税的附加税——城市维护建设税这 3 个税种之和③。3 个税种在 2000 年后虽然有几次小规模减税，并且服务业"营改增"会调整增值税和营业税的比重，但三税之和作为一个统计口径基本稳定，结构性调整也不会影响作为总和的整个工业税制。"产业两税"和城市维护建设税组成的 TAX1 代表了中国典型的工业（产业）税制，本文分别用 RTAX1 和 ETAX1 来表示 3 个税种之和占地方一般公共收入和一般公共支出的比重。第二，宽口径工业税制 TAX2 是地方全部税收收入减去地方财政收入中的"土地五税"（契税、耕地占用税、房产税、城镇土地使用税和土地增值税）。"土地五税"与工业产业关系较小，从全部税收中减去"土地五税"得到宽口径的工业税收，主要是考虑到除了上述 8 个税种外，其余税种也都在各自范围内具有工业税制特点。例如 2016 年所得税中个人所得税为 10088.98 亿元，企业所得税为 28851.36 亿元，企业所得税

---

① 按照《2016 年地方一般公共预算收入决算表》和《2016 年地方一般公共预算支出决算表》，2016 年地方一般公共收入决算为 87239.35 亿元，地方一般公共预算支出为 160351.36 亿元，其中来自中央税收返还和转移支付 59400.70 亿元，分别占地方一般收入的 68.09% 和一般支出的 37.04%。

② 为节省篇幅，本部分省略了简单模型推导、控制变量的统计特征和估计参数，有兴趣的读者可以向作者索要。

③ 作为增值税的附加税，消费税应当算作工业税收之一。但在现行的分税制格局下，消费税属于中央税，无法分解到地方层面，故不予考虑。城市维护建设税以纳税人实际缴纳的增值税和消费税税额之和为计税依据，税率为：城市 7%，县镇 5%，其余 1%。一个完整的产业税制统计还应该包括作为产业税制附加费的"教育费附加"和"地方教育费附加"这两个列入政府性基金预算的行政事业性收费。因为教育费附加以缴纳人实际缴纳的产品税、增值税、营业税的税额为计征依据，按 3% 征收。部分省份还征收"地方教育费附加"，税基与教育费附加相同，征收率为 1%~2%。本文在税制部分只考虑了一般公共预算收支，没有考虑行政事业性收费。

占比超过了 74%，所得税明显以企业为主。本文用 RTAX2 和 ETAX2 分别表示 TAX2 占地方一般公共收入和一般公共支出的比重。这样本文的被解释变量就包括收入面窄口径工业税制 RTAX1、支出面窄口径工业税制 ETAX1、收入面宽口径工业税制 RTAX2 和支出面宽口径工业税制 ETAX2。相对于收入面的工业税制来说，支出面的工业税制由于涉及中央对地方的政府间转移支付，而体现了中央和地方的财权和事权划分因素。

为了考察以土地价格为基础的土地出让收入与税收收入之间的替代关系，我们估计如下方程：

$$RTAX_t = \alpha LANDPRICE_t + \mu X_t + \delta + \varepsilon_t \tag{1}$$

$$ETAX_t = \beta LANDPRICE_t + \eta X_t + \sigma + \varepsilon_t \tag{2}$$

其中，X_t 是控制变量，$LANDPRICE_t$ 是土地价格，δ 和 σ 是常数项。在数据处理上，工业税制四个指标 RTAX1、RTAX2、ETAX1、ETAX2 采用百分数，土地价格 LANDPRICE 采用对数实际值。RTAX1 的 Hausman 检验支持土地价格的固定效应模型和城市化的随机效应模型，RTAX2 的 Hausman 检验则支持土地价格的随机效应模型和城市化的固定效应模型（见表 8－3）。实证结论如下。

（1）无论以窄口径工业税制（增值税＋营业税＋城市维护建设税）占全部地方税收收入的比重 RTAX1，还是以宽口径工业税制（全部税收收入减去土地增值税、耕地占用税、城镇土地使用税、契税、房产税"土地五税"）占全部税收收入的比重 RTAX2 来衡量，城市化率的提高或者土地价格的上升都具有显著降低工业税制比重的功能。具体来看，土地价格每上升 1 倍，窄口径工业税制 RTAX1 占全部地方税收收入的比重下降 0.87 个百分点，宽口径工业税制 RTAX2 占全部地方税收收入的比重下降 4.88 个百分点。宽口径税制下降更快的原因是多方面的，可能是作为中间税收的企业所得税增长空间受限，也可能是作为被扣减部分的"土地五税"出现快速增长。若用城市化率作为解释变量，则城市化率每上升 1 个百分点，会导致 RTAX1 和 RTAX2 分别下降 0.14 个百分点和 0.53 个百分点。2000～2016 年中国常住人口城市化率从 36.22% 提高到 57.35%，提高了 21.13 个百分点，合计使得 RTAX1 和 RTAX2 分别下降了约 3 个百分点和 11 个百分点。若城市化率提高到 65%，则 RTAX1 和 RTAX2 分别还有 1 个百分点和 4 个百分点的下降空间。

表 8 - 3　土地价格上升和城市化率上升对工业税制的影响

估计方法	FE	RE-GLS	FE	RE-GLS	FE	RE-GLS	FE	RE-GLS
	被解释变量 RTAX1				被解释变量 RTAX2			
LANDPRICE	- 0.874 ** (0.281)	- 1.171 *** (0.270)			- 4.990 *** (- 21.08)	- 4.881 *** (- 20.95)		
URBANRATE			- 0.136 *** (0.0385)	- 0.141 *** (0.0318)			- 0.533 *** (- 22.60)	- 0.470 *** (- 20.25)
常数项	显著	显著	显著	显著	显著	显著	显著	显著
Hausman chi2 (1)	11.71 *** [0.000]		0.07 [0.797]		5.29 * [0.022]		239.73 *** [0.000]	
观测值	495	495	496	496	495	495	496	496
	被解释变量 ETAX1				被解释变量 ETAX2			
LANDPRICE	- 1.436 *** (- 6.19)	- 1.097 *** (- 4.41)			- 3.462 *** (- 10.10)	- 2.957 *** (- 7.95)		
URBANRATE			- 0.0617 * (- 2.19)	0.0267 (0.95)			- 0.266 *** (- 7.45)	- 0.156 *** (- 4.15)
常数项	显著	显著	显著	显著	显著	显著	显著	显著
Hausman chi2 (1)	74.62 *** [0.000]		63.93 *** [0.000]		84.57 *** [0.000]		- 87.20 *** [0.000]	
观测值	495	495	498	498	495	495	498	498

　　注：①圆括号内的是标准差，方括号内是 P 值水平，*** 、** 和 * 分别表示在 0.1% 、1% 和 5% 的水平上显著；②土地价格采用 CPI 指数平减（2000 年价格为基期），城市化率采用百分数。

（2）若以工业税制占地方财政支出（一般公共支出）的比重来衡量，则参数敏感度有所不同。表 8 - 3 也显示了工业税制支出面指标 ETAX1 和 ETAX2 的基本情况，Hausman 检验支持窄口径和宽口径模型都选择固定效应面板。在固定效应模型中，土地价格上涨和城市化率上升都有抑制工业税制的效果：土地价格每上涨 1 倍，支出面窄口径工业税制 ETAX1 会下降 1.44 个百分点，支出面宽口径工业税制 ETAX2 会下降 3.46 个百分点，宽口径工业税制的下降速度更快。按照 2000 ~ 2016 年土地价格涨幅 14 倍计算，土地价格上升使得工业税制 ETAX1 和 ETAX2 分别下降了 5 个百分点和 12 个百分点左右。若采用城市化率作为解释变量，则城市化率每提高 1 个百分点，支出面窄口径工业税制 ETAX1 会下降 0.06 个百分点，支出面宽口径工业税制 ETAX2 会下降 0.27 个百分点，2000 ~ 2016 年城市化率提高了 21.13 个百分点，合计使得 ETAX1 和 ETAX2 分别下降了约 1.26 个百分点和 5.67 个百分点。按照 65% 的城市化率空间计算，则 ETAX1 和 ETAX2 分别还有 0.5 个百分点和 2 个百分点的下降空间。

（3）由于前文分析涵盖了经济发展和政府收支，我们还考虑了一系列控制变量的影响，包括用以衡量经济发展水平对税制结构影响的人均国内生产总值（人均实际值对数，原单位是元）、控制金融支持的人均贷款和人均存款（人均实际值对数，原单位是元）、衡量产业结构的非农就业比重（百分数）、衡量基本公共服务覆盖度的城市公交车运营数（对数值，原单位是辆）、衡量基础设施水平的公路里程（对数值，原单位是千米）。以上所有人均量计算中均采用常住人口数，价格变量经过以 2000 年为基数的 CPI 调整。此外，我们还考虑了城市人口规模（对数值，原单位是万人）、城市户籍人口规模（对数值，原单位是万人）、衡量本地人口增速的每十万人口平均幼儿园在校生数（对数值）、衡量外来人口比重的非户籍人口占常住人口比重（百分数）等。为节省篇幅，我们列出一些主要结论。

第一，总体来看，在固定效应 FE 估计中比较显著的变量是产业结构。产业结构的重要性不言而喻，因为中国的税制不但集中于企业，而且具有显著的产业歧视性。在农业税取消后，针对农业的产业税收彻底消失。服务业"营改增"之后，针对服务业的两档税率 11% 和 5%，不但是已有工业增值税税制的扩围，而且低税率意味着服务业增值税只是工业税制（17% 和 13%）的缩减版本。这样就基本形成了农业、工业、服务业"零、高、低"产业税负特征。非农产业比重的提高，无疑会直接提高工业税收比重，工业比重的长期下降则对于工业税制不利。因此非农产业比重对于工业税制的影响包括总量和结构两种相互平衡的因素，即非农产业总量有利于工业税收提高，但服务业比重提高不利于工业税收增长。

第二，城市化和工业税制的不相容性。两个人口指标即城市人口规模和城市户籍人口规模，都与工业税收比重高度负相关。这意味着城市人口的增长促进的并不是工业税收，而是工业税制的"对立面"的增长，例如我们在宽口径工业税制中所强调的土地类税收。这也从一个侧面说明了城市化和工业税制的不相容特征，即现行工业税制的税基集中于企业，但并非集中于人口。同样显著负相关的另外两个人口指标是每十万人口平均幼儿园在校生数和非户籍人口占常住人口比例。这就意味着，城市化进程中的所有人口指标，即常住人口、户籍人口、外来人口和新生儿的增长，都是在降低而不是提高工业税收占比。按照这样的发展趋势，如果持续推进人口城市化，也就是提高各省城市人口规模总量，带来的也只是工业税收比重的进一步下降。这也从一个侧面说明了城市化新阶段的财政风险所在：不断增长的城市人口，同时起到了减少工业税收和增加一般公共服务需求的作用。此外，还考虑到土地相关收入对工业税收的替代作用，这意味着不论是以土地价格上涨为代表的土地城市化，还是以城市人口增长为代表的人口城市化，都不利于现有工业税制下的税收增长。

第三，人均 GDP 的增长与工业税收增长显著负相关，进一步说明了现行工业税制与经济发展不协调。这一点在控制了单调增加的非农就业比重后依然显著，其余控制变量的影响就不再那么显而易见，例如贷款和存款与工业税收占比的相关性截然相反，人均储蓄规模的正相关性比人口贷款的负相关性更显著。公共交通水平的提高，能够显著提高工业税收占比，但公路通车里程的增加并不会增加工业税收占比。

第四，如果考虑变量内生性，从中国的财税制度基础和已有分析来看，中国作为典型的单一制国家，其财政制度制定基本属于中央政府权力范围，独立于地方政府的决策之外，并成为地方政府决策的基本环境。由于构成土地出让收入的主体是商业和服务业，税制很少会进入地方政府土地出让环节的考虑范围，地方政府更多关注的是税收总量而不是税制结构因素。

三　增长阶段转换下的财政模式演化的逻辑

中国财政模式及其变化的上述事实，呈现于从工业化阶段向城市化阶段的演替过程中。基于国际比较和历史经验，我们对这类现象发生的机制及其蕴含的问题进行逻辑分析，进而得到三个有解释力的命题：支出层次上，城市化时期财政支出增加的刚性，表现为城市化的成本压力；收入层次上，工业化阶段建立起来的可贸易的真实税收基础，在城市化时期日益受到削弱；在支出刚性与收入约束挤压下，土地财政这种短期融资方式将随城市化趋于成熟而逐渐失去合理性。中国财政收支模式变化的方向，是去掉短期的财政幻觉，转为促进效率和增长可持续的结构性实质。

（一）社会公共服务支出持续增长特性

从 19 世纪 70 年代到 20 世纪 70 年代近 100 年的时间里，发达国家公共支出占 GDP 的比重从不到 10% 上升到 50% 左右，其中"斯堪的纳维亚式"国家的公共支出比重普遍超过了 GDP 的 50%。财政支出比重的长期上升，源于人们对政府经济职能的看法的改变，尤其是受个人政治哲学和社会态度的影响。

马斯格雷夫的"三阶段论"（Musgrave et al.，1988）认为政府支出的重点会随着经济发展的不同阶段而转变，即初级阶段的公共投资比重集中于基础设施领域，到中级阶段的公共支出集中于教育安全卫生等公共消费，再到成熟阶段用于解决收入分配公平问题的公共转移性支出增长。罗斯托（Rostow，1960）认为从工业化成熟至大众高消费形成这个较长时期中，发达经济社会在促进生产供给主导向消费需求主导转型的同时也促进了人们心理的变化，个体越来越意识到自己生活于一个成熟社会之中，特点是消费和广义上的福利提供。成熟社会的中心现象不是经济，而是社会如何进行选择和平衡。人们对福利的普遍要求源于工业化带来的紧张，社会支出的目的是尽力消除工业化的危害和就业与生活中的风险。以税收为基础的社会救助，可以上溯到工业化早期的欧洲大陆（Lindert，2004）。在发端于低水平初始条件的"特殊制度"下，社会态度的变化将更加突出：工业化作为压倒一切的任务与企业家精神的缺失，迫使政府承担起以重化工业和大企业为中心的建设责任，以此为基础构造经济持续增长的诱致机制（Hirschman，1988）。

改革开放以来的中国快速工业化体现了这一特征。作为快速工业化的重要推动力，中国财政收支结构表现为生产建设财政。从效率循环角度考虑，这种财政模式包含了积极成分：政府动员税收和储蓄投入直接的工业活动和基础设施建设，国有工业投资和基础设施建设诱致更多的工业活动，以工业税收为基础的财政模式在这个互动过程中得以扩展。持续的工业化高增长，无疑可以在连年超收中证明生产建设财政和工业税制的适应性。但问题也显而易见，建设型财政以压低消费为基础，并导致双重结构压力：第一，过度投资所导致的当期资本效率下降，及由此引发的工业税收税基扩张速度的放缓；第二，消费持续压低（超过资本积累黄金律就会产生永久福利损失），本质上是未来增长潜力向当期的抵押和折现，这是一种削弱未来财政能力的负反馈。

以工业化成熟为契机，增加福利的社会态度不断增强。从增长阶段转型的长期视角回溯，政府财政对经济的（直接）干预，基本上囿于功利主义的经济计算范畴。换句话说，（地方）政府对财政收支规模的重视，远远大于对结构条件变化的重视。只有当基于成熟工业社会的现代城市经济逐步到来时，这种忽视的后果才会显现出来。最典型的例子就是伴随着城市化而愈演愈烈的土地财政现象。作为特殊经济制度的一种延伸，土地财政的特殊性直接与中国成熟工业化的两个惯性有关：一是尽管认识到发展中国家财政政策结构调整作用的重要性，但是短期需求管理思维仍居主导地位；二是原有政府收支和效率相互促进的良性循环遇到结构约束，城市化成本的高企需要土地财政进行补偿性平衡。城市化快速扩张的结束、土地财政的短期行为必将逐渐演变为风险累积，削弱城市化阶段的经济稳定性基础。

（二）财政支出与收入变化的三个命题

本文对财政和结构变化的关注可以按照 Merton（1968）的方案进行分析。第一，依据总体的财政效果的短期经济计算，仅仅把注意力集中于财政功能的积极方面；第二，不论是罗斯托强调的分解方法，还是 Merton 强调的构成总体的单位或层面分析方法，都只有针对结构及其变化才能得出有效分析；第三，把功能失调与功能积极效果并列起来，Merton 认为它们是构成转型的两种相互反馈的力量，由此提供了功能替代选择的可能性，以此确立"后果集合的最终平衡"。作为增长转换过程的一个主导环节，针对结构条件的变化，财政模式运行及其与增长的相互作用的影响体现在下述三个命题中。

1. 城市化带来的财政支出增长刚性

对于"二战"至 1980 年前后发达国家财政支出占 GDP 份额飙升，及 20 世纪 80 年代以后迅速趋于稳定的现象，一般观点认为发达国家的公共支出太多，因缺乏绩效补偿的支持而难以持续。Lindert（2004）立足于发达国家社会转移支付的历史经验以及人口老龄化趋势，认为发达国家未来社会支出占 GDP 份额不会出现显著下降。Lindert 对支付刚性的解释包括以下几点。第一，19 世纪 80 年代以来发达国家社会支出的大幅增加，可由政治过程、老龄化和收入增长解释；"二战"后欧洲福利国家的发展，则更多依赖中层和底层民众态度的一致。第二，就欧洲福利国家的增长效率来看，基于税收的高预算开支的负面影响很小，甚至是促进增长的。第三，福利国家的政治决策过程具有纠错功能，能够避免过度社会支出及其危害。第四，部分源于示范效应，发展中国家随着人口老龄化和收入增长将呈现与发达国家相同的模式。对于高福利国家社会转移性支出问题，高社会支出和高生产率相互调适这个不寻常现象背后的关键机制，是欧洲福利国家采取了偏重于收入和消费税收、偏轻于资本税收的特殊策略，因此支出刚性并未带来明显的经济增长抑制（Lindert，2004）。

处于社会支出赶超中的发展中国家也不得不面对刚性问题。除了社会转移性支出增加这一事实之外，"总预算支出 - 社会转移支付"差额对于理解发展中国家的转型和城市化具有重要意义。发展中国家其他财政支出通常比社会转移性支出更多，这符合马斯格雷夫的"三阶段论"。除了转移性支出外，转型和城市化过程中快速上升的财政压力还表现在以下方面。

第一，也是最为重要的，是面对基础设施维护成本支出的压力。工业化向城市化转型过程中，快速增加的基础设施存量，必然面临集中折旧和维护的支出压力，这是发展中国家的最大困难（Hirschman，1988）。工业化的基础设施投资成本能够通过规模化生产扩张得到补偿和回收，由此实现良好的"效率—成本"循环。城市化时期一旦效率改进速度放缓，维护和折旧成本压力就不得不转向财政部门。

第二，财政供养人数增加带来的压力，包括政府工资性支出和行政事业经费等。高福利国家普遍具有较高的政府就业比重，这又与经济高度服务化趋势一致。大规模工业化的结束和城市经济的成熟，使得中国财政供养人数的增加有其合理性。问题在于，一方面，中国表现出了极大的特殊性：一是中国经济向城市化的快速转型是处在中等收入阶段，二是以较低效率支撑起比重较高的财政供养人群。另一方面，受到制度特殊性尤其是行政垄断的影响，财政供养人员中高层次教育比重较大，导致高人力资本流向非生产性领域，从而形成人力资本错配（中国经济增长前沿课题组，2015）。

第三，来自科技进步的要求与环境改善的压力。研发支持的两种模式，即以企业部门为主或以政府部门为主，在城市经济时期基本定型。中国大规模工业化走的是"干中学"和技术模仿道路，无论应用技术原始创新还是基础性创新都存在很大的短板（张平、刘霞辉，2007）。在工业增长减速期，企业难以承担研发所需的规模投入。工业化时期遗留下来的环境短板，无疑也会在相当程度上加重城市化过程中的支出负担。

2. 工业税基削弱的确定性与服务业税收增长的不确定性

导致财政支出刚性的主要压力，即社会转移性支出、基础设施及其维护、研发和环境治理以及财政供养人员的增长等带来的结果，只有放到财政收入的结构条件下才能被辨析出来。财政支出刚性的本质是政策工具选择的合理性问题，它的运用以不伤及经济效率为前提。做到这点不容易，因为福利支出一直是影响经济行为动机的重要因素（Mirrlees，2006）。对于尚处于中等发展水平的中国而言，转型特殊性是社会选择再平衡方案与效率促进方案之间的协调。基于中国非平衡工业税制和以土地财政来激励城市化的基本逻辑，城市化新阶段的经济服务化削弱了原有工业税制的税基和财政收入增长空间，而服务业调整方向和持续扩张模式的不确定性，又给税收补偿带来不确定性。

财政收入扩张和效率补偿有三种基础方式。第一种方式是当期的生产性投资和生产扩张引致的工业税基的扩大及相应财政收入增长，进一步促使生产过程扩张。中国工业化进程的快速推进，得益于"当期生产性投资—基础设施财政支出—生产扩张—财政收入增长—加大生产性投资"这样一个良性循环。随着工业化扩张，劳动力从农业向非农产业再配置，促进了生产效率的提高，足以覆盖工业税收且有富余。第二种方式是跨期的社会性投资（科教文卫等）和广义人力资本的积累。这是后工业化时期为了提升劳动力教育程度和劳动力再生产质量，所采取的积极的社会选择和再平衡。如果广义人力资本得到有效利用，税收的经济发展成本有可能得到跨期平滑和补偿。第三种方式是效率补偿效果较弱的公共部门效率的提高。但瓦格纳（Wagner，1958）认为政府效率很难改进，达到一定限度后会演变为对生产性部门的租金抽取。

三种效率补偿方式混合后将产生不同的财政功能和经济效率的调适模式。偏重于当期补偿的第一种方式是工业化的特征。经济过程中可贸易成分的普遍化或相应的资本化，构造起来一个真实的税收基础，这种税基逐步被劳动密集型产业发展和重化工业所巩固。当经济由服务业主导，知识技术密集型制造业的发展仍然是效率和财政的重要支撑。城市化阶段社会选择会内在地偏重于第二、第三种补偿方式。工业化向现代城市化的这种演变对税基的显著冲击，使可贸易性与真实的效率和税基被削弱，公共部门税收只能采取收入税基和消费税基的方式。鉴于其效率补偿能力较弱，高福利国家和发达国家最终不得不在两方面加强：一是极大致力于研发以巩固制造业的高效率，二是提高服务业的可贸易性，以此避免真实税基削弱趋势下的负面作用。

对于后发工业化而言，城市化的发展导致工业化税收基础的丧失，加剧了财政与效率平衡的紧张和矛盾。也就是说，工业化向城市化转型过程中将发生两个循环的转换，即从依赖规模效率的财政循环转向依赖收入和消费增长的财政循环，后者以高收入、高消费和可持续为主要支撑。在城市化过程中，如果不存在高收入、高消费和高效率这一发达经济因素和基础，在工业税收被城市化削弱的情景下，会出现什么样的结果呢？

3. 土地财政带来的财政幻觉

在财政支出刚性和工业税收基础弱化的挤压下，地方政府选择了土地财政。这种短期经济计算与发达国家财政可持续的高收入、高消费和高效率存在本质不同，是偏离了真实税收基础的财政幻觉。

中国现阶段的转型遇到了两种压力的叠加，即快速的工业份额下降和快速的城市化规模扩张。这两个趋势动摇了原有工业税收模式的稳定基础，地方政府不得不寻求新的补偿性财源。依靠土地涨价获得的收入，如果经由财政支出获得真实收益的补偿，那么"卖地—财政"这个循环不会伤及经济效率。但就新阶段地方政府经营土地模式的异化特征来看，跨期的效率补偿远远赶不上对未来增长潜力的透支。第一，作为一种越来越明确的价格增长现象，土地财政只会推高城市化成本，不断削弱工业竞争力和工业税制基础。本文的实证部分集中于这一点。第二，房地产泡沫化在挤出消费和储蓄的同时，也削弱了跨期的财政可持续性，并导致经济风险累积问题。土地财政的最大风险，不仅仅体现在跨期对工业税收基础的挤出，更重要的是这种短期的财政替代形式，挤出了未来城市化可持续的财政平衡支持选择，阻碍了以高收入、高消费、高效率为平台的财政模式的建立，迫使财政进入租金抽取的风险路径。

（三） 城市化新阶段的中央与地方关系重新界定

随着城市化步入成熟期而出现的交通基础设施等硬件的根本性改善和"云大物移"等现代信息技术的快速发展，劳动力大范围快速流动的城市间、企业间再配置格局已经形成，城市间、区域间"通勤"人数越来越多，中国进入城市经济时代。依托数字经济和互联网信息技术，城市和城市圈的要素个体化配置和消费功能大大增强。城市间劳动力再配置将是中国经济效率不断提高的来源，这带来以城市和城市圈为基础的城市公共财政模式改革（Glaeser，2013），也是新阶段出现城市分化这一判断的依据。新时代中央地方关系的建构，必须适应要素配置模式的深刻变化。

多级政府的国家中，中央对地方转移支付的普遍存在，主要是基于公共服务均等化的制度性安排，即通过政府间财力的再分配来弥补初次财力分配差距（Boadway and Shah，2009）。分税制改革后，虽然中央对地方转移支付不断增长，却难以弥合地区性公共服务差距。2016 年中央对地方转移支付总额达到中央本级财政支出的 67.30%，中央本级财政支出只占到本级收入的 31.04% 和全国财政支出的 15.07%。除了继续上收财力、压缩专项转移支付或税收返还的比例外，对基本公共服务均等化已经很难再发力。

依靠"中央给钱，地方办事"的公共服务地方化供给模式，不可能根本消除地区公共服务差距。在现有的中央和地方关系矛盾中，不是中央掌握了太多资金，而是地方承担了太多责任。地方政府以转移支付的形式承担了大量的中央委托事权和共有事权，造成了实际意义上的事权下移和公共服务碎片化。真正实现公共服务均等化的模式，不仅仅靠中央对地方加大转移支付，更要依靠中央政府直接提供公共服务。这不仅是基本公共服务均等化的要求，更是适应现代信息技术下城市经济时代劳动力等生产要素大范围快速流动的要求。财政支出的重点，应该是以公共服务的全国化供给来弥补地方化供给的不足，改变全国公共服务供给的碎片化格局。提高养老等社保领域的统筹级别，强化中央政府在医疗卫生、司法、环保、统计等领域的事权，是以制度改革来推动和维护全国统一市场的重点。

除了均等化和全国统一市场的要求，中央还需要在发展规划和宏观稳定上发挥更多职能，这是中央政府行使国家管理职能的重要内容。从中央地方关系角度看，中央制定国家发展规划的"谋"，不仅是为了确认中央应当承担的项目，更是为了抑制地方投资的体制性冲动和预算软约束以及由此产生的地方保护主义、机会主义等体制顽疾。中央通过"谋全局，谋万世"，使地方利益符合国家利益、当前利益符合长远利益。

促进宏观稳定天生就是中央政府的职责。在中央专项转移支付以及地方配套机制下，实际上已经把这个职能下放到了地方政府，形成了中央地方共同调控的格局，这一点可以从 2009 年的"4 万亿元投资计划"，中央最终只支出1.18 万亿元，其余完全靠地方大力配套上看出来。从比较财政制度和国际经验看，如果宏观调控职能所依赖的国家中长期预算平衡机制还没有建立，那么宏观调控基本都会演变成顺周期调控（付敏杰，2014）。

在地方预留的经济发展、地方服务等事权内，则要充分发挥地方政府贴近居民的信息优势。支出地方化要求最大限度地减少干预，中央考核地方的重点从过程干预转向绩效评估。这不但有利于充分发挥地方公共服务的多样化供给优势，最大限度地促进居民用脚投票机制下不同偏好群体的福利改进（Oates，2008），还有利于城市、社会和文化的多元化，促进社会长期稳定和国家长治久安。

四 面向城市经济的财政体制改革框架和政策选择

城市化增长速度放缓和城市分化的加剧，加之工业税制的缺陷，将促使地方财政风险显现。城市化新阶段的稳定发展，必须对税制做出新的顶层设计，以适应深度城市化和工业转型升级的需要。未来财政体制选择至关重要。

（1）探索向自然人征税。从财政制度的演进看，城市化的重要特征就是市民纳税与公共服务享受相匹配，这才能保证人民群众对美好生活追求中的公共服务诉求与个体税收贡献基本匹配。这是面向城市化新阶段的最优财税制度改革或根本性变革。在工业化和城市化快速发展的阶段，通过工业税收和城市扩张获得的土地财政基本可以兼顾发展和提供公共服务。随着工业份额到达峰值开始下降、城市化进入稳定阶段，土地财政和产业税收产生的现金流，都已不足以支撑日益增长的公共服务需要，还会割裂个人所享受的公共福利与纳税成本之间的关系，造成居民的"财政幻觉"，甚至形成对公共福利的过度需求，违背了福利增长的"量力而行"原则。个人纳税与公共服务匹配，是重要的财政体制改革方向。当前征税体系主要针对企业法人，纳税服务也主要针对企业，没有向个人征税的法律体系和人员配置。应该从法律层面修订，逐步从向企业法人征税到向个人征税体制过渡。

（2）消费环节征税，减少间接税。纠正税收过于集中在生产环节造成的财政激励扭曲，是面向城市化新阶段的次优但在规模上更重要的财税制度改革。城市是消费的中心，城市化率不断提高和城市经济的到来使得消费驱动成为可能（Glaeser 等，2001）。这就要调整税基，让消费者分担部分企业的消费税。在不改变间接税税制格局的前提下，适当降低生产环节征税，增加部分消费环节征税，使增值税更透明、更稳定（高菲，2015）。征税环节的改变，可以降低企业税负，并缓解由于税收集中在生产环节而造成的地方政府行为模式扭曲（付敏杰、张平，2015）。

（3）降低财税制度成本，提高工业竞争力，保住30%的工业份额底线。保证公共部门的稳健运行，这意味着公共收入的增长和结构必须与经济发展的长期趋势一致。从发展目标看，2050年工业强国的目标还有近30年才能实现；从财政收入结构看，工业税制的主体地位不能坍塌。近年来服务业比重的快速上升是建立在工业比重下降基础上的，难以持续。开放型世界经济新体制下，保持工业份额就必须不断提高工业的国际竞争力，除了研发加计扣除以鼓励创新外，以工业增值税税率下调的方式平衡工业和服务业税负，为工业企业降低财税等制度性成本远比补贴大企业更加重要。绝不能因为追求所谓"土地价值最大化"，将整个社会的资金都吸引到土地上来。

（4）建立全国统一市场，优化要素流动和配置功能。建立统一的土地市场和劳动力市场，推进要素流动和优化配置。中国城市化的基本矛盾，是土地公有制的两种实现形式即国家所有制和集体所有制之间的矛盾，土地财政、城中村、违章建筑等现象皆由此而来。而劳动力市场上，社保体系的分割导致了劳动力市场流动配置的障碍。土地、劳动力等要素市场呈现制度性、区域性分割特征。土地金融和地方社会福利最大化分割了土地、劳动要素市场，导致区域经济失衡。积极推动统一市场，特别是提高统筹等级，推动劳动要素流动，进而进行土地市场立法等体制改革，抑制土地泡沫。

（5）防范分配结构的租金化和财富陷阱的形成。从政府收入结构看，以土地出让收入为代表的地租收入快速增长，使得政府和居民收入分配结构都呈现明显的租金化倾向，既损害治理能力，也妨碍创新发展。随着土地经营导致的土地财政和土地价格上涨，税收在政府收入中的比重连年下降。在政府收入法制化程度最高的"一般公共预算"中，税收比重已经从 1995 年的 98.25% 下降到 2015 年的 82.04%；地方财政收入的税收比重从 1994 年的 94.88% 下降到 2015 年的 75.49%。居民收入分配也有类似特征，美国 20 世纪 80 年代以后收入分配差距拉大，是因为医生、律师、金融家、公司高管等高人力资本行业在最富有的 10% 群体中占据了很大比重。高人力资本行业代表了知识要素参与分配的结果，体现了"知识租金型"的收入分配结构特征，收入分配差距的拉大很大程度上是因为创新导致的新技术发现，尤其是科技革命、互联网和现代金融（Piketty and Saez，2003；Kaplan and Rauh，2010；Aghion et al.，2016）。目前中国的收入分配差距与美国相近（Piketty et al.，2003），但房地产等资源性行业在各种富豪排行榜上始终占据 1/4 份额，中产阶层持有的财产有 60% 是房产。与美国的"知识租金型"分配结构相比，我国的收入分配具有以地租为代表的"资源租金型"结构特征，分配结构并不体现创新和技术进步。当前重塑中等收入者的关键，是让引领创新发展和具有更高生产率和财富创造力的知识要素以市场化的方式参与收入分配，让知识工人取代炒房者成为社会的中流砥柱。

第九章　结构演进、诱致失灵与效率补偿[*]

陆江源　张　平　袁富华　傅春杨

内容提要：中国大规模工业化接近尾声，依赖政府干预的传统增长方式效率下降，工业化时期的诱致机制逐步失灵。通过改善结构条件、提升产业链接强度和投入产出技术效率乘数，有效率的服务业发展将推动全要素生产率（TFP）提升，为经济结构转型的成功提供动力。本文首先计算了基于消耗系数的投入产出关联强度和基于产业链接强度的技术效率乘数，以此为基础对转型效率问题进行分析；进而运用反事实估计和因素分析方法，研究了中国经济结构效率补偿的路径，发现消除行业要素配置扭曲可提升44%的产出。基本结论是，在开放和竞争环境下，中国制造业具有自我矫正能力，而服务业尤其是金融业扭曲严重，资本和劳动要素错配制约了中国经济效率的提升；现阶段，服务业的扭曲和要素错配不但很难提供效率补偿，而且还对实体部门的效率提升造成了挤出；中国需要创新体制机制以消除要素配置的扭曲，推动结构优化和高质量发展。

关键词：诱致机制失灵　技术效率乘数　要素配置效率　效率补偿

结构条件变化、诱致机制失灵和效率补偿，是任何发展中国家在经济转型时期都必须慎重对待的问题。大规模工业化时期诱致机制的失灵将导致效率改进能力下降，需要结构服务化提供补偿，否则经济会陷入转型过程的结构扭曲和震荡，阻碍高质量发展和可持续城市化路径的形成。2015年以来，中国服务

---

[*]　本文发表于《经济研究》2018年第9期。"中国经济增长前沿课题组"负责人为张平、刘霞辉、袁富华。参加讨论的人员有高培勇、赵志君、仲继银、常欣、吴延兵、张自然、汤铎铎、陈昌兵、张小溪、付敏杰、陆明涛、张鹏、楠玉等。本文受国家社会科学基金重点课题"中国城市规模、空间集聚与管理模式研究"（15AJL013）、"我国经济增长的结构性减速、转型风险与国家生产系统效率提升路径研究"（14AJL006）和国家社会科学基金重大招标课题"需求结构转换背景下提高消费对经济增长贡献研究"（15ZDC011）资助。

业增加值比重突破 50%，城镇化率接近 60%，城市化和服务业主导的增长格局初步形成。重塑增长路径的新条件、新力量与工业化时期的累积问题交织激荡，转型时期的一些本质问题也因而得以呈现。对此，我们的基本认识是：现阶段中国的结构性减速和经济新常态，是在以往大规模工业化诱致机制逐渐消失的背景下发生的，诱致机制失灵和服务业低效率扩张的"非常态"，强化了转型时期的结构扭曲，并对产业部门效率提升造成了挤压。中国需要创新体制机制以消除服务业发展和要素配置的扭曲，激发结构服务化和城市化的效率补偿潜力，推动高质量发展。

已有关于经济结构变化的研究，往往侧重于对结构转型本身的现象解释和转型结果的分析，过度关注产业结构比重这一表象的比例关系，而忽视了经济结构转型过程中的产业联系变化及联系的乘数效应衰退问题。经济结构的变化，虽然具体表现为各产业部类之间的此消彼长，但更深层次的含义还是部类之间的网络化联系的增强和减弱。与以往文献不同的是，本文重点讨论了经济结构转型中的结构联系和联系崩溃，从本质上研究转型的诱致机制失灵问题，并就失灵以后所需的效率补偿进行了反事实估计。对于诱致机制及因结构服务化而发生的失灵问题，我们有如下典型化事实作为佐证。第一，从发展阶段变化的普遍表现来看，整体经济的投入产出关联度下降。第二，结构服务化导致投入产出的技术效率乘数下降，经济效率改进的步伐显著变慢。第三，发达国家城市化和服务业发展采取的效率补偿方式，在发展中国家通常是缺失的。

结合反事实估计研究，我们同时提供了中国转型时期结构扭曲和效率补偿路径的分析。从历史经验及其数据评估来看，在开放和竞争环境下，中国制造业扭曲程度较小，但是服务业尤其是金融业扭曲严重，资本和劳动要素错配制约了中国经济效率的提升。数据模拟给出的结论是，假定把文中所述的 56 个行业的要素价格扭曲完全消除，中国的最终产出可以提高 40% 以上。对于以上认识的论述，本文组织如下：第一部分陈述了结构条件变化和诱致机制的失灵一些典型化事实；第二部分研究了效率补偿的反事实估计；第三部分探讨了中国经济扭曲的原因和改进路径；第四部分进行了全文总结并提出了政策建议。

一　结构条件变化与诱致机制失灵

投资诱致机制及相应的资本积累和产出扩张，是传统工业化理论的关注重心。大规模工业化赖以推进的动力，源于产业前后向联系的扩展和自我维持，亦即投资诱致的拉动、推动及其外部经济。后向联系的拉动方面，部门或产业的需求诱致要素投入供给的增加；前向联系的推动方面，部门或行业产出用于其他部门或产业的投入，并以此作为后向联系的增强机制存在。

鉴于拉美国家城市化和中国经济转型呈现的诸多问题，我们更加关注后工业化时期的诱致机制失灵问题。如果城市化的发展不能根据已经发生变化了的结构条件进行适应性调整，或者这种调整的步伐缓慢，那么，诱致机制失灵所导致的问题积累将阻碍城市化的可持续发展。换句话说，当结构服务化接替工业化成为新的增长动力，新的经济环境能否提供效率补偿，将成为经济成功与否的试金石。

遵从通常的分析思路，本部分运用国际投入产出表的数据（OECD，WIOD），对诱致机制失灵的典型化事实给出描述，包括两类投入产出关联的计算和评估：一是基于投入产出表的前后纵向关联，对直接消耗系数和完全消耗系数给出计算、比较，用于直观评判产业结构的上下游关联强度；二是立足于部门关联强度的计算，对产业技术进步对于整体经济效率改进的效应给出评价，这需要用到所谓"投入产出技术效率乘数"的概念。根据 Hulten 定理（Hulten，1978），投入产出技术效率乘数可以定义为：所有部门技术提高 1%，整体经济的全要素生产率（TFP）变动的百分比。理论上，产业之间的联系强度越大，乘数效应越强。

（一）典型化事实 1：结构服务化过程中，投入产出联系下降

这里征引两类指标，对投入产出关联强度随着增长阶段演进而变化的一般趋势给出描述。一类是赫希曼所谓的诱致强度，即部门或产业发展的前后向联系程度，前向联系指的是特定行业对于下游行业的联系强度，后向联系则是特定行业带动上游行业要素投入扩张、生产结构变化的强度。另一类是基于投入产出表的消耗系数，包括直接消耗系数（行业或部门在总产出中直接消耗某一特定行业中间投入的比例）和完全消耗系数（行业通过投入产出网络完全消耗某行业中间投入的比例）。

1. 赫希曼诱致强度变动趋势的国际比较

我们计算了 1970 年代和 1990 年代美国和日本国民经济各行业赫希曼诱致强度，并给出了 1990 年代到 2011 年美国、日本、西欧和中国各行业赫希曼诱致强度的对比。从 40 年的发展情况来看，美国、日本和西欧等发达国家和地区制造业的前向联系普遍发生了比较显著的下降态势，这意味着发达国家的制造业对于下游产业的推动作用减弱，更大比例的产品被用于满足最终需求。从部

门比较角度看，发达国家服务业的前后向联系程度普遍低于制造业。典型的情景是，在规模经济效率较为突出的重化工业化阶段，得益于重化工业极强的后向联系，经济通常能够获得长时期的持续稳定的增长。这些国家重化工业的后向关联程度平均在 2011 年高达 0.8（见图 9-1），即 1 单位的重化工业产出需要 0.8 单位的其他部门投入，形成对整体经济增长的较强牵引。但是，当进入服务业主导的城市化阶段时，相对于重化工业较强的后向联系，作为现代经济支柱的服务业的拉动作用明显较弱。例如，金融业为 0.4 左右，房地产、信息

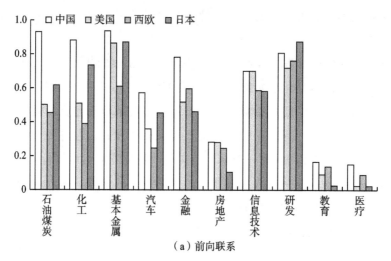

（a）前向联系

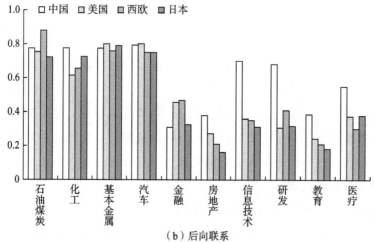

（b）后向联系

图 9-1　中国和其他国家的前后向联系对比（2011 年）

注：按国际行业分类第三版。前向联系为中间品产出占总需求的比重，为投入产出表的横向相除；后向联系为中间品投入占总产出的比重，为投入产出表的纵向相除。西欧国家为英国、法国、德国的平均。

资料来源：OECD，笔者计算。

技术、研发、教育、医疗均在 0.4 以下，这意味着 1 单位的现代服务业产出对于上游行业的产出需求不到 0.4。这种情景也意味着在结构服务化过程中，随着服务业对制造业的替代，一些较强的效率改进诱致环节可能失去。

中国的情景。1990 年代之后中国的持续高速增长，得益于重化工业化拉动，累积性的规模扩张一直持续到 2012 年，之后才进入结构性减速通道。约 20 年的工业化结构性加速，与制造业投资诱致程度的提高密切相关。从数据估算看，中国制造业的前向系数普遍高于发达国家，表明经济过程中有更多的产品用于下游产品生产，比发达国家具有更强的制造业产业联系；重化工业的后向联系较强，与发达国家一致。这充分体现了工业生产供给主导的经济特征。另外，中国服务业的后向联系显著高于发达国家，这是服务业作为工业体系分工结果而被动扩张的表现。（如果考虑到中国服务业垄断的一个鲜明特征，即政府依靠垄断控制服务业价格，以确保工业化的顺利推行，那么服务业仅仅作为工业规模化扩张的附属品的特性就更加明显了）。转型时期中国的服务业发展还未真正进入为制造业提供内生动力的发达阶段，业态层次低、生产效率低的问题，同时也为城市化的可持续带来了障碍。

2. 消耗系数变动趋势的国际比较

中国的行业直接消耗系数普遍大于发达国家（见图 9 - 2）。美国和日本的制造业平均直接消耗系数在 0.02 左右，服务业的系数在 0.01 左右。而中国的制造业平均直接消耗系数则普遍在 0.025 左右，服务业的系数也在 0.01 以上。中国的信息技术、研发和设备租赁等服务业的平均直接消耗系数更是高达 0.02，远高于同期发达国家水平。直接消耗系数的对比，进一步印证了上文中有关中国投入产出联系比发达国家强的论断。

中国工业的完全消耗系数大于发达国家，服务业的系数相近。不过，直接消耗系数只是产业一次消费的影响，不涉及投入产出网络，而完全消耗系数可以更好地研究投入产出的网络联系。通过完全消耗系数的国际比较，我们发现中国的农业、基础工业、重化工业和消费品制造业等部门的完全消耗系数普遍远高于发达国家。图 9 - 2 中的服务业部分，中国的完全消耗系数则与发达国家相近。美国和日本的信息技术、公共管理等现代服务业的完全消耗系数甚至还要高于中国。原因在于，现代服务业普遍具有前后向联系的加总效应，通过前向和后向的网络化联系提升了产业联系的强度，这种联系性不同于工业部门的后向带动机制。

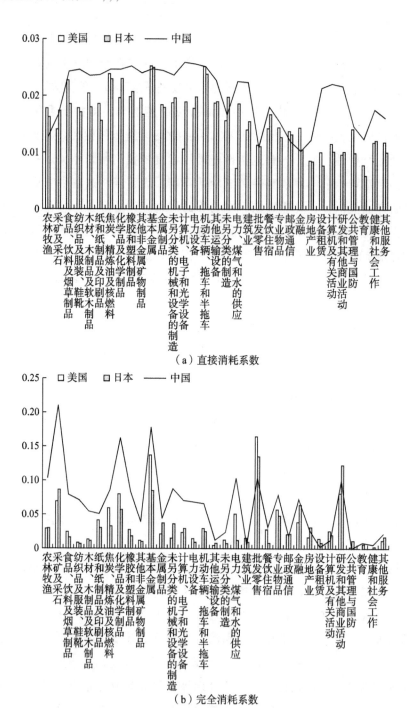

（a）直接消耗系数

（b）完全消耗系数

图 9－2　中国与美日的行业平均消耗系数对比（2011 年）

注：按国际行业分类第三版。行业平均消耗系数为该行业对其他行业的消耗系数的平均值。完全消耗系数是行业通过投入产出网络消耗了某行业产出的比例，表现了该行业与其他行业的联系强度。以 **B** 为直接消耗系数矩阵，则完全消耗系数矩阵 $A = (I - B)^{-1} - I$。

资料来源：OECD，笔者计算。

3. 基本判断

经济结构转向服务业主导的过程中，制造业的投入产出联系变弱，且服务业的后向联系明显弱于重化工业，经济整体的投入产出纵向网络联系降低。与之相对应的判断是，受到重化工业化的影响和带动，中国具有很高的制造业前后向联系和远高于发达国家的服务业后向联系，体现了工业化生产供给主导的特征。但是，随着经济结构服务化的到来，中国的经济结构的诱致机制将普遍减弱，单靠要素投入驱动、产业选择性政策、非平衡发展等干预资源配置的发展方式同样越来越不适用。

（二）典型化事实 2：结构变动导致技术效率乘数先升后降

这里运用投入产出的技术效率乘数进行分析，深化上文产业关联的数据评估和基本判断。首先要推导出投入产出技术效率乘数的一般表达式。

（1）经济模型环境：在一个具有投入产出结构的经济中，有 N 个部门，部门 i 的生产函数设为一般性的形式，即 $Q_i = A_i F_i(K_i, L_i, \{x_{i,j}\})$，$A_i$ 代表部门 i 的技术水平，K_i、L_i 分别为部门 i 雇用的资本和劳动，$x_{i,j}$ 为部门 j 在成本中使用的部门 i 的产品量。部门总产出分为最终消费和其他部门的中间投入，$Q_i = C_i + \sum_{j=1}^{N} x_{i,j}$，其中 C_i 为部门 i 的最终消费值。令 $\sigma_{i,j}$ 为部门 i 的中间投入中部门 j 的投入占比，即 $x_{j,i}/Q_i$。整个经济的最终产品是各部门最终消费量的一次齐次生产函数 $C = F(C_1, C_2, \cdots, C_N)$，最终产品价格 p_f 设定为 1。θ_i 为最终消费中部门 i 的占比，即 $\theta_i = \dfrac{P_i C_i}{Y}$。$Y$ 为家庭要素收入，$Y = C$。

（2）最优化和均衡：

最终消费厂商：

$$\pi_F = \max F(C_1, C_2, \cdots, C_N) - \sum_{i=1}^{N} P_i C_i = 0$$

各部门的厂商利润：

$$\pi_i = \max P_i Q_i - (r_i K_i + w_i L_i + \sum P_j x_{i,j}) = 0$$

中间品厂商产品价格：

$$P_i = \frac{1}{A_i} q_i, q_i = \min\{r_i K_i + w_i L_i + \sum P_j x_{i,j} \mid F_i(K_i, L_i, \{x_{i,j}\}_{j=1,2,\cdots,N}) \geq 1\}$$

最终消费：

$$C = rK + wL + \sum_{i=1}^{N} \pi_i$$

要素收入：

$$Y = rK + wL = F(C_1, C_2, \cdots, C_N) - \sum_{i=1}^{N} \pi_i$$

要素市场的均衡条件：

$$\sum_{i=1}^{N} K_i = K$$

$$\sum_{i=1}^{N} L_i = L$$

产品市场均衡：

$$Q_i = C_i + \sum_{j=1}^{N} x_{i,j}$$

（3）模型求解方法：模型求解的重点是要推导出最终产出变化的表达式。因此先对 $Y = rK + wL$ 做对数线性化，得到：

$$\mathrm{d}\ln Y = \frac{rK}{Y}(\mathrm{d}\ln r + \mathrm{d}\ln K) + \frac{wL}{Y}(\mathrm{d}\ln w + \mathrm{d}\ln L) \tag{1}$$

根据最终产品厂商的利润 $\pi_F = \max F(C_1, C_2, \cdots, C_N) - \sum_{i=1}^{N} P_i C_i = 0$，和 $F(C_1, C_2, \cdots, C_N)$ 是一次齐次函数，借助包络定理可得 $\frac{\partial \ln p_f}{\partial \ln P_i} = P_i \frac{\partial p_f}{\partial P_i} = \frac{P_i C_i}{C} = \theta_i$。经济中最终产品的价格，可以写作各个部门产品价格的函数，$p_f = f(P_1 \cdots P_N)$，做对数线性化可得：

$$\mathrm{d}\ln p_f = \sum_{i=1}^{N} \frac{\partial \ln p_f}{\partial \ln P_i} \mathrm{d}\ln P_i = \sum_{i=1}^{N} \theta_i \mathrm{d}\ln P_i \tag{2}$$

接着对产品价格 $P_i = \frac{1}{A_i} q_i$ 进行对数线性化，借助包络定理可以得到 $\mathrm{d}\ln P_i = -\mathrm{d}\ln A_i + \sum_{j=1}^{N} \sigma_{i,j} \mathrm{d}\ln P_j + \alpha_i \mathrm{d}\ln r + \beta_i \mathrm{d}\ln w$，其中 α_i 表示部门 i 中资本占总资本的比例，β_i 表示该部门劳动占总劳动的比例。这个式子可以改写成以下向量形式：

$$\mathrm{d}\ln P = (I - B)^{-1}(-\mathrm{d}\ln A + \alpha \mathrm{d}\ln r + \beta \mathrm{d}\ln w) \tag{3}$$

式（3）代入式（2），得到：

$$\sum_{i=1}^{N} m_i(-\mathrm{d}\ln A_i + \alpha \mathrm{d}\ln r + \beta \mathrm{d}\ln w) = 0 \tag{4}$$

之所以等于 0 是因为最终产出单位化为 1。其中 $\theta^{\mathrm{T}}(I-B)^{-1} = m^{\mathrm{T}}$ 表示经济中各个部门的技术对于最终产出的影响程度，也就是投入产出乘数。$\sum_{i=1}^{N} m_i \alpha_i$ 和 $\sum_{i=1}^{N} m_i \beta_i$ 分别是资本和劳动的回报份额，有

$$\frac{rK}{Y} = \sum_{i=1}^{N} m_i \alpha_i, \frac{rL}{Y} = \sum_{i=1}^{N} m_i \beta_i \tag{5}$$

将式（5）代入式（1），并结合式（4）的结果，可以得到最终产出的表达式：

$$\mathrm{d}\ln Y = m^{\mathrm{T}} \mathrm{d}\ln A + \sum_{i=1}^{N} m_i \alpha_i \mathrm{d}\ln K + \sum_{i=1}^{N} m_i \beta_i \mathrm{d}\ln L$$

命题 1：在一个具有投入产出结构的经济中，最终产出的变化可以写为 $\mathrm{d}\ln Y = m^{\mathrm{T}} \mathrm{d}\ln A + \sum_{i=1}^{N} m_i \alpha_i \mathrm{d}\ln K + \sum_{i=1}^{N} m_i \beta_i \mathrm{d}\ln L$，其中 $m^{\mathrm{T}} = \theta^{\mathrm{T}}(I-B)^{-1}$ 即各行业的投入产出技术效率乘数向量。上标 T 表示向量转置。$\mathrm{d}\ln A$ 为行业全要素生产率增长率，$\sum_{i=1}^{N} m_i \alpha_i$ 和 $\sum_{i=1}^{N} m_i \beta_i$ 分别为资本和劳动产出回报率。

这个命题的含义是，在一个投入产出经济中，最终产出增长率可以分解为资本增长、劳动增长、行业全要素生产率的乘数增长效应。当资本和劳动增长一定时，行业全要素生产率的增加，将通过投入产出技术效率乘数 m^T 影响总产出增长率 $\mathrm{d}\ln Y$。而技术效率乘数正是衡量经济中投入产出联系强度的理想指标，因为一方面乘数可以进行全行业加总，另一方面又可以研究某个特定行业的全要素生产率变动对全行业的影响。

从国际增长经验来看，发达国家的技术效率乘数均出现先上升后下降的过程。就图 9-3 列示的样本来看，发达国家在高度成熟和发达的城市化时期，尽管发生了从工业化向经济结构服务化的转换，但是服务业发展仍然带动了投入产出的技术效率乘数的提升（1972 年到 2010 年整个样本观察期中，技术效率乘数在 2.0 以上）。例如，在 1970~1980 年代，美国和日本的技术效率乘数总体上升，1990 年达到峰值。1990 年代以来出现技术效率乘数下跌趋势，原因有两点：一是由美、日技术进步放缓和经济泡沫化所引致；二是制造业外移，破

坏了国内产业链的关联。发达国家当前服务业占比基本达到了 80% 左右的水平，工业点 10% 左右。进入后服务业时代，技术进步测度和结构分析需要在一个新的框架下进行，有关分析将在下文逐步展开。

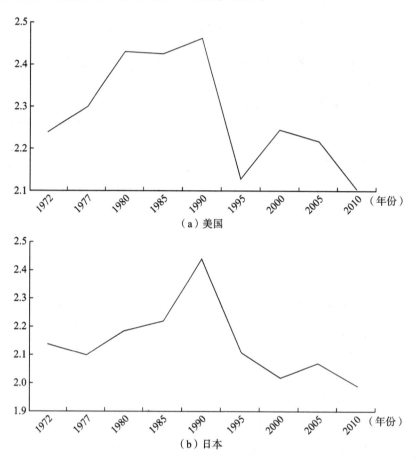

图 9 – 3 美国和日本的投入产出技术效率乘数变化

资料来源：OECD，笔者计算。

从产业类别比较来看，中国的制造业技术效率乘数明显高于欧美日，但服务业相反。美国和日本的技术效率乘数从 1990 年的高于 2.4 下降到了目前的 2 左右，与之形成鲜明对比的是，中国的投入产出技术效率乘数从 1990 年代开始迅速增加，从 2.3 上升到了 2014 年的 2.62。中国从 1990 年代开始的重化工业化过程，提高了整体经济投入产出的联动效应，具有极强的产出乘数效果，从而维持了那个阶段又高又稳定的经济增长水平。

但是，服务业表现出了另一种局面。如图 9 – 4，房地产、计算机信息服务、公共管理、医疗、科学研究等行业的技术效率乘数测算数值，美国明显高

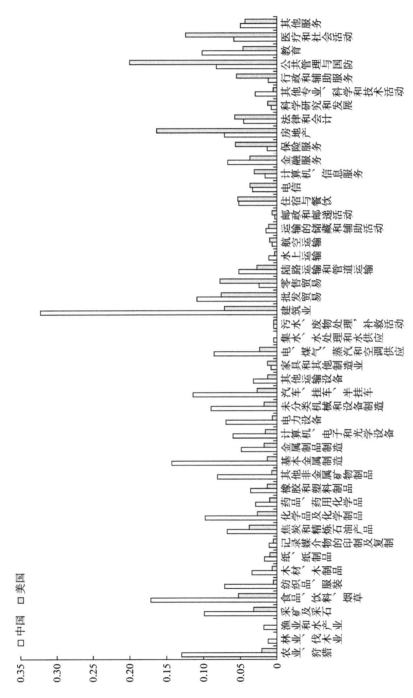

图9－4 中国和美国的行业投入产出技术效率乘数对比（2014年）

资料来源：WIOD，笔者计算。

于中国。这种现象背后的原因也是显然的，中国服务业发展的效率促进作用远远低于美国。根据经济史的流行解释，发达国家服务业的增长，是一个继制造业高效率之后的另一个高端。隐含的意义是，以知识技术密集为特征的现代服务业的发展，逐渐成为制造业和整体经济效率持续改进的前提条件，从而越来越带有"先行部门"的特征。对于工业化向城市化转型的发展中国家来说，服务业的低端化也可能成为阶段跨越的瓶颈和障碍，这一问题在中国经济新常态下已经越来越突出。

从开放角度来看，发达国家通过全球资源再配置弥补乘数的下降。我们运用全球投入产出表计算开放条件下要素再配置的技术效率乘数。以2014年为例，相对于封闭条件而言，考虑了国际贸易条件的美国、德国、法国、意大利的技术效率乘数，将分别从1.63、1.55、1.55、1.66提升到1.84、1.59、1.59、1.80。而中国和韩国的技术效率乘数则分别从2.62和1.80下降到2.24和1.59（见图9-5）。封闭和开放条件下，乘数的这种差异源于发达国家有能

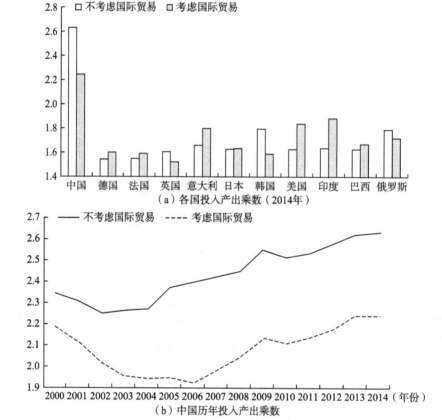

（a）各国投入产出乘数（2014年）

（b）中国历年投入产出乘数

图9-5 技术效率乘数的国际效应

资料来源：WIOD，笔者计算。

力通过全球资源再配置来弥补自身投入产出技术效率乘数下降。对于发达国家而言，制造业的生产成本已经很高，国内生产已经进入了不经济的层次，这些国家选择将制造业转移到海外，运用廉价中间品和消费品的国外生产、进口，填充诱致机制缺失环节的不利影响。相比较而言，中国在全球价值链分工中处于加工制造的低端，还未完成工业产业链的上移，与发达国家存在很大差距。

（三）典型化事实3：诱致机制失灵与效率补偿

基于上述数据分析，我们把转型时期的诱致机制失灵和效率补偿的主要观点归纳为如下判断。

经济结构服务化导致了赫希曼诱致机制失灵。工业化生产供给主导转向城市化服务业和消费主导的过程中消费和投资的再平衡，以及制造业和服务业的再平衡，导致制造业部分甚至主要的增长和效率改进诱致环节缺失，再加上服务业前后向联系普遍偏弱的内在特征，最终促使经济网络的关联程度下降。相关趋势和问题是，投入产出的技术效率乘数的明显下降，意味着行业效率提升对于整体经济的网络乘数效应也减弱了。经济结构联系的这种弱化趋势，使得赫希曼投资诱致机制变得不再有效，经济发生结构性减速。

中国也即将进入诱致机制失灵的阶段，更严重的问题是，服务业的规模化、成本型扩张将加剧失灵所带来的风险。受到重化工业化向深加工度化和信息化转型滞后的影响，虽然现阶段中国制造业的赫希曼诱致强度和技术效率乘数都明显高于发达国家，但是经济结构服务化趋势在中国已经显现，同时考虑到中国服务业本来弱质的现状以及短期内难以彻底扭转这种弱势的前景，诱致机制失灵所带来的冲击将影响未来较长时期的中国城市化和结构服务化进程。例如，在中国制造业扩张能力开始减弱的转型期，城市化的进程推动了先导产业向金融业和房地产业的转变。2013~2014年中国的投入产出技术效率乘数结束了上涨态势，结构服务化进程采取了以成本扩张型的服务业替代有效率的制造业的路径。这种态势若不能得到纠正，必然推动投入产出技术效率乘数迅速下降，造成经济增速的迅速下滑。

诱致机制失灵带来的结构性减速需要进行效率补偿。为了缓解诱致机制失灵引发的增速下降冲击，需要塑造结构服务化过程的效率补偿机制。如果服务业增长仍旧以规模化扩张为主，或者在业态高端化方面无所作为，那么城市化将因为无效率的低端服务业的扩张，而出现鲍莫尔成本病，迫使城市化离开发达的现代城市化路径，滑向拉美模式一极。效率补偿的形式有三种。

　　一是通过国际贸易进行资源的全球再配置。随着制造业成本的上升，发达国家普遍将生产过程对外转移。比较典型的是"日本制造"的海外投资布局、"德国制造"的东欧投资布局等。通过将国内中间品生产环节外包到国外、再从国外进口廉价中间品的方式，弥补国内产业联系和投入产出技术效率乘数下降的缺陷，对于城市化时期的可持续增长至关重要。从发达国家经验看，它们牢牢占据着全球价值链分工的顶端位置，获取产品附加值收益，是对国内诱致机制失灵最强大的补偿。

　　二是提高国内资源配置效率。大规模工业化过程中，非均衡的赫希曼诱致机制促使经济扭曲不断累积。工业化向城市化的转型时期，随着结构条件的变化，经济和社会再平衡将重塑经济过程。此时，资本和劳动如果不能自由地退出原行业、进入新兴行业的话，将进一步加大扭曲，阻碍效率潜力的培育。在城市化时期，发达国家运用高效市场和制度规则纠正扭曲，以此提高资源配置的效率，部分补偿了结构性减速带来的产出下降影响。相对而言，中国的大规模工业化的干预体制，在城市化时期对经济结构调整和资源配置效率造成了滞后影响——制造业退潮背景下的国有企业产能过剩、转型不力，大量服务业仍旧处于行政垄断和分割之下，资本和劳动难以充分地进行市场化流动。

　　三是通过研发投入，提高产业的附加值率。为了获取微笑曲线的上端位置，发达国家企业的研发投入占比很高。通过持续的研发提高产业的附加值水平，是发达国家产业阶梯爬升的主要路径。从全球投入产出表来看，中国的产业附加值率只有32%，而美、日、英、法、德等国的附加值率都在50%左右。中国研发经费在GDP中占比虽然已经很高，但是研发成果的质量和国际化水平相比仍显不足。例如，中国三方专利①的水平明显低于发达国家，中国每1亿美元GDP仅有1个三方专利，而美英法德等国都在6~10个。

　　综上所述，经济结构的服务化导致了工业化诱致机制的失灵，需要重塑有利的条件抵消经济减速的影响。发达国家的结构服务化，从根本上依赖于服务业结构高端化和市场化；发达国家立足于产业附加值率和资源配置效率的有效城市化路径，以制造业海外转移的形式弥补了诱致机制失灵的劣势，并充分发挥价值链攀升的潜力。这些对于中国城市化都是很好的借鉴。

---

　　① 三方专利是在美国、欧盟和日本都进行了注册的专利。

二　中国效率补偿的反事实估计

正如前文所述，中国大规模工业化时期投资诱致机制的建立，是在赶超的偏向性产业政策和限制要素流动的环境下促成的，政府干预和部门或行业的非均衡增长累积了较大扭曲。中国的经济转型和结构服务化趋势，将导致工业化诱致机制失灵。在这种情况下，扭曲的矫正就显得意义重大。从数据和经验来看，中国的制造业扭曲程度较小，服务业的扭曲程度反而较高。问题的严重之处在于，诱致机制失灵需要服务业提供效率补偿，但是中国的服务业处于高度扭曲和效率严重损失状态，这种悖论无疑构成转型和城市化的重大挑战。

事实上，歧视性产业政策和规则导致的经济扭曲，在各国经济增长过程中都存在。为了服务国家目标和发展战略，无论是美国的信息技术规划战略，还是欧洲的保护性产业政策，乃至日本积极协调的市场经济，在经济的各个行业之间都产生了不同程度的要素价格偏差，这些偏差构成了经济结构的最基本特征。相比较而言，中国的经济扭曲具有更加特殊的历史性和结构性。改革开放以前，中国实行的是工农业"剪刀差"的政策，以产品价格和要素价格非市场化差异的形式，为工业化追赶服务。改革开放以后，尽管"剪刀差"取消了，但是形形色色的产业补贴政策仍旧作用于价格扭曲。市场化改革的推进和国际化水平的提升，很大程度上减弱了中国制造业的扭曲程度，但是服务业扭曲的体制性原因很难消除。基于扭曲核算模型，这里提供效率补偿的一种反事实估计。

（一）　效率补偿的反事实估计模型

在命题1模型的基础上，在资本和劳动力价格中引入扭曲变量构建模型框架如下。

最终消费厂商

$$\pi_F = \max F(C_1, C_2, \cdots, C_N) - \sum_{i=1}^{N} P_i C_i = 0$$

各部门的厂商利润 $\pi_i = \max P_i Q_i - (r_i K_i + w_i L_i + \sum P_j x_{x,j}) = 0$，产品价格

为 $P_i = \frac{1}{A_i} q_i$，$q_i = \min\{r_i K_i + w_i L_i + \sum P_j x_{i,j} \mid F_i(K_i, L_i, \{x_{i,j}\}_{j=1,2,\cdots,N}) \geqslant 1\}$

要素市场的均衡条件：

$$\sum_{i=1}^{N} K_i = K, \quad \sum_{i=1}^{N} r_i K_i = rK, r_i = \psi_i r$$

$$\sum_{i=1}^{N} L_i = L, \quad \sum_{i=1}^{N} w_i L_i = wL, w_i = \eta_i w$$

产品市场均衡：

$$Q_i = C_i + \sum_{i=1}^{N} x_{i,j}$$

最终消费

$$C = rK + wL + \sum_{i=1}^{N} \pi_i$$

要素收入

$$Y_F = rK + wL = F(C_1, C_2, \cdots, C_N) - \sum_{i=1}^{N} \pi_i$$

为了简化，每个部门的生产函数为 $Q_i = A_i (K_i^{\alpha_i} L_i^{\beta_i})^{1-\sigma_i} \prod_{i=1}^{N} (x_{i,j})^{\sigma_{i,j}}$，类似的，假设最终产品的生产函数为 $\ln Y = \sum_{i=1}^{N} \theta_i \ln C_i$。其中 ψ_i 和 η_i 分别表示每个行业资本、劳动力价格的扭曲变量，表现与均衡价格的差异程度。

模型的求解：可以看到除了加入扭曲变量 ψ_i、η_i 和指定生产函数的形式以外，其他的假定与命题 1 都是一致的。因此按照命题 1 的对数线性化求解方法（见命题 1），可以获得如下表达式。令 $\ln M_i = (1 - \sigma_i) [\alpha_i \ln \psi_i + (1 - \alpha_i) \ln \eta_i]$ 表示要素价格扭曲的总体影响，则最终产出可以写作：

$$\ln Y = m^{\mathrm{T}}(\ln A - \ln M) - \left\{ a \ln \left[\sum (1 - \sigma_i) m_i \frac{\alpha_i}{a} \right] + (1 - a) \ln \left[\sum (1 - \sigma_i) m_i \frac{\beta_i}{a} \right] \right\}$$

通过影响资本和劳动在全行业的配置，要素价格扭曲起到影响整体经济产出效率的作用。在模型中加入扭曲变量，上式与命题 1 的式子出现了一些变化。$\ln M$ 就是扭曲变量给经济产出造成的损失效果，m^{T} 是投入产出技术效率乘数效果。从这个表达式我们可以看出，当投入产出技术效率乘数下降时，只有提高技术进步速度 $\ln A$，或者减弱 $\ln M$ 带来的产出损失，才能减缓经济增速的下降速率。

特别的，我们把扭曲定义为各行业要素价格与均衡价格的偏离程度。扭曲程度的估算步骤是：运用全球投入产出表（WIOD）的附属社会经济账户（SEA），计算各行业资本和劳动投入；用资本回报除以资本存量得到各行业的资本价格；用劳动回报除以劳动人数得到劳动价格；最后，用行业要素价格除以均衡价格就得到各行业的要素扭曲。具体计算方法参见（傅春杨、张平、陆江源，2018）。通过将消除某一类扭曲得到的产出值减去初始的产出值，就可以得到这类扭曲带来的产出损失影响。即：

$$\Delta \ln Y = \ln Y_{消除某行业扭曲} - \ln Y_{不消除任何扭曲}$$

（二）反事实估计：最终产出的效率补偿

运用全球投入产出表（WIOD）2016 年版的数据和上述反事实估计方法，得到中国各行业资本、劳动要素价格扭曲全消除以后的产出增长。全行业扭曲消除的产出增长结果见图 9 - 6，中国每个行业扭曲消除的产出增长结果见图 9 - 7。下面从全经济和特定行业两个层面展示反事实估计的结果。

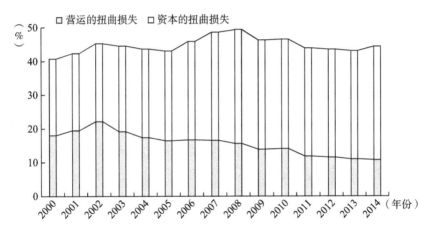

图 9 - 6　中国全行业扭曲消除带来的最终产出增长

资料来源：WIOD（2016 年版），笔者计算。

1. 中国全经济扭曲特征：资本扭曲主导

中国的全扭曲消除可以带来 44% 左右的产出增加。根据我们的估算，如果将全部 56 个行业的要素价格扭曲消除，中国的最终产出可以提高 40% ~ 44%。然而 2000 ~ 2014 年，中国的总体扭曲损失水平并没有明显的改善，一方面表明经济新常态下供给侧改革任重道远，另一方面也表明中国未来的要素再配置效率还有很大的提升空间。进一步，这些市场化改革带来的要素配置效率提升如果在 10 年内进行，每年平均可以得到约 4% 的产出增加；如果分布在 20 年内进行，则每年可以带来 2% 左右的产出增加。对于结构性减速背景下的中国经济，2% ~ 4% 的 GDP 增长率增量是十分可观的。

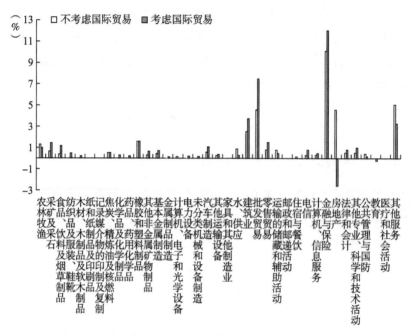

图 9-7　中国各行业扭曲消除带来的产出增长（2014 年）

注：按国际行业分类第四版，行业有归并。

资料来源：WIOD（2016 年版），笔者计算。

劳动要素扭曲的损失下降，资本要素扭曲的损失上升。中国各行业的劳动要素扭曲带来的产出损失水平从 2002 年开始下降，并从 2010 年开始迅速显著降低。劳动要素扭曲的产出损失从 2000 年的 18.0% 上升到 2002 年的峰值 22.0% 后，一直下降到 2014 年的 10.7%。劳动要素扭曲的损失下降和资本要素扭曲的损失上升相互叠加，导致中国整体扭曲损失并没有多大改善。机制如下：体制改革增加了劳动力的流动性，提高了低收入群体尤其是农民和农民工的收入，导致了劳动要素的更优化配置，从而降低了扭曲程度。与之相反的是，中国的资本扭曲损失从 2000 年的 22.8% 一直上升到了 2014 年的 33.5%。事实上，在这个阶段中国资本日益向金融业和房地产集中，助推了资产泡沫、挤压了制造业实体融资能力。

2. 中国经济扭曲的行业特性：服务业扭曲巨大

重化工业时期中国制造业效率不断提升，扭曲程度较弱。根据上文的扭曲定义，我们的估算结果表明，经过多年开放和市场化改革的实践，中国的制造业扭曲程度已经很低，即使制造业的要素价格扭曲全部消除，也不能带来最终产出的显著增长。这个结论与直观经验相符合，实际上，中国制造业竞争力的提升有目共睹，其投入产出已经形成了完整体系，能够进行大部分环节的工业

生产。我们发现，完全消除中国制造业各部门的要素价格扭曲，甚至不能带来
1%的最终产出增加。

服务业尤其是金融业的扭曲损失较大。中国的金融业、房地产、批发贸易、
建筑业的扭曲消除，分别可以带来9.7%、4.6%、4.5%、2.5%的产出增加。
现阶段金融业和房地产主导的经济模式，极大扭曲了中国的资源配置效率。更
为严重的是，这种扭曲通过投入产出网络，对上下游其他行业的产出和效率改
进造成挤出。主要判断是，中国的扭曲效率损失主要存在于服务业部门，尤以
金融业、批发贸易、房地产业为甚。

当前扭曲的服务业很难提供效率补偿。经济结构服务化导致工业化诱致机
制失灵，只有通过服务业提供效率补偿，才能保持经济的平稳持续发展。与工
业化不同，城市化是另一种特殊的生产函数，这个生产函数的本质体现为有效
率的服务业以其提供知识和生产的外溢效应，越来越成为上文所述的制造业和
整体经济效率的改进条件。面对效率补偿的要求，中国服务业如果仍旧深陷于
管制和扭曲的泥潭，将无法提供资源配置效率和产业创新动力，现有规模化、
成本型的扩张模式，无法使服务业真正成为城市化的增长支柱。

国际贸易促进扭曲消除效果。利用国别投入产出和全球投入产出，可以对
封闭和开放条件下扭曲消除的不同影响进行甄别。国际贸易促进了可贸易部门
的扭曲改进，制造业的扭曲消除可以通过贸易份额的扩大和附加值率的提高达
成。不可贸易部门的扭曲消除也将有很大的益处。尽管金融业和建筑业属于不
可贸易部门，但是它们的扭曲消除可以带来上游或者下游可贸易制造业的产出
扩张，从而带来总体产出的增加。因此，金融业、批发贸易、建筑业的扭曲消
除可以分别带来12%、7.6%、3.9%的产出增加，远远高于封闭条件下（见图
9－7）。

（三）进一步的评估：经济结构的效率补偿

经济扭曲的消除，也会影响其他行业的产出份额，从而影响整体经济的结
构联系强度。为了研究特定行业扭曲对其他行业产出份额的影响，需要对生产
函数的形式进行简单的修改。因为柯布－道格拉斯形式的模型中，产出份额是
固定的，需要修改成常替代弹性（CES）的形式。在上述模型中，生产函数的
形式被设定为柯布－道格拉斯的形式：$Q_i = A_i \left(K_i^{\alpha_i} L_i^{\beta_i} \right)^{1-\sigma_i} \prod_{i=1}^{N} \left(x_{i,j} \right)^{\sigma_{i,j}}$，因此中
间品投入的比例在各个行业中是固定的，比如j部门的投入$x_{i,j}$在部门i总产出

中的投入比例就是 $\sigma_{i,j}$。而常替代弹性形式的生产函数就放松了这一假定，中间品投入的产出比例将随着产品价格的变化而变化。因此我们将生产函数修改为：

$$Q_i = A_i (K_i^\alpha L_i^\beta)^{(1-\sigma_i)} X_i^{\sigma_i}$$

$$X_i = \left(\sum_{j=1}^{N} \mu_{i,j}^{\frac{1}{\varepsilon_{M,i}}} x_{i,j} 1 - \frac{1}{\varepsilon_{M,i}} \right)^{\frac{\varepsilon_{M,i}}{\varepsilon_{M,i}-1}}$$

其中各部门产品的价格替代弹性为 $\varepsilon_{M,i}$，我们称为中间投入产品价格弹性，$\mu_{i,j}$ 代表部门 i 总的中间投入中，部门 j 中间投入所占的份额。以上公式只是将中间品投入的形式修改为常替代弹性，资本和劳动投入仍旧是柯布－道格拉斯形式，从而可以研究扭曲变化对产出份额的影响。尽管修改了生产函数的设定，但是模型的求解仍旧依照命题 1 中的对数线性化求解方法，推导出最终产出和行业产出份额的表达式，并进行消除扭曲的反事实估计。评估结论如下。

金融业对于其他行业产生了明显挤压作用。消除了金融业的扭曲以后，金融业自身的产出份额将大幅下降，降幅达 61.3%（相对下降，不是绝对下降），而其他行业的产出份额将得到普遍的提升，提升幅度平均为 4% 左右（见图 9－8）。事实上，即使与发达国家相比，目前中国经济结构中金融业的比重也是偏高的。2016 年中国金融业占比达到 8.4%，而同期美国为 7.5%，英国为 6.6%，日本为 4.5%，韩国为 5.5%。问题在于，在转型时期，中国金融业不仅依靠扭曲的定价占有了较高的产出比重，而且对其他行业产生了挤压。当前受到广泛关注的实体经济与非实体经济的争论，主要集中于对金融业扭曲挤压制造业及其后果的评估。特别的，正如前文所述，由于中国金融业的后向联系很强、前向联系较弱，高昂而扭曲的资金价格抬高了实体经济的成本，使得制造业的利润不断被侵蚀。诱致机制失灵趋势逐渐显著的情况下，金融扭曲的网络效应将加剧宏观风险。现代产业体系，应该是产业协同发展、互助互进的关系，而不是这种一个行业挤压其他行业的模式。改革中国的金融业，可以使得资金效率得到更好提升，向着均衡的产业体系发展。

服务业扭曲削弱投入产出技术效率乘数。由于服务业的扭曲挤压了制造业部门的份额，因此也相应地削弱了整体经济的投入产出联系，降低了投入产出技术效率乘数。中国金融业的扭曲存在，使得投入产出技术效率乘数下降了 0.8%，而房地产的扭曲则使乘数下降了 0.35%。而金融业和房地产业扭曲的消除，可以使得中国的技术效率乘数从原先的 2.62 分别提升到 2.64 和 2.63。

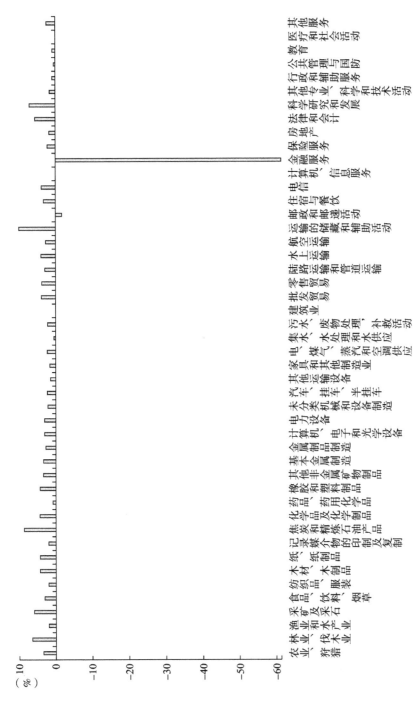

图9-8 消除金融业扭曲带来的其他行业产出份额变动（2014年）

资料来源：WIOD（2016年版），笔者计算。

总之，中国现阶段金融业和房地产过度繁荣带来的扭曲，严重阻碍了资源配置优化路径，降低了经济效率。在经济结构服务化的过程中，如果放任金融业和房地产业对制造业的挤压，将进一步降低资源的配置效率，从而不利于人力资本的积累和消费的升级，这是高质量发展的主要瓶颈。而通过市场化改革消除服务业的扭曲，一方面可以提高整体经济的产出效率，另一方面还可以缓解行业间挤压，提高技术效率乘数，从而缓解结构演进带来的结构性减速。

三　经济扭曲的原因和改革路径

赫希曼诱致机制是特定发展阶段的产物，通过资源配置扭曲实现工业化，也是不少后发国家的成功经验。同时，只要保持开放与竞争，这些工业部门在市场的力量下可以自我矫正扭曲，完成生产效率的提升。正如前文所述，在大规模工业化时期，中国很多工业部门扭曲程度较小，问题的关键在于非贸易部门，特别是金融、住房和科教文卫等部门扭曲程度明显较大。这些部门是扭曲及结构服务化瓶颈的根本，部门扭曲与要素配置扭曲的作用通过投入产出网络相互增强，阻碍了整个经济投入产出体系的效率提升。对于中国而言，金融、房地产、科教文卫等服务行业的扭曲来自非市场化、非开放性因素，这些扭曲难以靠开放与竞争来完成自我矫正，需要深化改革才能逐步矫正。

（一）行政管制和干预导致劳动要素配置扭曲

总体来看，中国近些年的市场化改革，如户籍制度改革、农民工市民化改革等政策措施，在促进劳动力流动性方面卓有成效，具体表现为劳动扭曲带来的产出损失下降，劳动生产率不断提升。与此同时，伴随着经济结构条件的变化，中国低收入劳动力的劳动报酬不断上升，从而带动了中国最终产出中的劳动报酬份额不断上升，从2007年的45.4%上升到了2014年的55%，已经接近美国和日本等发达国家水平（见图9-9）。

劳动市场的问题主要集中于行业的限制和体制机制的束缚。一是行业间的准入限制。中国公共部门、国有部门、垄断部门的市场化竞争程度较低，准入门槛较高，劳动力进入难度较大。进入这些垄断部门的同等技能的劳动力可以获得高于市场回报的收益。中国高、中、低技能劳动力在各行业的收入方差分别为1.57、2.25、2.96，远高于同期美国、日本、法国等发达国家（方差均在1以下，见表9-1）。同样技能水平的劳动力，在中国比在其他国家更难发生行

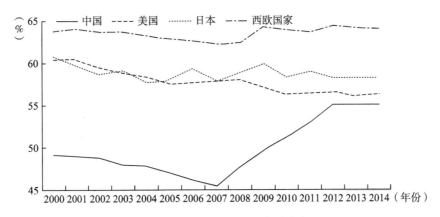

图9-9 各国劳动报酬份额的变化

资料来源：WIOD（2016年版），笔者计算。

业间流动。二是科研事业单位的体制约束。在科研单位，大量高技能劳动力收入偏低，他们的研究成果缺乏市场化的分享机制，丧失了市场化的动力。中国高技能劳动力的行业平均工资是低技能劳动力行业平均工资的1.73倍，中等技能劳动力的行业平均工资是低技能劳动力行业平均工资的1.21倍，而这两个比值在美国分别是2.47和1.41。中国高技能劳动力的收入水平被严重低估，导致了这部分劳动力的生产效率损失。行业之间，不同行业的劳动力分割严重，行业工资差异高；行业内部，由于科层制度的存在，高技能劳动力的收入水平被严重低估。行业内外的这两种机制共同导致中国劳动力生产效率的损失。

表9-1 技能劳动力工资的方差与比值

国别	高技能（方差）	中等技能（方差）	低技能（方差）	高技能/低技能	中等技能/低技能
中国	1.57	2.25	2.96	1.73	1.21
美国	0.11	0.16	0.25	2.47	1.41
日本	0.47	0.69	0.94	—	—
法国	0.09	0.09	0.11	—	—

注：高技能指大专及本科以上学历的劳动力，中等技能指中专及中学水平的劳动力，低技能指小学及小学以下的劳动力。

资料来源：WIOD-SEA。

（二）投资的政府主导扭曲了资本配置

中国资本配置扭曲主要来源于分割的金融体制和垄断的土地供给机制，这与政府的投资主导模式密切联系。迄今为止，政府角色仍旧没有转型为城市化所需要的优质公共服务的提供者。政府主导下的资本配置，更倾向于具有隐形担保的地方投资实体。从货币投放的方式来看，几大国有银行作为资金获取的上游，与下游城市商业银行和农村商业银行形成了资金滴漏层级，其余的金融中介也形成了监管套利式的利益获取群体，这使得实体经济的资金成本要经过层层套利加价。而在贷款发放的一侧，国有企业和地方融资平台等公共实体，由于政府隐形担保的存在而可以优先获得资金，民营实体在贷款获取方面则往往处于绝对劣势，造成了资金层面的利益再分配。这种机制一方面造成了地方债务和地方融资平台债务的不断膨胀，另一方面又挤压了实体制造业，进一步放大了扭曲。仅就金融业而言，资本扭曲的值就从 2000 年的 8 飙升到了 2014 年的 40 左右。

（三）改革的路径是政府职能的转变，从工业化驱动转向城市化服务

中国政府工业化赶超的运作模式，对资本和劳动进行差别化限制，这在一定程度上促进了中国工业化进程中的制造业发展和产业阶梯爬升。但是在工业化后期的城市化阶段，这种政府主导经济的模式造成了资本和劳动的要素配置扭曲，不利于经济结构的效率提升。中国的改革路径应该是顺应城市化的规律，将政府的职能从投资导向转变为提供优质的公共服务，降低现代服务业的进入门槛和垄断性，提升现代服务业的国际竞争力。政府的支出应该更多地集中于教育、医疗和养老等福利领域，并且努力实现公共福利的均等化，为人力资本的积累创造基础条件。政府的职能转变，一方面可以降低劳动和资本的扭曲，提升要素配置的效率；另一方面可以促进人力资本的再生产，提高经济的内生增长能力，最终实现健康可持续的经济发展。

四 结论和政策建议

本文对赫希曼诱致机制失灵和效率补偿问题给出解读。这个解读基于中国大规模工业化结束之后所面临的挑战和重大问题，强调城市化和结构服务化的运作必须以效率补偿为基础。鉴于转型时期供给体系诱致机制失灵这个普遍规律，要实现有效率的城市化，中国亟须在服务业发展过程中提升产业链接强度，据此获得投入产出技术效率乘数的改进，推动全要素生产率提升，达到效率补偿效果。本文的主要结论如下。

（1）结构服务化导致了诱致机制失灵。工业化时期的诱致机制基于制造业极强的前后向的产业联系，为产业的扩张和经济的快速发展提供了结构性动力。随着经济结构向服务业主导转型，而服务业本身的前后向联系就明显弱于制造业，因此制造业的产业联系也明显减弱，这使得经济结构联系减弱，结构的产出乘数效应也减弱，工业化时期的诱致机制失灵。

（2）诱致机制失灵需要进行效率补偿。通过研究发达国家的结构演进路径发现，尽管这些国家的经济联系也明显减弱，投入产出技术效率乘数明显比不上正处于工业化高峰时期的中国，但是发达国家仍然通过全球要素再配置、提高要素配置效率、投入研发等方式提升了经济效率。这种效率补偿特别体现在它们利用全球要素再配置提高经济效率这个层面，通过要素配置效率改进来提升经济效率的途径也为我们的实证结果所支持。

（3）中国的效率补偿面临着结构性扭曲问题。反事实估计的结论是中国通过消除扭曲可以提升44%的产出。鉴于中国服务业的成本型、规模型发展方式及广泛存在的管制限制，扭曲的消除和效率补偿的提供无疑是一个巨大挑战。中国制造业扭曲程度较小，服务业特别是金融、房地产、科教文卫等行业存在着严重扭曲，尤其是金融业扭曲损失极大，且对其他行业产生了极大的挤压作用。与产业扭曲相关的资本和劳动要素配置，都存在着效率扭曲问题。

基于以上结论，本文提出如下政策建议。

（1）将政府职能从工业化驱动转向城市化服务。工业化赶超型的政府对于推动经济的工业化和现代化水平具有一定的积极意义，但是在经济结构转向服务化的过程中，进一步加大了资本和劳动的配置扭曲。要将政府的职能从高速工业化的驱动者转变为高质量城市化服务的提供者。具体而言，政府应该尽量减少差异化的政策安排，减少政府背书的公共投资，增加教育、医疗、养老等方面的公共福利支出，努力做到公共福利均等化，促进人力资本升级。

（2）针对产业制定差别化的改革策略。对制造业而言，只要保持市场化的竞争与开放即可，即使运用产业政策，中国制造业也存在很强的扭曲纠正能力。但是，对于服务业这类非贸易和垄断部门，必须进行结构性改革才能实现升级。因此对于制造业部门而言，应该继续推动市场竞争和对外开放，通过市场化的手段来消除制造业自身的扭曲，提升制造业部门的产出效率。而对于服务业部门，应该致力于消除行业规制和要素流动的壁垒，降低服务业的垄断收益，减少服务业对制造业部门的挤压作用，促进产业协同发展和服务业效率补偿。

（3）推动中国的价值链攀升和全球要素再配置。中国目前还处于国际代工型国家的阶段，全球价值链地位较低。伴随着经济结构的转型，中国应该积极与其他发展中国家进行产能合作，将部分低附加值产业转移到海外，同时保留和开拓高附加值的产业领域，加大链条式创新和分布式创新的力度，努力实现产业价值链的攀升。通过价值链地位的提升和产能转移，中国才能真正实现以全球要素再配置提升自身的经济效率。

第十章 中国就业系统的演进、摩擦与转型

——劳动力市场微观实证与体制分析

张　鹏　张　平　袁富华[*]

内容提要：居于国民经济核心地位的就业系统，其形成、演进和调整与经济发展阶段和结构条件变化密切相关。受到经济追赶所必需的高强度资本积累的制约，中低层次人力资本主导的中国就业系统，源于城乡二元分割制度且被低价工业化模式强化。面对高质量发展要求和城市化转型，中国的这种工业化就业系统呈现越来越大的不适应性，主要表现在大量劳动力漂移于低端部门，低端锁定现象明显。理论和经验分析结果表明，劳动力就业漂移将对人力资本积累产生明显的负反馈效应，特别是高人力资本劳动力和成熟劳动力群体表现尤甚。本文的基本结论是，形成于大规模工业化时期边疆开拓式发展环境下的维持型就业系统，在向城市化和高质量转型中导致大量劳动力就业漂移，人力资本在漂移中不断耗散，形成中国向高质量增长阶段跨越的极大障碍。在中国发展逐步触及创新与福利这些最本质的现代化理念时，就业的制度组织应从维持型就业系统转型，并逐步建立有利于人力资本持续积累激励的分享型就业系统。

关键词：维持型就业系统　分享型就业系统　负反馈

---

* 本文发表于《经济研究》2019 年第 12 期。张鹏、张平、袁富华，中国社会科学院经济研究所中国经济增长前沿课题组。参与讨论的人员有张晓晶、赵志君、仲继银、常欣、张自然、吴延兵、张磊、陈昌兵、汤铎铎、郭路、付敏杰、张小溪、楠玉、张晓奇。本研究是国家社会科学基金项目"人口年龄结构、人力资本与中国创新增长的关系研究"（14CRK016）的阶段性成果。

马克思将"劳动循环"置于"资本循环"之中，探讨了资本主义工业化生产方式本质上是劳动力"贫困积累"。打破这种资本占有劳动力的循环，推动劳动力人力资本持续积累，形成创新分享体制是中国社会主义市场经济高质量转型的关键（中国经济增长前沿课题组，2015；张平和郭冠清，2016）。发达经济体把就业系统建设置于政策核心，源于1970年代经济减速和城市化的高度发展。"二战"后基于大众消费的大规模工业化发展，不仅加速了发达国家高强度的资本积累和工业化进程，而且推动了公共服务支出的快速提升，分享型就业系统既作为工业化的结果也作为高端现代化的条件应运而生。这个体系的特点突出表现为就业组织化、就业安全以及工资收入与生产率之间的指数化联动，生产发展转换为收益分享、劳动力要素升级、知识中产阶层扩大再生产是这个体系运转的重要成果，最终实现高度城市化的可持续发展。鉴于已经变化了的结构条件和发展环境，20世纪最后二三十年发达国家的就业制度虽然发生了不少变化，但是保障就业安全、提升劳动者福利仍然是主线。中国改革开放促进了农村劳动力转移，形成了中国工业化就业系统特征。中国就业系统处于比较明显的分割状态，就业系统总体上来看仍然属于维持型或生存型，以便保持比较竞争优势和高资本回报吸引资金的特征。维持型就业系统内生于中国低价工业化追赶模式，在特定工业化条件下有其合理性并发挥了重要的历史作用。

2012年以来，中国经济增长结构性减速趋势逐渐显著，增速换挡和供给侧结构性改革开启了城市化新模式的塑造。作为中国工业化和高强度积累的内核，维持型就业系统也面临向分享型就业系统的转换。新旧压力交错下的矛盾激荡，也最集中表现在这个领域。原有支撑低价工业化的就业制度正在失去活力，教育、培训系统的制度性缺陷以及人力资本的低端化，导致就业系统的不适应。就业系统的不适应一方面会带来失业、裁员、离职等冲击，造成人力资本积累路径出现中断。现有一些文献对此问题进行了分析，Ortego-Marti（2016）在扩展的工作阶梯模型中证实了失业导致无法向更高阶梯工作爬升，将会带来技能损失，从而降低劳动力收入水平，其他一些文献也发现了类似结论（Keane and Wolpin，1997；Ljungqvist and Sargent，1998；Albrecht et al.，1999；Kunze，2002；Shimer and Werning，2006；Dennis and Grip，2009；Pollak，2013；Mooi-Reci and Harry，2015；Blundell et al.，2016）。另一方面，在就业系统转换过程中，很多劳动力为了避免失业而被迫选择就业（Fujita，2010），其就业特征在于选择漂移于不稳定的就业环境，长期锁定在低收入或者有就业无增长情形，带来人力资本耗散。

对转型期的中国而言，这一问题可以归纳为以下几点。第一，路径依赖和低端就业锁定现象比较明显。1990年代以来农村剩余劳动力向城市的转移，彻底打破了原有农业部门和城市部门分割的就业系统，衍生出了农民工这一特殊的劳动力市场。连同城市初级劳动力市场，较为薄弱的人力资本和制度化保障的缺失，使得这部分劳动力长期漂移在不稳定的就业环境中。第二，中国的大规模工业化采取了积累导向模式，这种模式的任务是从事竞争性的产品生产而非从事竞争性的知识技术生产，劳动力升级路径受阻；加之知识密集型服务业体系处于行政垄断下，人力资本拓展空间受限制，根本上不适应城市化的差异性活动及其创新要求。因此，一旦大规模工业化的占比下降，人力资本升级滞后的问题就会凸显。教育程度和技能水平普遍低下的劳动力在就业市场不能找到更高收入的工作，频繁的工作转换只能导致人力资本耗散而非积累。第三，国际城市化发展的经验教训所揭示的一个根本问题是，城市化过程中效率增进和福利提升协同演化的核心因素是劳动力组织的制度化与社会化，分享型就业系统的建设是基础。中国转型时期面对的首要问题，是推动维持型就业系统向分享型就业系统的转换。把占劳动力大多数的农民工和城市初级劳动者限制在低端就业市场是一种危险的举措，打造有利于这些劳动力职业生涯规划的就业制度，是高质量发展的根本。

本文的可能贡献在于：第一，首次从就业系统演进视角，探讨了减速时期中国就业系统调整所带来的震荡，即劳动力就业漂移所带来的人力资本耗散问题；第二，我们在加入就业漂移冲击的工作搜寻模型中分析得出结论，即就业漂移将会带来劳动力收入下降，而收入下降实质上相当于在就业系统转换中置入负反馈机制，导致劳动力人力资本耗散；第三，基于CHIP数据库2013年的微观数据，对劳动力就业漂移的典型化事实进行了梳理，并为劳动力就业漂移对收入增长的影响提供了微观证据。中国目前正处于就业系统转换和制度建设的探索之中，我们期望这些分析能产生一些启发作用。

本文结构如下。第一部分为工业化过程中的就业系统特征、发展及其转换问题。该部分基于几个典型化事实说明工业化过程中所形成的维持型就业系统在向城市化时期分享型就业系统的转换中存在的不适应问题，主要表现为农业转移劳动力和城市初级劳动力被锁定于低端部门，向上流动渠道不畅，就业漂移现象突出。第二部分在典型化事实的基础上，分析了就业漂移对人力资本积累的负面影响。我们在加入就业漂移冲击的工作搜寻模型中，发现就业漂移将会带来劳动力收入下降。收入下降本质上相当于在就业系统转换中置入负反馈机制，导致劳动力在就业漂移中人力资本耗散而非积累。第三部分为实证分析。我们使用 CHIP 数据库 2013 年的微观数据对劳动力就业漂移与收入增长的关系进行了详细检验，总体上发现就业漂移将对劳动力人力资本积累形成负面影响，特别是高人力资本群体和成熟劳动力群体表现尤甚。第四部分从就业系统转换视角探讨了转型期劳动力漂移的深层次原因，并指出了未来中国就业系统转型方向和几个关键的建设点。

一 工业化过程中的就业系统特征、发展及其转换问题

（一）典型化事实 I

经济二元性的工业化初始条件以及路径依赖，导致中国劳动力市场呈现低层次人力资本占比过高和高层次人力资本不足的矛盾，人力资本升级滞后构成城市化高质量发展的主要门槛。

基本认识：改革开放开启的持续高增长和高强度工业化积累之路，是基于中国庞大的人口规模。这种积累导向的发展模式，再生产以中低教育程度劳动力为特征。但是，当标准化、大规模工业进程结束，低层次人力资本占比过高和高层次人力资本不足的矛盾，会由于城市化生产生活方式变化而凸显，就业系统的不适应问题由此提出。

数据分析：工业化推动了中国劳动力素质的稳步提高，但是与发达国家的差距依然明显（见图 10-1 至图 10-3）。一方面，分年龄组比较。中国 20~39 岁年龄人口受教育程度高于 40~64 岁年龄组人口。2015 年二者分别为 9.78 年和 7.68 年，反映了中国大规模工业化时期第一代产业工人更加重视子女教育，"80 后""90 后"新一代劳动力人力资本水平相比父辈有了大幅提高。从接受中学教育的劳动力占适龄人口比重情况看，20~39 岁和 40~64 岁接受中等教育劳动力比例快速上升，这也契合了中国大规模工业化对劳动力需求的特征，中国接受中等教育的劳动力仍是劳动力主体（袁富华等，2015）。不同的是 20~

39 岁接受中学教育的劳动力比重从新世纪开始已经增长趋缓，未来有下降的趋势，一定程度上说明中国经济结构转型对劳动力素质要求的提高。20～39 岁年龄组接受高等教育劳动力的比重，在新世纪有比较快速的上升。相比之下，40～64 岁年龄组人口接受高等教育的比重上升幅度较缓而接受中等教育人口的比重却有快速的上升，显然 20～39 岁年龄组人口人力资本升级趋势更加符合经济转型特征。另一方面，国际比较。无论是 20～39 岁年龄组还是 40～64 岁年龄组，中国接受中等教育人口的比重已经达到其他发达国家水平，但接受大专及以上高等教育人口的比重显著低于发达国家。未来 15 年内 40～64 岁年龄组人口逐步步入退休年龄并将退出劳动力市场，20～39 岁年龄组人口将成为劳动力市场的主要组成部分。2015 年中国 20～39 岁年龄组人口接受各类教育的比重分别为：小学及以下为 8.6%、中学为 70%、大专及以上为 21.4%，未来 15 年内的人力资本结构依然是中等教育程度主导。

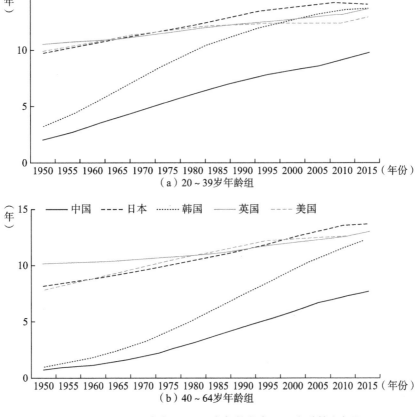

图 10-1　20～39 岁和 40～64 岁年龄段人口平均受教育年限

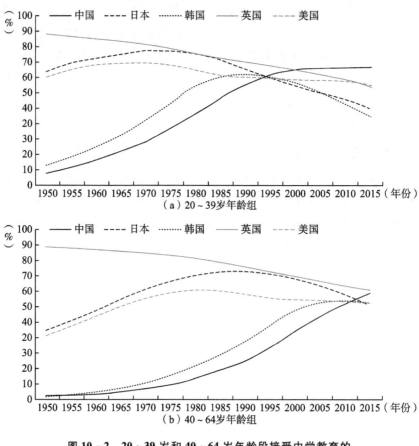

图 10-2　20~39 岁和 40~64 岁年龄段接受中学教育的
劳动力占适龄人口比重

（二）典型化事实 II

中低教育程度劳动力就业的稳定性，依赖于大规模工业化对就业岗位的
"边疆拓展"，一旦开发式的就业创造机会消失，将导致这部分劳动力在低端岗
位漂移和人力资本积累中断。

基本认识：作为高度现代化的重要标志，发达国家劳动力市场的流动性，
指的是通过搜寻爬升到更高的岗位阶梯（Hornstein et al.，2011），以达成职业
向上流动与收入提高的良性循环，促进总体人力资本升级、积累（Blumen，
1955）。受制于维持型就业方式和低价工业化积累体系，中国大部分劳动力表现
为在低端产业内漂移，收入与人力资本同步增长机制缺失，人力资本积累出现
"间断点"。

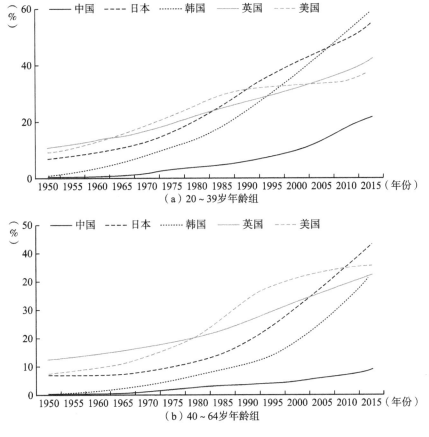

（a）20~39岁年龄组

（b）40~64岁年龄组

图 10-3 20~39 岁和 40~64 岁年龄段接受大专及以上
教育人口占适龄人口比重

资料来源：维根斯坦人口与人力资本研究中心（Wittgenstein Centre for Demography and Human Capital），http://dataexplorer. wittgensteincentre. org/wcde-v2。

数据分析：基于 CHIP 数据库 2013 年的微观数据，中国 20~39 岁人口工作转换的比重达到 47%，将近总人数的一半经历过工作转换，其中 33% 的人口换过一次工作，9.4% 的人口换过两次工作。从劳动合同性质角度考察，可以发现短期或临时合同、临时工工作转换概率将近 40%（见表 10-1），显著高于固定职工与长期合同工[①]，说明工作转换主要发生于临时工或短期合同工集中的部门，而这些部门一般都以低端部门为主。从受教育程度角度考察，可以发现受

----

① 《中华人民共和国劳动合同法》第 14 条规定，劳动者在该用人单位连续工作满十年的可以签订无固定期限劳动合同，即长期合同。

教育程度越高，越有利于就业的稳定。小学教育水平及以下 20～39 岁年龄组人口就业稳定性最差，经历过工作转换的比重为 52.43%；其次为中学教育人口，为 51.54%；最低的为大专及以上，但仍高达 34.06%。这说明低层次人力资本市场劳动力一半以上都经历了就业转换，高于高层次人力资本劳动力市场（见表 10－2）。

表 10－1　20～39 岁不同劳动性质的劳动力工作转换次数概率分布

单位：%

劳动合同性质	0	1	2	3	4	5	6	7	8	10
固定职工	86.49	10.91	1.98	0.31	0.10	0.21	0	0	0	0
长期合同	67.85	22.94	6.22	1.94	0.97	0.08	0	0	0	0
短期或临时合同、临时工	60.76	24.90	9.28	2.61	1.39	0.56	0.17	0.22	0.06	0.06

注：固定职工也包括公务员、事业单位在编人员。
资料来源：CHIP 数据库（2013）。

表 10－2　20～39 岁不同受教育程度的劳动力工作转换次数概率分布

单位：%

受教育程度	0	1	2	3	4	5	6	7	8	9
小学及以下	47.57	35.07	9.70	4.29	1.68	0.56	0.37	0.56	0.19	0
中学、中专与职业教育	48.46	36.10	10.47	2.52	1.69	0.49	0.09	0.14	0.00	0.06
大专及以上	65.94	24.19	6.96	1.66	0.66	0.20	0.00	0.07	0.27	0.07

资料来源：CHIP 数据库（2013）。

（三）典型化事实Ⅲ

工业化积累方式对低人力资本的路径依赖以及劳动力市场分割，导致大部分农业转移劳动力锁定于低端部门。

基本认识：低效率部门不断累积低层次人力资本，因此就业不稳定和风险等因素在这些就业者中不断累积。非生产性的垄断部门和高效率部门吸纳了高人力资本，但是只占劳动力的较小部分。农民工的上升通道阻断，这种分割从长期来看不利于城市化的效率改进。

数据分析如下。

（1）公式设定。使用 CHIP 数据库 2013 年的微观数据并参照 Blau 和 Ducan（1978）及周兴和张鹏（2015）的方法来计算流动性指数。假设有 n 个职业

（行业）类型，$P_{i,j}$ 是第一次工作的职业（行业）为 i、当前工作的职业（行业）为 j 的频数。如果第一次工作的职业（行业）与当前工作的职业（行业）相互独立，则 $P_{i,j}$ 的观测值与独立假设下的期望值趋于相等，即两者的比值应该接近于 1，否则会偏离 1。因此我们可以用频数的观测值与期望值之比定义流动人口职业（行业）流动性指数，即：

$$m_{i,j} = \left(p_{i,j} \bigg/ \frac{\sum_{i=1}^{n} p_{i,j} \sum_{j=1}^{n} p_{i,j}}{\sum_{i=1}^{n} \sum_{j=1}^{n} p_{i,j}} \right) \tag{1}$$

如果 $m_{i,j} > 1$，则说明第一次工作的职业（行业）为 i、当前工作的职业（行业）为 j 的实际观测频数大于理论期望值，因此第一次工作的职业（行业）为 i 的个体，当前工作的职业（行业）为 j 的可能性较高，反之则较小。在此基础上，我们可以计算出不同职业（行业）流动的流入指数和流出指数。职业（行业）j 的流入指数为：

$$I_j = \left(\sum_{i \neq j} p_{i,j} / n - 1 \right) \tag{2}$$

职业流入指数衡量了第一次工作的职业（行业）不是职业（行业）j 的个体中，当前工作进入职业（行业）j 的可能性。该指数越小，则反映出这种职业（行业）的流动性越小，其他职业（行业）的个体进入这种职业（行业）的障碍越大；反之，则说明这种职业（行业）接受其他职业（行业）个体的可能性越高，职业（行业）流动性较强。

与之类似，职业（行业）流出指数的表达式为：

$$O_i = \left(\sum_{j \neq i} p_{i,j} / n - 1 \right) \tag{3}$$

该指标衡量了个体从事第一份工作的职业（行业）为 i 而当前工作的职业（行业）不为 i 的可能性。职业（行业）流出指数越大，则说明该职业（行业）的流动性越强，个体第一份工作为此职业（行业）而当前工作流出该职业（行业）的可能性越大。

（2）数据描述。首先，基于行业。表 10 - 3 中我们将行业分为农业、建筑业、制造业、低端服务业、高端服务业和科教文卫与公共组织六大类，横轴为个体第一份工作所属行业，纵轴为目前工作所属行业，流动矩阵中对角线元素为个体第一份工作所属行业和目前工作所属行业相同的可能性，而其他元素为个体第一份工作所属行业流入目前工作所属行业的可能性。根据公式（1），只有流动性指数 m_{ij} 大于 1 时结果才有意义。主要发现有两点：第一，观察对角线元素，其数值都大于 1，反映了农民工流动基本固化在相同行业，这以从事农业和建筑业的农民工表现最为明显；第二，观察其他元素，可以发现流动主要发生于三个方向，即从事行业为农业的农民工向制造业和低端服务业流动、从事建筑业的农民工向制造业流动、从事制造业的农民工向农业回流，这基本符合进城务工人员在行业间流动的现实。流出指数（O）和流入指数（I）都小于 1，这一方面说明各行业的农民工流入其他不同行业的可能性较小，另一方面也说明各行业农民工接纳其他不同行业农民工的可能性较小。可见，农民工自由流动于不同行业间还存在较大障碍。表 10 - 3 的结论证实了目前农民工主要在低端行业漂移，自然人力资本向更高梯度爬升也无法突破。

表 10 - 3　行业流动矩阵

指标	农业	建筑业	制造业	低端服务业	高端服务业	科教文卫与公共组织	流出指数（O）
农业	4.418	0.937	1.266	1.096	0.000	0.000	0.660
建筑业	0.000	4.121	1.169	0.399	0.892	0.000	0.492
制造业	1.239	0.000	2.458	0.643	0.876	0.500	0.652
低端服务业	0.342	0.435	0.317	1.899	0.207	0.207	0.302
高端服务业	0.000	0.000	0.000	1.019	3.421	2.278	0.659
科教文卫与公共组织	0.000	0.507	0.790	0.944	0.604	3.015	0.569
流入指数（I）	0.316	0.376	0.708	0.820	0.516	0.597	

其次，基于职业。表 10 - 4 进一步从职业角度进行了分析，与表 10 - 3 类似，可以得出两点基本结论。第一，对角线元素全部大于 1，说明从事某一职业的农民工经历工作转换后仍然从事这一职业的可能性最大。由于专有人力资本积累的影响，办事人员、专业技术人员和机关事业单位负责人的职业转换相同的可能性都较高，职业流动也最有可能在相同职业内发生。第二，对角线以外其他大于 1 的元素，说明农民工职业流动主要表现为农业人员更有可能向生产制造人员和商业与服务业人员流动，而流动到其他职业的可能性低。可见农民工职业向上流动渠道不畅，低端锁定特征更加明显，使得他们只能漂移在城市低端部门。流出指数（O）和流入指数（I）依然全部小于 1，说明农民工所

从事各类职业的封闭性较强，他们通过职业流动来摆脱就业漂移状态的可能性较小。

表 10 - 4　职业流动矩阵

指标	务农人员	生产制造人员	商业与服务业人员	办事人员和有关人员	专业技术人员	机关事业单位负责人	流出指数（O）
务农人员	4.618	1.569	1.340	0.000	0.000	0.000	0.582
生产人员	0.942	2.449	0.740	0.285	0.394	0.000	0.472
商业与服务业人员	0.440	0.422	2.658	0.133	0.138	0.000	0.227
办事人员和有关人员	0.000	0.739	0.420	5.582	0.643	0.000	0.360
专业技术人员	0.000	0.821	0.526	0.000	4.825	0.659	0.401
机关事业单位负责人	0.000	0.000	0.315	0.000	0.000	5.341	0.063
流入指数（I）	0.276	0.710	0.668	0.084	0.235	0.132	

（四）典型化事实Ⅳ

老年人口劳动参与率较低，未能充分利用老年人口特别是低龄老年人口人力资本。

就业系统的不适应性除表现在劳动力市场内部外，也表现在老年人口群体中，其主要表现为老年人口劳动参与率低，未能充分利用老年人口所蕴含的人力资本。随着我国人口预期寿命的不断增长和人口老龄化的冲击，劳动力数量和质量都将对经济增长构成挑战。但目前相对刚性的退休制度，使得老年人口在生理退休年龄（卢敏、彭希哲，2018）到达之前就过早退出了劳动力市场，特别是企业和机关事业单位一些退休人员，是老年人口中人力资本层次较高的群体，这种现象也是人力资本耗散的表现。我们使用国际劳工组织提供的各国劳动力构成中老年人口比例来对这一事实进行分析。从图 10 - 4 可以发现，中国老年人口劳动参与率较低，特别是低龄老年人口（60～64 岁）劳动参与率显著低于发达国家。2010 年人口普查中 60～64 岁劳动力占比不足 4%，不仅低于欧美国家，更是远低于日韩等亚洲国家。目前日本与韩国 60～64 岁劳动力占比分别在 8% 和 5% 以上，即使 65 岁及以上劳动力占比，日本与韩国仍然达到 5%～10% 的水平，远远高于中国目前水平。

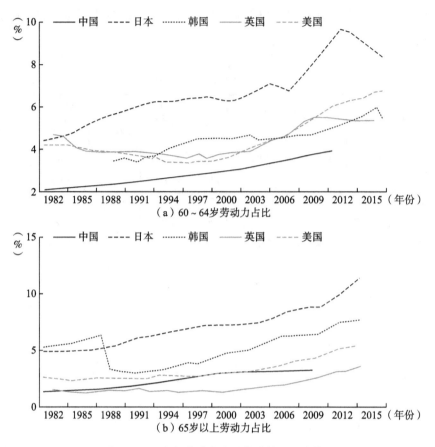

（a）60～64岁劳动力占比

（b）65岁以上劳动力占比

图 10 - 4　老年劳动力比重构成的国际比较

资料来源：国际劳工组织数据库。

二　负反馈：漂移与人力资本耗散分析

由上述典型化事实可知，大量劳动力漂移在低端部门，导致人力资本升级滞后，因此劳动力漂移实际上是在就业系统中置入了一种负反馈机制。特别是涉及就业系统与经济效率（或收入）的关系时，它们之间相互作用的因果累积将导致人力资本耗散，对长期增长的不利效应也值得重视。本部分对这种机制给出一个启发性模拟。

Burdett 和 Mortensen （1998）将人们的就业状态分为两种，一类是处于就业之中的劳动力，而另一类是处于失业并搜寻工作的失业者。代表性就业劳动力的价值函数可以表示为：

$$rV(w) = w + \lambda \int_{w}^{\bar{w}} [V(z) - V(w)] \mathrm{d}F(z) + \omega [U - V(w)] \tag{4}$$

其中，r 为折现率，$V(w)$ 是工资为 w 的情况下个体的价值函数，$\bar{w}$ 为最高工资（工资上限）。个体搜寻分为两种状态，第一种为通过搜寻找到工资大于 w 的工作并实现价值增长，其中 λ 为工作岗位出现的概率，文献中一般假定其服从泊松分布。假定 F 为企业投放工作岗位（offer）随机变量的分布函数，因此式（4）第 2 项说明个体可以通过工作搜寻实现自身价值增长、职业向上流动，同时人力资本也不断积累。第二种状态是指由于工作替代或破坏导致个体意外失业，其中 ω 为发生意外失业的外生概率，现实中随着经济社会发展必然有部分工作岗位被时代潮流抛弃，使得个体在非自愿失业的情况下被迫退出就业状态，因此式（4）第 3 项反映了外生工作破坏所致的价值损失。综上可以发现，劳动力的价值函数反映了其就业状态在不断的工作搜寻中得到更新。如果将蕴含不同人力资本的工作岗位从低到高排序，个体通过搜寻工资更高的就业岗位来不断向蕴含更高人力资本的工作爬升，实现 Hornstein 等（2011）所论述的工作阶梯（job ladder）不断上升。相应地，失业者的价值函数为：

$$rU = b + \lambda \int_{w^*}^{\bar{w}} [V(z) - U] \mathrm{d}F(z) \tag{5}$$

其中，λ 为失业者得到工作岗位的概率，b 为闲暇价值。式（5）中第 2 项表示失业者通过搜寻高于最低工资① w^* 的就业岗位而带来的价值增长。

因此，一般工作搜寻模型中所隐含的理性个体在不断搜寻中必然实现价值增长，而这与典型化事实中所论述的中国劳动力市场所存在的就业转换速度快且多集中于城市低端部门的现象不相符合。很多劳动力转换工作岗位可能不会实现收入增长，工作搜寻也可能带来收入下降，劳动力在不断的工作转换或搜寻过程中更类似处于随机漂移状态。"漂移"一词源于物理学，反映了粒子由于受到外力冲击而偏离正常运动轨迹，导致粒子在漂移中部分损失。将这一术语运用于就业过程，意在说明劳动力市场摩擦导致一部分劳动力游离于正常工作搜寻渠道之外，偏离生命周期下的正常人力资本积累路径，使得人力资本积累出现"间断点"，收入增长减缓甚至下降。为反映就业漂移冲击对劳动力工作搜寻过程的干扰，参考 Jolivet 等（2006）的研究，我们将式（4）扩展为：

---

① 也有文献称为保留工资（reservation wage），反映了失业者接受就业的最低工资，或者说是维持生计所必需的基本工资。

$$rV(w) = w + \lambda \int_{w}^{\bar{w}} [V(z) - V(w)] dF(z) + \lambda \theta \int_{w^{*}}^{\bar{w}} [V(z) - V(w)] dF(z) + \omega [U - V(w)]$$

$$(6)$$

经过扩展后，劳动力的工作搜寻状态除搜寻高于目前工资的工作和意外失业之外，还存在就业漂移状态。假设劳动力市场摩擦使得一部分劳动力被迫游离于正常搜寻渠道之外，他们只要工资高于最低工资 w^{*} 就会接受就业，其工作搜寻可能不会带来工资增长而仅仅可能是为了就业，θ 表示就业漂移冲击。显然，当 $\theta = 0$ 时，式（6）就退化为 Burdett 和 Mortensen（1998）所讨论的正常搜寻情形。随着就业漂移冲击 θ 的增大，就业漂移对劳动力的价值函数影响也越来越大。式（6）中第 3 项表示在遭受就业漂移冲击的情况下，劳动力只能以最低工资接受就业，否则将面临失业风险。而第 2 项说明不存在就业漂移冲击的情形下劳动力将通过正常搜寻实现价值增长，第 4 项为意外失业导致的价值损失。因此，就业漂移冲击的存在将劳动力市场分割为两类：一是在正常劳动力情况下，劳动力通过工作搜寻或职业流动，实现职业阶梯的不断上升，人力资本职业阶梯爬升过程中逐渐积累，带来劳动力价值函数的增长；二是在劳动力市场不完善或存在摩擦的情形下，一部分劳动力无法进入工资增长和人力资本积累的正常搜寻过程，他们被迫在最低工资下漂移于城市低端部门，工资增长缓慢甚至下降，人力资本积累也会在漂移中慢慢耗散。

为求得最低工资 w^{*}，根据文献的通常做法，将 w^{*} 代入式（6）使得劳动力价值函数等于失业者的价值函数，即 $V(w^{*}) = U$，则：

$$w^{*} + \lambda \int_{w^{*}}^{\bar{w}} [V(z) - V(w^{*})] dF(z) + \omega [U - V(w^{*})] = b + \lambda_0 \int_{w^{*}}^{\bar{w}} [V(z) - U] dF(z) \quad (7)$$

对 $\int_{w^{*}}^{\bar{w}} V(z) dF(z)$ 使用分部积分法，在 $F(\bar{w}) = 1$ 的情况下经过简单整理，可知 w^{*} 可以表示为：

$$w^{*} = b + (\lambda_0 - \lambda) \int_{w^{*}}^{\bar{w}} [1 - F(z)] dV(z) = b + (\lambda_0 - \lambda) \int_{w^{*}}^{\bar{w}} [1 - F(z)] V(z) dz \quad (8)$$

为求得 $V(z)$，先使用式（6），两边对 w 求导可以得到：

$$rV(w) = 1 + \lambda [1 - F(w)] V(w) + \lambda \theta [F(w) - F(w^{*})] V(w) + \omega V(w)$$

经过简单整理可以得到：

$$V(w) = \frac{1}{\omega + r + \lambda \theta + \lambda (1 - \theta)[1 - F(w)] - \lambda \theta F(w^{*})} \quad (9)$$

将式（9）代入式（8）中可将最低工资 w^* 表示为：

$$w^* = b + (\lambda_0 - \lambda) \int_{w^*}^{\bar{w}} \frac{1 - F(z)}{\omega + r + \lambda\theta + \lambda(1 - \theta)[1 - F(w)] - \lambda\theta F(w^*)} dz \tag{10}$$

令 $G(w)$ 为工资不高于 w 的所有劳动力的分布函数，u 为失业者比例，$(1 - u)$ 为就业人口比重。在工资为 w 的情况下，劳动力流出分为两部分：一部分为因就业破坏而退出的人群（ω）；另一部分为当工资高于 w 的情况下劳动力也会转向更好的工作机会，即工作岗位出现的概率 λ 乘以工资高于 w 的概率 $[1 - F(w)]$ 的积。两部分之和反映在式（11）中：

$$(1 - u)G(w)\{\omega + \lambda[1 - F(w)]\} \tag{11}$$

同理，在工资为 w 的情况下，劳动力流入也分为两个部分：其中一部分为在工资高于最低工资 w^* 的情形下失业者将接受就业，即 $u\lambda_0[F(w) - F(w^*)]$；另一部分是由于工资高于 w 的情形下部分人被迫选择就业漂移，他们也必须在最低工资 w^* 之上选择就业从而进入劳动力市场，否则将面临失业风险。工资高于 w 的劳动力比例为 $(1 - u)[1 - G(w)]$，最低工资 w^* 和现有工资 w 之间投放工作岗位概率之差为 $[F(w) - F(w^*)]$。综合两部分劳动力流入之和为：

$$u\lambda_0[F(w) - F(w^*)] + (1 - u)[1 - G(w)]\lambda\theta[F(w) - F(w^*)] \tag{12}$$

在劳动力市场处于均衡状态下，劳动力流入和劳动力流出必然相等，据此可以计算得到稳态的收入分布。这意味着：

$$(1 - u)G(w)\{\omega + \lambda[1 - F(w)]\} = u\lambda_0[F(w) - F(w^*)] +$$
$$(1 - u)[1 - G(w)]\lambda\theta[F(w) - F(w^*)] \tag{13}$$

简单整理可得 $G(w)$ 为：

$$G(w) = \frac{(1 - u)\lambda\theta + u\lambda_0}{1 - u} \frac{F(w) - F(w^*)}{\kappa} \tag{14}$$

其中，$\kappa = \omega + \lambda\theta F(w) + \lambda[1 - F(w)] - \lambda\theta F(w^*)$。当 $w = \bar{w}$ 时，$G(\bar{w}) = 1$，化简得到：

$$\frac{u}{1 - u} = \frac{\omega}{\lambda_0[1 - F(w^*)]} \tag{15}$$

将式（15）代入 $G(w)$ 可得：

$$G(w) = \frac{[1 - F(w^*)]\lambda\theta + \omega}{1 - F(w^*)} \frac{F(w) - F(w^*)}{\kappa} \tag{16}$$

同理，对 $G(w)$ 求导能够得出其密度函数 $g(w)$ 表达式为：

$$g(w) = \frac{[1 - F(w^*)]\lambda\theta + \omega}{1 - F(w^*)} \frac{\{\omega + \lambda[1 - F(w^*)]\}}{\kappa^2} \tag{17}$$

其中，$f(w)$ 为 $F(w)$ 的概率密度函数，类似于 Tjaden 和 Wellschmied（2014），可以得到劳动力的平均工资为：

$$w^{aver} = \int_{w^*}^{\bar{w}} w \mathrm{d}G(z) \tag{18}$$

使用分部积分法，则劳动力的平均工资可以转化为：

$$w^{aver} = w^* + \frac{\omega + \lambda[1 - F(w^*)]}{1 - F(w^*)} \int_{w^*}^{\bar{w}} \frac{1 - F(z)}{\omega + \lambda\theta F(z) + \lambda[1 - F(z)] - \lambda\theta F(w^*)} \mathrm{d}G(z) \tag{19}$$

为了直观反映就业漂移对劳动力工资增长的具体影响，我们通过设定参数对模型的主要结论进行数值模拟。模型中的参数主要涉及工人得到工作岗位的概率 λ、失业者得到工作岗位的概率 λ_0、失业时闲暇收入 b、折现率 r 和工作岗位外生破坏率 ω，与 Hornstein 等（2011）以及 Tjaden 和 Wellschmied（2014）的分析类似，假设失业者得到工作岗位的概率 λ_0 为 0.3，企业投放工作岗位的分布 $F(w)$ 服从 lnN（0，0.2），折现率 r 为 0.33，劳动力失业时闲暇收入 b 为工人平均工资的四分之一，即 $0.25\ w^{aver}$，工作的外生破坏率 ω 为 0.06。为了求出劳动力得到工作岗位的概率 λ，参考 Hornstein 等（2011）的思路，劳动力在不同就业岗位间转换的概率（job-to-job transition rate）为：

$$\chi = \lambda\int_{w^*}^{\bar{w}} [1 - F(z) \mathrm{d}G(z) + \lambda\theta\int_{w^*}^{\bar{w}} [F(z) - F(w^*)] \mathrm{d}G(z) \tag{20}$$

Hornstein 等（2011）回顾了很多文献中的经验，研究得出 χ 介于 2.2% ~ 3.2%，本文取其中间值 2.7% 来求 λ。设定就业漂移冲击 θ 介于 [0，1]，并将其步长设为 0.01 在 Matlab 中进行模拟，我们得到了就业漂移冲击 θ 与劳动力平均工资 w^{aver} 之间的关系，见图 10 - 5。

从图 10 - 5 可以看出，随着就业漂移冲击的不断增大，越来越多的劳动力无法通过正常搜寻而获得职业阶梯的爬升，而通过接受最低工资下的工作岗位在低端劳动力市场不断漂移，最终的结果是大概率无法获得更高职位晋升，人力积累渠道出现中断，劳动力平均工资相应也会不断下降。图 10 - 5 从劳动力

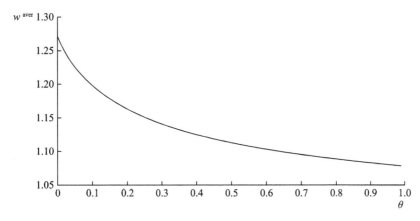

图 10 - 5　就业漂移与平均工资

平均报酬角度对就业漂移的影响进行揭示，而图 10 - 6 则从给定工资情形下不

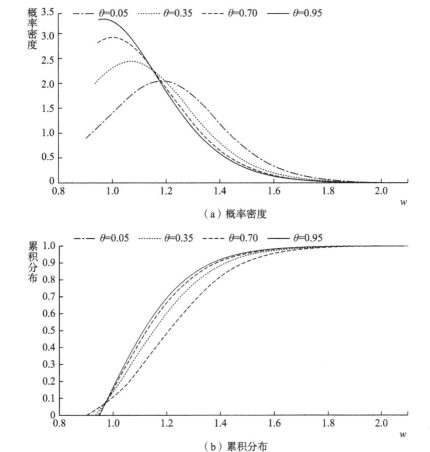

（a）概率密度

（b）累积分布

图 10 - 6　不同就业漂移冲击下工人工资的概率密度与累积分布

同就业漂移冲击下劳动力占比差异视角进行呈现。我们分别取 $\theta = 0.05$、$\theta = 0.35$、$\theta = 0.70$、$\theta = 0.95$ 四种情形，显然随着就业漂移冲击的不断增大，从图 10－6（a）可以发现，劳动力的平均工资将左移，并且随着就业漂移冲击的减小劳动力工资分布将会出现明显的厚尾现象。同时给定工资情况下随着就业漂移冲击逐步增大其累积分布曲线将变得越来越陡峭，意味着给定工资 w 情况下就业漂移冲击较大的 $G(w)$ 值更大，即小于等于 w 工资的人数比重也更大。因此与正常搜寻渠道下相比，在存在就业漂移的情况下更多的劳动力都被"锁定"在中低收入群体，爬升进入高收入群体的概率相对较小，极大程度地影响了社会总体人力资本积累的提高。

三　实证分析

（一）描述性统计

为了定量分析就业漂移对个体收入的影响，根据理论模型中式（19）并借鉴 Munasinghe 和 Sigman（2003）的研究建立如下计量模型：

$$w_i = \alpha + \beta m_i + \gamma Xi + \varepsilon_i$$

其中，i 为个体，w 为其收入增长率，m 为就业漂移冲击，X 代表一系列能够影响个体收入增长的关键控制变量，α、β、γ 为待估参数，ε 为误差项。

从目前国外文献看，理想情形下，劳动力就业漂移涉及他们全部工作转换经历，需要对个体的收入、工作年限、就业转换原因、工作单位等多方面数据进行追踪调查，这样才能够完整地廓清个体生命周期内工作经历，从而判断个体是否发生了就业漂移。囿于现有公开数据比较缺乏完整生命周期内劳动力就业经历的面板追踪数据，本文用劳动力的工作转换次数来衡量就业漂移，原因在于无论是在职培训还是其他形式人力资本投资，都需要在稳定的就业匹配中发生。为了规避道德风险，工作转换越频繁使得企业越不愿为员工提供在职培训或者缴纳社保、医保等费用。因此随着劳动力年龄的增长（健康状况逐步下降）和技术革新、产业生命周期迭代等，劳动力技能没有同步更新，劳动力的频繁流动使得人力资本加速折旧或损耗（Fujita，2010）。特别是青壮年劳动力（20～39 岁）正是人力资本积累的黄金时期，工作频繁转换本质上造成了人力资本错配或浪费，更是加剧了中国经济步入服务业和城市化时期的扭曲行为。本文采用 CHIP 数据库 2013 年城镇住户调查的截面数据来进行实证分析，该数据提供了 2013 年被访者个人特征、工作转换次数、个人收入等信息，数据相对较新，也符合中国步入服务业时期的现实。值得一提的是 CHIP 数据库 2013 年的数据提供了个体当前工作入职时的收入和当前收入，这为计算收入增长率提供了便利，同时也便于分析前期工作变动是否带来收入增长，等同于考察了劳动力工作转换是否向更高收入阶梯工作流动。

　　为了着重分析青壮年群体被访者的就业漂移与收入增长的关系，本文将被访者个体年龄限制在 20 ~ 39 岁①。被解释变量为收入增长率，问卷调查中城市被访者会被问到"2013 年这份工作的收入总额"和"您刚开始这份工作时，一个月的收入大约有多少"，我们将两者分别取对数并相减即可得到被访者的收入增长率。就业漂移方面，问卷中提到"这份工作是您自参加工作以来的第几个工作"。如果被访者回答为 1，说明被访者没有工作转换行为，因此将这一变量减 1 即可得到被访者的工作转换次数。此外本文还构造了工作是否转换的二值虚拟变量（将工作转换次数大于等于 1 设定为 1，而工作转换次数为零设定为 0）。为了防止遗漏变量对估计结果的影响，我们加入一些被已有文献证实的对个体收入增长具有重要影响的控制变量，详见表 10 - 5。

表 10 - 5　描述性统计分析

变量名称	变量含义	均值	标准差	25 分位	75 分位	最小值	最大值	样本量
收入增长	个体 2013 年收入对数与入职时收入对数之差	0.613	0.952	0.105	1.070	- 4.970	8.987	4400
转换工作	是否转换工作（是为 1，否为 0）	0.457	0.498	0	1	0	1	5600
转换工作次数	参加工作以来第 N 份工作减 1	0.483	0.886	0	1	0	10	4500
年龄	个体年龄的绝对值	30.22	5.730	25	35	20	39	5600
就业年限	当前工作持续年限	1.690	0.930	1.099	2.398	0	7.608	4000
性别	男性为 1，女性为 0	0.484	0.500	0	1	0	1	5600
婚姻状况	已婚为 1，未婚为 0	0.696	0.460	0	1	0	1	5600

---

①　选择 20 ~ 39 岁样本首先是因为目前"80 后"和"90 后"两个群体将是今后 15 年至 20 年劳动力市场的主体，他们的成长和职业经历涵盖了改革开放以来的大规模工业化过程，受教育程度也最能反映大规模工业化的人力资本特征；其次，考虑到在 20 世纪 80 年代以前，我国发展阶段和职业阶层的划分与现在有所差异，因此为了便于对不同同生群之间的工作流动进行比较分析，我们只选取"80 后"和"90 后"的样本来进行分析。

续表

变量名称	变量含义	均值	标准差	25分位	75分位	最小值	最大值	样本量
政治面貌	中共党员为1，其他政治面貌为0	0.156	0.363	0	0	0	1	5600
受教育程度	小学及以下为1，中学、中专及职业教育为2，大专及以上为3	2.497	0.582	2	3	1	19	5600
就业身份	雇员或家庭帮工为0，自营劳动者为1，雇主为2	0.127	0.402	0	0	0	2	4500
就业单位规模	10人及以下为0，11~250人为1，251~1000人为2，1001人及以上为3	1.234	0.859	1	2	0	3	3900

（二）实证结果

1. 基本回归结果

表10-6中（1）列和（2）列展示了是否转换工作的二值变量对收入增长的影响，（3）列和（4）列展示了转换工作次数对收入增长的影响。其中（1）列和（3）列为不加入控制变量的估计结果，（2）列和（4）列为加入控制变量的估计结果。可以发现，无论是否转换工作的二值变量还是转换工作次数变量，其回归系数都在1%显著性水平下为负，验证了理论模型所揭示的核心结论。这充分说明随着工作转换次数的增多，就业稳定性降低，个体就业漂移性特征更加明显。由于人力资本积累需要时间，漂移在劳动力市场的青壮年群体无法通过"干中学"积累通用型人力资本和专业型人力资本，甚至人力资本在不断的工作变动中发生损耗，势必也会影响收入增长。

从其他控制变量看，年龄对数和年龄对数平方分别显著为负和正，即年龄与收入增长呈现U形关系，这与Frederiksen等（2016）研究结论保持一致。反映了存在某一年龄阈值，在达到该阈值之前，随着年龄增长将会出现收入下降，但超过阈值后年龄的增长将会带来收入的逐步增长。根据（4）列回归结果计算的年龄阈值为26岁，表明青年个体只有在26岁以后收入才会不断增长。个中原因应该是26岁以前无论是受教育或者参加工作，都属于人力资本投资阶段；当越过26岁阈值后人力资本产生的收益将大于投资，收入也将不断增长。就职年限越长就越能带来收入的增长，是因为就职年限越长积累的人力资本越多，相应会带来收入的增长。相比非中共党员，中共党员个体更能获得收入的增长。受教育程度中，相比基准小学程度，中等教育、高等教育对收入增长的趋势显著为正并且其系数呈现逐步递增趋势，这一结果正说明了教育投资是人力资本投资的最重要组成部分。自从 Mincer（1974）量化了教育投资与收入的正相关关系以来，越来越多研究验证了学校教育对个体收入影响的程度远远优于参加工作，学校教育的人力资本投资形式效果要优于就业"干中学"等形式。平均而言，接受学校教育增加 1 年带来的收入增长相当于参加工作 4 年所实现的收入增长（World Bank，2019）。表 10 - 6 中的结果更加验证了不断增加教育投资不仅是个人实现收入增长的最重要方式，而且教育与收入之间呈现非线性且递增的关系。企业规模方面，显然企业规模越大越有利于个体实现收入增长。表 10 - 6 中随着企业规模增大其对收入增长的影响系数也在逐渐提高，究其原因主要在于规模越大的企业，其技术水平、专业化分工、生产效率、管理水平都较高，居间个体也越能在就业中获得经验、效率、知识，人力资本也能在这个过程中不断积累；相反，若个体就业集中于 10 人以下的个体企业或私营企业，往往从事的都是学习机会少、上升空间有限、收入较低的低生产率工作，人力资本非但得不到积累反而会不断耗散。

表 10 - 6　基本回归结果

变量	(1)	(2)	(3)	(4)
是否转换工作（是 = 1）	- 0.277 *** [-9.10]	- 0.151 *** [-4.90]		
工作转换次数			- 0.135 *** [-8.32]	- 0.066 *** [-3.88]
年龄对数		- 13.681 *** [-4.20]		- 14.345 *** [-4.41]
年龄对数的平方		2.115 *** [4.43]		2.207 *** [4.63]
就职年限		0.318 *** [18.05]		0.328 *** [18.68]
性别		- 0.023 [-0.87]		- 0.022 [-0.84]
婚姻		0.060 [1.55]		0.055 [1.44]
是否党员		0.150 *** [4.28]		0.135 *** [3.84]

续表

变量	(1)	(2)	(3)	(4)
受教育程度（基准为小学）				
中等教育		0.265 **		0.248 **
		[2.56]		[2.37]
高等教育		0.412 ***		0.403 ***
		[3.94]		[3.81]
就业身份（基准为雇员）				
自营劳动者		0.080		0.051
		[1.38]		[0.88]
雇主		-0.014		-0.021
		[-0.17]		[-0.24]
企业规模（基准为小于10人）				
10人＜人数≤250人		0.091 **		0.092 **
		[2.41]		[2.42]
250人＜人数≤1000人		0.214 ***		0.215 ***
		[4.37]		[4.40]
大于1000人		0.260 ***		0.264 ***
		[4.99]		[5.09]
常数项	0.826 ***	21.731 ***	0.796 ***	22.896 ***
	[17.70]	[3.92]	[17.24]	[4.14]
样本量	4415	3916	4390	3897
调整的 R^2	0.043	0.252	0.039	0.252

注：中括号内为 t 值，*、**、*** 分别表示在 10%、5%、1% 的水平下显著，表 10-7 同。

2. 内生性问题讨论

遗漏变量或者就业漂移和收入可能同时受到政策和其他因素的影响，都将导致内生性问题，从而对回归结果的因果关系造成负面影响。为此，参考程虹和李唐（2017）以及王春超和张承莎（2019）的研究，本文使用行业内平均工作转换次数来作为工具变量对模型进行两阶段最小二乘回归。一般而言，不同行业特性导致个体的工作转换行为存在较大差异，因此行业内平均工作转换次数与个体的工作转换行为具有很强的相关性，符合工具变量的相关性要求。同时，个体的工作转换行为对行业整体的工作转换次数影响有限，个体层面行为特征很难影响到行业整体层面，比较符合工具变量外生性条件。从表 10-7 工具变量估计结果看，回归系数方向和显著性基本保持不变，工作转换次数与收入增长之间依然是负相关关系，这也说明回归结果是比较稳健的。此外，从表10-7 底部可以发现工具变量选择上通过了识别不足和弱识别检验。此外由于我们仅仅选择了一个变量作为原变量的工具变量，因此不存在过度识别问题。

表 10 - 7　工具变量回归结果

变量	(1)	(2)	(3)	(4)
是否转换工作（是 = 1）	- 1.668 *** [- 8.95]	- 0.534 ** [- 2.09]		
工作转换次数			- 0.884 *** [- 8.25]	- 0.247 * [- 1.85]
年龄对数		- 13.861 *** [- 4.14]		- 14.847 *** [- 4.51]
年龄对数的平方		2.196 *** [4.55]		2.328 *** [4.89]
就职年限		0.250 *** [4.41]		0.272 *** [5.02]
性别		- 0.021 [- 0.79]		- 0.024 [- 0.88]
婚姻		0.087 ** [2.27]		0.071 * [1.93]
是否党员		0.135 *** [3.11]		0.121 *** [2.93]
受教育程度（基准为小学）				
中等教育		0.261 *** [2.86]		0.250 ** [2.55]
高等教育		0.411 *** [4.69]		0.408 *** [4.41]
就业身份（基准为雇员）				
自营劳动者		0.060 [0.97]		0.030 [0.53]
雇主		- 0.030 [- 0.33]		- 0.046 [- 0.49]
企业规模（基准为小于 10 人）				
10 人 < 人数 ≤250 人		0.092 ** [2.24]		0.098 ** [2.48]
250 人 < 人数 ≤1000 人		0.217 *** [4.05]		0.225 *** [4.37]
大于 1000 人		0.231 *** [4.02]		0.245 *** [4.53]

续表

变量	(1)	(2)	(3)	(4)
常数项	1.151 *** [18.78]	21.567 *** [3.74]	1.041 *** [19.78]	23.313 *** [4.11]
N	4287	3803	4264	3786
Kleibergen-Paap Wald rk LM	177.276	64.929	123.829	52.804
statistic	(0.000)	(0.000)	(0.000)	(0.000)
Kleibergen-Paap Wald rk F	203.420	69.264	139.149	56.859
statistic	(16.38)	(16.38)	(16.38)	(4.58)

注：圆括号内数值为 Kleibergen-Paap Wald rk LM 检验统计量的 P 值，Kleibergen-Paap Wald rk F 检验中圆括号内数值为 Stock-Yogo 检验 10% 水平上的临界值。Kleibergen-Paap rk LM 检验的零假设是工具变量识别不足，若拒绝零假设则说明工具变量不存在识别不足问题；Kleibergen-Paap rk F 检验的零假设是工具变量为弱识别，若拒绝零假设则说明工具变量不存在弱识别问题。

3. 异质性分析

前文的研究表明，不同年龄和不同受教育程度是影响收入增长的重要因素，那么不同年龄和不同受教育程度青壮年群体的工作转换行为是否存在显著差异，进一步其对收入增长的影响是否也存在异质性？为此，我们将样本按照年龄结构拆为 20~30 岁年龄组和 31~39 岁年龄组，按照受教育程度分为低人力资本和高人力资本两个组别。其中低人力资本组为受教育年限小于 16 年，即未完成大专及以上教育；高人力资本组为受教育年限大于等于 16 年，即完成大专及以上教育。分别进行回归，结果见表 10-8。

表 10-8 中（1）（2）列及（5）（6）列结果显示，工作转换次数增多对收入增长的负面影响主要发生在 31~39 岁子样本。职业生涯的前 10 年（主要集中在 20~30 岁阶段）工作转换次数占职业生涯工作转换次数的 2/3（Topel and Ward，1992）。所以个体在此阶段通过工作转换、工作搜寻不断向上流动实现人力资本投资，进而工作转换也可能是通过不断搜寻实现岗位和自身效率最佳匹配的过程，工作转换不一定对收入增长形成负面影响。而经过职业生涯前 10 年相对频繁的职业搜寻实现最佳匹配后，进入 31~39 岁后职业将相对稳定。如果在 31~39 岁职业仍然处于相对频繁流动过程，那么很可能说明个体漂移于劳动力市场，对收入增长将会产生负面影响。表 10-8 的回归结果突出表明就业漂移的负面影响主要存在于 31~39 岁相对成熟的劳动力群体。采取措施将成熟劳动群体"稳定"下来，是实现人力资本积累的重要途径，也有利于实现消费提高、城市化提质、经济结构转型等高质量发展。从表 10-8 中（3）（4）

列及（7）（8）列不同人力资本层次回归结果看，虽然工作转换次数增多都不利于收入增长，但对高人力资本样本影响更甚。Cairo 和 Cajner（2018）的研究中描述了这样一个事实，即美国高中毕业的劳动者面临失业的概率是大学毕业生面临失业概率的两倍。因此人力资本更高的劳动者在生命周期下就业波动的概率也较小，高人力资本劳动者相对低人力资本劳动者在就业稳定性方面有更大提高。此外，从收入回报看，世界银行（World Bank，2019）发现不同受教育程度人口的收入回报存在较大差异。比如受教育程度较高，工作经验增加 1 年将使工资收入增长 2.4%，而受教育程度较低的劳动力仅增长 2%。主要原因在于受教育程度较高的人劳动力技能、知识水平也高，同时学习能力也较强，能够更加适应劳动力市场变化。因此，如果就业漂移将高人力资本劳动力锁定在低端行业，将造成较大就业波动，而再就业获得的技能和知识更加有限，较强的学习能力也无"用武之地"，对人力资本积累的负面影响也更甚，对社会而言将是极大的资源浪费。

表 10 - 8 异质性分析结果

变量	20 ~ 30 岁	31 ~ 39 岁	低人力资本	高人力资本	20 ~ 30 岁	31 ~ 39 岁	低人力资本	高人力资本
	(1)	(2)	(3)	(4)	(5)	(6)	(7)	(8)
是否转换工作（是 = 1）	- 0.020 [- 0.48]	- 0.152 *** [- 3.49]	- 0.140 *** [- 3.95]	- 0.194 *** [- 2.83]				
工作转换次数					- 0.001 [- 0.03]	- 0.050 ** [- 2.26]	- 0.053 *** [- 2.90]	- 0.128 *** [- 2.80]
年龄对数		- 11.204 *** [- 3.13]	- 17.052 * [- 1.86]				- 11.870 *** [- 3.33]	- 16.813 * [- 1.83]
年龄对数的平方		1.727 *** [3.29]	2.683 ** [2.02]				1.819 *** [3.48]	2.650 ** [1.98]
就职年限	0.202 *** [8.92]	0.417 *** [16.98]	0.337 *** [17.03]	0.270 *** [6.25]	0.206 *** [9.02]	0.437 *** [18.09]	0.349 *** [17.75]	0.271 *** [6.18]
性别	0.016 [0.45]	- 0.053 [- 1.42]	- 0.048 [- 1.59]	0.033 [0.62]	0.017 [0.47]	- 0.053 [- 1.43]	- 0.048 [- 1.58]	0.034 [0.64]
婚姻	0.130 *** [3.56]	0.001 [0.02]	0.061 [1.35]	0.007 [0.09]	0.129 *** [3.52]	- 0.005 [- 0.06]	0.057 [1.26]	- 0.002 [- 0.02]
是否党员	0.062 [1.23]	0.199 *** [4.14]	0.283 *** [6.14]	0.018 [0.33]	0.063 [1.25]	0.178 *** [3.71]	0.260 *** [5.66]	0.013 [0.23]

续表

变量	20 ~ 30 岁	31 ~ 39 岁	低人力资本	高人力资本	20 ~ 30 岁	31 ~ 39 岁	低人力资本	高人力资本
	(1)	(2)	(3)	(4)	(5)	(6)	(7)	(8)
受教育程度（基准为小学）								
中等教育	0.263 * [1.85]	0.109 [0.72]			0.235 [1.58]	0.092 [0.61]		
高等教育	0.399 *** [2.78]	0.243 [1.58]			0.369 ** [2.46]	0.238 [1.55]		
就业身份（基准为雇员）								
自营劳动者	0.049 [0.60]	0.127 [1.62]	0.103 * [1.68]	- 0.212 [- 1.10]	0.052 [0.63]	0.085 [1.08]	0.073 [1.18]	- 0.220 [- 1.12]
雇主	0.287 ** [2.13]	- 0.112 [- 0.98]	- 0.007 [- 0.08]	- 0.150 [- 0.59]	0.282 ** [2.09]	- 0.122 [- 1.08]	- 0.012 [- 0.13]	- 0.163 [- 0.65]
企业规模（基准为小于10人）								
10 人 < 人数 ≤ 250 人	0.029 [0.61]	0.112 ** [2.01]	0.103 ** [2.47]	0.138 [1.43]	0.026 [0.54]	0.111 ** [2.00]	0.105 ** [2.51]	0.127 [1.31]
250 人 < 人数 ≤ 1000 人	0.224 *** [3.53]	0.200 *** [2.81]	0.224 *** [3.98]	0.270 ** [2.48]	0.222 *** [3.48]	0.201 *** [2.84]	0.226 *** [4.03]	0.262 ** [2.39]
大于 1000 人	0.224 *** [3.37]	0.187 ** [2.44]	0.294 *** [4.81]	0.101 [0.89]	0.221 *** [3.31]	0.195 ** [2.55]	0.301 *** [4.94]	0.095 [0.83]
常数项	- 0.257 [- 1.62]	- 0.165 [- 0.90]	18.096 *** [2.98]	27.136 * [1.73]	- 0.233 [- 1.42]	- 0.213 [- 1.17]	19.259 *** [3.18]	26.717 * [1.69]
N	1533	2270	2908	895	1525	2261	2895	891
调整的 R^2	0.106	0.241	0.251	0.242	0.106	0.242	0.251	0.240

四 中国就业系统的独特演化机制、问题和转型

通过上述理论和经验分析可以发现，就业漂移类似于就业系统转换中置入负反馈机制，结果就是大量劳动力漂移于低端和低效率部门，导致劳动力收入下降，人力资本不断耗散。那么，为什么中国就业系统转换中会出现就业漂移现象，其背后的原因需要详细考察。

从经济转型视角看，中国劳动力市场上就业漂移问题的凸显不是偶然现象，这种问题发生在工业化后期和结构服务化的转型过程中，是新旧模式转换摩擦

造成的。国际经验表明，经济减速和结构服务化对长期增长的冲击效应，集中体现在就业系统的不适应上。就业系统是发展模式的核心，经济转型的成败从根本上取决于劳动力市场优化升级状况，包括劳动力要素质量升级程度、劳动力市场制度完善程度以及收入分配制度调整等。收入－就业系统不适应问题的广泛深入探讨，源于1970年代以来欧美发达国家工业化减速所诱致的经济社会矛盾——低增长抑制了效率改进与福利社会的协调与平衡，"二战"后黄金时代的高增长、高福利和高消费良性循环被打破，迫使发达国家进入就业与积累体系的再调整时期，一直持续至今。争论激烈的欧洲福利社会模式是否可持续的问题，就是这一转型摩擦的典型反映。与发达国家比较起来，中国就业系统不仅缺乏韧性而且缺乏制度化，因此为自身调整带来困难，并且构成高质量发展转型的结构性抑制。

（一）大规模工业化阶段的维持型就业系统

（1）中国维持型就业模式的演化。发达国家与发展中国家就业系统的重要差异，在于制度化和经济系统调节能力。尽管就业系统的模式存在差异，但是基于就业制度与工业化的关系，大致可以把欧美老牌工业化国家就业系统的制度化纳入福特主义框架之下，其特色是劳动力归属于正规的组织，并通过集体协商参与生产率分享，在企业、行业与就业的互动中促进效率和福利提升[1]。发展红利共享是这种就业系统的特征，背后是劳动力市场的持续完善、人力资本的持续升级以及高收入职业的持续创造，这也是发达国家劳动力市场搜寻可以促进效率和收入提高的内在原因。因此，1970年代大规模工业化之后，发达国家面临就业系统调整，主要目的是保持高福利和高效率之间的动态平衡。

与"二战"后发达国家普遍经历的这种福特主义的工业化道路不同，中国的工业化走的是一条积累导向的道路。二元结构作为工业化初始条件，直接决定了中国就业系统的维持型特征。一是大规模剩余劳动力向现代部门转移所推动的以农民工为特征的劳动市场形成，劳动工资按生存成本定价。刘易斯拐点后，这种市场依然带有自发特征，缺乏发达国家那种集体协商决定收入的制度化特征。二是工业化采取劳动密集和资本密集的积累形式，内生创新机制的普遍缺失迫使效率改进以压低劳动力成本为代价。三是相较于发达国家，较弱的

---

① 关于福特主义的特征，参见 Clarke S.，1990，*The Crisis of Fordism and the Crisis of Capitalism*，New York：Spring，71－98.

发展红利分享机制，抑制了劳动力要素质量提升，并且偏向于加工制造的产业体系进一步固化了低技能和低收入循环。

（2）二元就业体系。"二战"后发达国家就业系统的一个极大完善，是对工薪阶层就业机会的制度化保障。公司发展的稳定和劳动力素质的提高反过来强化了劳动者的就业能力，收入增长可预期性、工作稳定性进一步成为高收入岗位扩大的支撑。中国维持型就业系统的演化，始终受制于这样一种制度分割，即小的有保障的就业群体与大的没有保障的就业群体的分割，这种分割成为就业漂移和人力资本耗散的重要原因。中国就业系统的路径依赖，源于计划经济时期的城乡分割和国有经济制度，总体上划分为农业部门和城市部门两大制度体系。1990年代以来城乡劳动力分割局面逐渐打破后，在这两大体系之外衍生出了农民工这一劳动力市场形式，他们连同城镇中的初级劳动力，共同构成推动中国大规模工业化的主力军，这部分劳动力时至今日依然是劳动力市场的主体。城市经济的国有部门、外资企业和民营企业总部，以及知识技术密集的信息、金融产业和公共服务部门（科教文卫体等），成为吸纳高层次人力资本的阵地。这些部门就业者有稳定、清晰的职业生涯规划，是社会身份的标志。作为漂移于低端产业链且就业不稳定的农民工和城镇初级劳动力，工业化时期的高增长一度为其创造了合意的就业机会。问题发生在工业化减速之后，当新创造的就业岗位不足——严格说来是符合收入预期的工作机会不足时，这些劳动力的就业问题就会被城市化进程展示为整个就业系统的内部冲突。因此，占劳动力绝大部分的这部分劳动者的制度化和社会化问题即对发展的分享问题，自然就成为城市化发展问题的焦点与核心。

（3）就业系统路径依赖的核心环节，是对漂移就业群体组织与管理的制度缺失。把一个庞大的就业能力不足的劳动力群体，托付给自由竞争的劳动力市场，不仅不符合社会主义建设理念，而且长期来看也不利于人力资本积累和城市化可持续发展。1970年代以后发达国家对就业制度的调整，以及经济社会政策对就业的大力支持，均与就业安全性和工资收入增长的保障有关。把就业政策置于城市化的核心，也逐渐成为后工业化时期的一个重要特征。对于转型时期的中国经济而言，受到就业系统调整滞后的影响，在未来一个过渡时期里，将面临一个比较棘手的问题：由于劳动力城乡之间不对称流动的结束，新生代农民工和城市年轻移民已经不能回到原来的居住地，因此将抑制劳动力流出区域的发展；更为重要的是，对于劳动力流入区域如大城市而言，漂移的劳动力将导致人力资本升级缓慢，长期看又不利于大城市创新发展的突破。这就是就业系统制度化为什么重要的原因所在，通过教育和培训系统更新以及各类职业上升通道的建立，是实现突破的关键。

（二）维持型就业系统向分享型就业系统转化

发达国家和拉美经验的对比表明，后工业化时期可持续增长路径的阻断，源于就业系统升级路径的阻断。作为内生于发展模式之中的核心构件，就业系统的转换升级既要与劳动力要素的质量相联系，又要与分享制度的建立相联系，这一切都与劳动力市场的制度设计有关。与发达国家分享型就业系统针对效率和福利协调的机制不同，中国在城市化时期的就业系统建设，首先面临着原有维持型就业系统向分享型就业系统的转换问题，即首先消除产生劳动力漂移的不利机制，根本上属于就业系统的探索性重建问题。为此，以下几个理论认识需要明晰。

（1）适应城市化时期创新发展的人力资本体系建设。这个认识涉及知识生产配置系统的升级问题，核心是教育和培训体系的建设和健全问题。发展理论有一个认识，即居于国际分工外围的发展中国家，在利用国外成熟技术获得工业化比较优势的同时，必将丧失技术进步的内部动力。原因很简单，无论是直接引进国外技术还是利用外商投资，发展中国家都是居于产业链的低端位置，从事竞争性的产品生产而非从事竞争性的技术生产，最终结果是外围的发展中国家的国内教育基础被冲垮，变成中心的发达国家的打工者。大规模工业化时期中国低价工业化竞争力的获得，主要依赖初级和中级教育程度的劳动力供给，这点在前文已经做过分析。素质普遍低下的劳动力创造了高产出，但是代价在现阶段也开始显现。占据劳动力大部分比重的漂移者不仅成为转型时期经济不稳定的因素，而且给打破低端就业锁定带来了新的困难。因此，就业系统的适应性问题也相应被提了出来。适应城市化创新发展的人力资本体系建设，实际上是在弥补维持型就业系统的制度缺失。

（2）知识中产群体的塑造。根本上消除漂移的一个参照是知识中产群体的培育，这是发达国家现代化的经验。维持型就业系统产生于二元经济现代化的进程中，就业漂移和低端就业不仅不利于收入稳定，长期来看也将导致收入极化与就业不稳定的恶性循环，这是拉美城市化过程中陷入长期停滞的一个重要机制。发达国家分享型就业系统的设计，很大一部分原因也是为了缓解工业化时期收入不公平所导致的购买力不足，与之相关的福利制度建设则巩固了就业系统与效率改进的协调，进而促进了更大的分享。其中，知识中产阶层的扩大再生产既作为分享型就业系统的成果存在，反过来也通过就业能力的增强保证了就业系统的制度化再生产，这是城市化阶段比较典型的良性循环。广泛的共识是，不可持续的城市化源于知识中产阶层再生产能力的缺失，即缺少劳动力素质和劳动报酬不断上升的工作阶梯。当大部分劳动力被压在低端就业市场上时，经济活力将逐步消失，分享体系也难以构建。

（3）维持型就业系统受到高强度积累和生产差异化的双重挤压，进而加剧漂移。中国工业化向城市化转型时期的这个问题，现阶段已经很突出了。抛开资本驱动对劳动技能的替代不谈，仅就高强度积累通过货币和金融系统对就业系统的影响而言，中国转型时期的就业系统也在经历巨大冲击。典型如资本驱动模式已经脱离实体进入房地产市场，这种从经营产品到经营城市空间的变相积累，是以资产价格和债务循环的建立为代价的。它对维持型就业系统从两方面产生冲击：一是提高城市化租金、抑制实体部门的就业机会，二是降低居民储蓄、削弱人力资本积累潜力。不仅如此，维持型就业系统还受到城市化生产差异化模式的制约，这主要是针对大部分不能及时提升自身知识技能的低端劳动力个体来说的。不同于大规模高速增长时期各类就业机会的持续涌现，城市化以生产差异化来创造就业机会，自然的，对于那些不具有特定技能和知识的劳动力而言，只能在边缘化的传统服务业部门就业。

（4）双元人力资本积累体系的前景及其制度性含义。为了缓解规模巨大的劳动力市场漂移，就业制度化建设的核心环节应该建立在培训和教育双元协调发展的基础上。这里我们旨在澄清一个认识，就是无论普通教育还是技能培训，不能单单强调技能、知识的教育投入，还应该从系统性角度来理解。现阶段中国人力资本系统的当务之急，是探索完善技能培训体系，包括技能教育的质量如何提高、技能教育与实践如何衔接、技能教育接受者的职业生涯规划即晋升通道等。换言之，中国如果要完成从就业型生存模式到共享就业模式的转型，必须首先设计基于贡献和技能的发展共享方式。

（5）就业制度建设的重要性：现在的设计关系到未来。分享型就业系统的特征，在于强调就业的制度化和社会化，以此消除长期的就业漂移和劳动力市场分割。我们所强调的是，不同于一般的产品市场，劳动力市场本质上是一种群体互动的制度安排。尽可能把多数人纳入一种就业安全制度框架中而非抛向自由竞争的市场，是城市化最重要的制度安排。1990年代以来，中国的就业体系建设步伐加快，如社会保障全民覆盖的推动、促进劳动力市场统一和流动性建设、最低工资制与在职培训、消除劳动力市场歧视的法律、中小企业就业扶持政策、退休劳动再就业支持政策等，这些举措对于系统构建分享型就业体系极为重要。未来 15 年是中国实现高质量发展的关键时期，无论是产业优化还是消费升级，均与就业体系的制度化建设密切相关，相关探索切实关系到中国经济转型的成败。

最后，虑及中国工业化初始条件，原有维持型就业系统是特定历史条件下的产物，是促进积累与生存发展相互妥协的结果。问题在于，这种建立在生产标准化、产出最大化之上的就业制度，与城市化时期差异化发展相悖，劳动力人力资本积累出现障碍，就业制度由大规模工业化时期的维持型向城市化时期的分享型转变是发展条件变化使然。但是，就业体系调整涉及发展方式和经济社会政策的诸多方面，如何建设适合中国城市化条件的就业制度，则需要更加深入的探讨和实验。

第十一章　中国经济高质量发展的逻辑、测度与治理

杨耀武　张　平[*]

内容提要：本文在探讨中国经济高质量转型的现实与理论逻辑基础上，通过构建理论模型分析影响经济发展质量的主要因素，并由此形成测度中国经济发展质量的多指标综合评价体系，从而为经济高质量发展的讨论由定性分析向定量研究拓展进行了初步的探索。通过选取各方面具有代表性的基础经济指标，本文测度了 1993～2018 年中国经济发展质量状况并分阶段对经济发展质量变动的原因进行了分析。结果显示，1993 年来中国经济发展质量总体处于逐步提升状态，但各阶段的提升速度存在明显差异，中国经济增速变化与经济发展质量变迁并不具有趋同性。在经济增长处于中高速阶段的 2013～2018 年，经济发展质量提升最为快速。从各方面指标贡献看，经济效率与稳定性及经济成果分配指标的贡献率随阶段变化波动较大；人力资本及其分布的贡献率呈倒 U 形曲线特征；而自然资源与环境贡献率则呈 U 形曲线特征；社会相关指标对经济发展质量提升的贡献量在 2013～2018 年阶段较前几个阶段有所增大。本研究有两方面的政策含义：一是中国在推动经济高质量发展方面稳步推进，但潜在的挑战依然较多，推动高质量发展仍需付出努力；二是要加快推动以人民为中心的发展转型，提升人力资本，促进知识阶层崛起，建立有利于广义人力资本形成的消费与创新效率补偿的良性互动。

关键词：经济高质量发展　理论逻辑　综合评价体系　治理机制

───────────

　　[*]　本文发表于《经济研究》2021 年第 1 期。杨耀武、张平，中国社会科学院经济研究所中国经济增长前沿课题组，课题组负责人为张平、刘霞辉。参与讨论的人员有黄群慧、袁富华、赵志君、仲继银、常欣、张自然、吴延兵、张磊、陈昌兵、倪红福、汤铎铎、郭路、付敏杰、张小溪、张鹏、楠玉、张晓奇。本研究得到国家社会科学基金重大项目"现代化经济体系的系统结构、测度指标与重大问题研究"（20ZDA043）的资助。

中国已全面建成小康社会，实现第一个百年奋斗目标，并在此基础上开启全面建设社会主义现代化国家新征程。回望改革开放以来的40余年，中国经济曾长期保持高速增长。在中国经济高速增长过程中，传统人口红利消退、资本回报率整体下降、自主创新能力较弱、金融风险累积、资源和环境约束加剧、居民收入分配差距扩大等问题引起了学者和政策制定者的高度关注。同时，在经历长时间高速增长后，中国社会的主要矛盾和经济发展的阶段性特征发生了根本改变。正是基于中国经济发展环境的深刻变化，以及从根本上改变以往靠"铺摊子""上项目"的要素积累的传统发展模式，党的十九大做出了中国经济已由高速增长阶段转向高质量发展阶段的重大论断。中国经济正逐步从注重物质供给转向满足人的全面发展。2020年5月，基于国内发展形势和国际发展大势，中央进一步提出"构建国内国际双循环相互促进的新发展格局"，为中国经济高质量转型提出了新的战略构想。这也为理论工作者进一步理清中国经济高质量发展的现实与理论逻辑，探索这一转型背后的核心要素和实现转型的具体机制提出了新的命题。本文尝试利用理论和模型探讨推动经济发展高质量转型的核心因素，并构建指标体系对中国经济发展质量加以定量测度，提出向高质量转型的治理机制建设路径。

基于前期的研究积累，中国经济增长前沿课题组认为中国经济高质量转型的紧迫性主要在于：劳动力和物质资本积累增速面临双下降；产业结构的非效率演进；全要素生产率对经济增长的贡献在波动中总体呈下降态势；形成有益于广义人力资本累积的消费－创新效率新循环还需时日；在国际竞争力对比中的服务业竞争能力较弱（陆江源等，2018）；随着城市化进程推进，以知识生产配置为核心的产业转型升级尚未达成，来自工业化的税基逐步削弱与公共服务支出刚性增长之间的矛盾加剧（付敏杰等，2017）；同时，大量受教育程度较低的劳动力向城市低效服务业聚集，并随经济波动在各行业间漂移，难以提升专业素质，造成人力资本的耗散（张鹏等，2019）。从成功跨越"中等收入陷阱"实现赶超的国家来看，实现出口导向型工业化国家向创新与服务业主导的经济转型，都面临结构性改革的繁重任务。

中国经济高质量转型的突出难点在于：工业化持续高增长时期的发展模式和思维惯性难以打破；人力资本和物质资本错配现象严重，大量高素质劳动力集中在非生产性部门和垄断行业，竞争程度不够，创新动力不足，资本配置的所有制偏好和纵向干预模式，削弱了资本的配置效率；农村转移劳动力市场与城市现代部门劳动力市场分割，收入差距拉大，加之对廉价劳动力的过度依赖和教育资源分配不均，造成人力资本积累的跨代抑制；在"科教文卫体"等现代服务部门存在行政性管制和隐形进入门槛，知识产权保护不够，城市现代服务业部门发展不充分，国际竞争力弱，吸收就业和满足需求能力不足，从而也减弱了对人力资本投资和创新能力培养的引致作用。同时，作为发展中的大国，中国向更高层次的发展水平跃升，必然会带来国内利益格局的调整和整个世界经济版图的重新划分，所面临的复杂程度是赶超小国无法比拟的。

当前，中国经济实现高质量转型，要在提高存量要素配置效率的基础上，通过构建注重提高人力资本等生产要素质量的供给和福利体系，在市场激励下获得创新效率，完成从物质要素积累转向人力资本等要素质量提升的过程，在创新中获得效率补偿。当然，福利体系建构也要注重人民普惠性的福利提升与国家实力相匹配。同时，实现普惠性分配和福利提高与风险匹配，人力资本提高与创新效率匹配，以及自然风险约束的跨期平衡。

本文在分析中国经济高质量转型的现实与理论逻辑基础上，通过构建反映整体效用水平的社会福利函数，分析影响发展质量的各主要因素，并选择合适的指标，构建分层次的多指标综合评价体系，尝试定量测度中国经济高质量转型状况，从而为探讨高质量转型的实现机制和政策选择打下基础。在政策探讨部分，本文强调"自上而下"的目标和改革牵引，注重改革宏观资源配置体系，探讨国家治理现代化建构与转型的互动路径。本文具体安排如下：第一部分对相关文献加以梳理，讨论中国经济高质量转型的现实、理论脉络和转型的理论逻辑；第二部分构建社会福利函数和跨期的动态理论模型，分析相关因素对经济发展质量的影响；第三、第四部分为指标选取和分级指标体系构建，以测度和分析中国经济发展质量；第五部分依据高质量转型的路径、逻辑、测度，提出高质量转型中的创新与国家现代化治理机制构建的建议政策。

一 中国经济高质量转型的现实与理论逻辑

依循经济高质量转型的国家发展战略、路径和治理机制，本文主要从三方面进行相关的理论梳理：一是增长的长期路径与驱动因素转变；二是高质量转型的目标与测度；三是高质量转型过程中的激励与公共治理机制的互动关系及治理现代化体系的建构。

（一）经济增长的长期路径与驱动因素转变

长期以来，关于经济增长的研究一直在宏观经济研究中居于核心地位。在多年的研究过程中，中国经济增长前沿课题组提出了中国经济长期增长的"S形"路径和不同发展阶段特征等理论命题，集中刻画了中国赶超中的阶段性"规模收益递增"，而后探讨了技术进步中的"干中学"效应递减，成本要素积累的不可持续性（张平、刘霞辉，2007；张平等，2011）。2012年后集中讨论了"结构性加速"向"结构性减速"转换的国际经验比较、机理与挑战等问题（袁富华，2012；中国经济增长前沿课题组，2012），并提炼了转型过程中的典型化经验事实和转型逻辑（中国经济增长前沿课题组，2013，2014a，2014b，2015；中国经济增长前沿课题组、袁富华、张平、刘霞辉、楠玉，2016）。

从有关经济增长的经典理论文献来看，新古典经济增长理论强调资本深化在后发国家人均产出向发达国家收敛过程中的巨大作用（Solow，1956；Swan，1956），内生增长理论进一步内生化技术变量，将知识和人力资本引入模型，作为持续推动因素，研究的落脚点逐步从规模效率转向创新效率推动的经济增长（Romer，1986；Lucas，1988）。这些文献，以单一增长过程及其简化的经济学抽象作为经典分析的贡献毋庸置疑，但难以涵盖经济真实发展的诸多方面。例如，模型中没有自然环境破坏引起气候变暖的成本项，没有两极分化的社会代价。模型把人类与自然、社会之间高度复杂的相互影响简化为单纯要素积累的增长过程，这仅适合于工业化物质生产阶段，而对人的全面发展的现代化过程分析则存在非常大的局限性。随着经济的发展，特别是进入中高收入阶段，一些国家基于人的发展需要提出了新的发展模式和转型目标。这促使理论研究在基本增长方程的基础上不断加入新的要素，刻画新的增长模式，特别是关于创新与人力资本积累。在新的增长模式中也纳入了自然因素及大量非经济的社会因素，包括信任、观念、网络等，核心是描述新的增长效率驱动与人的福利水平提升过程。阿马蒂亚·森就曾提出古典增长模型过于简化，忽略了人作为社会整体的意义。Barro（2002）认为相对于经济增长速度来说，经济增长质量包含居民预期寿命、生育率、环境质量、收入分配、选举权利以及犯罪率等众多涉及社会、政治甚至宗教方面的内容。《经济增长手册（2A）》提出了更广泛的议题，把文化、企业家精神、信任、增长与幸福、历史、家庭关系等诸多命题纳入扩展的增长模型（阿吉翁、杜尔劳夫，2020）。

起初经济学界对经济增长速度的讨论主要聚焦在经济增长质量方面。随着研究的深入，经济学界关于经济发展质量的论述和阐释由简单到复杂、由模糊到清晰，从表述、内涵和测度上实现了从经济增长质量向经济发展质量的过渡（韩君、张慧楠，2019）。实际上经济发展质量是比经济增长质量范围更宽、要求更高的质量状态，包含了经济、社会、环境等诸多方面的内容（任保平，2018）。国内一些理论和政策文献中的经济发展质量边界也在拓展，主要有以下方面：一是从传统要素比较优势转向增加更多新的生产要素，提高要素质量，特别是人力资本水平，而最近提出的"数据要素"，应该属于可纳入增长方程中的"规模递增"非独占性新要素；二是增加了大量的协调性因素，强调了市场机制作为基础要素配置的关键性作用，同时逐步强调了协调、包容、绿色等非市场调节机制的意义；三是提出了更广泛的经济与社会等非经济因素互动的意义，强调了经济高质量转型包含了社会、政治等综合形态的转变，突出了治理现代化的意义。在福利核算中，除 GDP 外还加入人们的"基本福利权利"，如消除贫困、提高教育水平和预期寿命、社会参与和稳定性等扩展因素，注重人的全面发展，而把波动损失、环境损失等失衡性因素加入福利损失项中，逐步用福利指标来衡量发展质量（杨春学，2006）。中国从高速增长转向高质量发展，增长路径从"又快又好"转向"又好又快"（刘树成，2007），到可持续发展，再转向高质量发展。高质量发展隐含了经济增长的基础是不断提高"创新效率"，逐步降低要素累积的过程。高质量发展更加注重提高要素质量，并将新的要素纳入增长过程，通过市场配置促进效率提升，这是从供给侧对增长效率的一种诠释，而基于人的全面发展的因素也被纳入高质量的目标体系中。赶超阶段以 GDP 单一目标替代所有发展目标的观念，正转变为创新效率与人的全面发展的一致性目标。

（二）高质量发展的目标体系与测度

不同于赶超阶段以物质增长为基准的目标框架，在高质量发展阶段，人们不仅期盼吃好穿美，而且期盼有更好的教育、更稳定的工作、更满意的收入、更可靠的社会保障、更高水平的医疗卫生服务、更舒适的居住条件、更优美的环境、更丰富的精神文化生活，期盼孩子们能成长得更好、工作得更好、生活得更好[①]。这就将经济发展质量所应考量的范围拓展到了教育医疗、自然生态

---

① 中共中央宣传部：《习近平新时代中国特色社会主义思想学习纲要》，学习出版社、人民出版社，2019，第 41 页。

等事关人民福祉的经济社会领域，而且高质量发展也意味着当前的发展不应以牺牲未来和下一代的发展为代价，在满足当前发展需要的同时保持人民福利水平持续稳定的增进。以人的全面发展为导向的高质量发展目标体系应逐步从以GDP考核物质生产能力中解放出来，以人的福祉为基准建立社会福利目标函数，并将一国或地区的居民作为一个整体来加以考量。在构建一定的社会福利函数分析当期福利水平的同时，也要注重跨代福利水平的持续稳定增进。从国内现有文献来看，一些研究集中在对区域甚至地级市层面的经济发展质量测度（张涛，2020；师博、张冰瑶，2019），这些研究对加深相关领域的研究具有一定的积极作用。本文则主要从高质量发展的全局视角，注重全国一盘棋的系统观念，特别是在推动形成优势互补高质量发展的区域经济布局的情况下更需如此[①]。因此，本文将经济发展质量定义为相对于经济增长的一国（或地区）在一定时期内因经济发展使居民当期所享受的福利水平变化，以及未来福利水平可持续提升的能力。在维持跨代福利水平基本稳定的研究方面，阿罗（Kenneth J. Arrow）等曾对经济可持续性展开过讨论。他们认为如果要使下一代享受至少与当代人同样的福利水平，需要保持由物质资本（由投资所形成的设备和建筑物等）、人力资本和自然资本所构成的人均复合财富（Comprehensive Wealth）的稳定（Arrow et al.，2013）。

在社会福利目标的讨论方面，自工业化以来始终伴随着人的基本权利平等和福利提升而进行相应的拓展，特别是城市化进程中，公民纳税与享受公共福利平等越来越强制性地要求基本福利权利的平等性保护和内容的不断延展。中国即将全面建成小康社会，消除绝对贫困就是中国人的基本福利权利平等的伟大实践和具有全球典范性的成就。福利目标是国家发展路径转型的激励导引，因此激励相容性一直是众多转型讨论中的重要议题，经济增长与福利体系构建是替代还是相容在中国也是绕不开的话题。中国经济增长前沿课题组一直按消费与效率补偿原则探索中国转型中的效率与福利兼容性，指出当前阶段提升有益于广义人力资本形成的供给与消费水平，能够获得创新效率补偿，并提出了一系列命题，从总量数值模拟、国际比较等多方面讨论了消费对于广义人力资本形成的重要性，指出公共服务的普惠性和收入分配再调节具有提高社会总体

---

① 关于推动形成优势互补高质量发展的区域经济布局的论述，详见习近平：《推动形成优势互补高质量发展的区域经济布局》，《求是》2019年第24期。

福利和维持经济持续稳定发展的重要意义。

本文在理论分析的基础上，通过构建相应的多指标综合评价体系，尝试对中国经济发展的质量加以定量测度。多指标综合评价方法是把多个描述被评价事物不同方面且量纲不同的统计指标，转化为无量纲的相对评价值，并综合这些评价值得出对该事物一个整体评价的方法体系。因此，在综合考虑的基础上，本文首先在明确经济发展质量定义的基础上，通过构建理论模型明确经济发展质量所应包含的几类指标，与通常的定性描述相比，理论模型分析可以展示更为清晰的经济机理。这里需要着重指出的是对指标的选取，应建立在扎实的理论基础之上，否则会产生较大的随意性；其次，现有的统计数据如 GDP 等，复合了以往理论的需求，但往往难以完全符合理论发展的需要；最后，理论的发展会推动新的指标数据的构建和统计工作的进展。基于经济发展质量的社会福利目标处于拓展过程中，因此随着福利目标的拓展和数据的丰富，相关的指标体系仍有进一步发展的空间，同时也会推动相关的统计工作。

（三）高质量发展与现代化治理体系

治理体系状况影响到社会福利，包括以产权保护为基准的营商环境、政府公共服务体系的清廉程度等。按照阿马蒂亚·森讨论的个人拓展自由选择生活方式的权利，将治理作为基本福利权利进行拓展，推动了发展模式的转型（朱玲、魏众，2013）。国内已有很多研究涉及这方面，如"参与促进型改革"（刘世锦等，2011）等。同时，治理又可以通过社会、法律、共识等非经济因素推动经济发展转型。国内学者近年来也热烈地讨论了治理与高质量发展的相互作用，讨论了构造经济与非经济要素参与高质量转型的"正反馈机制"（张平，2020）。"高质量发展是一个总括性理念，经济高质量是社会高质量和治理高质量的输出"，"城市化的本质是福利社会"，其转型的核心是要发展出"知识中产阶级"，知识中产阶级一个重要的角色就是参与转型，形成"正反馈"的群体理论等（高培勇等，2020）。高质量转型需要社会成员的广泛参与，并从中获益，构造这种"正反馈"机制才能有效地推动目标、路径方向和机制的成功转型。

理论上福山认为治理就是"政府制定和执行规则以及提供服务的能力"（Francis，2013）。考夫曼将国家治理定义为"一国行使权力的传统和制度，包括选拔、监督和更换政府的过程；政府有效制定和执行健全政策的能力及公民和国家对管理公民之间的经济和社会互动的制度的尊重"（Kaufmann 等，2009）。贝斯里将国家治理简单表述为"财政和法律"（Besley and Person，2011）。付敏杰（2018）对此做了较详尽的诠释，认为是国家财政理论与微观产权保护的"治理均衡"。在各国实践中都强调了治理体系中社会均衡、社会参与对治理的积极意义。

从社会福利角度看，本文归纳梳理出国家治理体系现代化主要包括基本福利权利的社会平等性、法律保障的产权体系、社会的普遍参与性，以及政府的服务效率和质量。从国家层面看则表现为国家提供"拓展福利"的能力和包容性、可持续性的对应财力构建与公共服务的匹配、从机制上保障市场配置资源的有效性、降低"免费搭车"对经济效率的瓦解、强调产权和市场制度制衡政府权力。治理现代化涉及经济、政治、文化、社会、法律等多重因素，需要五位一体的建设。更重要的是要达成社会共识，得到最广泛阶层人口的支持和参与，形成社会"正反馈"机制，形成多因素共同演化的高质量发展转型。从共同演化路径看，包括通过法律体系建设、再分配、公共服务，提高教育和医疗等质量，扩大知识中产阶级，达到共同富裕，获得广泛支持。

体制转型的挑战在于路径依赖中的原有利益锁定和相应价值观支配下体制机制的固化。North（1994）将技术性路径依赖引入经济学，逐步形成了一套制度演进的路径依赖理论（道格拉斯·C. 诺思，2011）。在社会不均衡的体制下，很容易将福利目标转变为服务强势群体，而不是原先设定的普惠性目标。发展路径的转变依赖于体制改革与经济社会转型，从而提高公共福利支出，与高质量发展的目标相匹配，而不是导致新的扭曲。建立新的福利目标导引离不开以国家治理现代化为基准的体制性变革。发展目标和治理转型需要可测量、可被公共评判，从而构建具有正反馈机制的自我修正体系。中国作为世界上最大的发展中国家，正处在双重转型之中，经济从规模效率转向创新效率，而发展目标从以物质为中心转向促进人的全面发展，注重创新效率、就业和社会基本福利权利的拓展仍然是根本。

二　理论模型构建及相关分析

根据前文对经济发展质量的定义和相关讨论，本部分通过构建理论模型，分析有可能影响经济发展质量的因素。

（一） 当期社会福利和发展可持续性问题

首先考虑消费和人力资本在不同社会成员之间的配置（即代内公平）对当期社会总体福利水平的影响。假设社会成员的福利取决于消费 c_t、人力资本 h_t、自然环境 R_t 和社会因素 S_t，社会成员的消费和人力资本可能存在差异，而自然环境和社会因素具有公共物品的性质。这里参考 Vinod 等 （2000） 对社会福利函数的设定形式，并在福利函数中包含了社会因素，以反映其对福利可能产生的影响[①]。则在 t 时期，在一个由 N 位成员组成的社会中，社会福利函数 U_t 可以表示为：

$$U_t = \sum_{i=1}^{N} u(c_t^i) + \sum_{i=1}^{N} v(h_t^i, R_t, S_t) \tag{1}$$

其中，c^i 为第 i 位成员的消费，h^i 为第 i 位成员的人力资本，R 和 S 分别代表总的自然环境和社会因素。在 u （·） 和 v （·） 是其变量的单调增函数并且是严格凹的情况下，如果对 U 在 c 和 h 的均值处进行二阶展开并取期望，则平均社会福利为：

$$E(U) = u(\bar{c}) + \frac{1}{2}u''(\bar{c})\sigma_c^2 + v(\bar{h}, R, S) + \frac{1}{2}v''(\bar{h}, R, S)\sigma_h^2 \tag{2}$$

其中，$\bar{c}$ 和 $\bar{h}$ 分别表示消费和人力资本的平均水平，σ_c^2 和 σ_h^2 分别为消费 c 和人力资本 h 在总人口中分布的方差，由此可进一步推出以下结论[②]。

推论：一国或地区社会成员当期总体福利水平，随着社会成员的平均消费和人力资本平均水平的上升而提高，随着消费和人力资本分布方差的增大而递减；同时自然环境和社会因素的改善也会促进居民总体福利水平的提高。

在分析了同一时期消费和人力资本在不同个体之间的分配（代内公平）对社会总体福利的影响后，现在转向对经济发展可持续问题的讨论。设私营部门在既定约束下最优化各期社会福利的预期贴现值。在一个无限期经济中，跨期安排可以看作代内各期之间的优化决策过程，也可以理解为跨代的安排。

[①] Kaufmann 等 （1999a，1999b） 认为包括政治稳定、社会氛围、公共服务等在内的社会因素是直接影响人们福利的重要因素。参见 Kaufmann Daniel，Kraay A.，and Zoido P.，1999，"Aggregating Governance Indicators"，Policy Research Working Paper Series 2195，World Bank；Kaufmann Daniel，Kraay A.，and Zoido P.，1999，"Governance Matters"，Policy Research Working Paper No. 2196，World Bank.

[②] 限于篇幅，具体证明过程从略，有兴趣的读者可以向作者索取。

$$\max E \sum_{t=0}^{\infty} \beta^{t} [u(c_{t}) + v(h_{t}, R_{t}, S_{t})] \tag{3}$$

$$\text{s.t.} \quad c_{t} = X(Z_{t}, S_{t}) Y[k_{t}, h_{t}, A(K_{t}, H_{t}, S_{t}), R_{t}] - I_{k,t}^{p} - I_{h,t}^{p} - I_{h,t}^{g} - I_{R,t}^{g} - I_{S,t}^{g} \tag{4}$$

$$k_{t} = (1 - \delta_{k}) k_{t-1} + I_{k,t-1}^{p} \tag{5}$$

$$h_{t} = (1 - \delta_{h}) h_{t-1} + \theta_{h} (I_{h,t-1}^{p} + I_{h,t-1}^{g}) \tag{6}$$

$$R_{t+1} = \varphi(R_{t}) + \theta_{R} I_{R,t}^{g} - \mu[Y(\cdot)] \tag{7}$$

$$S_{t+1} = \omega(S_{t}) + \theta_{s} I_{S,t}^{g} - \rho(Z_{t}) \tag{8}$$

$$I_{k,t}^{p} \geq \bar{A}_{k}; I_{h,t}^{p} \geq \bar{A}_{h} \tag{9}$$

$$k(0) = k_{0}; h(0) = h_{0}; R(0) = R_{0}; S(0) = S_{0} \tag{10}$$

其中，k 代表经济中的人均实物资本，$Y(\cdot)$ 代表产出函数，$A(\cdot)$ 代表技术水平，I_{k}^{p} 和 I_{h}^{p} 分别为实物资本和人力资本的私人投资；政府以总额税（Lump Sum）形式征税，并将全部税收用于人力资本投资 I_{h}^{g}、自然资本投资 I_{r}^{g} 以及社会资本投资 I_{s}^{g}，实现预算平衡；δ_{k} 和 δ_{h} 分别代表物质资本和人力资本的折旧率，θ_{h} 为人力资本投资的转换系数；R 为自然资本存量，$\varphi(R)$ 为随时间推移的自然资本的增长函数，代表可再生资源和环境的自我修复能力，θ_{R} 为自然资本的投资转换系数，$\mu[Y(\cdot)]$ 是产出的增函数，反映经济活动增加对自然资本所形成的损耗；S 为社会资本存量，$\omega(S)$ 为随时间推移的社会资本自我演化函数，θ_{s} 为社会资本投资的转换系数；Z 为来自外部的冲击，$\rho(Z_{t})$ 代表外部冲击对社会资本造成的损耗；$X(\cdot)$ 为来自外部冲击的实现函数，取值位于（0，1］区间，其最终取值受到外部冲击 Z 的强度和社会资本 S 的影响，假设来自外部的冲击为非特质性风险；$\bar{A}_{k}$ 和 $\bar{A}_{h}$ 为个体物质资本和人力资本投资的下限；k_{0}、h_{0}、R_{0} 和 S_{0} 分别为初始的物质资本、人力资本存量，以及自然资本和社会资本状况。

为便于处理，这里假设 δ_{k} 和 δ_{h} 为 0，总人口 N 不变，在选择合适的单位后可将其标准化为 1，这样就无须严格区分变量的人均值与总量。假设个体投资对整个自然资本和社会资本的改善能力非常有限且存在"公地悲剧"（Tragedy of the Commons）和搭便车行为（Free Riders），因此个体不会投资于自然资本和社会资本。人力资本 h 对生产函数的作用存在一定的外部性，因此个体对人力资本的投资不足，需政府部门增加对人力资本的投资。同时，假设物质资本、人力资本和社会资本存量会影响技术水平，且技术水平可以在经济中毫无障碍地扩散。我们仿照 Arrow（1962）和 Romer（1986）的研究，假设学习效应在经济发展的起步阶段可以通过企业对物质资本的投资实现，但若想取得更好的学习效果则需人力资本和社会资本的配合，即存在 $\partial^2 A/\partial k \partial h > 0$ 和 $\partial^2 A/\partial k \partial s > 0$。随着经济的发展，增长将更加依赖创新，而人的创新活动和创新能力只能来自人的素质和人与人合作的社会经济机制（张平、郭冠清，2016）。根据式（3）至式（10）求解个体关于消费和人力资本投资的最优化一阶条件，可得：

$$u'(c_t) = \beta[(E(X)Y_k'(\cdot) + 1)]u'(c_t + 1) \tag{11}$$

$$\theta_h[v_h'(h_t, R_t, S_t)] = E(X)[Y_k'(\cdot) - \theta_h Y_h'(\cdot)]u'(c_t) \tag{12}$$

（二）几种可能的情景分析

可以看出，如果个体预期实物资本的投资收益高于人力资本的投资收益，那么私营部门将只会对实物资本 k 投资，只有在人力资本预期投资收益等于或高于实物资本投资时，私营部门才可能投资于人力资本 h。在这种情况下，即使私营部门实现了在人力资本方面的投资，人力资本增长相对于物质资本增长也非常缓慢。这也是一国或地区在经济发展过程中，实物资本与人力资本的比值 k/h 通常逐步提高的原因。

在通常的 CRRA 效用函数 $u(c_t) = c_t^{1-\sigma}/(1-\sigma)$ 假设下，依靠私营部门的物质资本投资，可推算出该经济的消费增长率 $g_{c,t}$。

$$g_{c,t} = \{\beta[E(X)Y_k'(k_t, h_t, A(k_t, h_t, S_t), R_t) + 1]\}^{1/\sigma} - 1 \tag{13}$$

其中，$Y_k'(\cdot)$ 为增加物质资本所带来的边际产出。当经济受到负向外部冲击 Z 的影响时，一方面会降低经济中的产出，另一方面在冲击足够大而社会资本不足时，由于 $I_k^i \geq \bar{A}_k$，$I_h^i \geq \bar{A}_h$，受金融市场不完善等因素影响，消费者将无法实现最优的跨期消费和人力资本投资，从而遭受福利损失。

在经济发展的起步阶段，社会中的人力资本和物质资本都处于较低水平。在此情形下，假设技术水平 $A(\cdot)$ 是物质资本、人力资本和社会资本的增函数，且几种资本在 $A(\cdot)$ 函数中具有较强的互补性。正如现有文献已经证实的，在那些人力资本水平太低且提高缓慢的发展中国家，单靠实物资本的投资很难取得良好的技术外溢效果（Barro and Sala-Martin，1995）。在此情形下，单纯依靠物质资本积累所带来的技术外溢效应将难以发挥，规模报酬递增状态不会出现。单纯依靠物质资本 k 的增长会使 $Y'_k(\,\cdot\,)$ 出现较快的下降，从而使经济增长很快陷入停滞。根据 Barro 和 Lee（2013）的数据，1980 年中国 15 岁以上人口平均受教育年限为 4.9 年，普遍高于亚洲一些发展中国家，也高于拉美 9 国平均 4.6 年的水平①。这为改革开放初期从国外引进技术设备实现规模报酬递增提供了基础。

当社会具有一定的人力资本和社会资本，但技术水平与前沿经济体相比差距仍较大时，实物资本投资对技术水平会产生较大的作用，即随着实物资本的积累，技术水平 $A(\,\cdot\,)$ 在"干中学"机制的作用下逐步提高，出现规模报酬递增。此时，单纯依靠实物资本投资这种非平衡性的增长有可能实现经济较长时间的持续扩张。此时，以压低消费换取物质资本增长的可行性在于，消费结构仅仅囿于吃穿住等简单的劳动力再生产，效率改进主要建立在投资的基础上，投资对消费的替代能够实现更高的追赶速度，与低消费水平相应的人力资本积累，也能够满足外部技术运用的需要（中国经济增长前沿课题组，2015）。然而，在这一过程中如果缺少自然资本投资并且经济扩张造成严重的自然环境退化，则有可能使经济增长受到资源和环境方面的约束。

当经济得到相当程度的发展，工业化规模扩张的体制模式和生产模式已经基本定型，技术水平已经非常接近前沿水平时，此时通过资本驱动的规模报酬递增状态将不复存在，仅仅依靠物质资本投资推动的经济增长和消费增加会因物质资本边际收益递减规律的制约而难以持续。压低消费所导致的人力资本不足问题将凸显，中低层次人力资本出现剩余（袁富华等，2015）。此时只有通过人力资本、社会资本和自然资本的逐步提升才有可能实现持续而稳定的增长。

随着经济的增长，消费者基于传统工业品和传统服务的边际效用 $u'(c)$ 会逐步递减，而有益的广义人力资本形成的"科教文卫娱乐体育"等现代服务消费所带来的直接边际效用 $v'_h(\,\cdot\,)$ 的相对重要性和生产促进作用 $Y'_h(\,\cdot\,)$ 将显著增强，此时打造有利于广义人力资本形成的消费与创新效率补偿的正向循环将对社会整体福利水平的提高发挥关键作用。随着消费和人力资本的提高，自然资本和社会资本的改善对消费者所带来的直接边际效用水平 $v'_R(\,\cdot\,)$ 和

---

① 拉美 9 国分别是乌拉圭、秘鲁、巴拉圭、墨西哥、厄瓜多尔、哥伦比亚、智利、巴西和阿根廷，Barro 和 Lee（2010）的数据也显示，到 2010 年，中国 15 岁以上人口平均受教育年限为 7.5 年，已落后于亚洲一些发展中国家，比拉美 9 国的平均水平低了 1 年。

$v'_S(\cdot)$ 的相对重要性会显著提升，因此自然资本和社会资本的增长能带来更大的福利改进。高培勇等（2020）认为当以经济建设为中心的工业化解决了物质匮乏之后，高度城市化阶段的任务自然转向人的发展，即经济发展服务于社会发展。

从以上分析可以看出，在增加实物资本 k 的过程中，应保持人力资本、自然资本和社会资本的增长，才有可能实现经济的持续平稳发展和居民福利水平的持续改善。

三　中国经济发展质量的测度设计

在理论分析的基础上，本文选取各方面具有代表性的基础指标构建分层次的指标体系，对 20 世纪 90 年代初中国确立社会主义市场经济体制改革目标以来的经济发展质量加以测度。

（一）经济发展质量指标体系构建

从本文对经济发展质量的定义出发，通过理论模型分析，可以看出经济发展质量状况大致可以从经济成果分配、人力资本及其分布状况、经济效率与稳定性、自然资源与环境以及与经济发展密切相关的社会状况几个方面来加以考察（见表 11 - 1）。

表 11 - 1　经济发展质量测度指标体系①

方面指标	分项指标	基础指标	计量单位	指标属性		
				正项指标	逆向指标	适度指标
经济成果分配	产出用于消费比例	消费占 GDP 的比重	%	√		
	居民收入分配状况	基尼系数	%		√	
		城乡收入比	%		√	
		泰尔指数	—		√	

① 在构造多指标综合评价体系的过程中，宜使用单向指标（正向或负向）（刘燕妮等，2014），如果要将大量指标设定为适度指标，那么适度的阈值到底为多少是一个仁者见仁、智者见智的问题。在本文中使用到的一些指标，如消费占 GDP 比重（正向）、基尼系数（负向），是在已有研究普遍认为目前中国消费占 GDP 比重偏低和基尼系数偏高的情况下提出的。

续表

方面指标	分项指标	基础指标	计量单位	指标属性		
				正项指标	逆向指标	适度指标
人力资本及其分布状况	身体素质	婴儿出生死亡率	%		√	
		平均预期寿命	—	√		
		医疗卫生机构床位数（每千人）	—	√		
		医疗技术人员数（每千人）	—	√		
	受教育情况	学龄儿童入学率	%	√		
		平均受教育年限	—	√		
		教育基尼系数	%		√	
经济效率与稳定性	经济效率	劳动生产率	—	√		
		资本生产率	—	√		
		土地生产率	—	√		
		全要素生产率	—	√		
	经济波动	经济增长波动	—		√	
		消费者价格指数	%			√
		失业率	%		√	
自然资源与环境	经济活动造成的环境损坏	单位 GDP 二氧化碳排放量	—		√	
		单位工业产值废气排放量	—		√	
		单位工业产值污水排放量	—		√	
		单位工业产值固体废物产生量	—		√	
	基础自然资源变动	荒漠化国土面积占比	%		√	
		国土森林覆盖率	%	√		
		人均可再生水资源	—	√		
社会状况相关指标	社会保险	参加基本医疗保险人数占比	%	√		
		参加失业保险人数占经济活动人口比	%	√		
		参加基本养老保险人数占15岁以上人口比重	%	√		
	社会环境	营商环境	—	√		
		清廉指数	—	√		
		政治权利	—	√		
		公民自由	—	√		

　　在经济成果分配方面,首先需要考虑产出在宏观层面的配置问题,即产出用于最终消费的比例,在一个消费占比长期偏低甚至出现下降的社会中,即使有高的经济增速,居民福利水平增长也不会太快;其次需要考虑产出在微观层面的配置问题,即居民收入分配。在一定的产出水平下,居民收入分配差距过大会降低社会整体的福利水平,从而影响经济发展的质量。宏观层面本文选取最终消费占 GDP 的比重,微观层面本文选取居民收入分配基尼系数、城乡收入比和泰尔指数,这些指标的侧重点存在一些差异,如基尼系数对中等收入变化比较敏感,泰尔指数对位于分配两端的居民收入变动较为敏感,而城乡收入比则更关注居民收入的地区差异。

　　在人力资本及其分布方面,可以从居民身体素质与受教育状况两方面来加以考察。在身体素质层面,本文选取婴儿出生死亡率、居民平均预期寿命、每千人拥有的医疗机构床位数和医疗技术人员数;在居民受教育层面,本文选取学龄儿童入学率、平均受教育年限来衡量居民的整体受教育状况,并通过居民受教育年限的基尼系数来考察居民受教育水平的差异。教育基尼系数的构建方法与收入基尼系数的构建方法类似,Vinod 和 Wang(2003)认为教育基尼系数在衡量教育公平时序变化或进行各地区比较时较其他指标更为有效。

　　在经济效率与稳定性方面,经济效率反映了单位产出所消耗的生产要素或利用单位要素所获得的产出情况,经济效率是现有文献衡量经济增长质量的重要内容(钞小静、任保平,2011),也应成为衡量经济发展质量的指标;而经济稳定性不仅会直接影响居民的福利且与经济效率相关。Dornbush 等(2011)提出用失业率和通货膨胀水平简单相加构造"痛苦指数",以反映经济波动对居民福利的直接影响。Furman 和 Stiglitz(1998)发现经济波动会对贫困人口产生更大的不利影响,特别是在那些社会安全网络不太健全的国家,这种影响可能尤为严重。经济波动同时会造成资源配置的扭曲,从而阻碍经济效率的提高。本文选取劳动、资本和土地这些基本要素的产出效率以及全要素生产率来衡量经济效率,并利用经济增长波动、消费者价格指数和失业率来衡量经济波动状况[①]。

　　在自然资源与环境方面,经济活动对自然资源和环境造成的损耗主要体现

---

　　① 经济增长波动率通过计算包括当年在内的近 5 年经济增速的变异系数得到;失业率来自世界银行按总失业人口占劳动力总数比例的数据。

在对人类赖以生存的大气、水和土壤的污染，造成空气质量恶化、人均淡水减少、土地荒漠化以及森林覆盖面积缩小。同时以化石燃料为主的能源消耗造成二氧化碳排放促使全球变暖，也严重威胁人类生存。自然资源退化在降低居民福利的同时，可能影响经济增长率（Daly，1997），而环境污染会诱发各类疾病，提高过早死亡风险并增加医疗系统负担（Arceo et al.，2016）。本文选取单位 GDP 二氧化碳排放量、单位工业产值废气排放量、单位工业产值污水排放量、单位工业产值固体废物产生量作为经济活动造成的环境损害的主要指标；同时选取荒漠化国土面积占比、国土森林覆盖率和人均可再生内陆淡水资源作为影响生产生活的基础自然资源指标。

在社会指标方面，社会保险与多样化的投资组合具有相似的功能，由多个家庭共担风险实际上就形成了一个社会安全网，在经济遭受冲击时为家庭提供经济安全保障，提高社会整体的福利水平。这种风险共担机制也使家庭可以参与高风险和高收益的活动，从而提高整个社会的产出水平（Narayan and Pritch-ett，1999）。本文选取参加基本医疗保险人数占比、参加失业保险人数占劳动人口比重、参加基本养老保险人数占 15 岁以上人口比重作为衡量社会保险的基础性指标。除社会保险方面的内容外，社会环境状况也是与经济发展质量密切相关的社会类指标。这类指标主要包括市场主体的营商环境、腐败治理状况（清廉指数）、公民的政治权利与自由。这些指标是衡量经济发展质量时绕不开的话题，也是经济发展质量指标区别于其他类型质量指标的重要标志之一。其中的营商环境涉及市场主体在准入、经营、跨境贸易、税收支付、获取信贷、退出等过程中的政务环境、市场环境、法治环境和人文环境等方面的内容。高质量发展阶段经济工作的考核与评判，不仅要强调满足人民的生存权和发展权，而且要关注人民在生存和发展基础上的意志表达权和实现权（高培勇，2019）。

（二）中国经济发展质量测度设计

1. 数据来源与原始指标的初步处理

本文所采用的数据主要来自历年《中国统计年鉴》《中国人口和就业统计年鉴》以及国家统计局网站。居民收入基尼系数来自李实（2018）的研究。对于社会环境类指标，由于我国在相关指标统计方面起步较晚，目前还缺乏较长时间的统计资料，因此在考虑数据可得性的情况下，本文的营商环境指标来自世界银行 2004 年以来的历年营商环境报告，腐败治理状况采用非政府组织"透明国际"构建的清廉指数，政治权利与公民自由指标则来自非政府组织"自由之家"[1]。还有一些基础指标无法从统计数据中直接得到，需通过一定的计算得出。本文中使用的泰尔指数是根据王少平、欧阳志刚（2008）给出的定义和方法计算得到；资本生产率中的资本存量参考陈昌兵（2014）的研究成果；劳动生产率则通过经平均受教育年限调整后的劳动力数量计算得出。考虑到 20 世纪 90 年代初中国开始确立社会主义市场经济体制改革目标，社会保险制度也是从此时起步，因此本文对中国经济发展质量的测度选择从 1993 年开始，即测度 1993～2018 年中国经济发展质量的变化情况[2]。

经济发展质量测度体系中的各基础指标具有不同的量纲和量级，因此在各指标合成之前必须首先消除各基础数据量纲和量级的影响。在多指标综合评价理论研究领域，很多学者认为均值化可以保留原始指标各自的变异和相关程度，是较为优良的方法（孟生旺，1992；胡永宏，2012）。因此本文采用均值化方法对正向指标进行去量纲和量级处理。对于逆向指标，本文沿用钞小静、任保平（2011）的方法，先对原始指标取倒数然后再进行均值化。

2. 基础指标赋权与指标合成方法

考虑到主成分分析不仅难以化解且会加大指标间相关性的影响（孟生旺，1993b；叶宗裕，2004），并在同向指标负相关时出现指标权数为负，从而造成"乱序"等问题（胡永宏，2012），本文在对基础指标进行赋权时将综合利用其他类型的信息量赋权和独立性权重构造方法，以有效体现指标信息量并降低指标相关性所带来的信息重复影响。孟生旺（1993a）提出可以将各指标的变异系数归一化，得到反映各指标变异程度大小的信息量权数；同时利用指标的相关系数矩阵，得到反映各指标与其他指标信息重复度的独立性权数向量。由于各类权数从不同侧面反映了指标的相对重要性，彼此的互补性较弱，从而可将体现指标信息量的权重与独立性权重进行乘法合成，以反映两类权重的综合

---

[1] 这些数据可能存在一些样本选择和有失公正之处，选用这些指标主要考虑到相关数据的可得性问题。随着中国相关社会指标统计工作的加强和持续，在今后的研究中我们更希望使用中国自己发布的更为客观和公正的数据。

[2] 由于世界银行营商环境指标最早从 2004 年（主要反映 2003 年的营商环境）开始编制，因此本文所选取的社会环境类指标统一从 2003 年开始加入。考虑到本文采取的基础指标无量纲化为均值化方法，关注的重点集中在经济发展质量的变化趋势，同时本文在分阶段考察中国经济发展质量变化趋势时，以 2003 年为其中的一个分段时点。因此囿于数据的可得性，本文选择从 2003 年加入社会环境类指标并不会改变本文的主要结论。

影响①。

在信息量权重构造方法中，熵权法是另外一类使用较多的赋权方法。在对基础指标赋权时，本文分别利用各指标的变异系数和信息熵构造基础指标的信息量权；然后将信息量权与独立性权进行乘法合成构造综合权重，以同时体现信息量权和独立性权的影响。胡永宏（2012）指出加法合成允许各指标的不均衡发展，即允许各指标之间的完全可替代；而乘法合成则考虑事物均衡发展的导向，因此合成方法的设计是综合评价方案制定中非常重要的内容。考虑到同一类基础指标（三级指标）之间的替代性较强，而方面指标（一级指标）之间则应追求较为均衡的发展，因此，本文在基础指标合成方面指标的过程中使用加法原则，在方面指标合成总体指标过程中使用乘法原则。同时，各方面指标已属于综合指标，包含的内容比较广泛，难以通过客观赋权法加以确权（朱子云，2019）。因此，在对方面指标赋权的过程中，本文借鉴联合国开发计划署（UNDP）构造人类发展指数（Human Development Index）过程中所采用的等权重方法，对各方面指标赋予相同的权重。这样本文所采取的实际上是主观和客观相结合的指标赋权方法。

四　中国经济发展质量的测度结果及分析

本文首先根据前文介绍的权重生成方法对基础指标赋权，利用加法合成得到方面指标，再通过乘法合成生成中国经济发展质量指数，然后分析各方面指标对综合指数的影响。具体来说，对基础指标赋权方法分为以下4种：一是变异系数信息量权，二是信息熵权，三是变现系数权经独立性调整的综合权Ⅰ，四是信息熵权经独立性调整的综合权Ⅱ。

（一）中国经济发展质量的测度结果

利用前文所介绍的4种客观赋权方法，本文测算了中国1993～2018年的经济发展质量指数。虽然不同的基础指标赋权方法对中国经济发展质量测度结果的具体数值会产生一定的影响，但4种客观赋权方法所得的中国经济发展质量

①　受篇幅所限，权重构造的具体细节予以省略，有兴趣的读者可参阅孟生旺（1993a）的研究或向作者索取。

指数变化趋势是一致的。中国经济发展质量从 1993 年以来虽出现过小幅波动，但总体处于逐步提升状态（见图 11 -1）。

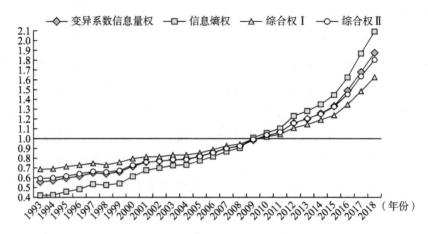

图 11 - 1　1993～2018 年中国经济发展质量的测度结果

注：综合权Ⅰ和综合权Ⅱ分别为变异系数权和信息熵权与反映独立性的权重经乘法合成后所得权重。

　　在接下来的分析中，本文主要以信息熵权经独立性调整后的权重所得结果为基准展开讨论①。在基础数据去量纲和量级过程中本文使用的是均值化方法，因此数值 1 在某种意义上代表了 1993～2018 年中国经济发展质量的平均水平。如表 11 -2 所示，从测度结果来看，2009 年以前中国经济发展的质量处于平均水平以下，2009 年虽提升到 1.002，但在随后两年进展比较缓慢，2012 年以来中国经济发展质量提升速度开始加快，2018 年上升到 1.820。如果将 1993～2018 年这 25 年每 5 年分为一个阶段来考察中国经济发展质量提升的速度，则存在着明显的差异。1998 年中国经济发展指数较 1993 年提高 0.066，年均复合增长率为 2.14%；1998～2003 年的年均复合增长率为 3.81%；2003～2008 年的年均复合增长率为 3.38%；2008～2013 年的年均复合增长率为 5.17%；而 2013～2018 年的年均复合增长率达到 8.63%，这是本文以 5 年来划分的 5 个阶段中增速最快的时期。

---

① 以信息熵权经独立性调整所得结果为基准，主要有两层考虑，一是熵权法是现有文献中使用较为普遍的客观赋权方法，二是经独立性调整的熵权法所得结果处于其他方法所得结果的中间水平。受篇幅所限，本文省略了除信息熵权经独立性调整方法以外的测度结果，有兴趣的读者可向作者索取。

表 11 - 2　1993~2018 年中国经济发展质量测度结果

年份	测度结果	年份	测度结果	年份	测度结果	年份	测度结果	年份	测度结果
1993	0.591	1999	0.678	2005	0.825	2011	1.073	2017	1.649
1994	0.603	2000	0.732	2006	0.865	2012	1.163	2018	1.820
1995	0.623	2001	0.766	2007	0.911	2013	1.203		
1996	0.642	2002	0.772	2008	0.935	2014	1.259		
1997	0.673	2003	0.792	2009	1.002	2015	1.328		
1998	0.657	2004	0.793	2010	1.043	2016	1.464		

在得到经济发展质量测度结果后，本文进行了经济增长速度与经济发展质量之间的比较，发现 GDP 增速的变化与经济发展质量的变化并不一定具有趋同性（见表 11 - 3）。在经济增长速度较快的 1993~1998 年以及 2003~2008 年两个阶段，经济发展质量上升却相对迟缓；而在经济增长处于中高速阶段的 2013~2018 年，经济发展质量提升则最为快速。这表明对经济发展的关注不应仅着眼于 GDP 增速这样的单一维度，而应从更广阔的视角加以全面考察。

表 11 - 3　1993~2018 年中国经济增长速度与经济发展质量的比较

单位：%

指标	1993~1998 年	1998~2003 年	2003~2008 年	2008~2013 年	2013~2018 年
GDP 年均复合增长率	10.19	8.73	11.61	9.04	7.00
经济发展质量指标年均复合增长率	2.14	3.81	3.38	5.17	8.63

注：国内生产总值（GDP）年复合增长率根据国家统计局公布的 GDP 指数计算得到。

（二）中国经济发展质量变动的分析

在由各方面指数合成经济发展质量指数时，本文使用了乘法原则。假设各方面指标值为 y_i，则经济发展质量指标值 I 的计算公式为：

$$I = \sqrt[m]{\prod_{i=1}^{m} y_i} \tag{14}$$

式（14）两边取自然对数，可得：

$$\ln(I) = (1/m) \sum_{i=1}^{m} \ln(y_i) \tag{15}$$

对式（15）两边求微分，则在方面指标变化不大的情况下，经济发展质量指标值的变化量可近似表示为：

$$\Delta I_t \approx \left(\frac{1}{m}\right)\left[\sum_{i=1}^{m}\left(\frac{\overline{I_t}}{\overline{y}_{i,t}}\Delta y_{i,t}\right)\right] \qquad (16)$$

其中，$\overline{I_t}$和$\overline{y}_{i,t}$分别表示经济发展质量指标和方面指数在各时段上的平均值。表 11-4 显示了分时间段的 1993~2018 年各方面指标对经济发展总体质量提升的贡献情况。从中可以看出，经济效率与稳定性指标在 1993~1998 年和 2003~2008 年对经济发展质量的贡献为负，经济成果分配指标在 1998~2003 年、2003~2008 年两个阶段的贡献也为负，其余指标在各阶段均推动了经济发展质量的提高。2013~2018 年，各方面指标对经济发展质量提升的贡献量均高于前几个阶段（见表 11-4，Panel A）。

表 11-4　1993~2018 年分阶段的各方面指标对经济发展总体质量提升的贡献

分阶段各方面指标变动对经济发展质量提升的贡献量					
Panel A	1993~1998 年	1998~2003 年	2003~2008 年	2008~2013 年	2013~2018 年
经济效率与稳定性	-0.018	0.032	-0.026	0.027	0.105
经济成果分配	0.015	-0.034	-0.003	0.018	0.029
人力资本及分布	0.008	0.017	0.041	0.069	0.082
自然环境与资源	0.042	0.020	0.021	0.064	0.202
社会状况	0.019	0.097	0.107	0.090	0.204
各方面指标对发展质量贡献的总和	0.066	0.132	0.140	0.268	0.622
经济发展质量实际变动情况	0.066	0.135	0.143	0.268	0.617
近似公式计算的加总量与实际变动量的偏差（%）	0.00%	-2.22%	-2.10%	0.00%	0.81%
分阶段各方面指标变动对经济发展质量提升的贡献率（%）					
Panel B	1993~1998 年	1998~2003 年	2003~2008 年	2008~2013 年	2013~2018 年
经济效率与稳定性	-27.3	24.2	-18.6	10.1	16.9
经济成果分配	22.7	-25.8	-2.1	6.7	4.7
人力资本及分布	12.1	12.9	29.3	25.7	13.2
自然环境与资源	63.6	15.2	15.0	23.9	32.5
社会状况	28.8	73.5	76.4	33.6	32.8
合计	100	100	100	100	100

从各方面指标推动中国经济发展质量提升的贡献率来看，经济效率与稳定

性指标的贡献率随着阶段变化波动较大（见表 11-4，Panel B）。经济效率与稳定性对经济发展质量提升的贡献率在 1993~1998 年为 -27.3%。1998 年经济增速波动与物价涨幅虽较 1993 年有所改善，但全要素生产率（TFP）和资本产出率下降明显，失业率也有所增加。1998~2003 年，该贡献率为 24.2%。2003 年经济增速波动与物价涨幅较 1998 年更加稳定且全要素生产率贡献和劳动生产率有所增长。2003~2008 年，该贡献率为 -18.6%。2008 年劳动生产率虽较 2003 年有所增长，但全要素生产率改善不大，且经济增速波动与物价涨幅较 2003 年有较大幅度的增加。2008~2013 年，该贡献率为 10.1%。2013 年全要素生产率和资本产出率虽较 2008 年有所下降，但劳动生产率提升较快且经济增长波动与物价涨幅放缓。2013~2018 年，该贡献率为 16.9%。这一阶段劳动生产率继续提升，全要素生产率和资本产出率放缓收窄，同时经济增长与物价处于稳定的状态。张平、杨耀武（2020）通过将 2004~2019 年划分几个阶段进行分析，发现中国 GDP 增长波动和 CPI 平均涨幅逐步放缓。

经济成果分配指标的贡献率 1998~2003 年为 -25.8%，2003~2008 年为 -2.1%。这一方面是因为 1998~2008 年最终消费占比出现下降，白重恩和钱震杰（2009）从国民收入分配的角度对此进行过讨论，另一方面是因为居民收入分配差距的快速拉大。李实（2020）分析认为，1994~1995 年政府大规模提高农产品收购价格，缩小了城乡收入差距，全国居民收入差距因此缩小；从 1996 年开始，中国居民收入差距开始扩大；2008 年以后稍微有所缩小，2016 年全国基尼系数重新开始上升。从经济成果分配指标的贡献率来看，2008~2013 年为 6.7%，2013~2018 年为 4.7%，较 1993~1998 年有所下降。

人力资本及分布指标的贡献率随着时间的推移先上升后下降，呈现倒 U 形曲线的特征。在人力资本及其分布指标中，随着居民收入水平提高和医疗事业发展，婴儿出生死亡率降低和平均预期寿命提高起初会逐步加快，但当婴儿出生死亡率和平均预期寿命达到一定水平后，其提升空间将逐步收窄。同时，以学龄儿童入学率、平均受教育年限和教育基尼系数为代表的居民知识水平的提升和均等化程度，也经历了一个先加速再减速的过程。蔡昉（2017）认为中国通过普及九年制义务教育和扩大高等教育招生规模，实现了教育的跨越性发展，同时在收获人口红利期间，随着接受了更多教育的劳动力大规模进入劳动力市场，也显著改善了劳动力的整体人力资本存量；然而，随着 15~59 岁劳动年龄人口增长在 2010 年后由正转负，人力资本的改善速度也开放放慢。

自然环境与资源指标贡献率随着时间推移先下降后上升，呈现 U 形曲线的特征。在土地、森林、淡水等人类赖以生存的基础性自然资源方面，荒漠化国土面积占比先增加后以比较稳定而缓慢的速度下降，人均可再生水资源下降的速度逐步放缓，国土森林覆盖率增速先下降后逐步稳定。在经济活动带来的环境破坏方面，单位 GDP 二氧化碳排放量、单位工业产值废气排放量、单位工业产值污水排放量和单位工业产值固体废物产生量，基本呈现先改善放缓后改善加速或先有所恶化后逐步改善的状态。大量有关经济与环境污染的实证研究发现，随着人均收入水平的提升，环境污染会呈现倒 U 形曲线的特征（Grossman and Krueger，1995；蔡昉等，2008）。同时，中国环境的改善也与近年来加快转变经济发展方式、加大环境保护力度有着密切的关系。王芳等（2020）研究发现中央政府对环境问题的重视能够有效增加地方保护环境的意愿和行为，进而对拐点产生影响。

在社会状况相关指标方面，以基本医疗、养老和失业保险为代表的社会保险参与率指标，随着参与率的上升其增加速度会逐步放缓，2018 年全民基本医保参与率已达 96.4%。1998~2008 年，社会状况指标对经济发展质量的贡献率较高，主要是由社会保险参与率稳步提升以及经济效率与稳定性指标和经济成果分配指标出现较大负向贡献造成的。从社会状况指标对经济发展质量提升的贡献量来看，2013~2018 年社会状况指标的贡献量为 0.204，不仅高于前几个阶段，也高于其他方面指标对经济发展质量提升的贡献量。这一方面是因为社会保险参与率在较高基础上仍维持较快增长，另一方面是因为随着简政放权的持续推进，社会营商环境大幅改善，同时反腐败力度加大，社会清廉指数稳步提升。

五　高质量转型中的创新与治理机制构建

实证结果表明中国在高质量转型方面取得了很大成就，经济高质量发展转型稳步推进，但潜在的挑战依然较多。一是我国创新效率替代规模效率仍需努力。很多创新效率的生成与劳动者的知识水平高度相关，克服"技术性失业"导致的就业市场摩擦是一个重要的激励相容挑战，提高创新效率与提升就业者人力资本最有利于转型。二是城市化发展进程中，城乡一体化和区域平衡依然是协调中的重要战略。全国较为统一化的基本福利体系建设才能更好地覆盖城乡和不同区域，通过全国基本福利体系的建设与分配再调整，建立起具有社会均衡的协调机制。三是经济效率与福利扩展尚缺乏均衡机制，地方政府社会福利支出刚性增长。随着城市化和人口老龄化，社会福利支出增长会逐步脱离原有的财政经济收入约束。现有的税收体制与福利支出不匹配，地方政府"土地财政"不可持续，负债过高等问题突出，必须通过财政体制的改革才能重新建立与城市化相匹配的经济与福利均衡机制。四是如何在经济增长放缓的条件下，寻求高质量转型的更大社会支持，减少存量博弈，形成社会普遍支持的"正反馈"机制。高质量转型需要社会成员的广泛参与，并让他们从中获益，构造这种"正反馈"机制才能有效地推动目标、路径和机制的成功转型。近年来，欧盟通过年度增长调查（AGS）、政策警告（AMR）、国家改革程序（NRP）、稳定性融合计划（SCP）和针对性建议等方式，提高政策对各成员国的约束力，这些措施也有利于各成员国根据自身的具体情况及时进行有效调整。"十四五"时期正是中国奠定高质量转型基础的关键阶段，可考虑借鉴欧盟的一些有益做法，以提升转型的绩效。

加快推动以人民为中心的发展转型，提升人力资本，推动知识阶层崛起，才能打造有利于广义人力资本形成的"消费—创新效率补偿"的良性互动机制。着力打破"居民满足基本生活需求—人力资本难以提升—劳动生产率低下—收入增长缓慢—只能满足基本生活需求"的锁定状态，逐步形成"广义人力资本积累—劳动生产率提高—收入水平提升—消费持续升级—人力资本再提升"的良性互动。现代社会的经济、政治、文化、社会目标并非经济增长速度或短期规模效率最大化，而是努力促进经济、政治、文化高质量发展，同时促进作为社会基础力量的中产知识阶层不断扩展并得到经济与社会的激励，形成"正反馈"，最终实现社会成功转型。基于这样的现代化转型过程，对现有的体制进行改革的顺序要"自上而下"，改革宏观资源配置与激励体制，推动发展目标转变。20世纪90年代基于出口导向的工业化建立的宏观资源分配、激励和调控体制为中国经济高速增长起到了保驾护航的作用。在高质量转型发展阶段需要重新调整宏观资源分配、激励和调控框架，推动发展与改革的相互配合（张平，2020）。

2021～2035年，中国要基于城市化和后小康发展阶段的实际，对宏观激励目标和与之匹配的资源配置体系做出调整，平稳进入高收入国家行列。2035年中国人均GDP可能超过2万美元，成为高收入国家，国家治理现代化将成为国家体制设计中更核心的任务。国家治理现代化是基于人民公共选择体系形成的一整套公共治理机制，以此促进国家制度体系更加完善与稳定，以此重新构建大国能力，保障国家的持续繁荣和人民幸福，充分展现社会主义大国的优越性。

第三篇

经济增长动力机制

第十二章 长期增长过程的"结构性加速"与"结构性减速":一种解释

袁富华[*]

内容提要: 立足于 Mitchell 和 Maddison 的历史统计数据库,本文对发达国家增长因素进行了分析,阐释了以下事实:1970 年代以后发达国家经济增长的减速,与生产率增长的减速密切相关,而生产率的减速是产业结构服务化这种系统性因素造成的。为此,本文提出了长期增长过程中"结构性加速"与"结构性减速"的观点,一方面系统化和清晰化了我们关于长期增长趋势的认识,另一方面,"结构性加速"向"结构性减速"过渡期间的经济问题也更容易得到解释和预测。未来几十年,中国经济结构的服务化趋势逐渐增强,"结构性加速"向"结构性减速"转换及相应问题将凸显。相对于其他理论而言,这种观点对于中国的工业化和城市化问题具有更强、更直观的解释能力。

关键词: 经济增长 结构性加速 结构性减速

对于发展中国家而言,"二战"后工业化国家经济增长的普遍加速,至 1970 年代之后经济增长的普遍减速,这个时期尤其值得关注。这一时期见证了资本主义国家百年增长潜力最剧烈的释放,并最终把工业化国家推入城市化成熟期。

---

* 本文发表于《经济研究》2012 年第 3 期。袁富华,中国社会科学院经济研究所。本文受国家社科基金"中国经济快速增长时期的动力、源泉与模式研究"(10BJY004)、国家社会科学基金重大招标课题"提高宏观调控水平与保持经济平稳较快发展研究"(09&ZD017)资助。

本文立足于 Mitchell（1998，2007）和 Maddison（2006）的历史统计数据库，对百余年来发达国家经济增长路径进行描述，并对引致增长轨迹发生重大变化的经济因素进行分析，进而尝试着说明以下事实：1970 年代以后发达国家经济增长的减速，与生产率增长的减速密切相关，而生产率的减速是产业结构服务化这种系统性因素造成的。为此，本文提出了长期增长过程中"结构性加速"与"结构性减速"的观点。

我们之所以强调经济增长的"结构性加速"与"结构性减速"，是因为中国经济增长正经历发达国家几十年前曾经历的工业化、城市化的转型。改革开放以来，中国工业化所引致的"结构性加速"成就了 40 多年的经济高增长奇迹，但是，随着工业化向城市化递进，产业结构发生由第二次产业向第三次产业的演化，"结构性减速"将发生。值得关注的是，处于"结构性加速"与"结构性减速"之间的中国经济，如果经济政策应对不当，诸多问题将因必然的"结构性减速"而凸显。关于这一点，我们认为，1990 年代以来的日本经济的诸多问题，可以作为"结构性加速"向"结构性减速"过渡的鲜明例子（或许我们的这种结构性观点，也可以很好地解释拉美国家高增长之后的徘徊不前）。

本文"结构性减速"观点的提出，是基于丰富的数据史料和一些研究者的有益见解。1980 年代以来，尽管有不少文献尝试着对发达国家经济增长速度减缓问题进行解释，但是，从长期角度看，我们更倾向于 Maddison 的看法及类似的解释。Maddison（1989）认为，1973 年以来，经济合作与发展组织（OECD）及其他国家经济减速的原因有三个。第一，石油价格飙升和固定汇率机制崩溃，导致政府和私人部门进行调整（这个时期政策目标和理论依据与凯恩斯政策大幅偏离，充分就业不再是政策目标，而抑制通胀、减少赤字和经济增长成为目标）。第二，过度谨慎的政策实践，妨碍了经济潜力的充分发挥。第三，劳动生产率增长减速。劳动生产率增长减速的原因，一是受部门机构变化的影响，发达国家战后重建加速了劳动力从低生产率部门的流出，这种一劳永逸（once for all）的因素，压缩了生产率持续高速增长的空间；二是随着欧洲和日本资本存量的现代化以及向技术前沿的日益接近，追赶的收益逐渐减少，投资回报减少。Maddison 对经济增长减速的第三个解释，在 Bjork（1999）的文献中得到回应。Bjork（1999）运用美国百年历史数据，对包括产业结构、人口结构在内的重要长期因素的作用进行了详细说明，给人印象深刻的一个结论是：日趋成熟的美国经济，不可能重现昔日高增长的辉煌。

从某种意义上讲，本文"结构性加速"与"结构性减速"观点，本质上是对一些作者前期工作的进一步解释。张平、刘霞辉（2007）提出了发达国家长期增长（人均 GDP 水平）的 S 形路径，并对 S 形轨迹上不同阶段的特征及可能发生的问题给予解读。本文中，人均 GDP 水平的 S 形路径被更为直观的人均 GDP 增长率"钟形曲线"代替，因此，长期经济增长过程中"结构性加速"和"结构性减速"阶段被更加直观地标定。而且，我们把"结构性"赋予通常被认为是数量型的成长曲线，使其具有更加明确的经济理论含义。

本文结构安排如下：第一部分是数据及数据库应用的详细说明；第二部分是经济增长速度及其主要因素的分解，主要是把历史上重要的生产率因素析出；第三部分通过一个数据实验，对发达国家"结构性减速"问题给出定量和定性分析；第四部分立足于"结构性减速"观点，对中国未来增长最重要的几个问题进行简要说明；第五部分是结论。

一　数据及数据应用说明

鉴于本文研究目的，有必要对数据来源及运用的主要方法进行说明。下文增长和结构分析所用数据有三个出处，即 Mitchell（1998，2007）的国际历史统计数据、Maddison（2006）的各国经济数据估计、联合国统计数据库（UNDATA）。我们选取了经济发展水平较高的 12 个发达资本主义国家，包括法国、德国、意大利、荷兰、挪威、西班牙、瑞典、瑞士、英国、加拿大、美国这些老牌工业化先行国，以及日本这个过去发展和未来趋势都值得关注的国家。Mitchell（1998，2007）的数据库的特色在于，它统计了发达国家近 200 年的人口和经济结构变迁数据，从而为我们观察资本主义国家长期经济增长提供了极大便利。Mitchell 的数据库是以下变量分析的基础：发达国家长期人口结构变动状况；经济活动人口的产业分布及其变动，或部门就业构成及长期变动趋势；人口的经济活动参与率；第二、第三次产业发展状况和趋势。但是，Mitchell 数据库的一个不便之处是，它没有提供连续可比的各国经济增长率序列（因各个时期采用了不同的基准），因此不能直接用于各国 GDP 增长率尤其是劳动生产率的比较分析。Maddison（2006）的统计数据库弥补了 Mitchell 研究的这一缺点，利用该数据库中 1990 年不变价长期 GDP 序列，结合 Mitchell 的数据库所提供的人口序列及其他数据，我们可以方便地对经济增长及其因素进行分析、分解。Mitchell 的统计数据库提供了历时 200 年的诸多经济变量的数据资料，非常翔实。即便如此，一些年代较早的变量数据有时候也不能保证在年代或年代期间上恰好对应。如一个典型的不便之处是，假设我们分析劳动参与率变动对劳动生产率长期变动的影响，Mitchell 数据库中与劳动参与率对应的两个变量是产业的经济活动人口或就业、按年龄分组的人口，但是 Mitchell 数据库有时候不能把两个变量在时点上或时期上完全对应起来。如果可能的话，我们将利用《联合国人口统计年鉴》数据，来对按年龄分组的人口数据进行补充，以保证两个变量在时间或时期上的对应性。实际上，这种做法可以解决大部分问题。对于实在无法对应起来的时期或时点，我们采用趋势估计方法，即用相邻年份的劳动年龄人口年均增量，来估计其间某年的劳动年龄人口。采用这种方法的估计数据，我们在算表后将给出说明。基于上述数据库，对主要经济变量和因素分解的数据处理方法如下。

（1）人均 GDP 增长率。本文的长期增长趋势分析，都是围绕这个宏观变量展开。基于不同的研究目的，我们将给出几种人均 GDP 的估算序列。一是简单的人均 GDP 增长率序列，是用各国实际 GDP 水平（Maddison 的 1990 年不变价序列）除以人口（Mitchell 的年中人口序列），得到人均 GDP 水平，据此计算人均 GDP 逐年增长速度。但是，这种逐年增长序列由于包含了短期扰动因素，给分析带来了不便。典型如"二战"前后主要资本主义国家人口、产出等，受到战争破坏或战后重建的巨大扰动，因此，分析的时候需要把这些不规则因素剔除。二是人均 GDP 的平滑化。两种常用的数据平滑方法被纳入分析，即特定时期年均增长率计算方法以及 HP 滤波方法。我们用 HP 滤波抽取发达国家百年经济增长的趋势成分，技术上遵循普遍采用的参数设定，这种运用主要体现在图 12-1。特定时期年均增长率被应用于增长因素分解①，这种做法主要是针对 Mitchell 数据库中的统计数据特性，因为很多经济变量的数据是按时间期间（而非连续的时间点）提供的。

（2）人均 GDP 增长率因素分解。经济增长核算上，有几种方法被经常采用。一种是经典 Solow 增长核算方程。基于这种技术，容易测算产出的劳动、资本、技术等因素贡献。但是，在一些情况下，这种核算方法的局限也比较明显。一是如果连续变量序列不易获得，则 Solow 方法不易应用；二是当把结构

---

① 假定持续 n 年至 t 时间点的一个特定增长期，原初和 t 时间点某经济变量的水平值分别为 x_0、x_t，则变量平均增长率 r 可以表示为 $r = [(x_t - x_0)/x_0]/n$。

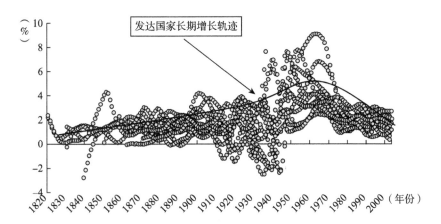

图 12 - 1　12 个工业化国家 1820 ~ 2004 年人均 GDP 逐年
增长率（HP 滤波）

资料来源：Mitchell（1998）；Mitchell（2007）；Maddison（2006）。

性因素纳入增长分析视野时，尽管 Solow 方法经过适当改造后仍然可以使用，但是技术上处理起来稍显复杂。另一种更加直接的因素分解方法弥补了这个缺陷。若有以下记号和等式：

$$人均 GDP：\frac{gdp}{pop}，其中，pop 表示一国人口；\tag{1}$$

$$劳动生产率：\frac{gdp}{em}，其中，em 表示经济活动人口或就业；\tag{2}$$

$$劳动参与率：\frac{em}{lpop}，其中，lpop 表示劳动年龄人口；\tag{3}$$

$$劳动年龄人口比重（即人口结构因素）：\frac{lpop}{pop}\tag{4}$$

则关于人均 GDP 的三因素分解方程可以写为：

$$\frac{gdp}{pop}=\frac{gdp}{em}\times\frac{em}{lpop}\times\frac{lpop}{pop}，或者简记为：y = a \times b \times c\tag{5}$$

式（5）两边取对数，且对时间求导，得到人均 GDP 变化率的分解方程：

$$\frac{\dot{y}}{y}=\frac{\dot{a}}{a}+\frac{\dot{b}}{b}+\frac{\dot{c}}{c}\tag{6}$$

式（5）和式（6）把人均 GDP 增长率分解为三要素：劳动生产率增长率、劳动参与率变动率和劳动年龄人口比重变动率。与劳动生产率$\frac{gdp}{em}$有关的结构性分析方法，我们将在下文加以说明。

二　经济增长速度及其主要因素分解

(一) 发达国家人均 GDP 增长的阶段性加速和减速

如表 12-1,我们主要以 12 个工业化国家增长历史为例,对长期增长的一些事实进行分析。Mitchell 的数据库中,关于这 12 个国家近 200 年的数据提供得非常详细。通过对这些数据的观察,基本可以诠释发达国家工业化城市化进程中的一些主要特征。表 12-1 中各国经济变量样本期的选取,是根据 Mitchell 和 Maddison 数据库所提供的数据样本期选定的,且直接与图 12-1 的散点轨迹在时间点上相对应。

表 12-1　12 个工业化国家经济增长率样本期说明

国家	法国	德国	意大利	荷兰	挪威	西班牙
时期	1821~2003 年	1851~2003 年	1863~2003 年	1840~2003 年	1831~2003 年	1859~2003 年
国家	瑞典	瑞士	英国	加拿大	美国	日本
时期	1821~2003 年	1872~2003 年	1831~2004 年	1871~2004 年	1871~2004 年	1872~2004 年

资料来源:Mitchell (1998);Mitchell (2007);Maddison (2006)。

为了得到长期经济增长轨迹的总体印象,我们把 12 个国家人均 GDP 逐年增长率以点状图的形式展示在图 12-1 中。方法是,首先基于 Mitchell、Maddison 等数据库,计算人均 GDP 及其增长速度,其次对 12 个人均 GDP 序列分别进行 HP 滤波处理。除了对英国 1938~1946 年人均 GDP 增长率的滤波数据未加列示外,其余各国逐年增长率均在图中表示出来。没有显示英国 1938~1946 年经济增长率的原因,主要是战时破坏及战后重建对人均 GDP 的冲击表现得相对较大,因此作为异常值剔除。

我们可以方便地观察到一些有意思的长期增长特征。第一,长期经济增长率的"钟形"演进轨迹。根据 12 个工业化国家的散点趋势,我们在图 12-1 用粗实线标出了这些国家经济演进的"平均值"趋势,它代表了发达国家长期增长的普遍规律,即经历了两次工业革命的推动后,发达国家经济增长速度,呈现先加速后减速的特征,表现为经济增长的"钟形"演进轨迹。第二,"钟形"演进轨迹的阶段性。发达国家经济增长的减速,普遍发生在 20 世纪 70 年代初期以后,但这不是一个偶然的巧合。因为到了 1970 年代,以城市化率 70% 为标

志，这些国家经济走向成熟，从而内在地阻碍了经济增长的持续加速。第三，
"结构性加速"和"结构性减速"。"钟形"演进轨迹的形成，可以从工业化和
城市化进程中找到解读线索。伴随两次工业革命，经济结构发生了由二元向一
元工业化的演进。在这个过程中，劳动力重心被逐渐转移至高效率的工业部门，
于是经济增长呈现"结构性加速"。我们运用这个词的目的，就是强调结构变
化在长期增长中的重要性。相应地，可以采用"结构性减速"来描述 20 世纪
70 年代以后发达国家的增长趋势。在这个过程中，发达国家劳动力由增长速度
较高的工业部门，转移至增长速度相对较低的服务业部门。因此，产业结构变
化是主导长期经济增长的重要因素之一。第四，人口结构变化在长期经济增长
中的重要性。主导长期经济增长的重要因素之二是人口转型。发生在人口转型
过程中的劳动年龄人口比重变化，以及劳动参与率变化，在相当大的程度上主
导了经济增长速度的快慢。关于长期经济增长过程中的结构性因素，我们将在
下文详细分析。

我们对各国长期经济增长率给出进一步的数据说明。与图 12 - 1 的散点趋
势相呼应，文后附录 1 "7 国人均 GDP 增长率分解"给出了各国人均 GDP 在特
定时期的年均增长速度①。与图 12 - 1 稍有不同的是，附录 1 的增长率平均值是
基于 Mitchell 和 Maddison 数据库直接计算，没有经过滤波处理。基于人均 GDP
增长趋势，我们把工业化国家的经济增长历程大致分为三个时期。第一，1920
年代以前的缓慢演进时期。这个时期的重要特征是，纵向（时间轴向）比较上
发展速度相对迟缓、增长速度波动较大；横向（国家间）比较上各资本主义国
家经济增长率差异较大。第二，1920 年代至 1960 年代的持续加速时期。这个时
期的重要特征是各国人均 GDP 增长持续加速，而且发达国家人均 GDP 增长速度
差异缩小，发展速度趋同现象出现。第三，进入 1970 年代后，发达资本主义国
家经济增长几乎同步进入持续减速时期。

（二）发达国家增长因素分解

运用式（5）和式（6），我们把特定时期的人均 GDP 增长率分解为三个构
成要素：劳动生产率增长率、劳动参与率变动率及劳动年龄人口比重变动率。
附录 1 的表格汇报了 19 世纪中期以来发达国家人均 GDP 增长率及其三个构成
因素的估算结果。为了叙述方便，我们把附录 1 的估算结果进一步综合为下文

① 限于篇幅，附录 1 仅列出 7 个国家的数据，其他 5 国未列出。感兴趣的读者可以向作者索取。

表 12－2、表 12－3 和图 12－3。总体看来，12 国人均 GDP 增长速度中，劳动生产率变动解释了大部分变动：若以人均 GDP 增长率为因变量，以劳动生产率变动率为自变量，简单的统计检验表明[1]，劳动生产率变动可以解释大约 85% 的人均 GDP 增长速度，即劳动生产率增长速度的快慢，主导了人均 GDP 增长速度的快慢。经济增长速度的其余 15%，可以由劳动参与率变动和劳动年龄人口比重变动来解释。当然，85% 和 15% 的划分，是基于 12 国家 100 年统计平均的结果，至于在特定时期，各国可能存在差异，有时候劳动参与率变动和劳动年龄人口比重变动对经济增长的解释力，比劳动生产率的变动还要强。关于这一点，详细的分析请参见下文叙述。人均 GDP 增长率与劳动生产率增长率的统计关系直观表示在图 12－2 中。

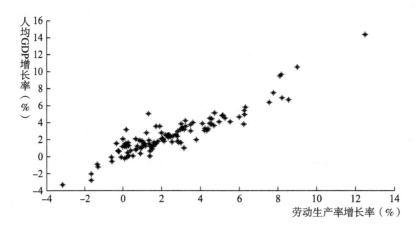

**图 12－2　12 个工业化国家 1890 年代至 1990 年代及之后人均 GDP
增长率与劳动生产率增长率的回归关系**

资料来源：Mitchell（1998）；Mitchell（2007）；Maddison（2006）。

1. 劳动生产率

我们先来看长期经济增长率最重要的影响因素——劳动生产率的变化情况。如前文所述，伴随两次工业革命及城市化，各发达国家先后经历了"结构性加速"和"结构性减速"。结构性加速的原因是经济发展重心由农业经济向工业化的转移。其间，劳动力资源被重新配置到劳动生产率更高的工业部门，并促进社会整体生产率的提高。但是，随着各个工业化国家日益走向城市化，劳动力再次被重新配置，由劳动生产率增长速度较高的工业部门向增长速度相对较

---

① 1890 年代至 1990 年代及之后人均 GDP 增长率与劳动生产率增长率的固定效应和随机效应模型的 adj. R^2 分别为 0. 83、0. 85。

低的服务业部门转移,导致经济增长呈现"结构性减速"。如表 12 - 2 所示,12
个工业化国家劳动生产率增长速度下降的趋势,在 1960 年代开始出现,如英
国、法国、意大利、荷兰等国。但是,劳动生产率增长速度的普遍下降,出现
于 1970 年代并持续至今。发达国家劳动生产率增长速度的普遍下降,与上文人
均 GDP 增长减速的时期基本一致。进一步的观察显示,相对于高增长时期,工
业化大国劳动生产率减速的幅度普遍较大:法国 1950 年代、1960 年代的劳动生
产率增长率为 5% ~6%,1990 年代之后降低为 0.28%;德国 1990 年代以后几
乎无明显增长。

表 12 - 2 12 个工业化国家劳动生产率增长状况

单位:%

年代	法国	德国	意大利	荷兰	挪威	西班牙	瑞典	瑞士	英国	加拿大	美国	日本
1890 年代	2.06	1.01	4.24	0.40	1.62	1.42	2.73	0.07	0.67	1.92	1.56	—
1910 年代	-1.34	-0.25	-0.59	1.08	2.22	1.38	0.12	-0.09	0.94	-1.66	6.22	4.23
1920 年代	0.21	0.52	3.15	3.06	2.97	—	3.00	4.50	0.25	1.36	0.66	1.53
1930 年代	1.40	8.17	—	—	0.75	0.09	2.07	0.31	-1.30	4.73	2.03	6.31
1940 年代	—	-1.66	1.61	-0.56	7.55	-0.21	4.34	5.16	1.12	2.80	0.20	-3.16
1950 年代	5.99	8.10	8.22	6.27	4.40	7.77	2.83	3.49	4.10	2.54	1.43	9.00
1960 年代	5.27	4.97	6.26	4.59	4.50	8.55	5.12	3.23	2.29	3.22	0.31	12.5
1970 年代	2.59	3.50	3.07	1.83	1.34	5.53	0.14	1.17	2.47	0.17	4.70	4.56
1980 年代	3.79	2.99	2.40	0.00	2.35	1.72	0.94	-0.33	2.87	0.70	2.14	3.62
1990 年代及之后	0.28	-0.01	1.73	1.24	3.17	2.00	2.83	0.91	0.86	2.36	2.33	0.96

注:由于附录 1 各国增长率估算的时间区间有所不同,为方便起见,表 12 - 2、表 12 - 3 设定了大致
可以把各国估算结果框在一起的年代标示,如 1890 年代至 1990 年代及之后等。

资料来源:Mitchell (1998);Mitchell (2007);Maddison (2006)。

2. 劳动参与率

如表 12 - 3 所示,1980 年代以前,劳动参与率下降成为发达国家的普遍趋
势。从历史看,1920 年代以前,发达资本主义国家劳动参与率普遍在 65% ~
70% 这个较高水平上,如 1890 年代、1910 年代、1920 年代发达国家的平均值
分别为 69%、68%、65%。1930 年代以后,劳动参与率下降到 65% 左右,这个
水平一直持续到 1980 年代,1990 年代及之后才有所回升。大多数分析认为,发
达国家的累计所得税制及 1940 年代以后国家福利主义的盛行,是导致这一时期
劳动参与率长期低下的主要原因。从 1990 年代开始,与下降的劳动生产率趋势
相对应,大多数发达国家提高了劳动参与率,可以分为两类。一类是劳动生产

率增长速度下降最快的国家，这类国家的劳动参与率表现出显著的上升，从而起到阻止劳动生产率增长速度深度下滑的作用，典型如法国，1990 年代及之后劳动参与率增长 1.26 个百分点，占人均 GDP 增长率的 77%；德国劳动参与率增长 1.4 个百分点，超过人均 GDP 增长率 0.23 个百分点；荷兰劳动参与率增长 1.58 个百分点，占人均 GDP 增长率的 57%；英国劳动参与率增长 1.08 个百分点，占人均 GDP 增长率的 57%。另一类是劳动生产率增长速度下降稍缓的国家，这类国家的劳动参与率表现出了小幅下降，如瑞士、瑞典、加拿大和美国。

表 12-3   12 个工业化国家劳动参与率变化状况

单位：%

年代	法国	德国	意大利	荷兰	挪威	西班牙	瑞典	瑞士	英国	加拿大	美国	日本
1890 年代	80.9	71.2	79.7	65.0	68.8	62.0	66.6	75.5	73.0	60.6	58.2	—
1910 年代	81.9	74.8	78.0	64.3	67.0	60.9	70.7	72.4	70.1	59.3	46.2	83.6
1920 年代	77.2	72.0	66.6	63.5	65.5	—	71.4	69.7	70.3	60.3	51.2	76.2
1930 年代	75.1	72.5	—	—	64.5	56.1	66.8	67.4	68.5	59.3	50.1	74.0
1940 年代	—	64.6	62.7	63.1	64.3	58.0	64.4	68.4	68.7	60.8	55.0	71.7
1950 年代	67.9	72.4	58.4	59.2	59.7	59.0	65.5	69.8	69.4	60.7	52.2	72.8
1960 年代	64.1	71.1	48.5	57.6	60.0	56.0	64.1	73.6	72.1	60.7	54.6	72.7
1970 年代	60.4	65.5	58.2	54.5	79.0	50.5	75.1	71.5	74.3	72.0	53.4	70.7
1980 年代	53.1	55.4	54.3	62.7	76.7	55.1	81.1	84.1	66.2	76.4	56.8	70.5
1990 年代及之后	61.8	64.7	55.5	72.6	79.4	57.9	72.1	81.3	76.2	72.2	56.4	74.4

资料来源：Mitchell（1998）；Mitchell（2007）；Maddison（2006）。

3. 劳动年龄人口比重

如图 12-3，在 1890 年代至 1990 年代的 100 年里，发达国家劳动年龄人口（15~64 岁人口）比重基本保持在 60%~70% 的水平，变化不大。可见，从历史上看，劳动年龄人口比重变化对经济增长率的影响相对较小。人口结构变化比劳动年龄人口比重包含了更加丰富的含义，正如图 12-3 所揭示的那样，1960 年代以来，各发达国家不可避免地进入了人口老龄化加速时期。老龄人口抚养比的持续上升所带来的代际分配问题，对未来经济增长将产生累积性负向冲击。因此，从未来趋势看，人口结构的老龄化将持续阻碍经济增长速度的提高。

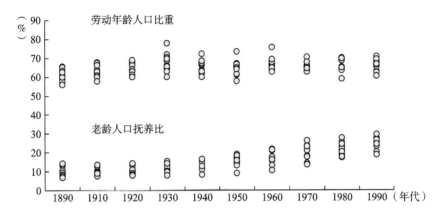

图 12 - 3　12 个工业化国家 1890 年代至 1990 年代劳动年龄
人口比重、老龄人口抚养比变化

资料来源：Mitchell（1998）；Mitchell（2007）；Maddison（2006）。

三　经济增长的"结构性减速"

我们重点关注经济增长最重要的影响因素——劳动生产率的增长问题，并由总量分析转向结构分析。先对数据来源及应用方法简要进行说明：因为是接着上文关于劳动生产率增长"结构性减速"的论述，所以这里我们主要就 20 世纪 70 年代以来的分部门或产业劳动生产率状况进行分析。联合国数据库中（UNDATA）1970 年代以来各国分行业就业和增加值数据相对连续完整，本文的分行业增加值数据取自该库"2005 年不变价行业增加值"［美元，Gross Value Added by kind of economic activity at constant（2005）prices-US dollars］，分行业就业数据取自该库"分行业就业"（Total employment by economic activity）。

（一）1970 年代以后发达国家产业结构日趋成熟

尽管第一产业劳动生产率在 1970 年代以来有着比第二、第三产业更为显著的增长，但是，由于发达国家该产业规模很小，其劳动生产率的升降不会对全社会劳动生产率的增长产生显著影响，因此，我们在这里及下一部分暂时把注意力集中于第二、第三产业。西方研究者喜欢用"一劳永逸"（once for all）来形容"二战"以来西方产业结构的快速演进。根据 Mitchell 的历史统计数据，1950 年代，工业化国家第一产业增加值比重普遍处于 10% 左右的水平，但是大多数国家第二产业比重相对较高，在30%左右的水平。然而，相继而来的城市化加速，把大量劳动力吸收到现代部门，尤其是服务业部门，到了1970年代，除个别国家如西班牙外（1970年第一产业就业份额为29%），大多数发达国家第一产业就业份额降低到10%左右的水平。与此同时，库兹涅茨规律在第二产业和第三产业之间持续发生作用，第二产业就业比重持续降低，连同第一产业析出的劳动力，均被不断扩大的第三产业吸收。现阶段，发达国家产业结构已趋成熟，第二产业就业比重一般是20%～30%，第三产业就业比重在70%左右，均已演进到成长曲线平缓的顶部（见图12-4）。两次产业就业比重的这个变化很值得关注。实际上，1950年代前后第二、第三产业就业结构发生了一个逆转，这种逆转对于理解长期增长路径至关重要。

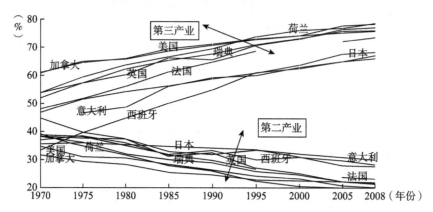

图12-4　9个工业化国家1970～2008年第二、第三次产业就业比重

资料来源：联合国统计数据库。

（二）第二、第三产业劳动生产率持续增长但增速放缓

1970年代以来，发达国家全社会劳动生产率增长的减速，可以由产业结构变动和产业劳动生产率变动来解释。在对结构变动效应进一步分析、分离之前，先来看一看第二、第三产业劳动生产率的具体情况。

图12-5和图12-6反映了发达国家近40年第二、第三产业劳动生产率水平状况，对应于曲线上的每个点的切线斜率，就是劳动生产率增长率。对比两张图，我们所得到的总体印象是，第二产业劳动生产率增长率普遍比第三产业劳动生产率增长率高。简单的统计分析显示，各个历史时期里，9国第二产业劳动生产率增长率平均值，约为第三产业的2～3倍。1985～1990年、1995～2000年、2005～2008年，9国第二产业劳动生产率增长率平均值分别为1.9%、

2.3%、0.7%，第三产业劳动生产率增长率平均值分别为0.7%、1.1%、0.4%。这种情况从一个侧面为前文判断提供了数据佐证，即发达国家产业结构服务化演进过程中，第三产业劳动生产率增长速度普遍低于第二产业，导致全社会劳动生产率增长率被拉低。

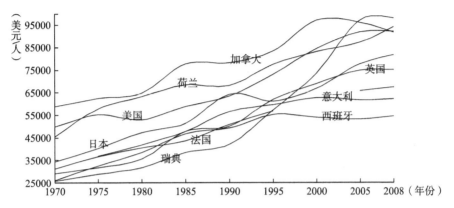

图 12 - 5　9 个工业化国家 1970～2008 年第二产业劳动生产率水平

资料来源：联合国统计数据库。

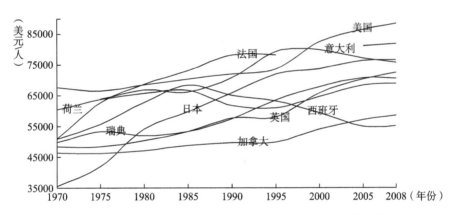

图 12 - 6　9 个工业化国家 1970～2008 年第三产业劳动生产率水平

资料来源：联合国统计数据库。

把时间因素与结构因素综合起来考虑可能更有意思。第一，从长期趋势成分看，正如刚刚叙述的那样，尽管两次产业劳动生产率均表现出或快或慢的增长，但是，由于第三产业劳动生产率增长率普遍低于第二产业，在产业结构服务化的背景下，全社会劳动生产率增长率走低[1]。第二，如果考虑到短期非结

———————————

① 关于第二、第三产业劳动生产率增长速度问题的一些理论见解，请参见 Herrick 和 Kindleberger（1983）。

构性因素对工业或服务业的负向冲击，那么两次产业劳动生产率在特定时期出现短暂的下降（负增长）也有可能，正如图 12 - 5 和图 12 - 6 显示的那样，1995 年以来，不少国家的劳动生产率曲线发生向下弯曲。因此，短期劳动生产率的负增长叠加到长期结构性减速趋势上，压制了发达国家劳动生产率的增长趋势。

（三）劳动生产率的"结构性减速"

产业结构向服务化演进，这种趋势对全社会劳动生产率增长造成巨大冲击，可以通过一个数据实验进行说明。沿用前文的记法：

$$\text{劳动生产率：} \frac{gdp_i}{em_i}, \text{其中，} i \text{表示第一、第二、第三产业；} \tag{7}$$

$$\text{全社会劳动生产率：} \frac{gdp}{em} = \frac{\sum_{i=1}^{3} gdp_i}{em} = \sum_{i=1}^{3} \left(\frac{gdp_i}{em_i} \times \frac{em_i}{em} \right), \tag{8}$$

$$\text{其中，} \frac{em_i}{em} \text{表示第一、第二、第三产业就业份额。}$$

基于式（8），选择一个基期，如 1950 年的产业就业份额，作为之后其他所有时期的产业就业份额，记三次产业各个时期不变的就业份额分别为：

$$\alpha_1 \equiv \left(\frac{em_1}{em} \right)_t, \quad \alpha_2 \equiv \left(\frac{em_2}{em} \right)_t, \quad \alpha_3 \equiv \left(\frac{em_3}{em} \right)_t, \text{其中，} t \text{为时期。} \tag{9}$$

同时，我们也为产业增加值份额选择一个基期，比如也是 1950 年，记三次产业各个时期不变的增加值份额分别为：

$$\beta_1 \equiv \left(\frac{gdp_1}{gdp} \right)_t, \quad \beta_2 \equiv \left(\frac{gdp_2}{gdp} \right)_t, \quad \beta_3 \equiv \left(\frac{gdp_3}{gdp} \right)_t, \text{其中，} t \text{为时期。} \tag{10}$$

那么，在式（9）、式（10）这两个假设下，全社会劳动生产率变动为三次产业劳动生产率变动的加权平均，权重为三次产业增加值份额 β_i（简单的推导请参见文后附录 2），即：

$$\frac{\left(\frac{gdp}{em} \right)_{t+1}}{\left(\frac{gdp}{em} \right)_t} - 1 = \left[\frac{\left(\frac{gdp_1}{em_1} \right)_{t+1}}{\left(\frac{gdp_1}{em_1} \right)_t} - 1 \right] \times \beta_1 + \left[\frac{\left(\frac{gdp_2}{em_2} \right)_{t+1}}{\left(\frac{gdp_2}{em_2} \right)_t} - 1 \right] \times \beta_2 + \left[\frac{\left(\frac{gdp_3}{em_3} \right)_{t+1}}{\left(\frac{gdp_3}{em_3} \right)_t} - 1 \right] \times \beta_3 \tag{11}$$

或者简记为：$g = g_1 \times \beta_1 + g_2 \times \beta_2 + g_3 \times \beta_3$。

我们如此设计的目的，是检验产业结构演进对劳动生产率的影响。换句话说，假定就业结构和三次产业 GDP 份额都维持在基期如 1950 年的水平，而允许三次产业劳动生产率就像所表现的那样发生变化，那么，我们的基本判断是：用基期产业增加值份额 β_i 加权其后各期劳动生产率增长率，所得到的劳动生产率增长率总和，应该大于实际数据所表现的全社会劳动生产率增长率，即我们预想实验结果大于现实表现。原因正如上文阐述的那样，第三产业劳动生产率增长较第二产业普遍低下，且 1970 年代以来，第三产业份额均有显著的增长趋势，第三产业的规模扩张抵消了第一、第二产业劳动生产率的相对高增长速度，进而拉低了全社会劳动生产率增长速度。结构性因素的影响因此析出。

基于这种判断，运用式（11），我们可以来定义"结构效应"。仍假定以 1950 年为基期，固定基期的第一、第二、第三产业增加值比重，并用它们与 1970 年代以后相应产业劳动生产率增长率相乘，得到全社会劳动生产率增长率的"实验数据"序列，记为 $(g_{1950})_t$；同时，1970 ~ 2008 年由真实产业增加值比重和相应产业劳动生产率增长率合成的全社会劳动生产率增长率序列记为 $(g)_t$。基于此，我们有全社会劳动生产率增长率变动的"结构效应"：

$$sf = \frac{(g)_t - (g_{1950})_t}{(g_{1950})_t} \times 100\% \tag{12}$$

通常状况下，按产业结构服务化演进趋势，若第二产业劳动生产率增长率大于第三产业劳动生产率增长率，则 $sf \leqslant 0$，且 sf 绝对值越大，劳动力由第一、第二产业向第三产业转移对全社会劳动生产率增长减速的效应也越大。表 12 - 4 汇报了 9 国劳动生产率变动的"结构效应"。正如所预期的那样，除个别时期外，各国各个时期均呈现较大的负值，即与 1950 年代的经济结构比较起来，1970 年代以后经济结构向服务化的演进，对于全社会劳动生产率增长的负向冲击或抑制作用是巨大的。

表 12 - 4　9 国劳动生产率减速的结构效应

单位：%

国家	1970 ~ 1975 年	1975 ~ 1980 年	1980 ~ 1985 年	1985 ~ 1990 年	1990 ~ 1995 年	1995 ~ 2000 年	2000 ~ 2005 年	2005 ~ 2008 年
法国	0	- 23	- 29	- 32	- 63	- 63	- 47	- 55
意大利	—	- 39	- 73	- 39	- 54	- 77	- 187	- 172

续表

国家	1970 ~ 1975 年	1975 ~ 1980 年	1980 ~ 1985 年	1985 ~ 1990 年	1990 ~ 1995 年	1995 ~ 2000 年	2000 ~ 2005 年	2005 ~ 2008 年
荷兰	-35	-41	-29	N/A	-61	0	34	-54
西班牙	-35	-24	-14	-93	-71	-135	-3	-72
瑞典	-19	-84	-49	-34	-23	-33	-38	-281
英国	-44	-26	-29	0	-36	0	-22	172
加拿大	0	0	-6	-53	25	-12	-24	-25
美国	-39	N/A	-37	-20	-18	-11	-42	-2
日本	-23	27	-21	-1	92	-43	-9	-43

注：本表以 1950 年各国三次产业增加值比重为基准。一表示数据缺失，N/A 表示被忽略的异常值。
资料来源：Mitchell（1998）、联合国统计数据库。

四 "结构性加速"与"结构性减速"之间：结合中国经济问题的进一步分析

发达国家日趋完善的激励和保障制度，为劳动生产率的持续增长提供了不竭的动力，因此，没有理由认为发达国家劳动生产率的增速会出现系统性下降。但是，正如事实所表现的那样，"二战"后普遍发生于发达国家的强劲增长，在将产业结构彻底重塑之后，最终把这些国家经济结构推向成熟。也正是在这种背景下，由劳动生产率增长率的"结构性减速"导致的人均 GDP 增长率减速引人注目。

劳动生产率增长率减速问题之所以重要，是因为发生劳动生产率增长减速的国家，国民收入的增长速度将减缓。尤其是在经济由高速增长向低速增长的过渡中，这种减速可能导致一系列问题。问题之一是，若这种减速不是短期波动，而是作为系统性或长期趋势存在，那么，长期来看国民收入增长速度的降低，将为福利主义国家社会保障系统的安全运行带来系统性冲击。问题之二是，国民收入增长减速可能为人力资本投资、研发投资、资本设备投资等带来一系列阻碍，并迫使经济政策进行调整。这种观点为经济周期分析提供的一个有益启示是，经济周期的产生或许与劳动生产率的"结构性加速"或"结构性减速"存在某种形式的联系。限于篇幅和本文目的，这些问题将在其他研究中关注。

至此，有关方法和问题可以纳入对中国经济问题的分析。1970 年代末期中国改革开放以来，中国经济发生了持续 40 多年的快速增长；其间，农村劳动力向现代部门的转移, 对于促进全社会劳动生产率的提高作用巨大。同时, 人口红利机会的出现, 为 40 多年的经济扩张注入了源源不断的活力。采用前文类似的分解方法, 如图 12 - 7。1979 ~ 2010 年, 劳动生产率增长率的持续提高仍是人均 GDP 增长的重要促进要素。考虑到本文强调的经济增长"结构性加速"或"结构性减速"问题, 那么, 如何看待中国未来的经济增长?

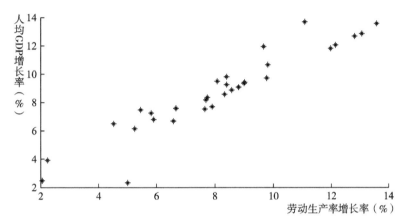

图 12 - 7 中国 1979 ~ 2010 年人均 GDP 增长率与劳动生产率的回归趋势

资料来源: 历年《中国统计年鉴》。

(一) 中国增长阶段的国际比较

我们先来看一个比较。表 12 - 5 是基于 Mitchell 数据库和 Maddison 数据库给出的一个数据比较, Maddison 数据库提供的最近年份的中国 GDP 数据是 2008 年的数据。简单的计算显示, 2008 年中国人均 GDP 水平, 大约相当于美国 1925 年、加拿大 1941 年、日本 1966 年的水平。或者换句话说, 中国现阶段经济水平, 大约相当于美国 1920 年代中期、加拿大 1940 年代初期、日本 1960 年代中期的水平。

美国 1920 年代被称为"浮华年代", 正经历空前繁荣; 加拿大的 1940 年代和日本的 1960 年代也正是经济"结构性加速"时期。中国的 2008 年是改革开放以来持续加速进程中的一站。

有意思的是, 表 12 - 5 提供了相应发展阶段中 GDP 份额和就业份额的对比。从 GDP 份额看, 中国与日本的情景相近, 第二产业 40% 以上的增加值份额成为维持经济高增长速度的基础。但是, 从就业份额看, 中国第三产业发展明显滞后, 这个观察与其他研究的观察基本相同。但是, 若把中国第三产业发展滞后与"结构性加速"和"结构性减速"联系起来, 我们将会产生其他认识:

与美国、加拿大比较起来，日本在相对较短的时间里推动和完成了产业结构的"服务化"，因此，也产生了更为令人瞩目的"结构性加速"与"结构性减速"的转换。我们推测，1990 年以来日本诸多的增长与宏观问题，皆根源于此。类似的，在产业结构迅速服务化的进程中，中国如果采取"狂飙突进"的方式，那么，"结构效应"的巨大负向冲击是可以预见的（请回顾我们的数据实验）。而且，中国城市化推进速度越快，"结构性效应"的负向冲击就会越大。

表 12 – 5 中国 2008 年产业结构与相似发展时期发达国家的对比

单位：%

国家	对比年份	GDP 份额			就业份额		
		第一产业	第二产业	第三产业	第一产业	第二产业	第三产业
美国	1925	11	26	63	24	33	43
加拿大	1941	13	34	53	27	30	43
日本	1966	9	44	47	26	32	42
中国	2008	11	49	40	40	27	33

注：美国 1925 年的 GDP 份额为 1919～1929 年的平均值，就业份额为 1920～1930 年的平均值；日本 1966 年的 GDP 份额、就业份额为 1960～1970 年各自的平均值。

资料来源：Mitchell（1998），《中国统计年鉴 2009》。

（二）认识中国长期增长问题的立足点

我们可以把认识中国长期增长（当然，也包括短期波动）问题的方法进一步提炼为：立足于"结构性加速"与"结构性减速"之间。相关的一系列研究试图寻找一个恰当的角度阐释中国经济问题，并给予长期经济政策调整一个理论说明。例如，张平、刘霞辉、王宏淼（2011）文献中涉及的"城市化关键时期"，即城市化率超过 50% 以后至城市化成熟，是一个思维角度。但是，我们认为，若立足于"结构性加速"与"结构性减速"来对未来经济增长趋势进行表述，将更有启发性。

（三）中等收入陷阱问题

立足于"结构性减速"分析中等收入陷阱问题会很有趣。近年来，关于中国未来增长的一个悲观预期是所谓中等收入陷阱问题。我们认为，中等收入陷阱的发生，需要满足的关键条件是：在收入处于中等水平时，经济结构过早地趋于服务化。也就是说，中等收入水平时期，经济的"结构性减速"也随之发生，从而在根本上阻碍了国民收入的持续快速提高。因此，中等收入陷阱存在与否，可以基于中国未来产业结构及生产率变动状况进行模拟。限于篇幅及本文目的，这里不做深入探讨。

（四）国民福利与"结构性减速"

长期来看，中国社会经济面临的最大压力将是"结构性减速"与国民福利提高之间的矛盾，主要是社会保障体系建立和完善的困难。随着产业结构持续演进和服务化，有两个相互叠加的效应值得关注：一是人口老龄化对社会保障的需求，这种需求将对未来投资产生压力；二是"结构性减速"对收入增长将施加压力，进而影响需求的增长。如果中国不具有抵消"结构性减速"的足够高的劳动生产率增速，那么，在这些效应的叠加下，未来的增长将面临不乐观的前景。

五 结论

1970 年代以来普遍发生于发达国家的经济增长减速，是工业化向城市化发展进程中的一种系统性趋势。当经济结构渐趋成熟，就业向服务业部门集中，高就业比重、低劳动生产率增长率的第三产业的扩张，拉低了这些国家的全社会劳动生产率增长率。作为长期增长的重要影响因素，劳动生产率增长率的减速将影响国民收入增长，进而给国民福利及投资、消费等带来冲击。发生于西方国家的"结构性减速"问题，对于中国具有极大的启发意义。长期增长过程的"结构性加速"和"结构性减速"问题对于中国之所以重要，原因在于未来一二十年里，中国将面临产业结构向服务化的调整以及人口结构的转型；更为重要的是，这些变化将在一个相对较短的历史时期发生。类似于日本产业结构短期内的迅速变化，经济增长由"结构性加速"向"结构性减速"过渡期间所产生的冲击效应值得关注。与发达国家"结构性减速"本质不同之处在于，中国的"结构性减速"很可能发生在较低收入水平上，进而对国民福利提高和经济可持续增长带来巨大影响。因此，重新审视中国未来产业发展方向以及结构调整和优化路径，具有重要的现实意义。

附录 1 7 国人均 GDP 增长率分解

说明：第一，附表 1 至附表 7 为 7 个国家的数据算表，依据 Mitchell（1998，

2007)、Maddison（2006），并运用《联合国人口统计年鉴》进行补充。第二，各个表中增长率为特定时期的年均增长率。以附表 1 法国人均 GDP 年均增长率分解为例，1866～1886 年均增长率为 1.03%，1886～1896 年均增长率为 2.02%，其余类推。

附表 1　法国人均 GDP 增长率分解

单位：%

年份	人均 GDP 年均增长率 （$\triangle y/y$）	劳动生产率平均增长率 （$\triangle a/a$）	劳动参与率 （b）	劳动参与率年均增长率 （$\triangle b/b$）	劳动年龄人口比重 （c）	劳动年龄人口比重年均增长率 （$\triangle c/c$）
1856～1866	1.20	1.00	60.4	0.18	65.8	0.01
1886	1.03	0.49	67.8	0.61	64.5	-0.10
1896	2.02	0.69	75.3	1.12	65.2	0.12
1901	1.03	0.25	78.5	0.84	65.0	-0.07
1906	0.83	0.14	81.1	0.66	65.1	0.02
1911	2.08	2.06	80.9	-0.06	65.3	0.08
1921	-0.92	-1.34	81.9	0.13	67.6	0.34
1926	7.64	9.22	77.8	-1.01	67.3	-0.08
1931	-0.07	0.21	77.2	-0.15	66.9	-0.13
1936	0.04	1.40	75.1	-0.56	64.4	-0.73
1946	-0.92	-1.49	76.8	0.23	67.2	0.43
1954	7.03	10.02	68.8	-1.29	65.0	-0.41
1962	4.64	5.99	67.9	-0.17	61.1	-0.75
1968	4.53	5.27	64.1	-0.93	62.5	0.39
1975	3.77	3.83	63.4	-0.16	63.0	0.11
1982	2.37	2.59	60.4	-0.66	65.2	0.51
1991	1.97	3.79	53.1	-1.35	65.1	-0.01
2004	1.63	0.28	61.8	1.26	65.4	0.03

附表 2　德国人均 GDP 增长率分解

单位：%

年份	人均 GDP 年均增长率 （$\triangle y/y$）	劳动生产率平均增长率 （$\triangle a/a$）	劳动参与率 （b）	劳动参与率年均增长率 （$\triangle b/b$）	劳动年龄人口比重 （c）	劳动年龄人口比重年均增长率 （$\triangle c/c$）
1882～1895	2.45	2.10	65.4	-0.19	61.1	0.48
1907	1.78	1.01	71.2	0.73	60.8	-0.04
1925	0.66	-0.25	74.8	0.29	67.7	0.63

续表

年份	人均GDP年均增长率（△y/y）	劳动生产率平均增长率（△a/a）	劳动参与率（b）	劳动参与率年均增长率（△b/b）	劳动年龄人口比重（c）	劳动年龄人口比重年均增长率（△c/c）
1933	0.09	0.52	72.0	-0.48	68.0	0.06
1939	9.66	8.17	72.5	0.12	71.6	0.88
1950	-2.81	-1.66	64.6	-0.99	68.0	-0.47
1961	9.50	8.10	72.4	1.10	65.5	-0.32
1970	4.08	4.97	71.1	-0.20	63.1	-0.42
1980	3.01	3.50	65.5	-0.78	65.9	0.45
1992	1.64	2.99	55.4	-1.28	68.7	0.35
2004	1.17	-0.01	64.7	1.40	67.1	-0.19

注：①1980年民主德国产业就业数据缺失，该年民主德国所有数据按相当于联邦德国1/3估算；②1980年民主德国分年龄组人口以1981年数据代替；③1882年15~64岁年龄人口根据1871~1880年的9年平均趋势估算，即用1880年数量加2年的年均增长量；1895年15~64岁人口为1890~1900的均值；1907年15~64岁人口根据1900~1910年年均增量估算，即用1910年数量减去3年的年均增量。

附表3　意大利人均GDP增长率分解

单位：%

年份	人均GDP年均增长率（△y/y）	劳动生产率平均增长率（△a/a）	劳动参与率（b）	劳动参与率年均增长率（△b/b）	劳动年龄人口比重（c）	劳动年龄人口比重年均增长率（△c/c）
1871~1881	-0.58	-1.24	93.8	1.02	62.9	-0.24
1901	1.41	2.48	85.0	-0.47	59.5	-0.27
1911	3.31	4.24	79.7	-0.63	59.3	-0.02
1921	-0.08	-0.59	78.0	-0.21	63.9	0.78
1931	1.03	3.15	66.6	-1.46	62.8	-0.17
1936	1.71	1.28	69.0	0.72	61.9	-0.30
1951	1.39	1.61	62.7	-0.60	66.3	0.47
1961	6.92	8.22	58.4	-0.69	66.1	-0.03
1971	5.43	6.26	48.5	-1.69	75.5	1.42
1981	3.43	3.07	58.2	1.98	64.7	-1.42
1991	2.53	2.40	54.3	-0.67	70.1	0.83
2001	1.51	1.73	55.5	0.23	67.3	-0.41
2003	0.49	-0.95	57.6	1.91	66.7	-0.43

注：2003年分年龄组人口数据来自《联合国人口统计年鉴》。

附表4　英国人均GDP增长率分解

单位：%

年份	人均GDP 年均增长率 ($\triangle y/y$)	劳动生产率 平均增长率 ($\triangle a/a$)	劳动参与率 (b)	劳动参与率 年均增长率 ($\triangle b/b$)	劳动年龄 人口比重 (c)	劳动年龄人 口比重年均 增长率 ($\triangle c/c$)
1861~1871	1.25	-0.62	74.8	1.93	59.7	0.05
1881	1.27	1.28	76.3	0.19	58.5	-0.20
1891	1.33	1.12	77.2	0.12	58.8	0.06
1901	0.37	0.93	73.3	-0.50	58.8	-0.01
1911	0.84	0.67	73.0	-0.04	59.9	0.20
1921	0.99	0.94	70.1	-0.40	62.7	0.46
1931	0.46	0.25	70.3	0.02	63.8	0.19
1941	-1.23	-1.30	68.5	-0.25	66.0	0.34
1951	1.55	1.12	68.7	0.03	68.4	0.36
1961	3.87	4.10	69.4	0.10	66.6	-0.26
1971	2.43	2.29	72.1	0.39	64.8	-0.26
1981	2.36	2.47	74.3	0.31	62.4	-0.38
1991	1.66	2.87	66.2	-1.08	63.4	0.16
2004	1.89	0.86	76.2	1.08	62.1	-0.14

注：2004年分年龄组人口数据来自《联合国人口统计年鉴》。

附表5　加拿大人均GDP增长率分解

单位：%

年份	人均GDP 年均增长率 ($\triangle y/y$)	劳动生产率 平均增长率 ($\triangle a/a$)	劳动参与率 (b)	劳动参与率 年均增长率 ($\triangle b/b$)	劳动年龄 人口比重 (c)	劳动年龄人 口比重年均 增长率 ($\triangle c/c$)
1891~1901	-0.17	2.94	54.8	-0.29	60.6	-2.17
1911	3.57	1.92	60.6	1.06	62.4	0.30
1921	-2.04	-1.66	59.3	-0.21	60.8	-0.25
1931	1.92	1.36	60.3	0.16	62.8	0.33
1941	5.11	4.73	59.3	-0.17	65.5	0.43
1951	2.37	2.80	60.8	0.26	61.7	-0.58
1961	1.72	2.54	60.7	-0.01	57.8	-0.64
1971	4.22	3.22	60.7	-0.01	62.3	0.78
1981	3.15	0.17	72.0	1.88	67.8	0.89

续表

年份	人均 GDP 年均增长率 ($\triangle y/y$)	劳动生产率平均增长率 ($\triangle a/a$)	劳动参与率 (b)	劳动参与率年均增长率 ($\triangle b/b$)	劳动年龄人口比重 (c)	劳动年龄人口比重年均增长率 ($\triangle c/c$)
1991	0.83	0.70	76.4	0.61	64.7	−0.46
2004	2.45	2.36	72.2	−0.42	69.0	0.52

注：2004 年分年龄组人口数据来自《联合国人口统计年鉴》。

附表 6　美国人均 GDP 增长率分解

单位：%

年份	人均 GDP 年均增长率 ($\triangle y/y$)	劳动生产率平均增长率 ($\triangle a/a$)	劳动参与率 (b)	劳动参与率年均增长率 ($\triangle b/b$)	劳动年龄人口比重 (c)	劳动年龄人口比重年均增长率 ($\triangle c/c$)
1890 ~ 1900	2.02	1.91	58.4	−0.03	57.2	0.13
1910	1.20	1.56	58.2	−0.04	55.7	−0.27
1920	3.81	6.22	46.2	−2.06	59.7	0.73
1930	2.06	0.66	51.2	1.10	60.9	0.19
1940	2.13	2.03	50.1	−0.23	62.8	0.32
1950	1.19	0.20	55.0	0.99	62.7	−0.02
1960	1.19	1.43	52.2	−0.51	64.7	0.32
1970	1.28	0.31	54.6	0.46	67.7	0.46
1980	3.64	4.70	53.4	−0.23	64.3	−0.51
1990	1.80	2.14	56.8	0.65	58.7	−0.87
2004	2.51	2.33	56.4	−0.06	60.2	0.20

注：2004 年分年龄组人口数据来自《联合国人口统计年鉴》。

附表 7　日本人均 GDP 增长率分解

单位：%

年份	人均 GDP 年均增长率 ($\triangle y/y$)	劳动生产率平均增长率 ($\triangle a/a$)	劳动参与率 (b)	劳动参与率年均增长率 ($\triangle b/b$)	劳动年龄人口比重 (c)	劳动年龄人口比重年均增长率 ($\triangle c/c$)
1910 ~ 1920	3.06	4.23	83.6	−0.53	57.7	−0.31
1930	0.90	1.53	76.2	−0.88	59.7	0.36
1940	5.82	6.31	74.0	−0.30	59.7	0.00
1950	−3.34	−3.16	71.7	−0.30	59.9	0.03

年份	人均GDP 年均增长率 （△y/y）	劳动生产率 平均增长率 （△a/a）	劳动参与率 （b）	劳动参与率 年均增长率 （△b/b）	劳动年龄 人口比重 （c）	劳动年龄人 口比重年均 增长率 （△c/c）
1960	10.53	9.00	72.8	0.15	63.8	0.65
1970	14.37	12.50	72.7	−0.01	69.1	0.84
1980	3.82	4.56	70.7	−0.28	67.5	−0.24
1990	3.99	3.62	70.5	−0.03	69.5	0.30
2004	1.06	0.96	74.4	0.39	66.7	−0.29

注：1910年分年龄组人口数据用1913年比重估算；2004年分年龄组人口数据来自《联合国人口统计年鉴》。

附录2 全社会劳动生产率的变动为三次产业劳动生产率的变动之和

沿用正文记号。基期为 t，报告期为 $t+1$：

全社会劳动生产率

$$\frac{gdp}{em} = \frac{gdp_1}{em_1} \times \frac{em_1}{em} + \frac{gdp_2}{em_2} \times \frac{em_2}{em} + \frac{gdp_3}{em_3} \times \frac{em_3}{em} = \frac{gdp_1}{em_1} \times \alpha_1 + \frac{gdp_2}{em_2} \times \alpha_2 + \frac{gdp_3}{em_3} \times \alpha_3$$

$$(A-1)$$

考虑时间因素：

$$\left(\frac{gdp}{em}\right)_{t+1} - \left(\frac{gdp}{em}\right)_t = \left[\left(\frac{gdp_1}{em_1}\right)_{t+1} - \left(\frac{gdp_1}{em_1}\right)_t\right] \times \alpha_1 + \left[\left(\frac{gdp_2}{em_2}\right)_{t+1} - \left(\frac{gdp_2}{em_2}\right)_t\right] \times \alpha_2$$

$$+ \left[\left(\frac{gdp_3}{em_3}\right)_{t+1} - \left(\frac{gdp_3}{em_3}\right)_t\right] \times \alpha_3 \qquad (A-2)$$

式（A-2）左右两边同除以 $\left(\frac{gdp}{em}\right)_t$，则左边就是全社会劳动生产率增长率。考虑式（A-2）右边第一项：

$$\left\{\left[\left(\frac{gdp_1}{em_1}\right)_{t+1} - \left(\frac{gdp_1}{em_1}\right)_t\right] \times \alpha_1\right\} \div \left(\frac{gdp}{em}\right)_t$$

$$= \left[\left(\frac{gdp_1}{em_1}\right)_{t+1} \div \left(\frac{gdp}{em}\right)_t - \left(\frac{gdp_1}{em_1}\right)_t \div \left(\frac{gdp}{em}\right)_t\right] \times \alpha_1$$

$$= \left[\frac{\left(\frac{gdp_1}{em_1}\right)_{t+1}}{\left(\frac{gdp_1}{em_1}\right)_t} - 1\right] \times \left\{\left[\frac{\left(\frac{gdp_1}{em_1}\right)_t}{\left(\frac{gdp}{em}\right)_t}\right] \times \alpha_1\right\} =$$

$$\left[\frac{\left(\frac{gdp_1}{em_1}\right)_{t+1}}{\left(\frac{gdp_1}{em_1}\right)_t}-1\right]\times\left[\frac{gdp_1}{gdp}\right]_t=\left[\frac{\left(\frac{gdp_1}{em_1}\right)_{t+1}}{\left(\frac{gdp_1}{em_1}\right)_t}-1\right]\times\beta_1 \qquad (A-3)$$

式（A-3）的结果 $\left[\dfrac{\left(\dfrac{gdp_1}{em_1}\right)_{t+1}}{\left(\dfrac{gdp_1}{em_1}\right)_t}-1\right]\times\beta_1$，即第一产业劳动生产率增长率与

该产业 GDP 份额的乘积。第二、第三产业类推。因此，全社会劳动生产率的变动为三次产业劳动生产率变动之和。

第十三章 区域差距、收敛与增长动力

张自然[*]

内容提要：中国已经步入中等偏上收入国家行列，但区域之间的差距始终存在。随着经济结构性减速的出现，近年来区域差距有扩大的趋势，而区域分化加剧有可能反过来影响经济增长。本文用人均 GDP、人均可支配收入等经济指标的泰尔指数分析区域分化情况，并分别用 1990~2016 和 1978~2016 年的人均 GDP 来分析区域经济收敛情况，得出区域 β-收敛与否与样本周期长短有关的结论，并认为经济增长是消除区域差距的根本途径。此外还分析了经济增长的动力因素，最后得出结论并提出政策建议。

关键词：区域差距 泰尔指数 β-收敛 人均 GDP 增长动力

改革开放以来，中国经济有了长足的进步，中国已经成功跨入中等偏上收入国家行列，但区域差距始终存在。随着经济出现结构性减速，近年来区域差距有扩大的趋势，区域分化加剧有可能抑制经济的进一步增长。

改革开放前，区域差别并不显著，这一点大家基本认同；但改革开放后的情况，观点则有所分歧。有学者认为中国的区域差距逐渐变大 [Tsui K. Y. (1991)；魏后凯（1996）；林毅夫、李周、蔡昉（1998）]。Tsui（2005）认为中国区域之间的经济差异在 1952~1970 年变化不明显，而在 1970~1985 年间则有所扩大；魏后凯（1996）用加权变异系数的人均居民收入分析了 1985~1995 年各省份的情况后认为，区域差距呈扩大趋势；林毅夫、李周、蔡昉（1998）认为改革开放以来区域经济发展差距不仅继续存在，而且呈现扩大的趋势；许召元、李善同（2006）认为改革开放以来中国的区域差距经历了先缩

---

[*] 本文发表于《金融评论》2017 年第 1 期。张自然，中国社会科学院经济研究所研究员，经济学博士。

小后变大的过程，2000~2004 年中国的区域差距继续扩大，而扩张速度则明显慢于 20 世纪 90 年代，2004 年区域差距又出现缩小的迹象。

也有学者认为，19 世纪 80 年代省级区域之间的发展比较平衡（World Bank，1997；章奇，2001；贾俊雪、郭庆旺，2007）。World Bank（1997）认为，1990 年以前中国各地区之间的经济发展差距呈缩小趋势，1990 年以后则呈扩大趋势。章奇（2001）认为在整个 1980 年代，各个省份之间的发展是比较平衡的，而到了 1990 年代地区之间的发展差距才比较明显地扩大。贾俊雪、郭庆旺（2007）认为全国基于基尼系数的人均 GDP 水平差异主要源于地区间差异。20 世纪 90 年代以来中国区域差距一直在扩大，但在 2001 年以后区域异化速度减缓，到 2003 年出现了逆转的迹象。张自然、陆明涛（2013）认为我国全要素生产率增长存在着显著的区域不平衡，东部地区、中部地区和西部地区的全要素生产率增长存在着显著的不同。一部分学者认为中国的省级区域之间存在差距，但存在东部、中部、西部三个地区的趋同俱乐部（Chen and Fleisher，1996；Jian，Sachs and Warnar，1996；Raiser，1998；蔡昉、都阳，2000；Fujita and Hu，2001；沈坤荣、马俊，2002；潘文卿，2010），有学者还预测了俱乐部趋同的速度（林毅夫、刘培林，2003b；覃成林，2004；董先安，2004；徐现祥、李郁，2004；许召元、李善同，2006）。Chen 和 Fleisher（1996）使用 Solow 模型分析了 1952~1993 年中国区域经济增长趋同后，得出的结论是：中国区域经济增长在改革开放前出现差异化趋势，在 1978~1993 年出现趋同，其中绝对收敛速度为 0.9%，条件收敛速度为 5.7%。Jian、Sachs 和 Warnar（1996）研究了 1952~1993 年中国经济增长的区域收敛性后，认为中国经济增长在 1952~1965 年经历了微弱的区域趋同，1965~1978 年区域间则出现异化现象，改革开放后又出现明显的趋同现象。Raiser（1998）分析了 1978~1992 年中国区域经济增长的收敛性，认为中国经济增长在改革开放后出现区域趋同，收敛速度为 0.8%~4.2%。蔡昉、都阳（2000）认为中国的经济增长有区域差距，没有普遍的趋同现象，但形成了东部地区、中部地区和西部地区三个趋同俱乐部。Fujita 和 Hu（2001）研究了 1985~1994 年中国经济增长的区域趋同情况，认为 1885~1994 年中国沿海地区与内地之间的经济增长异化不断增强，而在沿海地区内部则存在趋同现象。沈坤荣、马俊（2002）认为中国东部地区、中部地区和西部地区分别形成了趋同俱乐部。潘文卿（2010）认为 1990 年之前在全国范围内存在显著的 β 绝对收敛特征，并收敛于东部与中西部两大收敛俱乐部，但 1990 年后全国范围内不存在 β 绝对收敛，并且形成了东部、中部和西部三大收敛俱乐部。林毅夫、刘培林（2003b）认为1981～1999年我国区域经济增长存在条件趋同，收敛速度为每年7%～15%。覃成林（2004）认为，中国区域经济增长在1978～1990年表现为趋同，收敛速度大于2.2%，并认为俱乐部的收敛现象主要是集中在低收入群体和高收入群体内部的趋同。董先安（2004）基于1985～2002年省份的数据，认为中国区域经济增长有明显的趋同条件，收敛速度为每年9.6%。徐现祥、李郇（2004）通过对中国216个地级及以上城市进行收敛性研究后认为，中国城市的经济增长存在着σ收敛和绝对β收敛。许召元、李善同（2006）对1990～2004年以不变价格计算的人均GDP进行研究，认为我国的区域经济增长存在显著的条件趋同，趋同速度约为每年17.6%。彭国华（2005）认为全国和中、西部地区存在着条件趋同，收敛速度为每年7.3%。东部存在俱乐部趋同，而中部地区、西部地区不存在俱乐部趋同。覃成林、张伟丽（2009）认为在俱乐部收敛的研究中，除了区域分组的方法和俱乐部收敛检验的方法外，还需要选择研究的起始点和时间段。

也有学者认为中国不存在区域收敛现象。马拴友、于红霞（2003）通过对1981～1999年的数据进行分析，认为中国区域差距不但没有趋同效应，而且还以每年1.2%～2.1%的速度发散。刘夏明等（2004）认为1980～2002年在东部地区、中部地区和西部地区内部不存在俱乐部收敛。王志刚（2004）认为中国区域经济增长总体来说不存在条件收敛。

王志刚（2004）使用了较长时期的面板数据进行分析，采用的是随机效应模型。刘夏明等（2004）使用的分区方式是沿海地区和内陆地区，和一般按照东部、中部和西部地区的划分方法暂时无法比较。

研究者们关于经济发展是否趋同以及趋同速度的结论均不一致，主要有以下几个原因：第一，分析的经济指标不同（如人均GDP、人均可支配收入或居民消费水平），有的使用总量经济指标；第二，经济指标是名义值，而不是统一为以某一年为基期的不变价格，或者用CPI价格指数等替代相应指标的不变价格指数以及用全国的指数来替代地区的指数；第三，分析的时期和时间的长短不一致，结果也不一致；第四，样本量少；第五，不同数据来源的差别；第六，存在衡量区域差别的多种统计指标（包括基尼系数、泰尔指数、有权重或无权重的变异系数等）；第七，分析或建模方法各不一样。

不过，大部分学者认为，在经济高速增长的同时，中国的区域逐渐趋同，区域之间的差别越来越小。但2011年以来，中国经济出现结构性减速，由此可能再次出现区域分化的可能。在前几年我们已经开始认识到中国的省级区域之间可能出现分化现象。《经济蓝皮书：夏季号　中国经济增长报告（2013～2014）》的副书名就是"TFP 和劳动生产率冲击与区域分化"，报告中提及区域可能出现分化，"区域发展前景"部分的副标题也为"区域增长与分化"。主要是 2011 年以来大部分省份的经济出现结构性减速，中国已经进入结构性减速阶段。劳动生产率增长率的下降和全要素生产率（TFP）增长对经济的贡献减小，由此可能产生一系列问题，包括区域间的分化。近几年关于区域发展前景的研究发现，区域分化可能越来越明显，进而可能影响经济增长，因此我们认为有必要探讨区域分化这个问题。2010 年前后对 1990 年前的区域分化问题有过较多的探讨，这里主要探讨 1990 年后主要经济指标的区域分化情况。

一　中国区域发展现状

衡量区域间差距的统计指标有很多，如基尼系数、泰尔指数、有权重或无权重的变异系数等。已有学者利用这些指标进行分析（林毅夫、李周、蔡昉，1998；蔡昉、都阳，2000；章奇，2001；沈坤荣、马俊，2002），结果表明不同的指标效果差别不大。泰尔指数可以度量不同区域间和区域内部的不平衡状态，故用泰尔指数来度量区域分化情况。泰尔指数（Theil index）是衡量个人之间或地区之间收入差距或者不平等程度的指标。其最大优点是，它可以衡量分组内部差距和不同组别之间的差距对总的差距的贡献。泰尔指数和基尼系数互补。基尼系数（GINI）对中等收入水平的变化非常敏感，而泰尔指数对上层收入水平的变化很敏感。泰尔指数推导过程见本文附录。这里区分两个概念：区域内分化、区域间分化。T_1 是区域间泰尔指数，T_2 是区域内泰尔指数。

人均 GDP 是反映区域发展状况较常用的指标，它能够综合反映地区经济增长水平。刘夏明等（2004）认为，人均 GDP 看起来是验证地区间收入差距演变趋势的较好指标，但不是生活水准的最好指标。人均可支配收入和居民消费水平与人均 GDP 关系密切。由于存在地区间要素转移、转移支付、投资率等的差异，人均可支配收入和居民消费水平与人均 GDP 之间并不完全一致，而人均可支配收入和居民消费水平可能更能直接反映居民的收入状况，因此人均可支配收入和居民消费水平也都是反映地区差距的重要指标。我们运用泰尔指数对多种指标进行分析，包括人均 GDP、人均可支配收入、居民消费水平、人力资本和劳动生产率等。为了说明区域间和区域内分化情况，本文运用泰尔指数公式对 30 个省份①的这几项指标按全国、东部、中部和西部地区的泰尔指数进行测算，所用指标都是以各省区市 1990 年为基期的不变价格。其中人力资本通过各层次受教育人口的不同支出即教育成本法来衡量。劳动生产率及全社会劳动生产率即以 1990 年为基期的 GDP 不变价格除以全部劳动力的数量。人均 GDP 即以 1990 年为基期的 GDP 不变价格除以总人口数。人均可支配收入和居民消费水平是利用 GDP 价格指数平减为以 1990 年为基期的不变价格。限于篇幅，本文只列出人均 GDP 和人均可支配收入的泰尔指数的发展现状。

由此我们得到了全国 1990~2016 年的人均 GDP、人均可支配收入、居民消费水平、人力资本和劳动生产率的泰尔指数（见图 13-1）。从图 13-1 中我们可以看到各指标的泰尔指数从高到低的大致排列顺序为 $T_{劳动生产率} > T_{人均GDP} > T_{居民消费水平} > T_{人均可支配收入}$。而 $T_{人力资本}$ 从 1990 年的最高位开始，之后围绕 $T_{人均GDP}$ 和 $T_{居民消费水平}$ 波动，到 2016 年 $T_{人力资本}$ 则位于 $T_{人均GDP}$ 和 $T_{居民消费水平}$ 之间。

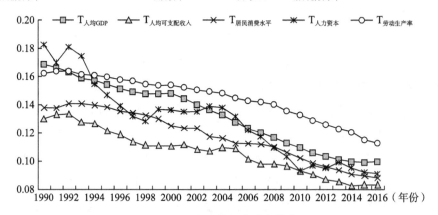

图 13-1　各个指标的泰尔指数

注：其中 T 表示泰尔指数。$T_{人均GDP}$ 表示人均 GDP 的泰尔指数，其他类似。

1990~2016 年，$T_{劳动生产率}$、$T_{人均GDP}$、$T_{人力资本}$、$T_{居民消费水平}$ 和 $T_{人均可支配收入}$ 基本呈下降趋势，其中 $T_{人均GDP}$ 和 $T_{人均可支配收入}$ 在 2015 年开始有抬头的趋势，即人均 GDP 和人均可支配收入两者出现区域分化的趋势。

为了了解各个指标的区域内和区域间及东、中、西部区域的泰尔指数走势，下面对各指标的区域内、区域间和总的泰尔指数，以及东、中、西部的泰尔指数进行分析。

---

① 囿于数据可得性、可比性，此次分析暂时不考虑西藏、香港、澳门和台湾。

（一）30个省区市人均GDP泰尔指数

经过分析我们发现区域间人均GDP的泰尔指数T_1呈S形，先上升后下降，然后又上升（见图13－2）。1990~2000年，区域间的人均GDP的泰尔指数T_1从0.0288提高到0.0418，差距有所扩大。2000年后区域间的人均GDP的泰尔指数T_1有所减小，从2000年的0.0418下降到2014年的0.0158，此后又反弹到2016年的0.016，区域差距先缩小，后稍有扩大。

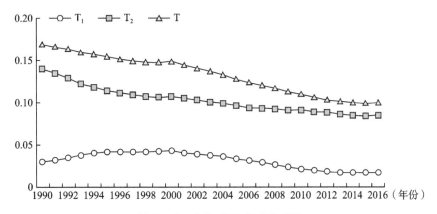

图13－2　人均GDP的泰尔指数

注：T_1是区域间人均GDP的泰尔指数，T_2是区域内人均GDP的泰尔指数，T是T_1和T_2之和，是人均GDP的泰尔指数。

区域内人均GDP的泰尔指数T_2持续下降，近年略有反弹。1990~2015年，区域内人均GDP的泰尔指数T_2从0.1388下降到0.0826，差距持续缩小。但2015年后区域内人均GDP的泰尔指数T_2有所反弹，从2015年的0.0826提高到2016年的0.0833。

人均GDP的泰尔指数T基本持续下降，后略有反弹。1990~2015年，人均GDP的泰尔指数T从0.1676下降到0.0986，差距持续缩小。但2015年后人均GDP的泰尔指数T有所反弹，从2015年的0.0986提高到2016年的0.0993。

人均GDP的区域间泰尔指数T_1、区域内泰尔指数T_2和泰尔指数T总的趋势是逐渐减小，但近年均出现区域分化趋势。区域内的泰尔指数T2大于区域间的泰尔指数T1，区域内部的不平等远大于区域间的不平等。

而东部地区人均GDP的泰尔指数Te持续下降，近年略有反弹（见图13－3）。1990~2014年，东部地区人均GDP的泰尔指数Te从0.2191下降到0.1132，差距持续缩小。但2014年后东部人均GDP的泰尔指数有所增大，从

2014 年的 0.1132 提高到 2016 年的 0.1155。

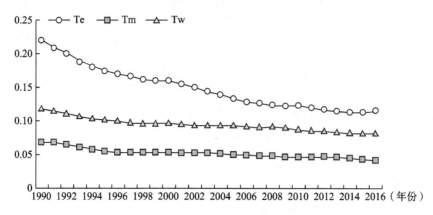

图 13 - 3　东部、中部和西部地区人均 GDP 的泰尔指数

注：Te、Tm 和 Tw 分别是东部地区、中部地区和西部地区人均 GDP 的泰尔指数。

中部地区人均 GDP 的泰尔指数 Tm 持续下降。1990 ~ 2016 年，中部地区人均 GDP 的泰尔指数 Tm 从 0.0676 下降到 0.0418，差距持续缩小。

西部地区人均 GDP 的泰尔指数 Tw 持续下降，近年略有反弹。1990 ~ 2015 年，西部地区人均 GDP 的泰尔指数 Tw 从 0.1176 下降到 0.0818，差距持续缩小。但 2015 年后西部人均 GDP 的泰尔指数略有反弹，从 2015 年的 0.0818 提高到 2016 年的 0.083。

除了中部地区人均 GDP 的泰尔指数 Tm 持续下降外，东部和西部地区的人均 GDP 的泰尔指数 Te、Tw 近年开始出现反弹，说明东部和西部地区的区域分化开始加剧。

东部地区人均 GDP 的泰尔指数 Te > 西部地区人均 GDP 的泰尔指数 Tw > 中部地区的人均 GDP 的泰尔指数 Tm，说明东部地区人均 GDP 的区域差距大于西部地区，西部地区又大于中部地区。

1990 ~ 2013 年，东部与中部地区人均 GDP 的泰尔指数差距从 223.9% 下降到 144.14%，差距持续缩小（见图 13 - 4）；但 2013 年后差距迅速拉大，从 2013 年的 144.14% 迅速拉升到 2016 年的 176.19%。

1991 ~ 2009 年，西部与中部地区人均 GDP 的泰尔指数差距从 69.79% 扩大到 91.6%，差距有所扩大；2009 年后差距有所减小，从 2009 年的 91.6% 下降到 2013 年的 77.29%；此后差距又上升到 2016 年的 95.87%。

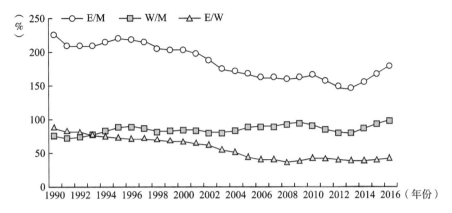

图 13-4　东部、中部和西部地区人均 GDP 的泰尔指数差距

注：E/M、W/M 和 E/W 分别代表东部与中部、西部与中部、东部与西部地区人均 GDP 的泰尔指数的差距，用百分比来表示。

　　1990～2008 年，东部与西部地区人均 GDP 的泰尔指数差距从 86.32% 下降到 34.97%，差距持续缩小；但 2008 年后差距有所扩大，从 2008 年的 34.97% 扩大到 2016 年的 41.01%。

　　总体来看，东部、中部和西部区域之间的差距在 2013 年前逐渐缩小，2013 年后东部、中部和西部之间的差距开始拉大，区域分化较为显著。

　　东部、中部、西部地区人均 GDP 的泰尔指数对总的人均 GDP 泰尔指数的贡献率总体是东部大于西部，西部又大于中部。区域间人均 GDP 的泰尔指数 T1 的贡献率在 1992～2008 年大于西部和中部地区泰尔指数的贡献率，在其他年份小于西部地区泰尔指数的贡献率但大于中部地区泰尔指数的贡献率（见图 13-5）。

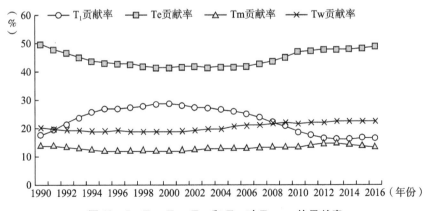

图 13-5　T_1、Te、Tm 和 Tw 对 $T_{人均GDP}$ 的贡献率

（二）30 个省区市人均可支配收入泰尔指数

1990～2016 年，区域间人均可支配收入的泰尔指数 T_1 先上升后下降，但基本保持水平状。1990～1995 年，区域间人均可支配收入的泰尔指数 T_1 从 0.0149 提高到 0.0207，差距有所扩大。1995 年后区域间人均可支配收入的泰尔指数 T_1 有所减小，从 1995 年的 0.0207 下降到 2016 年的 0.0099。

1990～2016 年，区域内人均可支配收入的泰尔指数 T_2 总体持续下降，近年略有反弹。1992～2014 年，区域内人均可支配收入的泰尔指数 T_2 从 0.1155 下降到 0.0719，差距持续缩小。但 2014 年后区域内人均可支配收入的泰尔指数 T_2 有所提高，从 2014 年的 0.0719 提高到 2016 年的 0.0729。

1990～2016 年，人均可支配收入的泰尔指数 T 基本持续下降，后略有反弹。1992～2014 年，人均可支配收入的泰尔指数 T 从 0.1333 下降到 0.08276，差距持续缩小。但 2014 年后人均可支配收入的泰尔指数 T 略有扩大，从 2014 年的 0.08276 提高到 2016 年的 0.08282。

人均可支配收入的区域间泰尔指数 T_1、区域内泰尔指数 T_2 和泰尔指数 T 总的趋势是逐渐减小，但近年均出现区域分化趋势。区域内泰尔指数 T_2 大于区域间泰尔指数 T_1，说明区域内部的不平等远大于区域间的不平等（见图 13-6）。

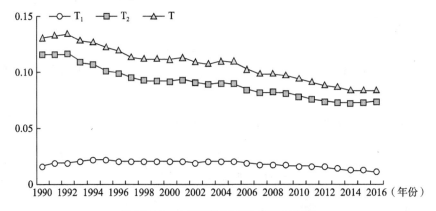

图 13-6 人均可支配收入的泰尔指数

注：T_1 是区域间人均可支配收入的泰尔指数，T_2 是区域内人均可支配收入的泰尔指数，T 是 T_1 和 T_2 之和，是人均可支配收入的泰尔指数。

东部地区人均可支配收入的泰尔指数 Te 持续下降，近年略有反弹（见图 13-7）。1993～2014 年，东部地区人均可支配收入的泰尔指数 Te 从 0.1765 下降到 0.1126，差距持续缩小。但 2014 年后东部地区人均可支配收入的泰尔指数

Te 有所增大，从 2014 年的 0.1126 提高到 2016 年的 0.1138。

中部地区人均可支配收入的泰尔指数 Tm 持续下降。1991～2016 年，中部地区人均可支配收入的泰尔指数 Tm 从 0.0571 下降到 0.0344，差距持续缩小。

西部地区人均可支配收入的泰尔指数 Tw 持续下降，近年略有反弹。1992～2012 年，西部地区人均可支配收入的泰尔指数 Tw 从 0.1106 下降到 0.0492，差距持续缩小。但 2012 年后西部地区人均可支配收入的泰尔指数 Tw 有所反弹，从 2012 年的 0.0492 提升到 2016 年的 0.055。

除了中部地区人均可支配收入的泰尔指数 Tm 持续下降外，东部和西部地区人均可支配收入的泰尔指数近年均开始出现反弹，说明东部和西部地区开始有所分化。

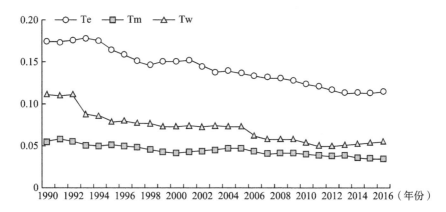

图 13 - 7　东部、中部和西部地区人均可支配收入的泰尔指数

注：Te、Tm 和 Tw 分别是东部地区、中部地区和西部地区人均可支配收入的泰尔指数。

东部地区人均可支配收入的泰尔指数 Te ＞西部地区人均可支配收入的泰尔指数 Tw ＞中部地区人均可支配收入的泰尔指数 Tm，说明东部地区人均可支配收入的区域差距大于西部地区，西部地区又大于中部地区。

1991～2000 年，东部与中部地区人均可支配收入的泰尔指数的差距从 200.73% 上升到 263.08%，差距扩大（见图 13 - 8）；但 2000 年后差距缩小，从 2000 年的 263.08% 下降到 2013 年的 198.12%；之后又有所反弹，2016 年上升到 230.75%。

1990～2011 年，西部与中部地区人均可支配收入的泰尔指数的差距从 103.99% 下降到 30.13%，差距持续缩小；但 2011 年后差距有所扩大，从 2011 年的 30.13% 上升到 2016 年的 59.73%。

1990～2011 年，东部与西部地区人均可支配收入的泰尔指数的差距从

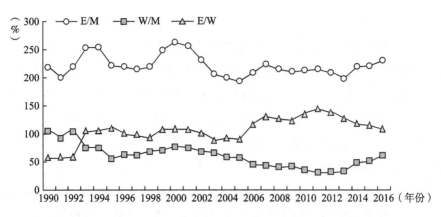

图 13 - 8　东部、中部和西部地区人均可支配收入的泰尔指数差距

注：E/M、W/M 和 E/W 分别代表东部与中部、西部与中部、东部与西部地区人均可支配收入的泰尔指数的差距，用百分比来表示。

56.4% 上升到 141.85%，差距持续扩大；但 2011 年后差距有所缩小，从 2011 年的 141.85% 下降到 2016 年的 107.07%。

总体来看，东部、西部和中部地区之间的差距在 2011 年前逐渐缩小，2011 年后差距开始拉大，区域分化较为显著。

东部、中部、西部地区人均可支配收入的泰尔指数对总的泰尔指数的贡献率总体是东部大于西部，西部又大于中部。区域间人均可支配收入的泰尔指数 T_1 的贡献率在 1993～2013 年大于中部地区泰尔指数的贡献率，其他年份小于中部地区泰尔指数的贡献率；区域间人均可支配收入的泰尔指数 T_1 的贡献率仅在 2006～2012 年大于西部地区泰尔指数的贡献率，其他年份则低于西部地区泰尔指数的贡献率（见图 13 - 9）。

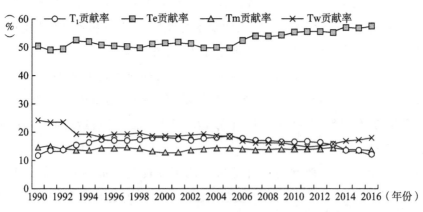

图 13 - 9　T_1、Te、Tm 和 Tw 对 T$_{人均可支配收入}$的贡献率

二 中国区域经济收敛情况

20 年来经济增长的收敛问题得到很多学者的关注，是因为区域差别的扩大最终不利于经济的增长。经济增长的收敛有 σ – 收敛和 β – 收敛。σ – 收敛是指不同经济体之间人均 GDP 的差异随时间的推移而趋于下降；β – 收敛是指初始人均 GDP 较低的经济体的人均 GDP 增速大于初始人均 GDP 较高的经济体，即不同经济体的人均 GDP 增长率与初始人均 GDP 负相关。而俱乐部趋同是指经济增长的初始条件和结构特征上相似的区域趋于收敛（Barro 和 Sala-I-Martin，1991）。Galor（1996）认为俱乐部收敛与条件收敛不同，俱乐部收敛是指起始的经济发展水平相近并且结构特征相似的经济体在各自内部趋于收敛，即穷经济体和富经济体各自在内部存在条件收敛，但两个经济体之间并不存在收敛。目前中国区域经济体之间不存在 σ – 收敛，但可能存在区域趋同俱乐部。下面主要探讨 β – 收敛。

β – 收敛是观察地区间经济趋同的一种方式，计量模型为：

$$\ln(PGDP_{it}/PGDP_{i0}) = \alpha + \beta \ln PGDP_{i0} + \varepsilon_{it} \tag{1}$$

其中，$\varepsilon_{it} \sim N(0, \sigma^2)$，$PGDP_{it}$ 是第 i 个省份在 t 时期的人均 GDP，$PGDP_{i0}$ 是人均 GDP 基期值。当 β 为负并且显著，说明不同省份的人均 GDP 的平均增长率在 $0 - t$ 时期与基期的人均 GDP 水平呈负相关，落后省份的经济增长比发达省份的要快，从而存在 β – 收敛。由 β 可以估算收敛的稳态值 γ_0 和收敛速度 θ。

$$\gamma_0 = \alpha/(1 - \beta) \tag{2}$$

$$\theta = -\ln(1 + \beta)/t \tag{3}$$

（一）采用 1990 ~ 2016 年 30 个省份的数据分析 β – 收敛

采用 1990 ~ 2016 年全国 30 个省份的数据，对全国、东部、中部和西部地区[①]进行 β – 收敛分析，发现只有东部地区存在 β – 收敛。东部地区人均 GDP 增速初始人均 GDP 的回归方程为：

[①] 多年来我国的区域大致按照东部、中部和西部地区来划分。本文分析 30 个省份，暂不分析西藏、香港、澳门、台湾。按照国家统计局的划分，东部地区包括 11 个省份，中部地区包括 8 个省份，西部地区包括 11 个省份。

$$\ln(PGDP_{it}/PGDP_{i0}) = 3.9393 - 0.3296 \times \ln PGDP_{i0} + \varepsilon_{it}$$
$$t \qquad (4.7745) \qquad (-3.1227)$$

t 在 1% 条件下显著，R 为 0.0322，调整后的 R 为 0.0289，F 为 9.8114。

其中 $\alpha = 3.9393$，$\beta = -0.3296$。利用式（3）计算出东部地区的收敛速度为 0.643%。

和彭国华（2005）的结论类似，以 1990 年作为起始点时只有东部条件收敛。

（二）采用 1978 ~ 2016 年 30 个省份的数据分析 β - 收敛

采用 1978 年为基期的人均 GDP 来看全国、东部、中部和西部地区的 β - 收敛情况。

全国人均 GDP 增速初始人均 GDP 的回归方程为：

$$\ln(PGDP_{it}/PGDP_{i0}) = 2.4237 - 0.1367 \times \ln PGDP_{i0} + \varepsilon_{it}$$
$$t \qquad (5.6027) \qquad (-1.8780)$$

t 在 10% 条件下显著，R 为 0.0030，调整后的 R 为 0.0022，F 为 3.5268。

其中 $\alpha = 2.4237$，$\beta = -0.1367$。利用式（3）计算出全国的收敛速度为 0.164%。

东部地区人均 GDP 增速初始人均 GDP 的回归方程为：

$$\ln(PGDP_{it}/PGDP_{i0}) = 3.7004 - 0.3121 \times \ln PGDP_{i0} + \varepsilon_{it}$$
$$t \qquad (7.6069) \qquad (-4.0640)$$

t 在 1% 条件下显著，R 为 0.0372，调整后的 R 为 0.0350，F 为 16.5160。

其中 $\alpha = 3.7004$，$\beta = -0.3121$。利用式（3）计算出东部地区的收敛速度为 0.417%。

中部地区人均 GDP 增速初始人均 GDP 的回归方程为：

$$\ln(PGDP_{it}/PGDP_{i0}) = 3.8382 - 0.3932 \times \ln PGDP_{i0} + \varepsilon_{it}$$
$$t \qquad (3.0426) \qquad (-1.8001)$$

t 在 10% 条件下显著，R 为 0.0105，调整后的 R 为 0.0073，F 为 3.2830。

其中 $\alpha = 3.8382$，$\beta = -0.3932$。利用式（3）计算出东部地区的收敛速度为 0.556%。

而西部地区的结果不显著。

可以发现，从 1978 ～ 2016 年 30 个省份的人均 GDP 来看，全国、东部和中部地区均存在 β - 收敛，只是收敛的速度不同。而现有数据不支持西部地区的 β - 收敛。前面我们分析 1990 ～ 2016 年 30 个省份只有东部地区人均 GDP 存在 β - 收敛。我们认为，分析周期的长短对 β - 收敛的结果有非常大的影响。以前各学者分析 β - 收敛研究结果不同的原因之一就是分析的时期长短不一或者不够长。只要分析的时间足够长，区域分化都将呈现俱乐部收敛，进而呈现区域整体经济收敛，而经济增长是解决区域差距的根本途径，下面探讨经济增长的动力因素。

三　经济增长动力实证分析

不少学者探讨了经济增长的相关动力因素，包括：产业结构（魏后凯，1997；沈坤荣、马俊，2002；范剑勇、朱国林，2002）；区域政策（贺灿飞、梁进社，2004）；物资、资本、人力等要素投入水平（沈坤荣、马俊，2002；王小鲁、樊纲，2004；许召元、李善同，2006）；市场化及城市化水平（沈坤荣、马俊，2002；刘夏明等，2004；王小鲁、樊纲，2004；许召元、李善同，2006）；基础设施水平（贺灿飞、梁进社，2004；许召元、李善同，2006）；对外开放程度（沈坤荣、马俊，2002）；地区间固定效应（魏后凯，1997；许召元、李善同，2006；刘夏明等，2004）；等等。沈坤荣、马俊（2002）研究了人力资本存量、市场化程度、对外开放程度、产业结构、地区虚拟变量等因素对经济增长趋同的影响。许召元、李善同（2006）认为地区间固定效应、平均受教育水平、基础设施水平及城市化水平等是导致区域经济增长分异的因素，而要素投入的边际收益递减及各地区间技术知识的较快扩散等是促进区域经济增长趋同的因素。

（一）经济增长动力模型

人均 GDP 是比较适合反映经济增长的指标。各省份人均 GDP 增长率与影响因素的关系，用经济增长理论的经典公式（Sala-I-Martin，1996）来表示：

$$\ln(PGDP_{it}/PGDP_{i0}) = \alpha + \beta \ln PGDP_{i0} + \sum_{i=1}^{N} \beta_{it} \cdot FACTOR_{it} + \varepsilon_{it} \qquad (4)$$

$FACTOR_{it}$是一组控制变量，即人均 GDP 的影响因素，使经济体 i 处于稳定状态。$\varepsilon_{it} \sim N\ (0,\ \sigma^2)$，$PGDP_{it}$ 是第 i 个省份在 t 时期的人均 GDP，$PGDP_{i0}$ 是人均 GDP 基期值。$FACTOR_{it}$ 是影响人均 GDP 趋同的因素，N 是影响因素的数量。

影响区域趋同的因素有人均 GDP 的初始值（基期值）、人力资本（HC）、全社会劳动生产率（LP）、资本产出率（GDPK）、第二产业占 GDP 的比重（GDP2）、第三产业占 GDP 的比重（GDP3）、城市化率（URB）、市场化程度（MARK）、医疗条件指数（HOSINDEX）、对外开放程度（EXPIMP）、人均可支配收入（REV）、地方财政教育事业费支出（EDU）、全要素生产率指数（TFP）、技术进步指数（TP）、技术效率指数（TEC）、规模效率指数（SEC）、纯技术效率指数（PEC）、技术效率（TE）。另外还有投资相关系数（GDPI）、研发（RD，用专利授权量表示）、有效劳动力比例、地方财政科学事业费支出、地方财政卫生事业费支出等。

本文拟探讨区域发展前景指数对区域趋同的影响，包括发展前景得分（PROS）、经济增长（GROW）、增长可持续性（SUST）、政府效率（GOV）、人民生活（PEOP）几个方面，数据来源于《经济蓝皮书：夏季号　中国经济增长报告（2015～2016）》。加入发展前景相关指数的原因是发展前景等指标包含由 60 个指标运用主成分分析法得出的结果，其结果比较全面地反映了经济各方面的发展情况。

对人均 GDP 条件趋同的影响因素进行实证分析，结果是人力资本、全社会劳动生产率、资本产出率、第二产业占 GDP 的比重、第三产业占 GDP 的比重、城市化率、市场化程度、医疗条件指数、人均可支配收入、地方财政教育事业费支出、规模效率对人均 GDP 的趋同具有正向作用，只有对外开放程度对人均 GDP 的趋同具有异化作用（见表 13 - 1）。对外开放程度的提升，促进了对外交流，在外商直接投资（FDI）和对外直接投资（OFDI）方面起到一定的作用。提升对外开放程度对人均 GDP 有异化作用的原因有两方面。一方面是产品输入和产品输出的不对等。对外输出的仅仅是资源、中间产品或低附加值的制造业产品，而输入的是高附加值的产品，国内外交流失衡，无形中导致经济利益受损。另一方面可能是东部与中西部地区对外开放程度存在巨大反差。

表 13 - 1　人均 GDP 回归的结果

变量	模型 1		模型 2	
	系数	t 值	系数	t 值
常数	4.146 ***	7.053	6.718 ***	11.439
人均 GDP 基期值	- 1.155 ***	- 23.913	- 1.226 ***	- 23.166
人力资本	3.66E - 04 ***	6.514	2.98E - 04 ***	5.621
全社会劳动生产率	3.57E - 06 **	1.659	3.68E - 06 ***	2.861
资本产出率	0.466 ***	6.028	0.182 **	2.288
第二产业占 GDP 的比重	1.189 ***	7.189	0.450424 ***	2.841
第三产业占 GDP 的比重	2.403 ***	13.969	1.622 ***	9.524
城市化率	0.021 ***	13.936	0.014 ***	9.374
市场化程度	1.101 ***	14.777	0.996 ***	14.229
医疗条件指数	5.14E - 04 ***	5.545	3.75E - 04 ***	3.45
对外开放程度	- 2.36E - 05 ***	- 5.267	- 2.08E - 05 ***	- 4.763
人均可支配收入	4.86E - 05 ***	4.078		
地方财政教育事业费支出	8.71E - 05 *	1.319		
规模效率	2.038 ***	4.424	1.379 ***	3.219
发展前景			0.183 **	2.308
经济增长			0.378 ***	9.146
增长可持续性			0.244 ***	4.805
政府效率			- 0.079 **	- 2.209
人民生活			0.201 ***	4.512

注: * 、** 、*** 分别表示在10%、5%、1%水平下显著。

其中模型1是基本影响因素,模型2除了基本影响因素外,还加入了发展前景相关指标。模型1的 R 为0.933,调整后的 R 为0.932,F 为819.980。模型2 的 R 为0.947,调整后的 R 为0.946,F 为857.645。加入发展前景相关指标后,解释力度有所提高。

当考虑发展前景相关因素时,以上因素除人均可支配收入、地方财政教育事业费支出不显著外,其他因素发挥了相似的作用,而发展前景、经济增长、增长可持续性、人民生活几项指标均同时对人均 GDP 的趋同有正向作用,只有政府效率一项指标对人均 GDP 具有异化作用,其原因也有两方面:一是政府效率的提升本身对经济增长质量是有益的,但政府支出或者转移支付可能不是特别精准,导致某些地区要素扭曲,最终影响到经济增长;另一方面是东部和中西部地区的政府效率存在较大差距。

（二）具体影响因素分析

1. 影响因素趋势上升导致的区域分化

从经济增长影响因素的走势可以看出：第一，符合传统的东部地区＞中部地区＞西部地区的增长因素有人力资本、城市化率、市场化程度、人均可支配收入、发展前景、经济增长和人民生活；第二，东部地区远远大于中、西部地区的有对外开放程度、政府效率和地方财政科学事业费支出，区域之间的巨大差距印证了上面分析的对外开放程度、政府效率对人均 GDP 异化的原因之一；第三，东部地区＞西部地区＞中部地区的增长因素有：地方财政教育事业费支出、增长可持续性；第四，西部地区＞东部地区＞中部地区的增长因素有地方财政卫生事业费支出；第五，西部地区＞中部地区＞东部地区的增长因素有医疗条件指数。医疗条件指数的区域差距与一般人的观感不太一样，可能主要是以万人床位数和万人医疗机构数来衡量。这只是数量上的指标，没有考虑医疗机构的质量，比如三甲医院的数量。下一步研究应该在医疗条件指数中引入医疗质量指标（见表 13 - 2）。

表 13 - 2　主要增长因素区域差距程度

经济指标	趋势	区域表现	程度
人力资本	上升	东部＞中部＞西部	差距较大
城市化率	上升	东部＞中部＞西部	差距较大
市场化程度	上升	东部＞中部＞西部	差距较大
医疗条件指数	上升	西部＞中部＞东部	
人均可支配收入	上升	东部＞中部＞西部	差距较大
地方财政教育事业费支出	上升	东部＞西部＞中部	
对外开放程度	上升	东部远远大于中部、西部地区	差距很大
发展前景	上升	东部＞中部＞西部	
经济增长	上升	东部＞中部＞西部	
增长可持续性	上升	东部＞西部＞中部	
政府效率	上升	东部远远大于中部、西部地区	差距很大
人民生活	上升	东部＞中部＞西部	
地方财政科学事业费支出	上升	东部远远大于中部、西部地区	
地方财政卫生事业费支出	上升	西部＞东部＞中部	

2. 影响因素下行导致的区域分化

（1）全社会劳动生产率增长率下降。2010 年以来中国的全社会劳动生产率增长率在持续下降（见图 13 – 10）。2010～2016 年中国的全社会劳动生产率增长了 8.85%，比全社会劳动生产率增长的高峰期间有所下降，主要原因是中国第二产业的全社会劳动生产率的增长比较快，增长速度为 7.4%，而第三产业的全社会劳动生产率增长率只有 5% 左右。随着中国第三产业占 GDP 比重的提高，相当多的资源转向第三产业，中国的全社会劳动生产率增长率不是提高而是下降，因此加速提升第三产业全社会劳动生产率增长率对于减缓整体全社会劳动生产率增长率下降具有重要作用。当然大幅度提升制造业的全社会劳动生产率更具有积极意义，否则劳动生产要素向第三产业转移，而制造业全社会劳动生产率提升速度慢，必然导致中国整体的全社会劳动生产率增长率下降。

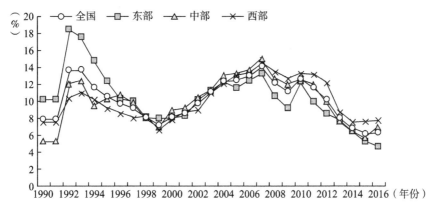

图 13 – 10　全国、东部、中部和西部地区全社会劳动生产率增长率

（2）规模效率下降，全要素生产率增长率贡献也在持续下降。本文分析的结果是规模效率对人均 GDP 具有趋同效应。本文利用中国近 300 个地级及以上城市的数据分析了全要素生产率及相关要素增长对经济增长的贡献，并按区域分析全要素生产率及相关要素增长和波动对经济增长的影响，发现全国、东部、中部和西部地区城市全要素生产率增长率均呈下降趋势，规模效率的下降强化了全要素生产率增长率的下降。

（3）资本产出率下降。2007 年以来，全国、东部、中部和西部的资本产出率逐年下降，见图 13 – 11。全国、中部地区和西部地区 GDP 增长率与固定资本存量增长率具有很强的正相关性，但东部地区 GDP 增长率与固定资本存量增长率具有极弱的负相关性。提高固定资本存量对中部和西部地区具有正的外部效应，同时要提高资本产出率。

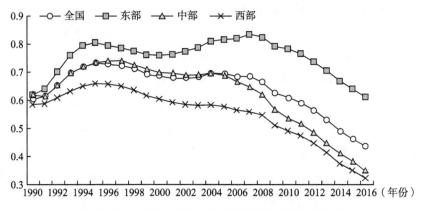

图 13 - 11 全国、东部、中部和西部地区资本产出率

（4）要素投入的规模收益呈下降趋势。通过传统的增长方式，要素投入的规模收益下降，不能推动资本和人力资本的深化。首先是资本深化。没有技术进步，资本回报率快速下降，资本投入也会下降，资本存量难以提升，资本难以深化。其次是人力资本深化。没有全社会劳动生产率的提高，人力资本难以得到高回报，人力资本的深化也难以完成。从我们的计算可以看到要素外延式投入的增长速度下降，而且收益也在减速，原因就是规模收益递减。传统的劳动投入要素增长变负，资本投入增长也在下降。所以传统增长方式下，通过规模扩张来实现增长的要素驱动都在下降，所以规模收益处于递减的状态，经济减速也是必然。而传统增长方式也是区域分化加剧的重要原因，区域分化导致国内区域不均衡程度加深。

（5）产业结构服务化升级是经济结构性减速的主要原因，也是东部、西部和中部地区区域分化加剧的主要原因之一。经济结构服务化，服务业占 GDP 比重上升是必然趋势。2011 年以来，全国、东部、中部和西部地区的第二产业占 GDP 的比重下降（见图 13 - 12），同时第三产业占 GDP 的比重上升（见图 13 - 13）。服务业占 GDP 比重的上升又导致服务业劳动生产率乃至整体经济劳动生产率增长率的下降，即第三产业相对第二产业劳动生产率的下降。从图 13 - 13 和图 13 - 12 可以看到，从第三产业占 GDP 的比重来看，东部地区大于西部地区，西部地区又大于中部地区；而第二产业占 GDP 的比重则是中部地区大于西部地区，西部地区大于东部地区。由此导致东部、西部地区的第三产业相对于第二产业的劳动生产率下降快于中部地区，这可能是前文所述人均 GDP 的泰尔指数的东部、西部与中部地区的区域分化加剧的主要原因。因此需要发展劳动生产率较高的服务业也即现代服务业，提高第三产业的相对劳动生产率，才能

解决东部、西部地区和中部地区的区域分化加剧问题，进而有效遏制和减缓经
济减速。

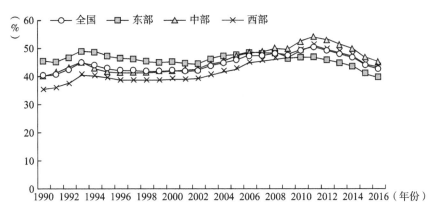

图 13-12　全国、东部、中部和西部地区第二产业占 GDP 的比重

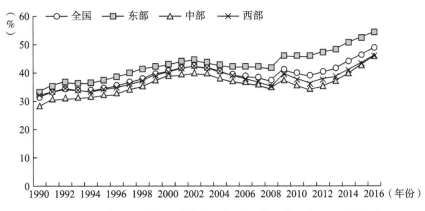

图 13-13　全国、东部、中部和西部地区第三产业占 GDP 的比重

四　结论和政策建议

（一）结论

本文对 1990 年代以来引致区域差别的经济指标进行分析，发现 1990 年代
以来各主要经济指标的泰尔指数的区域分化逐渐下降，但近些年又有区域分化
扩大的迹象，分两种情况。第一种，总的泰尔指数上升，东、中、西部地区差
距拉大，影响指标包括人均 GDP 和人均可支配收入。第二种，总的泰尔指数下
降，但具体区域的泰尔指数近年出现上升，区域差距扩大，影响指标包括居民

消费水平、人力资本和劳动生产率。从各指标的泰尔指数来看，还是或多或少地出现区域分化加剧的情况，尤以人均 GDP 和人均可支配收入引致的分化为甚。而人均 GDP 和人均可支配收入两项指标被认为是反映区域差距最好的指标，由于人均可支配收入中包含转移支付部分，其区域差距已经被人为缩小。为了反映各地区真实的区域差别情况，还是人均 GDP 指标更为合适。

本文分析了人均 GDP 是否具备收敛或者趋同效应。分析周期不是太长时，如研究周期在 1990~2016 年时只有东部地区人均 GDP 具备 β - 收敛，全国、中部和西部地区不具备 β - 收敛；当把周期延长，如研究周期在 1978~2016 年时，全国、东部和中部地区具备 β - 收敛，只有西部地区不具备 β - 收敛。全国 30 个省份是否具备区域 β - 收敛与分析周期的长短有关。只要分析的周期足够长，区域分化都将具备 β - 收敛，进而出现区域整体经济收敛，而经济增长是消除区域差距的根本途径。

本文对经济增长影响因素进行了实证分析，结果是人力资本、全社会劳动生产率、资本产出率、第二产业占 GDP 的比重、第三产业占 GDP 的比重、城市化率、市场化程度、医疗条件指数、人均可支配收入、地方财政教育事业费支出、规模效率对人均 GDP 的趋同具有正向作用，对外开放程度对人均 GDP 的趋同具有异化作用，其原因一方面是产品输入和产品输出的不对等，另一方面可能是东部与中西部地区对外开放程度存在巨大反差。

当考虑发展前景相关因素时，以上因素除人均可支配收入、地方财政教育事业费支出不显著外，其他因素发挥了相似的作用，而发展前景、经济增长、增长可持续性、人民生活几项指标均同时对人均 GDP 的趋同有正向作用，只有政府效率一项指标对人均 GDP 具有异化作用。其原因有二：一是政府支出或者转移支付方面不是特别精准，导致某些地区要素扭曲，最终影响到经济增长；二是东部和中西部地区的政府效率存在较大差距。

本文还分析了经济增长影响因素趋势上升和下降两种情况导致的区域分化，并基于此提出以下政策建议。

（二）政策建议

本文通过区域经济收敛和影响因素的分析，力图破解区域差别过大和地区分化加剧的难题，实现区域经济协调与稳定增长，挖掘新的增长动力。

1. 提高劳动生产率增长率

中国经济已经进入"结构性减速"阶段，体现在以下方面：一是人口因素的变化会降低经济增速；二是劳动参与率进一步下降；三是产业结构的服务化：如果第三产业的劳动生产率增长率不能得到提高，整体的全社会劳动生产率的增长也会降低；四是城市化率超过57%后，投资率下降、投资效率降低，同时资本存量增长减速，同样会降低经济增速；五是随着经济增长和劳动力供给的放缓，要素分配会更趋向于劳动要素，将引致劳动要素分配份额上升，这也意味着潜在增长率的继续下降。提高全社会劳动生产率增长率是最为有效的抑制经济增速下降过快的措施。

2. 提高全要素生产率增长对经济增长的贡献率

中国全要素生产率增长对经济增长的贡献率从以前的接近30%，下降到现在的16%左右，全要素生产率增长对经济增长的贡献率下降了约14个百分点。中国经济的潜在增长率要保持在6%以上，全要素生产率增长对经济增长的贡献率必须超过30%。经济增长的要素资本和劳动部分的正向作用已经不是太明显，大力促进技术进步和全要素生产率增长，加强技术创新才是经济持续发展稳定的关键。

3. 注重高人力资本对增长的促进作用

劳动力因素在增长较低阶段对增长有显著的促进作用，但当前中国劳动力成本上升压力过大，并且劳动力增长和劳动参与率均出现拐点，各个省份应更多注重人力资本投资对经济的拉动作用，形成人力资本和知识拉动型增长模式，实现增长动力机制转换。

4. 提高资本效率

中国经济增长中的重复建设和低效率的核心是政府主导的低价工业化模式（张平、刘霞辉，2007）所诱致的企业低效率的风险累积。在有利的开放环境下，累积风险通常为高增长所吸收，但是由廉价劳动力和资本等自然资源价格扭曲支撑的高投资不可能持续太长时间。中国经济要完成从高速度增长向高效率增长的过渡，建立低效企业市场出清机制将是必由之路。低效企业市场清算机制是重要环节之一，是产业结构的深度调整。产业组织结构的深度调整也意味着制造业部门摆脱高投资驱动、低成本国际竞争的模式，让制造业增长方式逐步转变到高效率竞争路径上，夯实经济持续增长的根基，这其中的关键一环就是要提高资本效率。

5. 良好的制度环境能产生显著的增长动力

地方政府的努力水平虽然在短期能显示出对增长的促进作用，但在长期对增长动力造成损害。因此改善政府治理，抑制政府腐败，使地方政府绩效目标向追求经济增长质量转变，为中国各省份在当前经济连续减缓时期挖掘新的增长动力提供良好的制度环境。

6. 构建经济带，促进区域协调发展

解决区域差距过大的问题除了上面的措施之外，更需要构建经济带，实现区域协调发展。第一，首要突破的障碍即政府主导型运行模式，构建经济带必须建立在市场主导基础上。第二，促进要素的自由充分流动，即人、财、物的自由充分流动，具体障碍有户籍制度对人员流动的阻碍、金融制度对民间信贷融资的壁垒以及各自为政的区域政策对物流的空间壁垒。第三，建立地方政府间新型合作机制，克服多年来"诸侯经济"区域政策下的利益本地化，使之有效融入"大区域"发展规划。第四，要形成区域发展的评价与激励新机制，弱化"唯 GDP 论"的经济增长评价标准，并强化生态环保指标和社会公平指标，强调经济增长的质量与绩效。第五，各级区域要成立区域政府官员综合协调委员会和专家咨询委员会，以落实政府间新型合作机制，并共同制定区域发展规划与产业布局规划。

附录 基于中国 30 个省区市的泰尔指数

$$T_j = \sum_{i=1}^{N} \frac{POP_i}{POP_j} \cdot \ln\left(\frac{POP_i}{POP_j} \bigg/ \frac{P_i}{P_j}\right) \qquad (A-1)$$

$j = 41$、42、43 分别表示东部、中部、西部地区，N 是指 30 个省区市。POP_i 是第 i 个省区市的人口数占全部人口数的比重，POP_j 在 $j = 41$、42、43 时分别表示东部、中部、西部地区人口数占全部人口数的比重，P_i 表示第 i 个省区市具体指标占全部指标的比重，具体指标可以是各省区市的人均 GDP、劳动生产率、全要素生产率、资本产出率等，P_j 是指东部、中部、西部地区具体指标占全部的比重。

区域间的泰尔指数：

$$T_1 = \sum_{j=41}^{43} POP_j \cdot \ln(POP_j/P_j) \qquad (A-2)$$

$j = 41$、42、43 分别表示东部、中部和西部地区。

区域内的泰尔指数：

$$T_2 = \sum_{j=41}^{43} POP_j \cdot T_j \qquad (A-3)$$

其中 T_j 在 $j=41$、42、43 时分别表示东部、中部、西部地区的泰尔指数。
泰尔指数为：

$$T = T_1 + T_2 \qquad\qquad (A-4)$$

贡献率为：

$$T = T_1 + T_2 = T_1 + \sum_{j=41}^{43} POP_j \cdot T_j \qquad\qquad (A-5)$$

对式（A-5）两边除以 T：

$$\frac{T_1}{T} + \sum_{j=41}^{43} POP_j \cdot \frac{T_j}{T} = 1 \qquad\qquad (A-6)$$

$\frac{T_1}{T}$ 为地区间差异对总体差异的贡献率，$POP_j \cdot \frac{T_j}{T}$ 在 j 为 41、42、43 时分别为东部、中部和西部地区内部差异对总体差异的贡献率。

第十四章　经济增长水平与中国对外直接投资

——基于省级面板数据的检验

张小溪[*]

内容提要：本文基于我国 31 个省区市的数据，分析了全国和各区域经济增长水平与对外直接投资之间的相互影响。我们发现二者之间存在着正向的影响，即地区的经济增长水平提高能够促进当地的对外直接投资增长；而随着对外直接投资的增长，其知识和技术的外溢效应以及经济溢出效应又会反过来推动经济的增长，但是这种影响的显著性和程度的大小存在着很大的地区差异性。

关键词：对外直接投资　经济增长　经济溢出效应

改革开放之后，随着中国经济的高速发展，中国资本开始迈出国门走向世界。2013 年，中国当年对外直接投资额首次突破千亿美元，并连续两年居世界第三位（仅次于美国和日本）。根据《2014 年度中国对外直接投资统计公报》的数据，截至 2014 年底，中国对外直接投资存量已经达到 8826.4 亿美元，投资分布于全球 186 个国家和地区，设立境外企业 2.97 万家，年末境外企业资产总额达到 3.1 万亿美元。中国对外直接投资无论是数量还是质量都已经有了很大的提升。

近年来，中国步入工业化向城市化的转型期，由于劳动力供给减少、投资增速下滑、干中学效应减弱以及需求结构变化等原因，经济增长呈现结构性减速的趋势，并且在未来一段时间内经济增长速度放缓的趋势不可避免。因此，

---

　　* 本文发表于《投资研究》2016 年第 6 期。张小溪，中国社会科学院经济研究所副研究员，经济学博士。

寻找新的经济增长点迫在眉睫。在这种情况下，研究对外直接投资与经济增长水平之间的影响机理和相互影响程度，将有助于政府和企业寻找新常态下的经济增长新动力，探索对外投资的新路径。

为了找出中国的经济增长水平与对外直接投资之间的关系，本文做如下安排：第一，对相关国内外文献进行了回顾；第二，对我国目前的对外直接投资情况进行了分析；第三，解释了对外直接投资与经济增长之间的影响机理并基于此提出理论假设；第四，对数据和模型进行了说明；第五，根据实证分析结果得到结论。

一　文献综述

第二次世界大战之后，大量来自美国的资本流入欧洲，FDI 的迅速发展引起了理论界的关注。系统的 FDI 理论始于 20 世纪 60 年代，以 Vernon（1966）的产品生命周期理论、Hymer（1970）的垄断优势理论以及 Buckley 和 Carson（1976）的内部化理论为代表，他们分析了企业内部因素对跨国公司进行海外直接投资的影响。其中，Vernon（1966）将产品的生命周期划分为产品的研发期、成熟期和标准化阶段三个时期，在不同时期企业的发展战略与侧重点不同，企业对对外直接投资的要求也不同。Hymer（1970）认为传统的国际投资理论可以解释证券投资行为，却无法解释对外直接投资行为。他对美国的跨国企业进行分析后发现，当这些企业所拥有的各种垄断优势（如资本、技术、规模经济、管理水平等）抵消了当地企业的天然优势（如更了解当地风俗、更了解当地的法律法规、更被当地的居民接受等）时，企业才可能发生对外直接投资行为。而这种垄断优势来自市场的不完善，尤其是政府的干预。Kindleberger（1969）对引起市场不完善的原因进行了补充，他指出市场不完善主要来源于产品市场和要素市场，以及内部规模经济和外部规模经济四个方面。Johnson（1970）从知识资产角度对垄断优势的来源进行了补充，他指出知识资产的生产过程需要大规模投入，即知识资产的成本十分高昂，而一旦知识资产生产出来后，母公司就能将其以十分低的成本转移到东道国的子公司，使子公司也拥有知识资产的优势。但是，被投资的东道国企业获得这些知识资产的代价非常高昂，无论是自己进行知识生产还是向知识资产拥有企业购买，成本都是当地企业难以承受的。因此，他认为这种知识资产在母公司与子公司之间的转移是对外直接投资的关键因素。Caves（1971）也对垄断优势的来源做了补充，他指出不完全市场的一个重要表现是产品的异质化，而正是这种异质化形成了跨国企业的垄断优势来源。在不完全竞争的市场中，企业的竞争不仅在于价格，还在于产品的品质、包装、品牌等方面，而这些方面也是消费者购买商品的重要依据。跨国企业产品的异质化能力强于当地企业，从而形成了垄断优势，这主要表现在跨国企业更能通过广告、品牌优势、技术优势赋予产品更多的附加利益以满足消费者日益多元化的需求。20 世纪 80 年代，随着发展中国家对外直接投资活动的兴起，又形成了解释其对外投资行为的各种理论。其中，最有代表性的是 Dunning（1981，1986）的 FDI 阶段理论（IDP）。他从宏观层面建立了一个动态分析框架，提出了投资发展周期论，并利用这一理论对各国经济发展水平与对外直接投资的关系进行了论证。他用人均国民生产总值表示一国的经济发展水平，用一国的对外直接投资流量与外国对本国直接投资流量的差额表示该国的净对外直接投资，并将对外直接投资划分为五个阶段。

随着对外直接投资理论的发展，母国经济增长与对外直接投资的关系开始成为学者们研究的热点问题之一，并形成了三种不同的观点：对外直接投资阻碍母国经济增长、对外直接投资促进母国经济增长和二者之间的关系不显著。Stevens 和 Lipsey（1992）指出，一国进行对外直接投资不仅会因为将生产转移到国外而减少该国的产出，而且会由于替代效应而挤占母国的投资机会，进一步减少产出，因此对外直接投资将引起国内经济增长水平的降低。Firebaugh（1992）比较了国内和国外直接投资的经济效果，他发现，尽管国内资本对经济增长的贡献超过了国外直接投资，但二者都有助于国家的经济增长。Amirahmadi 和 Wu（1994）甚至将经济衰退部分地归因于有效对外投资的缺乏。Desai、Foley 和 Hines（2005）认为，由于溢出效应的存在，对外直接投资可以促进母国出口，提高国内经济运行效率，进而加快母国的经济增长。肖黎明（2009）基于中国 1980~2007 年的企业数据分析了对外直接投资与经济增长之间的相互关系，他的研究证明了企业进行对外直接投资能够促进经济增长。还有一些学者认为对外直接投资是否能够促进国内经济的增长取决于其自身的经济条件。Herzer（2007）指出，资本稀缺国的对外直接投资行为会进一步降低其国内投资，从而引起母国产出的下降；但如果这些"走出去"的企业能够在国外以较低的成本生产商品，并将商品出口到国内市场，从总体福利来看，该国可以降低生产成本和减少资本消耗，有利于本国经济发展。张为付（2008）对中国对外直接投资与经济增长水平的关系进行实证研究后发现，经济增长与对外直接投资之间存在长、短期稳定的正向关系。徐清（2015）将省级宏观数据与大样本工业企业的微观数据相结合，采用 Logit 模型对生产率与中国企业对外直接投资的关系进行实证分析，其结论证实生产率提高是推动企业进行对外直接投资的重要因素。

也有学者发现对外直接投资与经济增长之间并不存在显著的影响。魏巧琴和杨大楷（2003）借助 Granger 检验和 DF、ADF 检验验证了中国经济增长与对外直接投资之间的因果关系，他们的结论表明二者之间存在不显著的互动关系。李良新（2010）通过定量分析湖南省对外直接投资与经济增长的关系，发现该省的对外直接投资并不是 GDP 增长的原因。冯彩和蔡则祥（2012）基于中国省级面板数据考察了对外直接投资的母国经济增长效应，他们发现对外直接投资对地区的经济增长效应存在着很大差异，而且西部地区的对外直接投资与经济增长之间不存在显著关系。

从方法上看，目前用于分析经济增长与对外直接投资关系的研究方法主要有以下三种：一是利用跨国（地区）横截面数据对对外直接投资与经济增长等变量进行普通最小二乘法（OLS）回归分析；二是利用单个国家（地区）的时间序列数据对对外直接投资与经济增长等变量进行协整检验和因果关系分析；三是利用跨国（地区）的横截面和时间序列数据组成的面板数据进行研究。由于 OLS 回归分析没有考虑不同国家（地区）之间的异质性，该方法下的结论可能并不可靠，并且得出的结果只能表明对外直接投资对经济是否有影响，并不能说明两者之间的因果关系。因此，后两种方法被广泛应用，尤其是可以克服不同国家（地区）间异质性问题的第三种方法。

本文在前人研究的基础上，采用 2003 年到 2014 年全国 31 个省区市的数据对中国的经济增长水平和对外直接投资之间的关系进行研究。我们还加入"产出效率"这个新指标，对面板数据进行了协整分析，力图给出最有说服力的结论。

二　中国各地区对外直接投资现状

中国各区域的对外投资额存在着很大的差异。按照《中华人民共和国 2015 年国民经济和社会发展统计公报》中的标准，本文将全国划分为东部、中部、西部和东北地区。其中，东部地区包括北京、天津、河北、上海、江苏、浙江、福建、山东、广东和海南 10 省市；中部地区包括山西、安徽、江西、河南、湖北和湖南 6 省；西部地区包括内蒙古、广西、重庆、四川、贵州、云南、陕西、

甘肃、青海、西藏、宁夏和新疆 12 省区市；东北地区包括辽宁、吉林和黑龙江
3 省。如图 14－1 所示，东部地区是对外投资主要的来源地，每年 60% 以上的
投资额来自该地区。西部地区的对外投资发展迅猛，2003 年仅占当年全国对外
投资总额的 1.42%，2007 年占比首次超越中部和东北地区，并在 2008 年达到
顶峰，为 19.77%。2009 年至 2011 年该占比虽然有所下滑，但 2012 年又迅速
提高，西部地区成为仅次于东部地区的全国第二大对外直接投资输出区。除了
2009 年和 2011 年外，中部地区对外直接投资额占全国对外直接投资总额的比重
长期处于 10% 以下。东北地区在 2004 年至 2006 年是全国第二大资本输出区域，
但是近年来其投资呈下滑趋势，与中部地区所占份额差别不大。由表 14－1 可
知，总体上看东、中、西部地区的对外直接投资增速都远远高于全球对外直接
投资增速。其中，西部地区的增速最快，平均增速达到 116.94%，紧随其后的
是东北地区，平均增速达 101.09%。

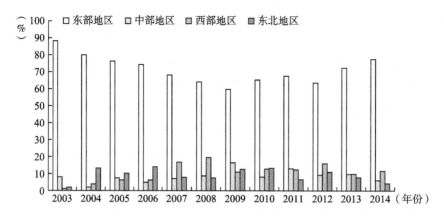

图 14－1　2003～2014 年各地区对外直接投资额占当年
全国对外投资总额的比重

资料来源：《中国统计年鉴》。

各地区之间的对外直接投资发展也存在不平衡。广东作为我国最早对外开
放的地区，对外直接投资起步早、发展快，其在 2010～2012 年以及 2013～2014
年这两个阶段的投资额大幅增长，投资流量从 2010 年的 159977 万美元增加到
2014 年的 1089671 万美元，增加了 581%。其存量优势更加明显，截至 2014 年
底，广东的对外直接投资累计达 4947929 万美元，几乎是北京的两倍。北京和
上海作为我国人口最集中的两大城市，截至 2014 年底，其对外直接投资流量
（存量）分别居第二和第三位。北京 2014 年的对外投资流量为 727353 万美元，
存量为 2848870 万美元；同年，上海的对外投资流量为 499225 万美元，存量为

2548479 万美元。西部地区经济发展相对落后，对外直接投资起步较晚，就存量来看，西藏、青海、贵州和宁夏居后四位，与中东部发达省市相比存在很大的差距。但是，随着西部大开发战略的实施，西部地区部分省（区、市）近年来对外投资规模增长迅速，尤其是云南，自 2012 年起连续三年对外直接投资流量排名全国前十，2014 年其当年对外投资额高达 126195 万美元。

表 14 - 1　2004~2014 年各地区对外直接投资增速

单位：%

年份	东部地区	中部地区	西部地区	东北地区	全球	发展中国家	亚洲
2004	17.64	49.97	274.46	619.40	66.84	185.60	100.59
2005	100.05	212.05	223.25	63.64	-10.33	-2.57	9.09
2006	17.89	12.37	12.53	65.96	68.94	85.04	58.29
2007	90.00	70.60	481.70	13.24	58.39	33.01	47.07
2008	7.10	32.57	34.79	12.98	-20.46	2.05	13.08
2009	69.29	138.91	-3.29	167.15	-34.98	-14.77	-18.76
2010	108.47	-4.38	103.40	102.74	24.05	45.35	20.92
2011	26.26	83.68	31.12	-33.51	16.21	4.90	22.42
2012	43.79	20.87	85.22	138.36	-19.15	-0.09	-1.91
2013	13.37	19.19	-33.56	-25.44	1.73	6.59	12.01
2014	58.10	-12.57	76.70	-12.53	3.71	22.94	15.76
平均增速	50.18	56.66	116.94	101.09	14.09	33.46	25.32

资料来源：中部、东部、西部、东北地区的数据来源于《中国统计年鉴》；全球、发展中国家以及亚洲的数据来源于 UNCTAD。

三　对外直接投资与经济增长的影响机理

基于 Arrow（1962）以及 Grossman 和 Helpman（1991）的生产函数模型，并充分考虑到对外直接投资的知识、技术和经济溢出效应，得到如下模型：

$$Z = F[K, A(K)L] \tag{1}$$

从式（1）可以看出，一国的总产出与其资本、劳动和技术进步息息相关，这些生产要素的增加将有助于提高该国的总产出。因此，对外直接投资将从两个方面影响国内产出：一是外溢效应，即企业通过对外直接投资获得知识和技术的提升，从而提高其生产率，最终增加国内总产出；二是经济溢出效应，即企业在国外投资获得的利润回流母国，或者企业通过在国外投资建厂购买母国产品而引起母国国内出口增加，以及国外要素成本降低而引起的国内生产成本降低等，这些都将增加母国企业的资本存量，最终影响国内总产出。回顾中国对外直接投资的历史，我们可以发现，我国目前的对外直接投资以技术寻求型和资源寻求型为主。因此，我国的对外投资既存在外溢效应，也存在经济溢出效应，符合上述两条路径。综上所述，我们认为中国的对外直接投资将有助于促进国内生产效率的提高和 GDP 的增加。

假说一：随着 OFDI 的增加，产出效率和 GDP 也会提高。

接下来考虑一国对外直接投资的产生。本文将模型设定为在开放经济条件下，生产要素在国家之间可以自由流动。企业进行对外直接投资需要投入大量资金来建立或者购买生产设施，并且与国内投资相比，对外直接投资不仅面临经营风险，还面临汇率、政治等额外的国际风险。一国的产出将首先用来消费和投资，剩余的部分才会以跨境资本的形式进行国际直接投资。因此有：

$$OFDI = Z - C - \delta K \quad 0 < \delta < 1 \tag{2}$$

其中，δ 为资本折旧率。由式（2）可以看出，一国对外直接投资的大小，主要取决于该国的总产出、消费和投资。其中，对外投资规模将随着总产出的增加而增加，但随着投资和消费的增加而减少。但是，消费和投资水平又由总产出决定。因此，我们认为中国的经济增长水平是决定对外直接投资规模的重要因素。

假说二：随着 GDP 的增加，OFDI 的规模将扩大。

四 数据和模型

本文研究的目的是考察中国的经济增长水平与对外直接投资之间的关系。与以往的研究不同，为了全面衡量一个地区的经济增长水平，我们不仅考虑了 GDP 这个常用指标，还引入了产出效率这个新变量。本文的产出效率由全要素生产率、全社会劳动生产率、资本产出效率和固定资产投资效果系数构成，我们采用主成分分析法，将分散在每组变量上的信息进行集中，并使用 SPSS 软件分别测算出各地区相应的指标值。在测算之前，我们依次对各个变量进行了 KMO 和 Bartlett 球形检验。KMO 检验用于检查变量间的偏相关性，取值在 0 到 1 之间，数值越接近 1，说明变量之间的偏相关性越强，则主成分分析法的效果越好。一般情况下，当 KMO 统计值大于 0.7 时效果较好，当 KMO 统计值小于 0.5 时，则说明数据不适合采用主成分分析法。本文所有检验结果均大于 0.7，说明效果良好，可以采用主成分分析法。Bartlett 球形检验用于判断相关矩阵是否为单位矩阵。本文各指标均通过检验，说明各变量之间具有较强的相关性。此外，我们还进行了变量共同度计算。变量共同度代表各变量中所含原始信息能被提取的公因子所表示的程度，经计算，所有变量的共同度均在 86% 以上，说明提取的这些公因子对各变量的解释能力非常强。

本文所用数据均来源于《中国统计年鉴》和各省区市的统计年鉴、各省区市的国民经济和社会发展统计公报及《中国对外直接投资统计公报》。全要素生产率通过 Malmquist 指数方法由各省区市的不变价格 GDP、固定资本存量和年末就业人数计算得到，其中各省区市就业人数按全国总就业人数进行了调整。全社会劳动生产率为不变价格 GDP 与从业人员数之比，资本产出效率为不变价格 GDP 与不变价格固定资产存量之比，固定资产投资效果系数为不变价格 GDP 与不变价格全社会固定资产投资完成额之比。本文采用全国省级面板数据进行实证分析，年份区间为 2003 ~ 2014 年。为了避免出现异方差，所有实证指数均取自然对数。此外，为了检验各变量之间的共线性，我们设置了不具备多重共线性的模型（4）与模型（3）进行对照，对应的估计模型如下：

$$\ln OFDI_{it} = \alpha_0 + \alpha_1 \ln PRODUCTIVITY_{it} + \alpha_2 \ln GDP_{it} + \varepsilon_{it} \tag{3}$$

$$\ln GDP_{it} = \alpha_0 + \alpha_1 OFDI_{it} + \varepsilon_{it} \tag{4}$$

其中，it 表示省份 i 在时期 t 的变量，ε_{it} 表示随机扰动项，假设为白噪声序列。

五　实证分析

（一）平稳性检验

面板数据在进行回归之前需要验证数据的平稳性，为了避免出现伪回归，本文首先对数据进行单位根检验。目前主流的检验方法有 LLC、IPS、Breintung、ADF 和 PP 五种，鉴于本文的数据时间序列较短，不符合 LLC 法要求的中等维度[1]，

---

[1]　时间序列大于 25 且小于 250，截面数量大于 10 且小于 250。

且为不平衡面板，因此本文采用 IPS、ADP 和 PP 三种方法进行检验。受篇幅所限，此处仅列出全国和东部、中部、西部、东北地区的检验结果。由表 14-2 可知，全国和东部、中部、西部、东北地区的 GDP、对外直接投资（*OFDI*）和产出效率（*PRODUCTIVITY*）取对数之后都是非平稳序列，但是一阶差分之后这些序列都变得平稳。全国 31 个省区市的数据也如此。因此，所有数据均为同阶单整，通过平稳性检验。

表 14-2　单位根检验结果

地区	变量	IPS	ADP	PP	结论
全国	ln*GDP*	-5.3982 (0.7869)	-2.9871 (0.9827)	37.9651 (0.9726)	非平稳
	D Ln*GDP*	-3.1382 *** (0.0000)	4.2733 *** (0.0000)	87.6631 *** (0.0000)	平稳
	ln*OFDI*	-4.3382 (0.9723)	5.0231 (0.6981)	103.7625 (0.8773)	非平稳
	D Ln*OFDI*	-6.0965 *** (0.0000)	1.7465 *** (0.0000)	25.4381 *** (0.0000)	平稳
	ln*PRODUCTIVITY*	-5.5612 (0.6890)	-3.7244 (0.5977)	68.0231 (0.7163)	非平稳
	D Ln*PRODUCTIVITY*	-8.7251 *** (0.0001)	-6.7162 *** (0.0000)	73.6281 *** (0.0000)	平稳
东部地区	ln*GDP*	-6.7282 (0.6981)	-5.4361 (0.9527)	35.5231 (0.8476)	非平稳
	D Ln*GDP*	-9.3350 *** (0.0000)	3.9072 *** (0.0000)	65.4131 *** (0.0000)	平稳
	ln*OFDI*	-8.2618 (0.6823)	-5.3121 (0.8178)	82.7125 (0.8213)	非平稳
	D Ln*OFDI*	-4.1261 *** (0.0000)	3.3412 *** (0.0000)	57.1990 *** (0.0000)	平稳
	ln*PRODUCTIVITY*	-3.4801 (0.7810)	-6.2755 (0.5891)	78.3091 (0.8990)	非平稳
	D Ln*PRODUCTIVITY*	-7.9861 *** (0.0001)	-7.1209 *** (0.0000)	83.7856 *** (0.0001)	平稳
中部地区	ln*GDP*	-9.1043 (0.9691)	-4.8711 (0.9110)	37.5916 (0.9561)	非平稳
	D Ln*GDP*	-5.1192 *** (0.0001)	-6.3055 *** (0.0000)	65.5091 *** (0.0000)	平稳

地区	变量	IPS	ADP	PP	结论
中部地区	$\ln OFDI$	− 2.6237 (0.9123)	− 8.0912 (0.9081)	89.7625 (0.7913)	非平稳
	$DLnOFDI$	− 4.0450 *** (0.0000)	5.4315 *** (0.0000)	56.1681 *** (0.0000)	平稳
	$\ln PRODUCTIVITY$	− 7.1635 (0.6903)	− 3.6341 (0.7907)	35.1985 (0.9152)	非平稳
	$DLnPRODUCTIVITY$	− 5.1281 *** (0.0001)	− 7.9146 *** (0.0000)	56.0231 *** (0.0000)	平稳
西部地区	$\ln GDP$	− 7.6091 (0.5362)	− 4.7931 (0.7913)	58.9491 (0.9126)	非平稳
	$DLnGDP$	− 6.1582 *** (0.0000)	8.2785 *** (0.0000)	69.6531 *** (0.0000)	平稳
	$\ln OFDI$	− 3.2182 (0.9543)	7.1572 (0.9915)	98.1736 (0.8903)	非平稳
	$DLnOFDI$	− 6.1465 *** (0.0000)	− 3.6215 *** (0.0000)	43.3481 *** (0.0000)	平稳
	$\ln PRODUCTIVITY$	− 7.0751 (0.7990)	− 5.7152 (0.5807)	67.9231 (0.9153)	非平稳
	$DLnPRODUCTIVITY$	− 5.7851 *** (0.0001)	− 7.0601 *** (0.0000)	47.1608 *** (0.0000)	平稳
东北地区	$\ln GDP$	− 4.1592 (0.4332)	− 6.8307 (0.5532)	65.1583 (0.7624)	非平稳
	$DLnGDP$	− 6.4025 *** (0.0000)	7.6581 *** (0.0000)	56.9031 *** (0.0000)	平稳
	$\ln OFDI$	− 5.9582 (0.9371)	5.7327 (0.8915)	89.3167 (0.9813)	非平稳
	$DLnOFDI$	− 6.8305 *** (0.0000)	− 5.9231 *** (0.0000)	43.5807 *** (0.0000)	平稳
	$\ln PRODUCTIVITY$	− 5.0925 (0.7361)	− 4.0601 (0.5807)	62.1211 (0.8953)	非平稳
	$DLnPRODUCTIVITY$	− 6.5912 *** (0.0001)	− 7.8951 *** (0.0000)	57.9818 *** (0.0000)	平稳

注：括号内为 p 值；＊、＊＊和＊＊＊分别表示该估计量在 10%、5% 和 1% 的水平下显著，下同。

（二）协整检验

进行协整检验的目的是考察经济增长水平、对外直接投资和产出效率之间的关系，即是否存在相互促进作用。我们使用 Pedroni 方法对全国 31 个省区市的数据进行了检验，结果如表 14 - 3 所示。从全国来看，协整检验结果中除了 Group rho-Statisti 之外其余 6 个检验显著拒绝不存在协整关系的假设，因此我们认为全国对外直接投资与经济增长水平之间存在长期均衡的关系。东部地区除了 Panel rho-Statistic 和 Group rho-Statistic 之外其余 5 个检验显著拒绝原假设，中部地区除了 Panel v-Statistic 和 Panel rho-Statistic 之外其余 5 个检验显著拒绝原假设，西部地区有 5 个检验显著拒绝原假设，东北地区所有检验均显著拒绝原假设，因此我们认为各地区之间的经济增长水平与对外直接投资之间也存在长期均衡的关系。

表 14 - 3　经济增长水平、产出效率与对外直接投资的协整检验结果

地区	Panel v-Statistic	Panel rho-Statistic	Panel PP-Statistic	Panel ADF-Statistic	Group rho-Statistic	Group PP-Statistic	Group ADF-Statistic
全国	2. 34495 ** (0. 0095)	- 1. 5973 * (0. 0551)	- 4. 3729 *** (0. 0000)	- 4. 53833 *** (0. 0000)	1. 14032 (0. 8729)	- 3. 4231 *** (0. 0003)	- 2. 2440 * (0. 0124)
东部地区	2. 476388 ** (0. 0167)	1. 903809 (0. 1091)	1. 300354 ** (0. 0317)	7. 362281 *** (0. 0001)	8. 102171 (0. 1558)	1. 736379 *** (0. 0007)	2. 836767 * (0. 0987)
中部地区	0. 816506 (0. 9107)	2. 925293 (0. 1521)	0. 827788 *** (0. 0008)	0. 304338 ** (0. 0391)	0. 595888 * (0. 0981)	0. 883486 *** (0. 0097)	1. 416021 ** (0. 0296)
西部地区	2. 476388 ** (0. 0158)	2. 104028 (0. 7915)	1. 306047 (0. 1019)	1. 882586 *** (0. 0001)	7. 887228 ** (0. 0321)	2. 012608 *** (0. 0001)	3. 370923 * (0. 0579)
东北地区	0. 933266 *** (0. 0037)	2. 775939 ** (0. 0392)	2. 661592 *** (0. 0000)	3. 089537 *** (0. 0001)	1. 085729 * (0. 0973)	0. 63195 *** (0. 0017)	0. 17273 *** (0. 0044)

（三）回归分析

根据前面提出的假说，本文的回归分析包括两个部分：一是从经济增长水平和产出效率进行分析，检验经济增长水平和产出效率对对外直接投资的促进作用，结果如表 14 - 4 所示；二是检验对外直接投资对经济增长水平的促进作用，结果如表 14 - 5 所示。回归结果证实了经济增长水平对对外直接投资的促进作用，由表 14 - 4 可知，除了中部地区的统计结果不显著，其他结果都肯定了二者之间的关系。就全国范围来看，GDP 每增加 1%，对外直接投资将增加 2. 382987%。东部地区作为我国对外直接投资的主要资金来源地，其经济增长水平对于对外直接投资的拉动作用较强。西部地区和东北地区的经济增长水平与外对直接投资之间也存在这种拉动关系，但是作用程度比东部地区小。回归结果还证明了产出效率对对外直接投资的影响，其中东部地区的产出效率对外

商直接投资的影响最大，该地区产出效率每提高 1%，对外直接投资将增加
6.791197%；全国产出效率每提高 1%，对外直接投资将增加 4.157807%；西
部地区产出效率对对外直接投资的影响程度下降到 2.691566%；中部地区和东
北地区的统计结果不显著。此外，回归结果还表明了对外直接投资对经济增长
水平的带动作用。由表 14 - 5 可知，全国的对外直接投资每增加 1%，全国
GDP 将增加 0.360042%，东部地区对外直接投资对经济增长水平的拉动作用更
为强劲，影响系数高达 5.781349。相比之下，西部地区对外直接投资对经济增
长水平的影响程度较低，系数为 0.007756，且仅在 10% 的显著性水平下显著。
中部和东北地区的统计结果不显著。

表 14 - 4　对外直接投资和经济增长水平、产出效率的回归结果

变量	全国	东部地区	中部地区	西部地区	东北地区
$\ln GDP$	2.382987 ***	2.268886 **	0.846919	1.725194 *	0.306593 *
	(0.0000)	(0.0241)	(0.3978)	(0.0857)	(0.0636)
$\ln PRODUCTIVITY$	4.157807 **	6.791197 ***	1.149444	2.691566 *	0.794329
	(0.0316)	(0.0056)	(0.8813)	(0.0919)	(0.4277)
Constant	0.272932	- 0.824118	- 0.624016	0.188606	0.996395
	(0.7851)	(0.4106)	(0.5332)	(0.8505)	(0.3200)
R^2	0.683801	0.762462	0.257845	0.768560	0.310921
Adjusted R^2	0.679110	0.681463	0.214087	0.773612	0.289081

注：$\ln OFDI$ 是被解释变量。

表 14 - 5　经济增长水平和对外直接投资的回归结果

变量	全国	东部地区	中部地区	西部地区	东北地区
$\ln OFDI$	0.360042 ***	5.781349 ***	- 0.737362	0.007756 *	0.803616
	(0.0000)	(0.0000)	(0.4615)	(0.0857)	(0.4223)
Constant	11.07761 ***	7.304407 ***	0.877975	0.300170	1.082601
	(0.0000)	(0.0000)	(0.3807)	(0.7643)	(0.2799)
R^2	0.783626	0.630762	0.222416	0.350917	0.279160
Adjusted R^2	0.681287	0.555899	0.196012	0.332698	0.223517

注：$\ln GDP$ 是被解释变量。

六 结论

经济增长水平是决定一国或地区对外直接投资的重要因素。在本文的回归分析中，产出效率和经济增长水平都对对外直接投资产生了积极的影响，但是这种影响程度在不同区域内存在着明显的差异。一般而言，经济增长水平越高的地区，其对外直接投资的规模也越大。东部地区经济发达，企业竞争力强，因此来自该地区的对外直接投资也最多。随着国家西部大开发战略的顺利实施，西部地区的经济迈入快速增长阶段，虽然起步较晚，但是其后发优势明显，目前已经成为我国第二大对外直接投资输出区。中部地区和东北地区的经济结构以第二产业为主，尤其是东北地区作为中国的老工业区，经济负担较重、转型难度较大，这两个地区的对外直接投资不如东部地区和西部地区发展迅猛。此外，产出效率也会影响对外直接投资，并且它的影响程度比经济增长水平更大。全国、东部地区、中部地区、西部地区和东北地区的影响因子分别为 4.157807、6.791197、1.149444、2.691566 和 0.794329，均高于 GDP 的影响因子，其中东部地区产出效率的影响力甚至为 GDP 影响力的 3 倍。这个结论与供给侧结构性改革的理论不谋而合，供给侧结构性改革的目的是消除当前的要素配置扭曲，提高全要素生产率，最终提高产出效率。因此，我们认为，随着中国经济增长进入长期"L"形阶段，中国企业需要从进行技术创新、提高劳动生产率的角度出发，形成"走出去"的新优势。

面对中国人口结构转型所带来的人口老龄化加速以及人口红利减弱，近年来中国的经济增长率呈现放缓的态势，因此有学者提出可以通过加大对外直接投资来拉动经济增长。这种投资能否给经济打一针强心剂呢？基于这个问题，我们检验了对外直接投资对经济增长水平的带动作用。大部分实证结果肯定了对外直接投资的增加可以拉动 GDP 的增长，但是这种作用的地区差异性非常明显。除了东部地区的对外直接投资显示出强劲的积极影响，其他地区的对外直接投资对 GDP 的影响力都小于 1%。我们认为，东部地区原来以劳动密集的消费品工业为主，随着劳动力、土地等生产要素价格的上涨，很多企业通过对外直接投资将生产转向要素成本更低的国家，并在国内培育了一批高端的制造业和服务业，这种投资行为帮助东部地区较好地完成了经济结构转型，因此获得了经济增长的新动力。而其他地区的对外投资规模较小、起步较晚、缺乏海外投资的经验，导致对外直接投资的经济带动作用没有很好地发挥出来。我们建议，各区域应该结合自身特点，打造产业内和产品内的分工体系，构筑全球价值链体系，让中国经济享受更多的开放红利。

第十五章　新时代中国国家创新体系建设

——从工业化创新体系到城市化创新体系

张　鹏　袁富华[*]

内容提要：国家创新体系是新时代中国建设创新驱动型国家和向高质量发展转型的重要手段。本文先总结了中国工业化时期国家创新体系的特征，指出工业化时期国家创新体系形成了以中等教育为主的中低层次人力资本投入体系、以间接融资体系为主的融资结构和以技术应用为主且侧重于对技术进行二次开发，原始性、颠覆性创新技术较少的创新产出体系。随着中国从工业化时期向城市化时期转型，本文根据 OECD 的研究提出了高质量发展时期中国国家创新体系的框架，即以知识生产和分配为中心，通过科研机构、企业、消费者和政府等创新主体的互动式学习进行知识生产和知识分配，处于创新主体外围的则是国家创新体系建设的关键"部件"（新型基础设施、需求、技能、金融体系和良善制度）。文章最后对国家创新体系建设的主要内容进行论述，这些内容基本反映了高质量发展时期中国建设创新型国家的难点和重点。

关键词：工业化创新体系　城市化创新体系　知识生产　知识分配　互动式学习

无论是新古典增长理论还是 1980 年代兴起的内生增长理论都非常强调创新在经济增长中的重要性，区别主要在于后者将创新行为内生化，即对创新主体、创新活动等内容有了明晰的界定，创新再也不是"黑箱"。不过，也正是创新行为内生化的过程导致创新行为聚焦于创新生产部门或群体，而忽略了创新的

---

* 本文发表于《经济学家》2020 年第 10 期。张鹏，中国社会科学院经济研究所副研究员，经济学博士；袁富华，中国社会科学院经济研究所副研究员，博士生导师。

整体性、协同性和网络性等特征，同时创新的市场失灵①等问题也无法得到解决。国家创新体系是一种更加强调从系统整体性和局部相互依赖性角度来讨论科学、技术、技能等创新要件的作用和互动关系的总括性理念，它既强调将创新这一行为上升到国家整体层面也注重不同创新主体的能动性，既突出从系统角度加强对创新生态的构建也重视创新体系内部各组成部分的互动互享。国家创新体系随着经济社会发展条件的变化而不断丰富和更新，成为经济从低级向高级、从低质量向高质量转变的重要催化剂，亦是中国经济向高质量发展转型的重要方面。

从已有研究看，国家创新体系这一概念最早出现在 Freeman 为 OECD 准备的一篇研究报告中②。Freeman（1987）通过日本案例讨论了国家创新体系建设在日本工业化过程中的重要作用，如适度干预政策、企业研发投入、企业人力资本和治理结构等要素共同组成公共部门和私人部门创新网络，促进了创新外部性内生化和国家企业创新水平的提高。Lundvall（1992）认为应该从系统性视角来理解国家创新体系的本质，并强调了知识生产过程是内嵌于国家创新体系各个部门的学习和互动过程。Freeman 和 Soete（1997）总结了 18 世纪和 19 世纪英国国家创新体系和 19 世纪、20 世纪美国国家创新体系的特征，发现在工业化阶段，英美国家创新体系的演进加快了工业化进程，同时工业化进程也促进了新技术的出现、应用和对先进国家的赶超。后续的一些研究中，Edquist（2005）和 Bergek 等（2008）除了从系统和网络角度理解国家创新体系之外，将研究重点放在国家创新体系的主要内容及其功能方面，如知识、技能、需求、金融和制度等内容不仅是比较国家创新体系建设的重要方面，也是动态了解国家创新体系建设过程的重要参考（Fagerberg，2017）。经验研究方面，Nelson（1993）通过搜集案例对欧美日在高科技领域的政策差异进行比较，分析讨论了支持创新的方式特别是研发投入的制度设计；考虑到国家创新体系的系统复杂性，近年来一些研究将创新调查或越来越多的经济指标纳入对国家创新体系的定量分析中，了解和评估各国国家创新体系建设的最新进展和经验（Archibugi and Coco，2005；Mairesse and Mohnen，2010；Fagerberg，2017）。总结上述文献可以发现：（1）国家创新体系源于工业化的发展，工业化的快速推进又使创新不再囿于独立个体、单一时间、特定空间，创新过程也离不开国家行动的支

---

① 创新的市场失灵问题可以概括为创新收益与投入的不匹配问题，特别是一些公共产品或服务创新、重大国家战略创新等，市场主体由于风险和投入等问题往往会导致这类创新产品供给不足。

② 这篇论文当时并未发表，最终发表见：Freeman（2014）。

持；（2）国家创新体系的系统协成功能在科学、技术、创新、高等教育、技能培训、产权保护以及更广泛的知识生产中起着重要作用，解决了创新的市场失灵问题。

改革开放后中国大规模的工业化实践使中国国家创新体系建设也采取了与欧美日在工业化过程中相类似的路径。中国国家创新体系主要在吸收、模仿前沿国家的基础上通过创新实现工业化赶超，最典型的就是后进国家在国家创新体系的技术一致性和社会能力两个方面不断适应前沿国家技术和产业转移特征，以满足前沿国家技术溢出和后进国家技术引进及大规模应用的初始条件（Abramovitz，1994）。技术一致性指的是后进国家和前沿国家在市场规模、要素供给等领域的一致程度，如中国在改革开放后开启工业化之路的一大成功因素就在于国内庞大的市场规模以及初始工业化所要求的低成本要素（低劳动力成本、低资本成本和低土地租金等）；社会能力反映的是后进国家追赶中所必须具备的一些能力，如发展工业所需的人力资本和改善工业发展的基础设施（不仅包括硬件方面也包括金融体系等软件支持）。通过改革开放带来的生产力和要素解放以及对教育、科技、基础设施的高密度投入等手段，中国在技术一致性和社会能力方面具备了大规模工业化赶超的条件，与此同时大规模工业化推进强化了以技术一致性和社会能力为目标的国家创新体系的形成，中国这一时期的国家创新体系具有深深的工业化烙印，虽然成功带领中国从低收入国家实现了向中等偏上收入国家的赶超，但在进入城市化时期后出现种种不适应性，我们将在后文系统总结中国工业化阶段国家创新体系建设的成就与经验。

随着中国工业化的完成，中国经济开启了对城市化进程的塑造，后工业化时期中国经济驱动力更加依赖创新作用的发挥，新的国家创新体系与工业化时期的国家创新体系有着本质区别。创新由单点向多点发散、由较为单一的主体向多元化主体转变、由较为封闭的环境向开放的平台逐步转变，创新要素之间的线性关系变为互联互通的网络结构。与此相适应，国家的角色应该由主导向服务和协调转变，未来政策建设和措施发力点也需要有本质转变。

本文余下内容的安排如下：第一部分是工业化时期国家创新体系的特征与面临的挑战；第二部分给出高质量发展时期中国国家创新体系的框架；第三部分分析高质量发展时期中国国家创新体系建设的主要内容，主要从需求、技能、金融体系、新型基础设施和制度建设五大板块分别进行论述；第四部分是结论。

一　工业化时期国家创新体系的特征、挑战

中国在 1978 年开启了大规模工业化进程，为了使国家创新体系真正服务于工业化，围绕技术一致性和社会能力两个方面，中国工业化时期国家创新体系建设主要呈现以下三方面特征。第一，从创新的投入看，在"人"的方面，持续加大教育投入，逐步形成了以中等教育为主的中低层次人力资本投入体系，这种形式的人力资本结构符合快速工业化阶段创新主要依靠技术引进的特征，也符合工业化追赶阶段干中学、以通用技术为主的生产模式。但随着向城市化时期过渡，这种人力资本结构越来越无法适应多样化创新的要求。第二，在创新投入的"资金"方面，虽然研发支出强度逐年增长，但满足多样化创新、颠覆性创新所需的覆盖企业成长全周期的多层次资本市场体系建设还有较大的进步空间。第三，从创新产出看，以专利为例，中国专利申请量和授权量均为世界第一，但结构上以技术应用为主的外观设计和实用新型占比较高，发明专利占比较低。

（一）创新的人力资本投入层次较低，呈现中低层次人力资本过多和高层次人力资本投入不足的局面，无法满足城市化时期多样化创新的需求

工业化虽然推动中国劳动力素质的提高，但我国劳动力素质与发达国家的差距依然很大（见图 15 - 1）。分年龄段看，张鹏、张平和袁富华（2019）发现中国 20 ~ 39 岁人口的受教育程度高于 40 ~ 64 岁人口，这两个年龄段人口中接受中等教育的劳动力比例已经接近甚至超越发达国家，但 20 ~ 39 岁和 40 ~ 64 岁人口中接受大专及以上教育的劳动力比例与发达国家相差较大，这种趋势契合了中国大规模工业化对劳动力的需求。未来十五年内，随着 40 ~ 64 岁人口逐步退出劳动力市场，20 ~ 39 岁人口将成为劳动力市场的主要组成部分，以中等教育为主的人力资本结构特征明显。

因此，中国过去四十年的大规模工业化，最大限度地进行了以中等教育扩张为特征的第一次人力资本开发，满足了工业化时期国家创新体系的要求。在中国经济向后工业化和城市化阶段转型的过程中，以中等教育为主的人力资本结构造成的问题在于，路径依赖和大规模工业化思维使得国家创新体系升级受阻。国家创新体系依然以通用技术的开发和应用为主，不太适应城市化时期多

样化的创新要求，当然对于消费者个性化、定制化需求的响应能力也较弱，不利于中国经济发展重点由工业向服务业、由投资向消费、由要素投入向创新投入的转变。

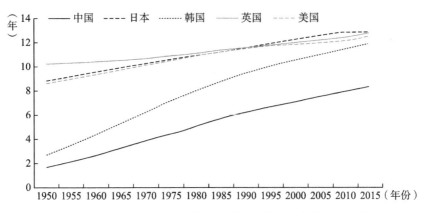

图 15 – 1　1950～2015 年中国与其他国家劳动力的受教育年限

（二）研发支出强度逐年增长，但满足差异化创新和企业全生命周期的多层次资本市场体系建设与发达国家还有较大差距

从创新的投入看，与大规模工业化同步，研发支出规模和强度都在逐年提升。1978 年中国 R&D 经费支出仅为 52. 89 亿元，占 GDP 的比重为 1. 46%，而到了 2019 年，中国 R&D 经费支出为 21737 亿元，占 GDP 比重超过 2% 达到 2. 19%。根据 WDI 数据，2017 年中国、法国、德国、日本、韩国、英国和美国的研发强度分别 2. 13% 、2. 19% 、3. 04% 、3. 20% 、4. 55% 、1. 67% 和 2. 80%，我国的研发强度已经高于英国平均水平，与法国较为接近，这说明中国总体研发强度已经达到发达国家平均水平。但从研发支出内部结构看，如图 15 – 2 所示，基础研究支出在 R&D 经费支出中的比重长期保持在 5% 左右，中国 R&D 经费支出主要集中在试验发展和应用研究方面，特别是前者能够占 R&D 经费支出的 80% 以上。考虑到试验发展与应用研究主要用于对已有技术的试验开发和二次应用，这也符合工业化时期中国创新的基本特征，即技术创新主要依赖技术引进及对现有技术的二次升级改造。

除政府支出外，企业的研发投入也是全社会研发支出的主要组成部分。从发达国家经验看，以证券融资为主的直接融资体系是促进创新活动和提高企业核心竞争力的重要组成部分，但从表 15 – 1 可以看出，目前中国的融资结构依然以间接融资体系为主，直接融资体系中股票融资所占比重非常低。这一方面

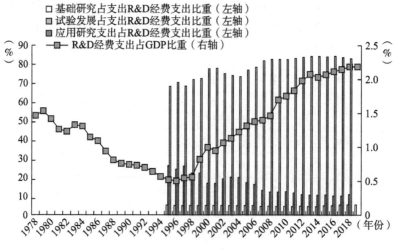

图 15-2 1978~2018 年中国研发支出结构

使企业的融资成本较高，大量中小企业不得不依靠影子银行等体系高成本获得
资金，对创新投入造成负面冲击；另一方面，已有的融资结构不能够满足创新
的风险与收益相匹配的要求，使支持创新的资金投入较少。一般而言，创新的
风险较高，而以银行贷款为代表的间接融资体系一般对项目的未来现金流有比较
明确的预期，所以它们不愿将资金贷给有风险的创新项目。当然，从结构上而言，
这样的融资体系也符合工业化时期中国创新的基本特征。但随着中国经济向城市
化时期转型，差异化创新和多样化创新占据主导，中小企业的创新主体地位更加
重要，显然以间接融资体系为主的融资结构不符合新时代国家创新的要求。

表 15-1　2002~2019 年以间接融资体系为主的融资结构

单位：%

年份	银行贷款占社会融资规模比重	企业债券融资占社会融资规模比重	非金融企业境内股票融资占社会融资规模比重
2002	91.90	1.80	3.10
2003	81.10	1.50	1.60
2004	79.20	1.60	2.40
2005	78.50	6.70	1.10
2006	73.80	5.40	3.60
2007	60.90	3.80	7.30
2008	70.30	7.90	4.80
2009	69.00	8.90	2.40

年份	银行贷款占社会融资规模比重	企业债券融资占社会融资规模比重	非金融企业境内股票融资占社会融资规模比重
2010	56.70	7.90	4.10
2011	58.20	10.60	3.40
2012	52.10	14.30	1.60
2013	51.35	10.46	1.28
2014	59.44	14.74	2.64
2015	73.14	19.08	4.93
2016	69.86	16.85	6.97
2017	52.93	2.39	3.35
2018	69.67	11.70	1.60
2019	66.01	12.67	1.36

资料来源：Wind 金融资讯终端。

（三）创新产出仍然集中在技术应用层面，侧重对技术的二次开发，原始性、颠覆性创新技术较少

专利是衡量创新产出的重要工具，这里使用中国历年专利申请和授权数据对工业化时期中国创新产出的结构进行描述。创新投入的大幅增长必然反映在创新产出上，我国目前专利申请量和授权量都位居世界第一，是真正意义上的创新大国。但从专利的内部结构看，对基础创新有重要作用的发明专利占比较低，如图 15-3 所示，中国 1985 年发明专利申请量和发明专利授权量所占比重分别为 43.19% 和 34.23%，2017 年发明专利申请量和发明专利授权量所占比重分别仅为 33.61% 和 14.81%。与创新投入的结构特征相一致，中国创新产出还是集中于实用新型和外观设计上。

综上所述，从投入看，中国工业化时期国家创新的特征反映了大规模工业化的特征，创新资金投入集中于技术的引进、试验开发和二次应用，相应地，工业化所需的人力资本便以中低层次教育人口为主。投入决定产出，创新产出中以外观设计和实用新型为主，发明专利占比很低。这样的创新结构显然无法满足高质量发展时期差异化、多样化创新的要求，高质量发展时期创新体系的构建需要进一步地深入研究。

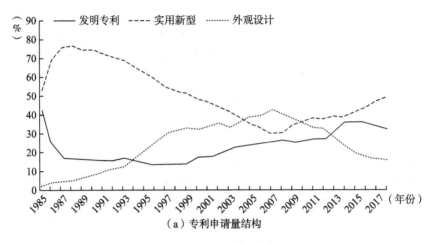

（a）专利申请量结构

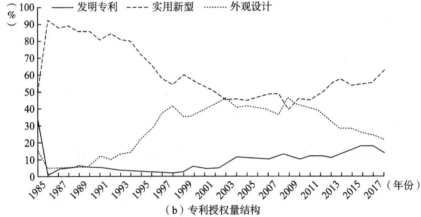

（b）专利授权量结构

图 15-3 1985~2017 年中国创新产出的结构

资料来源：国家统计局。

二 高质量发展时期中国国家创新体系的框架

20 世纪 90 年代后，主要发达国家的传统产业对经济的贡献逐步降低，而以新技术、新产业为特征的知识经济的崛起使各国对人才的需求大幅增长。Freeman（1987）所强调的日本腾飞时期国家创新体系，也越来越不符合差异化创新、颠覆式创新的需要，同时日本经济于 20 世纪 90 年代后进入长期停滞状态，而美国却因以信息技术为特征的知识经济的崛起，实现了经济总量增长和结构的优化。上述种种迹象说明知识经济的兴起使传统国家创新理论式微。正是基于这一判断，越来越多的研究开始在第一代国家创新体系的基础上，将国家创新体系的分析与知识经济发展联系起来，将知识经济发展置于国家创新体系建设的中心和重心。这其中比较典型的就是 OECD（1996，1997，2000）对区域内整体与个别国家创新体系的分析。通过大量的调研和分析，OECD 将国家创新体系和知识经济的关系总结如下。第一，对创新体系的分析必须与知识经济这一发展趋势结合起来，知识的生产、扩散和应用已经成为决定经济增长的最重要因素。因此，建设创新驱动型经济必须将经济发展建立在知识生产、扩散和应用全过程。第二，知识的生产与知识的分配同样重要，这意味着全社会创新体系建设必然以更大规模促进知识生产和更快速度进行知识分配为目标，无论是知识生产的主体还是知识应用的主体都是国家创新体系的重要组成部分。第三，"知识配置力"（Knowledge Distribution Power）在国家创新体系中居重要地位。知识配置力就是国家创新体系能够确保创新主体及时接触和获取相关知识存量的能力。知识的配置涉及多个主体、多个地域，如知识在生产者与消费者之间的配置、知识在区域内和区域外的共享等。国家创新体系的知识配置力影响创新主体所从事创新活动的风险与收益匹配程度、开发和利用知识的程度及创新资源投入效率。因此，国家创新体系的知识配置力是国家创新体系效率的重要衡量指标，是 OECD 国家进入城市化时期经济增长水平和经济竞争力的决定性因素。

党的十九大报告指出，当前我国已由高速增长阶段转向高质量发展阶段，高质量发展是新时代中国经济进入城市化时期后响应"创新、协调、绿色、开放、共享"的新发展理念的高水平状态，是新时代打造中国经济发展升级版的必然要求。移动互联网、云计算、大数据和物联网的兴起，将重塑高质量发展时期的新动能①并对旧动能进行升级和改造。随着时代的变迁，今日之技术变迁与 20 世纪 90 年代已有较大差异，但强调知识经济在国家创新体系中的重要作用永不过时。中国经济进入高质量发展时代，面临着与 OECD 国家在 20 世纪90 年代相似的情况，因此我们借鉴 OECD 的研究来构建中国高质量发展时期国家创新体系的分析框架。

高质量发展时期中国国家创新体系建设框架如图 15 - 4 所示。高质量发展时期中国的国家创新体系仍以知识生产和分配为中心，通过科研机构、企业、

---

① 高质量发展时期的新动能主要指以新技术、新产业、新产品、新业态为核心，以知识、技术、信息、数据等新的高级生产要素为支撑的推动高质量发展的动能。

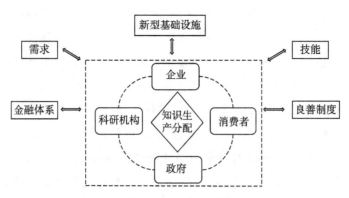

图 15 - 4   高质量发展时期中国国家创新体系框架

消费者和政府等创新主体的互动式学习①进行知识生产和知识分配。这里的互动性一方面强调知识经济时代创新体系的开放性。知识生产的主体不再局限于科研机构、企业与政府，消费者或客户同样是知识生产和知识分配的关键节点。工业化时代消费者对于产品或信息的处理更多地处于被动接受状态，生产决定消费的特征较为明显，知识经济时代消费者的知识、反馈和互动能够通过新技术准确到达其他创新主体那里，消费者成为决定知识生产和商品生产的"信息源"，这时消费决定生产的特征更加明显。因此与工业化时代各类创新主体之间相对封闭不同，知识经济时代的创新体系是开放的。另一方面，创新主体之间对于新知识开发和存量知识利用的共享性和互动性，不仅说明了创新的边界不断被打破，也表明包括社会信任和社会信用体系在内的非法律制度体系使创新者之间的可信任程度较高。Knack 和 Keefer（1997）、Zak 和 Knack（2001）都发现社会信任程度更高的国家国民收入较高。从现代创新和金融体系的关系看，创新融资特别是初创企业（Startups）所需要的风险投资涉及创新者与风险投资者之间的信任关系，如果社会信任程度较高，风险投资越容易成功。上述事实说明创新主体之间的互动性和共享性，新时代法律制度的完善和非法律制度体系的完善都是促进创新主体之间知识共享和互动的重要因素。处于创新主体外围的则是国家创新体系建设的关键"部件"，包括新型基础设施、需求、技能、金融体系和良善制度五大内容，这些内容基本涵盖了高质量发展时期中国建设

---

① 所有国家创新体系的共同特征之一就是创新主体几乎从未单独开展过创新活动。很多研究表明，创新主体与其他主体需要不断进行互动和合作，才能产生互动式学习的良性循环，加快创新要素的产生、传播，并提高使用存量知识和新知识的能力。

创新型国家的难点和痛点。

三　高质量发展时期中国国家创新体系建设的主要内容

高质量发展时期中国国家创新体系的框架，一来表明以知识生产和分配为内核，企业、科研机构、政府和消费者通过互动来提高知识生产能力和畅通知识分配渠道，从而提高国家的知识配置力；二来指出国家创新体系建设的关键着力点，即需求、金融体系、技能、新型基础设施和良善制度，它们之间相互联系又独自发挥着作用。例如，良善制度的建设能够减少信息不对称，增加社会资本存量，促进多层次金融市场体系的完善，更好地服务创新活动，使创新的收益和风险相匹配；技能的提高带来人力资本积累，使消费者收入增加，带来个人消费需求的增加，而需求又会通过新型基础设施反馈至生产端，生产端通过完善的金融体系及时进行产品或服务创新，化解创新收益与风险不匹配的矛盾，进一步形成创新人才收入来源。总之，五大板块之间相互联系、相互作用，共同组成国家创新体系的外围。这五大板块的建设对于高质量发展时期中国国家创新体系建设具有重要的意义。

（一）需求反馈和引导生产

在城市化时期，需求和供给的地位和作用方向与工业化时期发生明显变化，二者之间的互动性更强，消费者和企业通过互动式学习满足个性化、定制化和场景化需求，企业生产也更具科学性和智能性。在工业化时期，供给决定需求的特征较为明显，特别是在改革开放之初的短缺经济时代。而在城市化时期，知识生产和消费成为中国经济增长的驱动力。以传统制造业为例，经济进入后工业化时期，制造业规模化、标准化的生产已经饱和，制造业企业的营收增长率、利润率和净资产收益率下降。这时需求反馈和引导生产的作用突出体现在两个方面。一方面，传统企业通过接入以ICT为代表的信息化服务，以移动互联网、云计算等现代科技手段对需求端的消费群体进行更具针对性的跟踪与分析，可以敏锐地捕捉需求侧的变化，使生产更具有针对性。这里需要说明的是虽然传统产业的生产率得到了一定提高，但我们可以发现在劳动力投入和传统资本投入不变的情况下，促进传统产业生产率提高的是创新投入的增加和由需求所引导的生产方式的改变，因此可以理解为需求端反馈和引导了生产端的创新和技术进步。另一方面，后工业化时期知识生产和消费逐渐成为技术进步的主要表现形式。近年来居民消费结构发生质的变化，消费层次不断提高，居民消费从普通耐用消费品向住房、汽车和信息产品等大宗和高档消费品以及教育、旅游、文化娱乐等个人发展型和享受型消费升级。教育、文化娱乐等知识生产部门正成为后工业化时期居民消费升级的体现。这种变化能够通过消费促进生产端的技术创新，形成消费者和生产者互动式的创新体系。

（二）全生命周期下的技能提升

技能提升是高质量发展时期国家创新体系促进人力资本积累的重要途径，也是国家教育体系与研究能力的重要体现。传统理论讨论国家创新体系中人力资本的积累时更加注重对国家高等教育体系的分析，而高等教育仅能体现生命周期某一阶段的技能提升。因此高质量发展时期提倡全生命周期下的技能提升意在强调不同群体人力资本积累的重要性和个体生命周期不同阶段人力资本积累的相互联系与衔接。

1. 全生命周期下人力资本积累渠道的有机衔接性有待提高

造成青年劳动力就业漂移的一个主要原因在于全生命周期下人力资本积累渠道的有机衔接性不高。如表 15 - 2 所示，个体生命周期分为学龄期前、学龄期、青年时期和工作时期，人力资本积累的内容分为学龄前干预即儿童早期发展（Early Children Development）阶段、学龄期教育、高等教育或者职业教育、在职培训等，而且四个时期的内容是相互衔接、有机统一的，某一环节的缺失会对个体生命周期下人力资本积累形成负面影响。从目前我国的现实情况看，青年人口的受教育水平已经赶上主要发达国家，但无论是高等教育还是职业教育，都无法满足中国经济由资本和要素推动转向知识和技术效率驱动的要求。由表 15 - 2 可知，在青年时期向工作时期过渡时的人力积累方式并不完善。高等教育虽然从规模上有了大幅提高，但接受高等教育人口的比重与发达国家还有较大差距，而职业教育在师资、办学模式、资金支持和资格认证等多个方面都限制了职业教育社会认可度和教学质量的提高。按照表 15 - 2 的步骤，由于青年时期是集中接受教育的时期，这一时期人力资本积累出现问题将使劳动力无法满足社会和企业需要，其被迫选择向下漂移就业。

表 15 - 2　个体生命周期下人力资本积累的方式与途径

步骤	目标	个体生命周期			
		学龄期前	学龄期	青年时期	工作时期
1	让孩子有个好的开始	营养保障，心理和认知引导，基本认知和社交能力	学校卫生和基本教育		
2	确保适龄人口接受教育		认知能力、社交能力、行为能力	第二次教育机会，行为能力	
3	培养职业技能		基本职业训练、行为能力	职业训练、高等教育、学徒制、特定项目培训	企业提供的培训、再认证、再培训
4	鼓励创业与创新		发问意识	大学教育、创新集群、创业培训、风险管理	
5	促进劳动力流动和就业匹配			学徒制、技能认证、咨询	中介服务、劳动力市场监管和社会保障建设

资料来源：世界银行：《逐步升级技能：创造更多就业和提高效率》，2010。

2. 农业转移人口市民化还有较长的路要走

总体而言，中国近年来在推进农业转移人口市民化方面取得了很大成绩，在户籍制度改革、社会保障覆盖、外来人口城市融入等方面卓有成效，但距离实现城乡居民福利平等化还有较大差距。户籍制度还没有完全放开，城镇落户对个人附加条件要求较多；农业转移人口与城镇人口在社会保障方面还不完全平等，农民工社会保障还不能完全覆盖；就业技能方面，目前很多企业对农民工开展的就业培训较少，农民工主要还是从事重复性、可替代性较强的手工劳动，失业风险较大。目前从 OECD 发达国家的经验看，高端蓝领和白领收入已不存在巨大差异，高端蓝领的技能溢价反映的其实是经过长期职业培训和经验、知识所累积的人力资本。

3. 拓宽老年人就业和创业渠道、提高劳动参与率的政策支持不足

目前，老年人在劳动力中的构成比例或者劳动参与率都与发达国家存在较大差距，如何为老年人提供更好的就业或创业机会对于应对人口迅速老龄化挑战至关重要。由于生理退休年龄比法定退休年龄长，老年人特别低龄老年人还具备工作能力，无论是知识、技能还是非认知能力都比较完备，因此，提高劳动参与率和拓宽老年人就业和创业渠道是开发老年人力资本的关键。但目前社会在退休制度、老年人就业激励方面还存在不足之处，老年人在职务晋升、就业渠道方面也面临诸多限制，相关的政策支持也不足，上述问题不利于老年人更好地参与劳动力市场。

（三）多层次资本市场体系

高质量发展时期创新的多样化、差异性特征使创新资金来源更加依赖能够满足创新主体不同发展阶段和不同风险层次所需的多层次资本市场体系。工业化时期，依靠国家隐形担保下的银行信贷体系能够加速工业化扩张，迅速完成工业化积累和占领大众需求市场。城市化时期，大众需求市场已经饱和，个性化、定制化的利基市场占据主要地位，中小企业的发展兴趣聚焦于利基市场主体，创新的投入风险相对较高，收益也相对较高。但是，这类企业可利用的抵押物通常不足，显然传统银行信贷没有足够的意愿对该类企业提供资金支持，这使得高质量发展时期的金融体系必须由以银行信贷为主的间接融资体系向多层次资本市场体系过渡。

传统经济模式式微并亟须转型和新兴经济模式、业态逐渐崛起的过程离不开资本市场的支持。根据 UNECE（2009）的研究，新经济企业从萌芽到初创期过程中的资金支持通常依赖自由资金，企业的现金流较为紧张且企业有很大可能性落入"死亡之谷"（Death of Valley，见图 15 - 5），因此这一阶段为了帮助创业者逃离"死亡之谷"，政府补助和天使投资等支持就显得非常重要。随着创业者的创新逐渐由思想转变为具体的创新产品，企业从初创期到早期成长期

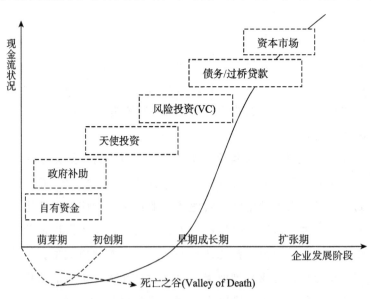

图 15 - 5　企业不同阶段的资金来源

通常还会面临现金流紧张的问题，主要是由于新产品将经历开拓市场及逐步被市场接纳的过程。此时，天使投资和风险投资（VC）等专业投资者的出现不仅可以帮助企业降低信息不对称风险，还能更好地为企业提供资金、渠道支持及管理经营的先进经验，使企业的现金流状况逐渐得到改善。最后，在扩张期企业将更多依赖包括债券、股票等资本市场的融资便利支持。

当前，中国多层次资本市场体系逐步建立，主板市场、创业板市场、新三板市场、区域性股权交易中心等交易市场，加上产业基金、私募股权基金、风险投资基金、天使投资形成了覆盖企业萌芽、初创、成长和扩张等不同时期融资支持的渠道，多层次资本市场在传统经济形式转型及新兴经济形态成长过程中正发挥着越来越重要的作用。

多层次资本市场的形成，直接促进了企业的转型和融资，特别是中小企业的融资难问题已基本得到解决，只要中小企业能切实地转型升级，大量资金都会跟投，而没有竞争力的上市公司则会逐渐被投资者"遗弃"。

（四）新型基础设施

历史上看，英美工业化时期国家创新体系的一大特征就是通过加强基础设施建设，促进全国统一市场的形成、加快工业化进程。时至今日，基础设施的概念有了新的变化。2018 年中央经济工作会议首次提出新型基础设施建设（以下简称"新基建"）这一概念，至今已有 7 次中央级会议或文件明确表示加强"新基建"[1]。"新基建"具有新时代的丰富内涵，既符合未来经济社会发展趋势，又是城市化时期多样化创新的重要平台保障，"新基建"成为高质量发展时期国家创新体系的重要组成部分。

从目前世界发展趋势看，通过翻阅德国"工业 4.0"、美国"先进制造业战略计划"以及"中国制造 2025"等内容，可以发现一方面，"新基建"涵盖 5G 基站建设、工业互联网、人工智能、大数据中心等七大领域，将带动国民经济各行业的生产基础设施向数字化、智能化转型，从而有效推动创新体系内各主体技术创新、产业创新和商业模式创新，促进新业态、新模式的发展。另一方面，"新基建"本身也是新时期国家创新体系建设的重要成果。"新基建"是国家创新能力不断提高的集中体现，也是创新主体互动式学习的必然结果，同时

---

[1]《赛迪重磅发布〈"新基建"政策白皮书〉》，http://www.clii.com.cn/lhrh/hyxx/202007/t2020 0722_3945573.html，2020 年 7 月 22 日。

"新基建"又促进了互动式学习，进一步增强了国家创新体系的知识配置力。

（五）制度建设

制度是国家创新体系的关键组成部分，制度通过国家创新体系为参与系统的其他各方的合作、互动提供成文和不成文的保障，降低交易成本。从广义而言，制度即法律条款、惯例或者文化习俗（Nelson and Winter，1982），是创新者之间合作、互动的方式以及对违约者的惩罚机制。Edquist（1997）对创新体系内部不同的制度进行了分类，如正式的法律与非正式的惯例、习俗、传统等，基本性制度保障（如产权保护、冲突和纠纷的解决方案）和基本制度的执行机制，硬性制度（对主体有约束力、管制力的制度）与软性制度（即暗示性或没有强制约束的制度）等。显然对创新产生重要作用的不止正式的法律制度，其他非正式制度的作用也不可小觑。Akcomak 和 Weel（2008）分析了社会资本在全社会创新中的重要作用，这里的社会资本主要指创新主体之间的关联——社会网络、互动性规范和由此产生的社会信任程度，是创新主体在社会结构中所处的位置给他们带来的资源。社会资本存量的增加能够对知识生产积累产生积极作用，如果创新主体拥有更大范围的社会网络以及主体之间可信任程度较高，那么风险投资就会比较顺畅，风险投资者也愿意对风险项目进行投资。他们基于欧盟十四国 102 个地区 1992~2002 年的面板数据进行分析，发现社会资本是影响创新的重要因素，人均收入增长贡献中有 15% 的因素可以归因于社会资本。

从创新体系的角度来说，要使创新体系达到最优状态仅仅依靠市场力量是不够的，制度的完善可以使系统达到或者接近最佳状态。这主要体现在两个方面。第一，制度的介入能够有效缓解市场失灵。例如，在一些重要的创新领域，企业或个人对研发缺乏动力，这时政府对企业进行补贴就可以降低投入成本，提高企业创新投入水平，使社会边际成本等于社会边际收益。在更广泛的研究中，Bach 和 Matt（2005）、David 和 Hall（2000）揭示通过补贴可以将外部性内部化，提高知识吸收能力，更广泛地促进科研机构与企业间的合作。第二，制度或政策具有渐进性和适应性，政策的柔性和韧性使创新体系的效率提高。中国从工业化时期的国家创新体系过渡到高质量发展时期的国家创新体系，制度建设是重中之重。从支持多样化、差异化创新而言，制度建设的关键在于从"管"到"放"、从"僵硬"到"灵活"、从"刚性"向"柔性"转变，这涉及政府职能转变，深化"放管服"改革，全力优化营商环境等内容。不断完善的制度能成为国家创新体系各主体进行互动式学习的"润滑剂"，有利于提高国家创新体系的开放性和共享性。

四　结论

国家创新体系建设是新时代中国建设创新驱动型国家和向高质量发展转型的重要手段。本文首先总结了中国工业化时期国家创新体系的特征，中国在1978年开启了大规模工业化进程，为了使国家创新体系真正服务于工业化，像中国这样的后进国家需要在创新的技术一致性和社会能力两个方面进行改革和投入以达到大规模工业化赶超的条件，造成的结果就是：（1）创新的人力资本投入层次较低，呈现中低层次人力资本过多和高层次人力资本投入不足的局面，无法满足城市化时期多样化创新的需求；（2）研发支出强度逐年增长，但满足差异化创新和企业全生命周期的多层次资本市场体系建设与发达国家还有较大差距。随着中国经济向城市化时期转型，知识的生产和分配在全社会创新中处于中心和枢纽地位，基于差异化创新、多样化创新的现实需求，本文提出了高质量发展时期中国国家创新体系的框架，即以知识生产和分配为中心，通过科研机构、企业、消费者和政府等创新主体的互动式学习进行知识生产和知识分配，处于创新主体外围的则是国家创新体系建设的关键"部件"，包括新型基础设施、需求、技能、金融体系和良善制度五大板块。这些内容基本反映了高质量发展时期中国建设创新型国家的难点和痛点。显然，只有实现从工业化创新体系向城市化创新体系的转变，才能迎接以知识生产和知识创新为内生动力的高质量发展时代的到来。

第十六章 中国迈向高质量发展的人力资本差距

——基于人力资本结构和配置效率的视角

楠 玉 [*]

内容提要：经济追赶的本质是人力资本追赶，在供给侧结构性改革的推动下，实现以创新驱动为主导的经济高质量发展，需要重视人才的培养和有效利用。通过国际比较发现，经济体由低收入阶段向高收入阶段的演进过程，通常伴随着人力资本结构的梯度升级。追赶成功的经济体依次经历了初级人力资本的倒U形变动、中级人力资本的倒U形变动，并始终伴随着高层次人力资本的不断积累和提升。由此，经济体实现增长跨越的关键节点也与人力资本结构变动相关联，如一个国家跨越贫困陷阱的时点，往往处于初级教育劳动者占比开始下降的拐点。中国当前的人力资本结构的主要问题在于，中低层次劳动力比重较大、人力资本配置不合理以及知识消费水平较低且提升缓慢，这些问题越来越成为迈向高质量发展的阻碍。未来，要加快各层次人力资本质量提升，提高高层次教育劳动者占比，促进人力资本结构升级，为创新发展蓄积力量。

关键词：高质量发展 人力资本 创新驱动 知识消费

党的十九大报告明确指出，要坚定实施科教兴国战略、人才强国战略、创新驱动战略，实现中国经济实力、科技实力大幅提升，跻身创新型国家前列。

---

* 本文发表于《北京工业大学学报》（社会科学版）2020年第4期。楠玉，中国社会科学院经济研究所副研究员，经济学博士。

这种全新战略观的确立，既与中国经济由高速增长转向高质量发展的转型趋势有关，也与跨越中等收入陷阱、迈向高收入国家的预期目标有关。为了保持高质量转型升级的稳健，国家战略部署上进一步强调效率、创新与人力资本升级的协同，即在质量第一、效益优先的原则下，以供给侧结构性改革为主线，推动经济发展质量变革、效率变革和动力变革。根本上来说，创新型国家的坚实基础，就是在人才培养和激励机制完善的基础上，逐步完成人力资本升级。二战后欧洲、日本、拉美现代化的经验表明，经济追赶的本质是人力资本追赶。特别是在工业化转向城市化的过程中，人力资本结构升级的成败，直接决定了结构服务化时代经济质量的优劣，拉美陷阱的实质在于无法跨过服务业主导时代所必需的人力资本门槛。

增长动力从要素驱动转向内生动力驱动，离不开人力资本的升级与合理配置。转型时期，中国对人才强国战略的重视，不仅有可资借鉴的国际经验，而且有系统的理论基础。Schultz（1961）和 Becker（1964）的认识是，人力资本体现为劳动者的个人能力、知识存量水平和基本技能；Denison（1962）明确将劳动要素区分为数量和质量两个层面；Uzawa（1965）对人力资本和物质资本的区分，进一步推动了人力资本理论的发展，自此，人力资本作为同物质资本一样的增长要素，成为讨论经济增长问题不可或缺的变量[1]。随着新增长理论的发展，以罗默和卢卡斯为代表的学者将人力资本要素视为增长的源泉并将其纳入内生增长模型之中，将技术进步内生化，从而对不同国家的增长差异进行解释。人力资本或知识要素具有的外溢属性，可以实现要素回报递增，从而能对经济持续增长进行很好的阐释（Romer，1986，1990；Lucas，1988；Grossman and Helpman，1991；Aghion and Howitt，1992）。就人力资本对经济增长的作用机制而言，有学者将其归结为两类：一类是尼尔森－菲尔普斯机制，强调人力资本通过提高生产效率作用于经济增长；另一类是卢卡斯机制，将人力资本视作一种生产要素，通过要素积累和投入的方式作用于经济增长。人力资本对经济增长的促进作用，在学界已基本形成共识。

---

[1]　例如，在人力资本测度问题上，主要有以下几种测度方式：成本法（钱雪亚，2008）、收入法（Jorgenson and Fraumeni，1989；李海峥等，2010）、指标法（Barro and Lee，1993；Vandenbussche et al.，2006）以及余额法（World Bank，2005）。本文认为人力资本积累主要通过教育实现，同时考虑数据的可得性以及跨国比较分析的便利性，主要采用 Barro 和 Lee（2013）提供的世界各国分年龄段的人口教育水平的相关数据。

本文提供代表性国家的人力资本水平和结构的比较研究，找寻人力资本在增长不同阶段的变动规律，同时考察中国当前人力资本积累水平和配置效率，并发起有关人力资本抑制因素的探讨，以便从人力资本的角度找寻实现高质量发展的优化路径。研究发现，（1）经济体由低收入阶段向高收入阶段的演进过程中伴随着人力资本结构的梯度升级。在此过程中，追赶成功的经济体将依次经历初级人力资本的倒 U 形变动，中级人力资本的倒 U 形变动，并一直伴随着高级人力资本的不断积累和提升。（2）经济体跨越低收入陷阱的时点，往往发生在初级教育劳动者占比开始下降的拐点；向高收入阶段迈进时，跨越中等收入陷阱的时间点，则略微滞后于中级教育劳动者占比下降的拐点。这意味着，在较低发展阶段，低层次人力资本效能的发挥是立竿见影的，人口红利能得到快速释放并转化为增长动能；但进入较高发展阶段之后，高层次人力资本主导格局的形成，需要予以大力培育。（3）中国当前初级和中级教育劳动者占比偏高，高层次人力资本积累严重滞后。对中国各行业人力资本分布和配置效率的分析发现，中国人力资本过度集中于政府管制或垄断竞争部门，激励扭曲造成了人力资本使用效率低下。中国垄断竞争部门和政府管制部门的工资差异，导致劳动力市场的二元分割，进而导致人力资本过多集中于非生产型、非科技创新型部门，高层次人才的使用效率低下。

本文内容安排如下：第一部分为人力资本结构特征的跨国比较；第二部分为人力资本的行业分布及配置效率情况；第三部分为结论及政策建议。

一　人力资本结构特征的跨国比较

本部分选择三类典型国家，一是进入高收入阶段并且经济持续稳定增长的发达经济体——美国、英国；二是成功实现经济追赶的东亚经济体——日本、韩国；三是在高收入门槛附近徘徊不前，被认为很可能陷入"中等收入陷阱"的拉美经济体——巴西、阿根廷。此外，我们还提供了一些东南亚样本——泰国和马来西亚等，以丰富研究。

（一）人力资本积累的跨国比较

1. 各国平均教育水平特征

根据样本国家在过去半个多世纪的发展表现可知，各个国家整体平均受教育年限基本处于稳步提升的阶段，赶超经济体（日本、韩国）也表现出对发达经济体的教育追赶。根据 Barro 和 Lee（2013）给出的各年龄层的受教育年限数据，我们测算出劳动年龄人口（20～59 岁）的平均受教育年限情况。如表 16－1 所示，处于不同发展阶段的经济体，劳动年龄人口的平均受教育年限普遍稳步提升。其中，韩国 1950 年平均教育年限为 4.55 年，至 2010 年已经接近美国的水平。与之对比的阿根廷，1950 年的平均教育年限为 4.82 年，高于韩国的水平，而至 2010 年已经远落后于韩国。中国教育水平提升较大，从 1950 年的 1.21 年逐步提升至 2010 年的 8.12 年。

结合样本国家增长阶段跨越和教育水平的演进过程，研究发现，跨越低收入阶段进入中等收入阶段的经济体，基本已完成初级教育年限的收敛；跨过中等收入阶段进入高收入阶段的经济体，会进一步表现出中级教育年限的收敛趋势。[1] 依据世界银行给出的国家发展阶段的划分标准以及 WDI 数据库给出的人均 GNI，样本国家跨越中等收入门槛的时间点或时间段分别为：美国（1950 年代甚至更早）、英国（1960 年代中期）[2]、日本（1966 年）、韩国（1978 年）、巴西（1975 年）、阿根廷（1964 年）、马来西亚（1977 年）、泰国（1988 年）、中国（2001 年）。样本国家均已跨过低收入阶段，各个国家初级教育平均年限也基本收敛至 6 年左右的水平。而进入高收入阶段国家的中级教育平均年限的收敛趋势较为明显，稳步收敛至 6 年左右的水平，其他仍在中等收入阶段的国家则存在明显的差距。样本国家进入高收入阶段的时间点分别为：美国（1980 年）、英国（1987 年）、日本（1986 年）、韩国（1996 年）。我们发现，经济体如果能避开贫困陷阱，进入中等收入阶段，那么他们普遍经历了初级教育的普及和饱和；而有能力突破中等收入陷阱并进入高收入阶段的经济体，均实现了中级教育的饱和，这也是经济体发展过程中必须经历的人力资本升级过程。当前，中国劳动年龄人口初级教育平均年限接近发达经济体的水平，但中级和高级教育平均年限与发达经济体仍有较大差距。

---

[1] 对国家发展阶段的划分，我们使用世界银行 2012 年的划分标准，即根据 Atlas 测度的人均 GNI 水平，将人均 GNI 小于等于 1005 美元的国家定为低收入国家；人均 GNI 在 1005 美元至 12276 美元之间的国家定为中等收入国家；人均 GNI 大于 12276 美元的国家定为高收入国家，参见楠玉和刘霞辉（2017）。

[2] 世界银行 WDI 数据库为各个国家 1960 年之后的数据，美国 1962 年人均 GNI 为 3120 美元，大致推测美国跨越中等收入门槛的时间点应在 1950 年代甚至更早；英国最早的数据为 1970 年人均 GNI 为 2450 美元，故推测英国跨越中等收入门槛的时间点为 1960 年代中期。

表 16 - 1　劳动年龄人口（20～59 岁）各级教育平均年限

单位：年

国家	整体受教育平均年限							初级教育平均年限						
	1950年	1960年	1970年	1980年	1990年	2000年	2010年	1950年	1960年	1970年	1980年	1990年	2000年	2010年
美国	8.9	9.9	11.4	12.6	12.9	13.4	13.6	5.3	5.49	5.79	5.93	5.89	5.96	5.97
英国	6.28	6.79	8.14	8.54	9.45	10.3	12.8	4.99	5.13	5.39	5.42	5.56	5.63	5.92
日本	6.73	7.63	8.14	9.68	10.9	12.1	12.8	5.13	5.37	5.53	5.7	5.82	5.91	5.95
韩国	4.55	4.23	6.45	8.45	10.6	12.1	13.3	4.14	3.32	4.64	5.37	5.78	5.91	5.96
巴西	2.09	2.63	3.2	3.19	4.74	6.7	8.53	1.71	2.05	2.33	2.06	3.25	4.8	6.16
阿根廷	4.82	5.57	6.47	7.54	8.72	9.23	9.98	4.4	4.76	5.25	5.73	6.13	6.47	6.77
马来西亚	2.18	2.78	3.94	5.71	7.82	9.35	10.9	1.73	2.22	3.04	3.96	4.72	5.21	5.55
泰国	1.8	2.49	2.27	3.54	4.87	5.87	8.54	1.57	2.2	1.9	2.8	3.8	4.4	5.5
中国	1.21	2.45	3.89	5.53	6.49	7.84	8.12	1.0	2.0	3.1	4.2	4.5	5.2	5.2

国家	中级教育平均年限							高级教育平均年限						
	1950年	1960年	1970年	1980年	1990年	2000年	2010年	1950年	1960年	1970年	1980年	1990年	2000年	2010年
美国	3.14	3.77	4.83	5.47	5.46	5.73	5.77	0.48	0.59	0.82	1.18	1.57	1.67	1.82
英国	1.23	1.61	2.44	2.74	3.28	3.8	5.85	0.06	0.05	0.3	0.38	0.62	0.82	1
日本	1.44	2.04	2.31	3.38	4.21	4.97	5.38	0.17	0.22	0.29	0.6	0.91	1.19	1.44
韩国	0.37	0.8	1.57	2.73	4.19	5.05	5.5	0.05	0.11	0.24	0.35	0.64	1.14	1.82
巴西	0.35	0.53	0.79	0.94	1.27	1.63	1.99	0.03	0.05	0.08	0.18	0.22	0.26	0.37
阿根廷	0.38	0.71	1.05	1.53	2.15	2.47	2.9	0.04	0.11	0.16	0.27	0.44	0.29	0.31
马来西亚	0.41	0.51	0.86	1.66	2.83	3.83	4.77	0.04	0.04	0.04	0.09	0.27	0.31	0.57
泰国	0.2	0.27	0.33	0.6	0.83	1.19	2.51	0.02	0.03	0.04	0.15	0.23	0.26	0.54
中国	0.2	0.42	0.75	1.34	1.93	2.51	2.71	0.01	0.03	0.04	0.04	0.07	0.17	0.16

2. 人力资本结构变动特征

一个经济体在向高收入阶段迈进的过程中，会依次经历初级教育劳动者占比先上升后下降的倒 U 形变动、中级教育劳动者占比先上升后下降的倒 U 形变动，并始终伴随着高级教育劳动者占比不断上升的情形。图 16 - 1 和图 16 - 2 分别给出了样本国家[①]不同受教育程度劳动者占比情况与美国的对比，可以发现，（1）样本国家初级教育劳动者占比呈现快速下降的趋势，而其中增长追赶

---

① 阿根廷 2017 年人均 GNI 为 12370 美元，按照世界银行标准已经跨过了中等收入阶段，暂不考虑未来可能的经济波动，此处将阿根廷作为发达国家与美国进行比较。

表现较好的日本和韩国，中级教育劳动者占比呈现先上升后快速下降的态势。韩国尤为明显，自1990年之后中级教育劳动者占比明显下降，同时高级教育劳动者占比超过了中级教育劳动者占比，形成了以高级教育劳动者主导的人力资本结构。（2）各个发展中国家的初级教育劳动者占比呈现先上升后下降的倒U形的变动特征，但是，这些国家普遍处于中级教育劳动者占主导的发展阶段，初级教育劳动者占比也高于发达经济体水平。值得注意的是，中国的中等教育劳动者占比超过70%，远高于其他国家，而高级教育劳动者占比较低且增长缓慢。

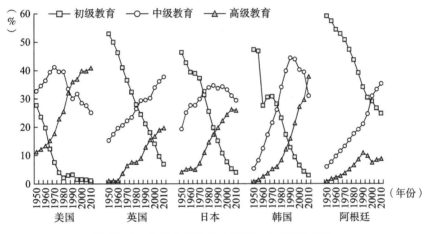

图 16-1 美国与其他发达国家的人力资本结构

值得关注的是，初级和中级教育劳动者占比开始下降的拐点，也是经济体实现增长跨越的关键节点。经济体跨越贫困陷阱的时点，往往处于初级教育劳动者占比开始下降的拐点；而跨过中等收入陷阱的时点，会略微滞后于中级教育劳动者占比开始下降的拐点。如图16-2所示，巴西、马来西亚、泰国初级教育劳动者占比开始下降的时间点分别为1975年、1975年、1985年，与这些国家跨入中等收入阶段的时间点基本吻合。美国、韩国中级教育劳动者占比开始下降的时间点分别发生在1970年、1990年，而这两个国家迈进高收入阶段的时间点分别为1980年、1996年，稍微滞后数年。自1980年起，日本中级教育劳动者占比一直维持在40%左右的水平，至1986年日本进入高收入国家俱乐部。

发达国家普遍的经验是，经济体要成功实现增长跨越，需要逐步实现人力资本结构由初级教育劳动者为主，到中级教育劳动者为主，最终到高级教育劳动者为主的转变。对此，我们提供进一步的理论解释。钱纳里将经济增长划分为六个阶段，分别为初级产品生产阶段、工业化初期阶段、工业化中期阶段、

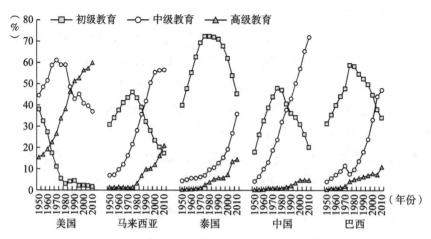

图 16-2　美国与发展中国家的人力资本结构

工业化后期阶段、后工业化社会以及发达阶段。经济体在初级产品生产阶段的增长以资源禀赋驱动为主，此时的经济体处于农业社会发展阶段，人力资本结构以初级教育劳动者为主。进入工业化发展阶段后，劳动和资本密集型产业发展使经济增长以劳动和资本驱动为主，尤其是随着工业化深入发展，经济体进入工业信息化和智能化发展阶段，经济发展对劳动者受教育水平的要求逐步提高。因此，如果经济体不能在各个阶段较好地完成人力资本结构的转变，经济发展将面临较大阻碍。例如，虽然泰国的初级教育劳动者占比已经历较长时期的下降，但由于占比过大，人力资本结构中初级教育劳动者仍占主导，阻碍了其工业化发展。泰国 2018 年人均收入仅为 6610 美元，离跨过中等收入阶段仍有较远的距离。

（二）国际增长经验对中国的启示

国际比较研究发现，经济体由低收入阶段向高收入阶段的演进，通常伴随着人力资本结构的梯度升级，追赶成功的经济体在这个过程中会依次经历初级人力资本的倒 U 形变动、中级人力资本的倒 U 形变动，并始终伴随着高层级人力资本的不断积累和提升。Acemoglu 等（2003）就专门强调了高等教育和教育组织的重要性，他们指出，对于经济增长而言，不仅教育支出的总量能起作用，教育的组织也尤为重要，那些更接近技术前沿的国家更加重视高等教育。

发达经济体的增长经验表明，中级人力资本积累达到拐点并转向高层次人力资本积累后，经济体需要经过多年的发展才能有效跨过中等收入阶段。成功实现增长追赶的东亚经济体在增长跨越阶段，能快速完成低层次劳动者占比的下降并转向中高层次的人力资本积累过程。这也意味着，人力资本的培育、积累并发挥作用是长期的过程，当前的人力资本结构在某种程度上决定了未来的增长成效。与之相比，发展中国家通常出现的问题是，在完成初级和中级人力资本积累之后，由于无法在较短时间内实现人力资本结构的优化升级，导致增长陷入停滞。这类经济体的人力资本结构多以中级人力资本占主导，高层次人力资本积累不足。

当前中国的初级、中级教育成效显著，但是，高级教育劳动者的比重与发达国家相比仍有较大差距。特别是，受到加工制造工业化路径依赖的制约，中国中级教育劳动者占比超过 70%，而人力资本升级趋势缓慢，这是发达经济体不曾经历过的状态。换句话说，当前的人力资本结构不适用于服务业主导的城市化阶段，在当前知识经济主导的格局下，唯有高层次人力资本结构才是创新和可持续发展的基础。

二　人力资本的行业分布及配置效率

（一）中国人力资本行业分布

为了对比中国和发达国家各行业人力资本分布的差异，我们利用美国综合社会调查（GSS）的调查数据和第六轮欧洲社会调查（ESS Round6）的数据，以及《中国统计年鉴》中各行业的数据，通过测算中国与欧美国家各个行业的人力资本强度[①]，来进一步观察不同国家人力资本的行业分布情况。人力资本强度越大，表明行业人力资本越密集。根据数据的可得性，我们选取的欧洲国家包括英国、法国、意大利和比利时。测算结果如表 16-2 所示。

中国人力资本过度集中于政府管制或垄断竞争部门，激励扭曲造成人力资本使用效率低下。如表 16-2 所示，中国的电热燃气及水生产供应业、卫生和社会工作、文化体育和娱乐业以及公管社保和社会组织等行业中国家行政事业单位较集中，而中国这些行业的人力资本强度是较高的。这表明，相较于欧美市场化部门，中国政府管制部门的人力资本聚集较多，这些部门主要依靠财政拨款，属于非市场化的参与主体。这些部门能汇集大量的科研人才和创新人才，与政府管制部门的激励扭曲有关。现实中这些部门的工资收入未必具有绝对优

[①]　人力资本强度，即各行业大学本科以上学历人口占比/行业增加值占 GDP 的比重。

势，但其工作中的隐含福利使得政府部门或事业单位长期收益预期高于市场化部门，从而形成对高层次人才极大的吸引力，一直存在的"公务员热"现象就是对此最好的说明。同时，中国扭曲程度较高垄断竞争部门也集聚了大量的人力资本，典型如金融业和房地产业。这些部门由于垄断经营、不公平竞争以及较易获得政府高额补贴，能长期获得高额利润，形成高层次人才集聚的核心吸引力。

表 16 - 2　不同国家人力资本强度对比（2012 年）

行业	美国	英国	法国	意大利	比利时	中国
农林牧渔业	0.176	2.070	2.777	3.696	2.251	0.004
采矿业	0.000	0.075	2.358	1.330	4.299	0.306
制造业	0.661	1.222	1.465	1.206	1.501	0.040
电热燃气及水生产供应业	0.502	0.435	0.595	0.651	0.432	2.235
批发和零售业	0.580	1.452	1.140	1.282	0.984	0.304
交通通信业	0.553	1.269	1.264	0.633	0.833	0.817
信息技术服务业	1.031	0.439	0.322	0.362	0.697	1.651
金融业	0.945	0.426	0.690	0.388	0.630	1.700
房地产业	0.084	0.093	0.073	0.006	0.045	0.944
租赁和商务服务业	2.808	0.314	0.363	1.120	0.465	3.449
科技服务业	0.556	1.697	1.351	0.113	6.115	9.197
教育	23.647	1.648	1.364	1.675	1.115	4.129
卫生和社会工作	1.469	1.757	0.976	1.503	1.256	5.794
文化体育和娱乐业	1.654	1.535	1.304	2.737	3.936	12.230
公管社保和社会组织	0.878	1.395	1.048	1.114	1.026	2.772

资料来源：美国综合社会调查（GSS）、第六轮欧洲社会调查（ESS Round 6）、《中国统计年鉴》。

（二）中国各行业的相对工资水平

为了进一步印证上述观点，这里提供中国各行业相对工资水平的对比分析。部门间要素报酬扭曲，造成人力资本大多集中于事业单位和垄断竞争部门，而不能进入科技创新型部门。中国的制造业是竞争性行业，市场化程度较高，因此我们以制造业为基准，比较其他行业相对于制造业的平均工资水平。图 16 - 3 显示，交通、电力等垄断竞争行业，以及科教文卫体、公共管理等政府管制部门的相对工资水平较高。其中，金融业相对工资水平仅次于信息传输软件和

信息技术服务业，而之前金融业连续多年（2009~2015年）平均工资排名第
一，近期略有改善。

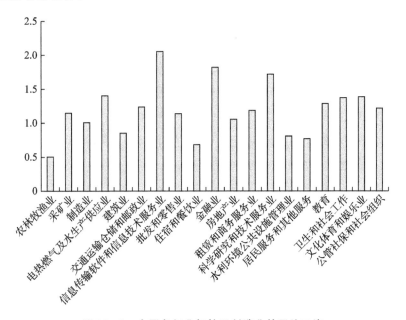

图 16-3　中国各行业相较于制造业的平均工资

资料来源：《中国统计年鉴》。

中国垄断竞争部门和政府管制部门的工资差异，使得市场化部门和非市场
部门存在劳动力市场的二元分割，造成人力资本过多集中于非生产型、非科技
创新型部门，高层次人才的使用效率低下。在劳动力市场充分开放、信息透明
的情况下，人才能通过充分流动发掘自身价值；当存在政府管制部门时，劳动
力市场的分割使信息不对称，造成劳动力流动受阻，个体的自我配置能力也将
由活跃状态转为休眠状态，甚至是关闭状态。美国80%左右的优秀人才聚集在
企业，而中国大量的科技人才集聚在党政机关、高校和科研院所等部门和机构，
这不利于人才的充分开发和利用。而政府管制部门的工资政策也不能保证人才
获取与其能力和努力相符的回报，因此人才缺乏进行人力资本投资的激励
（Heckman，2003），不利于这些部门的人力资本结构升级。劳动力市场的二元
分割造成体制内和体制外的人才在收入、激励和福利等方面存在巨大差距，严
重制约人才的流动和优化配置。

人力资本培育是长期的过程，现有人力资本配置的不合理极大地降低了人
力资本的使用效率，造成人才的极大浪费。我们在重视人才长期培养的同时，
也应注重有效引导人力资本的合理配置，最大程度地发挥人力资本的使用效能，

助推经济增长。

（三）与广义人力资本积累相关的知识消费水平

广义恩格尔定律表明，当经济体进入工业化后期，伴随着生活水平的提高，消费者偏好的多样性变得重要起来，需求弹性较大的科教文卫等行业居于消费模式的高端，通过消费结构升级实现人力资本积累并转化为创新动力。但当前中国知识消费水平[①]与发达经济体相比，存在较大差距。改革开放以来，中国知识消费水平稳步提升，从 20 世纪 80 年代的 16.6% 提升至 2000 年的 24.3%，但进入 21 世纪之后，知识消费水平呈现下降的趋势，2010～2017 年知识消费水平为 21.7%，与 2017 年的水平一致。而通过对中国各区域知识消费水平的分析发现，经济发达的东部地区知识消费水平不及中西部落后省份（楠玉等，2018），这在一定程度上反映了中国人力资本深化过程受阻的现状。

表 16－3　各国知识消费水平

单位：%

国家	1970 年	1980 年	1990 年	2000 年	2010～2017 年	2017 年
美国	29.5	34.3	40.6	44.0	46.0	47.2
日本	31.8	25.8	28.5	29.8	27.6	27.7
新加坡	27.8	31.8	35.7	36.3	39.6	40.8
韩国	15.1	24.5	28.6	31.6	32.9	32.7
中国	—	16.6	18.2	24.3	21.7	21.7

资料来源：根据 UNDATA 数据库和《中国统计年鉴》居民消费支出数据计算而得。

从国际增长经验看，20 世纪 70 年代以来，伴随着经济减速增质，发达经济体普遍呈现高城市化率、高服务业占比和高知识消费水平的特征。换句话说，城市化阶段高质量发展的核心是摆脱大规模工业化时期以产品供给为中心的增长模式，转而塑造以要素质量高端化为支撑的发展模式，发挥城市化的消费带动功能，实现劳动力要素质量提升和效率提升（袁富华等，2020）。对此，中国经济增长前沿课题组于 2016 年提出消费的效率动态补偿命题，强调"消费结

---

① 本文关于知识消费的界定主要借鉴中国经济增长前沿课题组（2015）的相关研究，与广义人力资本积累有关的消费项包括：健康、文化娱乐、教育以及杂项。鉴于国内数据的可得性，这里把知识消费支出归为以下三个项目之和，即教育文化娱乐消费、医疗保健消费、其他用品及服务消费。

构升级→人力资本提升和知识创新→效率提升→消费结构升级"的动态循环至关重要，是创新发展的基础。因此，如果知识消费促进人力资本升级的链条受阻，将不利于通过整个动态循环的实现。现阶段，中国知识消费水平较低且增长缓慢的主要原因在于与知识消费相关的现代服务业发展不充分，这也是转型时期高质量发展的重大挑战。在知识消费和人力资本积累本应发挥重要作用的科教文卫部门，大多受到管制，市场竞争的缺乏使相关产业活力不足，无论是提供服务的数量还是质量，均有待增加和提高。

三 结论及政策建议

本文着重通过对典型国家的人力资本水平和结构特征的刻画和比较研究，找寻人力资本在增长不同阶段的变动规律；同时考察中国当前人力资本的行业分布和配置效率，以及对阻碍人力资本积累和效能发挥的因素进行探讨，以便从人力资本的角度找寻实现高质量发展的优化路径。通过国际比较发现，经济体由低收入阶段向高收入阶段的演进通常伴随着人力资本结构的梯度升级，追赶成功的经济体会依次经历初级人力资本的倒 U 形变动、中级人力资本的倒 U 形变动，并始终伴随着高层级人力资本的不断积累和提升。经济体实现增长跨越的关键节点也与人力资本结构变动相关联，一个国家跨越贫困陷阱的时点往往处于初级教育劳动者占比开始下降的拐点，而顺利跨过中等收入陷阱的时点，则会略微滞后于中级教育劳动者占比开始下降的拐点。中国当前的劳动力结构中中级教育劳动者占绝对主导，高级教育劳动者占比较低且增长缓慢。因此，要进一步优化人力资本结构，提高高级教育劳动者占比，为创新发展蓄积力量。

对中国各行业人力资本分布和配置效率的分析发现，中国人力资本过度集中于政府管制或垄断竞争部门，造成人力资本的使用效率低下。中国垄断竞争部门和政府管制部门的工资差异使得市场化部门和非市场部门存在劳动力市场的二元分割，造成人力资本过多集中于非生产型、非科技创新型部门，高层次人才使用效率低下。而与人力资本积累密切相关的知识消费水平与发达经济体相比，存在一定的差距，同时还呈现一定的下降趋势。

未来我国需要强化以市场需求为导向的人才培养模式，加快教育培养方式和培养手段的现代化，逐步构建终身学习的现代化的教育体系，从而引导各层次人力资本提升质量，并逐步完成人力资本结构升级。具体措施如下。

第一，通过规范职业技能培训渠道，拓展中级教育劳动者人力资本积累渠道和提升现有中级教育劳动者的教育质量。针对中级教育劳动者占比高而教育质量有待提升的现状，应拓宽生产工人和技术工人的技能、教育培训渠道，强化教育激励，推动形成一套系统、有效的职业技能培训体系。要大力破除中国职业技能培训体系碎片化的局面，建立职业技能培训的统一机构，搭建公共的职业技能培训平台，引导和调动市场及企业在职业教育和技能培训中的积极性。

第二，通过产学研深入融合，保证人才能满足市场的需求，实现人才供给与人才需求的完美匹配。推进产教融合是党的十九大报告中明确提出的改革任务，能加快产业链、创新链、教育链和人才链的有机衔接，培育市场创新主体，重塑人力资本优势。通过激励企业深入参与产教融合改革，能有效打通人才培养体系和科技创新链条，推动人才供给端和需求端的深入融合，提高人力资本配置效率，释放人才供给侧结构性改革的强大动力。另外，创新人才管理机制，培养具备工匠精神的高技能人才，推动产业结构和人才结构的优化升级，为实现高质量发展和现代化建设提供人才支撑。

第三，加快服务业供给侧结构性改革，推进教育、医疗、健康等与人力资本积累相关行业的市场化进程，提高相关服务的供给效率。要积极推进科教文卫体等事业单位和公共服务部门的转型和改革，积极引入社会资本发展相关行业，提高行业发展的市场化程度。2019年底召开的中央经济工作会议也明确提出，"要发挥市场供给灵活性优势，深化医疗养老等民生服务领域市场化改革，增强多层次多样化供给能力，更好实现社会效益和经济效益相统一"。要将事业单位改革和放松管制相结合，盘活现有的人力资本存量，提升服务业供给效率和人力资本积累效率。

第四，通过加强政策支持、完善社会保障制度、增加科教文卫体支出等措施，激发个人进行人力资本投资的动力。推进公共部门和事业单位的市场化改革，重点推进高层次劳动力市场的开放，打破人力资本市场分割和垄断，提升人才的配置效率（袁富华等，2015）。同时，加快政府和事业单位的用工和社会保障制度改革，应加大教育、医疗、养老等公共福利方面的支出，积极推进公共福利均等化，缓解个人进行人力资本投资的压力，推进整个社会人力资本结构升级进程。

第十七章　从升值到贬值：人民币汇率的调整逻辑与政策挑战

王宏淼[*]

内容提要：本文围绕人民币汇率走势，分析了人民币从十年来的强势周期转向贬值的轨迹、经济逻辑与政策挑战。近两年全球经济环境的巨大转向、国内经济的下行困境以及前期单边升值甚至高估的风险累积、人民币国际化等因素，引发了人民币汇率的趋势性贬值及相应的汇市维稳，并促成了2015年8月的新汇改和一系列干预手段或改革举措。在资本外流、离岸市场套利与投机力量冲击下，人民币汇率贬值的压力依然存在，给中国的货币政策与宏观管理带来了极大的困难。加快推进改革，让人民币更加适应市场化发展的需要，才能更好地发挥其调节资源配置的功能。

关键词：人民币汇率　汇率改革　人民币国际化

理解"经济调整"对经济增长和生活标准的影响机制，已成为发展中国家的经济学家和政策制定者不可回避的一个关键问题（Agenor，2004）。其中，汇率的调整居于关键地位。汇率作为国际相对价格，是一个重大的结构调整政策变量。名义或实际汇率的变动，会引导资本、劳动力等生产要素在不同经济部门甚至不同国家之间的配置，进而对经济增长、经济均衡和全球再平衡等发挥重要作用。从1994年初名义汇率的一次性大幅贬值，到2005年之后的缓步升值，再到2015年8月的币值下调，中国几乎每十年调整一次人民币官方名义汇率，对中国乃至世界经济产生了重大而深远的影响。围绕近期的人

---

[*]　本文发表于《国际经济合作》2016年第9期。王宏淼，中国社会科学院经济研究所研究员，经济学博士。

民币汇率走势，本文主要回答了以下四方面问题：（1）十年来人民币汇率变动的背景及趋势是怎样的？（2）由升值转向贬值背后的逻辑基础是什么？（3）人民币汇率的形成和干预如何受到市场的挑战？（4）人民币未来走势如何？需要如何应对？

一　十年强势人民币周期的终结

21世纪以来，中国经济走出通缩转向了持续的高速增长，经常项目和资本项目"双顺差"不断扩大，同时外汇储备激增。在中国存在持续双顺差而全球经济陷入低谷的背景下，人民币币值低估及中国的汇率政策，成为发达国家纠正以美国经常账户巨额逆差为表征的全球经济失衡的借口（余永定，2010；李扬和张晓晶，2013），在主要经济体量化宽松的货币政策影响下，人民币升值面临政治和经济双重压力。当然就当时的中国来说，无论是从生产率增长、国际收支差额，还是从外币流入量以及通货膨胀等指标来考量，名义汇率确实被低估，存在着通过压低汇率水平（或汇率补贴）等手段来扩张出口的新重商主义倾向（王宏淼，2008，2012），因而促使汇率回归至均衡水平十分必要。

2005年7月，中国开启了对美元升值的强势人民币周期。当年7月19日，官方宣布将人民币对美元交易价格调整为1美元兑8.11元，即人民币美元升值2%。此后三年，人民币对美元保持了逐步升值的态势（但大部分时间人民币对欧元相对贬值），至2008年末人民币对美元累计升值17.3%，人民币实际有效汇率上涨22%，名义有效汇率上涨20%。受国际金融危机的影响，2009年中国出口锐减，经济下滑，人民币停止了对美元的升值走势，人民币名义及实际有效汇率均出现较大幅度回调。在政府强力干预下，中国经济在危机中较快实现复苏，为增强人民币汇率弹性，2010年6月19日央行重启人民币汇率形成机制改革，人民币恢复对美元升值态势。2011~2013年，人民币汇率虽然有小幅波动，但上升趋势不减。

进入2014年1月，人民币一改升值常态，其市场汇率水平首次出现对美元的快速贬值，从年初的6.04，一度跌破6.20大关，累计贬值幅度超过3%。2月28日，人民币开盘后快速下跌，连续跌破多个整数关口，最低触及6.1808，最后收报6.1451，较前一交易日贬值166个基点，创八个月来的新低。人民币持续下跌，居然引发了全球千亿资金大对赌，无论是人民币现货还是相关衍生工具，成交量都大幅增加。早前十分看好人民币升值的主流投资机构，突然认为未来两三年人民币可能贬值，市场预期出现逆转。不过进入7月后，在其他金砖国家货币对美元持续贬值的情况下，再加上中国央行的干预，人民币又有出现了较大的反弹和持续升值。

市场的看空预演在一年后变成了现实。2015年8月11日，中国央行突然宣布完善人民币兑美元汇率中间价报价，做市商需参考上日银行间外汇市场收盘汇率，向中国外汇交易中心提供中间价报价，因而调低人民币汇率中间价1.8%，由6.1162下调1136个基点至6.2298，创21年来最大单日跌幅。这一突如其来的新汇改"闪电战"引起了市场的巨大波动，而后的3天内，人民币兑美元汇率暴跌近3000点，累计贬值了4%，迅速进入6.4时代。6月中旬股灾后中国股市本已企稳，但在汇率贬值因素影响下，市场犹如惊弓之鸟，上海综指在十天时间内从约4000点急跌1000点，下跌25%，在8月24日沪指更是创史上最大跌幅，重挫8.49%。受此影响，短短两周内国际金融市场急剧振荡，反应之激烈前所未有。新兴市场普遍陷入货币贬值潮，原油价格在第一周先是暴跌15%，第二周随即反弹近10%；恐慌风险指数VIX最高飙升至2010年欧债危机以来的新高，但随后又从高位回落一半。美欧股市也出现大跌，甚至触发熔断，但不到一周后迎来"V"形强劲反弹。

中国汇率变动的不确定性，加剧了国内和境外金融市场、货币汇率和经济的风险溢价，短时间内"中国因素"似乎成为全球资产定价的关键——这是中国从未经历过的新环境和新挑战。这一事件，显示出中国确实已经蜕变为大国，人民币尽管尚未成为全球的主要储备货币，但在很多方面已不只是国际市场价格的被动接受者，其币值的变动对全球经济和金融市场的影响力开始显现。

图17-1清晰地显示了2005年以来人民币兑美元的市场平均汇率、名义有效汇率和实际有效汇率的变动轨迹。人民币汇率由升值转向贬值的预期转折始于2014年初，并在2015年8月新汇改得到确认，已持续十年的强势人民币周期终结。自2015年8月贬值启动至2016年9月初，人民币实际有效汇率指数从130.38跌至121.69，约贬7%，与美元汇率从6.3056跌至6.6474，贬值5.4%。人民币兑美元汇率6.7的整数关，成为当前中国央行的短期防线。

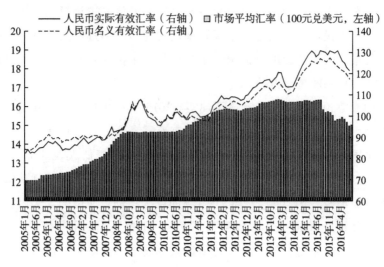

图 17 - 1 人民币汇率的变动轨迹（2005 年 1 月至 2016 年 8 月）

资料来源：BIS、WIND。

二 人民币贬值的逻辑

已经持续十年的人民币汇率单边升值，为何出现重大调整或逆转？究其原因，或许有四。

第一，全球经济环境的巨大转向。

2014 年中期以来，四大事实正在改变国际资本预期。（1）新兴市场高增长的黄金时代已经过去，金砖国家和灵猫国家①风光不再。特别是中国经济潜在增长中枢的实质性下移，使全球需求大幅缩减。（2）随着工业原材料需求改变，加上金融投机行为，国际大宗商品出现新一轮价值重估，这进一步加剧了全球通缩。（3）与中国贸易关系密切的主要经济体中，美国经济一枝独秀，日本、欧洲经济都不景气，增长差异带来政策分化，日本央行和欧洲央行近年来一直在加大政策刺激力度，进而导致货币贬值。综合其影响，人民币实际有效汇率上升很快。（4）从 2014 年 9 月开始的美联储加息预期引发"蝴蝶效应"，国际资本流动的波动性加大。

---

①《经济学人》智库 EIU 于 2009 年底提出"灵猫六国"的概念，指哥伦比亚、印度、越南、印尼、土耳其和南非。其共同特点是"有庞大的年轻人口，经济多元、有活力"，被看作未来的新兴市场及投资焦点。

在这四大事实和逻辑的推动下，出现了全球资本抛售新兴市场资产、抛售大宗商品（本质上亦是新兴市场关联资产）的狂潮，新兴市场货币承受巨大压力，俄罗斯、马来西亚、巴西、南非、土耳其、智利、哥伦比亚货币均出现剧烈波动。中国在2015年8月新汇改答记者问时，称"近期新兴市场经济体货币对美元普遍有所贬值，而人民币保持坚挺，这给我国出口带来了一定压力"，中国之前的外汇管理政策已经难以适应变化多端的国际汇市，因此一定限度上放开汇率，反而有利于进行国际外汇风险管理和促进出口。

第二，国内经济下行，已无法再支撑本币单向升值。

一国的币值，归根到底是由其经济基础或基本面决定的。十年前中国正处于高速增长阶段，经济预期向好，故汇率升值。近两年的汇率贬值，则与经济下行、风险上升密切相关。2008年国际金融危机之后，2009年中国经济增长成功"保8"，2010年复苏至10.6%，这都是在政府的强力干预下才得以实现的。2011年中国经济高速增长（9.5%），但"破10"之后逐季递减。2012年减速预期形成，增速"破8"，仅达到7.8%。"十二五"期间，除2012下半年基建回升、2013年由地产政策松绑导致的"局部性、间歇性"反弹，经济整体放缓的大趋势一直未变，这其中既有债务危机冲击、需求冲击和去泡沫化等原因，更与中国中长期的产业结构、就业结构调整和制度变革相关。

进入2015年，中国经济依然下行，呈现趋势性下滑与周期性回落并行的局面。国家综合负债率高企，尤其是企业和地方财政的负债过多，企业综合成本过高的问题有增无减，房地产长周期触顶，2015年爆发大股灾，财富快速缩水，债务问题凸显，市场信心缺失。与前期相比，三个事实明显得到强化。

（1）GDP平减指数由正转为负，意味着中国总供给与总需求失衡较为严重，总需求收缩十分明显，甚至触及底线。一是投资下滑。2015年以来的投资很多都是滞后项目，民间投资下滑问题尤其严重。二是外需低迷。2008年以来，受国际需求变动和成本上升等因素影响，中国出口一直压力不小，随着日元、欧元的大幅贬值及美元升值，传统的成本竞争优势几乎消失殆尽。虽然国际大宗商品价格下跌，但受国内需求低迷影响，进口也极为不振。三是消费不稳。除了汽车销量下滑严重，2015年中国城市快速消费品的消费数量也同比下滑0.9%，首次出现大逆转。

（2）在总体偏弱的格局中，经济增长出现了深度分化。转型成功省份的经济景气与转型中省份的低迷、生产领域的萧条与资产市场的泡沫、传统制造业的萧条与新兴产业的扩张并存。2015年国企利润总额、营收同比分别下降

6.7%、5.4%，2016 年上半年继续下滑。2015 年全国一般公共预算收入 152217
亿元，同口径增长 5.8%，比上年回落 2.8 个百分点，未及年初预算目标，财政
收入增长呈中速偏低态势。部分省份经济出现断崖式下滑，一些基层政府陷入
财政困境。

（3）在债务－通缩机制影响下，随着房地产去杠杆、股市泡沫被挤压，债
务压力更为突出。从 2013 年"城投债"违约、2014 年"超日债"违约到 2015
年"天威债"违约，中国债务风险已经开始蔓延，传统的"借新还旧"模式处
于崩溃边缘。2015 年 6 月大股灾后，债务危机更加严重。国际清算银行 BIS 在
2015 年 9 月 13 日发布的季度报告中警告，中国的信贷与 GDP 比率[①]已高达
25.4%，是全球主要经济体中最高的。这意味着中国经济风险全面释放的窗口
期已经到来。

第三，人民币持续高估的危害开始显现。

（1）人民币汇率升势与次贷危机后全球量化宽松货币政策下的主要货币注
水形成了反差。不难发现，2005 年 7 月至 2015 年 7 月，人民币实际有效汇率累
计攀升了 57%，名义有效汇率升值 48%；人民币对美元升值 26%，对欧元升值
33%，对日元升值 34%，对大部分新兴经济体货币的升值幅度更惊人[②]。在新
汇改前的 1 年半时间内，BIS 统计的人民币实际有效汇率升值 17%。

（2）人民币持续升值对产业结构带来了非对称影响。根据国际经济学理
论，实际汇率升值一般会给可贸易工业部门带来通缩效应。首先，出口产品因
汇率升值而变得更贵，减少了外国需求；其次，汇率升值带来了收入效应，使
得出国消费、对外投资或者加大进口更为有利，从而对本国产品起到替代效应。
这种非对称影响，使得本国贸易品的供需关系失衡，产能过剩问题更为突出，
要素向非贸易品部门转移，非贸易品部门出现扩张。中国近年来服务业增长较
快，而工业部门萎缩，与此机制有很大关系。

（3）人民币持续升值助推国内资产价格泡沫，并加大泡沫破灭的风险。热
钱流入和汇率升值之间存在自我强化机制，热钱流入导致外汇储备大量增加和
贸易顺差虚高，进而强化汇率升值预期。同时，较高的升值预期，又会加速热

---

① 该指标主要用于衡量私人部门信贷偏离长期趋势的程度。

② 2007 年以来，人民币对南非兰特升值 123%、对印尼卢比索升值 85%、对墨西哥比索升值 85%、
对印度卢比升值 80%、对越南盾升值 70%、对韩元升值 56%。2014 年 1 月以来，人民币对日元
升值 48%、对印尼卢比升值 40%、对马来西亚令吉和墨西哥比索升值 25%、对欧元升值 20%，
另外，对韩元和泰铢也分别小幅升值 7% 和 13%。

钱流入。热钱的大量流入使东道国资产膨胀，最终导致泡沫破灭、资本流动骤停（Sudden Stop）甚至引发新兴市场危机的故事，屡见不鲜（王宏淼，2006）。在人民币升值过程中，在离岸市场筹集低成本的外币资金，再向中国境内转移和投放，这种做法几乎可以无风险套取利差汇差，而且这些资金还可进入房地产、股市等领域，这进一步推高了资产泡沫。套利交易的一大风险便是新兴市场货币剧烈贬值将使利差收益被均等化，所以当人民币带动新兴市场货币集体贬值，汇率预期发生转变时，这些套利交易资金会快速从新兴市场撤出，形成大规模的资本外流，给经济运行带来极大的负面冲击。近年中国的跨境资本流动，已经显示出类似的危害。

第四，中国的汇率政策主动调整，当然还有国际战略的考虑。

人民币国际化关乎中国经济的未来，人民币成为国际储备货币可大幅提升中国的国际地位。IMF 每隔 5 年对特别提款权（SDR）的货币篮子进行重估，2010 年中国未通过评估，2015 年 8 月 IMF 再次对人民币能否加入 SDR 进行评估。初评报告显示，人民币在 SDR "可自由使用"（Free Uusable）方面较五年前有长足进步。SDR 货币标准中的"可自由使用"，包括"广泛使用"和"广泛交易"两个要求，具体体现为国际收支失衡国可以随时得到资金融通，IMF的债权债务可以不受限制地进行清算，外汇风险可以套期保值等。尽管报告没有提到"资本账户开放"这个词，但是言下之意，上述要求人民币还做不到，另外还存在一些技术问题，因此人民币还不合格。中国央行于 2015 年 8 月 11日启动新汇改，一方面顺应了市场的贬值要求，另一方面亦是对 IMF 关于人民币纳入 SDR 技术问题的一个回应，以便为之后再次与 IMF 洽谈打下基础。这一努力看来是有效的，北京时间 2015 年 12 月 1 日凌晨 1 点，IMF 正式宣布人民币将于 2016 年 10 月 1 日加入 SDR，SDR 篮子权重调整为美元 41.73%、欧元30.93%、人民币 10.92%、日元 8.33%、英镑 8.09%。人民币在国际化的道路上迈出了历史性的一步。

三 维持干预汇率之难

人民币汇率问题的关键不在汇率水平，而在于定价权和主导权。人民币汇率改革的核心，不是升值或贬值，而是汇率形成机制改革。尽管 20 年前央行就将中国的汇率制度命名为"有管理的浮动汇率制"，但直至今日仍基本是"有管理而无浮动"的准固定汇率制。不过，人民币在岸市场汇率的波动幅度已经有所增大。2005 年汇改时，银行间即期外汇市场人民币兑美元日交易价波幅限定为 3‰，2007 年 5 月调升至 0.5%，2012 年 4 月扩大至 1%，2014 年 3 月 17 日调至 2%。为增强人民币兑美元汇率中间价的市场化程度和基准性，2015 年 8 月 11 日央行又决定进一步完善人民币汇率中间价报价（做市商报价），如果做市商是独立决策的，那么这将是汇率市场化的重要进展，中国向掌握货币定价权、推进人民币"再平衡"又主动前行了一步。

不过，谈到主动性，我们会发现当前人民币汇率的形成，事实上并不那么主动，随着人民币走向国际化，全球市场的联动效应将更加突出。2010 年以来，中国通过各种项目推进人民币国际化，包括人民币跨境贸易结算、离岸人民币中心、沪港通、RQFII 配额扩大等。2014 年，中国超过 20% 的进出口货物用人民币结算，而 2009 年时几乎为零。据 2016 年 9 月 1 日国际清算银行（BIS）3 年一度的全球外汇市场调查报告，2016 年 4 月人民币日均外汇交易量为 2020 亿美元，较 2013 年增长 69%，全球占比升至 4.0%，市场份额几乎翻了一番，货币排名从第 9 位升至第 8 位。离岸人民币市场的发展，在大大提高了人民币使用率的同时，也带来了更大的约束和风险。

目前的人民币汇率表现为"一种货币，两个市场，四种价格"。两个市场是指人民币在岸市场（CNY）、离岸市场（以香港为代表，CNH），四种价格是指在岸的即期汇率、远期汇率，离岸的即期汇率、远期汇率。当前在岸市场的人民币兑美元汇率中间价的形成方式，是由中国外汇交易中心于每日银行间外汇市场开盘前向所有银行间外汇市场做市商询价，并将全部做市商报价作为人民币兑美元汇率中间价的计算样本，去掉最高和最低报价后，将剩余做市商报价加权平均，得到当日人民币兑美元汇率中间价，权重由中国外汇交易中心根据报价方在银行间外汇市场的交易量及报价情况等指标综合确定。而离岸市场的汇率价格，则由市场自主决定。

由于人民币现在还不是完全自由的兑换货币，境内和境外市场仍处于分割状态，这样两种汇率形成机制的差异，必然导致更多的风险溢价和套利机会。以香港这个最大的人民币离岸市场为例，虽然 CNH 在理论上不受中国央行干预而自由浮动，但 CNH 还是一直紧跟着 CNY 变动，同时在很多时候 CNH 又反过来成为 CNY 中间价形成的依据。由于国际投资者对于中国经济有自己的判断，CNH 和 CNY 之间存在一定汇差。如果（CNY – CNH）汇差为负且扩大，就意味着人民币的市场贬值预期更强了，而随着投机加剧，市场的超调会使 CNH 汇率离 CNY 汇率更远。在这种情况下，中国央行要么任由两地汇率自发调节趋同，要么引导预期，反向操作，打击市场的投机行为。2015 年 8 月新汇改之后，CNY 和 CNH 汇差逐渐收窄，人民币贬值压力得到缓解，这在很大程度上就是中国央行干预的结果。

2015 年至 2016 年，人民币经历了国际投机资本的三轮大规模的"沽空潮"。第一轮是 2015 年 8 月汇改后的三天内，国际资本揣测中国政府有意默许人民币贬值而大举做空人民币，使得人民币兑美元汇率一度暴跌约 3000 个基点，直接跌入 6.4 区间。第二轮是 2015 年底 2016 年初，在中国央行放松托底人民币汇率后，离岸人民币做空浪潮再度掀起，人民币兑美元汇率中间价下跌逾 900 个基点，跌幅超 1%。第三轮是从 2016 年 4 月起，随着美联储加息预期升温与英国脱欧等一系列金融市场黑天鹅事件持续发酵，国际投机资本对人民币发动新一轮沽空潮，截至 6 月底人民币兑美元汇率下跌幅度超过 2400 个基点，一度跌破 6.7 整数关口。

外汇市场的惯常干预手段是调控货币的即期汇率。但中国央行通过对即期、掉期和远期市场进行一定的干预，实际上削弱了市场的功能。自 8 月 11 日中国实行外汇改革以来，人民币即期汇率每天都接近中间价——但这是干预下的稳定，并不具有指导性，表面上中国似乎汇市维稳成功了，但其实代价高昂。为了平息这三波人民币沽空潮，中国央行消耗了数千亿美元外汇储备。巴克莱银行曾经估计，中国央行 2015 年 7 月的抛售额是 500 亿美元，8 月抛售了约 1220 亿美元的美国国债。尤其是 2016 年初中国央行除了动用数百亿美元外汇储备干预汇市，还不惜抽走香港离岸市场人民币流动性，以此抬高人民币杠杆融资沽空成本。当然中国央行也很快意识到这种外汇消耗战是难以持续的，因此从 2016 年 2 月起开始转变汇率管理策略，一方面降低动用外汇储备干预市场的力度，另一方面采取资本管制措施遏制资本外流，确保外汇储备总额基本稳定，以此引导国际投机资本。在 2016 年 6 月底人民币汇率一度跌破 6.7 后，中国央行重新采取措施引导人民币汇率企稳反弹。这些汇市维稳举措在迫使国际投机资本知难而退的同时，也让中国付出了高昂的经济代价。

在悲观预期引发的资本外逃、近两年美元升值后非美元储备的账面缩水以及中国央行汇率干预消耗外汇储备等因素的综合影响下，近两年中国外汇储备急剧下降，给中国货币政策带来了严重挑战。2014 年 9 月，中国外汇储备从 3.89 万亿美元开始持续下降，2015 年 4 月曾小幅回调至 3.75 万亿美元，此后又逐月减少。实施新汇改的 2015 年 8 月，外汇储备为 3.5574 万亿美元（比上月下降 939 亿美元），到 2016 年 2 月已降至 3.2 万亿美元，十八个月以来月均减少383亿美元。考虑到经常项一直为顺差流入，所以近两年资本外流引发的月储备减少更为严重。在中国货币发行紧盯国际收支的制度结构下，资本外流带来国际收支和外汇储备的收缩，意味着中国货币扩张机制的根本性转变。外汇占款导致货币供应量的减少，会加剧国内通货紧缩。为缓解这一局面，2015年以来，中国央行已经四次降准来增加流动性，尝试通过降息提振投资和消费，给中国疲软的经济注入活力。但事实是不论银行利息被降至多低，央行自2015年8月11日以来采取的外汇市场干预措施（抛美元买人民币），都会对此前降准降息等增加的流动性起反向抵消作用。这意味着，央行每开展一轮外汇干预，都必须有一轮降低存款准备金率等货币量宽工具相伴，以免因调控人民币汇率而使得降息提振经济的努力完全白费，甚至造成恶果（干预本意是稳定经济，却反而造成紧缩）。显然，只要离岸市场对人民币贬值的预期没有消除，境内外的汇差就会扩大，央行为维持汇率就不得不进行干预，而稳定了汇率，却可能紧缩了经济。越是干预外汇市场，外汇储备就会消耗得越多，就越得通过下调存款准备金率、逆回购或者运用常备借贷便利等工具来进行对冲，直到美元资产和通过降息来调控经济的能力最终丧失。单凭不计成本的入市干预，就算暂时见效，其后遗症不可不谓大。这是政府与市场两股力量的无形博弈。所以我们也看到，近两年中国政府除了通过各种讲话来引导市场预期外，还采取了不少行政和法律手段，如央行出台规定对远期售汇收取保证金（其实质是一种"托宾税"），以限制资本外流。这些扭曲性政策确能奏一时之效，但很难使得"市场出清"。因此更重要的是加快推进汇改，让人民币更市场化，更具有弹性，才能更好地发挥其资源配置和调节的功能。

四　人民币趋势展望

汇率的决定因素十分复杂。理论研究中，关于汇率有"贸易决定论""货币决定论""生产率决定论""购买力决定论"等诸多理论，国内研究者关于均衡汇率也有不计其数的推演与测算（张斌和何帆，2006；赵志君和金森俊树，2006；卢锋和韩晓亚，2006）。不同的理论依据、假设、方法和参数所得出的汇率估值结果大相径庭，而且对于一个正经历快速结构转变的经济体来说，经济变量之间的内在关系是十分不稳定的。汇率的"均衡水平"本身会随着时间而变化。国际清算银行BIS的数据显示，2009~2015年，人民币实际有效汇率确实上升了30%左右，不过人民币汇率的"均衡水平"可能也有所上升。大多数机构，如 IMF、彼得森国际经济研究所、瑞银认为 2014 年人民币汇率已接近合理水平，有的甚至认为可能存在小幅高估。鉴于中国的基本面弱态，从多个方法和角度来看，人民币汇率有可能高估了 10%。

在全球化背景下，仅仅从贸易差额、货币流动量、生产率差异、购买力或通货膨胀等单一角度，已经难以说明各国汇率波动的本质。金融流动已经取代贸易行为成为国际收支和汇率波动的决定力量。无论从短期还是从长期来看，决定汇率的远非"均衡水平"，而是资本流动因素。从微观角度考虑，如果把每一个经济体看作一份资产，微观投资者的逐利本质决定了他的权衡基础在于经风险调整的净收益率差——持有某一种风险货币资产，能给自己带来多大收益。就此指标而言，中国与美国的真实资本回报率差异，驱动了人民币兑美元的波动过程。2012 年中国的投资回报率和美国、欧洲大致是同等的，但 2013 年以来差异显著扩大。根据中美两国上市公司数据，美国标普 500 整体净资产收益率（ROE）在 12% 左右，而 A 股 2015 年整体 ROE 只有 6.8%。ROE 的差异，在很大程度上可以解释中国近年的资本外流和人民币贬值。

综合考虑中国资本回报率仍未好转，美元升值、资本管制放松、汇率预期推动资本外流规模增加，中国资产风险溢价上升等因素的影响，当前人民币在短期仍面临着一定的贬值压力。如果人民币通过贬值保持了比较优势，能够反过来维持当前的汇率水平，而如果人民币币值继续高估，出口部门竞争力将下降，就会实质性影响中国潜在的经济增长率，这将在更长的周期中导致人民币贬值。从投资者角度看，如果人民币降息，能够保证中国当前经济的增长率，那么相对净回报率的维持将使资本流入中国，最终会回补短期的贬值效应；如果维持人民币不降息，相对净回报率的下降将使资本流出进一步加剧，进而在实质上架空当前高估的汇率水平。因此，在稳增长、稳资产和稳汇率之间，三者相互联系，但前者可能相对更重要，毕竟金融的稳定还有赖于经济基本面。

人民币单边升值或单边贬值并无好处。"十三五"期间一个大的方向是利率市场化水平、资本账户开放程度越来越高，这必然要求人民币汇率灵活性增加，否则货币政策的独立性将受到影响。当前国内经济结构调整举步维艰，现有经济结构已无法化解十年来人民币大幅升值的压力。中国贸易顺差占 GDP 的比例维持在 2.6% 附近，挤掉套汇套利的贸易泡沫，并无大量贸易顺差推高人民币汇率，而且贸易顺差又有很大部分来自外资企业的加工贸易。建立在单边升值基础上的人民币国际化并不可靠。据一些资料显示，在日元升值过程中，1984～1989 年，日本银行以日元计价的跨境资产和负债总额年均增速超过

60%。这其中，欧洲日元离岸市场成为日本境内银行获取短缺资金的新渠道，市场增速甚至超过央行本国的货币发行，特别是日元长期保持低利率使得日元沦为全球的套利和融资货币，积累了大量资产泡沫。而人民币单边贬值，对中国也未必有利。长期大幅贬值，很容易引发贸易伙伴的对抗，更严重的是一旦投资者信心缺失，大量资金将外流，国内资产价格将直线"跳水"，会引发严重的债务危机，导致人民币作为储备与投资品种的功能丧失，所谓人民币国际化也就会成为泡影。

中国政府多渠道的干预有助于短期的汇率稳定。从中期来看，经过结构转变阵痛而获新生的更健康的中国经济，会对人民币汇率的稳定形成支撑。但政府不是万能的，入市干预也是高成本的。市场是决定人民币汇率的最主要因素，从长期看人民币汇率市场化是大方向，这将使中国的货币政策获得一个新的工具，而富于弹性的汇率是稳定和调整经济的重要工具。在全球经济从失衡到新一轮再平衡的过程中，在后WTO时代的全球贸易体系和区域合作中，中国一方面要以我为主，锐意变革，另一方面也要熟悉各类自贸规则和投资协议，主动适应各种游戏规则，实现互利互惠。如果中国自绝于全球贸易与金融体系，人民币的自我升值或贬值将毫无意义。

第四篇

中国经济增长理论

第十八章 中国式增长：一个逻辑框架

刘霞辉[*]

内容提要：本文在梳理中国经济发展特征和背景的基础上，提出了中国式增长的三个重要逻辑：激励相容、分工深化和干中学。分析表明，这三个逻辑能较好地解释中国的高增长过程，特别是能说明快速的工业化和规模经济问题。这套逻辑在目前中国的经济发展阶段虽然同样适用，但使用的策略和方法需要变化，即中国经济的可持续增长很大程度上取决于政府管理的定位，经济发展由非均衡走向均衡等问题的解决。

关键词：中国式增长 激励相容 分工 干中学

一 问题的提出

关于中国近几十年的高速增长问题的研究很多，已有的研究中，林毅夫等（1994）最早从制度和特定的资源禀赋结构出发分析了中国的增长问题，他们认为中国的快速经济增长是伴随着制度变迁和市场形成而进行的，他们特别提出资源禀赋结构在中国经济增长中的特殊作用。其后，林毅夫在此基础上提出了新结构经济学，该理论的基本观点是禀赋要素结构决定产业结构和技术结构，后者又可以决定金融结构和法律需求。从中国的实践看，该理论可以合理地解释早期的经济增长，但是如果中国经济要进行转型，那么这种回溯性的禀赋要素结构决定其他结构的推论就不再适用。顺着制度变迁这根主线，周黎安（2017）等进一步提出地区官员竞争可以促进经济增长的观点。该观点是从中国实际出发提出来的，对中国经济的快速增长有比较强的解释力，但其不足之

---

* 本文发表于《湖南大学学报》（社会科学版）2020年第3期。刘霞辉，中国社会科学院经济研究所研究员，博士生导师。

处是只从政府的角度来考虑增长问题，并没有考虑到市场、要素等各类因素在中国经济增长中的作用，本研究也利用了该研究的相关内容。国内学者大多认为主流西方经济学不是特别能解释中国的情况，因为西方经济学的基本逻辑建立在一个现存的市场经济框架基础上，通常按照一些基本的经济逻辑和条件来设定经济行为，或者是设定某种经济情境再往下推演。中国的情况恰好不符合这种情况。宋铮等（2011）利用主流西方经济学合理地解释中国高增长，他认为多轨和双轨制是一种特殊的经济激励，在此背景下，有更多的资源能够通过市场发挥作用，从而促进经济的高增长。本研究充分吸收了宋铮等的相关研究，并且将其放到中国特殊的市场和要素结构的背景下进行分析。

总之，本研究的基本出发点如下。第一，从基本事实看，中国高速增长40多年，是一个特别值得研究的对象。中国的特殊情况决定了它不是一个类似于早期已经建立了市场经济基础的国家，如英国、日本。第二，中国的高增长伴随着一个比较大的市场形成和经济转型过程。它不是建立在已有的市场竞争的基本规则和基础上，而是缓慢地或者是一步一步地由过去计划经济向市场经济转型。第三，中国的高增长事实上也是一个资源的动员过程，政府、企业和个人之间的激励相容是经济增长的重要推动力。中国是一个有着数千年文明的古老国度，也曾经有过经济上的辉煌，但在改革开放初期，中国又是全球最贫困的国家之一。改革开放给社会各阶层提供了这样一个契机，如果配备激励相容的政策，则各方面的积极性能得到最大的发挥。

所以本研究的基本逻辑是，所谓中国式增长，其实就是在中国特殊的国情下所实现的高增长。有别于其他国家的高增长情形，中国的高增长建立在快速的市场形成，高强度的区域性竞争，高水平的对外开放，政府、企业和个人之间的激励相融环境之下。工业化进程伴随着巨大的规模收益，城市化进程伴随着巨大的劳动力红利，在此进程中，中国也出现了过度的资本积累，面临产业同质化和资本出清难度大的问题。

希望本研究能合理解释中国经济增长历程，同时又为中国经济向更高水平演进提供一条思路。

二　什么是中国式增长

（一）中国式增长的基本事实

一是由计划到市场，这是中国40多年高增长最明显的事实。众所周知，改革开放以前，中国实行了差不多30年的计划经济体制，在这段时间内中国的工业化进程不是由市场而是由计划来推动，工业化的效率不高、体系不完善、可持续性较差。中国的高增长肇始于开放市场。二是由中速转向高速增长。统计表明，中华人民共和国建立以后，中国已经开始了初步的工业化，经济达到了中速或者是中高速增长的水平，改革开放以后中国经济实现相对稳定的高速增长（见图 18 - 1）。三是由封闭转向高度开放。这是中国经济增长一个非常重要的事实，也是分工深化的重要条件，还是获取干中学效果的重要途径。四是高强度的区域竞争（见图 18 - 2）。改革开放以前中国是集权式的计划经济体制，中央集中了经济发展的所有权利，地方自主权相对较小。改革开放以后，通过财税制度的改革，地方获得了比较大的财权，逐步释放了地方发展经济的积极性，地区竞争格局开始出现。同时，地区经济发展水平与地方干部的晋升相关联，这就使得区域竞争不断加强，工业化进程不断加快。这种区域竞争是有中国特色的，它将经济发展的结果和官员之间的晋升相关联，从而提高政府参与经济建设的积极性。当然，高强度的区域竞争，在快速推进工业化和城市化的同时，也使区域产业雷同现象非常明显，并且资本积累速度过快使经济结构的调整难度加大。五是非均衡增长。中国在改革开放的起始点，既缺乏市场，也缺乏各类经济发展的资源，要在这样的基础上把经济增长水平提上去，就必须有一个非均衡增长的基本框架，也就是集中有限的资源去办最重要的事情。所以我们看到，改革开放是从东南沿海的部分地区开始的，国内的经济资源也在相当长的时间内向这部分地区流入，东南沿海地区也成为中国经济高增长的核心区域。同时，居民收入差距不断扩大、资源和环境的消耗量增大，给未来中国经济的均衡化演变带来了一定难度。

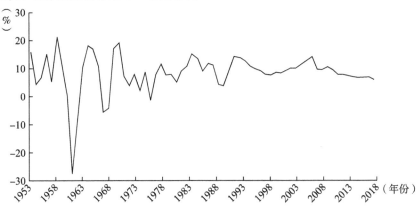

图 18 - 1 1953~2018 年中国 GDP 增长率

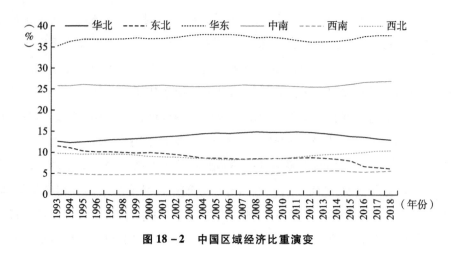

图 18 – 2　中国区域经济比重演变

（二）中国式增长的背景

一是平稳的国际环境。随着 20 世纪 70 年代中美关系的改善，中国能将更多的资源用于发展经济，而且 20 世纪两次石油危机以后，全球经济开始活跃，国际贸易出现了大幅增长的机会，中国恰在此时开放了国内市场，从而能从国际市场获得更大的发展机会。中国的分工深化和技术进步的干中学效应都来自平稳的国际环境。二是急需致富的各个经济主体，这是中国作为一个文明古国非常重要的一个特质。在长达数千年的文明历程中，中国在物质积累上并没有取得大的进步，贫困是数千年来中国老百姓的基本特征。所以快速致富是中国老百姓和政府的现实要求。我们也可以看到，中国高增长的进程一直伴随着高储蓄和高投资，而这正是快速致富的重要途径。中国经济的腾飞，与一个基本的经济原理相一致，也就是激励相容。在中国几千年的经济发展进程中，个人、企业和国家这三个主要的经济行为主体在很多情况下是激励不相容的。改革开放使三者之间的激励真正达到一个完全相容的状况，将这三个主体的积极性全部调动起来。原因就是这三个经济主体在特定的经济增长进程中获得了利益一致性。急需致富的各个经济主体的激励都建立在对经济增长的预期上，或者说好的经济增长预期能给个人提供好的收入预期，能给企业提供好的利润预期，能给政府提供更好的税收预期，所以三者都能够从高速经济增长中获益。三是大量待转移的农村劳动力，这个是资源基础。丰富且廉价的劳动力资源使规模经济的出现成为可能。而规模经济效益的获取，在中国主要依赖农村劳动力的开发，也就是人口红利的释放（见图 18 –3）。四是开始起步的工业化。改革开放以前, 特别是"一五"时期, 在苏联的援助下, 中国已经开展了大规模的工业化进程。这一阶段我国的重工业有了相当的基础, 这为改革开放以来的继续工业化提供了一定的条件。五是高储蓄为经济增长提供了重要动力。中国的改革开放是在中国经济发展水平较低, 特别是全社会缺乏资金的情况下实施的, 而要维持经济高增长必须要有足够的投资作为推动力, 所以中国的金融体系, 就建立在动员金融资源这一个基本的逻辑之上。这种动员型的金融制度, 能够快速集中民间分散的各类资金, 并且把这些资金高效地输送到工业化部门, 所以高储蓄就成了高增长的基础。当然这样特殊的金融体系, 在工业化进程达到一定水平之后, 其配置金融资源的效率也相对降低, 这也是中国经济转型中面临的大问题。

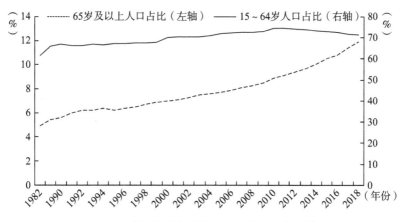

图 18-3 中国劳动年龄人口和老年人口占比情况

三 中国式增长的逻辑

(一) 增长的逻辑之一: 激励相容

每个人都会以自身利益的最大化为原则来指导自己的行为, 当你期待别人为你做一件事时, 如果你们的利益存在不一致甚至冲突, 那就别指望对方能如你所愿。这个理念就是 1996 年威廉·维克里和詹姆斯·米尔利斯共同提出的"激励不相容"。中国改革开放之前 30 年左右的实践表明, 我们是激励不相容的, 因为劳动者、企业跟政府之间的利益、想法是不一致的。

首先, 在计划经济条件下, 政府管控社会经济的一切形态, 政府采取剪刀差的定价方式获取农业对工业的支持。因为农产品的价格低, 农民不愿意去生产更多的农产品，结果就是农民以种种出工不出力的方式来躲避各种经济计划的实施。反过来，农民采取低报产量的方式，在黑市上出售剩余农产品。因为农产品供给的短缺，农产品在黑市上的定价要高于正常的市场定价，所以农民可以通过黑市来抵消这种利益的损失。从国民经济的总体看，数亿人从事农业生产，但是农产品供给长期不足，农产品的品质也不够高，农业的劳动生产率非常低，拉低了人均国民收入水平，这就是激励不相容在农业部门的表现。

其次，工业部门的经营者和劳动者也是激励不相容的。虽然农业部门把一部分利益转移到了工业部门，从理论上来讲，工业部门的经营者应该有积极性去扩大工业品的生产，但是，事实并不是这样。因为工业部门的利润要全部上缴给政府部门，所有的原材料由政府部门来控制，所有工业品的去向也由国家来控制，所以工业企业的经营者就没有积极性去扩大市场、提高技术能力、提高产品质量。他有更多的积极性去跟政府讨价还价，以获取工业品价格的优势。企业不用去做更大的规模，只要求政府给定更高的价格，就能获得更好的收益。对于企业里的劳动者来讲，因为全社会实行的是平均劳动工资，所以企业的员工没有积极性去提高劳动生产率。

最后，政府本来的目的是通过农产品的低价以及工业品的高价，促使更多资源流入工业部门，从而加快工业化进程。但政府与其他两个经济行为主体是激励不相容的。在计划经济的条件下，政府事实上已经控制了全社会所有重要的经济资源，政府也对这些资源进行了合理的安排，但是这些资源作用的发挥必须依靠企业和个人，政府官员的作用也不能忽视。而在计划经济时期，官员的政绩在于能否完成和超额完成国家制定的经济和社会计划，而这些计划与个人的实际收益是不挂钩的。所以政府、企业和个人都有激励说假话，三个经济行为主体都没有激励去真正生产更多的产品。

现在我们看改革开放以后的状况。

首先，工农业产品的剪刀差以最快的速度消失了，从而农民获得了激励，有积极性去扩大农产品产量，农民的激励与市场发展相容。当农民生产了更多农产品，他能够以市场价格来出售农产品，从而能够获得更多的收入，所以他的预期跟现实是一致的。农民为了获取更多收入，他愿意投入更多的劳动，农产品规模获得快速增长（见图18-4），这就是激励相容。激励相容是美国明尼苏达大学经济学名誉教授里奥尼德·哈维茨提出的，他因此获得了2007年的诺贝尔经济学奖。这一概念是指在市场经济中，每个理性经济人都会有自利的一面，会按自利的规则行动；如果能有一种制度安排，使追求个人利益的行为正好与集体价值最大化的目标相一致，那么这一制度安排就是"激励相容"。激励相容是中国从计划经济到市场经济获得的最大的经济红利。

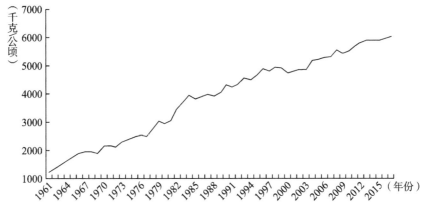

图 18 - 4　中国粮食产量

其次，工业部门也获得了激励相容的效果。虽然工业部门没有全部放开，但放开了部分产品的市场价格，尤其是最终消费品的价格，这使得大量工业企业可以利用市场获得规模收益。市场是收益的主要来源，它与产量是直接挂钩的，所以工业部门的生产者有激励提高产量。对于国有企业来讲，因为早期没有完全放开，所以政府为了提高产量，就丰富了所有制的形式。由图 18 - 5 可知，乡镇企业的数量在改革开放后经历了迅速增多的过程，乡镇企业在工业化的早期是最大的受益者，因为它的产量可以完全市场化，在当时物资短缺的情况下，扩大产量意味着扩大利润空间，这个激励就是相容的。但是国有企业并

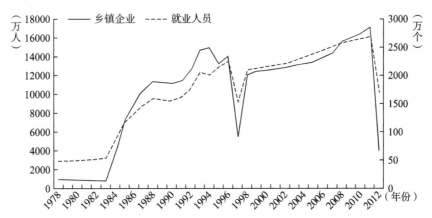

图 18 - 5　中国乡镇企业数量和乡镇企业就业人员数量

不是100%的激励相容，因为当时很多市场并没有完全放开，即使是现在这个问题也存在。

最后，政府取得了两个收获。第一个是不断扩大的社会就业，从而保证老百姓安居乐业、社会稳定；第二个是不断扩大的税收，工业化给政府税收提供了稳定的收入来源，并且它还有规模效益，所以政府也愿意促进GDP的增长。可以看到，政府、企业和个人都可以从经济增长中获取预期的经济收益，而且收益和付出是匹配的，我们认为这就是一种激励相容的状况。

在激励相容的条件下，各经济行为主体的积极性都被调动起来了，但是致富得有条件，这就有一个与套利的结合。套利是金融学中的一个概念，也叫价差交易，经济学家一般也称之为免费午餐，通常指在某种实物资产或金融资产（在同一市场或不同市场）拥有两个价格的情况下，以较低的价格买进，以较高的价格卖出，从而获取无风险收益；同时它也可以指市场的机会不一样，经济行为主体在付出同样劳动或金钱的前提下，在不同的市场能不获得不同的收益。在中国式增长的背景下，激励相容为什么跟套利有关系？

中国是一个人均资源匮乏的国家，面临着比较严重的资源约束。在计划经济时期，政府将这些有限的资源以"撒胡椒面"的形式分配下去，效果非常不好。怎样让有限的资源集中在最有效率的人、最有效率的地区和最有效率的企业手中？也就是政府如何将这些资源通过市场配置的手段来获取最高的资源配置效率？这就与套利有关系，而且是一个重要问题。

这其中，核心点是政府实行了一套具有中国特色的资源拍卖机制。这套拍卖机制的核心是谁能够把这些资源用到极致，资源增值的效果最好，就给谁最大的奖励。这样想的逻辑是对的，有没有渠道实现呢？

政府掌控了制定经济政策的权力，可以决定获利的基本机会和空间。怎样通过市场机制把这个机会和空间给优选出来，这是政府要考虑的事情。中国政府巧妙地利用套利的机制，把这个拍卖变成了可实现的一条路径，这套拍卖加套利的机制，就是差别化的区域发展政策，即如果地区经济发展得好，那么地方留的利益也多，地方官员升迁也快。这是中国自改革开放以来，最有中国特色也是最有经济成效的一个政策。

差别化的区域发展政策是什么含义？为什么能够产生促进经济发展的效果？改革开放早期，中国的人均GDP水平很低，市场需求层次也较低，同时缺少发展工业化所需要的资金和技术。要在这样的基础上快速提高经济增长水平，如果只是面向国内一个市场，则很难摆脱市场狭小且资金不足的状况。对此，中国政府决策的基点是，尽量利用国内和国外两个市场，特别是将资金和技术引进来，将产品推出去。在这个前提下，政府预设的可以实施的区域就是东部沿海地区。而要使东部沿海地区真正成为中国经济增长的发动机，就必须集国内和国外两种资源，并且将资源有效地配置在效率最高的领域。由此，中央政府设计了一套非常特殊的拍卖规则，事实上就是设置一个套利规则，当资源进入政府支持的经济区域和产业时，能够获取超额的经济效益。政府的套利规则是，特定区域的企业纳税比较少，老百姓工资比较高；如果经济增长达到了要求，官员升迁比较快。这套拍卖规则的核心是套利。在这一套行为规则下，国内资源以最快的速度往东南沿海转移，中国工业化快速腾飞。以最小的代价，最大的效果聚集经济资源，从而形成巨大的规模经济效应，推动工业化的快速展开，也成了中国式增长的重要内容。

综上所述，对高收益的不断追求是人的本性之一，激励相容涉及人的这一基本行为模式，它也能够合理解释中国高增长的重要来源。中国式的高增长，说到底是充分动员了社会有效的资源，特别是发挥了政府、企业和个人三方面的积极性，将三股力量变成一股追求经济增长的巨大洪流，使经济呈现持续高增长的态势。

（二）增长的逻辑之二：分工深化

劳动分工指人们社会经济活动的划分和独立化、专门化。具体地说，分工是人们在经济活动过程中技术上的联合方式，即劳动的联合方式，简称劳动方式，马克思称之为生产方式或生产技术方式。1776 年 3 月，亚当·斯密在《国富论》中第一次提出了劳动分工的观点，并系统全面地阐述了劳动分工对提高劳动生产率和增进国民财富的巨大作用。《国富论》中有两个理论影响深远，第一个是看不见的手，认为市场是万能的，当然我们不一定100%认为市场万能，但市场确实能高水平地配置资源；第二个就是分工理论，他认为市场规模限制了分工的深化，或者是市场规模约束了分工。经济学家杨小凯继承并发展了亚当·斯密的分工思想，在亚当·斯密的绝对分工理论的基础上发展了相对分工理论。绝对分工是说市场的大小会制约分工的整个形态，也就是分工的细化。杨小凯把这个理论反过来理解，认为这个世界上的市场并不是现存的，市场的大小也不是事先确定的，当需要获得分工深化效果的时候，应该不断扩大和深化市场。对于一个发展中的没有那么大已存市场的国家，不断地改革，不断地经过制度变迁来扩大市场范围、深化市场层次，是有利于扩大分工的。

为什么说分工理论能够解释中国的高增长？亚当·斯密在《国富论》中指出当社会产品的种类较少以及社会产品的复杂度处于一个比较简单的水平时，必然所有人都只需要一些简单的劳动，社会也只提供简单产品，分工也处于简单模式。当社会产品种类越来越多，技术复杂度越来越高的时候，分工链条就会变得越来越复杂。随着人的生活条件变化，需求会慢慢地演进，它会对供给产生巨大的拉力。反过来，当人类的技术水平越来越高的时候，生产的产品也越来越高级，需求层次也逐渐被深化，即供给又推动需求端的不断升级。所以，分工深化能合理拓展市场和经济发展之间的关系，能解释中国式增长的特点，不管是按照亚当·斯密的逻辑，还是按照杨小凯的逻辑，都能有效地理解中国问题。

从亚当·斯密的逻辑来讲，市场的绝对扩大有益于分工深化，对外开放使中国的市场规模不断扩大。从杨小凯的经济逻辑来讲，为了使分工深化，应该创造更多的经济条件，恰好我们的改革就做到了。企业改革、收入改革、区域性的改革，恰好把国内的这些能扩大市场的基础打好了，新市场也在不断产生。与扩大国际市场同步，深化市场改革又把分工深化推进了一步。

但只有在中国，区域竞争使分工扩大和深化。利用资源流动的套利机制，部分地区的市场形成速度要远远快于其他区域。其结果是，市场能够很快地在这个很小的范围内扩张，获得快速的分工深化，规模经济明显。

（三）增长的逻辑之三：干中学

干中学是什么？它指人们在生产产品与提供服务的同时也在积累经验，从经验中获得知识，从而有助于增加知识总量和提高生产效率。例如，发展中国家可以通过向技术先进的国家学习，获得最有效率的技术进步。干中学不单是在中国这种发展中国家存在，在所有的领域和国家都存在干中学。干中学基本的经济逻辑和激励相容一样，能够使人类在经济生活中，能以最小的投入、最低的风险和最快的速度获取最大收益。

一个国家的技术进步和经济增长，在什么情况下能获得最好的干中学效果？中国改革开放以来，就是把美国作为最大经济合作伙伴，从美国获得了我们想要的技术和市场。技术好、成本低、风险小，这就是中国特色的干中学。

中国式干中学与一般发展中国家不一样。中国式干中学与特殊的激励相容相关，这是干中学在中国获得特殊经济成果的基本动力。其特点是政府通过税收、金融等各种政策激励所有的企业不断深化和拓展国际市场，从而获得更好的技术。可以看到，中国通过实施特殊的产业政策和区域间的高强度竞争，获得了最大的干中学效果。

如果我们将激励相容、分工深化和干中学这三个逻辑结合在一起，就能够合理有效地解释中国 40 多年经济快速增长的基本进程（见图 18 - 6）。同时，它们也能够解释目前经济发展中出现的种种问题，如区域经济差异比较大，而且有越大的趋势；发展过程对资源的利用强度高、对环境的破坏力度比较大；个人收入分配的差距比较大；政府对经济的干预相对比较强等。总之，中国式增长伴随着经济的高增长和社会的快速变迁，同时也蕴含着可持续发展的问题，这是我们未来改革和发展的新起点。

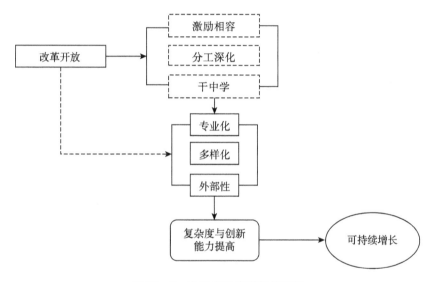

图 18 - 6　中国式经济增长的逻辑

四　问题与展望

中国式增长也有内在的问题，可以归纳为以下几点。

一是地区、产业和企业同质化严重。区域竞争导致不同地区和企业盲目地以最快的速度扩大本地区和本企业的生产能力，导致同质化发展。经济的过度同质化，从短期来看是市场的过度拥挤，将导致资源的大量浪费；从长期看，则存在资本的退出问题，大量的有效资产将被迫退出生产领域，很容易出现全行业被快速淘汰的现象。特别是在工业化的中后期，随着消费者的异质性需求不断彰显，过去那种大规模生产的产品许多已经不太适合消费者的口味，所以过度追求规模在这个阶段是不太合适的。21 世纪以来，中国经济已经进入了以城市为核心的发展阶段，城市服务业的崛起和大量人口向大中城市的转移，使中国的消费升级不断加快。目前我们面临的结构性改革的最大问题就是国内企业生产的产品和国内消费者需求之间的不匹配，所以过去那种激励做大规模的政策，在现阶段已经不太合适。

二是干中学面临比较大的困难。长期以来中国工业化进程和干中学关系密切，技术进步速度也快。但是现在对外开放面临一个新情况，贸易摩擦正在向技术领域延伸，过去企业长期依赖的通过干中学获取技术进步的方式，现在已经变得越来越难，风险和成本也在加大。从全球后发国家技术进步的基本规律看，在经济发展的早期阶段，企业没有必要自己研发生产技术，可以在国际市场去寻找合适的技术来进行引进和学习，但是这种引进和学习过程也有时间限制，一般在国内的加工技术同国际基本接轨以后需要进行技术原创。就中国目前的实际情况而言，中国工业化已经到了中后期阶段，从理论上讲大部分企业应该可以进行技术原创了，但中国的特殊情况是，我们的很多中小企业以外贸为生产基础，技术基本上是通用模仿，生产规模偏小，抗风险的能力相对较弱；还有一些面向国内消费市场的企业，因为国内消费者的消费层次和能力与发达国家相比还有不足，所以企业的生产技术也长期得不到大的提升，因为国内消费者还不能大规模地消费高技术产品。在这两种因素的作用下，目前国内主流的制造业企业一般以通用产品生产为主，很少有企业能真正做到原创。

从专利的角度看，国内目前每年申报和通过的专利技术数量是很多的，并且许多属于实用新型技术，但是这些专利的实际使用比例相对较低。其中可能有技术不实用的原因，但更重要的原因是企业没有积极性去购买和使用这些技术，当然就更谈不上自己去组织研发新技术了。从国内企业的研发情况看，传统的产业部门大多是由原有的科技体制在维持，许多研发活动也是由国家组织而不是企业，所以技术的实用性和市场及成本问题都没有得到切实的解决，研发和使用"两层皮"。对许多新兴企业而言，企业进入市场的时间短，技术能力有限，并且企业更注重解决生计问题，很难去顾及技术进步的问题。所以对企业而言，成本低效率高的方式还是通过干中学来引进国外已有的生产技术。在这样的格局下，如果干中学的成本不断提升，获得技术的难度越来越大，则国内大部分企业的技术进步很快会遇到巨大的困难，这就要求企业必须自己去研发。为了促使企业真正投入研发进程，政府在这段时间还需要出台一些支持政策。

三是政府过度介入经济发展。作为一个发展中国家，在经济发展的早期，因为市场、资金等各方面都存在困难，所以政府通过干预市场降低企业的生产经营成本，提供企业发展所需要的资金是非常合理的。但是随着经济体发展水平的不断提升以及市场的不断完善，需要有更高质量的竞争来促进企业发展，这时如果政府过度介入，会造成竞争质量的降低，不利于企业和市场的长期发展。目前中国的经济发展水平已经到了中高水平阶段，马上就要进入高水平发展阶段。对市场而言，必须不断完善市场机制，因为高质量的市场是企业高质量发展的核心和基础；对企业而言，要不断提高发展的内生动力，降低对政府的高度依赖；对政府而言，政府对社会事务的责任远比对经济发展的责任要大。鉴于以上变化，政府在经济发展中的定位将发生变化，并且政府的经济策略也将发生变化，应该更多追求平等的市场和竞争。

四是对资源环境的过度利用。在工业化进程中，政府采取的是非均衡的发展策略，地方政府和企业为了追求规模经济效益，将产出放在第一位，其结果是对资源的过度利用和对环境的破坏。进入 21 世纪后，随着城市经济的逐步发展，第三产业逐步取代制造业成为最大的产业部门，中国的能源和环境消耗强度在逐渐下降，但从总量上来看还不容乐观。要真正实现经济的均衡发展，将能源和环境消耗降到一个合理的水平，还需要政府和企业做更多的努力。

通过对中国式增长的反思，可以总结出以下几点内容。一是这套特殊的增长逻辑在一定的经济发展阶段是有效的，在工业化期它可以加快一个不发达经济体的工业化进程，也能获取最大规模的经济效益，但是到了城市化阶段以后这样的增长逻辑的副作用很大，不利于经济的转型，还会干扰经济的可持续发展。所以在现阶段，我们的增长逻辑必须要变。二是激励相容、分工深化和干中学并没有过时。特别是激励相容，它是经济发展的核心要素，如果没有市场参与方共同为经济发展做出贡献，经济体也就难以实现发展的可持续性；中国仍需要推进分工深化，特别是要真正促进现代服务业发展，就必须延长服务业价值链条；干中学在中国还有很大的发展空间，虽然中美之间的贸易摩擦给企业通过干中学获取新技术带来了很大困难，但我们也可以努力开发其他发达国家的技术市场，国内企业之间也可以展开干中学。只是这三个要素发挥作用不应该继续依赖国家的特殊政策，而应该更多地依靠市场。

为此，我们提出以下三点展望。

第一，由不均衡向更加均衡的经济发展战略转化。过去激励相容、干中学等策略激励的是非均衡发展，其结果是对资源环境的破坏、过大的收入分配差距和过度的资本积累。这种非均衡的发展方式是不可持续的,所以未来的经济发展战略就应从非均衡走向均衡,使经济走上健康和可持续发展的道路。

第二,转变政府职能,政府从经济发展的前台走向后台。作为一个发展中国家,政府在工业化进程中的作用非常重要,中国式增长也已经体现了这一点。但是当经济达到更高水平之后,市场对资源的配置作用越来越重要,政府已经不需要站在前台直接指挥,而应不断规范市场。所以政府的角色应不断从前台向后台转移,由经济的发动机和带领者转向经济激励的政策制定者和市场规范者。

第三,从重资产到轻资产转变。过去我们工业和城市的发展主要靠投资拉动,很多资产沉淀在各个经济部门中。而现在,传统工业部门沉淀资产过多,转型困难。中国未来的经济发展,更多的应该是技术创新和人力资本发挥作用,所以,资产不应该过度使用在生产上,而应该在研发上。未来,要由重视硬投入逐渐转为重视软投入,投资应由重资产转变为轻资产,这是中国经济转型和向更高水平经济体迈进的重要内容。

第十九章 递增收益下分工经济的共赢结构与市场有效性研究

赵志君[*]

内容提要：本文针对不完全信息环境，引进随机均衡、共赢结构、满意价格等新概念，在纠正既有理论缺陷的基础上，发展杨小凯的劳动分工理论分析框架，建立了反映生产者－消费者自由选择和互动关系的新自由竞争市场模型，获得了市场供求双方的共赢条件。分析表明，虽然市场是一种供求双方寻求合作共赢的机制，但市场机制是存在缺陷的，它不能确保收入分配的公平，供求双方共赢只有在一定条件下才可能实现。由于信息的不完全性和个体理性与市场非理性之间的冲突，所以本文以无先验信息和有限个体的自由竞争市场作为逻辑起点，运用最优化和概率论等方法讨论自由竞争市场的结构和有效性，能够清晰表达自给自足经济向分工经济演化的条件，同时消除新古典竞争理论中的逻辑悖论。本文的结论隐含着在市场经济中发挥政府积极作用的必要性。

关键词：劳动分工 共赢条件 市场结构 收入分配 随机均衡

新古典经济学家信仰市场的自发调节能力，试图通过模型化"看不见的手"的功能，证明市场是一种最佳的资源配置方式，其在确保个体实现自身利益最大化的同时，也促进了劳动生产力和财富增长。然而，在斯密（1996）的古典经济学思想中，自由竞争市场的信息是不完全的，一个人"通常既不打算促进公共的利益，也不知道他自己是在什么程度上促进那种利益"，他受到一只看不见的手的引导，去实现"一个并非他本意想要达到的目的"。"他追求自己的利益，往往使他能比在真正出于本意的情况下更有效地促进社会的利益"。由

---

* 本文发表于《经济学动态》2020年第9期。赵志君，中国社会科学院经济研究所研究员，博士生导师。

此可见，在斯密的心目中，并不存在完全理性和完全竞争，个人利益与社会利益的一致性并不是个人能够预知和事先确定的，它们的一致性充其量是一个大概率事件，而不是必然发生的现象。

对于竞争市场的特点和价格形成机理，古典经济学和新古典经济学也存在明显不同的观点。完全竞争理论假设自由竞争市场的价格是唯一的，个体对市场价格无影响力。斯密认为市场上存在两种价格，一种是"商品通常出卖的实际价格"，另一种是"不多不少恰恰等于生产、制造这商品乃至运送这商品到市场所使用的按自然率支付的地租、工资和利润"的自然价格。商品价格受自然价格吸引，以自然价格为中心上下波动。

由于分工问题的复杂性，早期的古典经济学家关于市场的观点是在经验和案例分析的基础上，通过综合、归纳和总结提炼出来的。20世纪50年代之前，人们一直没有找到合适的数学工具去表述古典经济学的分工思想。在古诺创立垄断竞争模型之后，特别是随着边际革命的兴起，经济学的核心议题从劳动分工转向了给定约束条件下的资源配置，从而回避了分工理论建模的困难，古典分工和专业化理论随之被彻底边缘化。

虽然离开了古典经济学劳动分工的核心思想，但新古典经济学家对市场有效性的信念丝毫不亚于古典经济学家，甚至更胜一筹。古典经济学家是把市场有效性作为一个相当有把握的命题提出来的，而新古典经济学则把市场有效性当成了一种信仰，并试图通过完全竞争模型进行逻辑论证。为证明市场的有效性，新古典经济学基于完全信息、单一价格、市场上存在大量生产者和消费者、商品的完全可分性和要素的完全流动性等假设，构造了完全竞争理论。

这样，新古典经济学家通过对斯密思想的片面解读，实现了对古典经济学的模型化改造。然而，作为新古典基准的完全竞争理论模型是静态的，与经济增长、技术进步等动态现象不相容，而且存在很多逻辑矛盾（赵志君，2018）。

空中楼阁式的完全竞争和市场有效理论，最终被20世纪30年代的经济大萧条的事实所否定，新古典学派关于自由市场的均衡自我实现和资源有效配置的信条被严酷的事实所粉碎。经济大萧条使经济学家不得不反思古典和新古典市场理论的不足，这为凯恩斯主义的诞生创造了机会和条件。

凯恩斯经济学的鼎盛期恰巧也是第二次世界大战后世界经济恢复期，有人把战后30年世界经济的持续增长和平稳运行归功于凯恩斯主义宏观经济政策。然而，面对20世纪70年代的石油危机和滞胀，凯恩斯主义却开不出有效的政策药方。在这一背景下，以卢卡斯为代表的新古典经济学家借机发起对凯恩斯主义的挑战。他们一边指责凯恩斯主义宏观经济学缺乏微观基础，一边推销他们自己的理性预期经济学说和政策主张。这一思潮史称"理性预期革命"。但是，理性预期学派并没有真正找到构建宏观经济学微观基础的工具和方法。他们的做法是，仿照经典物理学，通过引进一个原子化的代表性经济人假说回避个体之间的相互作用，绕开阿罗不可能性定理，从而把复杂宏观系统的总量行为简化为简单微观个体的理性行为。由于这一简化无视微观主体之间的相互作用，经济的总量与结构、增长与分配问题被相互割裂开来，理性预期学派难以形成一个统一的分析框架。

虽然都信仰市场，但奥地利学派与新古典经济学派有着截然对立的观点。奥地利学派认为市场是竞争的，动态市场中的信息是不完全和演化的，任何人都不可能拥有所有知识，偏好和生产的相关信息只能在市场主体相互作用的过程中显示出来，事先不可能知道。由于该学派不求助于严格的逻辑论证和实证支持，最终走向了不同于新古典的经济学的另一种极端。其代表人物哈耶克（Hayek，1945）几乎反对其他一切学术流派，包括新古典主义、凯恩斯主义、马克思主义。该学派还反对数学和计量方法的运用，攻击社会主义实践。该学派虽然承认市场存在自发秩序，却不能给出市场秩序的定量化描述。

通过对古典和新古典经济学缺陷的深刻反思，杨小凯于20世纪90年代独辟蹊径，提出了生产者－消费者一体化的新兴古典经济学研究范式，为复兴古典经济学迈出了坚实步伐，为经济学理论创新开辟了新的方向。他把生产者和消费者看作对立统一体，把效用（实际收入）最大化看作生产者－消费者追求的唯一目标，在生产函数局部收益递增和存在资源约束的假设下，弄清了交易成本在经济模式演化中的作用。从这个角度讲，杨小凯的劳动分工和专业化研究范式比新古典经济学研究范式更接近现实，也更有解释力。另外，这一分析框架能够同时包容规模收益不变、递减和递增的生产技术，克服了完全竞争理论与规模收益递增的不相容问题，使个体效用最大和市场均衡不再需要边际收益等于边际成本的先决条件。

毋庸讳言，杨小凯的分工理论框架不可避免地存在一些不足之处。第一，杨小凯没有给出分工的确切定义。第二，他对市场特征的分析和解读高度依赖完全信息下的确定性模型。第三，他把效用均等视为一般均衡的条件之一，带有浓厚的新古典均衡思想的痕迹，导致模型逻辑的不一致性。第四，当把从收益递增假设下得到的结论"新兴古典框架中每个人的最优决策永远是角点解"不加限制地应用到其他场合时，可能造成对分工现象的误解。

为弥补现有理论缺陷，发展新兴古典分析框架，本文以无先验信息和有限个体的自由竞争市场为逻辑起点，构建新的自由竞争市场模型，创新性地提出了随机均衡、满意价格和共赢结构等概念；在个体买卖决策自由和群体职业偏好倾向稳定的假设下，给出个体选择和群体行为的概率表达；以随机均衡体现市场主体之间的瞬时相互作用，阐明市场价格变化和收入分配形成的内生根源，弄清自给自足经济向分工经济演化的条件。研究结果表明，市场机制不能确保每一个个体都获得分工和专业化的好处，机会的均等并不意味着收入分配的实际公平，从自给自足向市场的演化过渡是有条件的，市场有效性命题只有在不确定性的假设下讨论才有现实意义。

本文的其余部分安排如下：第一部分对现有分工理论文献进行一个简要的批判性综述；在此基础上，第二部分讨论分工经济中个体专业化生产决策，弄清自给自足经济和专业化经济的转换条件；第三部分讨论分工和市场均衡问题，引进随机均衡、满意价格、共赢结构等概念，并在新的语境下给出分工经济的结构和市场有效性条件；第四部分总结本文的分析框架、创新之处、不足之处，展望未来的相关研究议题和理论创新的着力点。

一　分工理论相关文献综述

《国民财富的性质和原因的研究》开宗明义，第一句话就道出了劳动生产率提高和国民财富增加的原因——"劳动生产力上的最大增进，以及运用劳动时所表现的更大的熟练、技巧和判断力，似乎都是分工的结果。"在第二章《论分工的原由》中斯密指出，"引起上述许多利益的分工，原不是人类智慧的结果，尽管人类智慧预见分工会产生普遍富裕并想利用它来实现富裕。它是不以扩大效用为目标的一种人类倾向所缓慢而逐渐造成的结果，这种倾向就是互通有无，物物交换，互相交易。"在斯密看来，个人的能力、人与人之间的差别都是动态演化的，"人们天赋才能的差异，实际上并不像我们所感觉的那么大。人们壮年时在不同职业上表现出来的极大不同的才能，在多数场合，与其说是分工的原因，倒不如说是分工的结果。"这个观点与《三字经》中的"人之初，性本善。性相近、习相远"有异曲同工之妙，两者都指出了知识和才能的演化本质。斯密的分工理论和李嘉图的比较优势理论互为补充，外生比较优势和内生比较优势互为条件，共同筑起了分工经济自我演化的逻辑闭环。

当然，分工对经济社会的影响并不都是积极的，也有消极的一面。斯密指出，"分工进步，依劳动为生者的大部分的职业，也就是大多数人民的职业，就局限于少数极单纯的操作，往往单纯到只有一两种操作。可是人类大部分智力的养成，必由于其日常职业。一个人如把他一生全消磨于少数单纯的操作，而且这些操作所产生的影响又是相同的或极其相同的，那么，他就没有机会来发挥他的智力或运用他的发明才能来寻找解除困难的方法，因为他永远不会碰到困难。"极端的分工导致人的物化，剥夺人的独立思考能力，许多机械工艺的成功都对人的情感和理性形成压制（Ferguson，1769）。专业化水平的提高可能导致工人技能下降、工作热情降低。Mises（1996）认为，劳动分工产生的经济收益远超其带来的成本，合作比自给自足有更高的效率。

关于分工与社会进步的关系，斯密把分工看作人类"互通有无，物物交换，相互交易"的"倾向"的产物，而这种倾向"为人类所共有，亦为人类所特有，在其他各种动物中是找不到的。其他各种动物，似乎都不知道这种或其他任何一种协约。"但 Durkheim（1997）认为分工普遍存在于在"生物组织"之中，并非人类社会所特有的现象。

Young（1928）认为收益递增是一种整体现象，仅仅通过观察个别企业或个别行业规模的变化难以理解收益递增，只有把行业的各个工种看作一个相互联系的整体，才能充分理解收益递增机制。收益递增依赖分工的演进，而分工的主要实现方式是间接迂回生产。他提出的"市场范围受分工的限制"的命题，是对斯密定理的有益补充。

虽然斯密的分工理论和别针故事家喻户晓，但刻画分工是经济进步的主要源泉的可操作性标准理论在 20 世纪 50 年代以前一直没有出现，专业化也没有成为现代生产理论的组成部分（Stigler，1951）。Houthakker（1956）通过一个简单的两个人和两种产品之间的资源配置模型开启了分工理论建模之路，其对人与人之间差异或比较优势的内生性见解，可被视为斯密观点"人们壮年时在不同职业上表现出来的极大不同的才能，在多数场合，与其说是分工的原因，倒不如说是分工的结果"的另一种表达。Rosen（1978）也注意到了分工经济的内生性，他用最优分配原理分析企业的专业化决策，其中包括角点分析。

一些学者将经济学偏离古典分工理论的现象归因于分工概念的复杂性。Smith 和 Snow（1976）认为分工是一个多维度的结构性概念，给它下一个明确的定义并非易事。杨小凯持有类似观点："分工指的是一种生产结构，其中至少有一个人只生产一种产品，而两人的生产结构不相同。对于有两种以上产品及两个以上的人，分工概念会复杂得多，并且不容易严格定义。"

杨小凯假设生产函数是劳动时间的一元收益递增函数，并且以效用最大化为目标的消费者－生产者在生产技术、预算和交易成本的约束下决定生产、交易和消费的商品数量。据此，提出了如下命题：在完全专业化经济中消费者－生产者不同时出售和购买相同的商品，不同时购买和生产相同的商品，最多卖一种产品。Yao（2002）指出，该命题对带有固定学习成本的线性生产函数而言并不成立。大量文献（向国成和韩绍凤，2007；Cheng，2012）通过改变生产函数的假定，拓展了新兴古典分析框架的应用。另有文献（庞春，2010；郑文博，2019）使用线性效用函数、CES 效用函数在新兴古典分析构架下开展研究。

在新兴古典经济学文献中，一般均衡被定义为满足以下两个条件的经济状态：（1）对于给定的相对价格和出售不同商品的人数，每个人决定自己生产、交易和消费各种商品的数量，以实现效用最大化；（2）存在一组相对价格，同时满足市场均衡和所有人的效用均等条件（杨小凯，1998）。在后面第三部分的分析中，我们将看到其中的逻辑矛盾。

赵志君（2018）对杨小凯的模型做了两点重要改进。一是假定信息不完全和市场参与者总人数给定，并假设生产者－消费者可以实现买者和卖者角色的自由转换，市场参与者具有稳定的职业偏好特征；二是放弃一般均衡中的效用均等假设，使杨小凯的模型从逻辑矛盾中解脱出来。这样，分工状态、市场价格和收入分配就成为分工经济的内生现象。但他没有讨论分工经济的共赢结构和市场有效性条件。

综上所述，新兴古典经济学目前仍然处于发展初期，还有很多有待发展和完善的地方，但现有文献中的一些过于严苛的假设条件限制了它的进一步发展，弱化了它的包容性和解释力。

二 个体专业化生产决策

杨小凯从劳动分工和专业化入手研究市场结构，将生产力发展和财富创造归因于专业化水平的提高，把个体专业化选择看作个人在消费多样化条件下效用最大化决策的结果。本文沿用杨小凯基本理论框架，假设劳动禀赋、效用函数和生产函数给定，每个人在两种产品 x 和 y 中做出生产或消费决策；每种产品的产出随着专业化程度的提高而增加，两种产品的生产函数分别为专业化水平 l_x 和 l_y 的函数：

$$x^p = l_x^a$$

$$y^p = l_y^a$$

a 为生产技术参数，其值大于 1，表示生产函数是收益递增的，即单位时间的劳动生产率随着专业化水平的提高而提高。每个人生产的产品有两种用途，一是供自己消费，二是供他人消费。产品的分配遵循下列约束条件：

$$x^p = x + x^s$$

$$y^p = y + y^s$$

其中 x^p 和 y^p 分别表示生产者 – 消费者生产的两种产品的产量，x 和 y 分别表示两种产品的自给量，x^s 和 y^s 分别表示两种产品的售卖量。专业化水平 l_x 和 l_y 分别表示生产两种不同商品所投入的劳动时间在总劳动时间中的份额，个人的劳动时间配置受制于等式 $l_x + l_y = 1$。

假定社会中有 M 个生产者 – 消费者，他们在决策前完全相同，每个人的效用函数为：

$$u = (x + kx^d)(y + ky^d) \tag{1}$$

其中 x^d 和 y^d 分别是两种产品的购买量。假设交易过程存在交易费用，购买一个单位消费品产生的交易费用相当于 $1 - k$ 个单位产品数量，即每购买一个单位产品只有 k 个单位产生实际效用。k（$0 < k \leqslant 1$）可视为交易效率系数，$1 - k$ 为交易费用系数。kx^d 和 ky^d 代表购买行为得到的实际商品数量，$x + kx^d$ 和 $y + ky^d$ 表示个体对两种产品的实际消费量。

总之，效用最大化问题受制于三种约束条件。一种是对劳动投入的约束：

$$l_x + l_y = 1 \tag{2}$$

第二种是产品分配遵循的生产技术和产量约束：

$$x + x^s = l_x^a \tag{3}$$

$$y + y^s = l_y^a \tag{4}$$

第三种是个人对每一种产品的需求受制于个人供给能力和市场价格：

$$p_x x^s + p_y y^s = p_x x^d + p_y y^d \tag{5}$$

式（5）表示个体的收支平衡。其中，左边是售卖产品的收入，右边是购买商品的支出，p_i（$i = x, y$）是商品 i 的价格。每个人面临的规划问题是在约束（2）（3）（4）（5）下追求效用（1）的最优化，确定各种产品的产量、供给量、需求量、贸易量、专业化程度或自给自足的投入量和产出量。

下面针对 $x^d > 0$、$y^d > 0$、$x^d = y^d = 0$ 三种情况，讨论专业化生产条件。

首先，当 $x^d > 0$ 时，根据文定理（杨小凯，1998），$y^s > 0$，$y^d = 0$，$y > 0$，式（1）可改写为：

$$u = \{x + k[(1 - x^{1/a})^a - y]p_y/p_x\}y \tag{6}$$

杨小凯根据式（6）的二阶偏导数 $\partial^2 u/\partial x^2 > 0$ 得出了"x 的内点解是极少而不是极大"的结论。这种推理对二元函数而言明显存在不妥之处。需要注意的是，$\partial^2 u/\partial x^2 > 0$ 只是效用函数关于变量 x 为凸性的依据，不是判断多元效用函数凹凸性的充分条件，更不是判断效用函数存在极小值的依据。这是因为从式（6）可得最优化的一阶条件：

$$\partial u/\partial x = [1 - k(x^{-1/a} - 1)^{a-1}(p_y/p_x)]y = 0 \tag{7}$$

$$\frac{\partial u}{\partial y} = x + k[(1 - x^{\frac{1}{A}})^a - y](p_y/p_x) - k(p_y/p_x)y = 0 \tag{8}$$

进而得到最优化问题一阶条件在区间 [0, 1] 上的解（位于区间内部）：

$$x^* = \{(kp_y)^{\frac{1}{a-1}}/[(kp_y)^{\frac{1}{a-1}} + (p_x)^{\frac{1}{a-1}}]\}^a \tag{9}$$

$$y^* = \frac{1}{2}\left\{\left[\frac{(kp_y)^{\frac{1}{a-1}}}{(kp_y)^{\frac{1}{a-1}} + (p_x)^{\frac{1}{a-1}}}\right]^a \frac{p_x}{kp_y} + \left[\frac{(p_x)^{\frac{1}{a-1}}}{(kp_y)^{\frac{1}{a-1}} + (p_x)^{\frac{1}{a-1}}}\right]^a\right\} \tag{10}$$

在点 (x^*, y^*) 处的二阶偏导数满足条件式（11）至式（14）：

$$\left.\frac{\partial^2 u}{\partial x^2}\right|_{(x^*, y^*)} = \left[k\frac{(a-1)}{a}(x^{*-\frac{1}{a}} - 1)^{a-2}x^{*-\frac{1+a}{a}}(p_y/p_x)\right]y = A > 0 \tag{11}$$

$$\left.\frac{\partial^2 u}{\partial y \partial x}\right|_{(x^*, y^*)} = 1 - (1 - x^{*\frac{1}{a}})^{a-1}x^{*\frac{1-a}{a}}(kp_y/p_x) = B = 0 \tag{12}$$

$$\left.\frac{\partial^2 u}{\partial y^2}\right|_{(x^*, y^*)} = -2(kp_y/p_x) = C < 0 \tag{13}$$

$$AC - B^2 < 0 \tag{14}$$

(x^*, y^*) 是极大值点的充分条件是 $A < 0$ 且 $AC - B^2 > 0$。然而，式（11）和式（14）表明这个充分条件得不到满足。由此断定，(x^*, y^*) 不是极大值点，把满足一阶条件的内点解当作极大值点是错误的，极大值点只能出现在区域的边界上。在上述论证中，生产函数收益递增假设（$a>1$）发挥了关键作用，它隐含着 $A>0$。否则，如果生产函数是收益递减的，则 $a<1$ 隐含着 $A<0$ 和 $AC-B^2>0$。此时，充分条件得到满足，(x^*,y^*) 一定是最大值点，即该最优化问题的解位于区间 $[0,1]$ 的内部，完全分工和内生比较优势就不存在了。

不妨假设极大值出现在 x 的定义域 $[0,1]$ 的右端点，则 $x=l_x^a=1$，$l_y=0$，$y+y^s=l_y^a=0$，$y=y^s=0$。这与 $y^s>0$ 相矛盾，所以最大值只能在 x 的定义域 $[0,1]$ 的左端点出现，即 $x=l_x^a=0$，$x^s=0$。由此推断，出售和生产（自给）同种产品不能同时发生。

由于 $l_y=1$，$y^d=0$，$y+y^s=l_y^a=1$，$y=1-y^s=1-x^d(p_x/p_y)$，效用函数变为：

$$u=kx^dy=kx^d[1-x^d(p_x/p_y)] \tag{15}$$

由 $\partial u/\partial x^d=k-2kx^d(p_x/p_y)=0$ 得 $x^d=p_y/(2p_x)$，$y=1-x^d(p_x/p_y)=0.5$。这意味着，在其他条件不变的情况下，一个人对产品 x（自己不生产）的需求与该产品的价格成反比，与产品 y（自产产品）的价格成正比。生产者-消费者的个人均衡为：

$$x=x^s=0, x^d=p_y/(2p_x), y=y^s=0.5, y^d=0, u_{(y/x)}=kp_y/(4p_x) \tag{16}$$

其次，当 $y^d>0$ 时，根据对称性，生产者-消费者的个人均衡为：

$$y=y^s=0, y^d=p_x/(2p_y), x=x^s=0.5, x^d=0, u_{(x/y)}=kp_x/(4p_y) \tag{17}$$

最后，当 $x^d=y^d=0$ 时，经济退化为自给自足。由于 $x^s=y^s=x^d=y^d=0$，$x=l_x^a$，$y=l_y^a$，$l_x+l_y=1$，效用函数 $u=l_x^a(1-l_x)^a$ 的最优解满足 $l_x^*=0.5$，$x^*=y^*=0.5^a$。此时，生产者-消费者均衡为：

$$x^s=y^s=x^d=y^d=0, l_x=l_y=0.5, x=y=0.5^a, u_A=0.5^{2a} \tag{18}$$

通过三种生产模式的效用比较，生产者-消费者选择效用最大化的生产模式。即在其他条件不变时，如果生产者-消费者选择专业化生产 x，则生产 x 带来的效用应该同时大于生产 y 时的效用和自给自足时的效用。这意味着条件 $u_{(x/y)}=kp_x/(4p_y)>2^{-2a}$ 和 $u_{(x/y)}=kp_x/(4p_y)>kp_y/(4p_x)=u_{(y/x)}$ 同时得到满足，即 $p_x/p_y>2^{2(1-a)}/k$ 且 $p_x/p_y>1$。同理，可以确定生产者-消费者的生产模式是生产 y 或自给自足。

命题1：根据式（16）、式（17）、式（18），个人专业化选择的合理性根据以下三个条件进行判断：

（1）当 $\dfrac{p_x}{p_y} > 1$ 且 $\dfrac{p_x}{p_y} > \dfrac{2^{2(1-a)}}{k}$ 时，个人的合理选择是专业化生产 x，不生产 y。

（2）当 $\dfrac{p_x}{p_y} < 1$ 且 $\dfrac{p_x}{p_y} < \dfrac{k}{2^{2(1-a)}}$ 时，个人的合理选择是专业化生产 y，不生产 x。

（3）当 $\dfrac{k}{2^{2(1-a)}} < \dfrac{p_x}{p_y} < \dfrac{2^{2(1-a)}}{k}$ 时，个人的合理选择是自给自足。

特别值得指出的是，杨小凯（1998）认为，"如果交易效率低于临界值 k_0，他们会拒绝专业化"。显然，这是把 $k < k_0$ 当成了自给自足的充分条件。事实上，这种表述是不准确的。根据命题1，专业化生产决策不仅仅依赖交易效率和技术参数，还依赖市场价格。在 $\dfrac{p_x}{p_y} > 1 > \dfrac{2^{2(1-a)}}{k}$ 条件下也存在专业化生产，但 $k < k_0$ 并不成立。这是因为，根据 $k < k_0 = 2^{2(1-a)}$，从 $\dfrac{p_x}{p_y} > \dfrac{2^{2(1-a)}}{k}$ 可以推得 $\dfrac{p_x}{p_y} > 1$，对应的个人最优选择是专业化生产 x 不生产 y。同理，从 $\dfrac{p_x}{p_y} < \dfrac{k}{2^{2(1-a)}}$ 可以推得 $\dfrac{p_x}{p_y} < 1$，对应的个人最优选择是生产 y 不生产 x。所以，$k < k_0 = 2^{2(1-a)}$ 不是自给自足的充分条件。

命题2：$k < k_0 = 2^{2(1-a)}$ 是自给自足的必要而非充分条件；$k > k_0 = 2^{2(1-a)}$ 是专业化生产的充分而非必要条件。

三 分工经济的市场均衡和共赢条件

第二部分谈到的个人专业化决策是在无先验信息条件下做出的，其中的价格变量和偏好都是预设的，个体决策的正确与否需要市场的检验和评判。如果一个个体从市场获得的收益大于自给自足条件下的收益，则该个体的决策是正确的，否则是错误的。如果每一个人从市场上获得的收益都超过自给自足时的收益，则称市场结构是共赢的。由于在信息不完全市场中，任何人都不可能确切知道其他人的选择，市场价格包含着生产者与消费者之间的相互作用和供求力量此消彼长的信息，生产者－消费者在价格引导下不断地转换其买者和卖者的身份，这种转换反过来又会进一步改变市场供求双方的力量对比，使价格和分工结构发生持续的随机变化，所以，共赢是一种随机现象。下面，讨论共赢条件及其实现的可能性。

（一）随机均衡、共赢结构、满意价格和满意价格区间的概念

由于价格是随机变量，其取值范围不可能像新古典经济学假设的那样是一个确定的值，而是一个包含众多点的集合。既然价格是随机变化的，那么市场运行的结果就不可能完全符合个人意愿，市场价格也不大可能与投资者事先的预期价格一致，所以新古典式的有效市场是不存在的。在这种情况下，消费者－生产者不应该也不大可能单纯追求最优价格，他们只能得到满意价格，最优价格的出现只是一种概率极小的事件。一个自然的问题是，价格在什么范围内对生产者－消费者来说是满意的？使每个人都满意的共赢条件是什么？在什么条件下共赢条件才能得到满足？

关于市场配置资源的条件，人们首先想到的是市场均衡。在不完全信息条件下，市场均衡是随机的。所谓的随机均衡是指在信息不完全条件下因个体自由选择而导致的不可预知的市场供给与市场需求的相等。对应随机均衡的价格是随机均衡价格或随机价格。随机价格有内生和外生之分，本文强调的随机价格主要指内生随机价格，它是众多相互作用的市场参与者自由决策的内生结果，反映了市场经济的本质特征。内生随机价格与实际经济周期理论中的随机价格有着根本的区别。在实际经济周期学派看来，价格的随机变化主要是市场外部因素冲击的结果。如果市场供给者人数和需求者人数都是确定的，随机均衡就退化为确定性均衡。

所谓共赢是指这样一种分工状态，它使每个生产者－消费者都能从市场上获得高于自给自足状态的效用。这种使市场供求双方实现共赢的市场结构叫共赢结构，使供求双方实现共赢的价格叫满意价格或可接受价格。满意价格不是唯一的，它的取值范围叫满意价格区间或可接受价格区间。在满意价格下，专业化生产者从分工经济中得到的效用大于自给自足时的效用。

由于个体选择的随机性和个体之间的相互作用，分工经济无法确保每个专业化生产者的效用在任何条件下都高于他们自给自足时的效用，更不能确保他们的效用始终均等。因此，机会的均等并不意味着实际收入的均等，收入差别是市场不可避免的内生现象。市场机制并非如完全竞争理论所描绘的那样，是最好的资源配置机制。当一个人在分工经济中得到的效用低于自给自足经济中得到的效用时，对他来说自给自足是最佳的资源配置方式。如果分工不能使一

个社会的总收入高于自给自足时的总收入，则分工经济不是共赢的，而非共赢的分工经济难以长久维持。只有当分工经济的社会总效用大于自给自足的总效用且存在一种使大部分人实现共赢的收入分配机制时，分工经济才可能长期存在。下面，结合数理模型对上述观点做进一步论证。

（二）一般均衡条件与市场调节机制

对于市场如何协调分工的问题，杨小凯认为市场的协调功能是通过供求均衡关系和价格负反馈调节机制来实现的。对市场协调分工的机制，他是这样论述的：假设 M_x 表示产品 x 的供给人数，M_y 表示产品 x 的需求人数，则市场供求均衡条件可表示为 $\dfrac{p_x}{p_y} = \dfrac{M_y}{M_x}$，价格的负反馈调节机制可表述为这样的过程：

$\dfrac{M_x}{M_y} \downarrow \to \dfrac{p_x}{p_y} \uparrow \to \dfrac{u_x}{u_y} \uparrow \to \dfrac{M_x}{M_y} \uparrow \to \dfrac{p_x}{p_y} \downarrow \to \dfrac{u_x}{u_y} \downarrow$。"这种反馈调节会不断进行下去，直到供求相等，人们不再愿意专业分工时，市场会达到角点均衡。正如前章所示，只有当两个模式的间接效用函数相等时，分工结构中两种专业才会在自由择业条件下都有人选择。所以，另一个角点均衡条件被称为效用均等条件。"

不难看出，杨小凯对市场的描述存在明显的不足之处。第一，他没有将价格的负反馈机制用数理模型表达出来，形成了模型表述和语言表述两张皮的现象。他的模型是静态的，但在解释过程中却赋予模型动态含义。由于没有给出市场负反馈机制的模型表达，关于负反馈调节机制的表述就难免包含着想象的成分。我们不禁要问，市场价格是否稳定？如果市场是稳定的，稳定的条件是什么？如果市场不是稳定的，不稳定的原因又何在？市场价格的变化遵循什么样的规律？对于此类问题杨小凯的模型是保持沉默的。

第二，如果价格处在非传统均衡状态，市场参与者以何种方式调节自己的行为？是完全退出市场，还是留在市场中？如果留在市场中，市场参与者是如何做出从一种产品的生产转向另一种产品的生产的？退出市场和生产转向的过程是有序的，还是无序的？进出市场的行为将产生什么样的后果？如果是有序的，遵循的秩序和规则是什么？如果真的如杨小凯所言，这个调节过程会直到供求相等为止，那么，他的观点中包含着这个调节过程存在终点的假想。假如调节过程不存在终点，说明这个调节过程不是收敛的，这意味着存在单调发散、振荡发散、混沌等多种可能性。这些都是有待进一步研究的问题。此类问题的技术性非常强，需要针对不同条件构建更精细的模型来回答。

第三，把效用均等当作一般均衡条件会产生逻辑不一致性问题。效用均等条件类似新古典完全竞争理论的利润均等条件。一方面，不论是利润均等还是效用均等，都是市场信仰者主观上希望完美市场所具有的性质，以此展示市场的有效性和公平性。其实，利润是否均等、效用是否均等本来是需要求证的命题，当市场信仰者把它们当成论证的前提时就难免造成逻辑循环。另一方面，把效用均等当作理论的前提，就不得不考虑它与其他假设之间的逻辑自洽问题。在新古典利润函数的定义下，如果坚持长期利润等于零的假设，则完全竞争市场在逻辑上是不可能存在的（赵志君，2019）。同理，在杨小凯的分工理论模型中，把效用均等作为一般均衡条件也会产生逻辑悖论。假设市场规模 $N = M_x + M_y$ 为奇数，则 M_x 和 M_y 必有一个是偶数，而另一个是奇数，奇数和偶数之比绝对不可能等于1，所以相对价格 $\frac{p_x}{p_y} = \frac{M_y}{M_x} = 1$ 和效用均等都不可能成立。因此，效用均等不应该被当作一般均衡条件提出来。

把效用均等视为分工经济一般均衡条件之一的另一弊端是，它使市场供求、价格、收入分配都变成了完全确定的内生常量，这样的理论无法展现市场价格的随机变化特征。

从"只有当两个模式的间接效用函数相等时，分工结构中两种专业才会在自由择业条件下都有人选择"的表述可以看出，杨小凯把"两个模式的间接效用函数相等"当成了"两种专业才会在自由择业条件下都有人选择"的必要条件。这种表述是不恰当的，因为只要相对价格位于满意价格区间之内，就足以确保每个专业化生产者实现共赢和两种专业都有人选择。

关于分工经济的协调困难，我们在此用三人经济模型给出更直观的诠释。在三人两产品分工经济中，如果三人同时选择自给自足或同时选择专业化生产同一产品，则分工不会产生。三人两产品的经济存在 $2^3 - 1 = 7$ 种可能的分工状态（见表 19-1）。

表 19-1　三人（甲、乙、丙）两产品（x，y）的七种分工状态

主体	自给自足	分工1	分工2	分工3	分工4	分工5	分工6
甲	(x, y)	$(x, 0)$	$(x, 0)$	$(0, y)$	$(0, y)$	$(0, y)$	$(x, 0)$
乙	(x, y)	$(0, y)$	$(x, 0)$	$(x, 0)$	$(0, y)$	$(x, 0)$	$(0, y)$
丙	(x, y)	$(x, 0)$	$(0, y)$	$(x, 0)$	$(x, 0)$	$(0, y)$	$(0, y)$

假如甲专业化生产 x，乙和丙两人专业化生产 y，则产品 x 的市场均衡条件

为 $2x^d = 2p_y/（2p_x）= 0.5 = x^s$，相对价格 $p_x/p_y = 2$。根据瓦尔拉斯法则，在 $p_x/p_y = 2$ 时，两个产品市场都实现了均衡，但甲的效用为 $u_{(x/y)} = kp_x/（4p_y）= 0.5k$，乙和丙的效用为 $u_{(y/x)} = 0.125k$。尽管三人都付出了同样的劳动，但按市场均衡价格进行分配，甲的效用却是乙或丙的效用的 4 倍。在这种市场结构下，价格机制显然不能确保每个人都能获得预期的利益。市场运行的结果对某些人来说还不如自给自足，这显然是不可接受的。

在信息不完全条件下，由于一个人不能确切知道其他人生产的产品种类和产量，他选择当前价格较高的产品进行生产对他自己而言算是理性的，但如果所有人或大部分人采取相同的策略，该商品的供给必然大幅上升，出现供过于求的情况，进而导致它的价格大幅下降。结果，大部分人的收益将低于预期。经过市场的事后检验就会得出这样的结论：大部分看似理性的生产决策却是失败的。这就是个体理性和市场非理性之间的矛盾①。

价格的不确定性也会引导个体在两种产品 x 和 y 之间不断地转换生产。在上例中，如果在乙和丙看到了产品 x 的价格优势后，假设乙决定从生产 y 改为生产 x，甲仍然坚持专业化生产 x，丙仍然坚持专业化生产 y，则商品 x 与 y 的相对价格 p_x/p_y 将从 2 下降到 0.5。甲、乙、丙的效用结构从原来的 $0.5k$、$0.125k$、$0.125k$ 分别变成了 $0.125k$、$0.125k$、$0.5k$。这样，甲、乙、丙之间的博弈不仅造成了市场价格的剧烈波动，而且伴随着实际收入的巨大差别和变化。

当 $k > k_0 = 2^{2(1-a)}$ 时，分工经济产生的社会总效用（$W_D = 0.75k$）大于自给自足时的社会总效用（$W_A = 3 \times 2^{-2a}$）。这意味着从社会的角度看，分工经济是有效率的，但从个体的角度看，由于分工不能保证产生共赢的市场结构和公平的收入分配，这样的分工经济可能是无效率的和不可接受的。可见，市场虽可促进社会福利，却容易造成价格不稳定和收入分配不公，若不加干预，极有可能导致收入分配的两极分化。

对于一般情况，设商品 x 的供给人数是 ξ_N，需求人数为 $N - \xi_N$，根据均衡方程（$N - \xi_N$）$p_y/（2p_x）= 0.5\xi_N$ 可得市场相对价格：

$$p_y/p_x = (N - \xi_N)/\xi_N \qquad (19)$$

当参与者人数 N 是奇数时，$p_y/p_x = （N - \xi_N）/\xi_N \neq 1$，供求双方的效用 $u_{(y/x)} = k（N - \xi_N）/（4\xi_N）$ 和 $u_{(y/x)} = k\xi_N/[4（N - \xi_N）]$ 不可能相等，可见

---

① 即相同的人虽然事前做出了对自己最有利的理性决策，但事后市场产生的结果与个体计划不一致。

效用均等的收入分配是不存在的。即使在市场参与者人数为偶数时，因为实际收入是随机变量，均等的收入分配也几乎不可能发生。

命题3：不完全信息条件下，市场机制几乎无法形成公平的收入分配。

由此可见，收入差别是分工社会的内生现象，市场无法彻底解决多人社会协调的困难，要保持分工的持续性和公平分配，市场之外的力量干预是不可或缺的。

（三）分工经济的共赢条件与市场有效性

要回答上一节的问题，需要构建一个反映供求双方互动的自由竞争模型，现提出如下假设。

（1）市场由 N 个独立生产者－消费者组成，每个人可以独立地选择生产产品 x 或 y。

（2）N 个生产者－消费者事先是相同的，偏好和生产函数以及约束条件由第二部分给出。

（3）商品 y 的供给人数等于 ξ_N，需求人数等于 $N-\xi_N$。

（4）商品 y 相对于商品 x 的价格由均衡条件 $(N-\xi_N)\,y^d\,(p_y/p_x)=\xi_N y^s(p_y/p_x)$ 决定。

（5）一个人选择出售产品 y 的概率为 p，购买产品 y 的概率 $q=1-p$。

假设（1）中的 N 是一个代表市场规模和资源稀缺性的量，N 的增减意味着有新的个体进入或退出市场，这会影响竞争程度，改变市场结构状态。一般而言，N 越大竞争程度越大，N 越小竞争程度越小。虽然可将 N 看作随机变量，但为了简化分析，暂把它当成外生确定性变量。假设（3）中的 ξ_N 和 $N-\xi_N$ 分别表示卖者和买者人数，反映供给或需求结构的变化和市场力量此消彼长的关系，根据假设（4），$N-\xi_N$ 与 ξ_N 的比值正好等于相对价格。假设（5）中的概率分布是关于群体行为的关键性假设，体现了市场随机性背后的必然规律。这一相对简单的假设建立在市场参与者总体的买卖行为具有同分布的基础上。Arthur（1994）在研究酒吧问题时为假设（5）提供了另一个理由。他发现在不存在共谋的条件下，有限理性个体的决策未必是演绎的，很可能是归纳的，存在众多可能的策略，但群体行为的结果表明去酒吧的人数围绕固定常数波动。

如果每个人在两个产品中自由做出选择，供给人数 $\xi_N\in\{0,1,2,\cdots,N\}$ 可取 $N+1$ 个不同的值，分工的可能状态有 2^N 种。$\xi_N=0$ 和 $\xi_N=N$ 对应的相对价格分别是无穷大和零，这意味着不可能有交易发生，所以存在市场交易的分工状态实际上只有 $2^N - 2$ 种。

在信息不完全条件下，每个人不仅能够根据自己的生产技术和交易成本信息确定自给自足时的收益，也能在不同价格组合下确定专业化生产的收益，并通过自给自足和不同专业化模式下的收益比较，决定生产、交易和消费量。如果价格落入满意价格区间 $\left[\dfrac{2^{2(1-a)}}{k}, \dfrac{k}{2^{2(1-a)}}\right]$，则每个市场参与者的境况都好于自给自足时的状态，可以说市场相对于自给自足是一种帕累托改进，也可以说市场对资源的配置比自给自足的配置方式有效。但交易价格最终是否能够落在满意价格区间以及落在满意价格区间的位置取决于供求双方讨价还价的能力，事先不能确定。因此，市场的有效性条件也是随机的，下面让我们深入分析市场有效性条件。

共赢意味着每个人分工时的效用都大于自给自足时的效用，即满足条件：

$$\frac{2^{2(1-a)}}{k} < \frac{p_y}{p_x} = \frac{N - \xi_N}{\xi_N} < \frac{k}{2^{2(1-a)}} \tag{20}$$

如果式（20）始终成立，则分工经济一定是双赢的，市场是有效的，分工具有可持续性。在一般情况下，由于式（20）表达的是一个随机事件，市场的有效性不能得到确切的保证。因此，研究该随机事件发生的概率就显得特别有意义。长期以来，人们不能给出分工经济确切定义的原因也可以从式（20）的复杂性中得到解释。式（20）是涉及四个变量和两个不等式的随机事件，四个变量分别是生产技术参数 a、交易效率系数 k、市场规模 N 和供给者人数 ξ_N，其中任意一个变量取值的变化都可能破坏这个不等式关系。由此看出，分工概念难以定义的原因就在于，它涉及多个变量和多个复杂关系且这种关系是随机变化的，在内外部因素作用下这种关系很容易受到破坏。式（20）还表明，交易效率和专业化技术参数的提高都将引起满意价格区间的扩大，从而增加随机价格落入满意价格区间的概率，提高市场经济的有效性和可持续性。

由于单纯依靠市场力量不能排除 $\xi_N = 0$ 或 $\xi_N = N$ 的可能性。一旦发生这种情况，就没有了价格信号，所以需要市场之外的力量（如政府干预）保证交易的存在。据此，我们可以假设引入一种外部干预（国企或政府补贴），使 $\xi_N = 0$ 和 $\xi_N = N$ 不发生时条件概率的分布是截尾二项分布。

$$P\{\xi_{(N)} = i\} = P\{\xi_N = i \mid \xi_N \neq 0, \xi_N \neq N\} = C_N^i p^i q^{N-i} / (1 - p^N - q^N) \tag{21}$$

其中，随机变量 $\xi_{(N)}$ 的取值范围为 $\{1, 2, 3, \cdots, N-1\}$。

令 $Z_N = \dfrac{N - \xi_{(N)}}{\xi_{(N)}}$ 表示相对价格，可以证明相对价格的均值遵循以下变化规律：

$$E[Z_N] = \frac{Nq}{N-1}\left\{ \frac{(1 - p^{N-1} - q^{N-1})}{(1 - p^N - q^N)} E[Z_{N-1}] + \frac{1 - q^{N-1}}{(1 - p^N - q^N)} \right\} \tag{22}$$

共赢条件式（20）等价于 $\dfrac{2^{2(1-a)}}{k + 2^{2(1-a)}} < \dfrac{\xi_N}{N} < \dfrac{k}{k + 2^{2(1-a)}}$。根据伯努利大数定律，$\dfrac{\xi_N}{N}$ 依概率收敛于 p，即对任意正数 $\varepsilon > 0$，$\lim\limits_{N \to \infty} P\left\{ \left| \dfrac{\xi_N}{N} - p \right| < \varepsilon \right\} = 1$。设 $p \in \left(\dfrac{2^{2(1-a)}}{k + 2^{2(1-a)}}, \dfrac{k}{k + 2^{2(1-a)}} \right)$，当市场规模 N 充分大时，根据中心极限定理，

$$\lim_{N \to \infty} P\left\{ \frac{2^{2(1-a)}}{k} < \frac{N - \xi_N}{\xi_N} < \frac{k}{2^{2(1-a)}} \right\}$$

$$= \lim_{N \to \infty} P\left\{ \sqrt{\frac{N}{p(1-p)}}\left(\frac{2^{2(1-a)}}{k + 2^{2(1-a)}} - p \right) < \sqrt{\frac{N}{p(1-p)}}\left(\frac{\xi_N}{N} - p \right) < \sqrt{\frac{N}{p(1-p)}}\left(\frac{k}{k + 2^{2(1-a)}} - p \right) \right\}$$

$$= \lim_{N \to \infty}\left\{ \Phi\left(\sqrt{\frac{N}{p(1-p)}}\left(\frac{2^{2(1-a)}}{k + 2^{2(1-a)}} - p \right) \right) - \Phi\left(\sqrt{\frac{N}{p(1-p)}}\left(\frac{k}{k + 2^{2(1-a)}} - p \right) \right) \right\} = 1$$

其中，$\Phi(\cdot)$ 代表标准正态分布函数。由此可以得到命题 4。

命题 4：假设 $p \in \left(\dfrac{2^{2(1-a)}}{k + 2^{2(1-a)}}, \dfrac{k}{k + 2^{2(1-a)}} \right)$，则共赢条件成立的概率收敛于 1，即

$$\lim_{N \to \infty} P\left\{ \frac{2^{2(1-a)}}{k + 2^{2(1-a)}} < \frac{\xi_N}{N} < \frac{k}{k + 2^{2(1-a)}} \right\} = 1 \tag{23}$$

推论：效用函数 $u_{(y/x)} = k p_y / (4 p_x)$ 依概率收敛于 $\dfrac{k(1-p)}{4p}$，即

$$\lim_{N \to \infty} P\left\{ \left| u_{(y/x)} - \frac{k(1-p)}{4p} \right| < \varepsilon \right\} = 1 \tag{24}$$

命题 4 及其推论表明，市场的有效性依赖于共赢条件的满足。当市场参与者人数足够多且概率值位于规定的区间范围时，共赢条件几乎是必然事件，自由竞争市场是渐近有效的，个体所得的效用依概率收敛于其均值。

四 结论与展望

市场作为一种社会选择和资源配置机制，对个体决策发挥着事后评价和辨别的作用，并通过价格负反馈机制改变着分工和收入分配状态。个体行为在市场中相互作用，促成了分工、市场和收入分配状态的随机动态演化。

本文的主要目的是通过回归古典经济学传统，重构分工理论的逻辑起点，对自由竞争市场的价格机制进行新的解读和认识。为此，在不完全信息条件下，引进了随机均衡、共赢结构、满意价格等新概念，对分工和市场范围的关系以及市场有效性命题进行理论建模。分析表明，不完全信息条件下自由竞争市场的价格和收入都是随机变量，市场机制难以产生公平的收入分配，个体预期收入与市场配置资源的结果通常是不一致的，新古典意义下的理性预期和市场有效性缺乏经验基础和逻辑支持。然而，在随机均衡、满意价格和共赢结构的语境下，可以用大数定理和中心极限定理，在依概率收敛的意义下表达市场有效性的条件。

本文的主要理论创新点包括以下五个方面。一是引进了随机均衡、满意价格和共赢结构等新概念，描述了不完全信息条件下的市场均衡和市场结构。二是指出了现有分工理论模型的认识误区，纠正了模型的部分缺陷。三是以无先验信息和有限个体的自由竞争市场为逻辑起点，用概率刻画个体自由选择下的群体行为和市场特征，建立了市场规模有限的自由竞争市场模型。该模型与新古典完全竞争模型相比也具有明显优势，它避免了完全竞争中的大量个体或无限个体和信息完全等模糊概念，排除了理论体系的逻辑不一致性。四是通过共赢条件清晰地定义了市场有效性的概念。在本文中，市场的有效性是相对于自给自足经济而言的，这与新古典市场有效性和金融资产定价理论中的市场有效性概念不同。五是在本模型下，总量和结构可以在同一理论框架下讨论，避免了新古典经济学将两者割裂开来的局面。通过对共赢条件的讨论，本文揭示了市场的内在不稳定性和收入分配的非均等性，给出了市场有效性的渐近条件。

本文的结论具有明显的政策含义。第一，根据价格决定方程，在信息不完全条件下，由于个体选择的盲目性和随机性，存在交易双方无法匹配和交易无法进行的可能性，市场价格信号可能失灵，要使交易得以进行，就需要一种市场之外力量的干预。第二，由于市场存在一种导致收入分配不公的倾向，对市场进行制度性和政策性干预也在情理之中。这也印证了我国坚持"使市场起决定性作用和更好发挥政府作用"的正确性。第三，由于交易成本是决定市场范围的重要因素，通过提供公共产品，政府可在降低交易成本、扩大市场范围、促进劳动分工和激发市场活力方面发挥重要作用。

尽管本文在分工和市场理论建模方面迈出了重要一步，但为了得到明确的解析表达式，作者做出的假设还是相对简单的。本文只考虑了从无先验信息的决策到初始价格形成的一步演化，没有考虑价格产生后不同个体决策模式的变化和市场结构持续演化问题。本文只考虑了事先相同的人的决策和独立重复博弈的结果，没有考虑异质偏好、异质预期、异质收入的市场结构和收入分配的演化问题。可以预见，在引进异质行为人假设之后，得到的市场演化方程一定是非线性的，可以在新模型中进一步讨论市场系统的复杂性、稳定性、倍周期分岔和混沌或蝴蝶效应等现象。

因此，进一步发展基于分工的市场理论可以在以下几个方面着力。第一，扩展杨小凯分工理论模型的应用范围，通过放松生产者–消费者的同质性假设，研究收益递减条件下的分工问题以及收益递减和收益递增共存的情况。第二，针对异质性生产者–消费者，研究市场结构的动态演化，探索倍周期分岔、混沌产生的条件以及市场的动态演化机制。第三，可以考虑政府在降低交易成本、维护市场稳定和促进技术进步中的作用，创建包括政策变量的分工理论模型。第四，可以构造基于劳动分工的空间经济模型，研究经济圈形成的内生机理。

附录：式（22）的推导

因 $Z_N = \dfrac{p_y}{p_x} = \dfrac{N}{\xi_{(N)}} - 1$，求解预期价格的关键是求 $E\left[\dfrac{1}{\xi_{(N)}}\right]$ 的解释表达式。

$$E\left[\frac{1}{\xi_{(N)}}\right] = \frac{1}{1 - p^N - q^N} \sum_{i=1}^{N-1} C_N^i p^i (1-p)^{N-i} \frac{1}{i} = \frac{1}{1 - p^N - q^N} \left(\sum_{i=1}^{N} C_N^i p^i q^{N-i} \frac{1}{i} - \frac{p^N}{N} \right)$$

定义 $f(N) = (1 - p^N - q^N) E\left[\dfrac{1}{\xi_{(N)}}\right] + \dfrac{p^N}{N} = \sum_{i=1}^{N} C_N^i p^i q^{N-i} \dfrac{1}{i}$，将 $\displaystyle\int_0^\infty e^{-ix} dx = \dfrac{1}{i}$ 代入到上式后，得到：

$$f(N) = \sum_{i=1}^{N} C_N^i p^i q^{N-i} \int_0^{\infty} e^{-ix} dx = \int_0^{\infty} [(q + pe^{-x})^N - q^N] dx = Np \int_0^{\infty} xe^{-x} (q + pe^{-x})^{N-1} dx$$

$$= qNp \int_0^{\infty} xe^{-x} (q + pe^{-x})^{N-2} dx + Np \int_0^{\infty} xe^{-x} (q + pe^{-x})^{N-2} (pe^{-x}) dx$$

$$= \frac{Nq}{N-1} f(N-1) + \frac{1-q^N}{N-1} - \frac{1}{N-1} f(N)$$

由此解得 $f(N) = \frac{1-q^N}{N} + qf(N-1)$，再根据 $f(N) = (1 - p^N - q^N)$

$E\left[\frac{1}{\xi_{(N)}}\right] + \frac{p^N}{N}$ 和 $f(N-1) = (1 - p^{N-1} - q^{N-1}) E\left[\frac{1}{\xi_{(N-1)}}\right] + \frac{p^{N-1}}{N-1}$ 得到：

$$E\left[\frac{1}{\xi_{(N)}}\right] = \frac{1}{(1 - p^N - q^N)} \left[f(N) - \frac{p^N}{N}\right]$$

$$E\left[\frac{N}{\xi_{(N)}}\right] = \frac{1}{(1 - p^N - q^N)} \left[N\left(\frac{1-q^N}{N} + qf(N-1)\right) - p^N\right]$$

$$= 1 + \frac{Nq}{N-1} \left\{\frac{(1 - p^{N-1} - q^{N-1})}{(1 - p^N - q^N)} E\left[\frac{(N-1)}{\xi_{(N-1)}}\right] + \frac{p^{N-1}}{(1 - p^N - q^N)}\right\}$$

$$E\left[\frac{N}{\xi_N} - 1\right] = \frac{Nq}{N-1} \left\{\frac{(1 - p^{N-1} - q^{N-1})}{(1 - p^N - q^N)} E\left[\frac{(N-1)}{\xi_{N-1}} - 1 + 1\right] + \frac{p^{N-1}}{(1 - p^N - q^N)}\right\}$$

$$E[Z_N] = E\left[\frac{N}{\xi_N} - 1\right] = \frac{Nq}{N-1} \left\{\frac{(1 - p^{N-1} - q^{N-1})}{(1 - p^N - q^N)} E(Z_{N-1}) + \frac{1 - q^{N-1}}{(1 - p^N - q^N)}\right\}$$

第二十章　可变折旧率的另一种估计方法

——基于中国各省份资本折旧的
极大似然估计

陈昌兵[*]

内容提要：现有文献主要利用统计方法确定折旧率，也有学者采用极大似然法估计可变折旧率，本文采用另一种方法估计可变折旧率：首先构建包含折旧率、增长率和资本体现式技术进步数理模型，由此得到可变折旧率函数式；其次，利用永续盘存法由资本折旧构建可变折旧率计量模型；最后采用极大似然法估计得到可变折旧率。本文利用增长率法和计量法估计初始期我国各省份固定资本存量，然后采用迭代法估计可变折旧率计量模型。由计量模型参数估计值和相关数据得到我国各省份可变折旧率，同时测算得到我国各省份 1990 ~ 2015 年资本体现式技术进步。为了检验小样本极大似然估计的可靠性，我们采用 Monte Carlo 法检验可变折旧率模型参数估计。由初始期资本存量、投资和可变折旧率，测算得到 1990 ~ 2015 年我国各省份资本存量，其值介于现有文献测算的资本存量之间。本文采用完整的方法估计我国各省份可变折旧率，且可变折旧率含有由技术进步引起的经济折旧。最后，小结全文并提出未来可能的研究方向。

关键词：可变资本折旧率　极大似然法　迭代估计法　资本体现式技术进步　经济折旧

资本存量是一个重要的宏观经济量，估计总量生产函数、测算潜在增长率

＊　本文发表于《经济研究》2020 年第 1 期。陈昌兵，中国社会科学院经济研究所研究员，经济学博士。

等均须借助资本存量，测算可靠的全要素生产率需要准确可靠的折旧率及资本存量等。由于国家统计部门没有公布我国各省份①的资本存量，所以学者利用多种方法测算我国各省份资本存量。就目前相关文献来看，他们测算的资本存量差异较大，并没有得到较为公认的我国各省份折旧率和资本存量。准确估计可变折旧率及测算我国各省份资本存量，对测算我国各省份全要素生产率具有非常重要的现实意义。

与现有测算我国各省份资本存量文献相比，本文主要创新之处在于采用另一种方法估计可变折旧率：（1）构建反映折旧率与经济增长和资本体现式技术进步之间关系的数理模型，从而得到可变折旧率函数式；（2）利用永续盘存法由资本折旧和可变折旧率的函数式通过矩阵运算构建可变折旧率计量模型；（3）利用增长率法和计量方法估计初始期我国各省份固定资本存量，由资本折旧、初始期资本存量和投资等数据估计可变折旧率计量模型，由模型参数估计值计算得到可变折旧率，从而得到我国各省份 1990～2015 年的资本存量；（4）本文测算的可变折旧率考虑了技术进步引起的经济折旧对折旧率的影响。

本文第一部分对有关我国各省份资本存量测算的相关文献进行综述，阐述现有文献有待完善的地方。第二部分为数理模型，通过构建技术进步、折旧率与经济增长的数理模型，得到可变折旧率函数表达式，为构建可变折旧率计量模型提供可靠的理论支持。第三部分为计量模型及估计方法，利用资本折旧构建我国各省份折旧率计量模型并设计模型估计方法。第四部分为估计及检验，采用增长率法和计量方法估计初始期我国各省份资本存量，利用我国各省份资本折旧和投资等数据，采用极大似然法估计我国各省份可变折旧率模型；由可变折旧率模型参数估计值，计算得到可变折旧率；同时，计算得到我国各省份资本体现式技术进步，并对它们按大小进行排序。为了检验小样本极大似然估计可靠性，我们采用 Monte Carlo 模拟法检验我国各省份折旧率模型参数估计的可靠性。第五部分资本存量的测算及比较，由初始期资本存量估计值、投资和估计得到的可变折旧率测算我国各省份 1990～2015 年的资本存量，且与现有测算的我国各省份资本存量的文献进行对比分析。最后，对本文作小结，提出未来这方面可能的研究方向。

---

① 本文用省份代替省、自治区、直辖市，不包含港澳台。

一 文献综述

资本存量包括生产性资本存量和资本存量财富，本文资本存量仅指生产性资本存量（不含土地和人力资本）。就有关我国资本存量的文献来看，测算全国资本存量的文献较多，测算我国各省份资本存量的文献并不多。张军等（2004）、单豪杰（2008）等对我国各省份的资本存量进行了测算。

测算资本存量主要涉及三个量：初始期资本存量、折旧率和投资。国家统计部门每年公布我国各省份的资本投资数据，但没有公布我国各省份的资本折旧率，虽然现有文献采用多种方法确定折旧率，但并没有得到一个公认的测算结果。因此，确定可靠的折旧率是测算我国各省份资本存量的关键。

从目前测算我国省份资本存量的文献来看，学者将 1952 年和 1978 年设定为测算资本存量的初始期，本文将 1990 年设定为我国各省份资本存量初始期，理由如下：一是避免固定资产投资价格指数①对测算我国各省份资本存量造成不利影响；二是利用国家统计局 1994 年开始公布的我国各省份资本折旧构建折旧率计量模型，由这些计量模型参数估计值可得到我国各省份可变折旧率；三是便于利用计量方法估计初始期的资本存量；四是计量方法的需要。

与现有测算我国各省份资本存量的文献一致，我们选择可比价的固定资本形成额作为我国各省份的投资，将国家统计局公布的我国各省份固定资产投资价格指数作为固定资产投资价格指数。对于初始期资本存量和折旧率，我们首先对与它们相关的文献进行综述。

（一）初始期资本存量

由现有测算我国各省份资本存量的文献来看，初始期一般设定为 1952 年和 1978 年。由这些文献中我国各省份资本存量序列，通过价格指数转化为按 1990 年价计的我国各省份资本存量，为确定初始期我国各省份资本存量提供有价值的参考。

林毅夫和刘培林（2003a）基于 Harberger 的"稳态时物质资本增长速度等于总产出增长速度"的假定，推导 1978 年资本存量的估算公式。Hu 和 Khan（1996）及宋海岩等（2003）估计 1978 年我国资本存量为 2352 亿元（1978 年

---

① 国家统计局从 1991 开始公布我国各省份的固定资产投资价格指数。

价格），并利用全国固定资本形成总额等估计 1952 年我国资本存量为 509 亿元（1952 年价格）。

张军等（2004）将 1952 年作为测算我国各省份资本存量的初始期，并对各年投资流量、投资品价格指数、折旧率及缺失数据进行了处理和研究，在此基础上将各省份 1952 年的固定资本形成额除以 10% 作为各省份 1952 年的资本存量，同时根据永续盘存法测算我国 30 个省份 1952～2000 年的资本存量。张军等（2004）由投资品价格指数得到按 1990 年价计的 1990 年我国各省份资本存量及资本－产出比（见表 20－1）。

单豪杰（2008）将 1952 年作为测算我国各省资本存量的初始期，将我国各省份 1952 年实际资本形成额除以平均折旧率 10.96% 与 1953～1957 年投资增长率均值之和作为各省份初始期的资本存量。由投资品价格指数可得到按 1990 年价计的 1990 年我国各省份资本存量及资本－产出比（见表 20－1）。

孙辉等（2010）将 1952 年作为测算我国各省份资本存量的初始期，采用 1952 年我国各省份投资额除以 1952～1957 年投资几何平均增长率与折旧率之和作为初始期资本存量。他们利用永续盘存法测算得到 1952～2008 年我国各省份资本存量，由投资品价格指数可得到按 1990 年价计的 1990 年我国各省份资本存量及资本－产出比（见表 20－1）。

谢群和潘玉君（2011）将 1952 年作为测算我国各省份资本存量的初始期，将我国各省份 1953 年实际资本形成额与 1952 年折旧率与 1953～1957 年 GDP 增长率均值之和的比值作为各省份初始期资本存量，利用永续存盘法测算得到我国各省份 1952～2009 年资本存量。由投资品价格指数可得到按 1990 年价计的 1990 年我国各省份资本存量及资本－产出比（见表 20－1）。

表 20－1　学者测算的 1990 年我国各省份资本存量及资本－产出比

省份	张军等（2004）		单豪杰（2008）		孙辉等（2010）		谢群和潘玉君（2011）	
	资本存量（亿元）	资本－产出比	资本存量（亿元）	资本－产出比	资本存量（亿元）	资本－产出比	资本存量（亿元）	资本－产出比
北京	1834.76	3.6635	945.09	1.8871	688.14	1.3740	1181	2.3581
天津	1345.05	4.3256	673.33	2.1654	957.61	3.0796	984.81	3.1671
河北	2087.75	2.3292	1187.42	1.3248	1219.85	1.3609	1777.26	1.9828
山西	885.32	2.0624	821.70	1.9142	583.74	1.3598	1318.27	3.0710

续表

省份	张军等（2004）		单豪杰（2008）		孙辉等（2010）		谢群和潘玉君（2011）	
	资本存量（亿元）	资本－产出比	资本存量（亿元）	资本－产出比	资本存量（亿元）	资本－产出比	资本存量（亿元）	资本－产出比
内蒙古	770.94	2.4144	422.87	1.3243	480.50	1.5048	573.62	1.7964
辽宁	4813.11	4.5290	1477.74	1.3905	1491.04	1.4030	2342.99	2.2047
吉林	1181.56	2.7783	583.34	1.3717	660.07	1.5521	856.29	2.0135
黑龙江	2829.55	3.9561	1157.83	1.6188	1919.12	2.6832	1168.62	1.6339
上海	2901.40	3.8355	1212.11	1.6024	1821.65	2.4082	1943.39	2.5691
江苏	3458.06	2.4413	1826.16	1.2892	1730.98	1.2220	2214.66	1.5635
浙江	2112.44	2.3524	1011.77	1.1267	1117.04	1.2439	1388.78	1.5465
安徽	2230.44	3.3896	770.10	1.1703	1229.70	1.8688	1023.42	1.5553
福建	1500.85	2.8680	716.29	1.3688	1082.71	2.0690	977.21	1.8674
江西	1058.58	2.4697	469.38	1.0951	481.86	1.1242	826.49	1.9700
山东	3541.86	2.3438	2368.18	1.5671	2010.08	1.3301	3244.04	2.1467
河南	2593.55	2.7749	1319.81	1.4121	1692.42	1.8108	1914.75	2.0486
湖北	1357.98	1.6583	934.66	1.1414	1282.05	1.5656	1447.76	1.7562
湖南	2195.23	2.9488	999.13	1.3421	1193.99	1.6039	1329.67	1.7861
广东	3232.75	2.2289	1823.96	1.2576	1989.96	1.3721	2737.53	1.8599
广西	808.32	1.8000	627.23	1.3968	608.49	1.3550	1148.89	2.5584
海南	350.27	3.4176	157.29	1.5347	295.68	2.8850	358.85	3.5013
重庆								
四川	3834.67	3.2327	1917.37	1.6164	1985.04	1.6734	1678.92	1.4154
贵州	1028.20	3.9525	435.29	1.6733	612.09	2.3529	739.77	2.8437
云南	2885.98	6.3896	546.97	1.2110	725.74	1.6068	1181.01	2.6148
西藏	80.16		44.91		51.71		75.05	
陕西	2003.62	4.9558	764.01	1.8897	960.87	2.3766	1123.26	2.7783
甘肃	643.08	2.6485	416.71	1.7162	368.51	1.5177	730.1	3.0069
青海	285.59	4.0834	122.13	1.7462	166.40	2.3792	200.58	2.8679
宁夏	360.11	5.4513	185.13	2.8025	155.94	2.3605	340.91	5.2577
新疆	1073.06	3.9163	445.48	1.6258	625.37	2.2824	733.64	2.6775

注：1990年重庆没有成为直辖市，隶属于四川；国家统计局没有公布1990年西藏的GDP。

学者测算的1990年我国各省份资本存量相差较大。张军等（2004）、单豪杰（2008）、孙辉等（2010）和谢群和潘玉君（2011）测算的1990年北京资本存量分别为 1834. 76、945. 09、688. 14 和 1181 亿元（均以 1990 年价计），其中，最大的资本存量 1834. 76 亿元是最小的资本存量 688. 14 亿元的 2. 67 倍。由于 1990 年资本存量差异较大，他们根据资本存量计算得到的资本 – 产出比相差也较大。张军等（2004）、单豪杰（2008）、孙辉等（2010）和谢群和潘玉君（2011）测算的 1990 年北京资本 – 产出比分别为 3. 6635、1. 8871、1. 3740 和 2. 3581，其中，最大的资本 – 产出比 3. 6635 比最小的资本 – 产出比 1. 3740 大 2. 2895。

由于各学者测算的 1990 年我国各省份资本存量相差较大，故将他们测算值的均值作为我们选择的初始期我国各省份资本存量的参考值。

（二）折旧率

资本折旧包括物理折旧和经济折旧，不同于现有文献测算资本存量时仅仅考虑物理折旧，本文资本折旧不仅考虑资本品物理效率下降引起的折旧，同时也考虑由技术进步引起的经济折旧。现有文献主要采取如下四种方法确定我国折旧率：一是采用国外文献中常见的折旧率；二是利用资本品的相对效率和残值率计算我国折旧率；三是根据国民收入核算关系推算资本折旧，再由投资量、资本折旧和固定资本价格指数计算得到折旧率；四是利用生产函数采用极大似然法估计折旧率。

多数文献将我国折旧率设定为 5% 左右。如 Hu 和 Khan（1996）假定我国折旧率为 3. 6%，王小鲁和樊纲（2000）假设我国折旧率为 5%，Wang 和 Yao（2001）假定我国折旧率为 5%。卜永祥和靳炎（2002）假定我国固定资产平均使用年限为 20 年，由此测得我国折旧率为 5%。宋海岩等（2003）在官方公布的名义折旧率 3. 6% 的基础上加上经济增长率作为实际折旧率，他们认为，资本的物理折旧程度与经济增长率成正比。郭庆旺和贾俊雪（2004）假定我国折旧率为 5%。

现有的文献大多将全国折旧率作为我国各省份折旧率。由于根据现有资料难以推算出我国各省份固定资本折旧率，因此，刘明兴（2002）将我国各省份折旧率统一取为 10. 96%。在相对效率呈几何递减的模式下，张军等（2004）基于权重计算得到全国折旧率为 9. 6%，并将其作为我国各省份折旧率。

通过对比分析现有文献并参考财政部国有企业固定资产分类资本折旧年限，单豪杰（2008）认为建筑年限为 38 年、机器设备年限为 16 年，测得建筑折旧率和设备折旧率分别为 8. 12% 和 17. 08%。根据《中国统计年鉴》提供的建筑和设备结构比重，单豪杰（2008）对折旧率进行加权平均得出我国折旧率为10.96%。根据现有资料很难推算出我国各省份的折旧率，他将我国各省份折旧率均设定为10.96%。

孙辉等（2010）根据《中国统计年鉴》和《中国工业统计年鉴》公布的工业企业固定资产净值和固定资产原值数据测算当年的资本折旧率，计算得到的资本折旧率均值为5.34%，考虑到存在影响资本折旧率的其他因素，取6%作为我国各省份资本折旧率。

谢群和潘玉君（2011）将折旧率和折旧分为两个时期进行考虑，第一个时期为1952~1984年，该时期我国各省份折旧率统一采用《中国统计年鉴》中给出的国营企业固定资产的折旧率；第二个时期为1985~2009年，该时期我国各省份折旧率采用国家统计局《中国国内生产总值核算历史资料（1952-1995）》及1996~2010年《中国统计年鉴》中给出的我国各省份生产总值收入法下的资本折旧，利用统计法得到我国各省份折旧率。

由上可知，目前学者主要通过统计方法确定我国资本折旧率，现有文献还通过计量方法估算资本折旧率，日本统计机构利用企业清理资本品价格和新资本品价格建立计量模型估计资本折旧率。考虑到技术变革引起资本退化和陈旧，Diewert和Wykoff（2007）构建了包含资本体现式技术进步的更高效的资本模型。在这基础上，他们利用微观调查数据估计含有技术进步的资本折旧率。由于资本存量是不可观察的，但来自资本存量的资本服务流信息是可观察的，Epstein和Denny（1980）构建了一个借助可观察的公司资本服务流估计资本存量及资本折旧率的模型。

由于资本存量是不可观察的，而测算资本存量需要确定折旧率，计量回归模型不可直接估计折旧率。对此，Ingmar（1995）通过设定虚拟变量改写资本量，从而利用生产函数回归估计得到固定的折旧率从而测算得到资本存量。Hernández和Mauleón（2005）在这基础上构建了估计可变折旧率方法。该方法具有广泛的适用性和计算上的优势，可通过非线性估计（NLS）或极大似然法（ML）进行估计。陈昌兵（2014）利用生产函数构建了我国折旧率模型，利用我国产出、劳动和投资等数据，采用极大似然法估计模型得到我国可变折旧率，并测算了1978~2012年我国资本存量。

由上可知，现有文献主要将全国折旧率作为我国各省份折旧率，这些折旧率往往是人为设定的，具有很大的随意性，且这些折旧率往往是固定不变的。也有学者由我国各省份资本折旧率统计方法测算我国各省份折旧率，但该方法存在着如下缺陷：一是利用该方法得到的折旧率波动较大，甚至出现一些年份的折旧率为负的情形；二是资本折旧值缺失年份的折旧率则无法测算。本文利用可观察的我国各省份资本折旧构建可变折旧率计量模型，从而估计得到我国各省份可变折旧率，并测算得到我国各省份 1990～2015 年资本存量[①]。

二 数理模型

固定资本存在如下两种损耗：一是固定资本有形损耗（即物理折旧），如设备使用中发生磨损、房屋建筑物受到自然侵蚀等；二是固定资本无形损耗，如技术进步使现有的技术水平降低，资本价值就会下降。当一个国家（或地区）较注重技术进步，固定资本的无形损耗就会很大。当经济处于高涨期时，企业会利用大好经济形势进行资本折旧，这就出现了增长率与折旧率同方向变化的情况。反之，当一个国家（或地区）不注重技术进步，固定资本无形损耗就会较小。当经济处于高涨期时，企业利用大好经济形势扩大生产，以弥补固定资本无形损耗，加快固定资本有形损耗，此时，固定资本折旧减少，折旧率就会降低；在经济萧条期，企业无法利用经济形势扩大生产，此时持有固定资本需要承担维护资本成本，为了减少这一成本，企业就会增加资本折旧从而折旧率就会增大，这时增长率与折旧率反向变动。

由上述分析可知，折旧率与增长率之间可能存在正向的关系，也可能存在反向的关系，其符号取决于技术进步的大小。下面构建资本体现式技术进步、经济增长率与折旧率的数理模型。

设 t 期资本存量 K_t 包括如下两部分：

$$K_t = D_t + M_{t+1} \tag{1}$$

其中，D_t 和 M_{t+1} 分别为 t 期资本折旧和 t 期留存到 $t+1$ 期的资本存量。t 期资本折旧 D_t 将有 γD_t 更新形成 $t+1$ 期的资本存量（$0 \leqslant \gamma \leqslant 1$），可得到 t 期留存

---

① 为了确定折旧率，由资本折旧、投资和初始期的资本存量估计折旧率，从而由折旧率、初始期资本存量和资本投资量测得资本存量，并不是由初始期资本存量、折旧率和投资测算资本存量。《中国统计年鉴》公布的我国各省份资本折旧，并不是我国各省份实际的资本折旧，其实质上是会计核算意义上的资本折旧，但这两者差距不大。在没有真实资本折旧的情况下，目前《中国统计年鉴》中的我国各省份资本折旧是较好的我国各省份实际资本折旧的替代量。

到 $t+1$ 的资本存量 M_{t+1}、$t+1$ 期资本折旧更新 γD_t 和 $t+1$ 净投资 I^e_{t+1}[①]。假定 t 期资本所具有的技术进步水平为 A_t，$t+1$ 期资本所具有的技术进步水平为 A_{t+1}，这样，可得到如下含有技术进步水平的资本存量关系式：

$$A_{t+1} K_{t+1} = A_t \cdot M_{t+1} + A_{t+1} \cdot \gamma D_t + A_{t+1} \cdot I^e_{t+1} \tag{2}$$

式（2）右边为 t 期留存到 $t+1$ 期资本存量 $A_t \cdot M_{t+1}$、$t+1$ 期进行资本更新的资本存量 $A_{t+1} \cdot \gamma D_t$ 和 $t+1$ 期净投资量 $A_{t+1} \cdot I^e_{t+1}$；式（2）左边为 $t+1$ 期技术进步水平的资本存量 $A_{t+1} \cdot K_{t+1}$。

式（2）两边同时除以 A_{t+1}，可得到：

$$K_{t+1} = M_{t+1} \cdot A_t / A_{t+1} + \gamma D_t + I^e_{t+1} \tag{3}$$

设 $T_{t+1} = A_{t+1}/A_t$ 为资本体现式技术水平比值，也就是，T_{t+1} 为 $t+1$ 期资本体现式技术进步。由式（1）和式（3）可得到：

$$K_{t+1} = K_t / T_{t+1} + (\gamma - 1/T_{t+1}) D_t + I^e_{t+1} \tag{4}$$

为了分析简便，我们假定如下的 AK 型生产函数[②]为：

$$Y_t = AK_t \tag{5}$$

由式（4）和式（5）可得到：

$$Y_{t+1} = AK_t / T_{t+1} + (\gamma - 1/T_{t+1}) AD_t + AI^e_{t+1} \tag{6}$$

由式（5）和式（6）可得到：

$$g_{t+1} = \frac{Y_{t+1} - Y_t}{Y_t} = 1/T_{t+1} - 1 + (\gamma - 1/T_{t+1}) d_t + m_{t+1} \tag{7}$$

其中，$d_t = D_t / K_t$ 为资本折旧率，$m_{t+1} = I^e_{t+1} / K_t$ 为 $t+1$ 期净投资与资本存量之比。式（7）反映了资本体现式技术进步 T_{t+1}、经济增长率 g_{t+1} 与折旧率 d_t 之间的关系。

---

① $t+1$ 期净投资 I^e_{t+1} 与 $t+1$ 期投资 I_{t+1} 之间的关系为：$I_{t+1} = I^e_{t+1} + \gamma D_t$，也就是：$I^e_{t+1} = I_{t+1} - \gamma D_t$，其中，$\gamma D_t$ 为 $t+1$ 期折旧更新资本量，也就是 $t+1$ 期资本折旧更新。

② 推导过程中，我们采用 AK 型生产函数以简化描述现实经济生产，这是因为，式（5）中的技术进步 A 是外生的，经济体中存在着大量的劳动力，经济增长主要约束条件仍然为资本；本文的主要内容在于估计资本折旧率，劳动力虽然对资本折旧率产生影响，但其影响要小于资本对资本折旧率的影响，因此，我们抽象掉劳动力。此外，如采用含有劳动力和资本的生产函数，推导的式（7）将很复杂。

由式（7）可得到如下的折旧率函数关系式：

$$d_t = (1 - 1/T_{t+1})\lambda_{t+1} + \lambda_{t+1}(g_{t+1} - m_{t+1}) \tag{8}$$

其中，$\lambda_{t+1} = 1/(\gamma - 1/T_{t+1})$，该值可能大于 0，此时折旧率与增长率之间存在正向关系；该值也可能小于 0，此时折旧率与增长率之间存在反向关系。这与上文理论分析一致。如采用合适的计量方法估计式（8），由折旧率的参数 $g_{t+1} - m_{t+1}$、λ_{t+1} 与常数项之比可得到 $1 - 1/T_{t+1}$，从而可得到资本体现式技术进步 T_{t+1}，同时可计算得到可变折旧率①。由于折旧率是无法直接观察的，下面我们通过资本折旧等可观察的变量构建估计式（8）的计量模型。

三　计量模型及估计方法

（一）不变折旧率

由资本存量永续盘存法可知，资本存量、投资和折旧率存在如下关系②：

$$K_t = I_t + (1 - d_t)K_{t-1} \tag{9}$$

其中，K_t 和 I_t 分别为 t 期资本存量和投资，d_t 为折旧率。先假定折旧率 d_t 为固定不变的 d，后文将修正该假定。由式（9）可得到 $t = 1$ 期资本存量和投资之间的关系：

$$K_1 = I_1 + (1 - d)K_0 \tag{10}$$

其中，δK_0 为 $t = 1$ 期资本折旧 D_1，即：

$$D_1 = dK_0 \tag{11}$$

由式（9）可得到 $t = 2$ 期资本存量和投资之间的关系为：

① 一般而言，生产函数表现三种技术进步：中性、资本偏向型和劳动偏向型。本文采用 AK 型生产函数，抽象掉中性和劳动偏向型技术进步，这样设定的资本偏向型技术进步可能含有中性和劳动偏向型技术进步，这将影响测算的资本体现式技术进步，但对估计的可变折旧率影响并不大，这样的设定有利于可变折旧率估计。

② 式（2）和式（9）实质上是一致的。它们之间的区别在于：式（2）是考虑资本体现式技术进步水平的资本存量关系式，而式（9）没有考虑资本体现式技术进步水平。

$$K_2 = I_2 + (1 - d)K_1 = I_2 + K_1 - dK_1 \tag{12}$$

其中，δK_1 为 $t = 2$ 期资本折旧 D_2，即：

$$D_2 = dK_1 \tag{13}$$

将式（10）代入式（13）可得到：

$$D_2 = dK_1 = dI_1 + d(1 - d)K_0 \tag{14}$$

由式（9）可得到 $t = 3$ 期资本存量和投资之间存在着如下关系：

$$K_3 = I_3 + (1 - d)K_2 = I_3 + K_2 - dK_2 \tag{15}$$

其中，dK_2 为 $t = 3$ 期资本折旧 D_3，即：

$$D_3 = dK_2 \tag{16}$$

将式（12）和式（10）代入式（16）可得到：

$$D_3 = dK_2 = dI_2 + (1 - d)dI_1 + (1 - d)^2 dK_0 \tag{17}$$

同理，可得到 T 期资本折旧与初始期资本存量 K_0、$t = 1，2，\cdots，T - 1$ 期的投资 $I_1，I_2，\cdots，I_{T-1}$ 和折旧率 d 之间存在如下关系：

$$D_t = d\sum_{i=1}^{t-1}(1 - d)^{t-i-1}I_i + (1 - d)^{t-1}\delta K_0 \, (t \geqslant 2) \tag{18}$$

其中，K_0 为初始期资本存量，$I_1，I_2，\cdots，I_{T-1}$ 为 $t = 1，2，\cdots，T - 1$ 期的投资。由式（18）可知，资本折旧表现为初始期资本存量 K_0、投资 $I_1，I_2，\cdots，I_{T-1}$ 和折旧率 d 的关系式。资本折旧 $D_1，D_2，\cdots，D_T$ 与投资 $I_1，I_2，\cdots，I_{T-1}$ 及初始期资本存量 K_0（前文已测算）均已知，我们采用极大似然法（或非线性估计法）估计式（18）可得到固定不变的折旧率 d。直接使用标准的计量方法估计式（18）存在着一定的困难，这是因为式（18）变量的数目随时期 t 不断变化，这一困难可通过设定虚拟变量改写资本量得以解决。对于给定的 t，定义 T 个如下新变量 I_t^j（$j = 1，2，\cdots，T$）。

$$I_t^j = I_j D_t^j \tag{19}$$

$$D_t^j = \begin{cases} 1 & j \leqslant t \\ 0 & j > t \end{cases} \tag{20}$$

将式（19）和式（20）代入式（18）可得：

$$D_t = d \sum_{i=1}^{T-1} (1-d)^{t-i-1} I_t^i + (1-d)^{t-1} dK_0 \tag{21}$$

由式（21）得到资本折旧向量 $D = (D_1, D_2, \cdots, D_T)'$ 与初始期资本存量 K_0、投资 $I_1, I_2, \cdots, I_{T-1}$ 和折旧率 d 存在如下关系：

$$
\begin{bmatrix} D_1 \\ D_2 \\ D_3 \\ \cdot \\ \cdot \\ \cdot \\ D_T \end{bmatrix} = \begin{bmatrix} K_0 & 0 & 0 & \cdot & \cdot & \cdot & 0 & 0 \\ I_1 & K_0 & 0 & \cdot & \cdot & \cdot & 0 & 0 \\ I_2 & I_1 & K_0 & \cdot & \cdot & \cdot & 0 & 0 \\ \cdot & \cdot & \cdot & & & & \cdot & \cdot \\ \cdot & & & & & & & \cdot \\ \cdot & & & & & & & \cdot \\ I_{T-1} & I_{T-2} & I_{T-3} & \cdot & \cdot & \cdot & I_1 & K_0 \end{bmatrix} \begin{bmatrix} d \\ d(1-d) \\ d(1-d)^2 \\ \cdot \\ \cdot \\ \cdot \\ d(1-d)^{T-1} \end{bmatrix} \tag{22}
$$

其中，$D = (D_1, D_2, \cdots, D_T)'$，系数矩阵 $\tilde{d} = [d, d(1-d), \cdots, d(1-d)^{T-1}]'$，资本形成矩阵 $\tilde{I}$ 为：

$$
\tilde{I} = \begin{bmatrix} K_0 & 0 & 0 & 0 & 0 & 0 & 0 \\ I_1 & K_0 & 0 & \cdot & \cdot & 0 & 0 \\ I_2 & I_1 & K_0 & \cdot & \cdot & 0 & 0 \\ \cdot & \cdot & \cdot & & & \cdot & \cdot \\ \cdot & & & & & & \cdot \\ \cdot & & & & & & \cdot \\ I_{T-1} & I_{T-2} & I_{T-3} & \cdot & \cdot & I_1 & K_0 \end{bmatrix} \tag{23}
$$

式（22）中每期变量数目是一样的，这样可使用标准计量方法估计式（22）。由式（23）可将式（22）化为：

$$D_t = \tilde{I}_t \tilde{d}, t = 1,2,\cdots,T \tag{24}$$

其中，$\tilde{I}_t$ 为矩阵 $\tilde{I}$ 的第 t 列，由式（24）可得到如下的计量模型：

$$D_t = \tilde{I}_t \tilde{d} + \mu_t, \mu_t = \rho \cdot \mu_{t-1} + \varepsilon_t, \varepsilon_t \sim N(0, \sigma_\varepsilon^2) \tag{25}$$

式（25）中随机误差项 μ_t 服从 AR（1），这表明资本折旧存在相关性。

（二）可变折旧率

1. 可变折旧率计量模型

由式（8）将折旧率模型修正为如下可变折旧率模型[①]：

$$d_t = a + \lambda g_{t+1} \tag{26}$$

其中，a 为常数，λ 为折旧率的 GDP 增长率系数，g_{t+1} 为 $t+1$ 期 GDP 增长率。式（26）表示折旧率与 GDP 增长率之间的关系，由于 GDP 增长率是不断变化的，这样，折旧率是可变的。设 $\phi_t = 1 - d_t = 1 - a - \lambda g_{t+1} = f_1 + f_2 \cdot g_{t+1}$，其中，$f_1 = 1 - a$，$f_2 = -\lambda$。若 g_t 满足 $\bar{g} = \dfrac{1}{n} \sum g_t = 0$ [②]，可得到资本向量 $K = (K_1, K_2, \cdots, K_T)'$ 与资本增量向量之间的关系如下：

$$
\begin{bmatrix} K_1 \\ K_2 \\ \vdots \\ K_T \end{bmatrix} = \begin{bmatrix} I_1 & K_0 & \cdots & 0 \\ I_2 & I_1 & \cdots & 0 \\ \vdots & \vdots & \ddots & \vdots \\ I_T & I_{T-1} & \cdots & K_0 \end{bmatrix} \begin{bmatrix} 1 \\ f_1 \\ \vdots \\ f_1^{T} \end{bmatrix} + \begin{bmatrix} I_1 & x_2 K_0 & 0 & \cdots & 0 \\ I_2 & x_3 I_1 & (x_3 + x_2) K_0 & \cdots & 0 \\ \vdots & \vdots & \vdots & \ddots & \vdots \\ I_T & x_{T+1} I_{T-1} & (x_T + x_{T-1}) I_{T-1} & \cdots & \sum x_t K_0 \end{bmatrix} \begin{bmatrix} 0 \\ f_2 \\ \vdots \\ f_1^{T-1} f_2 \end{bmatrix} \tag{27}
$$

将式（27）进行如下的拓展：

$$
\begin{bmatrix} K_1 \\ K_2 \\ \vdots \\ K_T \end{bmatrix} = \begin{bmatrix} I_1 & K_0 & \cdots & 0 \\ I_2 & I_1 & \cdots & 0 \\ \vdots & \vdots & \ddots & \vdots \\ I_T & I_{T-1} & \cdots K_0 & 0 \end{bmatrix} \begin{bmatrix} 1 \\ f_1 \\ \vdots \\ f_1^{T+1} \end{bmatrix} + \begin{bmatrix} I_1 & x_2 K_0 & 0 & \cdots & 0 \\ I_2 & x_3 I_1 & (x_3 + x_2) K_0 & \cdots & 0 \\ \vdots & \vdots & \vdots & \ddots & \vdots \\ I_T & x_{T+1} I_{T-1} & (x_{T+1} + x_T) I_{T-1} & \sum x_t K & 0 \end{bmatrix} \begin{bmatrix} 0 \\ f_2 \\ \vdots \\ f_1^{T} f_2 \end{bmatrix} \tag{28}
$$

---

① 由式（8）可知，折旧率的 GDP 增长率参数 λ_{t+1} 应为变数，但估计可变系数的折旧率的 GDP 增长率参数是非常复杂的，为了简化，我们将参数 λ_{t+1} 作为常数 λ。资本体现式技术进步 T_{t+1} 实质上是变化的，为了简化，我们将 T_{t+1} 作为常数。这样，式（8）右边第一项 $(1 - 1/T_{t+1})$ λ_{t+1} 就为常数 a。式（8）第二项的解释变量 $g_{t+1} - m_{t+1}$ 较为复杂，g_{t+1} 为 GDP 增长率，而 $m_{t+1} = I^e_{t+1}/K_t$ 包含了折旧率，计量方法难以估计。对此，先不考虑 m_{t+1} 对折旧率的影响，折旧率与经济增长率的关系为式（26），估计式（30）可得到折旧率从而计算得到各期的资本存量，计算得到 $m_{t+1} = I^e_{t+1}/K_t$；然后采用折旧率与经济增长率的关系式（31），估计式（30）可得到折旧率并计算得到各期资本存量，这样我们采用迭代估计法估计真实的折旧率与 GDP 增长率之间的关系式。

② 若 g_t 均值 $\bar{g}$ 不为 0，则可将 g_t 均值零化，即 $g'_t = g_t - \bar{g}$，此时 g'_t 的均值 $\bar{g}'$ 为 0。式（27）至式（30）中的 $x_t = g_t - \bar{g}$。

$$\begin{bmatrix} K_2 \\ K_3 \\ \vdots \\ K_{T+1} \end{bmatrix} = \begin{bmatrix} I_2 & I_1 & K_0 & \cdots & 0 \\ I_3 & I_2 & I_1 & \cdots & 0 \\ \vdots & \vdots & \vdots & \ddots & \vdots \\ I_{T+1} & I_T & \cdots & \cdots & K_0 \end{bmatrix} \begin{bmatrix} 1 \\ f_1 \\ \vdots \\ f_1^{T+1} \end{bmatrix}$$

$$+ \begin{bmatrix} I_2 & x_3 I_1 & (x_3 + x_2) K_0 & \cdots & 0 \\ I_3 & x_4 I_2 & (x_4 + x_3) I_1 & (x_4 + x_3 + x_2) K_0 & 0 \\ \vdots & \vdots & \vdots & \ddots & \vdots \\ I_{T+1} & x_{T+2} I_T & (x_{T+2} + x_{T+1}) I_{T-1} & \cdots & \sum x_t K \end{bmatrix} \begin{bmatrix} 0 \\ f_2 \\ \vdots \\ f_1^T f_2 \end{bmatrix} \qquad (29)$$

由 $K_t = I_t + (f_1 + f_2 \cdot x_{t+1}) K_{t-1}$，有 $K_t - K_{t-1} = I_t - D_t$，式（29）减式（28）可得到：

$$\begin{bmatrix} I_2 - D_2 \\ I_3 - D_3 \\ \vdots \\ I_{T+1} - D_{T+1} \end{bmatrix} = \begin{bmatrix} I_2 - I_1 & I_1 - K_0 & K_0 & \cdots & 0 \\ I_3 - I_2 & I_2 - I_1 & I_1 - K_0 & \cdots & 0 \\ \vdots & \vdots & \vdots & \ddots & \vdots \\ I_{T+1} - I_T & I_T - I_{T-1} & \cdots & I_1 - K_0 & K_0 \end{bmatrix} \begin{bmatrix} 1 \\ f_1 \\ \vdots \\ f_1^{T+1} \end{bmatrix}$$

$$+ \begin{bmatrix} I_2 - I_1 & x_3 I_1 - x_2 K_0 & (x_3 + x_2) K_0 & \cdots & 0 \\ I_3 - I_2 & x_4 I_2 - x_3 I_1 & (x_4 + x_3) I_1 - (x_3 + x_2) K_0 & \cdots & 0 \\ \vdots & \vdots & \vdots & \ddots & \vdots \\ I_{T+1} - I_T & x_{T+2} I_T - x_{T+1} I_{T-1} & (x_{T+1} + x_T) I_{T-1} - (x_{T\setminus} + x_{T-1}) I_{T-2} & \cdots & \sum x_t K \end{bmatrix} \begin{bmatrix} 0 \\ f_2 \\ \vdots \\ f_1^T f_2 \end{bmatrix}$$

$$\qquad (30)$$

由上可知，模型（30）的被解释变量为 $I_t - D_t$，与模型（25）类似，采用极大似然（或非线性）法估计参数 f_1 和 f_2，可由式（26）得到可变折旧率。

2. 迭代估计法

为了估计模型（8），我们没有考虑 m_{t+1} 对折旧率的影响，这样，折旧率与经济增长率的关系为式（26），从而估计模型（30）可得到式（26），由式（26）得到可变折旧率序列为：d_1^0，d_2^0，$\cdots$，d_{T+1}^0。由这些折旧率、初始期资本存量和各期资本投资，可得到各期资本存量，再由式 $m_{t+1} = I_{t+1}^r / K_t$ 计算得到各期的 m_1^0，m_2^0，$\cdots$，m_{T+1}^0。为了考虑 m_{t+1} 对折旧率的影响，我们可得到折旧率与经济增长率之间的关系[①]：

---

① 由计算得到的 m_{t+1} 及已知的 g_{t+1}，可计算得到 $g_{t+1} - m_{t+1}$。将式（26）中的 g_{t+1} 变换为 $g_{t+1} - m_{t+1}$，这样，估计模型（30）可得到式（31）。

$$d_t = a + \lambda(g_{t+1} - m_{t+1}) \tag{31}$$

利用极大似然法估计模型（30）可得到式（31）。由式（31）得到各期折旧率序列 d_1^1，d_2^1，$\cdots$，d_{T+1}^1。由这些折旧率、初始期的资本存量和各期资本投资，可得到各期的资本存量，再由式 $m_{t+1} = I_{t+1}^e / K_t$ 重新计算得到各期的 m_1^1，m_2^1，$\cdots$，m_{T+1}^1。再利用极大似然法估计折旧率模型（30）可得到式（31）。借助迭代估计法，估计得到一个趋于收敛平稳且非常接近模型（31）表达的真实资本折旧率。

四　估计及检验

由上述折旧率模型可知，估计折旧率需要初始期资本存量。为此，我们需要确定初始期我国各省份资本存量，然后利用极大似然法估计不变折旧率模型，再利用极大似然法估计可变折旧率模型，由各变量参数估计值可得到可变折旧率，并对估计的计量模型进行稳健性检验。

（一）初始期资本存量确定

现有文献采用增长率法和计量法两种方法测算初始期资本存量，下面我们采用这两种方法测算初始期我国各省份资本存量。

1. 增长率法

我国各省份固定资本形成总额在 1990 年前后增长率变化较大，我们采用 1980~2000 年我国各省份 GDP 年增长率几何均值代替增长法中的 g，根据有关我国折旧率文献可知，我国折旧率在 2.5%~11%。这样，由我国各省份 1990 年固定资本形成总额，根据增长率法可得到我国各省份 1990 年资本存量的取值范围。

由折旧率 2.5%、我国各省份 1980~2000 年 GDP 年均增长率和 1990 年固定资本形成总额，根据增长率法可得到我国各省份 1990 年资本存量上限；由折旧率 11%、我国各省份 1980~2000 年 GDP 年均增长率和 1990 年固定资本形成总额，根据增长率法可得到我国各省份 1990 年资本存量下限。由表 20-2 可知，1990 年北京资本存量下限为 925.10 亿元（1990 年价）①，资本存量下限 —

---

① 除非专门说明，本文后文的资本存量、投资（固定资本形成总额）及资本折旧均以 1990 年价计。

产出比为 1.8472；1990 年北京资本存量上限为 1550.12 亿元，资本存量上限 - 产出比为 3.0952。由 GDP 年均增长率可得到 1990 年北京资本存量取值范围为 925.10 亿 ~ 1550.12 亿元。这样，可得到我国其他 30 个省份 1990 年资本存量的取值范围（见表 20 - 2）。

表 20 - 2　1990 年固定资本形成总额、GDP 年均增长率及资本存量上下限

省份	1990 年固定资本形成总额（亿元）	1980 ~ 2000 年 GDP 年均增长率（%）	资本存量下限（亿元，折旧率 11%）	资本存量下限 - 产出比	资本存量上限（亿元，折旧率 2.5%）	资本存量上限 - 产出比
北京	195.02	10.0810	925.10	1.8472	1550.12	3.0952
天津	98.03	9.4762	478.75	1.5396	818.54	2.6324
河北	204.02	10.7095	939.77	1.0485	1544.49	1.7231
山西	117.24	9.1667	581.35	1.3543	1004.91	2.3410
内蒙古	70.8	10.2810	332.69	1.0419	553.95	1.7348
辽宁	262.39	8.9857	1312.89	1.2354	2284.49	2.1496
吉林	93.97	9.6714	454.59	1.0689	772.06	1.8154
黑龙江	169.3	7.6762	906.50	1.2674	1663.69	2.3261
上海	248.46	9.8048	1194.24	1.5787	2019.21	2.6693
江苏	374.12	12.5333	1589.75	1.1223	2488.61	1.7569
浙江	186..96	13.3190	768.78	0.8928	1181.87	1.3161
安徽	138.2	10.3190	648.25	0.9852	1078.09	1.6384
福建	108.02	13.5000	440.90	0.8425	675.13	1.2901
江西	78.87	9.1571	391.28	0.9326	676.58	1.6127
山东	412.59	11.9190	1800.21	1.1913	2861.43	1.8935
河南	225.73	11.0238	1024.94	1.0966	1669.13	1.7858
湖北	147.13	9.9095	703.65	0.8536	1185.62	1.4382
湖南	122.82	8.8000	620.30	0.8332	1086.90	1.4600
广东	336.61	14.2095	1335.25	0.9072	2014.48	1.3687
广西	72.6	9.5571	353.16	0.7864	602.13	1.3409
海南	42.14	11.8524	184.40	1.7992	293.61	2.8648
重庆	57.16	9.6810	276.39	1.2678	469.26	1.3501
四川	134.15	9.3476	659.29	1.2678	1132.30	1.3501
贵州	64.34	8.9524	322.47	1.2396	561.80	2.1596
云南	89.25	10.0476	424.04	0.9388	711.29	1.5748
西藏	7.59	10.0429	36.07	1.4753	60.51	2.4748

续表

省份	1990 年固定资本形成总额（亿元）	1980~2000 年GDP 年均增长率（%）	资本存量下限（亿元，折旧率11%）	资本存量下限 - 产出比	资本存量上限（亿元，折旧率2.5%）	资本存量上限 - 产出比
陕西	120.84	9.9714	576.21	1.4252	968.94	2.3966
甘肃	67.19	9.4429	328.67	1.3536	562.59	2.3170
青海	20.44	8.1476	106.75	1.5263	191.97	2.7448
宁夏	25.47	9.1952	126.12	1.9451	217.78	3.3587
新疆	91.5	10.3190	429.19	1.5664	713.78	2.6050

资料来源：表中数据来自中经网数据库，或由中经网数据库数据计算得到的。中经网数据库没有1990~1995 重庆固定资本形成总额，我们按重庆和四川全社会固定资产投资之比将重庆的固定资本形成总额从四川的固定资本形成总额分离出来。

2. 计量法

由初始资本存量计量法可构建如下的计量模型：

$$\ln I(t) = \ln I(0) + \theta t + \mu_t \tag{32}$$

其中误差项 μ_t 服从 AR（1）或 AR（2），这是因为资本投资受到技术创新等因素的冲击。μ_t 服从如下的方程：

$$\mu_t = \rho\mu_{t-1} + \varepsilon_t, \varepsilon_t \sim N(0, \sigma_e^2) \tag{33}$$

$$\mu_t = \rho_1\mu_{t-1} + \rho_2\mu_{t-1} + \varepsilon_t, \varepsilon_t \sim N(0, \sigma_e^2) \tag{34}$$

用 1954~1990 年北京固定资本形成总额[①]估计模型（32）可得：

$$\ln I = 4.8918 + 0.1154t \tag{35}$$

$$\mu_t = 0.7983 \mu_{t-1} - 0.3878\mu_{t-2} \text{[②]}$$

$$R^2 = 0.8795, \bar{R}^2 = 0.8595, D.W = 2.0013。 \tag{36}$$

其中，1990 年 $t=0$，1989 年 $t=-1$，1988 年 $t=-2$，依次可得到各年 t 值。由模型（35）可得：$\ln I(0) = 4.8918$，$\theta=0.1154$，由式（36）可得到初始期北京资本存量为 1154.17 亿元，该测算值恰在增长率法测算的 1990 年北京

---

① 将 1952~1977 年固定资本形成总额通过固定资产价格指数转化为 1990 年可比价。
② 由 $\mu_t = \phi_1 \cdot \mu_{t-1} + \phi_2 \cdot \mu_{t-2}$，可知 $\phi_1^2 + 4\phi_2 = 0.7983^2 + 4 \times (-0.3878) < 0$，$\phi_2 = -0.3878 > -1$。根据复根特征值的系统收敛性判别法则，该复根特征值的系统是收敛的。具体的判别法则见〔美〕詹姆斯 D. 汉密尔顿：《时间序列分析》，刘明志译，中国社会科学出版社，1999，第 18~20 页。

资本存量取值范围之内，此时资本－产出比为 2.3046。表 20－1 中 4 位学者测算的 1990 年北京资本存量均值为 1162.25 亿元，比本文计量法估计的 1154.17 亿元高 8.08 亿元，该值仅为 1990 年北京 GDP 的 0.0161。

同样地，我们可得到我国其他 30 个省份初始期资本存量。由表 20－3 可知，我国各省份初始期资本存量均在增长率法估计的初始期资本存量范围内，且与现有文献中 4 位学者测算的 1990 年资本存量均值较为接近。

表 20－3 我国各省份初始期资本存量测算值

省份	初始期资本存量（亿元）	资本－产出比	学者测算的 1990 年资本存量均值（亿元）	学者测算的 1990 年资本－产出比均值
北京	1154.17	2.3046	1162.25	2.3207
天津	781.20	2.5123	990.20	3.1844
河北	1535.088	1.7126	1568.07	1.7494
山西	987.90	2.3013	902.26	2.1019
内蒙古	550.89	1.7472	561.98	1.7600
辽宁	1898.37	1.7863	2531.22	2.3818
吉林	726.49	1.7083	820.32	1.9289
黑龙江	1275.624	1.7835	1768.78	2.4730
上海	1675.764	2.2153	1969.64	2.6038
江苏	2198.71	1.5522	2307.47	1.6290
浙江	1180.72	1.3895	1407.51	1.5674
安徽	871.5475	1.3245	1313.42	1.9960
福建	544.385	1.0403	1069.27	2.0433
江西	630.2749	1.5023	709.08	1.6648
山东	2575.82	1.7045	2791.04	1.8469
河南	1461.56	1.5638	1880.13	2.0116
湖北	1132.92	1.3743	1255.61	1.5304
湖南	991.8174	1.3323	1429.51	1.9202
广东	1908.31	1.4272	2446.05	1.6796
广西	599.78	1.6916	798.23	1.7776
海南	232.32	2.2667	290.52	2.8347
重庆	445.88	2.4125		
四川	1122.145	2.2125	2354	1.9845
贵州	540.99	2.2380	703.84	2.7056

续表

省份	初始期 资本存量（亿元）	资本－ 产出比	学者测算的 1990 年 资本存量均值（亿元）	学者测算的 1990 年 资本－产出比均值
云南	656.3668	1.4532	1334.93	2.9556
西藏	60.36	2.8532	62.96	
陕西	858.4906	2.1234	1212.94	3.0001
甘肃	466.9479	1.9231	539.60	2.2223
青海	178.37	2.7490	193.68	2.7692
宁夏	153.36	2.3652	260.52	3.9680
新疆	623.8641	2.2769	719.39	2.6255

注：表 20-3 的第 4 列和第 5 列数据来自表 20-1。

（二）　折旧率模型估计

由中经网数据库得到我国各省份当年价的固定资本形成总额和资本折旧，通过我国各省份固定资本价格指数将其化为可比价的固定资本形成总额（投资）和资本折旧。用测算的我国各省份初始期资本存量、投资和资本折旧，在 SAS 软件中对不变折旧率模型式（25）和可变折旧率模型式（30）进行极大似然估计[①]。

1. 不变折旧率模型估计

由于非线性极大似然估计对初始值较为敏感，我们采用 Klump 等（2007）提出的"全局最优"法。对于不变折旧率模型，折旧率 d 和相关系数 ρ 是关键的初始值，我们尝试定义域 $[0.001 < d < 0.9,\ -0.99 < \rho < 0.99]$ 内各种取值，找到使对数似然值最大的估计值即"全局最优"不变折旧率模型参数估计值（见表 20-4）。

表 20-4　不变折旧率模型和简单模型估计值（北京）

估计参数	不变折旧率模型	简单模型
d 或 a	0.06095 (82.69)	0.0621 (199.99)

[①]　为了叙述上的方便，本文将不考虑 m_t 对折旧率影响的式（26）作为可变折旧率简单模型，以下简称简单模型；将考虑 m_t 对折旧率影响的式（31）作为可变折旧率复杂模型，以下简称复杂模型。

续表

估计参数	不变折旧率模型	简单模型
λ		0.1404 (71.72)
ρ	0.9744 (153.35)	0.9762 (136.13)
目标函数值	−97.57	−89.26
资本体现式技术进步		1.7933

注：表中小括号内数值为各变量参数估计值的 T 统计值。由模型的参数估计值 a 和 λ，根据式（9）中参数之间的关系，可得到 $(1 - 1/T) = a/\lambda$，从而可得到 $T = \lambda/(\lambda - a)$。

由表 20 - 4 可知，北京不变折旧率模型参数 d 的估计值为 0.06095，相关系数 ρ 的估计值为 0.9744，由它们的 T 统计值可知，它们均显著。由不变资本折旧率模型得到 1991 ~ 2015 年北京折旧率为 6.095%。同样地，可得到我国其他 30 个省份的不变资本折旧率。

2. 可变折旧率简单模型估计

对于简单模型，常数 a、增长率系数 λ 和相关系数 ρ 是关键的初始值，我们尝试在定义域 $[0.001 < a < 0.9, \ -10 \leqslant \lambda \leqslant 10, \ -0.99 < \rho < 0.99]$ 内取值，找到使对数似然值最大的估计值即"全局最优"简单模型参数估计值。

由表 20 - 4 可知，北京简单模型系数 a 的估计值为 0.0621，折旧率的 GDP 增长率系数 λ 的估计值为 0.1404，相关系数 ρ 估计值为 0.9762。由它们的 T 统计值可知，它们均显著。通过进一步计算，我们得到北京资本体现式技术进步为 1.7933。由 a、λ 估计值，及北京 1991 ~ 2015 年 GDP 增长率，由式（26）可得到 1991 ~ 2015 年北京可变折旧率，其均值为 6.2108%。由这些折旧率、初始期的资本存量和投资可得到北京简单模型测算的资本存量。

3. 复杂模型的迭代估计

由北京简单模型测算的资本存量和投资，可得到各期 $m_1^0, m_2^0, \cdots, m_{T+1}^0$①。由这些数据可利用极大似然法估计式（30），这样可得到复杂模型的参数估计值（见表 20 - 5）。

---

① 由 $m_{t+1} = I_{t+1}^e/K_t$ 可知，I_{t+1}^e 为净投资，本文采用当年的投资减去当年的资本折旧作为当年净投资。

表 20 - 5　复杂模型的极大似然估计值（北京）

估计参数	复杂模型 1	复杂模型 2	复杂模型 3
a	0.066403 (176.94)	0.066507 (177.93)	0.066506 (56.94)
λ	0.1977 (43.10)	0.1457 (45.10)	0.1484 (43.10)
ρ	0.9798 (104.65)	0.9798 (106.65)	0.9798 (98.65)
目标函数值	-102.51	-101.20	-98.10
资本体现式技术进步	1.5057	1.8294	1.8121

注：表中小括号内值为各参数估计的 T 统计值。λ 为折旧率的 GDP 增长率系数。

由表 20 - 5 可知，复杂模型 1 参数的估计值均显著，表明该模型估计是有效的。由复杂模型 1 参数估计值得到的北京 1991 ~ 2015 年资本体现式技术进步为 1.5057。由 a 和 λ 的估计值、北京 1991 ~ 2015 年 GDP 增长率及净投资与资本存量之比，由式（31）可得到 1991 ~ 2015 年北京可变折旧率，它的均值为 6.6403%。由这些折旧率、初始期的资本存量和投资，可得到复杂模型 1 的资本存量。

由复杂模型 1 的资本存量和投资，可得到各期的 m_1^1，m_2^1，…，m_{T+1}^1。同理，我们可得到复杂模型 2 的估计值（见表 20 - 5）。同样地，我们可得到北京资本体现式技术进步为 1.8294，1991 ~ 2015 年北京可变折旧率均值为 6.6507%。由这些折旧率、初始期的资本存量和投资，可得到复杂模型 2 的资本存量。进一步地，我们可以得到复杂模型 3 的估计值。

由上述复杂模型的迭代估计可知，经过一次简单模型估计，再经过三次复杂模型估计，复杂模型 3 的参数估计值趋于平稳收敛。这可从三个复杂模型参数估计值、资本体现式技术进步和折旧率均值等方面表现出来。

a 参数估计值由复杂模型 1 到模型 3 逐渐趋于平稳。复杂模型 1 的估计值 0.066403 到复杂模型 2 的估计值 0.066507，再到复杂模型 3 的估计值 0.066506，估计值与复杂模型 2 的估计值相当接近，几乎相等。

λ 参数估计值由复杂模型 1 的 0.1977 到复杂模型 2 的 0.1457，再到复杂模型 3 的 0.1484，复杂模型 3 的估计值与复杂模型 2 的估计值相当接近，几乎相等。

三个模型的 ρ 参数估计值是一样的。三个复杂模型的目标函数值也在不断增大，表明这些模型估计趋于平稳。复杂模型 1 和复杂模型 2 的资本体现式技术进步分别为 1.5057 和 1.8294，它们相差 0.3237。复杂模型 3 的资本体现式技术进步为 1.8121，与复杂模型 2 相差 0.0173。这表明复杂模型 1 至复杂模型 3 估计得到的资本体现式技术进步趋于平稳。

复杂模型 1 的折旧率均值为 6.6403%，复杂模型 2 的折旧率均值为 6.6507%，它们相差 0.0104 个百分点。复杂模型 3 的折旧率均值为 6.6506%，其值与复杂模型 2 的折旧率均值相差仅 0.0001 个百分点，它们之间已非常接近。

由上述三个复杂模型参数估计值、测算的体现式技术进步及折旧率均值可知，复杂模型 1 到复杂模型 3 所估计的折旧率趋于平稳收敛，这样，复杂模型 3 估计的可变折旧率非常接近式（31）表达的真实折旧率。因此，我们将复杂模型 3 作为北京可变折旧率复杂模型，简称为北京复杂模型。

复杂模型是由简单模型通过净投资与资本存量之比修正得到的，其实质在于资本存量式（2）中是否包含新增资本量（投资）：简单模型并不包含投资，复杂模型包含着投资。这样，复杂模型更能反映真实资本存量的变化。这些将反映在估计的简单模型和复杂模型的参数估计值上。

简单模型与复杂模型对北京参数 a 的估计存在差异，估计值相差 0.0044。简单模型参数 λ 估计值为 0.1404，北京复杂模型参数 λ 的估计值为 0.1484，它们相差 0.0080。这是由于北京复杂模型增加了投资与资本存量之比。由简单模型估计值得到的北京的资本体现式技术进步为 1.7933，北京复杂模型估计得到的北京的资本体现式技术进步为 1.8121。这两个模型的资本体现式技术进步相差 0.0188，这是由于北京复杂模型是在简单模型基础上考虑了投资与资本存量之比。

如同对北京进行的简单模型估计，我们可得到其他 30 个省份 1991～2015 年简单模型的估计值，这样就可得到 31 个省份折旧率的 GDP 增长率系数 λ 的估计值。我国 31 个省份中，除了山西、内蒙古、黑龙江、广西、海南、西藏、陕西、甘肃、青海、和宁夏等 10 省份折旧率的 GDP 增长率系数为负外，其他 21 个省份折旧率的 GDP 增长率系数为正。由折旧率的 GDP 增长率系数 λ 的估计值，可计算得到我国各省份资本体现式技术进步的大小（见表 20 - 6）。在我国 31 个省份中，21 个省份的资本体现式技术进步大于 1，仅有 10 个省份的资本体现式技术进步小于 1。由此可知，1990～2015 年我国整体的资本体现式技术进步较好。

如同对北京进行的复杂模型估计，我们采用极大似然法估计式（30）得到其他 30 个省份的复杂模型，通过估计该复杂模型得到常数项 a 的估计值和折旧率的 GDP 增长率系数 λ 的估计值（见表 20 - 6）。如同对北京进行的复杂模型估计，我们仅报告趋于平稳的复杂模型 3 的估计结果，由这些模型得到的折旧率作为本文可变折旧率。这样，我们可得到其他 30 个省份 1991 ~ 2015 年可变折旧率估计值和资本存量。

表 20 - 6　我国各省份可变折旧率复杂模型参数估计值

省份	a 估计值	λ 估计值	资本体现式技术进步	省份	a 估计值	λ 估计值	资本体现式技术进步
北京	0.066506	0.1484	1.8121	湖北	0.069098	0.1719	1.6721
天津	0.052119	0.1074	1.9428	湖南	0.071737	0.2123	1.5104
河北	0.065487	0.1668	1.6464	广东	0.09682	0.21	1.8555
山西	0.057491	- 0.234	0.8028	广西	0.077821	- 0.2909	0.7889
内蒙古	0.050628	- 0.2857	0.8495	海南	0.055478	- 0.2042	0.7864
辽宁	0.057573	0.1443	1.6638	重庆	0.077913	0.1742	1.8092
吉林	0.065768	0.1813	1.5693	四川	0.069821	0.1836	1.6060
黑龙江	0.048787	- 0.3961	0.8903	贵州	0.06022	0.1735	1.5316
上海	0.047536	0.0984	1.9346	云南	0.063158	0.2988	1.2680
江苏	0.057646	0.1149	2.0068	西藏	0.060586	- 0.3115	0.8372
浙江	0.071295	0.1483	1.9258	陕西	0.055463	- 0.4351	0.8869
安徽	0.060558	0.1503	1.6771	甘肃	0.061418	- 0.3319	0.8439
福建	0.060675	0.1266	1.9204	青海	0.05245	- 0.2288	0.8135
江西	0.050444	0.1216	1.7089	宁夏	0.058588	- 0.2203	0.7899
山东	0.073937	0.1483	1.9943	新疆	0.059932	0.2407	1.3315
河南	0.05818	0.1374	1.7344				

由表 20 -6 可知，有些省份折旧率的 GDP 增长率系数估计值为正，包括北京、天津、吉林等 21 个省份；有些省份折旧率的 GDP 增长率系数估计值为负的，包括山西、内蒙古等 10 个省份。这与用简单模型估计的折旧率的 GDP 增长率系数的符号是一致的。这样，根据用复杂模型估计的参数之间的关系，可计算得到我国各省份资本体现式技术进步，并对它们由大到小进行排序（见表 20 -7）。用简单模型得到的我国各省份资本技术进步与用复杂模型得到的资本体现式技术进步是较为接近的，表明本文两种方法估计折旧率模型得到的资本体现式技术进步是一致的，同时，也表明本文测算的我国资本体现式技术进步是可靠的。

表 20 - 7 1990~2015 年我国各省份资本体现式技术进步及排序

排序	省份	a 估计值	λ 估计值	资本体现式技术进步均值
1	江苏	0.057646	0.1149	2.0068
2	山东	0.073937	0.1483	1.9943
3	天津	0.052119	0.1074	1.9428
4	上海	0.047536	0.0984	1.9346
5	浙江	0.071295	0.1483	1.9258
6	福建	0.060675	0.1266	1.9204
7	广东	0.09682	0.21	1.8555
8	北京	0.066506	0.1484	1.8121
9	重庆	0.077913	0.1742	1.8092
10	河南	0.05818	0.1374	1.7344
11	江西	0.050444	0.1216	1.7089
12	安徽	0.060558	0.1503	1.6771
13	湖北	0.069098	0.1719	1.6721
14	辽宁	0.057573	0.1443	1.6638
15	河北	0.065487	0.1668	1.6464
16	四川	0.069821	0.1836	1.606
17	吉林	0.065768	0.1813	1.5693
18	贵州	0.06022	0.1735	1.5316
19	湖南	0.071737	0.2123	1.5104
20	新疆	0.059932	0.2407	1.3315
21	云南	0.063158	0.2988	1.268
22	黑龙江	0.048787	- 0.3961	0.8903
23	陕西	0.055463	- 0.4351	0.8869
24	内蒙古	0.050628	- 0.2857	0.8495
25	甘肃	0.061418	- 0.3319	0.8439
26	西藏	0.060586	- 0.3115	0.8372
27	青海	0.05245	- 0.2288	0.8135
28	山西	0.057491	- 0.234	0.8028
29	宁夏	0.058588	- 0.2203	0.7899
30	广西	0.077821	- 0.2909	0.7889
31	海南	0.055478	- 0.2042	0.7864

　　由表 20 - 7 可知，我国各省份资本体现式技术进步的排序与我国各省份的经济现实是一致的。我国各省份资本体现式技术进步差距较大，1990~2015 年

资本体现式技术进步均值最大的为江苏（2.0068），第二为山东（1.9943），最小的则为海南（0.7864），江苏是海南的 2.55 倍多。

资本体现式技术进步大于 1，表明折旧更新的资本是有效的资本补偿，资本存量不仅在数量上增加，同时在质量效率上也有所提高；资本体现式技术进步小于 1，则表明折旧更新的资本是无效的资本补偿，资本存量仅在数量上增加，并没有在质量效率上有所提高[①]。我国 31 个省份中，21 个省份 1990～2015 年的资本体现式技术进步均值大于 1，仅有 10 个省份的资本体现式技术进步均值小于 1（见表 20 -7）。资本体现式技术进步大于 1，折旧率与增长率之间存在正向关系；资本体现式技术进步小于 1，折旧率与增长率之间存在反向关系。

（三）　模型估计的 Monte Carlo 模拟检验

为了检验小样本非线性极大似然法估计模型参数的平稳性可靠性，我们采用 Monte Carlo 模拟方法检验折旧率模型估计的可信性。在模拟检验中，我们使用我国各省份初始期的资本存量、可比价的资本增量及不变折旧率模型参数估计值，并按照如下方法模拟生成 $S = 500$ 的蒙特卡罗资本折旧数据：

$$D_t' = \tilde{I}_t \tilde{d} + \mu_t'$$
$$\mu_t' = \rho \cdot \mu_{t-1} + \varepsilon_t' \tag{37}$$

其中，d_t' 为模拟的 t 时期我国各省份的资本折旧，ε_t' 为标准正态分布生成的随机变量，$\tilde{I}_t$ 为矩阵 $\tilde{\mathbf{I}}$ 的第 t 列向量。由式（37）可知，模拟折旧 D_t' 包括了折旧的随机误差，这样按式（37）模拟得到 $S = 500$ 组折旧 d_t' 向量，将这些数据与 $\tilde{I}_t$ 利用上述的极大似然法估计不变折旧率模型，可得到不变折旧率模型的 Monte Carlo 模拟检验。

由表 20 -8 可知，北京的不变折旧率模型的 Monte Carlo 模拟参数为 $\theta_0 = (d, \rho) = (0.06095, 0.9744)$，不变折旧率模型 Monte Carlo 模拟参数 d 和 ρ 的模拟值与真实值偏差度分别为 0.0018 和 0.0022，模拟参数均方差较小，表明

[①]　计量模型估计的资本体现式技术进步为 $T_{t+1} = \dfrac{A_{t+1}}{A_t}$，其中，$A_{t+1}$ 为 $t+1$ 期生产过程中实际发挥作用的总的资本技术进步水平。如果 $t+1$ 期折旧更新和净投资的新资本的质量效率不如 t 期，或质量效率好于 t 期但实际使用率相当低，这就可能出现 $t+1$ 期总的资本技术进步水平 A_{t+1} 小于 A_t。

这些参数估计均值非常接近不变折旧率模型的真实估计值，这表明了不变折旧率模型的两个参数估计是无偏可信的。

表 20 – 8　北京不变折旧率模型和简单模型的 Monte Carlo 模拟检验

估计参数	不变折旧率模型		简单模型	
	模拟估计系数均值	模拟与估计系数偏离度	模拟估计系数均值	模拟与估计系数偏离度
d 或 a	0.06095 [0.0301]	0.0018	0.062108 [0.0361]	0.0024
λ			0.1404 [0.0394]	0.0032
ρ	0.9744 [0.0153]	0.0022	0.9762 [0.0291]	0.0024

由表 20 – 8 可知，简单模型的 Monte Carlo 模拟参数为 $\theta_0 = (a, \lambda, \rho) = (0.062108, 0.1404, 0.9762)$，简单模型的 Monte Carlo 模拟参数 a、λ 和 ρ 的估计均值接近简单模型的参数估计值，其模拟值与真实值偏差度分别为 0.0024、0.0032 和 0.0024，且模拟参数估计的均方差较小，这些参数估计均值非常接近北京的简单模型真实估计值，这些表明了北京简单模型的估计是无偏可信的。

由上述检验可知，北京不变折旧率模型参数估计是无偏可信的，这样，不变和可变折旧率模型估计是无偏可信的。全国其他 30 个省份的不变和可变折旧率模型均通过 Monte Carlo 模拟检验。

五　资本存量的测算及比较

（一）资本存量的测算

由上述折旧率模型的参数估计值、初始资本存量和投资量，可计算得到 1990 ~ 2015 年我国各省份不变折旧率，从而得到相应的资本存量及可变折旧率。

简单模型是由不变折旧率模型通过 GDP 增长率修正得到的，这样估计的折旧率是可变的，其均值与不变折旧率较为接近。简单模型估计的北京的可变折旧率均值为 6.2108%，不变折旧率模型估计的折旧率为 6.095%，它们相差 0.1158 个百分点。复杂模型是由简单模型通过投资与资本存量之比修正得到的，复杂模型估计的北京折旧率与简单模型估计的折旧率比较接近。复杂模型估计得到的北京的折旧率均值为 6.6506%，与简单模型估计得到的北京的折旧率均值仅相差 0.5556 个百分点。由这三个模型的关系可知，复杂模型估计得到的折旧率更接近真实的资本折旧率。

不变折旧率模型和可变折旧率模型估计得到的北京资本存量比较接近，这是因为估计的北京可变折旧率均值非常接近不变折旧率的估计值。我国其他 30 个省份的不变折旧率模型估计测算的资本存量和可变折旧率模型估计测算的资本存量，也较为接近。

由估计测算得到的我国 31 个省份 1991～2015 年可变折旧率可知，每年我国各省份的折旧率各不相同，且同一省份各年份的折旧率也不相同。若使用全国折旧率替代我国各省份的折旧率，显然不能真实反映我国各省份的折旧率，由替代折旧率计算得到的我国各省份的资本存量将偏离真实的资本存量。

（二）　与现有文献测算的资本存量的比较

就目前测算我国各省份资本存量的文献来看，张军等（2004）、单豪杰（2008）、孙辉等（2010）、谢群和潘玉君（2011）测算的资本存量与本文具有一定的可比性。

张军等（2004）将 1952 年作为测算我国各省份资本存量的初始期，以固定资本形成额作为每年实际投资额。在相对效率呈几何递减的模式下，他们计算得到了我国各省份折旧率统一为 9.6%，根据永续盘存法计算得到我国 30 个省份 1952～2000 年的资本存量（1952 年价计）。由投资品价格指数，将张军等（2004）测算的 1990～2000 年我国各省份资本存量转化为按 1990 年价计的资本存量。

单豪杰（2008）将 1952 年作为测算资本存量初始期，以固定资本形成额作为我国各省份投资额。单豪杰（2008）将全国资本折旧率 10.96% 作为我国各省份的折旧率，再根据永续盘存法得到我国 30 个省份 1952～2005 年资本存量（1952 年价计）。由投资品价格指数，将单豪杰（2008）测算的 1990～2000 年我国各省份资本存量转化为按 1990 年价计的资本存量。

孙辉等（2010）以 1952 年为初始期测算我国各省份资本存量，根据《中国统计年鉴》和《中国工业统计年鉴》公布的工业企业固定资产净值和固定资产原值数据计算得到折旧率均值为 5.34%，他们取 6% 作为我国各省份折旧率。他们又利用永续盘存法计算得到 1952～2008 年我国各省份资本存量（1952 年价）。由投资品价格指数，我们将孙辉等（2010）测算的 1990～2000 年我国各省份资本存量转化为按 1990 年价计的资本存量。

谢群和潘玉君（2011）将折旧率和折旧分为两个时期进行考虑：第一个时

期为 1952～1984 年，统一采用《中国统计年鉴》中给出的国营企业固定资产的折旧率作为该时期我国各省份折旧率；第二个时期为 1985～2009 年，由我国各省份的资本折旧，利用统计法得到我国各省份折旧率。他们利用永续存盘法测算我国各省份 1952～2009 年资本存量（1978 年价）。由投资品价格指数将谢群和潘玉君（2011）测算的资本存量转化为按 1990 年价计的我国各省份资本存量。

上述文献测算的我国各省份折旧率与本文测算的我国各省份折旧率的差异，均反映在测算的我国各省份资本存量上。张军等（2004）测算的我国各省份 1990 年资本存量比孙辉等（2010）和本文测算的资本存量大些，但小于谢群和潘玉君（2011）测算的资本存量，与单豪杰（2008）测算的资本存量较为接近。

张军等（2004）测算的我国各省份的折旧率最大，所以张军等（2004）测算的我国各省份资本存量逐渐变小。单豪杰（2008）与张军等（2004）测算的折旧率较为接近，孙辉等（2010）测算的我国各省份的折旧率与本文估计的折旧率较为接近，谢群和潘玉军（2011）测算的折旧率最小。这样，张军（2004）测算的资本存量变化最大，谢群和潘玉军（2011）测算的资本存量逐渐变大（见图 20－1）。

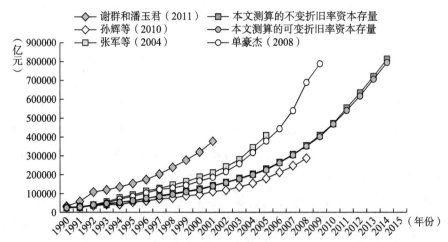

图 20－1　本文测算的我国各省份资本存量总和与学者测算的我国各省份资本存量总和

注：图中张军测算的 2001～2005 年的资本存量是按照张军（2004）测算资本存量的方法得到的；单豪杰测算的 2006～2009 年的资本存量是按照单豪杰（2006）测算资本存量的方法计算得到的；各学者测算的资本存量通过固定资本投资价格指数转化为 1990 年价的资本存量。

　　由上述分析可知，本文测算的我国各省份资本存量介于其他学者测算的资本存量之间（见图 20 - 1），这表明本文估计的我国各省份折旧率及测算的资本存量是可靠的。

六　小结

　　本文利用增长率法和计量法测算初始期我国各省份资本存量，由含有资本体现式技术进步水平的永续盘存法构建包含折旧率、经济增长和资本体现式技术进步的数理模型，然后采用"全局最优"非线性极大似然法估计得到折旧率。为了得到较为准确的可变折旧率，我们对可变折旧率模型进行迭代估计，由极大似然法估计我国各省份复杂模型，根据可变折旧率模型的参数估计值可计算得到我国各省份资本体现式技术进步。为了检验小样本极大似然估计的可靠性，我们采用蒙特卡罗法检验估计参数的稳定性。

　　由初始期资本存量、投资量和估计的折旧率，测算得到我国 31 个省份 1990 ~ 2015 年的资本存量。与现有测算我国各省份资本存量的文献比较可知，本文估计的用不变和可变折旧率测算的我国各省份资本存量介于现在有文献测算的资本存量之间。本文估计方法的不同之处在于：现有文献的资本折旧率往往是人为设定的，具有很大的随意性，其值是固定不变的，且将全国折旧率作为我国各省份的折旧率；本文构建了估计我国各省份可变折旧率的完整方法，且估算的可变折旧率含由技术进步引起的经济折旧。

　　在探索可变折旧率的另一种估计方法过程中，本文在构建包含资本折旧率、增长率和资本体现式技术进步的数理模型时，采用 AK 型生产函数，推导出测算可变折旧率的函数式，这对估计可变折旧率影响并不大。这是因为，AK 型生产函数下的 A 为资本偏向型技术进步，这样的设定有利于资本折旧率的估计；如分析研究折旧率、技术进步与经济增长之间关系的框架，生产函数的设定需要进一步完善。这是因为 AK 型生产函数仅仅表达了资本偏向型的技术进步，而现实经济中存在劳动偏向型的技术进步和中性技术进步。未来分析研究资本体现式技术进步，应采用考虑劳动偏向型技术进步和中性技术进步的生产函数。

第二十一章 中国货币政策和利率市场化研究

——区分经济结构的均衡分析

郭 路[*]

内容提要：本文引入区分企业所有制性质的生产行为，构建出一个结构性货币政策的动态随机一般均衡模型，分析了我国货币政策对不同所有制性质企业以及经济波动所产生的影响，并模拟了利率市场化前后的政策作用效果。研究发现，我国结构性的货币流向和利率体制对私人企业的工资和市场利率的影响远远大于对国有企业的影响，并明显加剧了我国经济的波动。若我国实施利率市场化改革，会造成名义经济变量的波动加大，但是真实经济变量的波动将明显减小。

关键词：货币政策 利率市场化 经济周期

面对当前的全球债务危机和通货膨胀，货币政策手段受到更多的重视，尤其是央行对基准利率的调整。但是在我国非市场化的金融体系中，商业银行在分配信贷资金时是存在双重标准的，针对中国人民银行规定的商业银行的存贷款基准利率，能以该利率水平贷到款的企业只有一部分，主要集中在大型国有企业；而中小企业（尤其是中小民企）甚至地方政府（以城投债的形式）不得不在借贷市场上以较高的利率水平进行借贷。由于我国借贷市场的这种特征，与借贷市场自由化的国家相比，我国货币政策对宏观经济的稳定作用有所不同（王艺明、蔡昌达，2012）。在借贷市场自由化的国家中，利率基本反映了资本的边际产出，然而如果在经济中存在面对不同利率水平的企业时，那么这些企

---

* 本文发表于《经济研究》2015 年第 3 期。郭路，中国社会科学院经济研究所副研究员，经济学博士。

业会存在不同的资本边际产出，对宏观经济的影响会呈现不同的特点，研究利率政策变化的外生冲击需要放在结构性经济周期模型框架下，因此构建反映中国所有制经济特征的模型来深入研究中国货币政策对经济波动的影响显得尤为迫切。

对于货币政策的信贷渠道进行分析进而解释经济周期波动方面的研究已取得了大量成果。相关研究者认为信贷融资和经济波动关系密切，信贷市场影响实体经济，企业融资渠道多样化将有助于熨平经济周期波动（Bernanke and Blinder，1998；Taylor，2004；Koiv，2008；许伟、陈斌开，2009；汪川等，2011；陈昆亭等，2011）。然而，基于中国企业所有制特征在模型中进行分类研究的较少，已有研究包括陈晓光和张宇麟（2010）建立了一个RBC模型，来考察信贷约束这一传导机制对中国真实经济周期的影响；Song等（2011）构建了经济增长模型，利用我国信贷市场差异和资源错配解释中国经济增长。他们的研究都发现结构性的信贷政策会影响经济的稳态，并对不同类型企业差异进行了说明，但是两者观点有根本的不同，陈晓光和张宇麟认为企业间利率的差异主要是由企业生产函数的差异造成的；而Song等认为我国企业利率的差异主要是由外生信贷政策造成的，认为不同所有制企业所面对的利率差异明显是由外生性政策因素造成的，而不是企业生产函数差异。不论经济繁荣期还是衰退期，我国民营、中小企业都承担着更高的借贷成本，只不过在经济繁荣期，中小企业大多通过内部资金进行自我融资，而在经济衰退期，尤其是国际金融危机后中小企业经营困难，资金链紧绷从而转向高成本的民间借贷市场。本文沿用该分析思路，构建动态随机一般均衡模型，研究外生基准利率的变化对我国经济周期波动会产生何种影响，并在理论模型框架下进行利率市场化政策模拟。而对于利率市场化改革方面，已有的研究多是通过经验或实证分析提出政策建议，并没有研究其对经济波动的影响（Song，2001；Feyzioglu et al.，2009；王国松，2001；王东静、张祥建，2007；刘胜会，2013）。

在货币发行方面，Sun和Sen（2011）指出，与美国、欧元区国家相比，中国央行并没有完全遵守泰勒规则，认为央行的货币政策工具主要是货币发行，这推翻了谢平、罗雄（2002）对泰勒规则在中国货币政策适应性的研究。盛松成、吴培新（2008）也指出，我国的货币政策中介目标实际上是两个——信贷规模和M2，前者主要针对实体经济，后者主要针对金融市场。于是，一些学者对中国货币政策中的利率调整和货币发行对经济周期波动的影响进行了对比分析，研究结果存在争论：一方面，有研究认为我国货币政策中的利率调整造成的经济波动更小（马文涛，2011；Miao and Peng，2012）；另一方面，有研究认为利率调整效应较强但持续期较短，而货币发行对经济波动的影响则较为温和但更持久（李雪松、王秀丽，2011；周炎、陈昆亭，2012）。鉴于此，本文在构建结构性货币政策模型基础上进一步对比研究利率政策和货币发行政策对中国经济周期波动的影响。

学术界关于货币政策的最新研究大都采用动态随机一般均衡模型（DSGE）进行分析，因为该模型解决了两方面的问题：第一，传统的 RBC 模型中没有货币，新凯恩斯学派发展的动态随机一般均衡模型在其基础上弥补了这一缺陷，同时也弥补了 VAR 实证模型中变量参数设定缺少理论依据的缺陷；第二，具有货币的 DSGE 模型逐渐成为货币研究的一种主要分析模型，尤其在中央银行的货币研究中得到了广泛的应用。其中，政策分析、政策模拟都是基于这类模型（Summer，2001；Stahler，2013）。此外，该类模型还可以预测发生冲击后经济体系的变化（Schorfheide，2011）。本文运用具有货币的动态一般均衡模型纳入具有中国特点的结构性利率——基准利率和市场利率，分析央行的基准利率冲击、货币冲击以及生产的技术冲击对经济产生何种影响。另外再模拟比较利率市场化前后，外生冲击会对经济产生何种影响，以对未来中国可能出现的利率市场化变革做出评估。本文的结构如下：第一部分是模型，第二部分是参数的设定和估计，第三部分是校准分析，第四部分是结论。

一　模型

本文利用具有价格黏性的动态随机一般均衡分析中国结构性的货币政策，分析在不同类型的企业面临差异性利率时，市场的均衡与波动会产生何种变化。

（一）生产部门

在这个经济中，存在两种厂商：最终产品厂商和中间品厂商。最终产品厂商从中间品厂商处购买产品，然后利用所购买的中间品进行生产。具体设定如下所示。

1. 最终产品厂商

在该经济中，存在一个最终产品厂商，是最终产品和要素价格的接受者，其使用中间品厂商的产品进行生产，具体的生产函数如下所示：

$$Y = \left[\int_0^1 Y_i^{\frac{\varepsilon-1}{\varepsilon}} \, \mathrm{d}i \right]^{\frac{\varepsilon}{\varepsilon-1}} \tag{1}$$

其中，Y_i 是中间品厂商的产出，中间品厂商 i 是一个定义在区间 $[0，1]$ 上的连续统，ψ 是中间品的替代弹性系数。由于最终产品厂商是最终产品和要素价格的接受者，在对最终产品厂商的利润最大化后，可得：

$$P = \left[\int_0^1 P(i)^{1-\psi} \mathrm{d}i \right]^{\frac{1}{1-\psi}} \tag{2}$$

其中，P 是最终产品的价格，$P(i)$ 是第 i 个中间品的价格。

2. 中间品厂商

中间品厂商向最终产品厂商提供其产品，有很多个同质的中间品厂商，中间品厂商的使用劳动力和资本进行生产，劳动力和资本市场是完全竞争的，中间品厂商生产函数是 CD 型的，第 i 个中间品厂商的生产函数为：

$$Y_i = A \cdot K_i^\alpha \cdot L_i^{1-\alpha} \tag{3}$$

中间品厂商最小化成本，成本函数为：

$$Cost_i = r \cdot K_i + w \cdot L_i \tag{4}$$

公式（4）中 r 是资本的价格 – 利率，w 是劳动力的价格 – 工资。中间品厂商所面对的要素市场是完全竞争的，其是劳动力价格和资本价格的接受者。可得：

$$\frac{(1-\alpha)r}{\alpha w} = \frac{L_i}{K_i} \tag{5}$$

定义中间品厂商的总利润函数为厂商在各期利润的贴现：

$$E\pi(i) = E \sum_{j=0}^{\infty} \beta^j \left[P_{t+j}(i) Y_{t+j,i} - P_{t+j} \cdot r \cdot K_i - P_{t+j} \cdot w \cdot L_i \right] \tag{6}$$

公式（6）表示厂商的利润函数是各期利润额的贴现，其中贴现率为 β。把中间品厂商的利润函数和成本函数联立，可得第 i 个中间品厂商所提供产品的价格为：

$$P_t(i) = \frac{\psi}{\psi-1} \{ w_i / [(1-\alpha) \cdot A] \} \cdot [r_i \cdot (1-\alpha)/w_i \cdot \alpha]^\alpha \tag{7}$$

3. 国有企业与私人企业

其中，中间品厂商可分为国有企业和私人企业。国有企业在信贷市场中享受一定的贷款优惠，其所面对的资本价格为 r_s，私人企业面对的另外一个资本的价格，其为 r_p，假设 $r_p > r_s$。在劳动力市场中，该市场也具有某种程度的市场分割，劳动力进入到国有企业存在某些障碍，造成国有企业需要向劳动力支付较高的工资（陈戈等，2005）；而劳动力可以相对自由地进出私人企业，私人企业可以支付给劳动力较低的工资。国有企业和私人企业面对的劳动力价格分别为 w_s 和 w_p。根据公式（3），将国有企业和私人企业的生产函数分别表示为：

$$Y_s = AK_s^{\alpha} L_s^{1-\alpha} \tag{8}$$

$$Y_p = AK_p^{\alpha} L_p^{1-\alpha} \tag{9}$$

取对数相减可得：

$$\ln \frac{r_s}{r_p} = (1 - \alpha)\ln\left(\frac{K_p}{K_s} \cdot \frac{L_s}{L_p}\right) \tag{10}$$

$$\ln \frac{w_s}{w_p} = -\alpha\ln\left(\frac{K_p}{K_s} \cdot \frac{L_s}{L_p}\right) \tag{11}$$

根据公式（10）和（11），可知如果这个经济中存在 $r_s < r_p$，则 $w_s > w_p$，即如果国有企业的资本价格低于私人企业的资本价格，则国有企业的工资水平将高过私人企业的工资水平。另外可知，当经济中存在两种生产要素时，如果需要维持一个要素价格的非均等化，就需要另外要素价格的非均等化。r_s/r_p 的非均等化通过 K_P/K_S 和 L_S/L_P 的乘积表现出来，当 $(K_P/K_S) \cdot (L_S/L_P) \neq 1$ 时，就表现出要素价格的非均等化。这里定义 $K_P/K_S = m$，$L_S/L_P = n$。

4. 不同类型企业的利率水平与工资水平

由于国有企业和私人企业存在要素价格差，因此中间品市场中，它们所制定的最优价格也不一致。定义国有企业的价格为 P_S，私人企业的价格为 P_P；定义国有企业在中间品厂商中的比重为 ω，可知：$\omega = 1/(m^{\alpha} \cdot n^{1-\alpha} + 1)$。根据公式（2）可知：

$$P^{1-\psi} = \omega \cdot P_s(i)^{1-\psi} + (1 - \omega) \cdot P_p(i)^{1-\psi} \tag{12}$$

定义该经济体的利率为 r（在后面为与私人企业所面对的利率相区别），我们定义该利率为经济利率。可得经济利率为：

$$r^{\frac{\psi-1}{\psi}} = \omega \cdot r_s^{\frac{\psi-1}{\psi}} + (1 - \omega) \cdot r_p^{\frac{\psi-1}{\psi}} \tag{13}$$

其中，r_s 为国有企业所面对的利率，国有企业往往能够享受央行所规定的贷款基准利率，在下面校准的分析中我们假设国有企业所面对的是贷款基准利率水平；r_p 为私人企业所面对的利率，在下面的校准分析中，我们定义该利率为市场利率。同理可得该经济体的工资水平和国有企业和私人企业的工资水平满足公式（14）：

$$w^{\frac{t-1}{t}} = \omega \cdot w_s^{\frac{t-1}{t}} + (1 - \omega) \cdot w_p^{\frac{t-1}{t}} \tag{14}$$

其中，$w_{s,i}$为国有企业所面对的工资水平，$w_{p,i}$为私人企业所面对的工资水平。由于市场分割，在宏观经济政策不变时，造成市场中存在不同的利率和工资水平。国有企业和民营企业的利率比与工资比如下所示：

$$\frac{r_s}{r_p} = m^{\alpha-1} \cdot n^{1-\alpha}, \frac{w_s}{w_p} = m^{\alpha} \cdot n^{-\alpha} \tag{15}$$

从公式（15）可以看出，如果国有企业（能以央行规定的利率贷到款的企业）的利率进行调整，那么 m 和 n 的大小也会发生改变，进而也可知，随着央行的基准利率发生改变，国有企业和民营企业的比重也会发生相应的改变，具体改变程度后文将具体分析，结果见图 21 − 1。

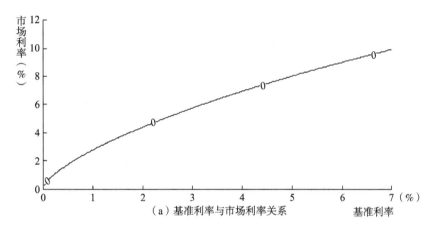

（a）基准利率与市场利率关系

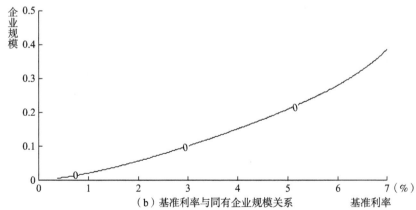

（b）基准利率与同有企业规模关系

图 21 − 1　中央银行基准利率与市场利率、国有企业规模关系

（二）家庭

家庭部门 i 也是一个定义在区间 [0, 1] 上的连续统，家庭的效用函数如下所示：

$$E_0 \sum_{t=0}^{\infty} \beta^t (\ln C_{t,i} - B \cdot L_{t,i}) \tag{16}$$

其中，C_t 是家庭在第 t 期的消费，L_t 为家庭在第 t 期的劳动，β 是时间贴现率，最大化长期效用的家庭部门拥有经济中所有的厂商，假设该经济中的企业归家庭所有，家庭向资本市场提供资本 K，向劳动力市场提供劳动 L。企业从资本和劳动力市场中购买相应的生产要素并进行生产，因此家庭的时间偏好——贴现率等于企业的时间贴现率。B 是参数。家庭的预算约束和现金先行约束（CIA）如下所示：

$$K_{t+1,i} + \frac{M_{t,i}}{P_t} = wL_i + rK_i + \tau_i + (1 - \delta) \cdot K_{t,i} \tag{17}$$

$$C_{t,i} \cdot P_t = M_{t,i} \tag{18}$$

其中，τ_i 为家庭从中间品厂商中所获得的垄断利润。定义经济中的总消费、总资本、总劳动力、总货币分别为 C_t、K_t、L_t 和 M_t，可得：$C_{t,i} = C_t$，$K_{t,i} = K_t$，$L_{t,i} = L_t$ 和 $M_{t,i} = M_t$。针对家庭，可得其优化条件为：

$$E_t \left[\frac{\beta \cdot C_t}{C_{t+1}} (r + 1 - \delta) \right] = 1 \tag{19}$$

$$E_t \left(\frac{\beta \cdot w_t \cdot P_t}{B \cdot C_{t+1} P_{t+1}} \right) = 1 \tag{20}$$

在本文中，根据现金先行约束——公式（18）和家庭优化条件公式（19）和公式（20）可以看出，在稳态时，货币发行仅仅影响名义价格，并不会影响到真实经济变量的稳态水平。

（三）技术、货币发行和利率调整冲击

经济中存在三种冲击：技术冲击、货币冲击和利率冲击，为了区别经济变量稳态与稳态的偏离，在下面我们使用上标 - 和 ~ 分别表示经济变量的稳态与稳态的偏离。其中，技术进步、货币发行速度、基准利率调整的偏离具体形式如下所示：

$$\ln \tilde{A}_t = \rho_A \ln \tilde{A}_{t-1} + \varepsilon_t^A \tag{21}$$

$$\ln \tilde{g}_t^M = \rho_M \ln \tilde{g}_{t-1}^M + \varepsilon_t^M \tag{22}$$

$$\ln \tilde{r}_{s,t} = \rho_r \ln \tilde{r}_{s,t-1} + \varepsilon_t^r \tag{23}$$

（四）价格的变化

定义第 t 期的通胀率为 $\Pi_t = (P_t - P_{t-1}) / P_{t-1}$，通胀率满足 AR（1）过程，具体为：

$$\Pi_t = \rho^\Pi \cdot \Pi_{t-1} \tag{24}$$

如果 $\rho^\Pi \approx 1$，则对数线性化后价格满足公式（25）：

$$\tilde{P}_{t+1} = 2 \tilde{P}_t - \tilde{P}_{t-1} \tag{25}$$

（五）均衡

根据家庭部门的目标函数和约束条件，可得该经济家庭部门的稳态为：

$$\frac{1}{\beta} = \tilde{r} + (1 - \delta) \tag{26}$$

$$\beta \cdot \tilde{w} = - B \cdot \tilde{C} \tag{27}$$

根据生产部门的情况，可得生产部门的稳态为：

$$\frac{\psi}{\psi - 1} = \frac{1}{\{\tilde{w} / [(1 - \alpha) \cdot \tilde{A}]\} \cdot [\tilde{r} \cdot (1 - \alpha) / \tilde{w} \cdot \alpha]^\alpha} \tag{28}$$

根据公式（28），可得稳态时的工资为：

$$\tilde{w} = \left[\frac{(\psi - 1) \cdot (1 - \alpha)^{1-\alpha} \cdot \alpha^\alpha}{\psi \tilde{r}} \right]^{\frac{1}{1-\alpha}} \tag{29}$$

稳态劳动力为：

$$\tilde{L} = \frac{\tilde{Y}}{\tilde{A}} \left[\frac{\tilde{r}(1 - \alpha)}{\tilde{w} \cdot \alpha} \right]^\alpha \tag{30}$$

稳态资本为：

$$\bar{K} = \frac{\bar{Y}}{\bar{A}} \left[\frac{\bar{r}(1-\alpha)}{\bar{w}\cdot\alpha} \right]^{\alpha-1} \tag{31}$$

稳态产出为:

$$\bar{Y} = \frac{-\beta\cdot\bar{w}}{B\left\{ \bar{w}\left[\frac{\bar{r}(1-\alpha)}{\bar{w}\cdot\alpha} \right]^{\alpha} + 1/\psi + (\bar{r}-\delta)\left[\frac{\bar{r}(1-\alpha)}{\bar{w}\cdot\alpha} \right]^{\alpha-1} \right\}} \tag{32}$$

稳态经济价格、工资与利率分别如下:

$$\bar{P}^{1-\psi} = \bar{\omega}\cdot\bar{P}_s(i)^{1-\psi} + \overline{(1-\omega)}\cdot\bar{P}_p(i)^{1-\psi} \tag{33}$$

$$\bar{w}^{\frac{\phi-1}{\phi}} = \bar{\omega}\cdot\bar{w}_s^{\frac{\phi-1}{\phi}} + \overline{(1-\omega)}\cdot\bar{w}_p^{\frac{\phi-1}{\phi}} \tag{34}$$

$$\bar{r}^{\frac{\phi-1}{\phi}} = \bar{\omega}\cdot\bar{r}_s^{\frac{\phi-1}{\phi}} + \overline{(1-\omega)}\cdot\bar{r}_p^{\frac{\phi-1}{\phi}} \tag{35}$$

二 参数的设定与估计

(一) 参数的设定

分析之前,需要对一些参数进行设定。其中关于折旧率的数值,我们选取 $\delta = 0.05$。另外根据经济增长理论可知,经济增长率与利率正相关,而时间贴现率与利率也正相关,由于我国的经济增长率水平较高,为此我们选取 $\beta = 0.97$。最后经过对稳态的计算发现,当 $B = 1.3$,$\Psi > 4$,模型所得到的经济变量稳态与中国真实经济稳态吻合较好。具体设定的参数如表 21-1 所示。

表 21-1 参数设定

β	δ	B	ψ
0.97	0.05	1.3	11

(二) 参数估计

另外,我们还需要得到资本的产出弹性,技术进步率波动的一阶自相关系数与其标准差,货币发行速度的一阶自相关系数与其标准差,中央银行基准利率的一阶自相关系数与其标准差,以及国有企业和私人企业在经济中的比重。

1. 资本产出弹性与技术进步自相关系数

技术进步的相关系数，我们通过 CD 型的生产函数估计出资本的产出弹性，并得到索罗残差，对索罗残差进行一阶自回归得到技术进步率的自相关系数（Gali，2002）。在对生产函数进行估计时，需要得到资本存量和人力投入数据，本文使用中国社会科学院经济所宏观经济调控课题组（2010）所提供的算法计算而得。总资本存量数据以 1991 年为基期，使用永续盘存法计算得到。劳动力数据是当年末就业人数乘以人均教育水平。时间跨度为 1990~2009 年，数据来源于《中国统计年鉴》。

在进行估计前，对资本存量、劳动力投入以及产出等三个序列进行平稳性检验，发现上述三个序列都是一阶单整过程，为此我们使用 ECM 误差修正模型对参数进行估计，这样所估计的参数更准确。根据 Aghion 和 Howitt（1992）认为技术进步率是资本存量的函数，我们使用当期的资本存量的对数值为估计时的控制变量。其中，$\ln GDP_t - 1$ 为第 $t-1$ 期的产出的对数值，$\ln Cap_t - 1$ 为第 $t-1$ 期的资本存量的对数值，$\ln L_t - 1$ 为第 $t-1$ 期的劳动力投入的对数值，$\Delta \ln GDP_t = \ln GDP_t - \ln GDP_t - 1$，当经济增长率较低时，$\Delta \ln GDP_t$ 等于经济增长率。由此我们设定估计方程如下：

$$\Delta \ln GDP_t = C_0 + C_1 \cdot \ln GDP_{t-1} + C_2 \cdot \ln Cap_{t-1} + C_3 \cdot \ln L_{t-1} + C_4 \cdot \ln Cap_t$$

估计结果如下所示：

$$\Delta \ln GDP_t = -0.26 \ln GDP_{t-1} + 0.16 \ln Cap_{t-1} + 0.10 \ln L_{t-1} + 0.07 \ln Cap_t - 0.94$$

$$(-5.54) \quad\quad (1.88) \quad\quad (1.88) \quad\quad (1.09) \quad\quad (-1.29) \quad R^2 = 0.70 \quad (36)$$

由上式 t 检验可知，当期资本存量对产出变化影响不显著，为此我们剔除当期资本存量，并得到产出与资本存量、劳动力、产出的长期关系为：

$$\ln GDP_{t-1} = 3.62 + 0.61 \ln Cap_{t-1} + 0.38 \ln L_{t-1} + \varepsilon_{t-1}$$

$$(1.29) \quad\quad (1.88) \quad\quad (1.88) \quad\quad R^2 = 0.70 \quad\quad (37)$$

为此本文使用式（37）所估计出来的常数加式（37）的残差（索罗残差 $\tilde{A}$），并对该残差进行一阶自回归，得到式（38），估计的技术冲击误差项标准差为 0.048。

$$\widetilde{A_t} = 0.94 \, \tilde{A}_{t-1}$$

$$R^2 = 0.90 \quad\quad\quad\quad\quad\quad\quad (38)$$

2. 货币、利率冲击参数的估计

我们根据公式（22）$\ln \bar{g}_t^M = \rho_M \ln \bar{g}_{t-1}^M + \varepsilon_t^M$，利用中国 1986 ~ 2011 年 M2 数据（数据来源于中国人民银行网站），得到 M2 的增长率，然后对该增长率进行 HP 滤波，剔除数据的趋势后得到货币增长的波动，并对该波动进行自回归，得到：

$$\bar{g}_t^M = 0.49 \cdot \bar{g}_{t-1}^M$$

$$(2.74) \qquad DW = 1.71 \tag{39}$$

利用式（39）得到的货币冲击误差项的标准差为 0.044。根据央行对基准利率的调整，我们选取 2002 ~ 2012 年共 20 次调整数据，使用 1 年期贷款利率并加权处理，得到名义基准利率，再减去使用作为通胀率的居民消费价格指数，得到真实基准利率。对该利率 HP 滤波后，对剔除趋势后的波动进行自回归，得到结果如下所示：

$$\bar{r}_{t,s} = 0.68 \cdot \bar{r}_{t-1,s}$$

$$(3.35) \qquad DW = 0.15 \tag{40}$$

对基准利率波动数据进行平稳性检验，检验结果显示该波动在 10% 的显著性水平下是平稳的。另外，上式中的 DW 检验统计量尽管显示回归具有自相关的特征，但是并不影响估计参数的无偏性，仅会降低估计的有效性（即使得估计参数的标准差变大），又根据所估计参数的 T 检验结果，我们可以使用所估计的参数。根据上式所估计出的基准利率冲击误差项的标准差为 4.64×10^{-4}。

3. 通胀率自相关系数

我们使用 CPI 代表通胀率，利用中国 1995 ~ 2013 年 CPI 环比数据（数据来源于《中国统计年鉴》）对通胀率的自相关系数进行计算得出：

$$\Pi_t = 0.999 \cdot \Pi_{t-1}$$

$$(112) \qquad DW = 1.37 \tag{41}$$

根据计算结果，我们可以认为通胀率的自相关系数非常接近于 1。后续分析时，我们认为该自相关系数为 1。并利用通胀率自相关系数为 1 时所得到的价格动态偏离公式：$\tilde{P}_{t+1} = 2\tilde{P}_t - \tilde{P}_{t-1}$ 进行模拟。

4. 国有企业和私人企业在经济中的稳态比重、利率和稳态工资水平

当中央银行的基准利率调整时，短期内劳动力在不同企业间的调整无法及时跟进，那么基准利率的调整不仅会影响该经济的利率水平（包括市场的利

率），还会影响享受央行基准利率企业的比重。图 21 - 1 是劳动力在国有企业和私人企业的比重为 33% 时（根据"中国劳动力市场信息网监测中心"所提供的 2005 年国有企业和民营企业的劳动人数比约为 1：3），央行利率调整对市场利率与享受央行基准利率企业的比重所产生的影响。

从图 21 - 1 中我们可以看出，随着央行基准利率的提高，市场的利率水平会相应提高，享受央行基准利率企业的比重也在提高；另外，我们还可以看出，随着央行基准利率的提高，市场利率水平会提高得更快。

根据图 21 - 1，我们取商业银行 1 年期贷款利率为基准利率，其大小为 7%（2011～2013 年银行 1 年期贷款利率约为 6.1%～6.6%，另外在真实经济中，商业银行贷款利率最高可以按央行规定基准贷款利率上浮 10%，因此我们取7%），根据基准利率与国有企业规模比的计算公式，可得 $\omega = 404$（稳态值）。根据基准利率与市场利率的计算公式，可得当基准利率为 7% 时，市场利率为9.7%。另外，根据国有企业工资与国有企业规模比的计算公式，可得：当 $\omega = 0.404$，国有企业工资 $w_s = 21.71$；根据国有企业工资与私人企业工资的计算公式，可得当 $\omega = 0.404$ 时，民营企业工资 w_p 为 4.19。

根据上面的估计与数值计算结果，我们得出另外的参数如表 21 - 2 所示：

表 21 - 2　参数估计

ω	α	ρ_A	$Std\ (\varepsilon_t^A)$	ρ_M	$Std\ (\varepsilon_t^M)$	ρ_{r_s}	$Std\ (\varepsilon_t^{r_s})$	w
0.404	0.62	0.94	0.048	0.49	0.044	0.68	4.64×10^{-4}	14.98

三　校准分析

在前面模型设定和参数估计的基础上，首先，分析现阶段我国的货币政策对宏观经济稳定所产生的影响，并分别分析利率调整与货币发行对宏观经济稳定所产生的影响（在货币模型 1 中讨论）；其次，我们将模拟在保持其他经济参数不变的情况下，利率市场化对我国宏观经济稳定所产生的影响，并比较利率市场化前后各宏观经济变量的波动会发生哪些变化（在货币模型 2 中讨论）；最后，我们将分析我国结构性利率特征对我国不同类型企业的冲击影响（在结构性模型中讨论）。

（一）货币模型 1——利率政策与货币发行政策

根据上面的设定，我们对模型进行校准分析。定义第 t 期的状态变量和控

制变量分别为 X_t，Y_t，第 t 期的外生冲击为 Z_t，状态变量、控制变量和外生冲击满足公式 $X_{t+1} = PX_t + QZ_t$，$Y_t = RX_t + SZ_t$。其中，状态变量为 K_{t+1}、M_t、P_t、$r_{p,i}$，控制变量为 r_t、w_t、C_t、Y_t、L_t，$r_{p,i}$ 为市场自由浮动的利率，$r_{s,i}$ 为基准利率，r_t 为该经济的整体利率水平，冲击是技术冲击、货币冲击和基准利率冲击。

利用上面所设定的参数与稳态解，计算得到 P、Q、R、S 矩阵如下。

$$P = \begin{bmatrix} 0.8904 & 0.0799 & -0.0799 & 0.0000 \\ 0.0000 & 1.0000 & 0.0000 & 0.0000 \\ -1.7817 & 1.6380 & -1.6380 & 0.0000 \\ -1.6919 & 1.5607 & -1.5607 & 0.6800 \end{bmatrix}$$

$$Q = \begin{bmatrix} 0.1280 & 0.1354 & 0.0000 \\ 0.0000 & 1.0000 & 0.0000 \\ -0.4020 & 1.3659 & 0.0000 \\ 0.8065 & 1.9785 & 0.6800 \end{bmatrix}$$

$$R = \begin{bmatrix} -1.7817 & 1.6380 & -1.6380 & 0.0000 \\ 0.7155 & 0.0642 & -0.0642 & 0.0000 \\ 0.7155 & 0.0642 & -0.0642 & 0.0000 \\ 0.0510 & 0.5958 & -0.5958 & 0.0000 \\ -1.4973 & 1.5739 & -1.5739 & 0.0000 \end{bmatrix}$$

$$S = \begin{bmatrix} 0.8065 & 1.9785 & 0.0000 \\ 0.4020 & 0.1241 & 0.0000 \\ 0.4020 & -0.3659 & 0.0000 \\ 1.1537 & 0.7074 & 0.0000 \\ 0.4045 & 1.8544 & 0.0000 \end{bmatrix}$$

冲击响应如图 21 - 2 所示。

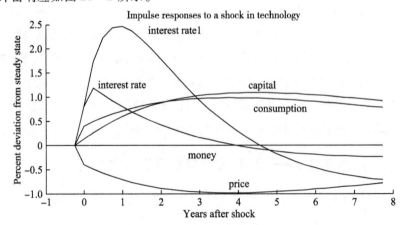

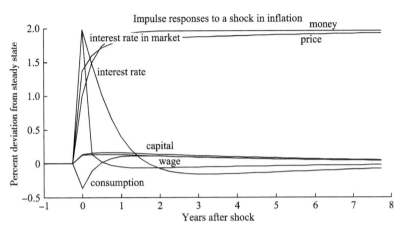

图 21 - 2　货币模型 1 冲击响应

　　模型所得到的波动标准差与相关系数结果如表 21 - 3 所示，表 21 - 4 是中国宏观经济变量的真实波动。

表 21 - 3　模型模拟结果

宏观经济变量	产出	资本	消费	价格
相对标准差	1	0.395	0.460	0.948
与产出的相关系数	1	0.5	0.73	- 0.3
宏观经济变量	劳动力	货币	工资	基准利率
相对标准差	1.011	0.885	0.429	0.005
与产出的相关系数	0.94	0.02	0.73	0.06

表 21 - 4　中国宏观经济变量的真实波动

经济变量	产出	资本	劳动力	M2	M1	消费	工资	基准利率
真实标准差	1	0.195	0.259	1.810	0.656	0.405	0.175	0.0005

　　表 21 - 4 中，所使用的数据范围为 1990 ~ 2009 年的统计数据，数据来源于中国人民银行网站和《中国统计年鉴》。另外，由于工资总量只统计到 2004 年，我们使用 1994 年工资的增长率对 2005 ~ 2009 年的工资数据进行估算并得到工资的真实标准差。将表 21 - 4 和表 21 - 5 的结果进行比较，可以发现在模型所产生的结果中，消费与真实经济中消费的波动比较吻合，资本、劳动力、工资的波动比真实经济中相关要素的波动要大。在货币方面，模型所产生的货币波动小于真实经济中 M2 的波动，大于 M1 的波动。

另外，从图 21 - 2 中可以看出，货币冲击影响到市场利率的变化。货币影响利率的渠道主要有两个方面：在家庭方面，货币发行先通过资源约束和 CIA 约束即式（17）、（18）影响名义价格，从而引起生产方面中间品厂商的价格发生了改变，并通过式（7）影响中间品厂商生产要素的价格，进而影响中间品厂商的产出和最终产品厂商的产出。另一方面，要素价格的改变又会使家庭消费发生改变。这两个作用相互影响最后使经济各变量达到均衡。由于中间品的要素价格：工资和利率决定了整个经济中的工资水平和利率水平，通过式（13）和式（14）影响到市场利率。

下面我们假设当央行不调整基准利率时，即不存在基准利率冲击，经济变量的波动会发生怎样的变化，得到的结果如表 21 - 5 所示。

表 21 - 5　央行的基准利率不调整时，经济波动与相对标准差关系

宏观经济变量	产出	资本	消费	价格
相对标准差	0.886	0.330	0.401	1.029
与产出的相关系数	1.00	0.49	0.54	- 0.13
宏观经济变量	劳动力	货币	工资	基准利率
相对标准差	0.980	0.966	0.363	0.000
与产出的相关系数	0.75	0.09	0.83	- 0.11

对照表 21 - 3 和表 21 - 5 的结果，如果中央银行不进行基准利率的调整，除了价格的波动加大外，各经济变量的波动都出现了下降的情况。我们使用央行进行基准利率调整时宏观经济各变量的标准差减去央行不进行基准利率调整时各宏观经济变量的标准差，再除以央行进行基准利率调整时宏观经济各变量的标准差，得到宏观经济各变量的标准差变化率，具体结果如表 21 - 6 所示：

表 21 - 6　不同类型利率政策时宏观经济变量标准差变化

宏观经济变量	产出	资本	消费	价格	工资
标准差变化率（%）	11.39	16.49	12.84	- 8.52	15.22
宏观经济变量	劳动力	货币	总利率	市场利率	基准利率
标准差变化率（%）	3.07	- 9.12	5.29	15.87	100.00

从表 21 - 6 中发现，当央行对基准利率不进行调整，那么产出、资本、消费、劳动力、工资、货、利率水平的波动都会减少，而货币和价格的波动将加大。下面我们对比研究货币发行对经济产生怎样的影响，假设央行的货币发行

不存在调整时，分析经济变量的波动会发生怎样的变化。得到的具体结果如表21-7所示。

表 21-7 货币发行不存在波动时，经济波动与相对标准差关系

宏观经济变量	产出	资本	消费	价格
相对标准差	0.852	0.328	0.363	0.363
与产出的相关系数	1.00	0.48	0.86	-0.86
宏观经济变量	劳动力	货币	工资	基准利率
相对标准差	0.523	0.000	0.363	0.005
与产出的相关系数	0.93	-0.63	0.86	-0.03

对照表 21-3 和表 21-7 的结果，当央行的货币发行的波动非常小时，各经济变量的波动都出现了下降的情况。同样，我们使用央行货币发行速度存在波动时宏观经济各变量的标准差减去中央银行货币发行不具有波动时各宏观经济变量的标准差，再除以中央银行货币发行速度存在波动时宏观经济各变量的标准差，得到宏观经济各变量的标准差变化率，具体结果如表 21-8 所示：

表 21-8 不同类型货币发行政策时宏观经济变量标准差变化

宏观经济变量	产出	资本	消费	价格	工资
标准差变化率（%）	14.80	17.02	20.95	61.68	15.22
宏观经济变量	劳动力	货币	总利率	市场利率	基准利率
标准差变化率（%）	48.31	100.00	37.14	23.59	0.00

从表 21-8 的结果可以看出，如果央行的货币发行的波动非常小时，价格波动的降幅是最大的，其次是劳动力波动的降幅。在宏观经济总量方面，消费波动也出现了较大程度的下降。尽管产出和资本波动的下降幅度较小，但与基准利率调整政策相比，产出和资本波动呈现较小程度的下降。可见对中国人民银行来说，稳定的货币发行政策比稳定的利率调整政策对宏观经济的稳定作用会更大。

从图 21-2 中，可知一个正向的货币冲击将使得利率上升。为什么会出现这样的情形，这个机制比较复杂。当存在货币冲击时，对经济变量的影响主要是从式（7）、（10）、（11）、（13）、（14）、（17）、（18）、（19）和式（20）来确定的。由于该动态系统存在 13 个变量，当某一个冲击进入经济后，经济变量的影响是相互交织的，具体某个冲击会对当期的经济变量产生何种形式的影响需要根据稳态和线性化后给定的运动方程来确定。具体到本文所出现的情况，

当存在一个正向的货币冲击时，根据 CIA 条件，消费和价格将承担该冲击，会造成 3 种可能：消费、价格都增加；消费增加、价格降低；或者消费降低、价格上升。以本文出现的情况为例，当价格上升是，根据式（7）可知，厂商所面对的要素市场中的要素价格也会改变，可以排除工资和利率都下降的可能，同时也可知工资和利率的变动存在三种可能：即同时提高，一个增加，另一个降低。在家庭的优化方面，从式（19）和式（20）中可知，无法明确知道消费、工资和利率是如何确定。另外，在要素市场中，工资、利率遇到冲击时，工资、利率的变化又和劳动力、资本变化有关。通过上面的解释，在货币冲击对利率所产生的何种影响方面，如果能知道货币冲击对消费产生何种影响，那么将简化分析。根据矩阵 S 中的第三行，可以看出外生冲击对消费的影响是：$\tilde{C}_t = 0.402\,\tilde{A}_t - 0.3659\,\tilde{M}_t$，根据 CIA 条件可知，一个正向的货币冲击对消费的影响为负，这样正向的货币冲击将使得价格提高。另外，从厂商的优化行为式（7）和家庭部门的优化行为式（19）可知，工资和真实利率也应随之上升。

（二）货币模型 2——利率市场化的影响

如果我国进行利率市场化改革，我们假设绝大多数企业（只有非常少的企业享受较低保护性利率，假设只有 5% 的企业享受较低的保护性利率）都需要面对同样的市场利率，资本市场和劳动力市场不存在分割。在这种情况下我们将分析，当货币市场中的货币发行和技术进步发生改变，对整个经济会产生何种影响，以此评估我国如果进行利率市场化改革，宏观经济变量的波动会发生何种改变。因为资本市场不再是分割的，因此市场利率就代表了整个经济的利率水平。利率市场将随着其他外生的冲击来进行调整，其本身将不再是外生冲击的一部分了。利用上面所设定的参数与稳态解，状态变量为 K_{t+1}、M_t、P_t，控制变量为 r_t、w_t、C_t、Y_t、L_t。利率市场化后，冲击只剩下技术冲击和货币冲击。计算得到 P、Q、R、S 矩阵如下。

$$P = \begin{bmatrix} 0.9507 & 0.0042 & -0.0042 \\ 0.0000 & 1.0000 & 0.0000 \\ -0.7654 & 0.9966 & 0.0034 \end{bmatrix} \quad Q = \begin{bmatrix} 0.1541 & 0.0405 \\ 0.0000 & 1.0000 \\ -0.4181 & 1.4282 \end{bmatrix}$$

$$R = \begin{bmatrix} -0.5404 & 0.0868 & -0.0868 \\ 0.7654 & 0.0034 & -0.0034 \\ 0.7654 & 0.0034 & -0.0034 \\ 0.5038 & 0.0317 & -0.0317 \\ -0.3058 & 0.0834 & -0.0834 \end{bmatrix} \quad S = \begin{bmatrix} 1.3275 & 0.0686 \\ 0.4181 & 0.0618 \\ 0.4181 & -0.4281 \\ 1.3456 & 0.0026 \\ 0.9095 & 0.0069 \end{bmatrix}$$

冲击响应如图 21 - 3 所示：

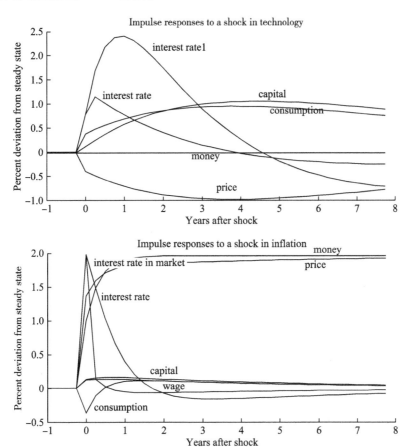

图 21 - 3　货币模型 2 冲击响应

模型所得到的波动标准差与相关系数结果如表 21 - 9 所示。

表 21 - 9　货币模型 2 模拟结果

宏观经济变量	产出	资本	消费	价格
相对标准差	0.818	0.305	0.391	1.150
与产出的相关系数	1.00	0.48	0.72	- 0.23
宏观经济变量	劳动力	货币	工资	基准利率
相对标准差	0.556	1.080	0.342	0.000
与产出的相关系数	0.95	0.02	0.84	0.02

　　我们使用货币模型 1 宏观经济各变量的标准差减去货币模型 2 各宏观经济变量的标准差再除以货币模型 1 宏观经济各变量的标准差，得到宏观经济各变

量的标准差变化率，结果如表 21 – 10 所示。

表 21 – 10　货币模型 1、2 宏观经济变量标准差变化

宏观经济变量	产出	资本	消费	价格	工资
标准差变化率（%）	18.22	22.77	14.86	– 21.29	20.29
宏观经济变量	劳动力	货币	总利率	市场利率	基准利率
标准差变化率（%）	45.04	– 21.99	34.90	26.50	100.00

　　从上表中可以看到，如果我国进行利率市场化，除了货币和价格的波动会增大外，其他变量的波动都会出现明显的下降。下降最大的是劳动力的波动，其次是利率市场和资本市场的波动也会明显下降，工资、产出的波动也有一定程度的下降。如果外生的技术冲击与货币冲击会更多地影响到货币和价格等名义变量的波动，那么外生冲击对经济真实变量的影响会显著减少。由此我们可以得出，如果我国进行利率市场化改革、取消资本市场的分割，并使绝大多数企业面对共同的市场利率时，真实经济的波动将明显下降。

（三）结构性模型——对不同类型企业冲击的分析

　　在这部分，我们将分析技术冲击、货币冲击以及基准利率冲击对经济中国有企业、私人企业分别产生的影响。根据前面的分析我们知道，国有企业和私人企业的产出价格是相同的，归一化后的单位国有企业和私人企业的产出也会相等，因此决定国有企业和私人企业产出不同的因素是它们的规模，我们定义国有企业占整个经济的规模为 0.404。由于归一化后的国有企业和私人企业的单位产出与价格相等，因此最终产出水平和价格水平的波动也就代表了国有企业和私人企业的产出与价格波动。我们所要分析的是技术冲击、货币冲击以及基准利率冲击对国有企业、私人企业的工资水平、利率水平以及其他宏观经济变量所产生的影响。对上面的模型进行校准分析。定义第 t 期的状态变量和控制变量分别为 X_t，Y_t，第 t 期的外生冲击为 Z_t，状态变量为 K_{t+1}、M_t、P_t，控制变量为 $r_{t,p}$、$w_{t,s}$、$w_{t,p}$、C_t、Y_i^{output}、L_t、$\omega_{s,t}$，其中，$r_{p,t}$ 为市场自由浮动的利率，$r_{s,t}$ 为基准利率，r_t 为该经济的整体利率水平。冲击是技术冲击、货币冲击和基准利率冲击。利用上面所设定的参数与稳态解，计算得到 P、Q、R、S 矩阵如下。

$$P = \begin{bmatrix} 0.8760 & 0.1889 & 0.1567 \\ 0.0000 & 1.0000 & 0.0000 \\ -1.1529 & 1.6675 & -0.2102 \end{bmatrix} \quad Q = \begin{bmatrix} 0.2365 & 0.3972 & -0.1111 \\ 0.0000 & 1.0000 & 0.0000 \\ 0.8689 & 2.6808 & 0.0875 \end{bmatrix}$$

$$R = \begin{bmatrix} -3.1983 & 4.5795 & 3.5835 \\ -3.0341 & 4.3880 & -0.5532 \\ 2.1843 & -3.0837 & -6.400 \\ 1.5290 & -0.6675 & 0.2102 \\ 0.1190 & 1.0461 & 1.4128 \\ -1.3184 & 2.7528 & 3.7178 \\ 4.6448 & -5.3080 & 3.2455 \end{bmatrix} \quad S = \begin{bmatrix} 4.5551 & 8.1647 & -3.4620 \\ 0.3450 & 7.0546 & -1.4014 \\ -7.0869 & -6.2668 & 5.8787 \\ 0.8689 & -1.6808 & -0.0875 \\ 2.4723 & 2.0095 & -0.9421 \\ 3.8744 & 5.2883 & -2.4793 \\ 3.3206 & -8.2408 & -0.4632 \end{bmatrix}$$

冲击响应如图 21 - 4 所示。

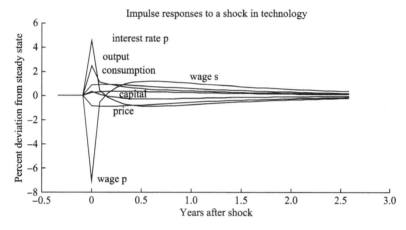

Impulse responses to a shock in technology

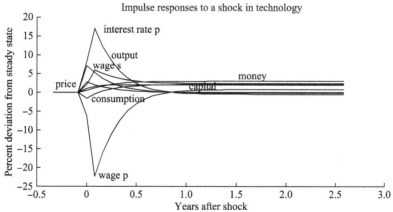

Impulse responses to a shock in technology

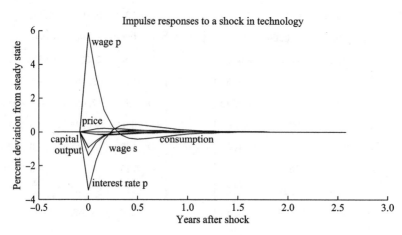

图 21 - 4　结构性模型冲击响应

模型所得到的波动标准差与相关系数结果如表 21 - 11 所示。

表 21 - 11　模型模拟结果

宏观经济变量	标准差	相关系数	宏观经济变量	标准差	相关系数
资本	0.619	0.61	产出	0.577	0.29
货币	0.444	0.76	劳动力	1.000	1.00
价格	0.479	0.36	企业规模	2.268	0.88
市场利率	2.701	0.80	消费	1.306	0.37
国有企业工资	1.061	0.61	货币发行速度	0.246	0.30
私人企业工资	3.507	- 0.82	基准利率	0.122	0.40

从表 21 - 11 中可以看到，在面对外生冲击时，私人企业的工资、市场利率都会有比较大程度的波动，这些波动远大于产出的波动。而国有企业的工资及所面对的基准利率则波动相对较小。另外，在这个结构性的分析中，劳动力的波动较大，这与真实经济劳动力的波动有较大的差别，我们想这可能是由两方面原因所引起的：一方面是模型分析的不足，模型没有区分不同类别企业劳动力，在没有得到国有、私人企业劳动力的稳态值的情况下，使得劳动力更多地承担了波动的解释；另一方面可能是由于我国劳动统计数据无法在短期内迅速统计劳动力的就业与失业，造成了对劳动力波动统计的不足，因此所统计得到的劳动力波动较小。由上面的分析我们可以得出，当面对经济的外生波动时，私人企业将不得不更大程度上调整自身的要素需求。

　　在这里可以看到，当存在一个正向的技术冲击时，造成了私人企业的工资率出现了下降。这是由于正向的技术冲击使得产出提高，并使得家庭的消费和投资也同时提高。在货币发行不变时，根据式（18）可知：在这种情况下，由于消费的提高，造成了经济中的价格下降。另外，从家庭的优化条件式（19）可知，由于消费的增加使得利率水平提高。另外，由于国有企业所面对的利率是不变的，所以这使得私人企业的利率出现了更快的上升。在面对正向的技术冲击时，由于私人企业所面对的利率上升很快而国有企业所面对的利率不变，这使得私人企业相对应国有企业减少资本投入。但是技术冲击所引起的企业规模比变化不大，造成了私人企业相对增加劳动力的使用，进而使私人企业劳动力的边际产出降低导致市场的均衡工资率降低。

四　结论

　　本文在生产部门引入国有企业和私人企业，建立了一个区分企业所有制性质的结构性经济周期模型，分析货币政策、外生冲击分别对两种类型企业的影响，重新审视存在这种结构性货币政策体制下，利率和货币发行两种货币政策工具以及利率市场化改革对经济波动的影响。我们对模型中的每一个宏观和微观参数进行了校准估计，并进行了政策模拟，对比分析利率市场化前后的经济波动。本文研究主要得到以下结论。（1）我国货币稳定工具即货币发行与利率调整对我国的宏观经济稳定都会产生一定的影响，就影响程度来说，稳定的货币发行政策比稳定的基准利率政策影响更大。如果央行货币发行的波动非常小，各经济变量的波动幅度都会变小，其中价格波动的降幅是最大的，这对于物价稳定有较大影响，同时在宏观经济总量方面，消费波动也出现了较大程度的下降。（2）利率市场化政策模拟结果表现出我国结构性的货币流向和利率体制使我国经济波动明显加大。在央行基准利率保持稳定的情况下，其他经济变量在这种利率结构体制下的冲击比没有这种所有制信贷差异时受到的冲击要大。如果我国进行利率市场化改革，尽管会造成名义变量（价格、货币等）波动的加大，但将减少真实经济变量的波动。（3）外生冲击对私人企业的影响要远远大于国有企业的影响。在面对外生冲击（包括货币冲击、利率冲击和技术冲击）时，私人企业的工资、市场利率会比国有企业波动幅度更大，这些波动远大于产出的波动，私人企业不得不更大程度上调整自身的要素需求。考虑到我国经济成分的大多数是由私人企业所构成的，因此如果从稳定真实宏观经济变量的角度上看，利率市场化改革是一个切实可取的方向。

　　综合来看，我们构建了结构性货币政策模型框架，但是模型改进的空间还很大，模型没有区分不同类型企业的劳动力，并且模型没有引入"金融加速器"，虽然这会大大增加系统的复杂性，稳态的均衡解也可能不唯一，但是对中国货币政策的分析结果意义更大，这也是日后进一步研究的方向。

第五篇

经济增长治理

第二十二章 中国式分权下的
偏向性投资

吴延兵[*]

内容提要：本文基于政府官员"经济政治人"假设，论证中国式分权下市场参与者的投资行为逻辑，为中国粗放型经济增长之谜提供一种解释。在垂直集中的官员治理模式下，中央政府因信息所限，难以有效约束地方官员的"重生产，轻创新"自利性投资偏好。在经济分权体制下，地方政府及其官员掌控着巨量经济资源、拥有干预市场资源配置的经济和行政权力，形成政府主导型经济。结果是，地方官员的自利性投资偏好能够借助政府"有形之手"，作用于各类市场参与者的投资行为，致使整个社会投资呈现"重生产，轻创新"偏向。本文运用省级面板数据检验理论假说，结果表明，在中国式分权下，财政分权度越高，地方政府、企业和社会的创新性支出占生产性支出的比重越低。

关键词：中国式分权　自利性投资偏好　创新性投资　生产性投资　粗放型增长

中国经济增长具有明显的粗放式增长特征（张卓元，2005；吴敬琏，2014）。从固定资产投资看，全社会固定资产投资占 GDP 的比重由 1980 年的 20.0% 一路飙升到 2014 年的 80.5%（见图 22 - 1）。从能源消耗看，中国煤炭、石油和电力消耗量占世界的比重一直高于中国 GDP 占世界的比重（见图 22 - 2）。例如，2014 年中国的 GDP 占世界的 9.1%，但消耗全球 49.8% 的煤炭、12.4% 的石油和 24.3% 的电力。从创新投入看，虽然 R&D 占 GDP 的份额由 1995 年的 0.6% 逐步上升到 2014 年的 2.1%，R&D 占全社会固定资产投资的份额自 2002

＊ 本文发表于《经济研究》2017 年第 6 期。吴延兵，中国社会科学院经济研究所研究员，经济学博士。

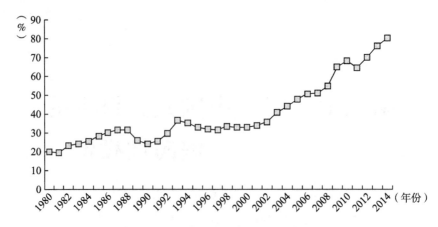

图 22 - 1　固定资产投资占 GDP 的比重

资料来源：全社会固定资产投资数据来自历年《中国统计年鉴》，GDP 数据来自《中国统计年鉴 2015》。

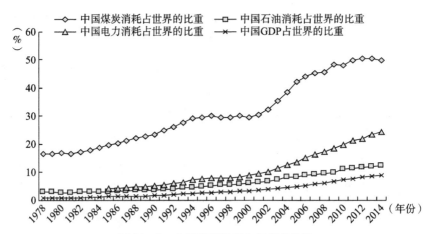

图 22 - 2　中国能源消耗占世界的比重

资料来源：中国和世界 GDP（以 2005 年美元不变价计算）数据来自 World Bank，http:// data. worldbank. org；煤炭、石油和电力数据来自 BP Statistical Review of World Energy，http:// www. bp. com/statisticalreview。

年以来呈现下降态势：由 2002 年的 3.0% 逐年下降到 2010 年的 2.5%，2011 年实现 2.8% 的小幅上升后又回落到 2014 年的 2.5%（见图 22 - 3）。从中国创新在世界上的地位看，虽然中国 GDP 自 2010 年起已位列世界第二，但中国的创新排名与其经济大国的地位极不相称：中国创新投入指数 2008/2009 年排在第 47 位，2009/2010 年下降为第 67 位，2014 和 2015 年分别排在第 45 位和第 41 位；中国综合创新指数 2007 年排在第 29 位，2009/2010 年下降为第 43 位，2014 年和 2015 年均排在第 29 位（见图 22 - 4）。现实中也可以观察到，中国地

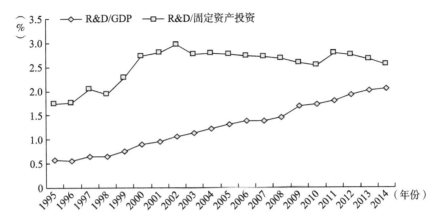

图 22 - 3　R&D 占 GDP 和固定资产投资的比重

资料来源：R&D 数据来自《中国科技统计年鉴 2015》。

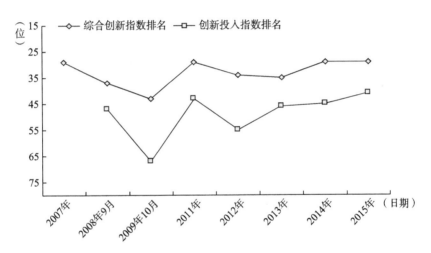

图 22 - 4　中国创新在世界的排名

资料来源：根据《全球创新指数报告》（Global Innovation Index）整理，https://www.glob-alinnovationindex. org/content/page/past-reports。各年报告所选取的国家和地区数量如下：2007 年 107，2008/2009 年 130，2009/2010 年 132，2011～2015 年分别为 125、141、142、143 和 141。

方政府在经济建设中热衷于"铺摊子，上项目"，喜欢打造"形象工程""政绩工程"；中国原始创新和集成创新能力不足、核心技术和关键技术受制于人、企业普遍缺乏世界知名品牌，以致中国成为加工制造业的"世界工厂"。

中央政府高度重视中国经济增长模式问题，并持续强调技术创新在经济转型中的关键作用。1996 年，"九五"计划明确提出"经济增长方式从粗放型向集约型转变"。2006 年，"十一五"规划再次强调，"促使经济增长由主要依靠增加资源投入带动向主要依靠提高资源利用效率带动转变"。2007年,"十七大"报告指出,促使经济增长"由主要依靠增加物质资源消耗向主要依靠科技进步、劳动者素质提高、管理创新转变"。2011年,"十二五"规划强调,"坚持把科技进步和创新作为加快转变经济发展方式的重要支撑"。2012年,"十八大"报告提出"创新驱动发展战略",指出"以科学发展为主题,以加快转变经济发展方式为主线,是关系我国发展全局的战略抉择"。2015年,国务院出台大力推进"大众创业,万众创新"的若干政策意见。中央政府在五年规划和重要会议上一再强调转变经济增长方式,不仅说明中央对经济增长质量和可持续性的担忧,也说明粗放型经济增长模式的转变之难。

中国经济转型为何如此之难?背后一定有某种支撑粗放型增长模式的激励机制和相应的制度安排。迄今为止,基于中国特色制度解读中国经济、富有影响力的经济理论有"中国特色的联邦主义"(Montinola et al.,1995;Qian and Roland,1998;Jin et al.,2005)、"官员晋升锦标赛"(周黎安,2004,2007)和基于前两者的"中国式分权",又称"政治集权下的经济分权""分权式威权制"(王永钦等,2007;傅勇、张晏,2007;Xu,2011)。"中国特色的联邦主义"主要强调地方分权对经济增长的积极效应,未涉及粗放型增长模式;现有"中国式分权"涉及粗放型增长模式,但在解释该模式的成因时仍沿用晋升锦标赛的分析逻辑。所以,我们重点讨论晋升锦标赛对粗放型增长模式的解释。该理论认为:在中国政治经济制度下,中央政府主要依据可测度的经济指标考核、任免地方官员;地方官员为得到政治晋升,围绕GDP增长展开激烈竞争,其负面结果是地方官员只关心自己任期内所在地区的短期经济绩效,从而造成以重复建设为代价的扭曲型经济增长。

晋升锦标赛对理解中国粗放型增长模式大有助益,不过,其立论基础值得商榷,且其对粗放型增长模式生成机制的解释并不完备,尚有较大改进空间。首先,它基于政府官员"政治人"假设,认为地方官员作为政治参与人最关心的是行政晋升和仕途,强调自上而下的外在政绩考核对地方官员激励和行为的影响(地方官员为政治晋升而努力发展经济)。"政治人"假设对地方官员目标函数的刻画可能过于简化,尤其是忽略了地方官员的经济利益动机和经济行为的内驱力。在政治关系网络约束、晋升竞争激烈、不确定性较大的情况下,经济利益而非行政升迁可能是地方官员更看重的目标。其次,晋升锦标赛在理论逻辑和证据支撑方面尚有不足之处,地方官员能否因经济绩效突出而得到提拔存在较大争议(陶然等,2010)。其一,我们不否认晋升锦标赛在中国情景下的可能性，但同时认为不应完全依赖于该理论来解读地方官员的经济行为和粗放型增长模式。其二，在论及粗放型增长时，它侧重于地方政府的粗放式投资行为，未对企业乃至社会的粗放式投资行为进行明确的阐释。粗放型经济增长，不仅是政府粗放式投资的结果，更主要是作为市场微观主体的企业甚至整个社会粗放式投资的结果。因而，关注政府粗放式投资，只能解释粗放型经济增长的一部分。而且，市场经济中的企业以利润最大化为目标，政府粗放式投资并不必然引起企业粗放式投资，所以，要完整地理解粗放型增长，还需要构建政府（及其官员）行为与企业行为之间的逻辑链条。其三，在论及粗放型增长时，它侧重于生产规模扩张和重复建设，未对企业等市场微观主体技术创新动力不足的机制进行细致阐释。

为全面理解中国粗放型增长模式，本文对已有理论和文献进行必要的拓展和深化。首先，我们提出更具包容性的政府官员"经济政治人"假设。这个假设综合政府官员的"经济人"假设（Buchanan and Tullock，1962）和"政治人"假设（周黎安，2004，2007），强调政府官员既有"经济人"属性也有"政治人"属性，他们追求任职期间经济利益和政治利益（行政晋升）的最大化。其次，在"经济政治人"假设的基础上，本文不再倚重晋升锦标赛，而是通过深入剖析中国式分权对地方官员投资偏好和行为的影响，揭开粗放型经济增长之谜。在本文的分析框架下，我们能够逻辑一致性地解释地方政府粗放式投资与企业以致社会粗放式投资并存、生产规模扩张与技术创新乏力并存的现象。

本文具体思路如下。假定地方官员面临生产性投资和创新性投资两种投资选择，前者具有投资周期短、见效快、风险低的特征，后者具有投资周期长、见效慢、风险高的特征。为最大化任职期间的经济和政治利益，地方官员有激励偏重生产性投资、忽视创新性投资，即地方官员具有"重生产，轻创新"自利性投资偏好。这种自利性投资偏好能否影响经济运行和经济发展，受制于特定的政治经济制度环境。中国式分权恰为地方官员自利性投资偏好的形成和发挥作用提供制度条件：在垂直集中官员治理模式下，地方官员主要受到自上而下垂直方向的监督和制约，由于垂直监督拥有的信息有限、监督成本巨大，且地方政府职责具有多维度、不易量化的特性，中央政府难以有效遏制地方官员的自利性投资偏好；在经济分权体制下，地方政府及其官员掌控着巨量经济资源、拥有相对自主的经济决策权和干预市场资源配置的行政权力，形成地方政府主导型经济。结果是，地方官员的自利性投资偏好能够借助政府"有形之手"，作用于诸多市场参与者的投资行为，致使地方政府及其辖区企业和社会都呈现"重生产，轻创新"投资偏向。据此，本文提出中国式分权导致扭曲性投资和粗放型增长的理论假说。

本文利用省级面板数据对理论假说进行实证检验。由于中国各地区面临的政治集中程度是相似的，所以各地区在中国式分权体制上的差别主要体现在经济分权程度上。根据相关文献，经济分权可用财政分权近似度量。因此，理论上由中国式分权所导致的重生产、轻创新投资偏向，在实证上可以转化为验证财政分权对不同主体投资结构的影响。基于这一实证思路，本文发现，在中国式分权下，地方财政分权度越高，地方政府、企业和社会的创新性支出占生产性支出的比重越低。一系列检验均表明实证结论具有稳健性，从而为理论假说提供有力支持证据。

一　理论分析

传统政治经济理论认为，政府是大公无私的、政府基于公众利益制定公共政策。公共选择理论和现代财政联邦主义理论摒弃"仁慈政府"假设，提出政治市场中的"经济人"假设，认为政治市场和政治决策中的个体具有经济人特征，他们追求自身利益的最大化，而非社会福利的最大化（Buchanan and Tullock，1962；Brennan and Buchanan，1980；Weingast，2008）。周黎安（2004，2007）则从官员晋升激励的视角提出官员"政治人"假设。为更全面地反映地方官员的行为动机，我们综合上述两种假设，提出"经济政治人"假设，强调地方官员追求任职期间经济利益和政治利益的最大化。本文以此作为理论分析的逻辑起点。

在"经济政治人"假设下，本文假定地方官员面临生产性投资和创新性投资两种投资选择。前者的特点是投资周期短、见效快、风险低、不确定性小；相对而言，后者的特点是投资周期长、见效慢、风险高、不确定性大（Holmstrom，1989）。创新性投资的长周期和短期难以见效属性意味着地方官员任职期间很难得到其产生的收益；创新性投资的高风险和高不确定属性意味着，其容易威胁到地方官员任职期间的经济利益和政治晋升。而且，政府具有公益性，政府无法像企业对待经理那样对官员实施股权激励等长期激励方案、无法有效地将地方官员利益和地方经济绩效长期紧密地联系在一起，因而，地方官员没有激励致力于地方经济的长远发展，与地方官员任职期间利益不相容的长期导向的创新性投资难以进入地方官员的效用函数。此外，官僚制度在常规任务方面所具有的信息、控制和协调优势，也会促使政府官员趋向于非创新领域的投资。综上，为最大化任职期间的经济和政治利益，地方官员有激励偏向短期内能产生收益的生产性投资、漠视短期内不能产生收益的创新性投资，即地方官员具有"重生产，轻创新"自利性投资偏好。

地方官员的自利性投资偏好能否影响经济运行受制于特定的政治经济制度环境。在政治和经济集权体制下，地方政府没有经济发展的自主权，地方官员的投资偏好也就难以作用于经济运行。在政治和经济分权体制下，地方政府拥有经济发展的自主权，与此同时，政府官员由民众选举产生，他们要受到辖区选民的直接监督和制约，要对选民和企业的偏好做出足够和有效的反应，他们因受居民选票激励（用"手"投票和用"脚"投票）而展开公共品供给竞争（Tiebout，1956；Besley，2007），这都在一定程度上抑制地方官员的自利性投资偏好和短期投机行为。更重要的是，由于地方政府及其官员的行政权力受到选民和制度的有力约束，他们不能控制或主导市场资源配置、不能过多干预市场微观主体的正常生产经营活动，因此，即使地方官员具有自利性投资偏好，也难以影响和左右市场微观主体的投资行为。

中国式分权是政治集权和经济分权的结合体。在中国，中央政府对地方官员采取垂直集中的治理模式（即地方官员由其上级、最终由中央任命），形成地方官员对上负责而不对下负责的政治激励（Xu，2011）。在这种官员治理模式下，直接承受地方政府治理后果的居民和企业不能直接影响地方官员的经济利益和政治仕途，因而就无法对地方官员的自利性投资偏好进行有效约束，即便他们是最有信息监督和评价政府服务质量的主体。在该官员治理模式下，中央政府对地方官员负有监管职责，但自上而下的垂直监督面临着如下监管难题：中央与地方政府间存在着严重的信息不对称、官僚层级过长易导致信息传输损耗和失真、上级对直接下级单位缺乏足够的监管激励（可能形成共谋）。这导致垂直监督拥有的信息有限、监督成本巨大（Oates，1972）。此外，地方政府职责具有多维度、多任务、不易量化和垄断的特性（Tirole，1994），且中国是一个广土众民的大国、各地情况千差万别，几乎不可能找到一个统一的具有充分信息量的指标来综合评价地方官员的政绩。由此不难理解，中央政府很难遏制地方官员的利己主义倾向和短期化行为。如果实际中存在着晋升锦标赛所称的中央政府依据 GDP 增长率任免地方官员，那么会进一步加剧地方官员的努力配置扭曲，促使地方官员将精力更加集中于那些任期内能彰显政绩的短期目标

（"如果"一词意味着本文的分析不依赖于晋升锦标赛，即晋升锦标赛不是形成粗放型增长模式的必要条件）。具体到本文关注的生产性投资和创新性投资上，作为"经济政治人"的地方官员，为最大化任职期间的经济和政治利益，将偏重具有投资周期短、见效快属性的生产性投资，相对忽视具有投资周期长、见效慢属性的创新性投资。我们认为，在垂直集中政治治理模式下，中央政府因信息所限，难以有效约束地方官员的"重生产，轻创新"自利性投资偏好，是理解中国粗放型经济增长之谜的关键线索之一。

垂直集中官员治理模式还不足以构成粗放型增长模式的全部条件。如果地方政府及其官员不掌握经济资源、不享有经济发展的自主权，其自利性投资偏好就难以影响政府和企业等市场参与者的投资行为，粗放型增长模式也就难以形成。中国式分权的另一重要维度——向地方的经济分权，则为地方官员自利性投资偏好作用于经济运行创造条件。为提高地方经济活力，中央政府从20世纪80年代初开始就把诸多经济资源和经济管理权力下放到地方政府。经济和行政分权使得地方政府及其官员对地方经济拥有巨大的影响力和控制力：地方政府和官员掌控着巨量财政和经济资源、拥有相对自主的经济决策权、成为地方收入的"剩余索取者"（沈立人、戴园晨，1990；Qian and Roland，1998；Jin et al.，2005）；地方政府在地方经济发展中往往兼"裁判员"与"运动员"于一身，在经济建设中具有强大的资源动员能力和行政干预能力，在市场资源配置中处于主导地位、拥有实际权威。这样，向地方的经济分权一方面为地方官员发展经济提供强力激励，另一方面也形成事实上的地方政府主导型经济而非市场主导型经济，甚至出现"地方政府公司化"现象（Oi，1992）。结果是，地方官员的"重生产，轻创新"自利性投资偏好能够借助强有力的政府"有形之手"，作用于地方政府及其辖区企业和社会等诸多市场参与者的投资行为。

首先，地方官员的"重生产，轻创新"投资偏好能够直接作用于地方政府的投资决策。理由如下。第一，地方政府控制着财政、土地、矿藏、融资平台等巨量经济资源，拥有进行政府投资所必需的物质基础。第二，地方官员对政府投资拥有相当大程度的决策权。虽然理论上政府投资的目的是满足民众和企业对公共产品的需求，但在中国地方政府投资决策体系中，实质性影响决策过程的是党政"一把手"、权力机构首脑等政府官员；地方政府的投资决策一定程度上是封闭于政府内部、由内部人控制的决策，政府内部人需求替代公共需求、科层决策取代公共选择。这种领导"拍脑袋"决策体系使得政府官员的私人利益能够渗透到公共投资上，使得地方官员有机会优先选择符合自身偏好和利益的生产性投资项目。既有实证研究也发现，地方财政决策偏向基本建设等生产性支出（傅勇、张晏，2007；尹恒、朱虹，2011；Jia et al.，2014）。为追求短期利益和政绩，地方官员甚至不惜违规违法和突破道德底线，如建造一些华而不实的形象工程和"豆腐渣"工程、为征用建设和工业用地而强行拆迁居民住房和宅基地等。

其次，地方官员的"重生产，轻创新"投资偏好能够作用于企业投资行为。在市场主导、充分竞争的环境中，企业自由选择最符合自身利益（短期和长期）的投资项目，平均意义上不会存在偏重生产而忽视创新的投资趋向。然而，在政府主导、政企不分的制度环境中，企业投资不可避免地受到官员投资偏好的影响。具体而言，地方官员除可以通过其掌控的巨量经济资源干预企业投资外，还能通过以下渠道影响企业投资决策。第一，地方官员拥有多种干预市场资源配置的经济和行政权力，包括财政补贴、税收优惠、融资平台、金融管制、项目审批权、经营许可证发放权、土地资源使用权、投资限制等。凭借这些权力，地方官员能够人为设置市场进入和退出壁垒，左右企业的投资标的和方向，引导企业将资源配置到官员"中意"的生产性投资项目上。第二，地方官员能够通过产业政策的制定和实施引导企业投资行为（宋凌云等，2013）。政府推行的各种各样的产业政策，实际上是以政府官员的判断和选择来代替市场机制（江飞涛、李晓萍，2010）。在此过程中，地方官员的投资偏好将渗透到产业政策中，致使企业投资趋近于地方官员的投资偏好。第三，地方官员能够干预地方国有企业的投资决策。地方国有企业高管通常由地方政府直接任命，这就为地方官员参与、控制国有企业的生产经营活动提供便利条件，地方官员的投资偏好也就能够深度影响国有企业的投资决策。第四，政企关联抑制企业创新投资。地方官员干预经济的权力缺乏有力监督时，他们可凭借手中的权力向企业设租、寻租，而企业与政府官员建立政治关联，也能够获取额外经济资源、得到政治庇护，进而阻止潜在竞争者进入市场、减少创新投资。简言之，企业生产性投资倾向是对地方官员"重生产，轻创新"投资偏好和政府主导型经济的理性反应。现实中也可以观察到，一旦地方政府及其官员重视某个产业或项目，辖区企业往往跟着一拥而上、一哄而起，比如，近年来日趋突显的房地产泡沫和严重的产能过剩，就是地方政府主导或推动、企业"跟风"过度投资造成的恶果。曾经轰动一时的"无锡尚德""常州铁本"案，则是地方官员在短期利益驱动下助推、绑架企业的最好例证。

最后，地方官员的"重生产，轻创新"投资偏好能够传导到整个社会投资上。其逻辑与地方官员投资偏好传导到企业投资上的逻辑基本一致，同样是政府主导、行政权力介入社会资源配置的结果，只是把研究对象由企业扩展到包括企业、学校、研究机构、社会组织等诸多参与者在内的整个社会。比如，中国的事业单位和社会组织并不是独立于政府的组织机构，它们都或多或少地存在着某种形式的行政化管理模式或受到政府部门的管制和约束，即使最不应该行政化的高校和科研单位也存在着浓厚的"官本位"色彩和行政权力的深度介入。由于大量资源和权力集中在政府及其官员手中，各类企事业单位和社会组织为赢得政府"青睐"、为争取有限的资源，一定程度上都会围绕政府部门和官员的偏好及其具象化的指令、政策、规划、方案而从事生产经营活动。一言以蔽之，在中国式分权下，地方官员急功近利式的投资偏好能够通过政府"有形之手"作用于社会投资行为，致使整个社会投资呈现"重生产，轻创新"偏向。

综上，垂直集中的官员治理模式难以有效约束地方官员的自利性投资偏好，地方经济分权则为地方官员自利性投资偏好作用于经济运行提供条件，结果是地方政府、企业和整个社会的投资都呈现"重生产，轻创新"倾向，造成扭曲性投资结构和粗放型经济增长。

二 实证假说、数据与计量模型

（一）实证假说

本文以下部分为上述理论猜想提供一些经验证据。中国各地区所面临的政治集中程度是相似的，即地方官员由其上级、最终由中央任命，因此各地区在中国式分权体制上的差别主要体现在经济分权程度上。理论上，经济分权包括经济决策权和管理权的下放，以及向地方的财政和非财政分权等诸多内容，但统计上难以精确衡量范畴如此广泛的地方经济分权。作为一个替代方案，既有关注中国经济分权的文献通常将研究重点放在财政分权上（Xu，2011）[①]。

同样出于数据可得性的限制，本文也以财政分权作为经济分权的近似度量。财政分权作为中央—地方关系的制度安排，从一个角度上表征地方政府经济自主性的大小。这里的逻辑是，地方财政分权度越高，意味着地方官员的经济自

---

① Xu（2011）指出，中国地区经济分权远远超过财政分权的范畴，但由于统计资料匮乏，很难测算地区分权中的非财政分权部分。

由裁量权越大，地方官员就越有可能按照有利于自身利益的激励方向干预经济活动、越有可能借助政府"有形之手"促使地方政府及其辖区企业和社会的投资行为趋近于地方官员的投资偏好。换言之，在中国式分权下，财政分权度越高的地区，地方官员自利性投资偏好对该地区投资行为的影响越大。此外，不同主体的投资结构可以刻画为它们各自的创新性支出占生产性支出的比重，该比重越小，意味着该主体的"重生产，轻创新"投资特征越明显[①]。如果实证上能够发现范畴较窄的财政分权对创新—生产投资比有消极影响，那么有理由相信范畴更广的经济分权对创新—生产投资比具有更大程度的负向影响。为此，我们将中国式分权下的偏向性投资理论转化为如下三个可实证检验的假说。（1）政府偏向性投资假说：在中国式分权下，地方财政分权度越高，地方政府创新性支出占生产性支出的比重越低。（2）企业偏向性投资假说：在中国式分权下，地方财政分权度越高，企业创新性支出占生产性支出的比重越低。（3）社会偏向性投资假说：在中国式分权下，地方财政分权度越高，社会创新性支出占生产性支出的比重越低。

（二）数据与变量

由于省级以下（市、县）缺乏政府、企业和社会的创新投资数据，本文采用省级可观察数据检验上述假说。基础数据为1994年分税制改革以来除西藏外的中国内陆30个省（自治区、直辖市）级层面的面板数据。数据来源包括《新中国六十年统计资料汇编》《中国统计年鉴》《中国财政年鉴》《中国科技统计年鉴》《中国工业经济统计年鉴》《中国工业统计年报》《中国劳动统计年鉴》《中国金融年鉴》，以及各省统计年鉴等数十种年鉴。为保证实证结论的可靠性，我们尽量选取多种可能的财政分权变量和投资结构变量。表22-1报告核心变量的描述统计、时间区间及数据来源。由于数据缺失或统计口径的不连续性，某些核心变量只截至2006年或2008年。在稳健性检验部分，通过采用不同的被解释变量，部分样本的时间区间可扩展到2013年。下面重点介绍主要变量的测度方法和数据来源。

---

① 需要注意的是，虽然理论上能够清晰界定创新性支出和生产性支出，但实践中两者可能交互影响、难以完全分离，实证研究只能相对地剥离两者。后文以创新性支出与总支出之比作为被解释变量，以检验实证结论的稳健性。

表 22 - 1　核心变量的描述统计

变量	含义	均值	标准差	最大值	最小值	观测值	年份	数据源
FD^{be}	预算支出分权指标	4.063	2.998	18.728	1.073	597	1994～2013	a, b
FD^{ce}	总支出分权指标	4.026	2.906	19.684	1.367	507	1994～2010	a, b, c
FD^{ne}	净支出分权指标	2.650	2.686	17.831	0.580	478	1995～2010	a, b, c
FD^{br}	预算收入分权指标	1.172	1.273	8.329	0.343	597	1994～2013	a, b
FD^{cr}	总收入分权指标	1.557	1.571	9.821	0.447	507	1994～2010	a, b, c
FD^{nr}	净收入分权指标	2.328	1.715	11.631	0.946	478	1995～2010	a, b, c
GIP^{st}	政府科技三项费用/基建支出	0.114	0.085	0.679	0.004	387	1994～2006	b, c
GIP^{ds}	政府科学事业费/基建支出	0.084	0.051	0.241	0.010	387	1994～2006	b, c
GIP^{ie}	政府资助企业挖潜改造支出/基建支出	0.513	0.453	3.222	0.009	387	1994～2006	b, c
GIP^{ci}	政府总创新支出/基建支出	0.711	0.533	3.589	0.048	387	1994～2006	b, c
FIP^{st}	企业科技支出/企业生产性固定资产投资	0.170	0.282	4.638	0.005	432	1994～2008	d, e, f, g
FIP^{np}	企业新产品开发/企业生产性固定资产投资	0.081	0.143	2.496	0.002	432	1994～2008	d, e, f, g
SIP^{st}	社会科技支出/社会生产性固定资产投资	0.052	0.041	0.248	0.011	270	2000～2008	a, b, g
SIP^{rd}	社会 R&D 支出/社会生产性固定资产投资	0.025	0.024	0.150	0.004	270	2000～2008	a, b, g

资料来源：a.《新中国六十年统计资料汇编》；b.《中国统计年鉴》；c.《中国财政年鉴》；d.《中国工业经济统计年鉴》；e.《中国工业统计年报》；f. 各省统计年鉴；g.《中国科技统计年鉴》。

1. 财政分权

财政分权表征中央向地方下放的经济权力。在实证文献中，财政分权通常表示为地方财政占中央财政（或国家财政）的比重（Oates，1985；Zhang and Zou，1998；Jin et al.，2005；张晏、龚六堂，2005；傅勇、张晏，2007；Gemmell et al.，2013）。中国除预算内财政外，还有预算外财政以及中央和地方之间的财政转移。鉴于不同指标所衡量的财政分权度有所差异，本文设计出基于财政支出维度和基于财政收入维度的六个分权指标。财政收入分权指标放在稳健性检验部分，这里着重介绍基于财政支出维度的三个分权指标。它们的计算公式如下。

$$预算支出分权指标: FD_{it}^{be} = \frac{省预算内财政支出_{it} / 省人口_{it}}{中央预算内财政支出_t / 全国人口_t}$$

$$总支出分权指标: FD_{it}^{ce} = \frac{(省预算内财政支出_{it} + 省预算外财政支出_{it}) / 省人口_{it}}{(中央预算内财政支出_t + 中央预算外财政支出_t) / 全国人口_t}$$

净支出分权指标:

$$FD_{it}^{ne} = \frac{(省预算内财政支出_{it} + 省预算外财政支出_{it} + 上解中央_{it} - 转移支付_{it}) / 省人口_{it}}{(中央预算内财政支出_t + 中央预算外财政支出_t) / 全国人口_t}$$

上述三式中，i 代表省份，t 代表年份。遵循相关文献的做法，各指标均采用人均化形式，以控制人口规模对财政分权的影响。预算支出分权指标（FD^{be}）只考虑中央和地方的预算内财政支出，这是文献中衡量财政分权度的通常做法。总支出分权指标（FD^{ce}）综合考虑预算内和预算外财政支出。由于预算外支出具有相当的规模，涵盖预算外支出的指标能更真实地反映地方实际分权度。净支出分权指标（FD^{ne}）在预算内和预算外财政支出的基础上增补省上解中央支出并扣除中央向省的转移支付。事实上，由于转移支付被地方政府看作自有财力的一部分，从财政支出中扣除该项会低估地方的实际分权度。我们重点依据总支出分权指标来讨论回归结果。

上述指标的原始数据来自《新中国六十年统计资料汇编》、历年的《中国统计年鉴》和《中国财政年鉴》。转移支付和上解中央支出自 1995 年开始有完善的统计资料，因而净支出分权指标自 1995 年起算，其他两个分权指标自 1994 年起算。另外，2011 年起预算外资金纳入预算管理，预算外财政成为历史，因此总支出分权指标和净支出分权指标截至 2010 年。由表 22-1 可知，不同指标所刻画的财政分权度有较大差异，这意味着采用多种指标有助于检验结论的稳健性。

2. 地方政府创新 - 生产投资结构

地方政府投资结构以地方政府创新性支出占生产性支出的比重表示。根据上文对创新性投资和生产性投资的特性界定，在地方政府财政支出构成中，具有创新特性的支出包括科技三项费用、科学事业费和政府资助企业挖潜改造支出，具有生产特性的支出为基本建设支出。由此，政府投资结构可分别表示为科技三项费用与基本建设支出之比（GIP^{st}）、科学事业费与基本建设支出之比（GIP^{ds}）、政府资助企业挖潜改造支出与基本建设支出之比（GIP^{ie}）。我们还将上述三项创新性支出加总成政府总创新支出，构建一个衡量政府投资结构的综合性指标：政府总创新支出与基本建设支出之比（GIP^{ci}）。上述指标的原始数据来自历年的《中国统计年鉴》和《中国财政年鉴》。中国于 2007 年实行政府收支分类改革，统计年鉴不再单独列出基本建设、科技三项费用等支出项目，因此政府投资结构变量的时间跨度为 1994~2006 年。

3. 企业创新 – 生产投资结构

企业投资结构以各省大中型工业企业创新性支出占生产性支出的比重表示。企业创新性支出分别用科技活动经费内部支出（以下简称企业科技支出）和新产品开发支出表示，企业生产性支出以生产性固定资产投资近似表示①。企业生产性固定资产投资的测算方法如下。

$$生产性固定资产投资_{it} = 总固定资产投资_{it} - 创新性固定资产投资_{it}$$

$$= （总固定资产原值_{it} - 总固定资产原值_{it-1}） - 创新性固定资产投资_{it}$$

企业生产性固定资产投资是从企业总固定资产投资中扣除企业创新性固定资产投资后的余额。企业总固定资产投资为相邻两期的总固定资产原值之差（张军等，2009；Brandt et al.，2012）。企业创新性固定资产投资以企业科技支出中的固定资产购建费表示②。根据上式计算出企业生产性固定资产投资后，企业投资结构可分别表示为企业科技支出与企业生产性固定资产投资之比（FIP^{st}）、企业新产品开发支出与企业生产性固定资产投资之比（FIP^{np}）。企业科技支出、企业科技支出中的固定资产购建费、企业新产品开发支出均来源于历年《中国科技统计年鉴》。企业总固定资产原值数据取自历年《中国工业经济统计年鉴》，缺失数据由相应年份的《中国工业统计年报》和各省统计年鉴补充③。在《中国科技统计年鉴》序列中，2009 年之前年份的科技统计口径为"科技活动经费内部支出"，2009 年起科技统计口径为"R&D 经费内部支出"。为保证数据口径的一致性，企业投资结构变量的时间区间为 1994~2008 年。

4. 社会创新 – 生产投资结构

社会投资结构以社会创新性支出占生产性支出的比重表示。"社会"囊括所有的投资主体，包括企业、学校、研究机构、社会组织以及个人。社会创新性支出分别用社会科技活动经费内部支出（以下简称社会科技支出）和社会

---

① 理论上，企业生产性支出应为生产性资本支出和生产工人劳动报酬之和，但没有如此细分的数据。下文的社会生产性支出同理。

② 根据《中国科技统计年鉴》，"企业科技活动经费内部支出"由固定资产购建费、劳务费、原材料费和其他支出四部分构成。

③ 由于工业普查或其他原因，《中国工业经济统计年鉴》缺少 1995、1996、1998 年和 2004 年分省大中型工业企业数据。缺失数据来源如下：（1）1996 和 1998 年数据取自相应年份的《中国工业统计年报》；（2）1995 和 2004 年数据取自相应年份的各省统计年鉴；（3）如果 1995 和 2004 年数据也未列示在各省统计年鉴上，则以该省前后两年数据的均值填补。

R&D 经费内部支出（以下简称社会 R&D 支出）表示，前者涵盖的内容比后者广。社会生产性支出用社会生产性固定资产投资近似表示，其为从社会总固定资产投资中扣除社会创新性固定资产投资后的余额，社会创新性固定资产投资以社会科技支出中的固定资产购建费度量。由此，社会投资结构可分别表征为社会科技支出与社会生产性固定资产投资之比（SIP^{it}）、社会 R&D 支出与社会生产性固定资产投资之比（SIP^{rd}）。社会科技支出、社会科技支出中的固定资产购建费、社会 R&D 支出来源于历年《中国科技统计年鉴》。社会总固定资产投资来源于《新中国六十年统计资料汇编》和《中国统计年鉴》。在统计年鉴序列中，社会科技支出及其组成部分固定资产购建费的统计年份为 2000～2008年，因此社会投资结构变量的时间跨度为 2000～2008 年。

（三）计量模型

本文基于如下计量模型分别检验三个假说，

$$\log(GIP_{it}) = \alpha_0 + \alpha_1 \log(FD_{it}) + \alpha'_x X_{it} + \alpha'_m M_{it} + u_i + u_t + \varepsilon_{it} \tag{1}$$

$$\log(FIP_{it}) = \beta_0 + \beta_1 \log(FD_{it}) + \beta'_y Y_{it} + \beta'_m M_{it} + u_i + u_t + \varphi_{it} \tag{2}$$

$$\log(SIP_{it}) = \gamma_0 + \gamma_1 \log(FD_{it}) + \gamma'_z Z_{it} + \gamma'_m M_{it} + u_i + u_t + \zeta_{it} \tag{3}$$

上述三式分别代表政府投资结构模型、企业投资结构模型和社会投资结构模型。GIP、FIP 和 SIP 分别代表政府投资结构、企业投资结构和社会投资结构。如上文定义，它们均用创新性支出占生产性支出的比重表示，这样处理的好处是可以消除影响创新性支出和生产性支出的共同因素（如物价变动）。FD 代表财政分权度，分别用预算支出分权指标、总支出分权指标和净支出分权指标表征。X、Y、Z 分别代表三式的特有解释变量集，M 代表三式的共同解释变量集。u_i 表示不随年份变化的省份固定效应，u_t 表示不随省份变化的年份固定效应。ε、φ、ζ 为随机误差项。为明确得到财政分权与投资结构变量之间经验上的弹性系数，我们对两者均取自然对数。在估计中，如果财政分权变量的系数估计值 α_1、β_1 和 γ_1 在统计上显著为负，则表明实证结果支持假说。

式（1）～（3）均控制其他影响投资结构的因素。因篇幅所限，这里只列出控制变量的名称及计算方法，而不具体讨论引入这些控制变量的理由。式（1）控制政府规模和转移支付依赖度。政府规模表示为政府公职人员数与全社会职工数之比。转移支付依赖度表示为中央向省转移支付与省预算内财政收入之比。式（2）控制企业规模和企业价值。企业规模以企业总产值除以企业数量表示（取自然对数，企业总产值以 1994 年为基期，用各省各年的工业品出厂价格指数平减）。企业价值表示为企业所有者权益占企业总产值的比重。式（3）中，当以社会科技支出与社会生产性固定资产投资之比（SIP^{st}）为被解释变量时，控制变量包括社会科技人员数占全社会职工数的比率和社会储蓄率；当以社会 R&D 支出与社会生产性固定资产投资之比（SIP^{rd}）为被解释变量时，控制变量包括社会 R&D 人员全时当量占全社会职工数的比率和社会储蓄率。社会储蓄率用金融机构存款余额占 GDP 的比重表示。

除上述各个模型特有的控制变量外，式（1）～（3）均控制影响不同主体投资结构的共同因素或外部环境，包括所有制结构、产业结构、对外开放度、省份和年份固定效应。所有制结构表示为非国有单位职工数与全社会职工数之比。产业结构表示为工业增加值占 GDP 的比重。对外开放度表示为进出口贸易总额占 GDP 的比重（取自然对数）。稳健性检验部分还进一步引入省委书记和省长的个体特征变量（如教育程度、职业经历等），以便更好地分离出财政分权对不同主体投资结构的净效应。在模型中控制省份和年份固定效应尤为重要。中国各省地理条件和资源禀赋差异巨大，省份特征不仅影响财政收支结构，也影响不同主体的投资结构。例如，沿海省份地理位置优越、市场竞争更为充分，这些省份的企业可能更有激励投资于创新。年份固定效应不仅捕捉技术变化，也控制宏观经济政策和经济周期对各省投资结构的影响。例如，不同年份中央政府的基建支出和科技支出规模和政策，对地方政府、企业和社会的投资趋向有重要影响。有鉴于此，本文采用双向固定效应法估计上述模型。

三 实证结果

（一）地方政府偏向性投资假说检验

表 22 - 2 为地方政府投资结构模型的回归结果。本表及以下各表均只报告核心解释变量的结果。财政分权变量在表 22 - 2 所有估计结果中均显著为负。表 22 - 2（a）中（1）～（3）以政府科技三项支出占基建支出的比重（GIP^{st}）为被解释变量，结果显示，预算支出分权度（FD^{be}）、总支出分权度（FD^{ce}）和净支出分权度（FD^{ne}）每增长 1%，政府科技三项支出占比相应下降 1.67%、1.45% 和 1.08%。（4）～（6）以政府科学事业费占基建支出的比重（GIP^{ds}）

为被解释变量，财政分权度每增长 1%，政府科学事业费占比下降 1.11% ~ 1.67%。表 22 - 2（b）中（7）~（9）以政府资助企业挖潜改造支出占基建支出的比重（GIP^{ie}）为被解释变量，财政分权度每增长 1%，政府资助企业挖潜改造支出占比下降 0.48% ~ 0.95%。（10）~（12）以政府总创新支出占基建支出的比重（GIP^{ci}）为被解释变量，财政分权度每增长 1%，政府总创新支出占比下降 0.66% ~ 1.20%。虽然不同指标所捕捉的信息有所差异，但估计结果都一致地显示，财政分权对政府创新 - 生产投资比具有非常显著且程度较大的负影响，这有力地支持中国式分权下地方政府的"重生产，轻创新"偏向性投资假说。

表 22 - 2（a）　地方政府偏向性投资假说检验结果

变量	log（GIP^{st}）			log（GIP^{ds}）		
	(1)	(2)	(3)	(4)	(5)	(6)
log（FD^{be}）	- 1.666 *** (0.105)			- 1.672 *** (0.159)		
log（FD^{ce}）		- 1.450 *** (0.104)			- 1.591 *** (0.128)	
log（FD^{ne}）			- 1.079 *** (0.098)			- 1.106 *** (0.081)
控制变量	Y	Y	Y	Y	Y	Y
调整后的 R^2	0.888	0.879	0.874	0.890	0.883	0.869
观测值	358	358	358	358	358	358

注：括号内数字为稳健标准误。*、**、*** 分别代表参数估计值在 10%、5%、1% 水平上显著。省略控制变量估计结果。下同。

表 22 - 2（b）　地方政府偏向性投资假说检验结果

变量	log（GIP^{ie}）			log（GIP^{ci}）		
	(7)	(8)	(9)	(10)	(11)	(12)
log（FD^{be}）	- 0.954 *** (0.275)			- 1.204 *** (0.153)		
log（FD^{ce}）		- 0.727 ** (0.351)			- 0.965 *** (0.178)	
log（FD^{ne}）			- 0.479 * (0.251)			- 0.656 *** (0.123)
控制变量	Y	Y	Y	Y	Y	Y
调整后的 R^2	0.851	0.848	0.846	0.869	0.862	0.858
观测值	358	358	358	358	358	358

（二）企业偏向性投资假说检验

表 22 - 3 为企业投资结构模型的回归结果。其中，（1）～（3）以企业科技支出与企业生产性固定资产投资之比（FIP^{st}）为被解释变量，结果显示，预算支出分权（FD^{be}）、总支出分权（FD^{ce}）和净支出分权（FD^{ne}）每增长 1%，企业科技支出占比分别下降 0.62%、0.75% 和 0.58%。（4）～（6）以企业新产品开发支出与企业生产性固定资产投资之比（FIP^{np}）为被解释变量，结果显示，预算支出分权、总支出分权和净支出分权每增长 1%，企业新产品开发支出占比分别下降 1.19%、1.30% 和 0.83%。上述结果稳健地支持中国式分权下的企业偏向性投资假说。由中国式分权所造成的经济代价，不仅体现在地方政府投资结构的扭曲上，也体现在企业投资结构的扭曲上。

表 22 - 3　企业偏向性投资假说检验结果

变量	log（FIP^{st}）			log（FIP^{np}）		
	（1）	（2）	（3）	（4）	（5）	（6）
log（FD^{be}）	-0.621** (0.247)			-1.189*** (0.304)		
log（FD^{ce}）		-0.750*** (0.278)			-1.298*** (0.357)	
log（FD^{ne}）			-0.578*** (0.186)			-0.833*** (0.175)
控制变量	Y	Y	Y	Y	Y	Y
调整后的 R^2	0.513	0.515	0.502	0.617	0.619	0.595
观测值	432	432	403	432	432	403

（三）社会偏向性投资假说检验

表 22 - 4 为社会投资结构模型的估计结果。其中，（1）～（3）以社会科技支出与社会生产性固定资产投资之比（SIP^{st}）为被解释变量，结果显示，预算支出分权（FD^{be}）、总支出分权（FD^{ce}）和净支出分权（FD^{ne}）每增长 1%，社会科技支出占比分别下降 0.47%、0.51% 和 0.16%。（4）～（6）以社会 R&D 支出与社会生产性固定资产投资之比（SIP^{rd}）为被解释变量，结果显示，预算支出分权、总支出分权每增长 1%，社会 R&D 支出占比分别下降 0.70% 和 0.59%；净支出分权的估计值在统计上并不显著，但仍然有预期中的作用方

向。这些估计结果为中国式分权下的社会偏向性投资假说提供有力支持证据。通过比较表 22 - 2 ~ 表 22 - 4 的估计结果，还可以发现，财政分权对社会投资结构的负影响小于其对政府投资结构和企业投资结构的负影响。这在某种程度上似乎意味着，社会投资因包含较多投资主体，有助于对冲中国式分权的负面影响。

表 22 - 4　社会偏向性投资假说检验结果

变量	$\log(SIP^{st})$			$\log(SIP^{rd})$		
	(1)	(2)	(3)	(4)	(5)	(6)
$\log(FD^{be})$	- 0.471 *** (0.154)			- 0.698 *** (0.161)		
$\log(FD^{ce})$		- 0.513 *** (0.143)			- 0.593 *** (0.173)	
$\log(FD^{ne})$			- 0.159 ** (0.070)			- 0.031 (0.079)
控制变量	Y	Y	Y	Y	Y	Y
调整后的 R^2	0.938	0.938	0.936	0.960	0.958	0.956
观测值	270	270	270	270	270	270

（四）稳健性检验

我们对上述基准回归结果进行多种稳健性检验。因篇幅所限，本文只报告稳健性检验的方法，不再列出估计结果。稳健性检验都一致地支持本文假说。

1. 基于财政收入分权指标的估计

本文构建 3 个财政收入分权指标：（1）预算收入分权（FD^{br}）＝省人均预算内财政收入/中央人均预算内财政收入。（2）总收入分权（FD^{cr}）＝省人均总财政收入/中央人均总财政收入。其中，总财政收入＝预算内财政收入＋预算外财政收入。（3）净收入分权（FD^{nr}）＝省人均净财政收入/中央人均总财政收入。其中，净财政收入＝省总财政收入＋中央向省转移支付－省上解中央支出。基于财政收入分权指标的估计仍旧支持假说。

2. 税制变革的影响

1994 年分税制改革以来，中央政府又实施两项重要的税制改革。一是 2002 年的企业所得税分享改革，从原来的按企业隶属关系划分中央和地方所得税收入改为中央和地方按统一比例分享，2002 年中央和地方五五分成，2003 年调整为六四分成。二是 2008 年的企业所得税税率改革，将原来的内资企业税率 33%、外资企业税率 30% 调整为统一税率 25%。为反映税制变革的影响，我们设置两个时间虚拟变量 D2002 和 D2008（2002 年起，D2002 = 1；否则，= 0。2008 年起，D2008 = 1；否则，= 0），然后把这两个时间虚拟变量分别与财政分权变量交互。结果表明，2008 年的减税政策可以纠正财政分权对社会投资结构的负面影响。

3. 将财政分权变量滞后 1 期

面对上述实证结果，人们或许会产生财政分权与投资结构孰为因果的疑问。本文理论部分指出，在中国式分权下，地方政府及其官员对地方经济拥有巨大的控制力和影响力：掌握着行政审批、土地使用、贷款担保、政策优惠等重要资源，能够凭借经济和行政权力影响市场参与者的投资行为。所以，在因果关系上，我们认为自上而下的财政分权影响企业和社会的投资倾向。对于地方政府投资结构而言，财政分权的内生性是一个需要特别注意的问题，因为地方政府自身的投资结构与财政分权度可能相互影响。为克服上述可能的反向因果问题，本文将式（1）~（3）中的财政分权变量滞后 1 期。其道理是，本期投资结构可能会影响本期或以后若干期的财政政策和财政分权，但本期投资结构无法影响上期的财政政策和财政分权，即投资结构对财政分权的影响在时间上具有不可逆性。估计结果显示，滞后 1 期财政分权对投资结构有显著负影响，这很大程度上表明在因果关系上财政分权为因、投资结构为果。

4. 引入官员个体特征变量

地方官员的个体特征也可能影响市场参与者的投资行为，所以上述回归模型或许存在遗漏变量问题。特别是，地方官员个体特征可能同时影响财政分权和市场参与者的投资结构，这会使得上文观察到的结果并不是财政分权与投资结构之间的因果关系，而是两者因同时受地方官员个体特征的影响而形成的一种相关关系。为更精准地识别财政分权本身的影响，我们收集整理省委书记和省长的个体特征变量，在基准回归模型上引入省委书记和省长的年龄、年龄是否超过 65 岁、教育程度、是否本省籍贯、在任年数、职业经历等变量。控制官员异质性因素后，财政分权的估计系数仍显著为负，实证结论未变。

5. 财政分权与官员异地任职的交互影响

省级党政领导由中央任命，但具体任命方式仍存在一定差异，具体有：本省晋升、外省晋升、外省平调和中央调入。后三种任命方式都属于异地任职，该项人事任免制度对地方官员行为具有正、负两方面的激励效应：一方面，异地任职有助于克服地方官员的惰性、减少腐败、改善财政政策和政府效率；另一方面，异地任职也可能造成官员行为的短期化，因为官员往往把交流到另一个地方任职看成是过渡性的。所以，官员异地任职可能强化或弱化财政分权对不同主体投资结构的影响。为考察这种效应，我们在基准模型中引入外省晋升、外省平调和中央调入等变量与财政分权的交互项。结果表明，官员异地任职并没有对财政分权与投资结构之间的关系产生稳定的影响。

6. 以创新性支出占总支出的比重为被解释变量

上文被解释变量采用创新性支出占生产性支出的比重，这最契合本文的实证假说，但创新性支出和生产性支出在实际中可能难以完全分离。在本文数据中，创新性支出的界定是明确的，我们可用创新性支出占总支出的比重来校正上述被解释变量的可能偏差。在总投资一定的情况下，创新性支出与生产性支出是此消彼长的关系，如果本文假说成立，那么实证上应当能够观察到财政分权对创新性支出占总支出的比重有显著负影响。基于这一思路，我们重新设定如下投资结构变量。政府投资结构分别表示为政府科技三项、政府科学事业费、政府资助企业挖潜改造支出、政府总创新支出占政府支出的比重，此处的政府支出定义为政府总创新支出与基建支出之和。企业投资结构分别表示为企业科技支出、企业新产品开发支出占企业总固定资产投资的比重，时间区间为 1994 ~ 2013 年。社会投资结构分别表示为社会科技支出、社会 R&D 支出占社会总固定资产投资的比重，其中，社会 R&D 支出占比的时间区间为 2000 ~ 2013 年。结果表明，财政分权变量的估计系数显著为负。

7. 工具变量估计

上述回归模型仍然可能遗漏某些不可观测的变量，若这些不可观测变量与财政分权变量相关，会导致财政分权的估计值是有偏的；财政分权变量本身的测量误差也会导致估计值有偏。这里进一步用工具变量法来克服因遗漏变量和测量误差而造成的变量内生性问题。有效的工具变量要求其与内生解释变量相关，与随机误差项不相关。我们认为，各省历史上的财政分权度可以作为合适的工具变量：一方面，财政分权具有历史连贯性，历史上的财政分权能够影响现今的财政状况；另一方面，在控制省份经济变量、省委书记和省长特征、省份和年份固定效应后，历史上的财政分权应仅通过现今的财政分权影响投资结构。鉴于以上考虑，我们收集 1987 ~ 1993 年各省的预算内财政支出和预算外财政支出数据（各省预算外财政支出最早可追溯到 1987 年），计算各省在此期间的总支出分权指标，然后用各省滞后 7 期总支出分权度作为工具变量。本文工具变量在截面和时间上都有显著的变化，这是面板数据工具变量较为理想的状态。工具变量的相关性和外生性检验表明：滞后 7 期财政分权度与本期财政分权度高度相关，F 统计量表明其不是弱工具变量；滞后 7 期财政分权度并不直接影响本期投资结构，而是通过本期财政分权度间接影响本期投资结构，说明该工具变量具有外生性。工具变量法估计结果表明，财政分权变量的估计值显著为负，由此进一步验证上文经验发现的可靠性。

四　政策含义与启示

本文旨在分析中国式分权下地方政府、企业和社会的"重生产，轻创新"投资行为逻辑，尝试为中国粗放型经济增长之谜提供一种解释。根据本文的研究，要实现中国经济由粗放型向集约型、由生产驱动型向创新驱动型的转变，应着重推进两方面的制度建设。第一，加强对地方官员的横向监督力度。地方官员自利性投资偏好之所以能够形成，是因为中央政府因信息所限难以有效监管地方官员，而直接承受地方政府治理后果的居民又无法直接影响地方官员的利益和仕途。因而，应以恰当方式将公众的偏好和利益反映在政府施政纲领中，应充分发挥人大、政协、新闻媒体和公众的监督作用，这样才能有效抑制地方官员的自利性投资偏好和短期化行为。第二，减少地方政府对经济的行政干预。地方官员自利性投资偏好之所以能够作用于地方政府及其辖区企业和社会的投资行为，是因为向地方的经济分权造成地方政府主导型经济及地方政府"有形之手"对经济的过度干预。因而，在经济分权的同时，应通过制度建设约束地方政府干预经济的行政权力，合理界定政府与企业、政府与社会治理的边界，真正让市场在资源配置中起决定性作用。

在实证分析中，本文以财政分权近似度量经济分权，研究发现，财政分权对不同主体的创新－生产投资比有显著负影响，该实证结论并不意味着为促进技术创新应抛弃财政分权体制，其重点在于增加财政分权体制的合意性：在财政分权的同时，充分发挥辖区居民和新闻媒体对地方官员的监督作用，减少地方政府对市场微观主体的干预。若能如此，分权不仅能激励地方政府致力于经济发展，而且能激励市场微观主体在公平竞争的市场环境中不断开拓创新。本文分析框架也具有可拓展性。为解释中国粗放型经济增长之谜，本文把地方官员的自利性偏好浓缩为"重生产，轻创新"投资偏好。实际上，可以把地方官员的自利性偏好扩展为更具有一般意义的重短期目标、轻长期目标偏好，这样就能够分析中国的产能过剩、环境污染、教育和医疗供给不足等诸多经济和社会问题。此外，受制于创新数据的可得性，本文以省级层面数据来验证理论假说，在数据许可的情况下，采用微观层面数据应更具说服力，这或许可作为未来的研究方向。

第二十三章 实体与非实体经济均衡机制的逻辑与政策

张 平[*]

内容提要： 每次大的金融危机后，经济学家都要讨论生产率变化引起金融危机这一永恒话题。生产率增速放缓直接导致实体经济增长乏力、各类盈利指标变差、微观借贷和资产负债表恶化，成为金融危机最可解释的触发条件。宏观需求激励政策在短期内平滑了经济增长波动，但是，信贷刺激过强或者时间过长导致信贷杠杆持续提高，直接累积了金融风险，使实体经济投资于房地产和金融等收益更高的非实体经济部门。把握创新非连续性导致的生产率增速放缓与需求激励保持经济平稳化的平衡一直是经济政策均衡的核心，中国也不例外。针对近年来中国劳动生产率的变化情况，文章指出，劳动生产率增长率下滑与 M2/GDP 持续增高累积了金融风险，必须采取更积极的市场化改革措施，提高供给侧效率，调整基于城市化发展阶段特征的宏观政策管理框架，才能使经济在"稳中求进"中转向高质量发展。

关键词： 生产率增长 实体周期 信贷周期 实体与非实体均衡机制

每一次金融危机后，生产率问题都是经济学家讨论的焦点。1997 年亚洲金融危机前，克鲁格曼对亚洲新兴市场国家提出了全要素生产率（Total Factor Productivity，TFP）增长缓慢的质疑。1997 年亚洲金融危机后，很多学者从 TFP 增长的角度讨论金融危机。2001 年互联网泡沫前，人们倾向于投资"新经济"，《美国总统经济报告：2001 年》指出，新兴的计算机、通信、互联网等行业的

---

[*] 本文发表于《社会科学战线》2018 年第 5 期。张平，中国社会科学院经济研究所研究员，博士生导师。

投资和创新对提升劳动生产率做出了积极贡献（美国总统经济报告，2003）。互联网泡沫后，麦肯锡公司经过测算指出，信息和通信技术行业（Information and Communication Technology，ICT）对劳动生产率提高的带动作用不强，"竞争比 IT 更重要"（黛安娜·法雷尔，2010）。2008 年国际金融危机以来，出现了"戈登之谜"（Gordon，2016），即信息、通信带来的互联网等技术革命在提高劳动生产率方面比工业化时期技术革命的作用弱。1970 年以后，劳动生产率和 TFP 增速明显放缓，没有实现劳动生产率的持续改善，经济增长持续低迷。有人认为，由于技术进步没有带来经济的持续改善，只能利用低利率等刺激手段扩大需求，导致金融、房地产等非实体经济部门发展过快，金融杠杆率和房地产负债率过高，爆发了 2008 年国际金融危机和之后的欧债危机。生产率增速放缓导致实体经济增长乏力，资源被配置于金融、房地产等非实体部门，很多公司通过借贷破除资金约束，政府利用需求刺激以平稳经济。如果不能实现实体经济和非实体经济的均衡，就会逐步累积风险，直到经济体系无法承受。中国当前提出的大力发展实体经济、积极防范金融风险的"稳中求进"政策是前瞻性的战略思维。

生产效率一般分为劳动生产率和全要素生产率两类，劳动生产率指单位劳动人数（时间）的产出，其影响因素可分解为资本深化、人力资本、TFP 等；TFP 利用总产出减去要素（劳动、资本）投入的余值来度量，稳定度差，总产出波动对其影响较大，是测量非要素投入的配置和技术进步效果最好的指标。本文中的生产效率指标采用生产率和 TFP 来度量。

一般而言，劳动生产率基本决定了微观经济主体的竞争能力和发展空间，劳动生产率高可以降低成本、扩大规模，技术进步快可以使产品保持高价、增强企业竞争力，可见，劳动生产率决定了企业收入水平。宏观层面看，国家的竞争力也来源于劳动生产率和 TFP 提高的能力。实体经济的相关定义和争论很多，传统的实体经济被定义为工业，后来将服务业纳入其中，本文认为，收入取决于生产率提高的经济活动或经济部门都属于实体经济，而非实体经济的收入主要取决于价格因素。以房地产业为例，如果房子只为居住，则行业特征属于实体经济，但是，房地产业收入的增长更多来自房地产价格上涨，而不是服务差异，相对于价格波动而言，技术进步贡献非常小，房地产业被符号化。金融行业亦是如此，如果能够通过更好的服务获得配置金融资源的收益，则其收入主要来自息差，由服务水平的高低决定，可视为实体经济。当金融行业的服务收入低于金融市场间交易收入，由劳动生产率决定的服务收入让位于依靠市场套利获取的价格波动的收入时，其实体经济特性转为符号经济。由此可见，实体经济可以被符号经济化，实体经济和非实体经济并非是严格区分的。两种收入机制在微观过程中的此消彼长决定了经济特性，有的部门收入更多来自生产率提高，如工业部门，而有的部门的禀赋特征使其很容易在价格波动中获益，如房地产业和金融业。实体经济收入来自生产效率的提高，非实体经济收入来自价格的波动。中国有很多公司注册为工业企业，但收入主要来自工业土地变性，该企业则不是实体企业，实体经济向非实体经济的转换过程，称为符号化。从大的分类看，工业和生产性服务业、一般性服务业更接近于实体经济，而金融、房地产部门更倾向于非实体经济，本文也沿用此种划分方法进行大类的宏观比较。

技术进步引起的生产率提高是一个非连续过程，生产率下降或增速放缓必然导致经济下滑或增速放缓、企业负债增加、国家通过需求激励刺激消费。宏观财政与货币政策经常在实体经济生产率大幅度下降或者增速放缓时被引入，具有借贷特性，用于平滑经济的波动性。需求激励的积极作用在于保持经济总需求的平稳，其特性是加大货币供给，使金融、房地产部门需求旺盛，人们更多地转向金融和地产投机，获取收益。但是，过度需求激励使实体经济符号化，也可能破坏经济波动中蕴含的"清洁机制"，即淘汰弱者、强化竞争和技术进步的机制，新一轮实体经济的技术进步就会被延迟，进一步推动非实体经济的投机行为。需求激励政策看似是"大稳定"的政策，但是，如果没有实体技术的进步，非实体经济过度发展，实体经济部门不断负债会累积金融风险，爆发金融危机。金融危机反过来也会进一步损害实体经济。从实体经济与非实体经济不均衡到危机爆发取决于很多因素，实体经济生产率下降或者增速放缓是金融风险积累的根本原因，也是重要的危机解释变量。本文不仅对 2008 年国际金融危机的爆发做梳理和理论解释，更希望对未来发达国家和中国的转型做出方向性讨论，并给出相应的政策建议。

一　发达国家生产率下降的经验事实

戈登（Gordon，2016）认为，1890 ~ 1920 年美国每小时劳动生产率年增长率为 1.5%，其中资本深化的贡献率为 50%，TFP 的贡献率为 30%，教育的贡献率为 20%，是典型的资本推动；1920 ~ 1970 年劳动生产率年增长率为 2.82%，是 1890 ~ 2014 年增长最快的阶段，其中 TFP 的贡献占 60%，资本深化的贡献超过 20%，人力资本的贡献不足 20%，是典型的技术推动；1970 ~ 2014

年劳动生产率年增长率降至 1.62%，其中资本深化的贡献占 41%，TFP 的贡献占 44%，教育的贡献占 15%，劳动生产率靠技术进步和资本深化共同推动（见图 23-1）。1890~2014 年美国劳动生产率和 TFP 的快速提高得益于工业化的推动，而信息化主要靠增加资本支出提高生产率和 TFP，信息产业对美国劳动生产率的贡献没有像工业化一样达到超预期效果。

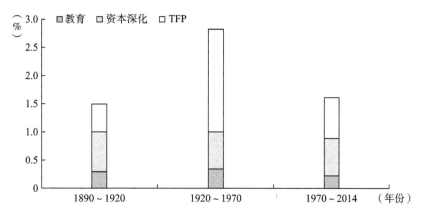

图 23-1　美国劳动生产率及分解因素的增长率

资料来源：Gordon（2016）。

将 1970~2014 年分为三个阶段，按照《美国总统经济报告：2001 年》的计算结果，1973~1995 年美国劳动生产率增长率为 1.39%，受益于新经济的发展，1995~2000 年达到 3.01%，2001 年互联网泡沫后，劳动生产率增速下降[①]。但是，麦肯锡公司的测算结果显示，1995~1999 年美国劳动生产率提高的过程中，批发和零售业（包括餐饮业）贡献率为 53.4%，证券经济贡献率为 18.8%，半导体、计算机、信息与通信产业贡献率为 27%，生产率提高的主要驱动力不是特殊新经济，而是传统劳动密集型产业，当然在线证券交易、移动电信等 ICT 行业也提升了劳动生产率，但是竞争的作用比 IT 投资更大（黛安娜·法雷尔，2010）。

由图 23-2 可见，1995~2000 年美国劳动生产率总体保持增长，2001 年互联网泡沫破灭后，劳动生产率低迷，2006 年增速低于 1%，2008 年国际金融危机、2010 年欧债危机期间，劳动生产率增速持续下滑，直到 2017 年增速才恢复到 1%。经济合作与发展组织（OECD）中发达国家的生产率波动趋势与美国相似，只是时间上有所差异，引发欧债危机的欧洲五国劳动生产率率先下降，其

---

① 《美国总统经济报告：2001 年》，萧琛主翻译，中国财政经济出版社，2003。

中，早在 1995 年意大利的劳动生产率就开始持续下降。

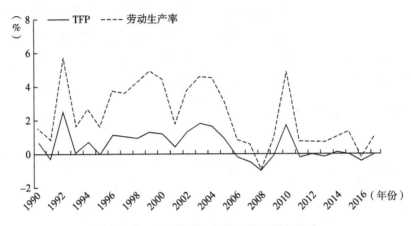

图 23 - 2 美国劳动生产率及 TFP 增长波动

资料来源：大企业联合会网站，https://www. conference-board. org。

什么因素导致劳动生产率下降，是否会持续，这已经成为一个重要的经济学议题。根据美国大企业联合会的数据，全球劳动生产率增长率下滑的直接原因是 TFP 增速放缓，2008 年后进入负增长，降低了劳动生产率增速，导致经济增长低迷（见图 23 - 3）。但是，简单归因法不足以讨论该问题，学者们提出了更广泛的议题。第一个议题是技术创新与扩散的关系。技术创新要获得创新租金，但是，任何经济体的技术创新都是不连续的，在获取技术垄断租金期间，技术创新对提高劳动生产率的贡献有限，只有到技术模仿和技术扩散阶段，才能大幅度提高劳动生产率。第二个议题是结构性因素。结构服务化必然导致劳动生产率下降，因为服务业劳动生产率增速低于工业这类可贸易部门的劳动生产率增速，该议题关注于互联网技术能否改变服务业的可贸易程度，更好地提高劳动生产率。第三个议题是劳动生产率与金融危机的关系。国际货币基金组织（Internetianal Monetary Fund，IMF）的测算结果显示，发达经济体 TFP 增速下滑可以解释危机后其 40% 的产出损失。美国布鲁金斯学会的研究也显示，即便很好地控制了周期性因素，危机后 TFP 增速仍然下滑。第四个议题是新经济的测量问题。

从技术创新到技术扩散，最大的特征是不连续，而且技术创新达到扩散的点是不确定的，即所谓的技术进步的非连续性和不确定性。1995 年 ICT 投资促进了经济繁荣，2001 年互联网泡沫，2008 年移动互联网快速兴起，2017 年人工智能（Artificial Intelligence，AI）成为技术进步的焦点，至此，信息技术已经

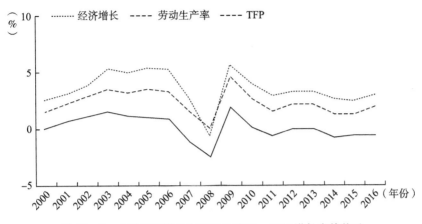

图 23 - 3　全球经济增长与劳动生产率、TFP 增长率的关系

资料来源：大企业联合会网站，https://www.conference-board.org。

迭代了 20 年，技术革命似乎愈来愈接近全面爆发的临界点。一旦 AI 等进入大规模应用阶段，劳动者的劳动转换物质效率转变为能源转换物质效率的能效比，劳动生产率就成为一个不必要的衡量要素，这具有革命性特征，但是，这一爆发点或时间区间仍是不确定的。

　　更为重要的是结构性特征，即服务业占优后，普遍存在着减速特征。袁富华的实证研究表明，一国经济结构服务化后，由于服务业的劳动生产率和 TFP 增速普遍慢于工业生产部门，经济增长出现结构性减速特征（袁富华，2012）。经济结构服务化转变的结构特征以及由此导致的生产率和 TFP 增速放缓是包括中国在内的后发国家结构转型的一大挑战，而且具有非连续特征（经济增长前沿课题组，2012，2013，2015；张平，2014；袁富华等，2016）。服务业的规模效率与工业无法相提并论，往往被称为不可贸易部门，互联网技术提高了服务业的可贸易程度，但程度依然相对较低，规模带来的效率提升仍然较弱。与服务业发展所需要的投资特征不同，工业化的物质投资非常清晰，其投资期限与产出高度相关，而且投资多带有非体现（embodied）的技术进步，即投资先进设备已经含有了技术进步的特征，通过"干中学"就能进一步推动技术进步。而服务业投资多依托于公共基础设施，依赖于资本深化，回报"迂回"且期限长（常为跨代），因此资本形成速度和物质折旧速度也非常慢。服务业所需的公共基础设施折旧慢于工业化的设备投资，导致资本深化效率低，而且投资基础设施并不过多地隐含技术进步，伴随资本深化形成的技术进步效率也低，如美国 1970～2014 年资本深化在劳动生产率提高过程中的贡献率为 41%，相对而言，人力资本贡献小，TFP 增速反而放慢。

依据 IMF 的测算，金融危机对经济效率提升停滞有重要的影响。国际金融危机由资产价格泡沫引发，使很多企业中断发展，技术进步停滞。危机之后，三方面因素导致 TFP 增速在长时间内受到抑制。第一，由于企业资产负债表薄弱，金融部门资产负债表恶化，导致信贷环境收紧，企业投资受到抑制。技术进步往往包含在企业资本支出中，资本支出减少不利于生产率提高。从行业层面看，那些信贷条件较差的行业，在生产率提高的过程中更容易受阻；第二，经济和政策的不确定性加大，在一定程度上导致投资远离高风险、高收益的项目，这可能进一步损害技术进步和 TFP 提高；第三，企业降低资本长期投资，更多地进行资本操作，以稳定财务，减少用于创新活动的资本支出。技术进步的不确定性和结构特征导致 TFP 增速放缓，需要宏观激励政策推动房地产、金融等领域的发展来稳定经济。但金融危机又导致技术进步放缓。因此，宏观政策平衡是最重要的协调机制，如果政策激励过度就会导致金融风险过度积累，但如果经济不稳定，则无法推进技术进步。

与技术进步高度相关的是如何测量新技术进步的贡献，即索罗当年的疑问："到处都在用计算机，但没有反映到效率中"。当前这一议题有了更广泛的解释，有学者认为，ICT 等互联网行业提高了消费者剩余，但未能反映在价格中，而且共享的交易方式，并没有额外形成更大的增加值，但优化了存量资源，促进了资源节约，提高了资源使用率（Hulten and Nakamura, 2017）。从统计上看，工业品和一般服务品按照标准品进行价格平减，而知识密集型的服务品按照知识服务质量定价，不是标准品可平减的，这些都是技术进步和现代服务在测量上的难题。

2017 年发达经济体进入经济全面复苏阶段，2018～2020 年有望延续这一复苏趋势，资本支出也将大幅度提高。按照 IMF 的估计，劳动生产率增长率将恢复至不到 1% 的正常水平，但其对经济增长的贡献率达到 45%。后发经济体的 TFP 增长率明显高于发达国家，是全球效率改善的带动者，这也源于后发经济体正处于工业化过程中，符合生产效率加速阶段的特征。戈登认为，1920～2014 年劳动生产率（小时产出）增长率为 2.26%，2015～2040 年将下降到 1.2%，人均产出增长率略低，二者下降趋势相同。ICT 进步推动了 AI 和基于互联网的全球服务贸易的发展，会从结构上根本改变工业化以来生产效率的改进模式，新的效率定义、技术进步测量方式仍有待观察，但对于长期生产率笔者并不悲观。

二　劳动生产率下降背后的实体与非实体部门的均衡理解

从劳动生产率的一般核算看，按照 CD 生产函数展开，两边同时除以劳动 L，劳动生产率增长率取对数做偏导后，劳动生产率增长率等于 TFP 增长率与资本深化增长率之和。如果将劳动力分解为一般劳动力与人力资本，则多分解出人力资本的作用。这里包括了劳动产出弹性即劳动在要素分配中的份额，该值比较稳定。因此劳动生产率的提高取决于劳动者素质、TFP 和资本深化。劳动生产率指标非常稳定，比 TFP 更容易计算，而且直接与劳动报酬相比，是最重要的观察指标。

$$Y = AK^{\alpha}L^{1-\alpha} \tag{1}$$

其中，A 代表全要素生产率。由式（1）可得到：

$$y = Y/L = A(K/L)^{\alpha} = Ak^{\alpha} \tag{2}$$

y 代表劳动生产率，对式（2）两边对数求导可得：

$$\dot{y}/y = \dot{A}/A + \alpha \dot{k}/k \tag{3}$$

由式（3）可知，劳动生产率增长率受技术进步率和资本深化的影响。

TFP 有多种分解方式，按照 IMF 的观点：

TFP = 企业内技术进步 + 跨企业要素配置

企业内技术进步 = 创新 + 适应性技术进步

技术进步 = 研发（无形资本）+ 人力资本 + 资本支出

从宏观核算看，一国的劳动生产率比企业的劳动生产率更复杂，对其核算涉及人口供给、劳动参与率。

$$GDP = Y = \frac{Y}{L} \cdot \frac{L}{POP_L} \cdot \frac{POP_L}{POP} \cdot POP$$

上式意味着：

GDP 增长率 = 劳动生产率增长率 + 劳动参与率增长率 + 劳动年龄人口占

总人口比例增长率 + 总人口增长率

劳动生产率增长率 = GDP 增长率 - 劳动参与率增长率 - 人口红利 - 总人口增长率

　　保持经济高增长，特别是人口快速增长，就会提高 GDP 增长率，即使劳动生产率增速并不快。如从原有的农业非意愿失业人口转变为工业化部门就业人口后，提高了劳动生产率和劳动参与率，推动了经济增长。对发达国家而言，劳动参与率、人口红利和总人口增长缓慢，人均 GDP 增速完全靠提高劳动生产率，而劳动生产率的提高则靠技术进步与资本深化。

　　宏观上观察劳动生产率会发现很多与微观不一样的影响变量，对发达国家与发展中国家劳动生产率核算的意义差距很大。发达国家宏观与微观变量相近，而后发国家中，劳动参与率、人口红利、产业结构变革因素、要素分配、产出弹性等外生性因素对促进经济增长和提高劳动生产率的影响很大。一国经济发展到成熟阶段，宏观和微观的劳动生产率影响因素收敛，而后发国家差异很大，除了提高劳动生产率，利用好人口红利、劳动力转移带来的比较优势都很重要，市场竞争、结构性改革、对外开放的意义大于技术创新。当经济发展进入相对成熟阶段，创新则成为增长的主导力量。

　　TFP 作为技术进步的度量指标，其变化是不稳定的，而且涉及国际贸易。当一国技术水平与全球技术水平差距大时，主要靠引进设备进行"干中学"，属于技术扩散效应或适应性改进的技术进步，是比较稳定的创新和发展阶段。当技术水平与国际水平接近时，自主创新水平大幅度提高，技术进步表现不稳定，风险加大。

　　与技术进步冲击对应的真实周期理论强调了技术进步（TFP）对经济体冲击引起的周期波动。然而金融危机不断，学者们将金融部门纳入均衡模型中，如伯南克等的金融加速器理论（Bernanke et al.，1999）。但是，金融加速器本质上是说市场摩擦导致的金融自我强化（扩张和收缩）必然使市场失去均衡。类似这样的问题也出现在投资与储蓄的"刀锋效应"中，即储蓄和投资并不能自动均衡，出现刀锋效应，导致储蓄和投资的冲突，这可以很好地解释中国传统计划经济体系下的波动。金融危机后，人们更多地从金融部门、信贷条件以及金融角度引入了金融条件，如货币（信用）、债务、杠杆等冲击因素。货币扩张、资产价格上涨、抵押融资杠杆、信用扩张逐步成为发达国家的新周期特征，周期波动可能主要来自房地产和信用波动的产物（Jordà et al.，2017）。结合戈登的研究可以看出，1970 年后持续的技术进步增速开始下降，美国和其他发达经济体开始了基于不动产和信用杠杆作为经济驱动的新周期。信息与通信技术进步作为主导力量驱动经济发展，几年后形成了技术进步与信用扩张推动资产价格增长的双驱动模式。20 世纪 70 年代开始，新兴市场国家、后发经济体逐步享受了技术扩散的价值，全球经济增长进入繁荣期。

从经济系统的角度看，不论是技术进步驱动的实体周期，还是货币（信用）—房地产驱动的金融周期，都有其运行规律，而且内生具有不稳定特征，二者的组合更具有不连续性、不均衡性且时间不一致，这种状态的极端就是金融危机。从生产率下降到金融危机爆发需要经历如下三个环节：（1）不连续的冲突。生产率提高是技术进步和资本深化的结果，但技术进步不是连续变量，因此当技术进步速度减缓时，劳动生产率下降，经济增速放缓，需求刺激政策弥补了生产率的下降。（2）不均衡资源配置的冲突。实体经济资本收益下降，导致资本和资源偏离实体经济，流向金融、房地产等非实体部门，不动产资产价格上涨，金融杠杆提高，房地产和金融部门投资回报明显高于实体部门，实体经济与非实体经济的资源配置失调，实体经济开始符号化。（3）时间不一致。技术进步与房地产、金融贴现的时间不一致，前者时间长，风险高，后者时间短，且具有自我强化特性，导致非实体部门过高杠杆和高负债率。以上三个环节的摩擦会一步步引发金融危机，而金融危机会打断实体经济的运行状态，减缓技术创新步伐。供给侧效率下降是金融危机爆发的源头之一，金融监管体制不完善、政府宏观政策调控不当也是金融危机的来源。

各国政府一直寻求实体经济技术进步的不连续与需求刺激间的平衡，这其中，实体经济与金融的均衡是最重要的条件。实体经济与金融的均衡条件包括如下几个方面：（1）M2/GDP、负债/GDP是衡量货币与实体经济关系的第一指标，如果劳动生产率增速放缓，GDP增长乏力，需要通过高杠杆激励经济体，货币激励周期启动，M2/GDP比例上升，经济杠杆提高，风险开始累积，直到二者稳定或下降，货币与实体经济关系逐步均衡。（2）金融与房地产部门投资收益率明显高于实体经济的资本回报率，资金配置逐步从实体部门转向金融业与房地产业，房地产价格进一步上升。住房和金融部门的收入取决于价格上涨，逐步符号化，进一步打击了实体经济的技术进步和资本支出，技术投入减少，延缓创新进程。（3）金融加速器机制启动，当实体经济的净资产收益率低于融资成本时出现流动性风险，当市场意识到负债风险后，融资溢价使资产负债表收缩，市场流动性出现危机，爆发金融危机。2008年爆发金融危机的原因更多地来自房贷金融危机，其核心是抵押贷款机制出现系统性风险。

学者们引入了两大机制来探讨均衡条件，一是金融市场交易是否不断放大，即金融杠杆快速上升，大量金融机构相互交易获取收益；二是分配机制，探讨金融风险出现后的短板效应，即还不起贷款引发的金融危机。金融危机直接打击了实体经济，需要国家进行流动性救助，稳定资产价格，使微观主体不会出现逆向选择，并通过降低利率，让微观主体修复资产负债表，随着经济的稳定，资本支出增加，技术进步提升了效率，经济体收益率超过负债利息水平，经济开始复苏。

当前各国关注技术进步能否提高产出效率，同时紧盯资产价格、金融杠杆和信贷风险，尽力避免金融危机对实体经济的冲击，保持经济的平稳性。后发国家更需要关注资本的国际流动性，维持自身的流动性和金融稳定。金融配置模式差异也导致了金融危机类型的不同。风险最大的是债权危机，如 2008 年的国际金融危机、2010 年的欧债危机，而股权金融危机往往比债权金融危机更局部化和短期化，如 2001 年美国互联网泡沫。股权危机是由于技术进步不确定性与股权投机预期回报过高、周期过短，使股权异常起落传递到实体经济，导致市场剧烈波动引起的金融风险。新经济泡沫直接打击了实体经济，但也在短期内加快了技术进步的迭代，这对于经济体来说是比较良性的。在金融的不断激励下，技术进步迭代速度加快，创新推动经济向前发展。

三　中国生产率的计算

经验和逻辑的分析很清晰地表明，实体经济的劳动生产率增速放缓是重要的开关变量，但一国技术进步水平与国际技术水平相接近时，技术进步的"干中学"效应逐步消失，技术扩散带来的社会效率稳定提高阶段结束，自主创新的不稳定性和结构服务化转变同时来临，经常会出现效率放缓。因此，一方面要强化竞争，取得更为强劲的技术进步，恢复实体经济生产率增长速度；另一方面要稳定经济，否则技术进步进程会更慢。但实现均衡是很困难的。

中国经济的技术进步和结构服务化直接降低了生产率，实体经济非实体化特征明显，金融风险已经开始累积，要重视劳动生产率和 TFP 增速放缓这一风险的挑战。

（一）金融危机后中国生产率增长率下滑

表 23-1 显示了 1990~2016 年中国劳动生产率增长率的变化状况。1990~2007 年劳动生产率持续上升，2006、2007 年劳动生产率增长率达 10% 的顶峰。受到金融危机的影响，2008 年劳动生产率增速放缓，这与发达国家及其他经济体具有同步性特征，2016 年劳动生产率增速放缓至 6.455%，金融危机具有全

球破坏性，对劳动生产率的影响明显，中国受到的伤害比较小，仅仅是增速放缓。

表 23 - 1　中国劳动生产率增长率变化

年份	劳动生产率（元/人）	劳动生产率增长率（％）	劳动生产率增长率的平稳化（％）
1990	2899.55	- 11.1988	6.5055
1991	3133.02	8.0518	6.8941
1992	3544.33	13.1282	7.3570
1993	3998.75	12.8212	7.7740
1994	4479.21	12.0152	8.0829
1995	4926.48	9.9854	8.2716
1996	5345.68	8.5091	8.3674
1997	5766.33	7.8689	8.4150
1998	6147.05	6.6026	8.4601
1999	6545.31	6.4789	8.5433
2000	7029.05	7.3906	8.6865
2001	7538.01	7.2408	8.8909
2002	8168.26	8.3610	9.1448
2003	8931.15	9.3396	9.4199
2004	9761.51	9.2974	9.6803
2005	10813.67	10.7787	9.8890
2006	12132.13	12.1925	10.0054
2007	13791.80	13.6800	9.9976
2008	15069.95	9.2675	9.8558
2009	16405.10	8.8597	9.6068
2010	18082.91	10.2273	9.2717
2011	19717.36	9.0387	8.8641
2012	21166.80	7.3511	8.4069
2013	22713.68	7.3081	7.9252
2014	24277.92	6.8868	7.4331
2015	25886.75	6.6267	6.9388
2016	27567.06	6.4910	6.4450

注：劳动生产率增长率的平稳化通过 H - P 滤波法得到。

资料来源：《中国统计年鉴 2017》。

(二) 经济结构服务化使劳动生产率增速放缓

发达国家的经验证明,当一国经济结构服务化后劳动生产率增速明显放缓。2012 年中国服务业对 GDP 的贡献超过制造业,2015 年服务业占 GDP 比重超过50%,中国经济结构服务化快速发展,劳动生产率增长速度放缓不仅仅来自国际金融危机的冲击,还来自产业结构服务化。

可以从产业间生产率和产业内生产率提升的角度观察经济结构服务化对劳动生产率增速的影响。从产业间的效率对比看,中国第二、第三产业劳动生产率的估算结果 (见图 23 - 4) 显示,虽然服务业劳动生产率上升较快,但是,不管是名义劳动生产率,还是实际劳动生产率,二者均低于第二产业生产率水平,特别是制造业。从第二产业内部效率差异看,建筑业劳动生产率几乎处于停滞状态,制造业的劳动生产率增长率持续上升,制造业在第二产业中的比重有所下降,建筑业比重持续上升,直接拉低了第二产业劳动生产率的上升趋势(张平,2017)。

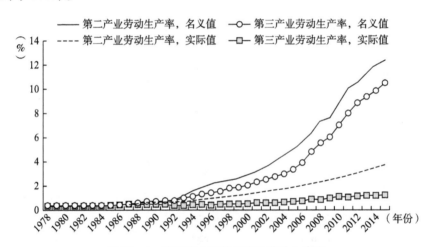

图 23 - 4　第二产业和第三产业劳动生产率

资料来源:各年《中国统计年鉴》及国家统计局网站。

工业化时期推动中国劳动生产率上升的最主要驱动力来自工业特别是制造业的快速发展,但金融危机的冲击使出口下降,制造业增速放缓,国家的宏观激励政策虽然稳定了经济,但极大地刺激了第二产业中劳动生产率增长缓慢的建筑业和三大行业的发展,特别是金融业和房地产业。2016 年金融业占 GDP 的比重为 8.3%,在 G20 中最高,高于欧美发达国家。房地产业增加值上升很快,占 GDP 的比重为 6%,其收入主要来自价格上涨,属于非实体经济部门,金融部门劳动生产率提高，其收入很多来自套利，而不是服务质量的提升，而且金融业所占比重达到顶峰。中国劳动生产率增长速度放缓有建筑业和服务业占比提升导致的结构性原因，这是典型的政策激励推动的结构扭曲。

（三）TFP 增速减缓导致劳动生产率下降

中国是全球 TFP 增长速度最快的国家，1978～2008 年中国劳动生产率持续增长，得益于资本深化，也得益于 TFP 的提高。2008 年以来的短期刺激政策，加速了资本深化，但资本—产出效果越来越弱，TFP 增速放缓，劳动生产率下降。更为严重的是 TFP 贡献率大幅下降，1978～2007 年是中国经济增长的高峰时期，TFP 对总产出的贡献率为 23.33%，其中，1993～2007 年达到 35% 的较高水平。但 2008 年之后，中国经济增速放缓，TFP 的贡献率下降至不足 5%，增长率也放缓至 0.3%（见表 23-2）。

提升中国 TFP 所面临的困境之一是资本驱动的工业化发展模式不具有 TFP 持续改进的内生机制。1978 年至今 40 年的增长中，资本要素对经济增长的贡献率一直维持在 65%～90% 的水平，进一步扣除劳动投入对增长的贡献，TFP 对经济增长的贡献率在 20% 左右。中国资本驱动增长模式的典型现象是：（1）资本存量持续加速增长。中国资本存量在 1978～2007 年经济持续超高速增长期间，平均增速达 11%，与发展阶段相似的其他国家相比，都是较高的。2008 年之后，尽管中国经济增速连续减缓，但资本存量增速仍然维持在较高水平。（2）资本边际收益水平持续递减。这主要源于中国经济长期的投资依赖，同时资本收益递减和低增长的不良循环越来越明显，资本驱动模式的路径依赖造成的低效率问题也越来越明显。1978～2007 年资本效率（Y/K，即 GDP/投资）平均为 0.302，2008～2016 年仅为 0.084。相关数据见表 23-2。

表 23-2　生产函数分解

指标	1978～2007 年	2008～2016 年
潜在增长（生产函数拟合）三因素	10.03%	8.40%
资本投入（K）：弹性	0.636	0.629
资本贡献份额	64.83%	93.67%
劳动投入（L）：弹性	0.364	0.371
劳动贡献份额	11.84%	1.70%
TFP 增长率	2.34%	0.30%

续表

指标	1978~2007 年	2008~2016 年
TFP 贡献份额	23.33%	4.63%

注：产出依据以 1978 年为基期的不变价国内生产总值；劳动投入（L）为就业人数；资本存量（K）是依据永续盘存法计算的以 1978 为基期的固定资产存量水平；资本产出弹性的估算则选用包含时间固定效应的面板模型。

资料来源：各年《中国统计年鉴》和《新中国六十年统计资料汇编》。

随着劳动供给要素增长速度放缓，而且转负，劳动参与率下降，劳动要素弹性提高，极大地降低了要素投入。如果不能提高创新和人力资本的效率，未来实体经济生产率将持续下降。

（四）实体经济与非实体经济均衡条件逐步被破坏

2008 年国际金融危机后，中国劳动生产率和 TFP 增速放缓，M2/GDP 持续攀升，劳动生产率提高带来的高速增长被宏观激励的维持增长取代。图 23 - 5 显示了劳动生产率与货币激励的相互关系，在中国经济市场化改革加速的 20 世纪 90 年代，劳动生产率与货币化进程一致，21 世纪初劳动生产率快速上升，M2/GDP 比重稳定但有所下降，2007、2008 年劳动生产率增长率达到顶峰后开始下降，2009 年启动货币激励，M2/GDP 快速上升，信用或债务指标与 GDP 一致，劳动生产率增速持续放缓，激励持续加强，直到 2017 年中国经济增长速度有所复苏，货币激励放缓，但正如前文所述，TFP 改善仍然不易，需要进一步的供给侧结构性改革才能真实地改善效率。

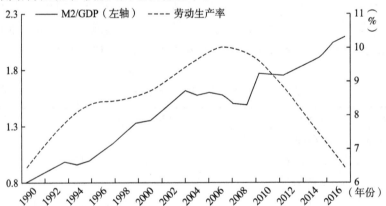

图 23 - 5 劳动生产率增长率与 M2/GDP 的关系

注：中国劳动生产率增长率通过 H - P 滤波法得到。

资料来源：《中国统计年鉴 2017》。

从微观看，实体经济与金融均衡的条件逐步被破坏。（1）2011年金融业上市公司的净利润为1.03万亿元，占全部上市公司净利润总额的52.6%，2015、2016年这一比例达66.7%；2011年房地产上市公司净利润占非金融上市公司净利润总额的8.28%，2015年达12%，2016年超过20%（张平，2017）。金融业、房地产业成为2015、2016年上市公司利润的主要来源，2017年依然如此，产业结构明显偏向金融、房地产业。（2）上市公司净资产收益率和资产收益率持续下降，2015、2016年净资产收益率低于资金成本，外部融资成本升高和融资可获得性变差。近年来美国持续加息推动中国十年期国债到期收益率持续上升，外部融资升水，而中国M2增长内生性收缩（张平，2017），竞争性监管使金融波动性加大。金融加速机制已经开始破坏实体经济的资产负债表，特别是民营经济负债收缩，银行坏账率持续上升，金融市场监管加大了金融不稳定性。从理论逻辑看，金融杠杆、金融加速、脱实向虚的配置方面已经开始累积金融风险。未来必须调整政策，在激励微观创新和提高劳动生产率上下功夫，否则需求激励政策只会导致风险的进一步积累。从全球经验看，不稳定的金融条件同样会破坏实体经济效率的持续提升，谨慎处置激励效率、降低金融风险、减少企业税负和营商成本、强化市场竞争机制、保护产权、国有企业改革、宏观货币和财政制度改革都是激励微观的供给侧结构性改革的重要选择。

四　实体创新与降低金融风险

从国际比较看，中国仍处于大力发展实体经济阶段，特别是制造业保持较高的比例仍然是很重要的。发达国家经济成熟后，服务业比重逐步上升，但相对比较稳定，如偏于制造业的德国、日本，其服务业比重稳定在70%左右，但同时制造业保持着一定比例。东亚制造业国家服务业比重较低，如韩国一直稳定在60%左右。中国经济还没有达到成熟阶段即进入高收入组，服务业不必追求过快发展，特别是不必通过金融业和房地产业的符号化来提升服务业比重。中国金融服务业比重全球最高，这对于当前的发展阶段来说，已经有所偏离。保持制造业比重的核心是增加中国制造业全球竞争优势和提升创新能力，制造业只有转型升级才能在国际上具有竞争力，才能保证劳动生产率的增长水平。同时，中国增长速度最快的"其他服务业"中包含了太多的行政化的服务体系，如科教文卫体等非市场化成分很大，服务业发展被抑制，服务业结构调整是下一阶段改革的重点。

逐步恢复实体经济和非实经济的均衡条件，第一是稳定杠杆，保持 M2/GDP 稳定，保持政府、企业、居民负债率稳定，适当降低金融杠杆；第二是降低房地产业和金融业的收益率，降低社会总成本；第三是大力实施减税政策，推进基于城市化的税制体制改革（付敏杰等，2017），降低企业的税负和营商成本，积极推进供给侧结构性改革，提高实体经济的生存与发展空间，遏制实体经济符号化趋势；第四是尽量保持市场流动性，改革货币供给模式，中国利率跟随美国生息周期会导致外部融资升水过快，金融加速器加速，因此一方面要改革汇率和货币供给模式，增加市场流动性安排，另一方面还要改革债券市场和股票市场融资体制，支持实体经济和地方政府债券融资的可续性，防止外部金融冲击，化解金融风险；第五是解决居民过度借贷购买住房问题，稳定房价；第六是金融监管要走向法制化，不要"父爱主义"的监管，也不要竞争性监管导致的金融抑制，过度监管和不稳定性金融政策都会导致更大的金融风险。

第二十四章　经济社会一体化：多目标平衡与治理机制

袁富华[*]

内容提要： 工业化后期经济发展可持续的源泉，在于服务业结构升级和消费结构升级所提供的效率补偿效应，高质量发展的关键是人力资本积累和要素质量升级。经济发展服务于社会发展，是工业型社会转变为知识型、福利型社会的动力，相应地，围绕社会发展目标制定实施经济政策，成为新常态下效率/福利目标动态平衡的重要取向。

关键词： 治理　福利　效率

本质上，发展是一个基于结构条件变化不断创造报酬递增机制的过程。经济社会政策的选择及其平衡，由特定发展阶段目标决定。工业化时期中国的发展战略以经济建设为中心，总体目标是加速资本积累，满足基本物质和服务的生产消费需求。与此不同，中国城市化时期的发展路径由服务业和消费主导，核心理念是"经济建设服务于社会发展"，以人为中心的社会政策的作用凸显，由此产生城市化时期效率/福利动态平衡的内在要求，且需要治理结构现代化的制度保障。

发展阶段及其主要矛盾的变化，引致经济社会目标和政策平衡机制的变化。随着结构服务化主导中国新常态趋势的形成，一些不同于工业化规模经济的问题也随之出现，为此，有必要提供一种理论认识的反转：从生产供给角度看待消费，转变为从消费角度看待生产；从制造业发展角度看待服务业，转变为从服务业发展角度看待整体经济；从经济政策看待社会政策，转变为从社会政策

---

* 本文发表于《中国特色社会主义研究》2020 年第 1 期。袁富华，中国社会科学院经济研究所研究员，博士生导师。

看待经济政策。我们认为，这是理解转型时期经济社会一体化的关键。

现阶段中国城市化过程的主要问题，源于工业化资源配置的路径依赖，主要表现为创新动力不足、要素质量升级滞后以及经济社会发展脱嵌。治理结构现代化的目的是推动发展型国家向规制型国家转变，在发挥制度红利的基础上寻求结构服务化的效率补偿效应，避免无效率增长下的滞涨风险。治理结构现代化的重点，应该围绕分享型就业机制的建设，通过制度互补性进行系统整合。

一　经济社会一体化的国际实践与理论基础

后工业化时期以高度城市化为标志的西方成熟社会，其经济社会目标和政策与工业化时期有相当大的差异。围绕罗斯托关于工业化奇迹之后政策选择的再平衡思想，我们在前期的一系列研究中，对城市化时期多目标动态平衡的问题与机制进行了初步探讨（袁富华、张平，2019；付敏杰等，2017；Rostow，1960），将其综合在城市化时期效率/福利的动态平衡框架下，并因此把经济社会一体化视为高度现代化的一种必然。这种理解既有发达国家的历史实践可供借鉴，也有充分的经济社会理论基础，特别体现在发展理念变化、城市化特殊性以及国家作用的再定位之中。

发达国家长期增长所蕴含的一个铁律，是报酬递增机制的创造和再造，这是发展阶段转换和经济演化的本质。体现为技术创新及治理结构现代化的报酬递增机制，在经济因素与社会因素的相互作用中生成、演化，以此推动历史阶段的顺次递进，呈现出高质量发展的动态图景。随着发展阶段从大规模工业化向工业化后期城市化的升级，为了寻求效率持续改进以满足多样化的福利需求，发达国家不断调整完善制度结构和经济社会结构，由之，现代化理念也处于动态变化之中。二战后世界经济社会所呈现的加速减速规律，特别鲜明地体现了这种趋势。

（一）作为工业化发展成果的经济社会一体化趋势及其理念

根据发达国家经验，经济社会一体化内生于现代化过程之中，即社会发展的制度化建设，由技术创新和管理创新推动，并作为新一轮创新的条件和规范存在，以此促进经济效率改进与制度质量提升的良性互动，报酬递增的发展本质蕴含在这种机制之中。与工业化时期重积累、重产出的技术理念不同，经济社会一体化的要点，在于围绕社会政策制定实施经济政策，我们认为，这种差异是理解二战后发达国家转型和城市化可持续的关键。

尽管各国制度模式差异显著，但从经济绩效和社会发展的总体表现来看，1950 年代以来发达国家现代化过程大致可以分为两个阶段，见证了分享机制与福利制度的建设与完善。第一阶段围绕规模工业化的生产供给展开，对应着1950 年代到 1970 年代的结构性加速，微观动力来自福特制在资本主义世界的扩散，这种制度适应了重化工业化、深加工度化以及垂直一体化的生产方式。这个时期，发达国家为了利用工业化的规模效率优势，结合特定国情演化出了各自的制度模式，典型如日本的供应商体制、德国的参与型企业等（Amable，2003）。受到凯恩斯主义的影响，各国政府对经济活动广泛干预，目的是提高私营企业效率，这一点在加尔布雷斯的著作中有着鲜明体现①。配合生产端的效率改进，这 30 年间公共服务支出急剧增长，到 1980 年达到峰值。1980 年代以来开启的第二阶段，以三种理念和社会态度的反转为标志——从生产供给角度看待消费，转变为从消费角度看待生产；从制造业发展角度看待服务业，转变为从服务业发展角度看待整体经济；从经济政策看待社会政策，转变为从社会政策看待经济政策。这种反转发生的背景，是服务业主导下发达资本主义新形态的出现，包括生产组织层面上水平分工取代垂直一体化，知识白领或知识技术阶层取代蓝领阶层成为社会主体，以及效率/福利多目标动态平衡取代工业化相对单一的目标等。

（二）一体化政策目标框架

立足于上述总体趋势的观察，可以看到，政策一体化制度框架的生成和演化，沿着技术、社会和治理等三个层面展开，分别对应着工业化时期的规模经济、知识中产阶层扩大再生产以及转型时期的制度调整，目的是适应发展阶段变化的要求。其间，由不同结构条件所塑造的发展理念不断更新，最终推动了与高度现代化内在一致的激励结构的形成。二战后至今发达资本主义的转型，制度上虽然不断调整却保持着连续性和稳定性，并作为后续生产/消费高质量发展的条件，新目标、新环境、新要求的反馈路径由此形成。总体来看，20 世纪80 年代以来，蕴含在发达资本主义转型过程中的效率/福利目标平衡机制如下。（1）从产业结构升级中培育创新动力。知识经济的兴起改变了生产结构和生产

---

① 如作者在《新工业国》一书中，用了最后 11 章的篇幅，对以下观点进行阐述：在工业化时期，国家多重经济社会目标的制定，都是为了促进大企业产出和效率提升（加尔布雷思，2012）。

组织，这种不连续的结构因素导致创新源泉发生变化，由以往大规模工业化时期的工业技术创新，转向以服务业高端化为基础的知识创新。在充分挖掘了重化工业化和深加工度化规模效率的基础上，为了寻求蕴含于知识经济中的报酬递增机会，发达国家竞争的焦点转向服务业高端化，科教文卫等与要素升级关系密切的领域受到重视。经由这些知识密集产业的发展，发达国家实现了生产/消费结构升级的互动以及市场激励与公共服务提升的互动。（2）知识中产阶层的扩大再生产。发达国家工业化带来的显著社会变化，是知识中产阶层的崛起（袁富华、张平，2018），主要归因于二战后高技能和高等教育的迅速普及。根据 Kochhar（2017）所提供的数据，欧美老牌资本主义国家中产及中产以上人口比重普遍在 80% 左右，平均教育年限高、人均收入水平高是其主要特征。作为高度现代化的内核，知识白领阶层充当了协调经济社会和谐发展的纽带，他们既是消费生产性（或人力资本积累的）源泉，也是缓冲社会不公平压力的减震器。（3）国家治理结构现代化。权利 - 利益制衡机制连同呼吁 - 退出机制的建设，是发达国家治理结构现代化的根本特征，也是推动治理现代化的根本力量（赫尔曼，2001）。这种治理结构面对经济社会条件变化，表现出较大的适应性，并使得参与和分享制度在知识经济时代得以完善与巩固。从根本上来说，发达国家规制型政府与新兴工业化国家发展型政府的重要区别，在于运用规则和妥协维护要素所有者的利益均衡，包括产权保护、竞争激励和社会保护等在内的一系列正式或非制式规则的建立，成为效率/福利动态平衡的助推器。

（三）结构服务化的特殊性与多目标平衡机制

1980 年代以来知识经济的发展，有力推动了工业型社会向知识型、福利型社会的升级。上述技术创新、社会发展和制度变革等三个层面的目标，在工业化时期逐步形成并在结构服务化条件下进一步完善。换句话说，发展中心从生产供给转向高端人力资本积累，要素质量升级成为建立在工业巨大生产力之上的新的需求和趋势。这种转变由高度城市化的特殊结构条件所致，也是经济社会政策再平衡作用的结果。具体表现在以下几点。

第一，后工业化时期城市化的特殊性，使得政策选择及其再平衡方式发生了改变。发达国家福特制主导的大规模工业化，在三个原则的互补与平衡中寻求生产率持续增长，即分工精细化、工资讨价还价以分享进步红利、资本积累与消费升级协同演化（Boyer and Saillard，2001）。以物品产出和供给为中心的这个阶段，社会政策目标服从于经济效率目标，尤其是大企业发展目标。当工业化主导在高度城市化时期被结构服务化主导所取代，经济发展促进社会发展与人的发展的理念逐步形成，体现在发达国家在社会学、心理学思潮对工业化的反思中。经济社会政策一体化目标的平衡中，倾向于强调由科教文卫事业发展所主导的人力资本积累，进而呈现出向需求支出端要效率的特殊景象。

第二，需求支出端的生产性与效率补偿。间接效率补偿与消费结构升级中所蕴含的生产性有关。在前期的一系列研究中，我们对消费的效率补偿机制进行了探索，旨在说明内需主导的城市化可持续性的源泉，在于劳动力要素升级和知识过程创造，这都需要科教文卫等高端消费项目的支持，从而间接提供创新动力（袁富华，2017）。从制度化方面看，要素质量升级所涉及的大都是外部性较大的公共领域，公共服务支出能力提升也就成为可持续发展的内在要求，并由此引出经济效率/福利制度动态平衡重要性。直接的效率补偿来自服务业结构升级，沿着消费结构升级以及其他部门高质量发展的需求，位于高端的知识生产部门得到发展，知识的扩散推动服务业和制造业一体化融合。

第三，适应社会目标的产业政策调整。实践上来看，为顺应工业型社会向知识型、福利型社会转型的趋势，20世纪90年代以来发达国家一改以往选择性、特定性产业支持政策，转向促进研发和支持创新扩散，注重营造良好的科技创新环境和营商环境，高度城市化时期的产业政策更加具有前瞻性和综合性。无论是美国推出的一系列创新法案和国家创新战略，还是欧盟实施的信息化和竞争力战略，以及日本的科技创新立国战略，都根植于要素质量升级和知识创新的预期之中。经历了20世纪50~70年代的快速增长后，1980年发达国家的社会保障、教育、医疗等公共支出达到顶峰，公共服务制度化建设进一步完善，城市化可持续的先行条件准备就绪，也因此使得（置于后端的）产业效率改进具有了连续性，发达国家用各自的现代化实践，讲述了从工业化时代向信息化时代递进的完整故事。

二　中国以经济建设为中心的历史阶段性及其在转型时期的脱嵌与失衡

以上述发达国家的经验和现代化理论为参照，本部分考察中国工业型社会向知识型、福利型社会转型时期所遇到脱嵌或失衡问题。就经济社会一体化目标和机制而言，表现为三个层面的偏离（或三重挑战）：一是"干中学"模仿复制技术路径依赖，与城市化时期可持续发展要求不相适应；二是中国资本驱动模式抑制了知识技术层的扩大再生产，迟滞了劳动力要素升级（袁富华等，2015）；三是原有以经济建设为中心的工业化资源配置体系，与城市化时期基于社会发展的理念不相适应。

可以认为，上述失衡问题是由中国新常态下新旧动能转换摩擦所引致的，且成为发展型国家向规范型国家嬗变的瓶颈制约。从共性上来说，干预加市场的中国工业化资源配置体系，符合发展主义初期阶段的一般规律：不论是二战后欧洲和日本对美国的追赶，还是中国工业的迅速崛起，都得益于银行主导的资源集中配置体制。与发达国家福特主义技术路径一致，中国经由大企业主导的重化工业化，成功地将人口红利转化为资本积累，奠定了现代化所需的巨大生产力物质基础。从特殊性来说，中国承接国家低端产业转移的同时，技术组织上沿袭了流行的生产模式，但是受制于城乡二元性这个初始条件，逐渐发展出一种生产优先的"准福特主义"，即重投资轻消费、重物质资本轻人力资本、重规模轻质量。这种资源配置体制以短期利润最大化为特征，与城市化内生效率改进的要求脱节，集中体现为转型时期经济发展与社会发展脱嵌或失衡，这是理解治理现代化重要性的关键。根据前文所述，后工业化时期结构服务化主导经济的显著特征，在于要素质量升级的要求变得迫切，发展理念的反转也集中体现为对社会发展目标的重视上。为此，我们强调以下几点。

（一）立足于服务业结构升级，看待效率改进和宏观稳定

结合中国现实问题，这里提供两点分析。（1）首先是报酬递增的源泉和机制。由工业化时期向人口红利要效率，转变为城市化时期向服务业结构高端化或知识经济要效率，理论上，中国产业转型连续性需要内生的创新机制支撑，或者就像发达国家表现的那样，有一个人力资本积累的平台，通过新机会的创造抵消资本报酬递减压力。但是，中国工业化后期面临的问题，恰恰是人力资本升级滞后所带来的瓶颈，中低层次人力资本主导的产业发展从技术能力和消费能力两方面形成制约。现阶段，中国经济结构上的困境，主要是工业化资源配置体制路径依赖所致，典型如干预和银行主导的投融资体制，将工业规模化扩张模式移植到城市化和服务业发展过程中，对"快钱"的盲目追逐，导致房地产"虚业"挤掉"实业"，从根本上抑制了服务业高端化。这种无效率的增长蕴含了风险累积机制："虚业"在挤掉实业的同时，导致服务业规模化扩张，长期来看这种数量型扩张不利于提高就业质量和收入水平，会进一步导致人力

资本投资能力低下，反过来抑制产业升级，并打破城市化过程中效率和福利目标的动态平衡。（2）其次，结构上的矛盾影响宏观层面稳定，这是发展型国家常见的问题。转型时期不稳定的根源是"虚业"盛行——典型如房地产和"互联网＋"的不适当运用，"快钱"思维本质上是旧体制追求利润最大化的不良遗产。需要强调的是，转型时期宏观形势的研判，需要立足于结构服务化的大背景，特别是关系民生的通胀趋势的判断，应该联系对结构优化有潜在影响的指标进行分析。我们的前期研究将这类指标称为"隐性通胀"因素，原因是，不同于资本驱动的投资需求诱致的通胀，城市化时期的通胀成因由工业部门转移到服务业，不仅包括房地产部门，还包括科教文卫等高端部门，这都是影响未来潜力和增长预期的结构成分（袁富华、张平，2018）。从发达国家历史经验来看，城市化的总体趋势是这类"隐性通胀"因素导致的不稳定。据此我们认为，鉴于中国科教文卫等服务业高端项目供给和人力资本升级存在短板，由此导致的效率补偿能力不足，是未来通胀趋势的最大隐患（城市化过快发展引致的农业供给短板也值得重视）。

（二）立足于知识中产阶层扩大再生产看待社会发展

除了"脱实向虚"的效率失衡，转型时期脱嵌或失衡的另一个重要诱因是知识技术阶层发展滞后，这在拉美国家表现得比较明显。对于新兴工业化国家而言，实现经济对社会发展的嵌入，或者说达成劳动力要素质量升级，是突破中等收入陷阱的关键。对于中国而言，以经济建设为中心的阶段性目标基本实现，但是人口红利消失之后面临的挑战，在于要素质量升级机制及知识创新过程，其成败取决于知识中产阶层扩大再生产能力。

有必要对一个流行的认识误区进行订正。现在有关经济增长"保6"与否的争论，不少是基于增长速度来预测中国什么时候达到发达水平，这是误解。鉴于发展型国家的结构性因素制约，工业化后期能否再上一个台阶，不是纯粹的统计数据游戏，而是艰难的系统性转型问题，特别是人力资本升级，尤其是知识中产阶层扩大以及治理结构的建设完善。因此，经济发展本质上是一个效率/福利动态均衡的概念，是不断寻求报酬递增机制而非简单的统计预测，关键是如何通过要素和结构升级保持可持续增长。

提供一个数据说明。北京和上海作为全国最发达的两个直辖市，目前人均GDP均突破2万美元，进入发达水平的门槛。同时，作为全国高级人力资本最集中的两个地区，也代表了社会发展的最高水平。即便如此，北京和上海发展型特征仍然很突出（见表24-1），两个发达地区与日本和韩国的平均人力资本水平相比仍有很大差距，尤其是作为主要储蓄者的35～54岁的几个年龄组，高等人力资本普及率相差20年左右①。我们的前期研究也表明，日韩两国在后工业时期均经历过15～20年高等教育普及的快速提升期。根据这种经验可以预想，中国如果要将城市化机遇变为现实，需要创造一个人力资本快速提升机制，但是这需要教育、培训的大力投入和治理机制的精心设计。

上述分析可以这样归纳，转型时期的脱嵌问题，根本上是由需求支出端无效率所致。具体包括两种情景：一是由于缺乏知识中产阶层的支持，消费结构升级能力不足，无法提供城市化持续增长的内生动力，即消费不具有效率补偿性；二是公共服务支出无效率，表现为公共大量投资于回报率低下的基础设施，在人口红利结束之后，唯一的效率路径是保证科教文卫等人力资本的投资。

表24-1 2015年北京和上海各个年龄组人口高等教育比重及与日韩的对比

单位：%

年龄组	北京	上海	韩国	日本
25～29岁	44.0	32.8	85.0	42.1
30～34岁	45.8	33.6	78.3	55.5
35～39岁	39.0	25.1	70.3	54.1
40～44岁	27.3	16.3	56.1	46.7
45～49岁	20.2	10.3	46.0	46.5
50～54岁	14.9	7.3	36.5	41.4
55～59岁	9.6	3.9	25.3	41.4
60～64岁	9.2	3.7	18.4	23.3

资料来源：http://www.barrolee.com/；北京和上海1%人口抽样调查。

（三）立足于规制型国家建设看待治理结构现代化

经由治理结构现代化增强制度韧性，用制度多样性理论解释，就是通过制度设计推动发展型国家向规制型国家转轨。党的十九届四中全会将国家治理作为重要战略目标提出，可谓抓住了转型问题的本质。现阶段产业结构失衡以及经济社会脱嵌，要从原有经济体制的路径依赖上找原因。治理结构现代化既要保持制度连续性（以便为效率提升创造一个稳定环境），又要增强就业系统、

---

① 依据分段年龄组，大致可以递推高等教育普及率的差距。

投融资系统和公共部门的韧性，以此判断为参照，现阶段的实质性问题可归结为以下几点。

第一，投融资体制与结构服务化的激励不相容问题。银行主导、大企业主导的工业化资源配置体制，反映了中国高速增长时期典型的发展主义特征。与大多数发达国家，如日本和欧洲老牌资本主义国家不同，中国为了实现快速工业化追赶，采取了短期利润最大化的静态比较优势策略，与欧洲和日本所采取的平衡发展分享的"反利润"模式存在极大不同。短期利润追求的工业化模式，与中国二元经济的初始条件有一定程度的相容性，但是这种以激励投资为目的的资源配置体制，却与结构服务化和消费主导的知识经济不相容。原因是，随着服务业对制造业的替代，原有大规模资本驱动的基础被削弱甚至消失了，在以质量和结构升级趋势引领新时代的理想条件下，原有投融资体制需要调整和重塑，为新的报酬递增机制提供相容的激励。

第二，市场缺位与退出机制缺失。中国的发展主义采取了政府组织市场的策略，使得市场机制符合国家战略，也因此导致了转型时期市场缺位和退出机制缺失。为了保持体制的连续性，与二战后其他工业化追赶的举国体制不同（典型如日本），政府组织市场在中国采取了直接经济运行的方式，国有经济嵌入高增长机制中，这样做的优势是推动了资本积累的迅速完成，劣势是导致市场缺位——即必要的市场规范机制的缺失，当前频发的借贷违约问题，以及僵尸企业难以退出的问题，正是这种机制的负面效应。从这一点来看，转型时期的脱嵌，也表现为市场制度供给能力与规则需求之间存在缺口。就像发达国家在高度城市化时期以公共财政深度干预社会发展那样，发展型国家的干预在结构服务化时期同样重要，只是政府角色转变为提供市场规则和公共服务，法制化和制度化是解决市场缺位的重中之重。

第三，经济社会一体化的信任机制与呼吁机制问题。信任与呼吁机制的建立和完善，是国家治理结构现代化的标志，也是发展型国家嬗变为规制型国家的关键制度环节（袁富华、张平，2019）。效率不能替代制度建设，一味追求效率可能导致欺诈、责任感丧失等一系列道德风险，增加治理成本、削弱发展潜力。信任和呼吁机制规定了经济活动参与人的交换规则和规范，包括正式的、非正式的经济社会规则，它的作用是降低不确定性，并为实验、试错等创新行为带来激励。发展型国家与规制型国家在这个制度领域的重要差别，就在于规制型国家个体表达个人信念的成本相对较低，健全的呼吁机制阻止低效率风险累积。发展型国家工业化时期制度供给以经济建设为主，特别是银行主导的选择性资源配置体制，人为地挑选了优胜者，致使经济中大部分信用机制和交换惯例得不到培育，这是与金融市场主导的发达经济相比的重要差别。同时，信任和呼吁机制也是丰裕时代需求多样化的产物，原有资源配置体制下受到忽视的中小企业和消费者，当有能力和意愿参与发展分享的时候，都对有关制度建设存在迫切需求，制度红利的大部分作用由此得到体现。

三　多目标动态平衡：制度互补性与均衡回复

理论上，多目标动态平衡机制属于制度模式多样性和制度互补性的研究范畴，回顾一下稍早时期的文献，至少可以追溯到 20 世纪 70 年代法国调节主义学派对福特主义问题及其后资本主义转型的分析（张鹏等，2019）。根据这种理论及其变种，特定发展模式由就业系统、市场组织框架、金融系统和开放系统根据各国国情组合而成，五类体制在目标上基于特定结构条件实现互补，形成一定时期稳定的经济社会治理机制，若某个系统出现问题，通过反馈机制作用于其他系统，如果冲击足够大，将会导致发展模式整体上的调整和转型，适应于新的发展条件的互补性制度也相应产生。这是 1970 年代之后发达国家试图扭转福特主义所导致的通胀困境的大致理论阐释。理论上，这种解释对于中国转型治理分析具有启发性。

参照发达国家经验，前文述及中国"准福特主义"的发展模式在工业化后期所遇到的主要困难，并把多目标平衡问题归结为结构服务化过程中效率/福利提升的动态均衡问题，强调城市化时期理念和政策变化的两个趋势，即从生产供给为中心转向要素质量升级，以及从经济建设为中心转向社会发展为中心。实际上，2010 年以来中国的这种转型趋势已经显著起来，尽管受到投融资体制扭曲的困扰——特别是对房地产价格高启以及地方政府债务平台风险的担忧，但在问题解决过程中，中国宏观政策逐渐转向支持城市化高质量发展的大方向却是非常清晰的。根据国际转型经验，未来 10～20 年中国将会出现一个公共服务支出快速增长时期，这种城市化的客观规律必然会对经济效率持续改善提出更高要求，以效率覆盖城市化高成本成为避免风险的唯一路径。为此，需要完善治理机制推动效率补偿的达成。这里结合一些具体的平衡机制，从制度互补性角度给出一些扼要提示，核心是说明以多目标平衡增强发展分享能力。

（一）新发展理念：从联系的角度理解多目标平衡

适应结构服务化新常态下经济社会条件变化，"创新、协调、绿色、开放、共享"五大发展理念不仅体现了多目标综合平衡的发展思想，而且突出了运用系统论和联系观点理解转型问题的方法论，有很强的前瞻性且具有制度多样性、互补性的理论逻辑，是对"以经济建设为中心"传统发展认识的突破。把五大发展理念贯穿到五类制度组织系统时，其因素联系和因果机制，就是围绕中国工业化后期民生事业塑造经济效率系统，实现效率与福利的动态平衡。综合来看，通过制度调整达成高质量消费与高质量生产供给的相互促进。

据此，我们可以将发展目标的重置及其关系做一概览。（1）以消费结构升级促进生产效率提升。这是从就业和收入提升角度看待生产率提升，与高速增长时期基于短期利润最大化看待规模效率的角度显然不同。消费结构升级对应着未来高质量就业和收入水平的持续提高，与"耐心"的前瞻性目标密切关联，具有跨期多、贴现率高的特征，这是消费主导不同于资本驱动的效率机制，也是消费生产性和效率补偿的潜力所在。（2）以服务业结构升级促进整体经济发展。以产业论，结构服务化下改善效率的机制是升级服务业结构，服务业高端化作为知识经济的典型特征，其目标着力于知识过程的建立，知识创新、垄断、扩散作为新的报酬递增机制存在，也是服务业提供效率补偿效应的源泉。（3）经济发展服务于社会发展和民生改善。两类目标误置是导致城市化时期各类矛盾的根源。社会保护目标与相应制度建设，一方面是为了适应工业化后期的需求多样性，另一方面也是缓和工业时期加剧的社会不公平问题。目标权衡和重置的核心，在于民生事业发展具有动态效率支撑。

（二）顶层设计：政府目标及其在联系中的作用

放在转型时期理解这一顶层设计理念提出的背景有两个：一是政府发挥作用的环境变化了，政府与其他制度系统的目标及其联系变化了，典型如经济发展服务于社会发展的要求下，政府能把法制化和民生事业做好，就已经尽职尽责了。二是作为发展分享的重要推动者，政府被嵌入到了非线性的经济社会关联网络之中，或者说，传统发展型政府的统治者角色，有必要转变为经济社会联系中的利益博弈合作角色，这是规制型政府的特征，它具有与其他制度系统妥协的能力。因此，执行顶层设计的政府，原则上是社会一体化政策的协调者。

为协调各类制度系统及其目标，结构服务化时期政府功能将发生以下转变。

（1）由直接干预和供给端激励，转变为促进需求端升级。公共服务支出有效性的衡量，一大类指标是教育和社会保险，属于广义人力资本提升范畴，与劳动力质量提升、社会保护等有关。这一块公共服务提供能力及其可持续性，是效率/福利平衡能力的核心，也是决定城市化可持续性的关键，掉进中等收入陷阱的大多数国家都是在这个环节上出了问题。（2）规则设计者、提供者。城市化时期政府的主要功能是转型促进需求端，相应地把产出供给的激励交给市场，这是政府/市场划界的基本轮廓。但是，对于中国而言，这个过渡的挑战很大，原因在于政府直接干预所导致的市场缺位，需要以新的制度规则进行弥补，这也是转型时期强调法制重要性的原因。（3）国家创新体系建设。包括基础研发平台提供，功能性产业政策的设计等，涉及创新潜力、营商环境的塑造。

（三）就业系统：从维持型向分享型转变

前期研究中，我们对中国就业系统在新常态下的演进趋势进行了分析，认为维持型就业系统向分享型就业系统的演变，是提升就业质量、促进效率改善的客观要求。从联系和目标平衡角度来看，这种转变具有极其重要的意义。作为国民经济的核心环节，就业领域的制度变化，涉及公共服务目标、市场组织以及投融资制度的变化，即关乎发展模式的整体转型。中国工业化的持续扩张，长期依赖于二元分割的就业制度，行政垄断部门的就业受到高度保护——如稳定的就业、较高的工资以及乐观的职业生涯等，相比较之下，农民工和城市部分低素质劳动者处于劳动力市场的弱势一方，就业不稳定、缺乏社会保护问题突出，但这部分就业群体却构成中国劳动力供给的绝大部分，中低层次教育程度是其特征。

福特主义的特征是利润分享，这种制度设计产生于发达国家高增长时期，并促成了生产消费高质量的协同演化。相比较而言，中国将在中低速新常态下补充发展分享这个短板，在劳动力代际更新过程中推动要素质量升级，因此面临的压力会更大。未来挑战是如何提高公共服务能力满足人力资本积累要求，这里仅就社会保护的制度化问题提供一些分析。（1）就业保护与合同实施。规制型政府的作用很大程度上体现在就业的社会保护上，除了教育公平以促进整体劳动力质量提升外，还包括失业保险以及劳动力市场保护规则的提供。中国庞大的劳动力规模为城市就业市场施加了巨大压力，经济社会不稳定的根源也在于就业合同的不完备，劳动契约规范需要政府与企业之间进行制度妥协。（2）提升就业能力和学习激励。就劳动力更新过程中人力资本升级途径而言，中国相对有限的普通教育资源，意味着只能有少部分青年人接受高等教育，大部分青年人需要通过培训体系获得高技能，因此，建立与高等教育类似的职业生涯规划和激励，是中国职业教育系统需要慎重对待的问题。

（四）金融市场的结构改革

1990 年代以来，日本和欧洲基于银行的投融资体制，发生了向金融市场主导的转变，直接融资的地位上升。理论上，基于银行的间接融资机构与国家动员体制密切相关，典型如日本的主银行制，这是一种与企业组织系统互补的制度安排，并且通过影响生产组织形式，对就业系统及其他经济系统造成影响。与此类似，中国的工业化基于银行主导的金融体制形成和运作，在转型时期也面临金融结构完善问题。十九届四中全会对金融系统供给侧结构性改革的定调是，加强资本市场基础制度建设，健全具有高度适应性、竞争力、普惠性的现代金融体系，有效防范化解金融风险。传统的基于银行的金融结构，主要功能是动员储蓄、对大企业进行选择性融资，金融供给侧改革的基调从金融系统内部结构完善，以及金融系统与其他经济系统的联系角度认识问题，把金融发展之于小企业、消费者的普惠性纳入进来，契合创新激励和稳定性的现代化特征。

总之，新常态下治理结构现代化的任务，是推动要素质量升级，以便为效率/福利动态平衡提供基础。由于发展战略和瓶颈制约不同，中国现代化的两个阶段的治理框架存在本质差异。大规模工业化阶段围绕资本积累进行体制设计，经济建设是中心，这种体制成功地把中国带入中等收入国家。但是，在向高等收入俱乐部迈进的时候，人力资本高端化是必要条件，促进人的发展自然成为中国城市化阶段制度设计的主要目标。以就业系统为核心展开的规则设计和法制化，是这个阶段制度改革的要务。

第二十五章　分税制二十年：从市场化改革到国家治理

内容提要：通过以事实和文献为基础的机制梳理，本文对分税制改革以来中国政府间、政府与市场间的分配关系给出了一个以发展为导向的全景式描述，尤其关注财税制度对效率和公平的影响，涵盖了经济和社会发展。分税制改革将中央地方政府间边界建立在政府与市场的边界之上，通过构建基于主体税种的分成制，构建了大国治理所必需的激励框架。税收征管力度的加大，带来了财政收入的稳定增长，为财政公共化和市场经济发展提供了必需的财源。政府间转移支付在缩小地区间财力差距的同时，也促使财政支出过多倚靠工程项目而弱化了制度。增值税作为主体税种，增强了税收筹资能力，却不利于控制收入分配差距。分税制对地方利益的肯定，促进了招商引资和经济增长，也使财政支出呈现生产偏向，忽视社会建设。作为国家治理的基础和重要支柱，要求财政制度在个人、企业与政府之间和中央地方分配之间发挥刚性作用，发挥更多的塑造社会职能。通过财政制度改革，重新划分中央与地方之间的财权事权，建立政府间和政府与市场间的支出边界，是推动国家治理和全面建设小康社会的关键。

关键词：分税制改革　财税制度　经济发展　国家治理　公平与效率

　　1994 年开始的中国分税制改革已走过了 20 个年头。[①] 20 年间中国财政发生了翻天覆地的变化，财政收入从 1994 年的 5218.10 亿元增加到 2014 年的 140370.03 亿元，增速是同期以"中国奇迹"冠名的国内生产总值增速的 2.05

---

　　[*]　本文发表于《社会学研究》2016 年第 5 期。付敏杰，中国社会科学院经济研究所副研究员，经济学博士。

　　[①]　本文所说的分税制改革是指 1994 年轮财税体制改革。分税制的全称是"分税制财政管理体制"。

倍。财政收入与国内生产总值的比重从 1994 年 12.33% 增加到 22.07%，平均每年增加约 0.5 个百分点。全口径的宏观税负，已经超过了 35%。[1]

在宏观税负不断上升的同时，政府间财政分配关系也随分税制改革的推进和完善而发生巨变。随着财权上移和事权下放，地方财政自给率稳步下降到 2014 年的 0.6 左右（见图 25 - 1）。[2]《预算法》和《担保法》的实施，从正式制度上割断了地方政府与市场之间的联系。[3] 来自中央的快速膨胀的转移支付，则成为地方增加支出的体制内解决方式，2014 年 "税收返还"、"一般性转移支付" 和 "专项转移支付" 三种纵向转移支付总量已经达到 51591 亿元，占地方财政支出总量的 39.93%。

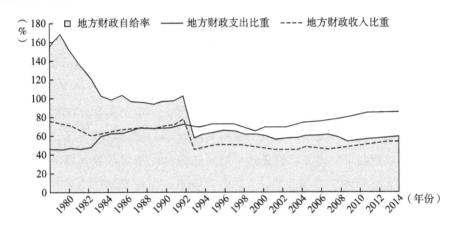

图 25 - 1 1980 ~ 2014 年地方财政收支基本情况

资料来源：《中国统计年鉴 2015》。

伴随着分税制的实施，中国经济的基本面发生了重大转变。一系列典型事实指向收入分配恶化、市场分割、经济社会发展不同步，还有国有企业改革、中央财政政府支出结构变化和土地财政等。2007 年全球经济危机后国内土地、劳动力和资本等生产要素呈现明显的结构性变化、价格重估和产业升级压力，导致中国经济开始出现结构性减速迹象（张平，2012），财政分权下原有的政

---

① 增速全部采用名义变量。财政收入采用了一般公共预算指标，全口径的宏观税负还应该包括政府性基金收入、社会保障基金收入和国有资本经营预算收入，其中公共财政预算和社保基金预算略有重叠，重叠部分的测算方法来自财政部网站。宏观税负的比例数据为作者依据公开数据测算得出，数据来自《中国统计年鉴 2015》、《中华人民共和国 2015 年国民经济和社会发展统计公报》和财政部公开数据。

② 地方政府财政自给率是地方财政收入除以地方财政支出。

③ 2015 年开始执行的《预算法》，开始允许地方政府在全国人大批准的范围内借债。

府推动模式已经难以为继。重构财税体制，让财政成为国家治理的基础和重要支柱，成为新一轮财税体制改革的重要目标。

本文意在以事实和文献为基础进行机制梳理，对1994年分税制改革以来的中国经济和社会发展做一个全景式的描述。论文归纳了近10年来关于分税制的理解所取得的新进展。作为一种制度安排，分税制早期发育不成熟，很多效果还没有完全显现出来。随着时间的推移和宏观经济状况的变化，分税制所引发的经济效应发生了很大的变化，例如，地价、房价上涨，转移支付的分类分化与规模膨胀，宏观税负上升和土地财政等，20年的时间会让我们看得更加清晰。西方的分税制理论，未必契合中国的典型事实。毕竟中国的社会主义市场经济体制，在人类历史上是一种崭新的经济基础和上层建筑的结合方式和资源配置方式。只有充分了解这种结合方式对"效率与公平"这个公共政策恒久主题的阐释及其对整体资源配置的影响，才能了解中国下一步的前进方向。本文试图对分税制给出一个经济学尤其是宏观经济视野的解释。相较于已有研究来说，本文希望具有更宽的视野，以经济和社会发展为核心，但更具有动态特征。

本文的结论是，分税制及其所引发的后续改革，建立了统一稳定的政府间纵向边界和政府与市场边界，但是这种稳定边界已经被财政收入面的国有资产膨胀、以"土地财政"为核心的政府性基金收支和财政支出面上名目繁多、急剧膨胀的转移支付和服务业"营改增"所打破。收入分配格局的变化、经济和社会发展的不同步，要求重构政府间的财权事权。全面深化改革必须重视财税制度对经济和社会发展的长期激励效应，这对中国经济未来10年，甚至更长期的增长尤为重要。

一　分税制改革的两条线索

新中国成立至今的财税体制历经了计划和市场两种运行环境，财政收支方式都发生了巨大变化。当沿着市场化改革的方向梳理分税制所具有的意义时，我们认为分税制改革的重要意义是确立了政府收入面的两个边界：政府与市场的边界和中央政府与地方政府的"财与政"边界。前者的核心是工商税制改革，后者的核心是财政分享改革。分税制改革将政府间关系架构在政府与市场的边界上。

在全面总结第一个五年计划经验的《论十大关系》中，中央地方关系的核心是要有利于发挥"中央和地方两个积极性",这个看法延续至今。① 随后出现的两轮经济大起落——"大跃进"和"文化大革命",实则是体制内两次中央对地方下放经济管理权的试验。"大跃进"时期中央财政收入比重突然从80%下降到30%,"文革"时期进一步下降到10%,突破了分权的底线(张五常,2009;吴敬琏,2016)。② 体制内大规模经济管理权收放,使国民经济付出了巨大代价。"一收就死、一放就乱"的格局,表明整个计划经济的政府间关系不可持续。

在改革开放初期财政管理体制的频繁调整中,中央和省级政府间分成方式的选择是每一轮变动的核心,目的是建立稳定的政府间财政分配关系。③ 从1980年开始尝试的"收支挂钩、全额分成、比例包干、三年不变"体制,因1981年中央财政开始出现赤字和向地方政府的借款而迅速更改,包干的范围被缩小,分类分成退化为总额分成。④ 1988年开始,中国开始进入多种形式的"大包干"时代,各种频繁变动的包干模式在不同省份和直辖市轮番上演。⑤

分税制改革之前的财政管理体制是"财政包干制"。从全国层面看,包干模式经历了总额分成到增收分成,再到超收分成;从区域差别来看,涵盖了总额分成,分级包干、财政包干、比例包干、民族自治、定额上缴、定额补助;从包干期限来看,从一年一定、三年不变、四年一定到五年一变。财政包干模式和年限的多种复杂组合方式和强烈的"一省一议"性质,从激励的角度看是中央开始尊重地方利益的体现。⑥ 但是这种多变的政府间制度安排,使经济周

---

① 在进行下一个阶段的经济发展计划时,"应当在巩固中央统一领导的前提下,扩大一点地方的权力,给地方更多的独立性,让地方办更多的事情"(毛泽东,1976)。

② 计划经济时期的政府间权力调整也被称为"行政性分权",与改革开放以后以市场经济为基础的"市场性分权"相对应。(吴敬琏,2016)

③ 关于改革开放初期到分税制改革之前中国政府间分配关系的复杂性和多变性的详细论述,可以参见高培勇(2009)和杨志勇、杨之刚(2008)。

④ 从改革开放到分税制改革之前,中央财政困难始终不同程度地存在。1981~1989年整个80年代中央连续9年向地方借款,其中1981年借款规模最大,借款总额为68.41亿元,占当年中央财政支出625.65亿元的10.9%。1989年的全国财政工作会议上,国务院要求各地为中央财政做贡献,以解决中央财政困难。1991年财政工作会议时,中央财政再次要求各省做贡献。(李萍,2010)

⑤ 1988年的六种模式是收入递增包干、总额分成、总额分成加增长分成、上解额递增包干、定额上解、定额补助,到1992年已经变化为固定比例留成、固定比例增长留成、定额上解、定额递增上解和定额补助五种形式(高培勇,2009)。也有文献将分税制之前的财政管理体制称为"分钱制"(高培勇,2013)。

⑥ 中国的地方利益集中体现为"块块"机制的形成,这也是造成中苏转型绩效差别的重要原因(Xu and Qian,1993;Qian et al.,1999)。

期变短，宏观经济猛升骤降。入不敷出的中央财政不得不依靠增发货币来弥补规模和范围越来越大的国有企业巨额亏损，导致通胀率越来越高，并出现通胀长期化倾向。[①] 总体来看，这个时期的中央地方分配关系混乱而不稳定。

市场部门的高速发展和国有企业经营状况的持续恶化，使以企业利润为中心的财政收入体制必须坚持市场化改革方向。1980 年 2 月，国务院颁布了《关于实行"划分收支，分级包干"的财政管理体制的暂行规定》，明确划分了中央财政与地方财政的不同收支范围，中央与地方"分灶吃饭"的格局初步形成。1983 年和 1985 年两步"利改税"，标志着中国开始正式告别以国有企业利润为主要收入源的计划财政体制，迈上了从"自产国家"向"税收国家"的渐进转型之路[②]。除广东、福建两省外，1985 年各省级单位开始划分税种，核定收支，分级包干。政府间纵向的税种划分使得"分税"意义初现，但没能持续，1985 年、1986 年又退回到总额分成。

分税制改革改变了政府间收入分配关系不稳定的局面。遵循财权与事权相匹配的原则，分税制尝试让政府间收入边界与支出边界相匹配。以增值税为主体税种、消费税和营业税为补充的流转税制的设立，中央税、地方税和共享税分成比例的基本稳定，国地税两套征收机构的确立，使得中央地方的财政收入比例稳定在 5∶5 左右。中央政府直接调动地方财力的机制被体制切断，地方自治导致财政收支与地方居民偏好之间的联系得以加强。税收返还和转移支付制度的设计，又保证地方财政支出的基本水平，从而使制度具有可持续性。

政府间收入分配关系稳定的基础，是政府与市场边界的明晰化。财政的第一要义，是作为整体的政府收支行为，首先涉及政府与市场关系。以税收为核心的财政收入体制，使得延续自计划经济的政府与企业之间的"父子"关系逐步脱离。在彻底告别国企"利税合一"和各种"税收无用论"的同时，也给予了多种所有制共同成长的制度空间，为政府与企业边界的确立奠定了基础。

由于财政包干体制的多样化与不稳定性，新财政收入体制中的税种、税率和征管以所有制为基础，名目繁多。企业所得税分外资、外国、国有、集体、私营、个体工商户，还有国有企业、集体企业、事业单位奖金税等，仅工商税种就有 32 个。间接税中内外资企业税种税率差别巨大，内资企业增值税率 13 个（8% ~ 45%），产品税税率 21 个（3% ~ 60%），营业税税率 4 个（3% ~

---

① 1985 ~ 1994 年，以 CPI 衡量的中国年均通货膨胀率为 11%。
② 财政社会学将现代国家类型分为"税收国家"、"自产国家"和"租金国家"三类，差别在于财政来源分别为私人部门税收、国有企业利润和自然资源租金（马骏、温明月，2012）。

15%)，外资企业工商统一税税率40个（1.5%~69%）。这些复杂的税种和税率，都是应转型过程中的分配关系而特别设立，"一事一议"特征掩盖了制度应该具有的非歧视性，更不利于公平竞争和市场经济发展。相对于税种税率而言，税收征管更加混乱，在复杂税制和税率的基础上，地方政府利用其税收减免权，通过税收减免来实现"藏富于企业"。

1994年工商税制改革立足于统一税法、公平税负和简化税制，税制改革使得企业竞争的统一制度环境越来越清晰。通过引入新税种，大幅度归并旧税种和税率，中国的税种下降到分税制改革后的25个（实际征收23个）。增值税分17%和13%两档税率，取代了诸多的产品税税率。在增值税的基础上通过对部分高税率产品（烟、酒、化妆品、珠宝首饰等）加征消费税，来弥补这些产业由于产品税改增值税后的税率下降造成的实际大幅度减税，从而实现了税后实际税率和利润率的均等化。增值税作为主体税种的税制，将税制的主体税基从不断萎缩的国有企业的利润拓宽为所有企业的销售额减外购项目金额，税基得以大幅度拓宽。农村税费改革、取消农业税、内外资企业所得税并轨、增值税转型、燃油税改革等，进一步将税种下降到目前的17个。若服务业营改增全面实施，则税种还会下降。

分税制所带来的政府与市场边界的明晰作用，远远超越了税制和政府收入层面，通过后期配套的经济体制改革和政府间财力的重新分配对政府行为产生了更多的影响。财政收入的上移，使得地方本级财力捉襟见肘，不得不隔断与国有企业之间的非税资金联系，从而解决了计划体制下的国有企业"预算软约束"问题，并推动了中国1998年轮的大规模国有企业改革（王红领等，2001；韩朝华、戴慕珍，2008）。[①] 财税体制改革通过企业改革向市场注入了效率与公平理念，不但推动了最有效率的市场部门发展，也使得国有企业在与市场部门的激烈竞争中不断提高自身效益（白重恩等，2006）。随后的金融体制改革、《预算法》和《担保法》的实施，进一步规范了政府行为，促进了产权明晰（韩朝华，2003）。一系列的改革措施，促进了经济周期变长、波幅变缓、中枢上移，实现了高位平滑化（刘树成等，2005）。通货膨胀水平开始可控，为中国过去10年的稳定发展奠定了基础，成为中国"大国发展道路"的重要保障（张军，2008）。

---

① 虽然财税制度上对国有企业的补贴已经基本消除，但通过国有金融机构向国有企业的利益输送基本没有受到影响（郑江淮，2001）。

二 分税制还是分成制：激励框架选择

中国的分税制究竟是什么？这个问题是理解分税制对经济发展影响的前提。从中外财政制度比较看，中国的分税制至少存在两个明显特征。

一是与美国等财政联邦主义国家的中央和地方税收收入来自各自独享税种不同，中国中央地方财政收入主要来自增值税、企业所得税和个人所得税等共享税。① 2012 年上述三大共享税收入分别占中央和地方税收收入的 2/3 和 1/3，而在所得税分享改革后的 2004 年，上述比重分别为 71% 和 47%（见图 25 – 2）。目前中央和地方的第一大独享税种分别是（国内）消费税和营业税，2012 年两个独享税分别占中央和地方税收收入的 15% 和 33%。② 服务业营改增实施后，增值税的主体地位更加稳固。

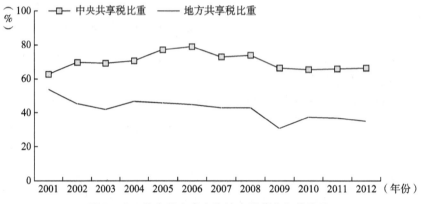

图 25 – 2 共享税占中央和地方税收收入的比重

注：共享税只包括增值税、企业所得税和个人所得税，企业所得税全部计入扩张了共享税的比例，但其他共享税未计入则缩小共享税比例。

资料来源：各年度《中国财政年鉴》。

二是中国的地方行政隶属关系，与财政联邦主义下的地方政府存在根本差别。作为单一制国家，中国的地方政府没有税收立法权。下级政府在体制上需要严格执行上级命令，作为上级政府派出机构的性质很浓。基于此，政治集权

---

① 美国联邦政府的主要税收收入来源是个人所得税，州主要税收收入来源是销售税，地方政府的主要收入来源是财产税。中国目前共享税是增值税、企业所得税、个人所得税和证券交易印花税。

② 从数值看，2012 年中央第一大独享税种是进口增值税和消费税（14802 亿元），但是这部分税收收入扣除出口退税（10429 亿元）后的数额（4373 亿元）远远小于消费税（7876 亿元）。

体制下的晋升锦标赛具有重要的增长导向（周黎安，2007）。目前文献普遍将中国特有的政治集权和财政分权称为"中国式分权"，而不是一般意义上的财政分权（Qian and Weingast，1996；傅勇、张晏，2007；张军，2008；皮建才，2012）。①

鉴于中国式分权下中央和地方收入划分并不是严格的分税种分享，而是粗放的基于主体税种的分成制度（见图25-2），本文更倾向于将其理解为分成制。改革开放以来中国政府间关系变动的主线中，政府间的纵向分成模式一直是模式选择的重点，而前期复杂多样的分成模式之所以难以持续，根本原因在于原有分成模式与市场基础的关系并没有得到确立，市场分散决策所具有的内在稳定机制不能转化为宏观经济稳定。

分税与分成的不同之处，是其适应不同的博弈分析框架。分税的首要特征是博弈双方对等的参与者角色，相同的税收立法、司法和行政权，不同级政府只有税种范围及其带动效应不同。中国式分权下也有"一级政府一级财政"的说法，但地方政府并没有体制所赋予的正式博弈权，而只能执行上级政府的命令，不能独自征税或向资本市场借贷，必须保持预算平衡。中国的政府间财政分配关系更符合张五常所讲的分成租佃制度，上下级政府之间依靠表现为税收分成比例的契约关系及其背后的分税制来维持（郭庆旺、吕冰洋，2006；吕冰洋、郭庆旺，2011）。

相对于分税种模式而言，中国分成模式的突出特点是契约双方权责和身份的不对等。首先是事权的不对等，地方政府虽然获得了一半的收入，却承担了80%以上的支出责任。第二是经济发展的任务基本在地方，经济发展的制度成本扣除基本全部发生在地方。在不同的成本扣除比例下，中央和地方的支出结构呈现出明显的动态不一致性，表现为"两个积极性"中地方的经济发展积极性和中央的财政支出转变积极性。② 收入面上的积极性使地方政府具有了明显的企业行为特征，表现为支出结构上的生产性偏向（傅勇，2010）。中国当前所面临的问题大多与两个积极性的不同特征和不同的成本扣除有关。

---

① 政治晋升对于经济增长解释的缺陷有二。一是分税制确定的地方收入增长的政府间规则（1:0.3），对于地方政府努力所带来的财政收入回报预期的确定性远远超过政治回报预期（沈坤荣、付文林，2006）。二是分税制以后，省部之间、区域之间干部交流力度明显加大，政治晋升受到个体政治异质性的因素明显加大（陶然等，2010）。已有的实证研究只注重省部级干部，缺乏对政治出身的控制，结果可信度不够。无论竞争的目的是什么，地方政府间竞争的加强，地方干部对于招商引资的高度重视，都是不争的事实。

② 中央与地方在分税制改革后的不同定位也是分税制的初衷。《国务院关于实行分税制财政管理体制的决定（国发〔1993〕85号文件）》明确提出"调动两个积极性"是不对等的，对地方政府而言是"调动地方发展经济、增收节支的积极性"，对中央政府而言则是"增强宏观调控能力"。

三 财政收入增长、公共财政建设
与"大国模式"雏形

改革开放前 15 年财政收入比重从 30% 下降到 10%，远远超过了主动放权让利的幅度。财力的下降严重影响了政府功能的正常发挥，难以"纠正错位"，更不能"补足缺位"，距离经济快速发展对政府公共支出的要求相去更远。[①] 振兴财政成为恢复国家能力以推动经济发展的首要问题，没有财力保证，基本公共服务提供和支出转型就无从谈起。分税制扭转了两个比重下降的趋势，使政府有能力为市场化改革和公共财政转型买单。

分税制切断了收入面上的政府与国有企业联系，也促进了中国财政的公共化进程，即从国有制走向全局，退出经营性领域和实现城乡全覆盖。从收入看，非公所有制经济对于财政收入的巨大贡献，必然要求获得合法的体制地位，社会主义市场经济体制实现了这一点。财政资金退出经营性领域和全国统一税法的确立，维护了竞争性市场秩序的确立和全国统一市场的形成。支出面上的城乡全覆盖，则保证了效率改进所必需的社会安全网，保障了最基本的社会公平。

财政公共化的成本是宏观税负不断上升。1993～2012 年，以一般公共预算表征的宏观税负平均每年上涨 0.5 个百分点。若同时考虑政府性基金预算、社会保险基金预算和国有资本经营预算，宏观税负上升速度会更快。财政收入的快速增长，是宏观经济形势向好、工业快速发展和企业赢利能力大幅增加的结果，也与分税制改革后国税地税分列和税务部门的征管努力有很大关系（高培勇，2006；吕冰洋、郭庆旺，2011；周黎安等，2012）[②]。

政府财力的增强，彻底改变了改革开放以来政府在社会管理中不断退却的局面。这种退却并不是精简政府和放松管制，也无助于划分政府与市场边界，

---

① 税收与经济发展的核心问题，是如何将一个国家的税收能力从 GDP 的 10% 提高到 40%（Besley and Persson，2011）。

② 分税制改革后财政收入增长的原因有多种提法。一种说法是经济增长因素占 50%，政策调整和加强监管各占 25%（金人庆，2002）。高培勇（2006）认为，1994 年税制改革在税制上预留了很大的"征管空间"，分税制改革后税收征管努力的加大是导致税收超常增长的原因。后期文献还增加了物价上涨与累进税率、外贸出口贡献和税收结构与经济结构差异和征管空间等多种因素。周黎安等（2012）实证分析的结果是，基本面仅能解释 45% 的税收增长，税收努力对于税收增长有重要影响。吕冰洋和郭庆旺（2011）则强调了税收能力是税收努力的基础。无论怎样解释税收努力，都基本限制在税务部门一家之内。宏观税负这样一个重要的社会分配范畴，理应是整个公共社会集体行动和权力制衡的结果，如果由税务部门一家来决定，无疑会严重偏离整个公共制度设计的初衷。

与经济发展所需的公共支出和公共治理方向更是相悖。与其说保护产权，倒不如说是由于失控，因为宏观税负的下降幅度远远超过了政府主动让利的结果。如果中央政府的收入水平连自身都难以维持，根本不会有精力治理国家。预算收入（比重）的下降，伴随的是预算外收入的增加和愈演愈烈的乱收费，政府收入越来越多地依靠经营性收入和使用者付费而不是税收。① 两个比重的下降，主要是由于计划经济时期的主要税基——国有企业利润不断下滑，而财政管理体制还不能适应新的市场部门。② 财力不足制约了改革的推进，影响了财政职能和国家能力的发挥。分税制改革和新的税收、征管制度的建立，扭转了这个形势。

分税制改革带来财权上收和事权下放（见图 25－3）。地方财政由于扣除经济发展的成本而导致财力困难③，中央财政拥有了更大的支出自主，逐步转向公共产品供给和社会安全网的构建，为进一步市场化改革奠定了制度基础。④ 虽然我国的社会保障支出比重明显低于发达国家，但业已具有大国治理的雏形。中央对地方的转移支付在满足基本需要之余，开始有了明显的政策意图，这种意图以地方配套资金的方式而得以放大。中央出钱、地方办事的格局逐步形成，尽管也存在中央办事、地方出钱的情况。充分发挥两个积极性，事实上演化成了地方政府的收入积极性和中央的政府支出积极性。

在公共产品和社会安全网之外，分税制所刻画的财政激励制度，成为中国大国治理模式的重要保证。学术界强调了三点：第一是在中国这样一个幅员辽阔的人口大国，分税制所确立的稳定的税收分成契约关系，有利于建立纵向有序、横向公平的和谐的政府间关系；第二是作对激励远比作对价格更加重要，因为激励机制是经济发展中更为深刻的主题，价格机制不过是激励机制的一种

---

① 在一项针对中国西南贫困地区的实地调查中，研究人员发现没有任何一项公共服务是免费提供给地方居民的，包括学校、医疗，甚至警察（黄佩华等，2009）。

② 根据《中国统计年鉴1998》的数据，从1980年到1995年，国有工业企业的净资产利润率从23%下降到3%，大量的国有企业亏损却对财政支出提出了更高的要求。到20世纪90年代中期，国企拖经济改革后腿的状况变得日益明显，11000家国企中有63%的企业亏损。1998年第一季度出现了全国性的亏损（周天勇、夏徐迁，2008）。

③ 分税制后地方财政困难持续存在，主要原因是省级以下分税制改革没有明确推进，政府间权责不明，上级政府掌握收入并将事权下推，转移支付资金不透明。

④ 2012年中央财政支出决算中，居前10位的是国防（10.15%）、农林水事务（9.35%）、社会保障和就业（8.97%）、交通运输（6.19%）、教育（5.90%）、住房保障（4.06%）、科学技术（3.57%）、国债付息（3.21%）、医疗卫生（3.19%）和节能环保（3.12%）。在中央本级支出中，比重最高的是国防（34.54%）、科学技术（11.78%）、国债付息（10.98%）、公共安全（6.31%）和教育（5.87%）。

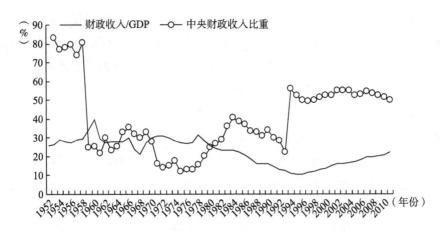

图 25 - 3　两个比重的变化情况：1952～2011 年

资料来源：数据来自《中国统计年鉴 2012》和《新中国 55 年统计资料汇编》，凡是有数据更新的，以更新后的数据为准。

方式；第三是以 GDP 为主的考核机制，政治集权和财政分权导致地方政府间的标尺竞争，为增长而竞争的激励成为政府推动经济增长的持久动力源（王永钦等，2007；张军，2008）。[①]

笔者并不对这种"标尺竞争"过分乐观，相反却认为应该保持警醒，因为政府成为经济组织的社会成本在不断上升。地方政府竞争得以实现的基本途径，是没有做对（要素）价格，要素错配的成本在近些年正在快速增加。在资源公有制背景下，通过扭曲土地、资本、劳动力价格来对实现对资本的补贴，并在此基础上实现财政收入增长正循环，是中国地方政府竞争从招商引资到国民经济增长的实现机制。这种补贴具有巨大的再分配和结构效果，是造就产品低成本国际竞争力和外向型增长模式的关键，也是造成众多结构性问题的共同基础。

四　市场分割、区域平衡与转移支付膨胀

在尊重地方利益的同时，分税制所确认的来自财政包干制度的地方政府推

---

① 分税制降低地方的税收分成比例，为什么反而更有利于地方发展？第一是分成制度的稳定性，保护了地方的利益要求，也使得中央地方财政分配变得简单可信。相对于以前那种虽然地方实际分成比例高但一年一变、缺少制度依据的情况，制度的可持续性给地方吃了"定心丸"。第二是中央对地方的考核开始侧重层层加码的财政收入目标和 GDP 增长目标，最常见的就是全国GDP 增长 7%，财政收入增长 8%，到了省级就变成 GDP 增长 8%，财政增长 9%，以此类推，层层加码。这种明显的激励倾向，使地方政府行为变得简单明了、整齐划一。

动型发展模式，虽促进了资本形成与经济增长，也延续和放大了前期体制中的很多问题。"诸侯经济"所对应的区域性市场分割行为就广受诟病（Young，2000；Poncet，2003）。① 在中国地方公司制主义（local state corporatism）体制下（杨帅、温铁军，2010），行政分权和财政包干后，地方政府为保护本地税源所采取的地方保护主义及其背后的国有企业实际意义上的地方所有制，是导致市场分割的主要原因（沈立人、戴园晨，1990；银温泉、才婉茹，2001）。但随着民营经济发展，不具备竞争优势的国有企业从竞争性领域逐步退出，政府保护本地企业的动机在弱化，却并没有完全消除。另一种形式的保护主义，即以招商引资、税收减免、土地划拨等形式扭曲资源的力度却在不断加大。

为了建立全国统一市场，中央政府连续出台规定并在20世纪最后几年进行了大规模的整顿市场经济秩序行动。② 分税制改革后，来自中央财政的巨额转移支付，从一定程度上促进了国内市场的整合，但并没有改变区域市场分割的基本格局，因为市场分割更符合地方政府的理性。随着中国加入WTO，市场范围向全球扩张，地方政府开始用国际贸易来取代由行政壁垒所导致的国内市场不足问题，放弃了国内市场的规模效应，导致本地市场规模对经济增长的作用明显下降（黄玖立、李坤望，2006；陆铭、陈钊，2009）。来自中央的转移支付，尤其是专项转移支付，对于缓解地方区域市场分割和促进全国市场整合具有积极意义（范子英、张军，2010a）。当然，这并不是转移支付的全部。

转移支付的首要意义是促进基本公共服务均等化。在2002年所得税分享改革之前，以税收返还为主体的转移支付制度总体上倾向于保护各地区的既得财政利益。这个时期总体上中央对地方的均等化转移支付规模有限，并未缩小地区间财力差距，反而有加大地区间差距的倾向（刘溶沧、焦国华，2002；马栓友、于红霞，2003；乔宝云等，2006）。随着中央财力的充实和政府不断加大地区间财政分配关系调整，转移支付对平衡地区间财政能力发挥着越来越大的作用（贾康、白景明，2002；Tsui，2005；尹恒、朱虹，2009；付文林、沈坤荣，2012）。

区域间财政均等化的背后，是转移支付规模的快速膨胀。转移支付目前分

---

① 采用不同方法所测算的市场分割程度及其变化趋势的结果差别很大，即使采用同一种方法结果差别也很大。例如，Young（2000）分析了1986～1999年中国地区间工业投入品和农产品价格的变动情况，发现地区间产品价格差异，得出中国国内市场分割的结论。

② 这些规定至少包括《国务院关于禁止在市场经济活动中实行地区封锁的规定（2001）》《国务院关于整顿和规范市场经济秩序的决定（2001）》等。

为三类：税收返还、一般性转移支付和专项转移支付。税收返还是为处理历史遗留问题而设计①。专项转移支付是中央财政为实现特定的宏观意图和发展目标而给地方政府委托代理事务的补偿资金。在分税制改革之初，税收返还占转移支付的比重最高，1995 年为 73.7%，到 2004 年已经下降到全部转移支付的 30.5%。随后税收返还总规模稳定在 5000 亿元左右，占 2014 年 5.16 万亿元的转移支付大盘的比重不到 10%。一般性转移支付和专项转移支付规模目前差别不大，共同构成了目前转移支付的主体，但一般性转移支付正在成为转移支付的主体，2014 年的规模为 2.85 万亿元，占比 55.23% 且比重还在上升。税收返还占比的下降，标志着转移支付已经从分税制之初的体制妥协发展成独立的区域政策（范子英、张军，2010a）。

学术界对转移支付的研究随转移支付规模的膨胀而增加。除了区域均等化和区域分割下的全国市场整合之外，政府间转移支付对经济发展的影响表现在两个方面：（1）政府规模膨胀和财政供养人口增加，转移支付所具有的"粘蝇纸效应"这个国际惯例在中国得到验证，转移支付还可能通过调整现有的财政支出结构，使其偏离基本公共服务均等化的初始目标（袁飞等，2008；范子英、张军，2010b；付文林、沈坤荣，2012）；（2）纵向竞争造成效率损失。转移支付降低经济增长的潜力，大规模收入集中对经济发达地区产生了明显的增长抑制（范子英、张军，2010c；李永友和沈玉平，2009）。

转移支付规模膨胀的背后，是转移支付政府会计科目的膨胀和机制的高度复杂。这使得转移支付的价值取向很难判断，偏离了大国治理应有的制度激励。一方面，各种复杂的"专项"和"项目"设置，越过了原有的行政科层管理体制，国家治理具备了"技术治理"和"项目治国"特征（渠敬东，2012；周飞舟，2012）。项目支出在城市和农村、发达地区和落后地区同样大行其道（折晓叶、陈婴婴，2011）。另一方面，项目市场化部分投资效率低，公共部分绩效考核缺失。每一个项目所对应的征集、招标、申报、审核、转化、检查都高度标准化，一趟程序走下来，一年的时间基本已过，第二年又周而复始。从审批和资金分配看，通常都是短期内报上来一大批项目，打分之后大部分的项目都会入选，然后按照项目总资金量分配每个项目的经费，基本没有连续的项目库

---

① 税收返还的基本内容是：以 1993 年为基年，为保证地方利益不受影响，中央从地方上划的净收入数（消费税加 75% 增值税减去中央下划收入）如数返回给地方。1994 年及以后税收返还在 1993 年基数上逐年递增，递增率按全国（后改为按当地）消费税和增值税平均增长的 1:0.3 的系数确定。

来保证可持续性。从使用来看，一个公司、一个村甚至一个工程同时接受几个、几十个转移支付项目的情况比比皆是。① 从持续时间看，大量的转移支付项目都只能做一两年，很难保证某个特定发展政策意图的实现。

项目制的社会成本是申请者必须承受巨大的财力和时间成本，使审批、审计和监督机关工作人员疲于应对，更给寻租和腐败造就了巨大的空间。与权益性支出相比，单个项目"意图"通常比较明显，但由于项目已经完全覆盖政府支出的所有科目，整个转移支付体系的"意图"却已完全模糊。还存在形式过多，科目不规范、不科学、不公开、不透明，重点不突出，设计不合理，功能性效果差等问题（安体富，2007；裴长洪、杨志勇，2007）。中央转移支付后期管理不到位，给钱性质浓，办事效果差，源于中央与地方财权与事权划分的不合理和不匹配（杨志勇、宋航，2012）。政府间转移支付成了地方政府"跑部钱进"的目标，无疑从整体上降低了财政资金的使用效率，助长了部门利益割据。②

除了资金低效率外，由于"一事一议"色彩过强，转移支付的制度性极差，使分税制在支出面呈现明显的退化特征。一方面，"配套资金"机制破坏了分税制改革所建立的收入面政府间边界，使地方政府从面向市场的有序竞争转为总量拨款下的囚徒困境。③ 另一方面，由于转移支付的资金主要用于项目支出而非权益性支出，为体现中央的特定产业发展意图而出现了财政资金杠杆化、金融化倾向。种种"工程"背后的"政府搭台、市场唱戏"，是财政资金与金融政策的不同市场化结合方式，这也是财政风险的重要来源。改革转移支付制度，大幅度合并简化专项转移支付，是推进财税体制改革和国家治理能力提升的重要内容。

---

① 与"社会主义新农村建设"有关的项目多达94项，关系到中央部一级单位共28个。新农村建设在大部分地区被分解为"十大工程"或者"八大工程"，其中的"现代农业建设工程"内含农业综合开发产业化经营项目、特色产业发展项目、农业标准化实施示范项目、现代农业示范基地、省级农业龙头企业发展专项、土地复耕项目、无公害基地建设项目、低产田改造项目、良种补贴项目、农民专业合作组织示范项目等。"村庄示范整治工程"内含中心村建设规划项目、大型基础设施建设项目、旅游开发项目、农村宅基地复垦项目、低丘陵坡开发项目、示范村和整治村建设项目、引水供水"村村通"项目、河道疏浚整治项目、垃圾集中收集项目、生活污水处理等项目（折晓叶、陈婴婴，2011）。

② 据笔者了解，在北方某省会城市的某个菜市场建设中，就使用了500万财政专项资金。

③ 配套资金机制本质上是一种政府间资金动员机制。但过多的转移支付项目，导致地方有限的财力资源被海量的项目分割成一个个碎片。地方政府统筹资金的能力大幅下降，地方收支与居民偏好之间的匹配被完全割裂。如果地方政府想在有限的地方财力中寻求自身发展支出，就必然会挪用转移支付资金或者配套资金，就像保障房建设中所体现的那样。

以土地经营为核心的地方政府"土地财政""融资平台"和国有资产的膨胀，表征政府经营性动机在一般公共预算暗含的税收关系之外得到加强，进一步破坏了政府和市场之间的边界。[①] 土地财政是国有土地出让中"招牌挂"导致的，是中国城市化的主要融资机制（中国经济增长前沿课题组、张平、刘霞辉，2011）。2010～2012 年财政部口径的土地出让收入分别为 2.94 万亿元、3.15 万亿元和 2.89 万亿元，已经逼近地方获得的转移支付额，由于土地出让收入基本归属地方，这使得土地出让对地方的意义重大。

随着土地出让价格从 2000 年的每亩 8 万元上涨到 2011 年的 62 万元，以土地为核心的资产价格迅速膨胀。伴随着土地财政出现的融资平台，是地方政府土地运作的重点。核心是将划拨土地进行抵押和公司化运作，属于现行预算体制下以摆脱监管为目的的金融创新。通过招拍挂和种种金融运作而导致的土地价格快速上涨，无疑使融资平台的土地资产大幅升值，从而获得更多的银行授信，这也加重了财政资金的杠杆化运作。[②] 土地资产的膨胀和地租减免，是本轮国有资产膨胀和国有企业利润的重要来源（刘瑞明、石磊，2010，2011；吴延兵，2012）。以土地为核心的国有资产膨胀，使得宏观调控这个重新定义政府与市场边界的行为，实际演变成中央政府与地方政府间的利益博弈。

五　税制间接化与财政调节收入分配功能的弱化

分税制以来的居民收入分配差距扩大令人印象深刻，而税制的间接化和个人所得税以工薪收入为主体、对资本收入征收能力差的状况，导致税收制度对控制收入分配差距无能为力。国家统计局 2013 年公布的基尼系数显示，2003～2012 年，全国居民基尼系数在 0.47～0.49[③]。从国民经济循环来看，税收不外乎由收入、财产和消费来承担。分税制确立了以增值税为主体，消费税和营业税为补充的流转税制。以流转税为主体的税制结构，通常都难以把握税收归宿，

---

① 近期学术界关于分税制改革与土地财政的相关性分析越来越多，孙秀林和周飞舟（2013）认为，2002 年以后的所得税分享改革所造成的地方税收损失是导致土地财政的主要原因。武康平和闫勇（2012）认为，土地财政更多是一种地方的发展冲动，而不仅仅是分税制后导致的地方财政收支缺口。

② 2012 年底，全国 84 个重点城市的土地抵押贷款已经达到 5.95 万亿元，远远高于最近 3 年的土地出让收入总额。

③ 国家统计局公布的 2003～2012 年全国居民收入的基尼系数分别为 0.479、0.473、0.485、0.487、0.484、0.491、0.490、0.481、0.477、0.474。国家统计局对上述基尼系数的评估是，高收入群体的真实收入信息缺失导致城镇居民收入基尼系数偏低。

收入分配调节效果自然就差。流转税目前占税收收入的70%以上，通过价格机制而进入消费渠道是国民承受税收的主要方式。流转税具有明显的累退性，使整个税收体制难以起到"劫富济贫"和促进社会公平的效果（刘怡、聂海峰，2004；聂海峰、刘怡，2010；聂海峰、岳希明，2013）。[①] 起点上的不平等会导致中国的社会阶层分化，进而出现消费分层和全国市场规模效应的减弱，对于扩大内需和自主发展不利。

税收的主要功能是筹集收入和调节收入分配差距。以间接税为主的税制结构便于政府筹集收入，但不利于调节收入分配。目前个人所得税只占税收总量的7%，缴纳个税的人数在2400万左右（占总人口的1.7%），这就意味着税收渠道不能直接调节98%的人口的收入。[②] 由于绝大部分的纳税人不主动报税，也就不可能获得退税和补贴，尽管这是发达国家个人报税的主要原因。更重要的是，当前的个税分11类分类征收，难以全面评估纳税人的纳税能力，也就不可能实现纳税公平。

除再分配外，税收通过塑造制度环境的激励作用来影响发展模式和初次分配。分税制以来地方政府对于招商引资的追捧，促进了资本形成和资本所得份额的提高。国际市场的开放，进一步降低了国内市场对资本回报率和劳动、资本所得份额的影响。采用收入法核算GDP发现，近10年来中国劳动报酬比重下降了10个百分点左右。如果考虑到国家统计局的劳动报酬收入包含了社会福利缴款，调整后的劳动报酬比重会更低（白重恩、钱震杰，2010）[③]。由于雇员在总体就业中的比重不断上升，雇员劳动报酬稳定意味着工薪劳动者的实际工资是下降的。劳动者不但完全没有分享到经济增长的好处，反而处境不断恶化

---

① 刘怡和聂海峰（2004）采用1240户数据分析发现，消费税和增值税具有明显的累退性。就增值税而言，最低收入群体的有效税率是15.1%，最高收入人群的负担只有8.0%。最低收入群体的消费税有效税率是最高收入群体的2倍。汇总增值税、消费税、营业税三大税种后，发现最低收入家庭的间接税有效税率是24.6%，而最高收入家庭的有效税率为14.7%，二者相差近10个百分点。聂海峰和刘怡（2010）采用2002年投入产出表的分析表明，2002年困难户负担的间接税占年度收入的比例达到10.69%，最低收入户为9.97%，全国平均负担率7.98%，最高收入只有7.07%，最低收入人群的税收负担是最高收入人群的1.41倍。聂海峰和岳希明（2013）采用2007年投入产出表测算的Suits指数发现，不论是城乡一体，还是分城乡，税后收入分布的基尼系数都大于税前收入分布的基尼系数。

② 个人所得税缴税人口数据来自楼继伟在2013年9月接受新华社记者专访报道《民生支出要"守底线"税制改革求"促公平"——访财政部部长楼继伟》，财政部网站（转自新华网），http://www.mof.gov.cn/zhengwuxinxi/caizhengxinwen/201309/t20130905_985573.html。

③ 根据白重恩、钱震杰（2010）的测算，1995~2007年社保福利缴款在GDP中所占比重从1.65%上升到4.2%。剔除社保福利缴款后，劳动者实际取得的收入在GDP中的比重从1995年的49.8%下降到2007年的40.9%，下降8.9个百分点。

（张车伟、张士斌，2011；张车伟，2012）。横向比较来看，经济发展水平越高的地区，劳动报酬比重就越低（钱晓烨、迟巍，2011）。由于高收入群体的主要所得是资本收入，资本驱动型增长和资本收入份额的上升，通过增值税和营业税会起到降低劳动收入份额的效果，间接税制对于改善收入初次分配是不利的。

分税制改革后财政转移性支出增长，部分弥补了税制间接化的税收制度效应。近10年来，中央财政对低收入群体的支持力度不断加大。"三农"和低收入群体获得的财政支出份额快速增长，产生了较好的"补低"效果。但是除了养老、低收入群体和特殊照顾群体可以获得收入性质的财政拨款外，大部分的民生和"三农"支出都是项目支出，并不针对个人。随着农村剩余劳动力的大规模转移接近尾声，劳动力市场迎来"刘易斯拐点"，从"二元结构"转为"一元结构"。剩余农村人口已经很难以劳动力乡城流动的方式来实现收入增长，以项目支出为依托的工业化减贫的效用会快速递减，面向个人的转移性支出对于改善低收入群体的生活状况会变得更加重要。

六 经济建设、社会发展与项目治国

分税制改革的重要目标之一是促进经济与社会的协调发展，但是经济与社会发展脱节成为近20年的典型事实。地方政府为了完成层层加码的税收任务，客观上开始片面重视经济增长，忽视社会发展，单靠经济一条腿走路的短板效应已经非常明显。一个重要的证据是社会支出不足，以教、科、文、卫为核心的社会建设总体上落后经济发展15年（陆学艺，2010）。尽管我们更愿意将其理解为经济增长领先于社会发展15年，但是社会发展支出的长期严重不足，确是导致社会畸形发展的重要原因。

社会发展落后于经济建设，源自计划经济体制对国家动员能力的强化和赶超战略的实施。在计划经济时期，国家垄断了物质资本、就业机会和信息等全部生产资源，并将其全部用于经济建设，社会建设完全从属于中央控制下的扩大再生产过程。社会支出被认为没有生产性，只要不对资本循环和周转形成制约，一般能免则免。计划经济时期如果政府遭遇财政困难，首要政策原则就是压缩非生产建设类项目，确保生产建设支出（高培勇，2008）。

改革开放后国家控制能力减弱，社会作为一个独立的主体开始出现。社会结构不断分化，社会流动不断加快（孙立平等，1994）。但对通过解放和发展生产力来满足人民群众日益增长的物质文化的判断，并没有发生太大改变。国家意识形态对于经济建设的偏好一直延续至今，1995 年社会支出降到了 GDP 的 2.6%，公共教育比重下降到 1.5%，远低于亚洲其他国家和全球中下等国家的平均值（黄佩华等，2009）。[①] 由于财政支出只能覆盖部分成本，政府很难有理由去限制作为社会服务主体的事业单位的营利性动机。这限制了非国有社会服务部门的成长，严重影响社会服务的公众可得性和服务质量。

为了弥补分税制改革后地方财政收入的不足，地方的税收征管强度不断加大。在层层加码的税收任务下，县乡财政困难凸显，大量乡镇政府工作人员实际变成"税官"，日常任务就是收税和"引税"，后来又发展到招商引资，用于公共治理的精力配置迅速下降（田毅、赵旭，2008）。在 20 世纪 90 年代税费改革和 2005 年取消农业税时，乡镇政府连最基本的服务都无法提供。在任务分配的压力下，乡镇党政集体的矛盾因税收任务而大量增加。经过税费改革，农村经费有了一定的保证。但国家对于农村基层的支出，是越过中间政府的项目支出，基层干部的主要精力又必须用于"跑项目"，造成农村基层政权"悬浮"，割裂了原有农村的集体自治机制（周飞舟，2006a，2006b，2012；折晓叶、陈婴婴，2011）。[②]

在城市部门，更严重的问题来自公共治理的缺乏。由于缺乏有效的监管和制度安排，政府各级机构没有将公共服务采购以公开招标的形式外包给治理规范的法人机构，而是私自外包给没有公共服务资质的个人，造成"临时工"现象泛滥。大量低工资和低福利的临时工虽然在表面上降低了公共服务的财政支出成本，政府却不得不容忍"临时工"的道德风险行为，这就把公共活动的成本推向了社会。这一做法不但模糊了政府这个公共部门与其非正规雇员的私人行为边界，更造成了严重的社会影响，在公共安全和城市管理部门尤甚。[③]

过去 10 年中央财政支出的典型特征是民生和社会支出迅速增加，但地方政

[①] 世界银行（World Bank，1996）估计，中国面临的关键社会服务支出缺口接近 GDP 的 5%。

[②] 乡镇干部的三项工作是：跑项目（招商引资和上级转移支付）、应付上级检查和计划生育。这三项工作随着分税制改革后中央财政集中、农村税费改革（尤其是农业税减免）和由此带来的不规范转移支付而日益增加。根据赵树凯（2005）的数据，乡镇领导平均每年有 100~150 天的时间都在应付上级检查。

[③] 城管部门的临时工和公安部门以协警身份存在的非正规警力引起的争议最大，例如，2013 年 6 月的"延安城管暴力执法"。在笔者调研的北方某地级市 A 派出所的户籍室的 6 名户籍工作人员中，只有 1 名具有正式身份。近期人社部开始加强临时工管理，例如《劳务派遣若干规定（征求意见稿）公开征求意见的通知》拟将企业临时工比例控制在 10% 以内，但这一规定不包括公共部门。

府依然偏向于经济发展支出。例如，县级财政支出中生产建设支出的特征非常明显，来自上级部门的均衡性转移支付也被大量用作行政管理费和生产建设支出（尹恒、朱虹，2011；付文林、沈坤荣，2012）。生产偏向的激励结构，为中国带来了良好的基础设施，促进了城市化的快速推进。地方政府对于发展支出的偏好，主要是因为其能够增加税收收入，还可以更多地完成农村剩余劳动力转移任务，也能带来经济增长（郭新强，胡永刚，2012）。这通常是政府工作报告的第一项内容。

经济发展支出偏好的成本，是忽视教科文卫等社会支出（傅勇，2010），基础教育投入的缺失，被认为与分税制导致的事权下移和政府支出偏向有直接关系（黄佩华等，2009；乔宝云等，2005）。为了节省财政资源，2000~2010年农村小学减少22.94万所，减少了52.1%。财政教育支出比重过低，在近年来得到了一定程度的扭转，但长期养成的营利性动机难以在短期内得到扭转。地方财政支出对于基础设施等硬件的追捧，也不利于居民主观幸福感的提升（谢舜等，2012）。

七 新的参照系：国家治理基础和重要 支柱中的制度治国

行文至此，关于分税制改革对中国体制改革和经济社会发展所产生影响的论述已经完毕。与其说笔者解决了什么问题，毋宁说产生了更多的困惑。毫无疑问，分税制是近20年来经济增长的重要制度依托，也是造成今天诸多问题的原因所在，更是全面深化财税体制改革的起点。分税制改革向市场注入了效率理念，其所用来维系地区间公平的转移支付又极其缺乏效率。虽然通过转移支付改善了区域间初始财力配置的不平等，但是固守的流转税却使整个税制丧失了改善居民收入分配的能力。分税制导致的地方财政收支不平衡，虽然促进了招商引资和经济增长，却是以社会发展支出的严重不足为代价。

从适应市场基础到匹配国家治理体系，是对财政功能认识的加深。作为上层建筑的经济层面，财税制度涉及个人、企业与国家间方方面面的分配关系。作为国家治理的基础和重要支柱，制度与规则的激励作用，远远超过项目繁多的项目运作，因为项目至多处在机制和运行层面，这就要求实现从项目治国到制度治国的转变。国家治理的提出，为评估当前的财税制度提供了新的坐标系。

收入划分、事权划分、转移支付制度和分级财政管理体制是现行分税制的四大内容。即将全面推开的服务业"营改增"，将地方税第一大税种营业税抛入了中央地方共享税的范畴。2013 年的营业税为 1.72 万亿元，若按照 75：25 的增值税比例分享，则由营改增带来的地方财力缺口超过 1.2 万亿元。地方财力缺口的弥补就是一个问题。若采用税收返还，不利于进一步推进基本公共服务均等化；若采用转移支付，则一般性转移支付的规模会增加到 5 万亿元以上。5 万亿元的一般性转移支付按照什么规则分配，如何大规模的"跑部钱进"，无疑对财政透明提出了更高的要求。

"一级政府，一级财政"的预算制度，要求重建地方税体系或者地方收入体系。按照经济发展的政府推动特征，消费税改征零售税确实有助于促使地方政府将更多的精力用于扩大本地消费，减少地方政府对于生产环节的过分注重和对生产性资源的过度扭曲。

一个完整的政府间分配关系必须考虑全部政府收入，包括政府性基金预算、国有资本经营预算和社会保险基金预算和债务发行机制，还要考虑这些政府收入之间的关系。如果只是涵盖一般公共预算，制度设计就是不完整的。政府性基金预算的主体是土地出让收入，由于土地出让收入基本全部归地方所有，给了地方政府过高的边际激励，从而会带来"租税替代"，扭曲整个宏观经济（黄少安等，2012）。

事权是政府间划分财权的基础。从 1994 年分税制改革的"财权与事权相匹配"，到"财力与事权相匹配""事权和支出责任相适应"，再到十八大所强调的"财力与支出责任相适应"，无疑是制度层面的明显退让。以市场化为导向的财税制度改革，必然以重塑两个边界为导向，这就需要以事权或财权分配作为切入口。但事权的改革是一个复杂的系统，已经远远超出了财政的范畴，推动起来自然也不会很快。

改革的第一要务还是通过公共制度改革向市场重新注入效率理念，以便在支出面形成新的政府间边界和政府市场边界。建立支出面政府间边界，第一要务是规范、简化转移支付规则，第二是适度减少转移支付比重。建立政府与市场边界，核心是规范政府支出行为。减少财政项目支出，增加转移性支出，少做工程，多发工资。尤其要注重清理面向企业的支出项目，通过转移性支出加大政府财政支出与居民个人的直接联系，构建现代国家治理能力，加快构建服务型政府步伐。

从财税体制上讲，统一政府收支涉及四个预算的统一，涉及完整的政府与市场边界的建立。统一预算可以提高公共资金利用效率，例如，宏观调控的目标就是通过政府收支的跨期分配来实现逆周期调控，但是如果政府支出不统筹，四大预算之间相互抵消，根本不可能带来预期的调控效果。弱化税收征管等部门行为对于财政收入的影响，使预算等制衡性政治制度成为财政收支控制的主体。

针对现有税制筹集收入职能较强，调节分配能力较差的问题，增加所得税比重有利于减少间接税制所带来的效率搅拌，也有利于体现公共财政的公平取向。强化自然人对于税收的贡献，还有利于加快构建服务型政府。近 10 年来，地方政府的民生建设支出很少针对地方居民的特点而设计，主要是为了争取到上级部门的财政转移支付并完成上级部门的任务，与"用脚投票"还有很大距离。构建服务型政府，需要加强人口区域流动对地方政府税源的影响。这就必须以流量直接税和存量直接税体系作为地方税的主要来源，前者如个人所得税，后者如财产税（高培勇，2015）。

债务是最后但并非最不重要的问题。负债经营是任何一个市场经济中政府的常态。从 2009 年第一次中央代发地方债开始，债务一直是纳入预算管理的。但地方的"政府性债务"置换，核心是以国家信用替代公司（尤其是很多区县）信用，因为地方债在置换之前就是标准的以融资平台为核心的国有企业债券。以政府债替换公司债，虽然有利于总体的金融稳定，但无疑又给政府与市场的关系带来新挑战。

参考文献

[1] Abramovitz M. , 1994, *Catch-Up and Convergence in the Postwar Growth Boom and After*, in Convergence of Productivity: Cross-National Studies and Historical Evidence, Oxford University Press.

[2] Acemoglu Daron, Philippe Aghion and Fabrizio Zilibotti, 2003, "Vertical Integration and Distance to Frontier", *Journal of the EuropeanEconomic Association*, 1: 630 – 638.

[3] Ades A. and Glaeser E. , 1995, "Trade and Circuses: Explaining Urban Giants", *The Quarterly Journal of Economics*, 110 (1).

[4] Agenor P. R. , 2004, *The Economics of Adjustment and Growth*, 2nd edition, Harvard University Press.

[5] Aghion P. , Akcigit U. , Bergeaud A. , Richard Blundell, and David Hemous, 2015, "Innovation and Top Income Inequality," NBER Working Paper No. 21247.

[6] Aghion P. and Howitt P. , 1992, "A Model of Growth through Creative Destruction", *Econometrica*, 60 (2).

[7] Akcomak I. S. and Weel T. B. , 2008, "Social Capital, Innovation and Growth: Evidence from Europe", *European Economic Review*, 53 (5).

[8] Albrecht J. W. , Edin P. A. , Sundström M. and Vroman S. B. , 1999, "Career Interruptions and Subsequent Earnings: A Reexamination Using Swedish Data", *Journal of Human Resources*, 34 (2).

[9] Alexander A. J. , 2002, *In the Shadow of the Miracle: The Japanese Economy Since the End of High-Speed Growth*, Lanham, Md. : Lexington Books.

[10] Alexiadis S. and Tomkins J. , 2004, "Convergence Clubs in the Regions of Greece", *Applied Economics Letters*, 11 (6).

[11] Amable B. , 2003, *The Diversity of Modern Capitalism*, Oxford University Press.

[12] Amirahmadi H. and Wu W. , 1994, "Foreign Direct Investment in Developing

Countries", *The Journal of Developing Areas*, 28 (2).

[13] Arceo E., Hanna R. and Oliva P., 2016, "Dose the Effect of Pollution on Infant Mortality Differ between Developing and Developed Countries? Evidence from Mexico City", *The Economic Journal*, 126.

[14] Archibugi D. and Coco A., 2005, "Measuring Technological Capabilities at the Country Level: A Survey and A Menu for Choice", *Research policy*, 34 (2): 175 –194.

[15] Arrow K., 1962, "The Economic Implications of Learning by Doing", *The Review of Economic Studies*, 29 (3).

[16] Arrow K. et al., 2013, "Sustainability and the Measurement of Wealth", *Environment and Development Economics*, 18 (4).

[17] Arthur W. B., 1994, "Inductive Reasoning and Bounded Rationality: The El Farol Problem", *The American Economic Review*, 84.

[18] Bach L. and Matt M., 2005, *From Economic Foundations to S&T Policy Tools: A Comparative Analysis of the Dominant Paradigms*, in Innovation Policy in a Knowledge-Based Economy, Springer-Verlag Berlin Heidelberg.

[19] Bai C. E., Hsieh C. T. and Qian Y., 2006, "The Return to Capital in China", *Brookings Papers on Economic Activity*.

[20] Balassa B., 1964, "The Purchasing Power Parity Doctrine: A Reappraisal", *Journal of Political Economy*, 72 (6).

[21] Barro R. J., 1990, "Government Spending in a Simple Model of Endogeneous Growth", *Journal of Political Economy*, 98 (5).

[22] Barro R. J., 2002, "Quantity and Quality of Economic Growth", *Central Bank of Chile Working Paper*, No. 168.

[23] Barro R. J. and Lee J. W., 1993, "International Comparisons of Educational Attainment", *Journal of Monetary Economics*, 32: 363 –394.

[24] Barro R. J. and Lee J. W., 2010, "A New Data Set of Educational Attainment in the World, 1950 –2010", *NBER Working Paper Series, Cambridge, MA: National Bureau of Economic Research*, No. w15902.

[25] Barro R. J. and Lee J. W., 2013, "A New Data Set of Educational Attainment in the World, 1995 –2010", *Journal of Development Economics*, (104).

[26] Barro R. J. and Sala-I-Martin X., 1991, "Convergence across U. S. States and

Regions", *Brookings Papers on Economic Activity*, 22 (1).

[27] Barro R. J. and Sala-I-Martin X., 1992, "Public Finance in Models of Economic Growth", *The Review of Economic Studies*, 59 (4).

[28] Barro R. J. and Sala-I-Marin X., 1995, *Economic Growth*, New York: McGraw-Hill.

[29] Becker G. S., 1964, *Human Capital*, *2nd edition*, Columbia University Press.

[30] Bergek A., Jacobsson S., Carlsson B., et al., 2007, "Analyzing the Functional Dynamics of Technological Innovation Systems: A Scheme of Analysis", *Research policy*, 37 (3): 407 – 429.

[31] Bernanke B. S. and Blinder A. S., 1988, "Credit, Money, and Aggregate Demand", *The American Economic Review*, 78 (2): 435 – 439.

[32] Bernanke B. S., Gertler M. and Gilchrist S., 1998, "The Financial Accelerator in a Quantitative Business Cycle Framework", NBER Working Paper, No. w6455.

[33] Bernanke B. S., Gertler M., Gilchrist S., et al., 1999, Chapter 21 The financial accelerator in a quantitative business cycle framework, In "Handbook of Macroeconomic", volume I, 1341 – 1393.

[34] Besley T., 2007, *Principled Agents? The Political Economy of Good Government*, Oxford: Oxford University Press.

[35] Besley T. and Person T., 2011, *Pillars of Prosperity: The Political Economics of Development Clusters*, Princeton University Press.

[36] Besley T. and Person T., 2013, Taxation and Development, in Handbook of Public Economics Volume 5.

[37] Bjork G. C., 1999, *The Way It Worked and Why It Won't*, London: Praeger.

[38] Blau P. M. and Ducan D., 1978, *The American Occupational Structure*, New York: Free Press.

[39] Blumen I., 1955, *The Industrial Mobility of Labor as a Probability Process*, Cornell University.

[40] Blundell R., Costa Dias M., Meghir C. and Shaw J., 2016, "Female Labor Supply, Human Capital, and Welfare Reform", *Econometrica*, 84 (5).

[41] Boadway R. and Shah A., 2009, *Fiscal Federalism: Principles and Practices of Multiorder Governance*, Cambridge University Press.

[42] Boyer R. and Saillard Y., 2001, *Regulation Theory*, Routledge.

［43］ Brandt L. , Biesebroeck J. Van and Zhang Y. , 2012, "Creative Accounting or Creative Destruction? Firm-Level Productivity Growth in Chinese Manufacturing", *Journal of Development Economics*, 97 (2).

［44］ Brandt L. , Tombe T. and X. Zhu, 2013, "Factor Market Distortions Across Time, Space and Sectors In China", *Review of Economic Dynamics*, 16 (1).

［45］ Brennan G. and Buchanan J. M. , 1980, *The Power to Tax: Analytical Foundations of a Fiscal Constitution*, New York: Cambridge University Press.

［46］ Buchanan J. M. and Tullock G. , 1962, *The Calculus of Consent: Logical Foundations of Constitutional Democracy*, Michigan: University of Michigan Press.

［47］ Buckley P. J. and Casson M. , 1976, *The Future of the Multinational Enterprise*, Palgrave Macmillan.

［48］ Buera F. J. and Kaboski J. P. , 2012, "The Rise of the Service Economy", *The American Economic Review*, 102 (6).

［49］ Burdett K. and Mortensen D. T. , 1998, "Wage Differentials, Employer Size, and Unemployment", *International Economic Review*, 39 (2).

［50］ Caballero R. , Hoshi T. and Kashyap A. , 2008, "Zombie Lending and Depressed Restructuring in Japan", *The American Economic Review*, 98 (5).

［51］ Cairo I. and Cajner T. , 2018, "Human Capital and Unemployment Dynamics: Why More Educated Workers Enjoy Greater Employment Stability", *The Economic Journal*, 128 (609).

［52］ Cargill T. F. and Takayuki Sakamoto, 2008, *Japan Since 1980*, Cambridge University Press.

［53］ Carroll C. D. , Otsuka M. and Slacalek J. , 2011, "How Large Are Housing and Financial Wealth Effects? A New Approach", *Journal of Money, Credit and Banking* , 43 (1).

［54］ Caves R. E. , 1971, "International Corporations: The Industrial Economies of Foreign Investment", *Economies*, 7: 1 – 27.

［55］ Charles R. Hulten and Leonard I. Nakamura, 2017, "Accounting for Growth in the Age of the Internet: The Importance of Output-saving Technical Change", Federal Reserve Bank of Philadelphnia Working paper.

［56］ Chen J. and Fleisher B. M. , 1996, "Regional Income Inequality and Economic

Growth in China", *Journal of Comparative Economics*, 22 (2).

[57] Chen Q. , Funke M. and Paetz M. , 2012, "Market and Non-Market Monetary Policy Tools in a Calibrated DSGE Model for Mainland China", Quantitative Macroeconomics Working Papers 21207.

[58] Cheng W. , 2012, "A Benefit from the Bivision of Babor That Adam Smith Missed", *Eastern Economic Journal*, 38 (3): 310 – 318.

[59] Chow G. and Li K. W. , 2002, "China's Economic Growth: 1952 – 2010", *Economic Development and Cultural Change*, 51 (1).

[60] Cimoli M. , Primi A. and Pugon M. , 2006, "A Low-Growth Model: Informality As a Structural Constraint", *CEPAL Review*, 88.

[61] Coelli T. , 1996, "A Guide to DEAP Version 2. 1: A Data Envelopment Analysis (Computer) Program", *Center for Efficiency and Productivity Analysis (CEPA) Working Papers*, 96 (8).

[62] Daly H. E. , 1997, "Georgescu-Roegen versus Solow/Stiglitz", *Ecological Economics*, 22 (3): 261 – 266.

[63] David P. A. and Hall B. H. , 2000, "Heart of Darkness: Modeling Public-Private Funding Interactions inside the R&D Black Box", *Research Policy*, 29 (9): 1165 – 1183.

[64] Davis J. and Henderson V. , 2003, "Evidence on the Political Economy of the Urbanization Process", *Journal of Urban Economics*, 53 (1).

[65] Deng Y. , Gyourko J. , and Wu J. , 2012, "Land and House Price Measurement in China", NBER Working Paper No. w18403.

[66] Denison E. F. , 1962, *The Sources of Economic Growth in the United States and the Alternatives before US*, Committee for Economic Development .

[67] Dennies G. and Andries D. G. , 2009, "Human Capital Depreciation During Hometime", *Oxford Economic Papers*, 61.

[68] Desai M. A. , Foley C. F. and Hines J. R. , 2005, "Foreign Direct Investment and the Domestic Capital Stock", *The American Economic Review*, 95 (2): 33 – 38.

[69] Diewert W. E. and Wykoff F. C. , 2007, "Depreciation, Deterioration and Obsolescence When There Is Embodied or Disembodied Technical Change", *Economics Working Papers Diewert – 06 – 11 – 23 – 08 – 38 – 56*, *Vancouver School*

of Economics.

[70] Dirks D., Huchet Jean-Francois and Ribault T., 1999, *Japanese Manage-ment in the Low Growth Era*, Berlin: Springer Verlag.

[71] Dixon R. and Thirlwall A. P., 1975, "A Model of Regional Growth-Rate Differences on Kaldorian Lines", *Oxford Economic Papers*, 27 (2).

[72] Dornbush R., Fischer S. and Startz R., 2011, *Macroeconomics (Eleventh E-dition)*, McGraw-Hill.

[73] Dunning J. H., 1981, "Explaining the International Direct Investment Position of Countries: Towards a Dynamic or Developmental Approach", *Weltwirtschaft-liches Archiv*, 117 (1): 30 – 64.

[74] Dunning J. H., 1986, "The Investment Development Cycle Revisited", *Welt-wirtschaftliches Archiv*, 122 (4): 667 – 676.

[75] Durkheim E., 1997, *The Division of Labor in Society*, New York: The Free Press.

[76] ECLA, 1951, "Economic Survey of Latin America 1949".

[77] Edquist C., 1997, *Systems of Innovation: Technologies, Institutions, and Or-ganizations*, Psychology Press.

[78] Edquist C., 2005, *Systems of Innovation: Perspectives and Challenges*, in Ox-ford Handbook of Innovation, Oxford University Press.

[79] Eichengreen B., Park D. and K. Shin, 2011, "When Fast Growing Economies Slow Down: International Evidence and Implications for China", *NBER Work-ing Paper*.

[80] Eichengreen B., Park D. and Shin K., 2013, "Growth Slowdowns Redux: New Evidence on the Middle-Income Trap", *NBER Working Paper*.

[81] Epstein L. and Denny M., 1980, "Endogenous Capital Utilization in a Short-Run Production Model: Theory and an Empiral Application", *Journal of Econ-ometrics*, 12 (2).

[82] Fagerberg J., 2017, "Innovation Policy: Rationales, Lessons and Challen-ges", *Journal of Economic Surveys*, 31 (2): 497 – 512.

[83] Fang H., Gu Q., Xiong W. and Zhou L. A., 2015, "Demystifying the Chi-nese Housing Boom", Chap. 2 in NBER Macroeconomics Annual 2015.

[84] Fare R., Grosskopf S., Norris M. and Zhang Z., 1994, " Productivity

Growth, Technical Progress, and Efficiency Change in Industrialized Countries", *The American Economic Review*, 84 (1).

[85] Ferguson A. , 1769, *Institutes of Moral Philosophy*, Routledge/Thoemmes Press.

[86] Fine B. and Leopold E. , 1990, "Consumerism and the Industrial Revolution?" *Social History*, 15 (2).

[87] Firebaugh G. , 1992, "Growth Effects of Foreign and Domestic Investment", *American Journal of Sociology*, 98.

[88] Frederiksen A. , Halliday T. , Koch A. K. , 2016, "Within-and Cross-Firm Mobility and Earnings Growth", *ILR Review*, 69 (2): 320 – 353.

[89] Freeman C, 1987, *Technology, Policy, and Economic Performance: Lessons from Japan*, Pinter Publishers Ltd.

[90] Freeman C. , 2004, "Technological Infrastructure and International Competitiveness", *Industrial and Corporate Change*, 13 (3): 541 – 569.

[91] Freeman C. and Soete L. , 1997, *The Economics of Industrial Innovation*, Psychology Press.

[92] Fujita M. and Hu D. , 2001, "Regional Disparity in China 1985 – 1994: The Effects of Globalization and Economic Liberalization", *The Annals of Regional Science*, 35 (1).

[93] Fujita S. , 2010, "Reality of on-The-Job Search", *Federal Reserve Bank of Philadelphia*.

[94] Fukuyama F. , 2013, "What Is Governance?", *Governance*, 26 (3).

[95] Furman J. and Stiglitz J. , 1998, "Economic Crises: Evidence and Insights from East Asia", *Brookings Papers on Economic Activity*, 29 (2).

[96] Furtado C. , 1974, "Underdevelopment and Dependence: The Fundamental Connection", University of Cambridge, Centre of Latin American Studies.

[97] Galor O. , 1996, "Convergence? Inferences from Theoretical Models", *Economic Journal*, 106 (437).

[98] Gemmell N. , Kneller R. and Sanz I. , 2013, "Fiscal Decentralization and Economic Growth: Spending versus Revenue Decentralization", *Economic Inquiry*, 51 (4).

[99] Glaeser E. L. , 2013, "Urban Public Finance", NBER Working Papers 18244.

[100] Glaeser E. L. , Huang W. , Ma Y. and Shleifer A. , 2017, "A Real Estate Boom with Chinese Characteristics", The Journal of Economic Perspectives, 31 (1).

[101] Glaeser E. L. , Kolko J. and Saiz A. , 2001, "Consumer City", Journal of Economic Geography, 1.

[102] Goodwin N. R. , Ackerman F. and Kiron D. , 1997, The Consumer Society, Washington, D. C. : Island Press.

[103] Gordon R. J. , 2016, The Rise and Fall of American Growth, Princeton, NJ: Princeton University Press.

[104] Groes F. , Kircher P. and Manovskii I. , 2015, "The U-shapes of Occupational Mobility", The Review of Economic Studies, 82 (2).

[105] Grossman G. M. and Helpman E. , 1991, "Quality Ladders and Product Cycles", The Quarterly Journal of Economics, 106 (2).

[106] Grossman G. M. and Krueger A. B. , 1995, "Economic Growth and the Environment", The Quarterly Journal of Economics, 110.

[107] Hayek F. A. , 1945, "The Use of KnowLedge in Society", The American Economic Review, 35 (4).

[108] Heckman J. J. , 2003, "China's Investment in Human Capital", Economic Development and Cultural Change.

[109] Henderson V. , 2003, "The Urbanization Process and Economic Growth: The So-What Question", Journal of Economic Growth, 8 (1).

[110] Hernández J. A. and Mauleón I. , 2005, "Economic Estimation of a Variable Rate of Depreciation", Canaia Paper.

[111] Herrendorf B. , Rogerson R. and Valentinyi Á. , 2014, "Growth and Structural Transformation", Handbook of Economic Growth, 2.

[112] Herrick B. and Kindleberger C. P. , 1983, Economic Development, New York: McGraw-Hill.

[113] Herzer D. , 2007, "The Long-Run Relationship between Outward FDI and Domestic Output: Evidence from Panel Data", Economics Letters, 100 (1).

[114] Hicks J. R. , 1965, Capital and Growth, Oxford University Press.

[115] Hirschman A. O. , 1988, The Strategy of Economic Development, Westview Press Inc.

[116] Holmstrom B., 1989, "Agency Costs and Innovation", *Journal of Economic Behavior and Organization.*

[117] Hornstein A., Krusell P. and Violante G. L., 2011, "Frictional Wage Dispersion in Search Models: A Quantitative Assessment", *The American Economic Review*, 101 (7).

[118] Houthakker H., 1956, "Economics and Biology: Specialization and Speciation", *Kyklos*, 9 (2): 181 – 189.

[119] Hu Z. L. and Khan M. S., 1996, "Why Is China Growing So Fast?" *IMF Working Papers.*

[120] Hulten C. R., 1978, "Growth Accounting with Intermediate Inputs", *The Review of Economic Studies*, 45 (3).

[121] Hymer S., 1970, "The Efficiency (Contradictions) of Multinational Corporations", *The American Economic Review*, 60 (2).

[122] Im F. G. and Rosenblatt D., 2013, "Middle-Income Traps: A Conceptual and Empirical Survey", *World Bank Policy Research Working Paper.*

[123] Ingmar R. P., 1995, "On the Econometric Estimation of a Constant Rate of Depreciation", *Empirical Economics*, 20.

[124] Jia J., Guo Q. and Zhang J., 2014, "Fiscal Decentralization and Local Expenditure Policy in China", *China Economic Review*, 107 – 122.

[125] Jian T. et al., 1996, "Trends in Regional Inequality in China", *China Economic Review*, 7 (1).

[126] Jin H., Qian Y. and Weingast B. R., 2005, "Regional Decentralization and Fiscal Incentives: Federalism, Chinese Style", *Journal of Public Economics*, 89.

[127] Johnson H. G., 1970, "The Efficiency and Welfare Implications of the International Corporation", *The International Corporation*, 60: 35 – 39.

[128] Jolivet G., Postel-Vinay F. and Robin J. M., 2006, "The Empirical Content of the Job Search Model: Labor Mobility and Wage Distributions in Europe and the US", *European Economic Review*, 50 (4).

[129] Jordi Gali, 2002, "New Perspectives on Monetary Policy, Inflation, and the Business Cycle", NBER Working Paper, No. 8767.

[130] Jordà Oscar, Moritz Schularick and Alan M. Taylor, 2017, " Macrofinancial

History and the New Business Cycle Facts", NBER Working Paper.

[131] Jorgenson D. W. and Fraumeni B. M. , 1989, *The Accumulation of Human and Nonhuman Capital by Lipsey and Tice*, Chicago: University of Chicago Press.

[132] Kaldor N. , 1972, "The Irrelevance of Equilibrium Economics", *The Economic Journal*, 82 (328).

[133] Kaldor N. , 1985, *Economics without Equilibrium*, UK: University College of Cardiff Press.

[134] Kaldor N. , 2013, "The Case for Regional Policies", *Scottish Journal of Political Economy*, 60 (5).

[135] Kaplan S. N. and Rauh J. , 2010, "Wall Street and Main Street: What Contributes to the Rise in the Highest Incomes?", *The Review of Financial Studies*, 23 (3).

[136] Kaufmann D. , Kraay A. and Mastruzzi M. , 2009, "Governance Matters VIII: Aggregate and Individual Governance Indicators for 1996 – 2008", *The World Bank Policy Research Working Paper*.

[137] Kay C. , 1989, *Latin American Theories of Development and Underdevelopment*, Routledge.

[138] Keane M. P. and Wolpin K. I. , 1997, "The Career Decisions of Young Men", *Journal of Political Economy*, 105 (3).

[139] Kim Y. and Lee S. , 2009, "The Impact of Efficiency Parameters on Firms Innovative Activities: Evidence from Korean Firm-Level Data", TEMEP Discussion Papers 200924.

[140] Kindleberger C. P. , 1969, "American Business abroad: Six Lectures on Direct Investment", *Canadian Journal of Economics*, (11) 2.

[141] Klump R. , McAdam P. and Willman A. , 2007, "Factor Substitu tion and Factor- Augmenting Technical Progress in the United States: A Normalized Supply- Side System Approach", *The Review of Economics and Statistics*, 89.

[142] Knack S. and Keefer P. , 1997, "Does Social Capital Have an Economic Payoff? A Cross-Country Investigation". *The Quarterly journal of economics*, 112 (4).

[143] Kochhar R. , 2017, "Middle Class Fortunes in Western Europe", *Pew Re-*

search Center.

[144] Koivu T. , 2008, "Has the Chinese Economy Become More Sensitive to Interest Rates? Studying Credit Demand in China", *China Economic Review*, 20.

[145] Korkotsides A. S. , 2009, "Consumer Capitalism", *Routledge Frontiers of Political Economy.*

[146] Kriesler P. , 1999, *Harcourt, Hicks and Lowe: Incompatible Bedfellows?*, London: Routledge.

[147] Krugman P. , 1993, *The Age of Diminished Expectations: U. S. Economic Policy in the 1990's*, MIT Press.

[148] Krugman P. , 1994, "The Myth of Asia's Miracle", *Foreign Affairs*, 73 (6).

[149] Kuijs L. , 2009, "China through 2020: A Macroeconomic Scenario", *World Bank China Office Research Working Paper*, Washington DC: The World Bank.

[150] Kunze A. , 2002, "The Timing of Careers and Human Capital Depreciation", *Institute for the Study of Labor (IZA).*

[151] Leal J. , 2015, "Which Sectors Make Poor Countries so Unproductive? A Perspective from Inter-sectoral Linkages", *Banco de Mexico.*

[152] Lincoln Edward J. , 2001, *Arthritic Japan: The Slow Pace of Economic Reform*, Washington, DC: Brookings Institution Press.

[153] Lindert P. H. , 2004, *Growing Public*, Cambridge University Press, 1.

[154] Ljungqvist L. and Sargent T. J. , 1998, "The European Unemployment Dilemma", *Journal of Political Economy*, 106 (3).

[155] Lucas R. E. , 1988, "On the Mechanisms of Economic Development", *Journal of Monetary Economics*, 22 (1).

[156] Lundvall B. A. , 1992, *National Innovation Systems: Towards a Theory of Innovation and Interactive Learning*, London: Pinter.

[157] Maddison A. , 1989, *The World Economy in the 20th Century*, OECD Publishing.

[158] Maddison A. , 2006, *The World Economy(volume1, volume2)*, OECD Publishing.

[159] Mairesse J. and Mohnen P. , 2010, *Using Innovation Surveys for Econometric*

Analysis, Handbook of the Economics of Innovation.

[160] Merton R. K. , 1968, *Social Theory and Social Structure*, The Free Press.

[161] Miao Jianjun and Peng Tao, 2012, "Business Cycles and Macroeconomic Policies in China: Evidence from an Estimated DSGE Model", EEA-ESEM working paper.

[162] Mincer J. , 1974, "Schooling, Experience, and Earnings", *National Bureau of Economic Research*.

[163] Mirrlees J. A. , 2006, *Welfare, Incentives and Taxation*, Oxford University Press.

[164] Mises L. V. , 1996, *Human Action: A Treatise on Economics*, Fox and Wilkes, 82.

[165] Mitchell B. R. , 1998, *International Historical Statistics: 1750 – 1993*, 4th edition, New York: Stockton Press.

[166] Mitchell B. R. , 2007, *International Historical Statistics: 1750 – 2005*, 6th edition, New York: Palgrave Macmillan.

[167] Miyohei Shinohara, 1970, *Structure Changes in Japan`s Economic Development*, Tokyo: Kinokuniya Bookstore Co. , Ltd.

[168] Montinola G. , Qian Y. and Weingast B. R. , 1995, "Federalism, Chinese Style: The Political Basis for Economic Success in China", *World Politics*, 48 (1).

[169] Mooi-Reci I. and Ganzeboom H. B. , 2015, "Unemployment Scarring by Gender: Human Capital Depreciation or Stigmatization? Longitudinal Evidence from the Netherlands, 1980 – 2000", *Social Science Research*, 52 (4).

[170] Munasinghe L. and Sigman K. , 2003, "A Hobo Syndrome? Mobility, Wages, and Job Turnover", *Labour Economics*, 11 (2).

[171] Musgrave R. A. and Musgrave P. B. , 1988, *Public Finance in Theory and Practice*, New York: McGraw-Hill Book Company.

[172] Narayan D. and Pritchett L. , 1999, "Cents and Sociability: Household Income and Social Capital in Rural Tanzania", *Economic Development and Cultural Change*, 47 (4).

[173] Nehru V. and Dhareshwar A. , 1993, "A New Database on Physical Capital Stock: Sources, Methodology and Results", *Revista De Anausis Economico*,

8 (1).

[174] Nelson R. R. , 1993, *National Innovation Systems: A Comparative Analysis*, Oxford University Press.

[175] Nelson R. R. and Phelps E. S. , 1966, "Investment in Humans, Technological Diffusion, and Economic Growth", *The American Economic Review*, 56 (1/2).

[176] Nelson R. R. and Winter S. G. , 1982, "The Schumpeterian Tradeoff Revisited", *The American Economic Review*, 72 (1).

[177] North D. C. , 1994, "Economic Performance through Time", *The American Economic Review*, 84 (3).

[178] Oates W. E. , 1972, *Fiscal Federalism*, New York: Harcourt Brace Jovanovich.

[179] Oates W. E. , 1985, "Searching for Leviathan: An Empirical Study", *The American Economic Review*, 75 (4).

[180] Oates W. E. , 2008, *On the Theory and Practice of Fiscal Decentralization*, in A. J. Auerbach and D. N. Shaviro eds, Institutional Foundations of Public Finance: Economic and Legal Perspectives, Harvard University Press.

[181] OECD, 1996, *Economy Based Economy*, OECD Publication.

[182] OECD, 1997, *National Innovation Systes*, OECD Publication.

[183] OECD, 2000, *Knowledge Management in a Learning Society*, OECD Publications.

[184] Oi J. C. , 1992, "Fiscal Reform and the Economic Foundations of Local State Corporatism in China", *World Politics*, 45 (1).

[185] Olivier Blanchard and Andrei Shleifer, 2001, "Federalism with and without Political Centralization: China Versus Russia", *IMF Staff Papers*, 48 (4).

[186] Ortego-Marti V. , 2016, "Unemployment History and Frictional Wage Dispersion", *Journal of Monetary Economics*, 78 (2).

[187] Oscar Jordà, Moritz Schularick, Alan M. Taylor, "Macrofinancial History and the New Business Cycle Facts," NBER Working Paper, 2017.

[188] Ozawa T. , 2005, *Institutions, Industrial Upgrading, and Economic Performance in Japan: The 'Flying-Geese' Paradigm of Catch-up Growth*, Northampton, Massachusetts: Edward Elgar Publishing.

[189] Parrado E. , Caner A. , and Wolff E. N. , 2007, "Occupational and Industrial Mobility in the United States", *Labour Economics*, 14 (3).

[190] Petit P. , 1986, *Slow Growth and the Service Economy*, London: Pinter.

[191] Petty W. , 1690, *Political Arithmetic*, London.

[192] Piketty T. , Li Yang, Gabriel Zucman, et al. , 2017, "Capital Accumulation, Private Property and Rising Inequality in China: 1978 – 2015", *NBER Working Paper*.

[193] Piketty T. and Saez E. , 2003, "Income Inequality in the United States, 1913 – 1998", *The Quarterly Journal of Economics*, *February*, 118 (1).

[194] Pollak A. , 2013, "Unemployment, Human Capital Depreciation, and Unemployment Insurance Policy", *Journal of Applied Econometrics*, 28 (5).

[195] Poncet S. , 2003, "Measuring Chinese Domestic and International Integration", *China Economic Review*, 14 (1).

[196] Pritchett L. and Summers L. H. , 2014, "Asiaphoria Meets Regression to the Mean", *NBER Working Paper*.

[197] Qian Yingyi and Barry Weingast, 1996, "China's Transition to Markets: Market-Preserving Federalism, Chinese Style", *The Journal of Policy Reform*, 1 (2).

[198] Qian Yingyi, Gerard Roland and Xu Chenggang , 1999, "Why is China Different from Eastern Europe? Perspectives From Organization Theory", *European Economic Review*, 43 (4 – 6).

[199] Qian Y. and Roland G. , 1998, "Federalism and the Soft Budget Constraint", *The American Economic Review*, 88 (5).

[200] Rada C. , 2007, "Stagnation Or Transformation of a Dual Economy through Endogenous Productivity Growth", *Cambridge Journal of Economics*, 31 (5).

[201] Raiser M. , 1998, "Subsidising Inequality: Economic Reforms, Fiscal Transfers and Convergence across Chinese Provinces", *The Journal of Development Studies*, 34 (3).

[202] Robert J. Gordon, *The Rise and Fall of American Growth*, New Jersey: Princeton University Press, 2016.

[203] Romer P. M. , 1986, "Increasing Returns and Long Run Growth", *Journal of Political Economy*, 94 (5).

［204］Romer P. M. , 1990, "Endogenous Technological Change", *Journal of Political Economy*, 98 (5).

［205］Rosen S. , 1978, "Substitution and the Division of Labor", *Economica*, 45.

［206］Rostow W. W. , 1960, *The Stages of Economic Growth: A Non-Communist Manifesto*, Cambridge University Press.

［207］Sachs J. D. and Woo W. T. , 2000, "Understanding China's economic performance", *Journal of Economic Policy Reform*, 4 (1).

［208］Sala-I-Martin X. X. , 1996, "The Classical Approach to Convergence Analysis", *The Economic Journal*, 106 (437).

［209］Samuelson P. A. , 1964, "Theoretical Notes on Trade Problems", *The Review of Economics and Statistics*, 46.

［210］Schorfheide F. , 2011, "Estimation and Eevaluation of DSGE Models: Progress and Challenges", NBER Working Paper, No. 16781.

［211］Schultz W. T. , 1961, "Investment in Human Capital", *American Economic Review*, 51 (1).

［212］Setterfield M. , 1997, "History versus Equilibrium and the Theory of Economic Growth", *Cambridge Journal of Economics*, 21 (3).

［213］Shimer R. and Werning I. , 2006, "On the Optimal Timing of Benefits with Heterogeneous Workers and Human Capital Depreciation", National Bureau of Economic Research.

［214］Smith D. L. and Snow R. E. , 1976, "The Division of Labor: Conceptual and Methodological Issues", *Social Forces*, 55 (2).

［215］Solow R. , 1956, "A Contribution to the Theory of Economic Growth", *The Quarterly Journal of Economics*, 70 (1).

［216］Song Ligang, 2001, "Interest Rate Liberalization in China and the Implications for Non-State Banking", prepared for a conference on Financial Sector Reform in China, the Kennedy School of Government, Harvard University.

［217］Song Zheng, Storesletten Kjetil and Zilibotti Fabrizio, 2011, "Growing Like China", *American Economic Review*, 101 (1).

［218］Song Z. , Kjetil Storesletten and Fabrizio Zilibotti, 2011, "Growing Like China", *American Economic Review*, 101 (1): 196 – 233.

［219］Stahler N. , 2013, "Recent Developments in Quantitative Models of Sovereign

Default", *Journal of Economic Surveys*, 27 (4).

[220] Stevens G. V. G. and Lipsey R. E. , 1992, "Interactions between Domestic and Foreign Investment", *Journal of International Money & Finance*, 11 (1).

[221] Stigler G. J. , 1951, "The Division of Labor is Limited by the Extent of the Market", *Journal of Political Economy*, 59.

[222] Summer M. , 2001, "Analyzing the Macroeconomy: Dynamic Stochastic General Equilibrium Modeling versus Agent-Based Modeling", *Monetary Policy and the Economy*.

[223] Sun Lixin and Sen Somanth, 2011, "Monetary Policy Rules and Business Cycle in China: Bayesian DSGE Model Simulation", *SSRN working paper*.

[224] Swan T. W. , 1956, "Economic Growth and Capital Accumulation", *Economic Record*, 32 (2).

[225] Tarhan Feyzioğlu, Nathan Porter and Előd Takáts, 2007, "Interest Rate Liberalization in China", IMF Working Paper.

[226] Taylor Mark P. , 2004, "Is Official Exchange Rate Intervention Effective?", *Economica*, 71.

[227] Tiebout C. , 1956, "A Pure Theory of Local Expenditure", *Journal of Political Economy*, 64 (5).

[228] Tirole J. , 1994, "The Internal Organization of Government", *Oxford Economic Papers*, 46 (1).

[229] Tjaden V. and Wellschmied F. , 2014, "Quantifying the Contribution of Search to Wage Inequality", *American Economic Journal: Macroeconomics*, 6 (1).

[230] Topel R. H. and Ward M. P. , 1992, "Job Mobility and the Careers of Young Men", *The Quarterly Journal of Economics*, 107 (2).

[231] Tsui K. , 2005, "Local Tax System, Intergovernmental Transfers and China's Local Fiscal Disparities", *Journal of Comparative Economics*.

[232] UNECE, 2009, *Policy Options and Instruments for Financing Innovation: A Practical Guide to Early-Stage Financing*, Scott Allen.

[233] United Nations, 2011, *World Population Prospects: the 2010 Revision*, New York.

[234] Uzawa H. , 1965, "Optimum Technical Change in an Aggregative Model of

Economic Growth", *International Economic Review*, 6 (1).

[235] Vandenbussche J. , Aghion P. and Meghir C. , 2006, "Growth, Distance to Frontier and Composition of Human Capital", *Journal of Economic Growth*, 11 (2).

[236] Vernon R. , 1966, "Comprehensive Model-Building in the Planning Process: The Case of the Less-Developed Economies", *The Economic Journal*, 76 (301).

[237] Vernon R. , 1966, "International Investment and International Trade in the Product Cycle", *The Quarterly Journal of Economics*, 8 (4).

[238] Victor C. Shih, 2007, *Factions and Finance in China: Elite Conflict and Inflation*, New York: Cambridge University Press.

[239] Vinod T. and Wang F. , 2003, "Measuring Education Inequality: Gini Coefficients of Education for 140 Countries, 1960 – 2000", *Journal of Educational Planning and Administration*, 14 (1): 5 – 33.

[240] Vinod T. , Ramon L. , Wang Y. , et al. , 2000, "The Quality of Growth: Fiscal Policies for Better Results", IEG Working Paper.

[241] Wagner A. , 1958, *Three Extracts on Public Finance*, in *Classics in the Theory of Public Finance*.

[242] Wang Y. and Yao Y. , 2001, "Sources of China's Economic Growth, 1952 – 1999: Incorporating Human Capital Accumulation", Policy Research Working Paper Series 2650.

[243] Weingast B. R. , 2008, "Second Generation Fiscal Federalism: The Implications of Fiscal Incentives", *Journal of Urban Economics*, 65 (3).

[244] World Bank, 1996, The Chinese Economy: Fighting Inflation, Deepening Reforms, Worldbank Press.

[245] World Bank, 1997, *Sharing Rising Incomes: Disparities in China*, 257 – 260.

[246] World Bank, 2012, "China: Structural Reforms for a Modern, Harmonious, and Creative High Income Society", Supporting Report 1 to China 2030.

[247] World Bank, 2019, *World Development Report 2019: The Changing Nature of Work*, Worldbank Press.

[248] Wu H. X. , 2011, "Accounting for China's Growth in 1952 – 2008: China's Growth Performance Debate Revisited with a Newly Constructed Data Set",

RIETI Discussion Paper Series.

［249］ Xu Chenggang and Qian Yingyi, 1993, "Why China's Economic Reforms Differ: The M Form Hierarchy and Entry Expansion of the Non-State Sector", *Economics of Transition*, 1 (2).

［250］ Xu C., 2011, "The Fundamental Institutions of China's Reforms and Development", *Journal of Economic Literature*, 49 (4).

［251］ Yang X., 1990, "Development, Structural Changes, and Urbanization", *Journal of Development Economics*. 34.

［252］ Yao S., 2002, Walrasian Equilibrium Computation, Network Formation, and the Wen Theorem", *Review of Development Economics*, 6 (3): 415 – 427.

［253］ Young A., 1928, "Increasing Returns and Economic Progress", *The Economic Journal*, 38.

［254］ Young Alwyn, 2003, "Gold into Base Metals: Productivity Growth in the People's Republic of China during the Reform Period," *Journal of Political Economy*, 111.

［255］ Young A., 2000, "The Razor's Edge: Distortions and Incremental Reform in the Peoples Republic of China", *The Quarterly Journal of Economics*, 115 (4).

［256］ Yudon Y. and Weeks M., 2000, "Provincial Income Convergence in China, 1953 – 1997: A Panel Data Approach", *Cambridge Working Papers in Economics*.

［257］ Zak P. J., Knack S., 2001, "Trust and Growth", *The Economic Journal*, 111 (470).

［258］ Zhang T. and Zou H., 1998, "Fiscal Decentralization, Public Spending, and Economic Growth in China", *Journal of Public Economics*, 67 (2).

［259］〔美〕阿尔伯特·赫希曼:《退出、呼吁与忠诚》,卢昌崇译,经济科学出版社,2001。

［260］〔美〕阿尔伯特·赫希曼:《欲望与利益》,冯克利译,浙江大学出版社,2015。

［261］〔印〕阿马蒂亚·森:《伦理学与经济学》,王宇、王文玉译,商务印书馆,2000。

[262] 〔美〕艾伯特·赫希曼:《经济发展战略》,曹征海、潘照东译,经济科学出版社,1991。

[263] 〔英〕安东尼·吉登斯:《社会的构成:结构化理论纲要》,三联书店,1998。

[264] 安体富:《中国转移支付制度:现状、问题、改革建议》,《财政研究》2007年第1期。

[265] 白重恩、路江涌、陶志刚:《国有企业改制效果的实证研究》,《经济研究》2006年第8期。

[266] 白重恩、钱震杰:《谁在挤占居民的收入——中国国民收入分配格局分析》,《中国社会科学》2009年第5期。

[267] 白重恩、钱震杰:《劳动收入份额决定因素:来自中国省际面板数据的证据》,《世界经济》2010年第12期。

[268] 白重恩、谢长泰、钱颖一:《中国的资本回报率》(中文译稿),《布鲁金斯经济问题》(*Brookings Papers on Economic Activity*)2006年第2期。

[269] 边雅静、沈利生:《人力资本对我国东西部经济增长影响的实证分析》,《数量经济技术经济研究》2004年第12期。

[270] 卜永祥、靳炎:《中国实际经济周期:一个基本解释和理论扩展》,《世界经济》2002年第7期。

[271] 蔡昉:《按照更高要求推进学有所教》,《劳动经济研究》2017年第6期。

[272] 蔡昉:《从人口学视角论中国经济减速问题》,《中国市场》2013a年第7期。

[273] 蔡昉:《理解中国经济发展的过去、现在和将来—基于一个贯通的增长理论框架》,《经济研究》2013b年第11期。

[274] 蔡昉:《靠切实的改革延续人口红利》,《经济日报》2015年6月4日,第11版。

[275] 蔡昉、都阳:《中国地区经济增长的趋同与差异——对西部开发战略的启示》,《经济研究》2000年第10期。

[276] 蔡昉、都阳、王美艳:《经济发展方式转变与节能减排内在动力》,《经济研究》2008年第6期。

[277] 蔡昉、陆旸:《人口转变如何影响中国的潜在增长率》,工作论文,2012。

[278] 钞小静、任保平:《中国经济增长质量的时序变化与地区差异分析》,

《经济研究》2011 年第 4 期。

[279] 陈昌兵：《城市化率多重"S"型曲线估计及预测》，载《中国经济增长报告（2012～2013)》，社会科学文献出版社，2013。

[280] 陈昌兵：《城市化与投资率和消费率间的关系研究》，《经济学动态》2010 年第 9 期。

[281] 陈昌兵：《可变折旧率估计及资本存量测算》，《经济研究》2014 年第 12 期。

[282] 陈昌兵、张平：《加快我国现代化建设，实现第二个百年奋斗目标》，中国社会科学出版社，2018。

[283] 陈昆亭、周炎、龚六堂：《信贷周期：中国经济 1991—2010》，《国际金融研究》2011 年第 12 期。

[284] 陈晓光、张宇麟：《信贷约束、政府消费与中国实际经济周期》，《经济研究》2010 年第 12 期。

[285] 陈弋、Sylvie Demurger、Martin Fournier、杨真真：《中国企业的工资差异和所有制结构》，《世界经济文汇》2005 年第 6 期。

[286] 程虹、李唐：《人格特征对于劳动力工资的影响效应——基于中国企业—员工匹配调查（CEES）的实证研究》，《经济研究》2017 年第 2 期。

[287] 〔美〕戴安娜·法雷尔：《提高生产率——全球经济增长的原动力》，朱静译，商务印书馆，2010。

[288] 〔美〕丹尼斯·C. 缪勒：《公共选择理论》，韩旭、杨春学等译，中国社会科学出版社，2010。

[289] 〔美〕道格拉斯·C. 诺思：《经济史上的结构和变革》，历以平译，商务印书馆，2011。

[290] 董先安：《浅释中国地区收入差距：1952—2002》，《经济研究》2004 年第 9 期。

[291] 范剑勇、朱国林：《中国地区差距演变及其结构分解》，《管理世界》2002 年第 7 期。

[292] 范子英、张军：《财政分权、转移支付与国内市场整合》，《经济研究》2010a 年第 3 期。

[293] 范子英、张军：《粘纸效应：对地方政府规模膨胀的一种解释》，《中国工业经济》2010b 年第 12 期。

[294] 范子英、张军：《中国如何在平衡中牺牲了效率：转移支付的视角》，

《世界经济》2010c 年第 11 期。

[295] 方福前：《中国居民消费需求不足原因研究—基于中国城乡分省数据》，《中国社会科学》2009 年第 2 期。

[296] 〔美〕菲利普·阿吉翁：《寻求竞争力：对中国增长政策设计的启示》，《比较》2014 年第 5 期。

[297] 〔美〕菲利普·阿吉翁、史蒂文·杜尔劳夫主编，《增长经济学手册》第 2A 卷（中译本），冯科、胡怀国译，经济科学出版社，2020。

[298] 冯彩、蔡则祥：《对外直接投资的母国经济增长效应——基于中国省级面板数据的考察》，《经济经纬》2012 年第 6 期。

[299] 傅春杨、张平、陆江源：《产业要素价格扭曲的效率损失与校正之策——基于全球投入产出表的视角》，《现代经济探讨》2018 年第 3 期。

[300] 付敏杰：《城市化进程中土地财政的宏观作用机制》，载张自然、张平、刘霞辉、袁富华等：《中国经济增长报告（2019～2020）：面向 2035 年的高质量发展》，社会科学文献出版社，2010。

[301] 付敏杰：《城市化与中国经济增长》，博士学位论文，中国社会科学院，2011。

[302] 付敏杰：《市场化改革进程中的财政政策周期特征转变》，《财贸经济》2014 年第 10 期。

[303] 付敏杰：《新常态下的中国潜在增长率：政策共识与理论分歧》，《河北学刊》2015 年第 2 期。

[304] 付敏杰：《国家能力视角下改革开放四十年财政制度改革逻辑之演进》，《财政研究》2018 年第 11 期。

[305] 付敏杰、张平：《新常态下促进消费扩大和升级的税收政策》，《税务研究》2015 年第 3 期。

[306] 付敏杰、张平、袁富华：《工业化和城市化进程中的财税体制演进：事实、逻辑和政策选择》，《经济研究》2017 年第 12 期。

[307] 付敏杰等：《中国对世界经济增长的贡献（1980－2020）：新发展格局的增长史回顾和全球审视》，经济所工作论文，2021。

[308] 付文林、沈坤荣：《均等化转移支付与地方财政支出结构》，《经济研究》2012 年第 5 期。

[309] 傅勇：《财政分权、政府治理与非经济性公共物品供给》，《经济研究》2010 年第 8 期。

[310] 傅勇、张晏：《中国式分权与财政支出结构偏向：为增长而竞争的代价》，《管理世界》2007 年第 3 期。

[311] 高菲：《流转税对中国地方政府行为的影响——基于生产环节征税的视角》，博士学位论文，中央财经大学，2015。

[312] 高培勇：《中国税收持续高速增长之谜》，《经济研究》2006 年第 12 期。

[313] 高培勇：《公共财政：概念界说与演变脉络——兼论中国财政改革 30 年的基本轨迹》，《经济研究》2008 年第 12 期。

[314] 高培勇：《共和国财税 60 年》，人民出版社，2009。

[315] 高培勇：《中国财政政策报告 2009/2010——世界主要国家财税体制：比较与借鉴》，中国财政经济出版社，2010。

[316] 高培勇：《新一轮财税体制改革必须坚守分税制》，《经济参考报》2013 年 7 月 5 日。

[317] 高培勇：《论完善税收制度的新阶段》，《经济研究》2015 年第 2 期。

[318] 高培勇：《理解、把握和推动经济高质量发展》，《经济学动态》2019 年第 8 期。

[319] 高培勇、袁富华、胡怀国、刘霞辉：《高质量发展的动力、机制与治理》，《经济研究》2020 年第 4 期。

[320] 格雷姆·史密斯：《乡镇政府"空壳化"问题研究：一种内部运作的视角》，苏丽文、展枫译，《经济社会体制比较》2013 年第 1 期。

[321] 郭庆旺、贾俊雪：《中国潜在产出与产出缺口的估算》，《经济研究》2004 年第 5 期。

[322] 郭庆旺、贾俊雪：《中国全要素生产率的估算：1979－2004》，《经济研究》2005 年第 6 期。

[323] 郭庆旺、贾俊雪：《政府公共资本投资的长期经济增长效应》，《经济研究》2006 年第 7 期。

[324] 郭庆旺、吕冰洋：《分税制改革与税收快速增长：基于分权契约框架的分析》，《税务研究》2006 年第 8 期。

[325] 郭新强、胡永刚：《中国财政支出与财政支出结构偏向的就业效应》，《经济研究》2012 年第 S2 期。

[326] 国际货币基金组织（IMF）：World Economic Outlook，www.imf.org，2021 年 4 月。

[327] 韩朝华：《明晰产权与规范政府》，《经济研究》2003 年第 2 期。

[328] 韩朝华、戴慕珍：《中国民营化的财政动因》，《经济研究》2008 年第 2 期。

[329] 韩君、张慧楠：《中国经济高质量发展背景下区域能源消费的测度》，《数量经济技术经济研究》2019 年第 7 期。

[330] 贺灿飞、梁进社：《中国区域经济差异的时空变化：市场化、全球化与城市化》，《管理世界》2004 年第 8 期。

[331] 赫尔曼·E. 戴利：《超越增长：可持续发展的经济学》，诸大建等译，上海译文出版社，2001。

[332] 胡永宏：《对统计综合评价中几个问题的认识与探讨》，《统计研究》2012 年第 1 期。

[333] 黄玖立、李坤望：《出口开放、地区市场规模和经济增长》，《经济研究》2006 年第 6 期。

[334] 黄佩华、余江、魏星：《中国能用渐进方式改革公共部门吗?》，《社会学研究》2009 年第 2 期。

[335] 黄少安、陈斌开、刘姿彤：《"租税替代"、财政收入与政府的房地产政策》，《经济研究》2012 年第 8 期。

[336] 贾俊雪、郭庆旺：《中国区域经济趋同与差异分析》，《中国人民大学学报》2007 年第 5 期。

[337] 贾康、白景明：《县乡财政解困与财政体制创新》，《经济研究》2002 年第 2 期。

[338] 江飞涛、李晓萍：《直接干预市场与限制竞争：中国产业政策的取向与根本缺陷》，《中国工业经济》2010 年第 9 期。

[339] 蒋省三、刘守英、李青：《土地制度改革与国民经济成长》，《管理世界》2007 年第 9 期。

[340] 金戈：《中国基础设施资本存量估算》，《经济研究》2012 年第 4 期。

[341] 金戈、史晋川：《多种类型公共支出与经济增长》，《经济研究》2010 年第 7 期。

[342] 金人庆：《税收步入良性轨道》，《资本市场》2002 年第 8 期。

[343] 〔意〕卡纳瓦：《应用宏观经济研究方法》，周建译，上海财经大学出版社，2009。

[344] 〔美〕库兹涅茨：《现代经济增长》，戴睿、易诚译，北京经济学院出版社，1989。

[345] 李海峥、梁赟玲、Fraumeni B、刘智强、王小军，《中国人力资本测度与指数构建》，《经济研究》2010 年第 8 期。

[346] 李良新：《对外直接投资与经济增长关系研究——以湖南经济为例》，《特区经济》2010 年第 8 期。

[347] 李萍：《财政体制简明图解》，中国财政经济出版社，2010。

[348] 李实：《中国收入分配制度改革四十年》，《中国经济学人》（英文版）2018 年第 4 期。

[349] 李实：《中国特色社会主义收入分配问题》，《政治经济学评论》2020 年第 1 期。

[350] 李雪松、王秀丽：《工资粘性、经济波动与货币政策模拟——基于 DSGE 模型的分析》，《数量经济技术经济研究》2011 年第 11 期。

[351] 李扬、张晓晶：《失衡与再平衡：塑造全球治理新框架》，中国社会科学出版社，2013。

[352] 李永友、沈玉平：《转移支付与地方财政收支决策——基于省级面板数据的实证研究》，《管理世界》2009 年第 11 期。

[353] 林卫基、任志清、席睿德：《中国该如何深化改革：IMF 的国际视角》，中信出版社，2018。

[354] 林毅夫、蔡昉、李周：《中国的奇迹：发展战略与经济改革》，上海三联书店、上海人民出版社，1994。

[355] 林毅夫、郭国栋、李莉等：《中国经济的长期增长与展望》，北京大学中国经济研究中心讨论稿，2003。

[356] 林毅夫、李周、蔡昉：《中国经济转型时期的地区差距分析》，《经济研究》1998 年第 6 期。

[357] 林毅夫、刘培林：《经济发展战略对劳均资本积累和技术进步的影响 - 基于中国经验的实证研究》，《中国社会科学》2003a 年第 4 期。

[358] 林毅夫、刘培林：《中国的经济发展战略与地区收入差距》，《经济研究》2003b 年第 3 期。

[359] 林毅夫、任若恩：《东亚经济增长模式相关争论的再探讨》，《经济研究》2007 年第 8 期。

[360] 刘明兴：《1952 年 -1999 年中国经济增长数据》，北京大学 CCER 经济发展论坛，2002。

[361] 刘溶沧、焦国华：《地区间财政能力差异与转移支付制度创新》，《财贸

经济》2002 年第 6 期。

[362] 刘瑞明、石磊：《国有企业的双重效率损失与经济增长》，《经济研究》
2010 年第 1 期。

[363] 刘瑞明、石磊：《上游垄断、非对称竞争与社会福利——兼论大中型国
有企业利润的性质》，《经济研究》2011 年第 12 期。

[364] 刘胜会：《美国储贷协会危机对我国利率市场化的政策启示》，《国际金
融研究》2013 年第 4 期。

[365] 刘世锦、刘培林、何建武：《把提高生产率作为新常态发展主动力》，
《人民日报》2015 年 3 月 31 日，第 7 版。

[366] 刘世锦、张军扩、侯永志、刘培林：《"陷阱"还是"高墙"：中国经济
面临的真实挑战与战略选择》，《比较》2011 年第 3 期。

[367] 刘树成：《论又好又快发展》，《经济研究》2007 年第 6 期。

[368] 刘树成：《居民收入翻番难点透视》，《人民论坛》2013 年第 10 期。

[369] 刘树成、张晓晶、张平：《实现经济周期波动在适度高位的平滑化》，
《经济研究》2005 年第 11 期。

[370] 刘伟、张辉：《中国经济增长中的产业结构变迁和技术进步》，《经济研
究》2008 年第 11 期。

[371] 刘霞辉：《论中国经济的长期增长》，《经济研究》2003 年第 5 期。

[372] 刘夏明、魏英琪、李国平：《收敛还是发散？——中国区域经济发展争
论的文献综述》，《经济研究》2004 年第 7 期。

[373] 刘燕妮、安立仁、金田林：《经济结构失衡背景下的中国经济增长质
量》，《数量经济技术经济研究》2014 年第 2 期。

[374] 刘怡、聂海峰：《间接税负担对收入分配的影响分析》，《经济研究》
2004 年第 5 期。

[375] 卢锋、韩晓亚：《长期经济成长与实际汇率演变》，《经济研究》2006 年
第 7 期。

[376] 卢敏、彭希哲：《基于期望余寿理论的老年定义新思考与中国人口态势
重新测算》，《人口学刊》2018 年第 4 期。

[377] 陆江源、张平、袁富华、傅春杨：《结构演进、诱致失灵与效率补偿》，
《经济研究》2018 年第 9 期。

[378] 陆铭、陈钊：《分割市场的经济增长：为什么经济开放可能加剧地方保
护》，《经济研究》2009 年第 3 期。

[379] 陆学艺：《当代中国社会结构与社会建设》，《纪旗文稿》2010 年第 18 期。

[380] 吕冰洋、郭庆旺：《中国税收高速增长的源泉：税收能力和税收努力框架下的解释》，《中国社会科学》2011 年第 2 期。

[381] 吕冰洋、郭庆旺：《中国要素收入分配的测算》，《经济研究》2012 年第 10 期。

[382] 〔美〕W. W. 罗斯托：《这一切是怎么开始的：现代经济的起源》，商务印书馆，2014。

[383] 〔美〕W. W. 罗斯托：《经济增长理论史：从大卫·休谟至今》，陈春良等译，浙江大学出版社，2016。

[384] 马骏、温明月：《税收、租金与治理：理论与检验》，《社会学研究》2012 年第 2 期。

[385] 马拴友、于红霞：《转移支付与地区经济收敛》，《经济研究》2003 年第 3 期。

[386] 马文涛：《货币政策的数量型工具与价格型工具的调控绩效比较——来自动态随机一般均衡模型的证据》，《数量经济技术经济研究》2011 年第 10 期。

[387] 〔英〕麦迪森：《世界经济二百年回顾》，李德伟、盖建玲译，改革出版社，1997。

[388] 〔美〕麦金农：《经济发展中的货币与资本》，周庭煜、尹翔硕、陈中亚译，上海人民出版社，1997。

[389] 毛泽东：《论十大关系》，《人民日报》1976 年 12 月 26 日，第 1 版。

[390] 《美国总统经济报告：2001》，萧琛主翻译，中国财政经济出版社，2003。

[391] 孟生旺：《用主成分分析法进行多指标综合评价应注意的问题》，《统计研究》1992 年第 4 期。

[392] 孟生旺：《多指标综合评价中权数的选择》，《统计研究》1993a 年第 2 期。

[393] 孟生旺：《再议〈主成分分析法的局限性〉》，《中国统计》1993b 年第 6 期。

[394] 楠玉、刘霞辉：《中国区域增长动力差异与持续稳定增长》，《经济学动态》2017 年第 3 期，第 86～96 页。

[395] 楠玉、袁富华、张平：《新时代中国区域协调发展与迈向中高端研究》，《经济体制改革》2018 年第 2 期。

[396] 聂海峰、刘怡：《城镇居民的间接税负担：基于投入产出表的估算》，《经济研究》2010 年第 7 期。

[397] 聂海峰、岳希明：《间接税归宿对城乡居民收入分配影响研究》，《经济学》（季刊）2013 年第 1 期。

[398] 潘文卿：《中国区域经济差异与收敛》，《中国社会科学》2010 年第 1 期。

[399] 庞春：《一体化、外包与经济演进：超边际－新兴古典一般均衡分析》，《经济研究》2010 年第 3 期。

[400] 裴长洪、杨志勇：《中央对新疆财政转移支付制度设计思路的转变》，《财政研究》2007 年第 5 期。

[401] 彭国华：《中国地区收入差距、全要素生产率及其收敛分析》，《经济研究》2005 年第 9 期。

[402] 皮建才：《中国式分权下的地方官员治理研究》，《经济研究》2012 年第 10 期。

[403] 钱晓烨、迟巍：《国民收入初次分配中劳动收入份额的地区差异》，《经济学动态》2011 年第 5 期。

[404] 钱雪亚、王秋实、刘辉：《中国人力资本水平再估算：1995－2005》，《统计研究》2008 年第 12 期。

[405] 乔宝云、范剑勇、冯兴元：《中国的财政分权与小学义务教育》，《中国社会科学》2005 年第 6 期。

[406] 乔宝云、范剑勇、彭骥鸣：《政府间转移支付与地方财政努力》，《管理世界》2006 年第 3 期。

[407] 青木昌彦、金滢基、奥野－藤原正宽：《政府在东亚经济发展中的作用：比较制度分析》，中国经济出版社，1998。

[408] 渠敬东：《项目制：一种新的国家治理体制》，《中国社会科学》2012 年第 5 期。

[409] 任保平：《新时代中国经济从高速增长转向高质量发展：理论阐释与实践取向》，《学术月刊》2018 年第 3 期。

[410] 单豪杰：《中国资本存量 K 的再估算：1952－2006 年》，《数量经济技术经济研究》2008 年第 10 期。

[411] 沈坤荣、付文林：《税收竞争、地区博弈及其增长绩效》，《经济研究》2006 年第 6 期。

[412] 沈坤荣、马俊：《中国经济增长的"俱乐部收敛"特征及其成因研究》，《经济研究》2002 年第 1 期。

[413] 沈立人、戴园晨：《我国"诸侯经济"的形成及其弊端和根源》，《经济研究》1990 年第 3 期。

[414] 盛松成、吴培新：《中国货币政策的二元传导机制——"两中介目标，两调控对象"模式研究》，《经济研究》2008 年第 10 期。

[415] 师博、张冰瑶：《全国地级以上城市经济高质量发展测度与分析》，《社会科学研究》2019 年第 3 期。

[416] 世界银行城市化与土地制度改革课题组：《城市化、土地制度与经济可持续发展——靠土地支撑的城市化还将持续多久》，世界银行，2005。

[417] 史俊男：《经济增长阶段与要素弹性参数逆转》，硕士论文（初稿），2013。

[418] 舒元、才国伟：《我国省际技术进步及其空间扩散分析》，《经济研究》2007 年第 6 期。

[419] 宋铮，Kjetil Storesletten，Fabrizio Zilibotti，2011，"Growing Like China"，The American Economic Review，101 (1)：196 –233.

[420] 〔日〕水野隆德：《美国经济为什么持续强劲：破译全球成功经济》，杨廷梓泽，华夏出版社，2000。

[421] 宋海岩、刘淄楠、蒋萍：《改革时期中国总投资决定因素的分析》，《世界经济文汇》2003 年第 1 期。

[422] 宋凌云、王贤彬、徐现祥：《地方官员引领产业结构变动》，《经济学》（季刊）2013 年第 1 期。

[423] 孙辉、支大林、李宏瑾：《对中国各省资本存量的估计及典型性事实：1978 –2008》，《广东金融学院学报》2010 年第 3 期。

[424] 孙立平、王汉生、王思斌、林彬、杨善华：《改革以来中国社会结构的变迁》，《中国社会科学》1994 年第 2 期。

[425] 孙琳琳、任若恩：《中国资本投入和全要素生产率的估算》，《世界经济》2005 年第 12 期。

[426] 孙秀林、周飞舟：《土地财政与分税制：一个实证解释》，《中国社会科学》2013 年第 4 期。

[427] 覃成林：《中国区域经济增长趋同与分异研究》，《人文地理》2004 年第 3 期。

[428] 覃成林、张伟丽：《中国区域经济增长俱乐部趋同检验及因素分析——基于 CART 的区域分组和待检影响因素信息》，《管理世界》2009 年第 3 期。

[429] 陶然、苏福兵、陆曦、朱昱铭：《经济增长能够带来晋升吗？———对晋升锦标竞赛理论的逻辑挑战与省级实证重估》，《管理世界》2010年第12期。

[430] 田毅、赵旭：《他乡之税：一个乡镇的三十年，一个国家的隐秘财政史》，中信出版社，2008。

[431] 汪川、黎新、周镇峰：《货币政策的信贷渠道：基于"金融加速器模型"的中国经济周期分析》，《国际金融研究》2011年第1期。

[432] 王春超、张承莎：《非认知能力与工资性收入》，《世界经济》2019年第3期。

[433] 王东静、张祥建：《利率市场化、企业融资与金融机构信贷行为研究》，《世界经济》2007年第2期。

[434] 王芳、曹一鸣、陈硕：《反思环境库兹涅茨曲线假说》，《经济学》（季刊）2020年第1期。

[435] 王国松：《中国的利率管制与利率市场化》，《经济研究》2001年第6期。

[436] 王红领、李稻葵、雷鼎鸣：《政府为什么会放弃国有企业的产权》，《经济研究》2001年第8期。

[437] 王宏淼：《国际游资易变性研究》，博士学位论文，中国人民大学，2006年。

[438] 王宏淼：《中国的"新重商主义"及其改进思路：对外开放模式的一个审视》，《经济与管理研究》2008年第4期。

[439] 王宏淼：《全球失衡下的中国双顺差之谜：基于FDI-贸易-金融关联的一种经济学描述》，中国社会科学出版社，2012。

[440] 王少平、欧阳志刚：《中国城乡收入差距对实际经济增长的阈值效应》，《中国社会科学》2008年第2期。

[441] 王小鲁：《中国城市化路径与城市规模的经济学分析》，《经济研究》2010年第10期。

[442] 王小鲁、樊纲：《中国经济增长的可持续性》，经济科学出版社，2000。

[443] 王小鲁、樊纲：《中国地区差距的变动趋势和影响因素》，《经济研究》2004年第1期。

[444] 王小鲁、樊纲、刘鹏：《中国经济增长方式转换和增长可持续性》，《经济研究》2009年第1期。

[445] 王艺明、蔡昌达：《货币政策的成本传导机制与价格之谜——基于新凯

恩斯主义 DSGE 模型的研究》，《经济学动态》2012 年第 3 期。

[446] 王永钦、张晏、章元、陈钊、陆铭：《中国的大国发展道路——论分权式改革的得失》，《经济研究》2007 年第 1 期。

[447] 王志刚：《质疑中国经济增长的条件收敛性》，《管理世界》2004 年第 3 期。

[448] 王中宇：《"技术进步"迷思》，《创新科技》2006 年第 10 期。

[449] 〔英〕维克托·布尔默－托马斯：《独立以来拉丁美洲的经济发展》，张凡等译，中国经济出版社，2000。

[450] 魏后凯：《中国地区间居民收入差异及其分解》，《经济研究》1996 年第 11 期。

[451] 魏后凯：《中国地区经济增长及其收敛性》，《中国工业经济》1997 年第 3 期。

[452] 魏加宁：《如何实现国家治理现代化：对改革基本问题的思考》，中国发展出版社，2017。

[453] 魏巧琴、杨大楷：《对外直接投资与经济增长的关系研究》，《数量经济技术经济研究》2003 年第 1 期。

[454] 〔美〕维托·坦齐、〔德〕卢德格尔·舒克内希特：《20 世纪的公共支出》，胡家勇译，商务印书馆，2005。

[455] 吴敬琏：《中国增长模式抉择》，上海远东出版社，2014。

[456] 吴敬琏：《当代中国经济改革教程》，上海远东出版社，2016。

[457] 武康平、闫勇：《土地财政：一种"无奈"选择更是一种"冲动"行为——基于地级城市面板数据分析》，《财政研究》2012 年第 10 期。

[458] 吴延兵：《国有企业双重效率损失研究》，《经济研究》2012 年第 3 期。

[459] 习近平：《决胜全面建成小康社会　夺取新时代中国特色社会主义伟大胜利——在中国共产党第十九次全国代表大会上的报告》，2017 年 10 月 18 日。

[460] 习近平：《推动形成优势互补高质量发展的区域经济布局》，《求是》2019 年第 24 期。

[461] 向国成、韩绍凤：《分工与农业组织化演进：基于间接定价理论模型的分析》，《经济学》（季刊）2007 年第 2 期。

[462] 肖黎明：《对外直接投资与母国经济增长：以中国为例》，《财经科学》2009 年第 8 期。

[463] 谢康、肖静华、乌家培、方程：《协调成本与经济增长：工业化与信息化融合的视角》，《经济学动态》2016 年第 5 期。

[464] 谢平、罗雄：《泰勒规则及其在中国货币政策中的检验》，《经济研究》2002 年第 3 期。

[465] 谢千里、罗斯基、郑玉歆、王莉：《所有制形式与中国工业生产率变动趋势》，《数量经济技术经济研究》2001 年第 3 期。

[466] 谢群、潘玉君：《中国内地各省区 1952 - 2009 年实物资本存量估算》，《当代经济》2011 年第 1 期。

[467] 谢舜、魏万青、周少君：《宏观税负、公共支出结构与个人主观幸福感：兼论"政府转型"》，《社会》2012 年第 6 期。

[468] 徐朝阳：《供给抑制政策下的中国经济》，《经济研究》2014 年第 7 期。

[469] 徐清：《金融发展、生产率与中国企业对外直接投资——基于大样本企业数据的 Logit 模型分析》，《投资研究》2015 年第 11 期。

[470] 许伟、陈斌开：《银行信贷与中国经济波动：1993—2005》，《经济学》（季刊）2009 年第 3 期。

[471] 许宪春：《中国服务业核算及其存在的问题研究》，《经济研究》2004 年第 3 期。

[472] 徐现祥、李郇：《中国城市经济增长的趋同分析》，《经济研究》2004 年第 5 期。

[473] 许召元、李善同：《近年来中国地区差距的变化趋势》，《经济研究》2006 年第 7 期。

[474] 〔英〕亚当·斯密：《国民财富的性质和原因的研究》上卷，郭大力、王亚南译，商务印书馆，1996。

[475] 〔英〕亚当·斯密：《国民财富的性质和原因的研究》下卷，郭大力、王亚南译，商务印书馆，1996，第 338 页。

[476] 〔美〕亚历山大·格申克隆：《经济落后的历史透视》，张风林泽，商务印书馆，2009。

[477] 严成樑、龚六堂：《财政支出、税收与长期经济增长》，《经济研究》2009 年第 6 期。

[478] 颜鹏飞、王兵：《技术效率，技术进步与生产率增长：基于 DEA 的实证分析》，《经济研究》2004 年第 12 期。

[479] 鄢萍：《资本误配置的影响因素初探》，《经济学》（季刊）2012 年第

2 期。

[480] 杨春学：《对社会主义公平观的再认识》，《经济学动态》2006 年第 4 期。

[481] 杨帅、温铁军：《经济波动、财税体制变迁与土地资源资本化——对中国改革开放以来"三次圈地"相关问题的实证分析》，《管理世界》2010 年第 4 期。

[482] 杨小凯：《经济学原理》，中国社会科学出版社，1998。

[483] 杨耀武、张平：《中国经济高质量发展的逻辑、测度与治理》，《经济研究》2021 年第 1 期。[484] 杨志勇、宋航：《中国财税改革战略思路选择研究》，《财贸经济》2012 年第 12 期。

[485] 杨志勇、杨之刚：《中国财政制度改革 30 年》，上海人民出版社，2008。

[486] 叶宗裕：《主成分综合评价方法存在的问题及改进》，《统计与信息论坛》2004 年第 2 期。

[487] 易纲、樊纲、李岩：《关于中国经济增长与全要素生产率的理论思考》，《经济研究》2003 年第 8 期。

[488] 尹恒、朱虹：《中国县级地区财力缺口与转移支付的均等性》，《管理世界》2009 年第 4 期。

[489] 尹恒、朱虹：《县级财政生产性支出偏向研究》，《中国社会科学》2011 年第 1 期。

[490] 银温泉、才婉茹：《我国地方市场分割的成因和治理》，《经济研究》2001 年第 06 期

[491] 余永定：《见证失衡：双顺差、人民币汇率和美元陷阱》，三联书店（北京），2010。

[492] 袁飞、陶然、徐志刚、刘明兴：《财政集权过程中的转移支付和财政供养人口规模膨胀》，《经济研究》2008 年第 5 期。

[493] 袁富华：《低碳经济约束下的中国潜在经济增长》，《经济研究》2010 年第 8 期。

[494] 袁富华：《长期增长过程的"结构性加速"与"结构性减速"：一种解释》，《经济研究》2012 年第 3 期。

[495] 袁富华：《供给侧结构性改革：现实基础、理论逻辑、治理配套》，《贵州省党校学报》2017 年第 5 期。

[496] 袁富华、楠玉、张平：《超越集聚：城市化与知识经济的一类理论认

识》,《北京工业大学学报》(社会科学版)2020 年第 2 期。

[497] 袁富华、张平:《结构性减速过程中的储蓄耗散:假说与事实》,《天津社会科学》2018 年第 3 期。

[498] 袁富华、张平:《知识技术阶层再生产:效率和发展的一类等价命题》,《经济与管理评论》2018 年第 6 期。

[499] 袁富华、张平:《经济现代化的制度供给及其对高质量发展的适应性》,《中国特色社会主义研究》2019 年第 1 期。

[500] 袁富华、张平:《宏观调控:产业政策和财政金融政策相互关系的视角》,《中共中央党校(国家行政学院)学报》2019 年第 5 期。

[501] 袁富华、张平、刘霞辉、楠玉:《增长跨越:经济结构服务化、知识过程和效率模式重塑》,《经济研究》2016 年第 10 期。

[502] 袁富华、张平、陆明涛:《长期经济增长过程中的人力资本结构——兼论中国人力资本梯度升级问题》,《经济学动态》2015 年第 5 期。

[503] 〔美〕约翰·肯尼思·加尔布雷思:《新工业国》,嵇飞译,上海人民出版社,2012。

[504] 〔美〕詹姆斯·M.布坎南、〔德〕里查德·A.马斯格雷夫:《公共财政与公共选择:两种截然对立的国家观》,类承曜译,中国财政经济出版社,2000。

[505] 张斌、何帆:《货币升值的后果:基于中国经济特征事实的理论框架》,《经济研究》2006 年第 5 期。

[506] 张车伟:《中国劳动报酬份额变动与总体工资水平估算及分析》,《经济学动态》2012 年第 9 期。

[507] 张车伟、张士斌:《中国初次收入分配格局的变动与问题—以劳动报酬占 GDP 份额为视角》,《中国人口科学》2010 年第 5 期。

[508] 张车伟、张士斌:《关于中国劳动报酬占 GDP 份额变动的研究》,《劳动经济评论》2011 年第 4 辑。

[509] 张军:《分权与增长:中国的故事》,《经济学》(季刊)2008 年第 1 期。

[510] 张军、陈诗一、G. H. Jefferson:《结构改革与中国工业增长》,《经济研究》2009 年第 7 期。

[511] 张军、施少华:《中国经济全要素生产率变动:1952—1998》,《世界经济文汇》2003 年第 2 期。

[512] 张军、吴桂英、张吉鹏:《中国省际物质资本存量估算:1952 - 2000》,

《经济研究》2004 年第 10 期。

[513] 张鹏、张平、袁富华：《中国就业系统的演进、摩擦与转型——劳动力市场微观实证与体制分析》，《经济研究》2019 年第 12 期。

[514] 张平：《"结构性"减速下的中国宏观政策和制度机制选择》，《经济学动态》2012 年第 10 期。

[515] 张平：《中国经济效率减速冲击、存量改革和政策激励》，《经济学动态》2014 年第 10 期。

[516] 张平：《中等收入陷阱的经验特征、理论解释和政策选择》，《国际经济评论》2015 年第 6 期。

[517] 张平：《中国经济迈向中高端发展的效率提升与供给侧改革——2017 年经济展望》，《现代经济探讨》2017 年第 1 期。

[518] 张平：《货币供给机制变化与经济稳定化政策的选择》，《经济学动态》2017 年第 7 期。

[519] 张平：《中国经济增长路径转变中的经济与非经济因素共同演进机制的构建》，《社会科学战线》2020 年第 10 期。

[520] 张平：《中国上市公司蓝皮书：中国上市公司发展报告（2017）》，社会科学文献出版社，2017。

[521] 张平、郭冠清：《社会主义劳动力再生产及劳动价值创造与分享：理论、证据与政策》，《经济研究》2016 年第 8 期。

[522] 张平、刘霞辉：《中国经济增长前沿》，社会科学文献出版社，2007。

[523] 张平、刘霞辉、王宏淼：《中国经济增长前沿 II》，中国社会科学出版社，2011。

[524] 张平、陆明涛：《中国经济从高速增长转向高效增长：展望 2013 年及后 5 年的中国经济》，《现代经济探讨》2013 年第 1 期。

[525] 张平、王宏淼：《"双膨胀"的挑战与宏观政策选择》，《经济学动态》2007 年第 12 期。

[526] 张平、杨耀武：《效率冲击、杠杆上升与大国稳定政策的选择》，《现代经济探讨》2020 年第 1 期。

[527] 张平、袁富华：《宏观资源配置系统的失调与转型》，《经济学动态》2019 年第 5 期。

[528] 张平、张自然、袁富华：《高质量增长与增强经济韧性的国际比较和体制安排》，《社会科学战线》2019 年第 8 期。

[529] 章奇：《中国地区经济发展差距分析》，《管理世界》2001 年第 1 期。

[530] 张双长、李稻葵：《"二次房改"的财政基础分析——基于土地财政与房地产价格关系的视角》，《财政研究》2010 年第 7 期。

[531] 张涛：《高质量发展的理论阐释及测度方法研究》，《数量经济技术经济研究》2020 年第 5 期。

[532] 张为付：《中国对外直接投资与经济发展水平关系的实证研究》，《南京大学学报》（哲学、人文科学、社会科学版）2008 年第 2 期。

[533] 张五常：《中国的经济制度》，中信出版社，2009。

[534] 张习宁：《中国宏观经济的投资效率分析》，《海南金融》2012 年第 3 期。

[535] 张晓晶、刘磊：《宏观杠杆率——NIFD 季报》，2020 年 2 月。

[536] 张晏、龚六堂：《分税制改革、财政分权与中国经济增长》，《经济学》（季刊）2005 年第 4 期。

[537] 张卓元：《深化改革，推进粗放型经济增长方式转变》，《经济研究》2005 年第 11 期。

[538] 张自然：《中国生产性服务业 TFP 变动分解》，《贵州财经学院学报》2008 年第 2 期。

[539] 张自然：《中国生产性服务业的技术进步研究——基于随机前沿分析法》，《贵州财经学院学报》2010 年第 2 期。

[540] 张自然、陆明涛：《全要素生产率对中国地区经济增长与波动的影响》，《金融评论》2013 年第 1 期。

[541] 张自然、张平、刘霞辉：《中国城市化模式、演进机制和可持续发展研究》，中国社会科学出版社，2016。

[542] 赵树凯：《乡村关系：在控制中脱节——10 省（区）20 乡镇调查》，《华中师范大学学报》（人文社会科学版）2005 年第 5 期。

[543] 赵志君：《经济学个人主义方法论反思——劳动分工和内生市场结构的视角》，《经济研究》2018 年第 8 期。

[544] 赵志君：《新古典生产者理论的缺陷、引致问题及其解决方案》，《经济学动态》2019 年第 11 期。

[545] 赵志君、金森俊树：《人民币汇率重估：实证分析与政策含义》，《数量经济技术经济研究》2006 年第 10 期。

[546] 赵志耘、吕冰洋：《政府生产性支出对产出 – 资本比的影响——基于中

国经验的研究》,《经济研究》2005 年第 11 期。

[547] 赵志耘、吕冰洋、郭庆旺、贾俊雪:《资本积累与技术进步的动态融合:中国经济增长的一个典型事实》,《经济研究》2007 年第 11 期。

[548] 折晓叶、陈婴婴:《项目制的分级运作机制和治理逻辑:对"项目进村"案例的社会学分析》,《中国社会科学》2011 年第 4 期。

[549] 郑江淮:《国有企业预算约束硬化了吗?——对 1996-2000 年信贷约束政策有效性的实证研究》,《经济研究》2001 年第 8 期。

[550] 郑京海、胡鞍钢:《中国改革时期省际生产率增长变化的实证分析 (1979—2001 年)》,《经济学(季刊)》2005 年第 1 期。

[551] 郑文博:《新结构经济学与新兴古典经济学的理论融合:一个比较优势理论的扩展模型》,《经济问题探索》2019 年第 10 期。

[552] 郑玉歆:《全要素生产率的测度及经济增长方式的"阶段性"规律——由东亚经济增长方式的争论谈起》,《经济研究》1999 年第 5 期。

[553] 中国经济观察课题组:《中国资本回报率:事实,原因和政策含义》,《北京大学中国经济研究中心研究报告》,2006。

[554] 中国经济增长前沿课题组:《中国经济长期增长路径、效率与潜在增长水平》,《经济研究》2012 年第 11 期。

[555] 中国经济增长前沿课题组:《中国经济转型的结构性特征、风险与效率提升路径》,《经济研究》2013 年第 10 期。

[556] 中国经济增长前沿课题组:《中国经济增长的低效率冲击与减速治理》,《经济研究》2014a 年第 12 期。

[557] 中国经济增长前沿课题组:《世界城市发展与产业效率提升之上海样本》,《上海证券报》2014b 年 4 月 29 日。

[558] 中国经济增长前沿课题组:《突破经济增长减速的新要素供给理论、体制与政策选择》,《经济研究》2015 年第 11 期。

[559] 中国经济增长前沿课题组、张平、刘霞辉:《城市化、财政扩张与经济增长》,《经济研究》2011 年第 11 期。

[560] 中国经济增长前沿课题组、张平、刘霞辉、袁富华、陈昌兵:《突破经济增长减速的新要素供给理论、体制与政策选择》,《经济研究》2015 年第 11 期。

[561] 中国经济增长前沿课题组、张平、刘霞辉、袁富华、陈昌兵、陆明涛:《中国经济长期增长路径、效率与潜在增长水平》,《经济研究》2012 年

第 11 期。

[562] 中国经济增长与宏观稳定课题组：《干中学，低成本竞争和增长路径转变》，《经济研究》2006 年第 4 期。

[563] 中国经济增长与宏观稳定课题组：《劳动力供给效应与中国经济增长路径转换》，《经济研究》2007 年第 10 期。

[564] 中国经济增长与宏观稳定课题组：《城市化、产业效率与经济增长》，《经济研究》2009 年第 10 期。

[565] 中国社科院财贸所课题组：《中国财政收入规模：演变与展望》，《经济学动态》2011 年第 3 期。

[566] 周飞舟：《财政资金的专项化及其问题：兼论"项目治国"》，《社会》2012 年第 1 期。

[567] 周飞舟：《从汲取型政权到"悬浮型"政权—税费改革对国家与农民关系之影响》，《社会学研究》2006a 年第 3 期。

[568] 周飞舟：《分税制十年：制度及其影响》，《中国社会科学》2006b 年第 6 期。

[569] 周黎安：《晋升博弈中政府官员的激励与合作——兼论我国地方保护主义和重复建设问题长期存在的原因》，《经济研究》2004 年第 6 期。

[570] 周黎安：《中国地方官员的晋升锦标赛模式研究》，《经济研究》2007 年第 7 期。

[571] 周黎安：《转型中的地方政府》，格致出版社，2017。

[572] 周黎安、刘冲、厉行：《税收努力、征税机构与税收增长之谜》，《经济学》（季刊）2012 年第 1 期。

[573] 周天勇、夏徐迁：《我国国有企业改革与发展 30 年》，载邹东涛主编《中国改革开放 30 年：1978－2008》，社会科学文献出版社，2008。

[574] 周兴、张鹏：《代际间的职业流动与收入流动——来自中国城乡家庭的经验研究》，《经济学》（季刊）2015 年第 1 期。

[575] 周炎、陈昆亭：《利差、准备金率与货币增速——量化货币政策效率的均衡分析》，《经济研究》2012 年第 7 期。

[576] 朱玲、魏众：《包容性发展与社会公平政策的选择》，经济管理出版社，2013。

[577] 朱子云：《中国经济增长质量的变动趋势与提升动能分析》，《数量经济技术经济研究》2019 年第 5 期。

图书在版编目(CIP)数据

中国高质量增长与治理 / 张平等著. -- 北京：社
会科学文献出版社，2022.1（2022.8 重印）
ISBN 978 - 7 - 5201 - 9275 - 0

Ⅰ.①中…　Ⅱ.①张…　Ⅲ.①中国经济 – 经济增长 –
研究　Ⅳ.①F124.1

中国版本图书馆 CIP 数据核字（2021）第 221148 号

中国高质量增长与治理

著　　者 / 张　平　刘霞辉　袁富华　付敏杰　等

出 版 人 / 王利民
责任编辑 / 恽　薇　陈凤玲　蔡莎莎　李真巧
责任印制 / 王京美

出　　版 / 社会科学文献出版社·经济与管理分社（010）59367226
　　　　　　地址：北京市北三环中路甲 29 号院华龙大厦　邮编：100029
　　　　　　网址：www. ssap. com. cn
发　　行 / 社会科学文献出版社（010）59367028
印　　装 / 北京虎彩文化传播有限公司

规　　格 / 开　本：787mm × 1092mm　1/16
　　　　　　印　张：39　字　数：691 千字
版　　次 / 2022 年 1 月第 1 版　2022 年 8 月第 2 次印刷
书　　号 / ISBN 978 - 7 - 5201 - 9275 - 0
定　　价 / 168.00 元

读者服务电话：4008918866